D1796898

Ein Hamburger Beitrag zur Entwicklung
des Welthandels im 19. Jahrhundert

BEITRÄGE ZUR
UNTERNEHMENSGESCHICHTE

Herausgegeben
von Hans Pohl

Band 17

Annette Christine Vogt

Ein Hamburger Beitrag
zur Entwicklung des Welthandels
im 19. Jahrhundert

Die Kaufmannsreederei Wappäus
im internationalen Handel Venezuelas
und der dänischen sowie niederländischen
Antillen

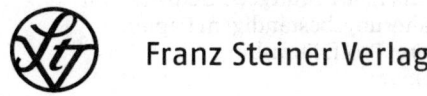
Franz Steiner Verlag

Gedruckt mit Unterstützung des Förderungs- und
Beihilfefonds Wissenschaft der VG WORT

Bibliografische Information der Deutschen Bibliothek
Die Deutsche Bibliothek verzeichnet diese Publikation
in der Deutschen Nationalbibliografie; detaillierte
bibliografische Daten sind im Internet über
<http://dnb.ddb.de> abrufbar.

ISBN 3-515-08186-0

ISO 9706

Jede Verwertung des Werkes außerhalb der
Grenzen des Urheberrechtsgesetzes ist unzulässig
und strafbar. Dies gilt insbesondere für Übersetzung,
Nachdruck, Mikroverfilmung oder vergleichbare
Verfahren sowie für die Speicherung in Datenver-
arbeitungsanlagen. © 2003 by Franz Steiner Verlag
Wiesbaden GmbH, Sitz Stuttgart. Gedruckt auf
säurefreiem, alterungsbeständigem Papier.
Druck: Druckerei Proff, Eurasburg
Printed in Germany

El señor de la paz
te dé la paz sin fin
en todo lugar.
2a. Ep Thess, C 3 V 16

(Grabspruch für Georg Heinrich Wappäus
*28.06.1857 in Hamburg
†25.12.1882 in Puerto Cabello / Venezuela)

**Meiner unendlich geliebten Mutter,
die meine Promotion nicht mehr erleben durfte,
in ewiger Dankbarkeit.**

Aus: KOERNER, Bernhard (Hrsg.): Deutsches Geschlechterbuch (Genealogisches Handbuch bürgerlicher Familien, Bd. 19, zweiter Hamburger Band, Görlitz 1911, S 433–441. StaH 611–19 Archiv der G. H. Wappäus Stiftung 2, Ernennung von Verwaltern der Stiftung, 1905–1923. Wappen und Motto der Familie Wappäus.

Vorwort

Die vorliegende Studie wurde am 12.09.2001 beim Fachbereich für Philosophie und Geschichtswissenschaft der Universität Hamburg als Dissertation eingereicht. Die Disputation fand am 22.10.2001 statt. Die Arbeit wurde als *opus eximium* bewertet und die Promotion mit der Beurteilung *summa cum laude* abgeschlossen.

Ohne die Hilfe zahlreicher Personen und Einrichtungen wäre dies nicht möglich gewesen. Mein besonderer Dank gilt meinem Doktorvater Herrn Prof. Dr. Horst Pietschmann und der Zweitgutachterin im Promotionsverfahren, Frau Prof. Dr. Inge Buisson, die mir bei der Arbeit mit Rat und Tat beistanden und in schwieriger Zeit mit persönlichem Einsatz halfen.

Große Unterstützung erhielt ich vom Staatsarchiv Hamburg und dem Rigsarkivet København. In Leiden erleichterten mir die Herren Prof. Dr. Pieter Emmer und Prof. Dr. Hans Vogel den Zugang zu Bibliotheken und Archiven. Herr Prof. Dr. Ramón Aizpurua war ein stets hilfsbereiter Ansprechpartner in Caracas.

Der DAAD ermöglichte die Archivstudien in den Niederlanden und in Dänemark, während der Übersee-Club Hamburg die Studien in Venezuela finanziell unterstützte, bevor ich dank der Förderung durch die Friedrich-Ebert-Stiftung die gesammelten Quellen auswerten und die Arbeit schreiben konnte. Die Verwertungsgesellschaft Wort unterstützte den Druck der Dissertation, für deren Aufnahme in die von ihm betreute Reihe ich Herrn Prof. Dr. Hans Pohl zu Dank verpflichtet bin. Für all diese finanzielle und ideelle Förderung meiner Arbeit sowie für das Vertrauen, das die fördernden Personen und Institutionen in mich gesetzt haben, möchte ich an dieser Stelle meinen aufrichtigen Dank aussprechen.

2003 wurde die vorliegende Untersuchung mit dem Martin-Behaim-Preis des Fördervereins der Forschungsstiftung für vergleichende europäische Überseegeschichte ausgezeichnet.

Karlsruhe, den 08.06.2003   Annette Christine Vogt

Inhalt

Graphikverzeichnis:

Tabellenverzeichnis:

I. Einleitung

Die große Bedeutung des Lateinamerikahandels ist weithin im hamburgischen Bewußtsein verankert. Danach ist die Hansestadt bedeutendster Umschlagplatz von lateinamerikanischen Waren für Deutschland, teilweise ganz Europa. Die Handelsbeziehungen zu Lateinamerika werden gerne mit Superlativen belegt und sind als *Erfolgsgeschichte* und *glorreiche Vergangenheit der Handelsbeziehungen* im Kollektivgedächtnis präsent. Doch hinter der vordergründigen Kenntnis verbirgt sich allgemeines Unwissen über die historischen Fakten und Zusammenhänge[1]. Dies ist auch in den vielen Forschungslücken zu Hamburgs Südamerikahandel begründet. Das Phänomen der wachsenden Handelsstatistiken im 19. Jahrhundert ist bekannt. Günter Moltmann legte die Probleme deutlich offen und damit auch die Fragen nach der Erklärung der wirtschaftlichen Expansionsschritte der Hansestadt. Es ist nach wie vor unklar, welche Determinanten maßgebend waren: Hat sich Hamburg gegenüber der Welt oder die Welt sich gegenüber Hamburg geöffnet? Nach wie vor besteht die Frage, ob die Schubkräfte bei den Hamburger Kaufleuten oder in überseeischen Gebieten zu suchen sind. Moltmann hat diese Probleme mit Bezug auf alle Überseegebiete angerissen und verdeutlicht, daß die bloßen Handelsstatistiken nach Kontextanalysen verlangen[2]. Eine solche soll in dieser Studie für den westindischen Raum versucht werden.

Die Ökonomie des beginnenden 19. Jahrhunderts unterschied sich noch stark von einem modernen internationalen Markt. Es gab nur geringe Veränderungen gegenüber den vergangenen Jahrhunderten. In der Wirtschaft überwogen die nationalen Perspektiven gegenüber den internationalen. Dies sollte sich im Verlauf des 19. Jahrhunderts ändern. Waren die meisten Nationalökonomien der westlichen Welt um 1800 noch nicht in den Weltmarkt integriert, so traf das hundert Jahre später wiederum auf fast alle Nationen zu. Wenn diesbezüglich auch noch ein großer Forschungsbedarf besteht, so gibt es doch Einigkeit über einige Faktoren, die zu dieser Entwicklung geführt und beigetragen haben: Technische Innovationen, die Bildung großer Kapitalpools, die Entwicklung von effizienten Systemen zur Warenverteilung, Wachstum der Weltbevölkerung, Entdeckung und Ausbeutung von neuen Rohstoffquellen, sowie veränderte politische Systeme, einhergehend mit einer Liberalisierung der Handelspolitik. Andere Ursachen jenseits dieses Kanons wurden von Historikern bisher kaum gesucht.

---

1 BAAS, Ingrid: Immer mehr Gründe, Lateinamerika neu zu entdecken, Hamburger „Success story" seit 1822, in: Die Welt, Nr. 134 vom 11.6.1994, S. H 4.
Trotz aller Begeisterung für Hamburgs Lateinamerikahandel ist der Autorin des Artikels nicht bekannt, daß Hamburg schon lange vor 1822 transatlantische Handelsbeziehungen unterhielt.

2 MOLTMANN, Günter: Hamburgs Öffnung nach Übersee im späten 18. und im 19. Jahrhundert, in: HERZIG, Arno (Hrsg.): Das alte Hamburg (1500–1848/49), Vergleiche, Beziehungen, Berlin – Hamburg 1989 (Hamburger Beiträge zur öffentlichen Wissenschaft, Bd. 5), S. 51–71, S. 55.

Im 19. Jahrhundert kam es zu einem Wirtschaftswachstum, über dessen Größe eine Kontroverse besteht. Paul Bairoch widerspricht der landläufigen Meinung, die von einer explosionsartigen Entwicklung der europäischen Wirtschaft ausgeht. Laut Bairoch war die ökonomische Steigerungsrate zwar bedeutsam, jedoch geringfügiger als diejenige nach dem 2. Weltkrieg[3]. Als der wirtschaftlich am weitesten entwickelte Kontinent wurde Europa im 19. Jahrhundert auch zum Zentrum des internationalen Handels. Diesen machte um 1800 jedoch noch zu ca. 80% der intraeuropäische Handel aus. Erst im Verlaufe des Jahrhunderts führte die rasche Industrialisierung zur Suche nach Märkten in Übersee, auf denen europäische Produkte abgesetzt werden konnten. Gleichzeitig erhöhte sich der Importbedarf an Rohstoffen für die aufkeimende Industrie und an Nahrungsmitteln zur Ernährung der wachsenden Bevölkerung in der alten Welt. Simplifiziert kann dieser atlantische Haupthandel als Export von Manufakturwaren und Import von Rohstoffen und Lebensmitteln zusammengefaßt werden[4].

In der zweiten Hälfte des 19. Jahrhunderts gab es Entwicklungen, die besonders stark dazu beigetragen haben, die Märkte verschiedener Teile der Welt enger zusammenrücken zu lassen. Es war dies die Revolution in Logistik und Kommunikation. Die Eisenbahn begann binnenländische Produktionsstätten mit Häfen zu verbinden, die Schiffe konnten größere Warenmengen schneller transportieren, die Dampfschiffahrt ermöglichte eine zuverlässige, regelmäßige postalische Kommunikation und die Telegraphie beschleunigte den Fluß von Informationen. Die durch diese Entwicklungen sinkenden Transportkosten machten den Handel auch mit peripheren Regionen und Produkten, die bis dahin nicht gewinnträchtig gewesen waren, lohnend[5].

Unter Berücksichtigung dieser Faktoren siedeln viele Historiker den Zeitpunkt für die Entstehung einer Weltwirtschaft im 19. Jahrhundert an. Es ist Wirtschaftshistorikern und Nationalökonomen jedoch bis heute nicht gelungen, eine einheitliche Definition des Begriffes *Weltwirtschaft* zu entwickeln. Eine Kontinuität der Begriffsentwicklung stellte sich nicht ein, so daß bis heute völlig unterschiedliche Ansätze nebeneinander bestehen, ohne daß eine Synthese oder ein Kompromiß gefunden worden wären.

Der Zeitpunkt zu dem von Weltwirtschaft gesprochen werden kann, wird je nach den herangezogenen Kriterien sehr unterschiedlich festgelegt. Einige Historiker vertreten die Ansicht, daß schon im Jahre „Null" eine Weltwirtschaft existierte, andere meinen, daß erst Ende des 19. Jahrhunderts eine solche entstand.

---

3   BAIROCH, Paul: Economics and World History, Myths and Paradoxes, Chicago 1993, S. 1.
4   FISCHER, Lewis R.; NORDVIK, Helge W.: Maritime Transport and the Integration of the North Atlantic Economy, 1850–1914, in: FISCHER, Wolfram; MCINNIS, R. Marvin; SCHNEIDER, Jürgen (Hrsg.): The Emergence of a World Economy 1500–1914, Papers of the IX. International Congress of Economic History, Part II: 1850–1914 (Beiträge zur Wirtschafts- und Sozialgeschichte, Bd. 33, II), S. 361–370, S. 520.
5   MCINNIS, R. Marvin: The Emergence of a World Economy in the Latter Half of the Nineteenth Century, in: FISCHER, Wolfram; MCINNIS, R. Marvin; SCHNEIDER, Jürgen (Hrsg.): The Emergence of a World Economy 1500–1914, Papers of the IX. International Congress of Economic History, Part II: 1850–1914 (Beiträge zur Wirtschafts- und Sozialgeschichte, Bd. 33, II), S. 361–370, S. 367.

Pohl vertritt die Meinung, daß sich mit der Industrialisierung eine Weltwirtschaft herausgebildet habe, da vorher wesentliche Voraussetzungen gefehlt hätten.
Diese Voraussetzungen waren seiner Meinung nach der Anstieg des internationalen
Handelsvolumens, die erhöhte Mobilität von Arbeit und Kapital und das Entstehen
internationaler Institutionen. Laut Pohl handelt es sich bei Weltwirtschaft um ein
System ökonomischer Arbeitsteilung, das sich über weite Entfernungen und Län-
dergrenzen hinweg erstreckt und das seinen Ausgangspunkt in der Verschiedenheit
der wirtschaftlichen Leistungen der einzelnen Regionen hat, die durch unterschiedliche natürliche Vorraussetzungen, wie auch soziale, ökonomische, politische und
kulturelle Gegebenheiten bedingt werden. Die weltweite wirtschaftliche Zusammenarbeit hat, so Pohl, die Verbesserung der allgemeinen wirtschaftlichen Verhältnisse
für die Teilnehmer zum Ziel. Diese Teilnehmer geraten jedoch durch Eingliederung
in das System in gegenseitige Abhängigkeit und wechselseitige Beeinflussung[6].

Paul Bairoch dagegen mißt *Welthandel* am Kapitalüberschuß, der den Erwerb
nicht-lebensnotwendiger Güter ermöglichte. Je größer dieser Kapitalüberschuß war,
desto bedeutsamer sei die Integration in den Weltmarkt gewesen. Bairoch legt den
Zeitpunkt eines bedeutsamen Anwachsens des Kapitalüberschusses in Europa auf
die Jahre von 1815 bis 1820 als Beginn der Industrialisierung fest. Ab 1830 wurde
seiner Meinung nach der Abstand zwischen entwickelter und unterentwickelter Welt
bedeutsam, somit auch die Integration Europas in den Weltmarkt[7].

Andere Ansätze legen den Beginn einer Weltwirtschaft ins Mittelalter. Dabei
wird Handel als der zentrale Integrationsfaktor verstanden. Renate Pieper meint,
daß die Ausdehnung der europäischen Handelsbeziehungen seit dem 15. Jahrhundert als eine Integration Europas in überregionale Handelsnetze zu beschreiben sei,
die zu einer allmählichen und kontinuierlichen Einbindung der europäischen Wirt-
schaften in globale Zusammenhänge geführt habe. Neben wirtschaftlichen und politischen Aspekten seien dabei vor allem auch kulturelle Rahmenbedingungen zu
beachten[8]. Landsteiner, der in der Chronologie mit Renate Pieper einer Meinung
ist, warnt jedoch vor einer eurozentristischen Sichtweise. Seiner Ansicht nach ist es
fragwürdig, ob es sich beim weltwirtschaftlichen Integrationsprozeß hauptsächlich
um eine Leistung der Europäer handelte. Bis zum 15. Jahrhundert sei Europa Teil,
aber keineswegs Zentrum eines eurasischen Kommunikationsnetzwerkes gewesen.
Erst danach habe dann die maritime Expansion verschiedener europäischer Nationen dieses Netzwerk grundlegend verändert[9].

---

6 POHL, Hans: Aufbruch der Weltwirtschaft, Geschichte der Weltwirtschaft von der Mitte des
   19. Jahrhunderts bis zum Ersten Weltkrieg, Stuttgart 1989 (Wissenschaftliche Paperbacks, Bd.
   24), S. 9–25.
7 BAIROCH, Paul: The Main Trends in National Economic Disparities since the Industrial Revolution, in: DERS. (Hrsg.): Disparities in Economic Development since the Industrial Revolution, London 1981, S. 3–17.
8 PIEPER, Renate: Die Anfänge der europäischen Partizipation am weltweiten Handel. Die Aktivitäten der Portugiesen und Spanier im 15. und 16. Jahrhundert, in: EDELMAYER, Friedrich;
   LANDSTEINER, Erich; PIEPER, Renate (Hrsg.): Die Geschichte des europäischen Welthandels und der wirtschaftliche Globalisierungsprozeß, München 2001 (Querschnitte, Bd. 5), S.
   33–53, S. 34.
9 LANDSTEINER, Erich: Nichts als Karies, Lungenkrebs und Pellagra? Zu den Auswirkungen

Ergänzend zu den historischen, politischen und ökonomischen Definitionsmodellen von *Weltwirtschaft* und *Welthandel* hat Wigand Ritter einen geographisch begründeten Ansatz entwickelt[10]. Zur genauen Bestimmung des Begriffes *Welthandel* muß seiner Meinung nach die bisher übliche geographische Definition von *Welt* ergänzt werden. Seine Definition dieses Terminus liegt dieser Arbeit zugrunde, weil sie wirtschaftliche und geographische Aspekte miteinander vereint. Laut Ritter bezeichnen Geographen oft, wenngleich unpräzise, die Erde als Welt und verwenden Begriffe wie *Weltmeer*, *Weltteil*, *Weltwirtschaft* und *Welthandel* in diesem Sinne. Daneben existieren jedoch andere Auffassungen von Welt. Im übertragenen Sinne nämlich ist *Welt* ein geistiger oder organisatorischer Zusammenhang zwischen einer Mannigfaltigkeit von Erscheinungen. Entsprechend gibt es eine Welt der Kaufleute. Welthandel als ein Aspekt dieser Welt der Kaufleute, bei weitem nicht ihr einziger, muß aber den Planeten Erde nicht ausfüllen. Ausgehend von dem Begriff *Welt* ist *Welthandel* jener Teil des Handels, mit dem Kaufleute organisatorisch und ökonomisch imstande sind, die Orte der ihnen bekannten Welt zu verknüpfen. Welthandel aus Kaufmannssicht verknüpft alle für den Handelsaustausch interessanten Plätze der Erde, seine Netzwerke sind aber kleiner als deren bekannte Oberfläche und weniger umfassend als deren Aufteilung in Staaten. So kann die Welt der Kaufleute und des Handels weder geographisch noch territorial verstanden werden. Sie beruht auf endlichen, räumlich aber nicht begrenzbaren Netzwerken, die zwischen Geschäftspartnern gespannt werden. Es ist darin nicht notwendig, daß die Partner immer dieselben bleiben, noch daß sie überhaupt feste Standorte haben, die Netzwerke also beständig dieselben Orte verknüpfen. Solche Netzwerke sind inkongruent zu allen anderen geographischen Gliederungen und zur Staatenwelt in den Erdraum eingebettet. Sie füllen diesen auf ihre spezifische Art sehr selektiv und aus rationaler Sicht auch einseitig. In diesem kommunikativen Raumkonzept werden Distanzen nicht metrisch gemessen und die Lagevorteile anders bewertet[11].

Welthandel ist als Teilbereich des Handels von Produktion und Konsum deutlich abgesetzt. Er wird zwischen Kaufleuten mit Waren spezifischer Art ausgeführt. Die Kaufleute erfüllen dabei eine unentbehrliche gesellschaftliche Aufgabe. Sie machen dies in professioneller Weise unter Einsatz ihres Wissens und unter Berücksichtigung einer Reihe von Handelsbedingungen, worunter die Orientierung an Preisen und Konkurrenzverhältnissen besonders hervortritt. Der Gebrauchswert der Güter aus Verbrauchersicht und auch ihre gesellschaftlichen Kosten aus Erzeugersicht spielen für sie keine Rolle. Läßt sich eine Ware irgendwo beschaffen und anderswo noch mit Gewinn absetzen, so haben auch erdräumliche Distanzen keine Bedeutung. In diesem Sinne läßt sich schon vor dem 19. Jahrhundert auch der Beginn der Globalisierung festmachen. Denn diese bezieht sich nicht nur auf die Art

des Globalisierungsprozesses auf Europa (1500–1800), in: EDELMAYER, Friedrich; LANDSTEINER, Erich; PIEPER, Renate (Hrsg.): Die Geschichte des europäischen Welthandels und der wirtschaftliche Globalisierungsprozeß, München 2001 (Querschnitte, Bd. 5), S. 104–139, S. 104–105.

10   RITTER, Wigand: Welthandel, Geographische Strukturen und Umbrüche im internationalen Warenaustausch, Darmstadt 1994 (Erträge der Forschung, Bd. 284), S. 5–8.

11   Siehe Kapitel III, IV und V.

und Weise und Schnelligkeit, mit der Produkte, seien es industrielle oder landwirtschaftliche, ausgetauscht werden, sondern auch darauf, daß Produkåe an einem anderen Ort, als dem der Produktion gehandelt und konsumiert werden[12]. Dies war im 19. Jahrhundert in immer größerem Umfang der Fall. Der Transatlantikhandel bewirkte, daß Personen, Aktivitäten, Normen, Ideen, Güter, Dienstleistungen und Währungen immer weniger auf einen bestimmten geographischen Raum und lokale Gebräuche reduziert waren, und läutete damit den Beginn der Globalisierung ein[13].

Ein wesentliches Problem bei bisherigen Untersuchungen zur Weltwirtschaft ist die vorherrschende Konzentration auf Quantitäten, die jedoch kein verläßlicher Indikator für internationale wirtschaftliche Integration sind. Nebulös wird in diesem Zusammenhang pauschal von der wirtschaftlichen Integration von Nationen gesprochen. Doch genau betrachtet sind es Märkte für bestimmte Produkte, die sich integrieren. Ausschlaggebend ist dabei der Moment, in dem es günstig genug wird, ein Produkt zwischen zwei Märkten zu bewegen und noch Gewinn zu erzielen[14]. Dies und nicht die Quantität der bewegten Waren ist relevant für die Frage, ob es sich um Transaktionen innerhalb einer Weltwirtschaft handelt oder nicht.

Doch die Handelsaktivitäten Hamburger Kaufleute in der ersten Hälfte des 19. Jahrhunderts sind jenseits von quantitativen Studien nur schwer zu rekonstruieren, da in den Firmen verschiedene Geschäftsbereiche wie z. B. Eigen-, Kommissions-, Konsignations- und Frachtgeschäft miteinander verquickt waren. Ebenso sind die Fahrtrouten der Schiffe nicht detailliert nachzuvollziehen. Die jeweiligen Zu- und Entladungen sind nicht feststellbar. Dies liegt zum einen am lückenhaften Quellenmaterial[15], zum anderen an der Unmöglichkeit, einzelne Schiffe auf ihrer Route zu verfolgen. Der Handel war hochgradig komplex, so daß eine genaue Erfassung nur schwer und mit großem Aufwand verbunden möglich ist. Erst ab Mitte des 19. Jahrhunderts erlauben eine verbesserte Quellenlage, spezialisiertere Unternehmen und feste Fahrtrouten eine präzisere Untersuchung des Überseehandels. So sind Statistiken über den Überseehandel im 19. Jahrhundert nur als Annäherungswerte zu ver-

---

12 PIETSCHMANN, Horst: Globalización y mercado de trabajo: la perspectiva del historiador de larga duración, in: BÖTTCHER, Nikolaus; HAUSBERGER, Bernd (Hrsg.): Dinero y negocios en la historia de América Latina – Geld und Geschäfte in der Geschichte Lateinamerikas, Veinte ensayos dedicados a Reinhard Lier – Zwanzig Aufsätze, gewidmet Reinhard Lier, Madrid – Frankfurt a. M. 2000 (Bibliotheca Ibero-Americana, Publicaciones del Instituto Ibero-Americano Fundación Patrimonio Cultural Prusiano, Vol. 77), S. 531–548, S. 533.
13 ROSENAU, James N.: Las dinámicas de la globalización. Hacia una formulación operacional, in: Diálogo y Seguridad 4 (11/1997), S. 9–26, S. 9. IANNI, Octavio: La era del globalismo, in: Nueva Sociedad 163 (9–10/1999), S. 92–108, S. 92.
14 MCINNIS, R. Marvin: The Emergence of a World Economy, S. 363–364.
15 Zum Problem der fehlenden Quantitäten im Quellenmaterial siehe KELLENBENZ, Hermann: Food for the East Coast of South-America: Provisions for Pernambuco and the Role of German Merchants (until about 1850), in: FRIEDLAND, Klaus (Hrsg.): Maritime Food Transport, Köln 1994, S. 395–416, S. 412. Zum kaum zu ermittelnden Umfang der Tonnage der Schiffe im Lateinamerikahandel siehe PIETSCHMANN, Horst: Hamburg und Lateinamerika in der ersten Hälfte des 19. Jahrhunderts, in: BECKER, Felix; MEDING, Holger M.; POTTHAST-JUTKEIT, Barbara; SCHÜLLER, Karin (Hrsg): Iberische Welten. Festschrift zum 65. Geburtstag von Günther Kahle, Köln – Weimar – Wien 1994 (Lateinamerikanische Forschungen, Beihefte zum JbLA, Bd. 22), S. 381–408, S. 393.

stehen[16]. Trotz der Probleme einer exakten Quantifizierung des Überseehandels ist es jedoch unbestritten, daß es im 19. Jahrhundert in immer größerem Umfang möglich wurde, ein Produkt zwischen zwei Märkten zu bewegen und noch Gewinn zu erzielen.

Diese Entwicklung ist einer der Gründe dafür, daß sich der atlantische Raum kontinuierlich zu einem einzigen, immer komplexer zusammenhängenden Wirtschaftsraum entwickelt hat. Während die Kolonialmächte sich bis zum Ende ihrer Herrschaft über die amerikanischen Gebiete durchgängig bemühten, den transatlantischen und den inneramerikanischen Handel durch entsprechende Gesetze zu reglementieren und zu monopolisieren, wurden diese Abschottungen ständig durch gegenläufige Handelsinteressen unterlaufen[17]. Die in der historischen Forschung lange dominierende nationalstaatliche Perspektive hat den Blick auf diese räumliche Begrenzungen überschreitenden Interessen bisher weitgehend verstellt. Ein neuer Ansatz mit veränderter Perspektive soll zeigen, wie der atlantische Raum sich zu einem System zu vernetzen begann, in dem individuell agierende, supranational denkende Händler mit weitgespannten Netzwerken von Familienangehörigen und fremden Korrespondenten die Handelsschranken unterliefen[18].

Dabei spielte eine Reihe von Faktoren, die Europäer bewogen, die gefährliche Seereise über den Atlantik nach Amerika zu wagen, eine Rolle. Grundvoraussetzung für die Beteiligung am Transatlantikhandel war die geographische Lage. Der Kaufmann mußte Atlantikanrainer sein, um den Atlantik als Verkehrsraum, Transportweg und Kommunikationsmittel nutzen zu können. Ferner mußte die Seefahrt über entsprechende Schiffe, Instrumente und Wissen verfügen, um die Transatlantikfahrten bewältigen und die Anzahl der Überfahrten steigern zu können. Ein weiterer wichtiger Faktor waren Menschen, die bereit waren, sich mit der Neuen Welt auseinanderzusetzen. Motiv dafür, dies zu tun, waren für die hanseatischen Kaufleute des 19. Jahrhundert wirtschaftliche Beweggründe und eventuell auch Abenteuergeist. Es mußte allerdings auch Kapital zur Finanzierung der Expansion vorhanden sein. Begünstigende politische Faktoren wie z. B. die Stellung Hamburgs im Machtgefüge Europas und außenpolitische Konstellationen wie die Freihafenpolitik Hollands und Dänemarks waren für die Hamburger besonders wichtig, um erfolgreich in den Transatlantikhandel einsteigen zu können.

16 PIETSCHMANN, Horst: Hamburg und Lateinamerika, S. 398–400.
17 Die in allen beteiligten Ländern geführte zeitgenössische Debatte um Schmuggel und Korruption läßt dies deutlich erkennen. Vgl. MORINEAU, Michel: Incroyables gazettes et fabuleux métaux, les retours des trésors americains d'après les gazettes hollandaises, XVIe–XVIIIe siècles, London 1984. PIETSCHMANN, Horst: Burocracia y corrupción en Hispanoamérica colonial, in: Nova Americana 5 (1982), S. 11–37. POHL, Hans (Hrsg.): Competition and Cooperation of Enterprises on National and International Markets (19th–20th Century), Stuttgart 1997. POHL, Hans (Hrsg.): Zur Geschichte des Schmuggels im Atlantikhandel, in: Studien, S. 13–18. RITTER, Wigand: Welthandel.
18 BAILYN, Bernard: The Idea of Atlantic History, in: Itinerario 20/1 (1998), S. 16ff.. PIETSCHMANN, Horst: Geschichte des atlantischen Systems, 1580–1830. Ein historischer Versuch zur Erklärung der „Globalisierung" jenseits nationalgeschichtlicher Perspektiven, Hamburg 1998 (Berichte aus den Sitzungen der Joachim Jungius-Gesellschaft der Wissenschaften e. V., 16/2). SCHNURMANN, Claudia: Europa trifft Amerika. Atlantische Wirtschaft in der Frühen Neuzeit 1492–1783, Frankfurt a. M. 1998 (Europäische Geschichte), S. 26–28.

Innerhalb des atlantischen Systems bildete das iberische und karibische Amerika aufgrund seiner Bevölkerungsdichte, seiner Edelmetallvorkommen und der wachsenden europäischen Nachfrage nach den dort produzierten Gütern wie Kakao, Tabak, Zucker, Farbstoffen und Medizinalpflanzen einen besonders interessanten Markt. Wahrscheinlich hatten es vor allem deutsche Kaufleute in Ermangelung eigener Kolonien schwer, in dem aufstrebenden, seit dem 18. Jahrhundert zunehmend multinational geprägten Wirtschaftsraum der Karibik Fuß zu fassen. Trotz dieser Benachteiligung ist schon während der lateinamerikanischen Unabhängigkeitskriege (ca. 1808–1824), teilweise auch früher[19], ein schnelles Vordringen deutscher Händler in die bis dahin *verschlossenen* Märkte festzustellen. Früh läßt sich auch ihre Präsenz in Übersee selbst nachweisen. In diesem Zusammenhang stellt sich die Frage, ob der Kolonialismus tatsächlich den hanseatischen Marktzugang in der Karibik erschwerte oder ihn eventuell sogar erleichterte.

Neuere Untersuchungen ergaben, daß im 19. Jahrhundert in fast ganz Lateinamerika ausländische Kaufleute den internationalen Handel dominierten[20]. Der ökonomische und politische Einfluß dieser Kaufleute war wahrscheinlich sehr viel größer, als bisher angenommen wurde[21]. Auf diesem Gebiete stehen noch Untersuchungen aus, die sowohl für Europa als auch für Lateinamerika von Bedeutung wären.

Während einige der hanseatischen Unternehmen nach Anfangserfolgen scheiterten, bildeten andere die Grundlagen für global agierende Familienunternehmen, die später in zum Teil noch heute bestehenden deutschen Großunternehmen aufgehen sollten[22] und im 19. Jahrhundert die Infrastruktur des entstehenden Welthandels mitprägten. Über die gesamte Skala interkontinentaler Schiffahrt waren Hamburger Kaufleute und Reeder aktiv. Das Spektrum reichte einerseits von der Hamburg-Amerika Linie, die schon 1900 die größte Dampfschiffahrtsgesellschaft der Welt war, bis andererseits zur nach wie vor in großem Stile fortgeführten Segelschiffahrt, in welcher die Familie Wappäus, die in dieser Studie exemplarisch untersucht wird, während des gesamten 19. Jahrhunderts tätig war.

Die Familie war vorwiegend im Karibikhandel involviert. Einer der Gründe dafür lag in der herausragenden wirtschaftlichen Bedeutung der Region. Die Karibik war und ist ein geographisch, kulturell und politisch stark diversifizierter Raum. Dies drückt sich schon allein in der Vielzahl der Bezeichnungen für das Gebiet aus: Antillen, Westindien, Kariben und Karibik. Diese Kette von Begriffsfestlegungen, Verengungen, Erweiterungen und Verortungen ist aufschlußreich, weil in ihr die jeweilige Sicht von den politisch dominanten Mutterländern her ebenso sichtbar

19 WEBER, Klaus: Der hamburgische Spanienhandel im 18. Jahrhundert. Mit einer kritischen Revision des Forschungsstandes, Hamburg 1998 (unveröff. M. A.-Arbeit).

20 BERNECKER, Walther L.: Die Handelskonquistadoren. Europäische Interessen und mexikanischer Staat im 19. Jahrhundert, Wiesbaden 1988 (Beiträge zur Kolonial- und Überseegeschichte, Bd. 44).

21 RIDINGS, Eugene: Foreign Predominance among Overseas Traders in Nineteenth-Century Latin-America, in: Latin American Research Review 20/2 (1985), S. 3–27, S. 3.

22 Ein Beispiel ist etwa die Werft „Blohm & Voss". Vgl. BROEZE, Frank: Unternehmertum und Liebhaberei: Der Hamburger Reeder A. H. Wappäus, in: Zeitschrift des Vereins für Hamburgische Geschichte 79 (1990), S. 41–81, S. 44.

wird, wie die oft sehr rasch wechselnden Bewertungen von Inseln und Küstenstreifen nach Kriterien wie wichtig und unwichtig, nützlich, gefährlich und interessant. Ein besonderes Problem der Definition und Eingrenzung der Karibik liegt in der Einbeziehung der karibischen Festlandsäume. Seit dem 18. Jahrhundert und bis zum Beginn der jüngsten Integrationsansätze haben die Austauschbeziehungen und Interaktionen zwischen den Festlandsäumen und den Inseln eher an Intensität verloren[23]. Konträr zu dieser Entwicklung kam es seit Mitte des 19. Jahrhunderts zu einer wachsenden *Karibisierung* einiger Festlandsäume durch die Einwanderung afroantillanischer Bevölkerung und die Ausbreitung der Plantagenwirtschaft. So sollen in dieser Arbeit unter den Begriffen *Karibik* und *karibischer Raum* sowohl die Westindischen Inseln als auch die das amerikanische *Mittelmeer* umgebenden Festlandsäume verstanden werden. Dazu zählt die brasilianische Küste ebenso wie die von Florida. Zwischen diesen Eckpunkten erstrecken sich als karibische Festlandsäume die Guayanas, Venezuela und Zentralamerika. Denn war auch der Austausch der Einwohner dieses Gebietes untereinander eher gering, wie der bisherige Forschungsstand vermuten läßt, so bildeten Inseln und Festland für die hanseatischen Kaufleute des 19. Jahrhunderts einen zusammenhängenden Wirtschaftsraum, in dem sie agierten[24].

Die Westindischen Inseln bestehen aus circa 50 größeren Inseln, welche geographisch in vier Gruppen eingeordnet werden können. Die erste Inselgruppe bilden die Bahamas mit über 700 Inseln. Zur Gruppe der Großen Antillen gehören Kuba, Hispaniola oder Haiti, bestehend aus der Dominikanischen Republik und Haiti, Puerto Rico und Jamaika. Die Kleinen Antillen bilden zwei parallele Inselketten zu denen Guadaloupe, Martinique, St. Kitts, Montserrat, St. Vincent, Antigua und Barbados zählen. Die letzte Gruppe besteht aus den südamerikanischen, küstennahen Inseln Aruba, Bonaire, Curaçao, Trinidad und Tobago[25].

Historisch-kulturell müssen mindestens drei Untergruppen unterschieden werden[26]. Die erste umfaßt Haiti, Jamaica, Trinidad und die Kleinen Antillen zu denen auch meist Britisch-Honduras und die Guayanas gezählt werden. Zumindest in ihrer wissenschaftlichen Behandlung sind hiervon die spanisch geprägten Antillen, Kuba, die Dominikanische Republik und Puerto Rico zu trennen. Sie werden fast immer als gesonderte Untersuchungsgebiete behandelt, da sie bestimmte Charakteristika mit der ersten Gruppe und andere mit dem Kontinent teilen. Dieses dritte Gebiet, die Festlandsäume, ist nach klimatischen und geographischen Kriterien der

23 SANDNER, Gerhard: Zur Problematik der Abgrenzung und der Einheit des Karibischen Raumes aus kulturgeographischer Sicht, S. 13–26, in: STEGER, Hanns-Albert; SCHNEIDER; Jürgen (Hrsg.): Karibik. Wirtschaft, Gesellschaft und Geschichte, München 1982 (Lateinamerikastudien, Bd. 11), S. 13–16, 18.

24 KRESSE, Walter: Die Fahrtgebiete der Hamburger Handelsflotte 1824–1888, Hamburg 1972 (Mitteilungen aus dem Museum für Hamburgische Geschichte, Bd. VII).

25 BLOUET, Brian W.; BLOUET, Olwyn M.: Latin America and the Caribbean. A Systematic and Regional Survey, New York_ 1993, S. 284.

26 FLEISCHMANN, Ulrich: Zum Problem der kulturgeographischen Einheit des Karibischen Raumes, in: STEGER, Hanns-Albert; SCHNEIDER, Jürgen (Hrsg.): Karibik. Wirtschaft, Gesellschaft und Geschichte, München 1982 (Lateinamerikastudien, Bd. 11), S. 27–52, S. 27–28.

Karibik zuordnen, obwohl es meist in einen staatlichen Verbund einbezogen ist, der nicht vollständig als der Karibik zugehörig zu definieren ist.

Die karibische Wirtschaft hatte zwischen dem 16. und dem 19. Jahrhundert eine herausragende Bedeutung[27]. Der in Europa und Nordamerika angesammelte Reichtum, erwirtschaftet durch den Karibikhandel mit Sklaven, Zucker, Melasse, Rum, gesalzenem Fisch, Fleisch und Weizen, trug erheblich zur Entwicklung dieser Regionen und zur Expansion nach Afrika und Asien bei[28].

Doch über all die Jahrhunderte hinweg, bis zum heutigen Tag, spielten deutsche Staaten keine wesentliche Rolle in Geschichte und Politik der Karibik. Dennoch beeinflußte diese Region ihrerseits die Politik der deutschen Staaten im 19. Jahrhundert. Diese mußten, eingebunden in das europäische Bündnissystem, im Hinblick auf den Handel mit der Karibik zwischen den Interessen ihrer Bündnispartner und den eigenen Handelsinteressen, die sich oft widersprachen, lavieren. Das Verhalten der Großmächte auf diesem Gebiet bildete den Hintergrund für Hamburgs Handeln im Transatlantikgeschäft.

Insgesamt war die Beziehung der deutschen Länder zu Amerika seit dem Entdeckungszeitalter von Ferne und Fremdheit geprägt gewesen. Dies traf auch auf den karibischen Raum zu. Erst mit der Unabhängigkeit des angelsächsischen und des iberischen Amerika intensivierte sich die deutsch-amerikanische Begegnung[29], die allerdings schon vorher ihren Anfang genommen hatte. Nach einer Arbeitshypothese Horst Pietschmanns waren die atlantischen Räume und die Kolonialgebiete Regionen größerer Freiheit für Europäer auf der Flucht vor religiöser und sozialer Disziplinierung gewesen und dies lange vor Aufkommen modernen freiheitlichen Gedankengutes. Deshalb hat die atlantische Region Individuen eventuell größere Entfaltungsmöglichkeiten geboten als andere Gebiete der alten Welt[30]. Dies wäre eine mögliche Erklärung für die erfolgreiche Etablierung hanseatischer Kaufleute in dem karibischen Raum schon vor dem Abschluß offizieller Handelsverträge. Auch dieser Frage soll in der vorliegenden Studie nachgegangen werden.

Die Erfolge hanseatischer Kaufleute in der Karibik und in den entstehenden karibischen Anrainerstaaten[31] lassen sich nicht nur durch bestehende Handelsver-

---

27 Zur Wirtschaft der Karibik zwischen dem 15. und dem 18. Jahrhundert siehe REINHARD, Wolfgang: Geschichte der europäischen Expansion. Die Neue Welt, Bd. 2, Stuttgart – Berlin – Köln – Mainz 1985, S. 133–152. Eine bibliographische Übersicht bietet KELLENBENZ, Hermann: Von den Karibischen Inseln. Archive und neuere Literatur, insbesondere zur Geschichte von der Mitte des 17. bis zur Mitte des 19. Jahrhunderts, in: Jahrbuch für Geschichte von Staat, Wirtschaft und Gesellschaft Lateinamerikas Teil 1, 5 (1968), S. 378–404; Teil 2, 6 (1969), S. 452–469; Teil 3, 7 (1970), S. 381–409.

28 ANDERSON, Thomas D.: Geopolitics of the Caribbean, Ministates in a Wider World, New York 1984 (Politics in Latin America), S. 93.

29 KLEINMANN, Hans-Otto: Die deutschen Staaten und die Unabhängigkeit Lateinamerikas, in: BECKER, Felix; MEDING, Holger M.; POTTHAST-JUTKEIT, Barbara; SCHÜLLER, Karin (Hrsg): Iberische Welten. Festschrift zum 65. Geburtstag von Günther Kahle, Köln – Weimar – Wien 1994 (Lateinamerikanische Forschungen, Beihefte zum JbLA, Bd. 22), S. 117–134, S. 117.

30 PIETSCHMANN, Horst: Geschichte des atlantischen Systems, S. 20.

31 KRESSE, Walter: Materialien zur Entwicklungsgeschichte der hamburgischen Handelsflotte

bindungen und Marktkenntnisse erklären, sondern erforderten neue unternehmeri-
sche, den gewandelten Verhältnissen angepaßte Strategien, beispielsweise zentrale
oder dezentrale Firmenorganisation u. a.. Das heißt die Steuerung des Unternehmens von einem oder von mehreren Orten aus, Marktkenntnisse in Bezug auf Einkauf, Verkauf und Vertriebswege, sowie die Nutzung der politischen Rahmenbedingungen waren entscheidend für Erfolg oder Mißerfolg dieser Unternehmen[32].

Die Forschung hat sich bislang kaum mit derartigen Fragen befaßt. In der Literatur zur Handelsgeschichte Hamburgs mit Lateinamerika gibt es keine systematischen, flächendeckenden und epochenübergreifenden Gesamtdarstellungen[33]. Die
wenigen Arbeiten, welche sich mit dem hamburgischen Amerikahandel befassen,
sind großenteils veraltet, einige neuere Studien konzentrieren sich auf die Rekonstruktion von Teilaspekten der Warenströme[34]. Wirtschaftsgeschichtliche Untersuchungen, die sich mit deutschen Reedereien und Handelsunternehmen sowohl unter
dem unerläßlichen wirtschaftlich-quantitativen[35] und sozialen Aspekt sowie aus der
Perspektive unternehmerischer Strategien in einer holistischen Herangehensweise
befassen, liegen für diesen Zeitraum bislang kaum und für Hamburg gar nicht vor.

In Bezug auf die Verbindungen zwischen Deutschland und Venezuela im 19.
Jahrhundert hat jedoch Rolf Walter Handels-, Wirtschafts-, und Sozialgeschichte in
ihrer Einheit untersucht[36]. In Venezuela selbst gibt es einige wenige Historiker, die

---

    1765–1823, Hamburg 1966. PIETSCHMANN, Horst: Hamburg und Lateinamerika, S. 381–
    408.

32   JONKER, Joost: Merchants, Bankers, Middlemen. The Amsterdam Money Market During the
    First Half of the 19th Century, Amsterdam 1996 (NEHA-Series III, 24). POHL, Manfred: Ham-
    burger Bankengeschichte, Mainz 1986. POHL, Manfred: Konzentration im deutschen Bankwe-
    sen 1848–1986, Frankfurt a. M. 1982 (Schriften des Instituts für bankhistorische Forschung e.
    V., 4). SCHMIDT, Olaf: Bankwesen und Bankpolitik in den Freien Hansestädten um die Mitte
    des 19. Jahrhunderts, Frankfurt a. M. 1988 (Schriftenreihe des Instituts für bankhistorische For-
    schung e. V., 10).

33   PIETSCHMANN, Horst: Hamburg und Lateinamerika, S. 383.

34   BAASCH, Ernst: Beiträge zur Geschichte der Handelsbeziehungen zwischen Hamburg und
    Amerika, in: Hamburger Festschrift zur Erinnerung an die Entdeckung Amerikas, Hamburg
    1892, Bd. 1, S. 139ff.. WALTER, Rolf: Venezuela und Deutschland (1815–1870), Wiesbaden
    1983. ZEUSKE, Michael; LUDWIG, Jörg: Amerikanische Kolonialwaren und Wirtschaftspo-
    litik in Preußen und Sachsen: Prolegomena (17., 18. und frühes 19. Jahrhundert), in: JbLA 32
    (1995), S. 257–301.

35   ACHTERBERG, Erich: Kleine Hamburger Bankgeschichte, Hamburg 1964. AHRENS, Ger-
    hard: Das Ringen um eine Notenbank in Hamburg um die Mitte des 19. Jahrhunderts, in: Kredit
    und Kapital 7 (1974), S. 233–255. DERS.: Vorgeschichte und Gründung der ersten Aktienban-
    ken in Hamburg, in: Kred Kap 5 (1972), S. 316–335. POHL, Hans; POHL, Manfred: Deutsche
    Bankengeschichte, Bd. 2, Frankfurt a. M. 1982.

36   WALTER, Rolf: Los alemanes en Puerto Cabello, Caracas 1985 (Asociación Cultural Hum-
    boldt). DERS.: Los alemanes en Venezuela. Desde Colón hasta Guzman Blanco, Caracas 1985.
    DERS.: Panorámica de las investigaciones sobre Venezuela realizadas por científicos alemanes
    después de Alexander von Humboldt (siglo XIX), in: BECKER, Felix (Hrsg.): América Latina
    en las letras y ciencias sociales alemanas, Caracas 1988, S. 479–494. DERS.: Preußen und
    Venezuela, Edition der preussischen Konsularberichte über Venezuela 1842–1850, Frankfurt a.
    M. 1991. DERS.: Venezuela und Deutschland. DERS.: Wechsel, Pari, Kurs und ihre Bedeu-
    tung für das Überseegeschäft des 19. Jahrhunderts, in: Scripta Mercaturae, Zeitschrift für Wirt-
    schafts- und Sozialgeschichte 16/1 (1982), S. 55–78.

sich mit der Außenhandelsgeschichte des Landes und ausländischen Kaufleuten in Venezuela befaßt haben oder befassen. Dies ist dort ein marginales Forschungsgebiet. Der im Land vorhandene Quellenbestand ist so gut wie unbearbeitet. Zu den Historikern der ersten Generation, die sich mit ausländischen Kaufleuten in Venezuela beschäftigten, gehörte Walter Dupoy[37]. Neben dessen teilweise veralteten Studien sind in letzter Zeit einige neue Forschungsergebnisse veröffentlicht worden[38]. Wie schon erwähnt, kann allerdings keinesfalls von einer systematischen Aufarbeitung der venezolanischen Außenhandelsgeschichte im 19. Jahrhundert gesprochen werden.

Während auch in Deutschland ein großes Defizit bei der Erforschung der Außenhandelsgeschichte besteht, wird in anderen Ländern mit neuen Methoden und Theorien auf diesem Gebiet gearbeitet. So untersucht man seit einiger Zeit außerhalb Deutschlands Handels- und Firmengeschichte mit Hilfe von Netzwerktheorien[39]. In den letzten Jahren ist international eine Reihe von neuen Studien über die Bedeutung von Netzwerkforschung für die Geschichtswissenschaft erschienen[40]. Gerade für die Wirtschafts- und Handelsgeschichte ist dies ein wichtiger neuer An-

37 DUPOY, Walter: Las Casas Blohm de Venezuela, in: Boletín de la Asociación Cultural Humboldt 11/12 (1974/75), S. 113–131. DERS.: Los Alemanes en el Diario de Sir Robert Ker Porter, in: Bol ACH 2 (1965/66), S. 35–48. DERS. (Hrsg.): Sir Robert Ker Porter's Caracas Diary / 1825–1842, A British Diplomat in a Newborn Nation, Caracas 1966. DERS.: Venezuela en la época de Anton Göring y los alemanes, in: Bol ACH 6 (1970), S. 97–108.

38 BANKO, Catalina: El capital comercial en La Guaira y Caracas (1821–1848), Caracas 1990 (Biblioteca de la Academia Nacional de la Historia, Fuentes para la Historia Republicana de Venezuela, Nr. 47). DIES.: El comercio en La Guaira y Caracas, 1821–1848, in: Tierra Firme. Revista de Historia y Ciencias sociales 8/VIII (4–6/1990), Memoria del VII Coloquio de Historia Regional, Nr. 30, S. 154–168. DIES.: Los comerciantes alemanes en La Guaira, 1821–1848, in: JbLA 25 (1988), S. 61–81. BRICEÑO DE BERMÚDEZ, Tarcila: Comercio por los ríos Orinoco y Apure durante la segunda mitad del Siglo XIX, Caracas 1993 (Fondo Editorial Tropykos). RODRÍGUEZ, José Angel (Hrsg.): Alemanes en las regiones equinocciales. Libro homenaje al bicentenario de la llegada de Alexander von Humboldt a Venezuela 1799–1999, Caracas 1999 (Colección Trópicos, 63). LUCENA SALMORAL, Manuel: Características del comercio exterior de la provincia de Caracas durante el sexenio revolucionario (1807–1812), Madrid 1990.

39 DEGN, Christian: Die Schimmelmanns im atlantischen Dreieckshandel. Gewinn und Gewissen, Neumünster 1974. HANCOCK, David: Citizens of the World. London Merchants and the Integration of the British Atlantic Community, 1735–1785, Cambridge 1995. MÜLLER, Leos: The Merchant Houses of Stockholm, c. 1640–1800. A Comparative Study of Early-Modern Entrepreneurial Behaviour, Uppsala 1998 (Studia Historica Upsaliensia, 188).

40 SUBRAHMANYAM, Sanjay (Hrsg.): Merchant Networks in the Early Modern World, Aldershot – Brookfield 1996. POWELL, W. W.: Neither Market nor Hierarchy: Network Forms of Organisation, in: THOMPSON, G.; FRANCES, J.; LEVACIC, R.; MITCHELL, J. (Hrsg.): Markets, Hierarchies and Networks. The Organisation of Social Life, London 1991. HASSELBERG, Ylva; MÜLLER, Leos; STENLÅS, Niklas: History from a Network Perspective. Three Examples from Swedish Early Modern and Modern History c. 1700–1950, in: Centrum för Transport- och samhällsforskning, Working Paper 1997/1, 1997 Borlänge. MÜLLER, Leos: The Merchant Houses of Stockholm. NORTH, D. C.: Institutions, Institutional Change and Economic Performance, Cambridge 1990. SNEHOTA, Ivan: Notes on a Theory of Business Enterprise, Uppsala 1990. HÅKANSON, Håkan; SNEHOTA, Ivan (Hrsg.): Developing Relationships in Business Networks, London 1994.

satz, der auch in der vorliegenden Studie genutzt werden soll. Renate Pieper zeigt auf, daß deutsche Historiker bis jetzt zwar schon verschiedenste Netzwerke untersucht haben, wie z. B. das der Hansestädte, der Kloster- und Universitätsgründungen und die Beziehungen zwischen den Zentren des Humanismus. Dies geschah jedoch ohne einen theoretischen Hintergrund, der den Vergleich der Netzwerke und das Aufzeigen von Entwicklungen ermöglicht hätte[41]. Um dies zu vermeiden, sollen dieser Studie die Netzwerktheorien von W. W. Powell und Leos Müller[42] zugrunde gelegt werden, die es erlauben, ein Netzwerk auf seine Schlüsselfunktionen hin zu untersuchen und die Art der Beziehungen zu kategorisieren.

Es gibt jedoch nach Sanjay Subrahmanyam[43] und Leos Müller[44] wichtige Gründe, die für die Benutzung von Netzwerkanalysen in der historischen Forschung sprechen: Die Netzwerkanalyse kann eine Methode sein, mit deren Hilfe Daten betrachtet werden. In diesem Falle setzt der Forscher die Grenzen und bestimmt, wo das Zentrum liegt. In der vorliegenden Arbeit bestimmt das Firmenarchiv Wappäus Zentrum und Grenzen der Untersuchung. Das Netzwerk als Erklärungsmodell ist anwendbar, wenn andere Methoden versagen und kann als ergänzende Methode neue Ergebnisse bringen. Dies ist zum Beispiel der Fall beim Markt als Netzwerk. Das klassische Modell vom Markt, zu dem unabhängige, freie Teilnehmer freien Zutritt haben und unter gleichen Voraussetzungen agieren, hat sich als unzureichend erwiesen. Das Netzwerk hilft hier weiter[45]. Außerdem spricht für die Anwendung einer Netzwerkanalyse in der historischen Forschung, daß das Netzwerk inoffizielle und nicht-hierarchische Beziehungen sichtbar machen kann, wie sie in Familienfirmen vorkommen. Sie ist ein geeignetes Werkzeug, um operationale Fragen zu stellen. So haben Historiker oft Schwierigkeiten damit, die Gruppe der handelnden Personen fest zu umreißen. Die Erstellung eines Netzwerkes macht es möglich, diese Gruppe durch ihre sozialen Beziehungen ausfindig zu machen und zu benennen. In der vorliegenden Studie soll dies ausgehend vom Zentrum der Firma A. H. Wappäus geschehen. Das Netzwerkschema ist als ein Verbindungsglied zwischen Theorie und der individuellen, praktischen historischen Person besonders gut für die Untersuchung einer Familienfirma geeignet. Verschiebt man die Aufmerksamkeit von dem Netzwerk als Beschreibung von Beziehungen und richtet diese statt dessen auf seine Funktionen, so auf die Fragen, wie zum Beispiel die Beziehungen im Netzwerk hergestellt, erhalten, gestärkt, unterbrochen, benutzt und ausgenutzt wurden, so ist es zur Klärung von offenen Fragen geeignet. In dieser Arbeit soll versucht werden, mit Hilfe von Netzwerkanalyse Fragen nach dem Eindringen Ham-

---

41 PIEPER, Renate: Die Vermittlung einer Neuen Welt. Amerika im Nachrichtennetz des Habsburgischen Imperiums 1493–1598, Mainz 2000 (Veröffentlichungen des Instituts für Europäische Geschichte Mainz, Abteilung für Universalgeschichte, Bd. 163), S. 4–5.
42 MÜLLER, Leos: The Merchant Houses of Stockholm. POWELL, W. W.: Neither Market nor Hierarchy: Network Forms of Organisation, in: THOMPSON, G.; FRANCES, J.; LEVACIC, R.; MITCHELL, J. (Hrsg.): Markets, Hierarchies and Networks. The Organisation of Social Life, London 1991.
43 SUBRAHMANYAM, Sanjay (Hrsg.): Merchant Networks.
44 MÜLLER, Leos: The Merchant Houses of Stockholm.
45 Ebd., S. 222.

burger Kaufleute in den Venezuelahandel, nach der Firmenorganisation am Überseehandel beteiligter Firmen und deren Handelsstrategie zu klären.

Wie in der Handelsgeschichte, so gibt es auch in der Unternehmensgeschichte große Forschungslücken. Die Darstellung der Firmengeschichte hat in Deutschland ebenso wie in anderen Ländern eine lange Entwicklung von der Jubiläums- und Propagandaschrift bis zur wissenschaftlich fundierten historischen Darstellung durchlaufen[46]. Doch bezüglich des Überseehandels ist bislang kaum eine, auf einem Firmenarchiv basierende Studie vorgelegt worden. Dies liegt zum einen an der komplexen Quellenlage, zum anderen an der Notwendigkeit, zu solch einer Untersuchung breit gestreute ausländische Archivalien heranzuziehen. Hamburger Familien sind zwar oft Gegenstand von Publikationen gewesen, doch aufgrund der genannten Hindernisse handelt es sich ausnahmslos um biographisch ausgerichtete, einseitig aus Hamburger Perspektive verfaßte Schriften auf der Grundlage Hamburger Materialien. Zahlreiche dieser Veröffentlichungen sind veraltet[47]. Aber auch unter neuen Darstellungen überwiegen die deskriptiven, teilweise genealogisch angelegten Arbeiten, die auschließlich auf Hamburger Materialien basieren. Oft handelt es sich um Auftragsarbeiten oder Darstellungen von Familienmitgliedern[48]. Maria Möring war eine auf dem Gebiet der Firmengeschichte rege tätige Historikerin, die jedoch fast ausschließlich Jubiläumsschriften und kleinere Arbeiten verfertigte[49]. Zusammenfassend ist zu konstatieren, daß fast alle hamburgischen Firmen-

---

46 POHL, Hans (Hrsg.): Wilhelm Treue. Unternehmens- und Unternehmergeschichte aus fünf Jahrzehnten, Stuttgart 1989 (Zeitschrift für Unternehmensgeschichte, Beiheft 50), S. 1.

47 MARCHTALER, Hildegard von: Die Slomans. Geschichte einer Hamburger Reeder- und Kaufmannsfamilie, Hamburg 1939[2]. SCHRAMM, Percy Ernst: Eine hamburgische Familiengeschichte. Die Jeckel-Jencquel vom Ende des 16. bis zum 19. Jahrhundert. Ein kultur- und wirtschaftsgeschichtlicher Längsschnitt, Masch.schr., Hamburg 1950. DERS.: Gewinn und Verlust. Die Geschichte der Hamburger Senatorenfamilien Jencquel und Luis (16. bis 19. Jahrhundert). Zwei Beispiele für den wirtschaftlichen und sozialen Wandel in Norddeutschland, Hamburg 1970. DERS.: Hamburg, Deutschland und die Welt. Leistung und Grenzen hanseatischen Bürgertums in der Zeit zwischen Napoleon I und Bismarck, München 1943. (Geschichte des Handelshauses Merck & Co. und der Familien Merck und Ruperti). SIEVEKING, Hermann: Aus der Familiengeschichte De Chapeaurouge und Sieveking 1794–1806, in: ZVHG 12 (1908), S. 208–215.

48 ARNOLDI, Emil Louis Christian: Geschichte des Geschlechts Arnoldi in Altona und Hamburg, Hamburg 1939. AVERDIECK, O.: Das Geschlecht Averdieck, Hamburg 1970. CHERNOW, Ron: Die Warburgs, Odyssee einer Familie, Siedler 1994. HOFFMANN, Paul Th.: Die Scholz-Forni und ihre Anverwandten. Geschichte eines deutsch-italienischen Geschlechts, Hamburg 1941. KAUFMANN, Gerhard (Hrsg.): Louis C. Jacob: Restaurant und Hotel an der Elbchaussee. Begleitheft zur Ausstellung des Altonaer Museums im Jenisch Haus, Hamburg 1995/96. MUTZENBECHER, Geert-Ulrich: Die Versicherer: Geschichte einer Hamburger Kaufmannsfamilie, Hamburg 1993. (Über die Mutzenbecher). ROOSEN, Familie (Hrsg.): Geschichte unseres Hauses, Hamburg 1905. TESDORPF, Oscar L.: Die Geschichte des Tesdorpf,schen Geschlechts bis 1920, Hamburg 1919.

49 Eine Auswahl der Hamburger Familien und Firmen, über welche Maria Möring publiziert hat: Adolph Jahn & Co.; Carl Wilhelm Uhlmann; Carsten Rehder; Conrad Hinrich Donner; Evers & Co.; F. & W. Joch; Familie Booth; G. A. Droege & Sohn; Godeffroy; H. F. Harms & Sohn; H. W. Pott & Körner; Herrling (Bäckerei und Konditorei); J. C. Wolters; Joh. Achelis & Söhne; Joh. Berenberg; Gossler & Co.; Joh. Schuback & Söhne; Nic. von der Meden & Co.; Petersen & Alpers; Siemssen & Co.; Wolf & Hasselmann; Zipperling, Kessler & Co.

geschichten veraltet oder minderer Qualität sind. Ein Beispiel für gelungene Wirtschaftsbiographien gibt es dagegen über Bielefelder Unternehmer[50]. Ebensowenig gibt es eine aktuelle Studie über die Gesamtheit der hamburgischen Kaufmannschaft im 19. Jahrhundert[51].

Auch im internationalen Vergleich wird die große Anzahl der Publikationen unter der Rubrik *Hamburgensien* kritischen Ansprüchen nicht gerecht[52]. Oft sind als Auftragsarbeiten verfaßte Schriften durch mangelnde Distanz zum Objekt gekennzeichnet, wie zum Beispiel A. L. P. Norringtons Buch über die Blackwells, welches von diesen selbst auch verlegt wurde, und mehr eine verklärte Erinnerung und Anekdotensammlung, denn eine historische Untersuchung darstellt. Unter den neueren und neuesten Arbeiten überwiegen jedoch die von unabhängigen Historikern verfaßten Schriften. In den 1980er und 1990er Jahren war im Ausland ein starker Zuwachs an Publikationen auf dem Gebiet der Firmengeschichte zu verzeichnen[53]. Der größte Teil der Untersuchungen beschäftigt sich mit Unternehmen, die

---

50 KOCKA, Jürgen; VOGELSANG, Reinhard (Hrsg.): Bielefelder Unternehmer des 18. bis 20. Jahrhunderts, Münster 1991 (Rheinisch-Westfälische Wirtschaftsbiographien, Bd. 14).

51 Bei der Untersuchung von Rainer POSTEL über die Versammlung eines ehrbaren Kaufmanns handelt es sich um eine Mischung aus Jubiläumsschrift und historischer Studie: POSTEL, Rainer: Versammlung eines ehrbaren Kaufmanns 1517–1992. Kaufmännische Selbstverwaltung in Geschichte und Gegenwart, Hamburg 1992.

52 AYTOUN, Ellis: Heir of Adventure: the Story of Brown, Shipley & Co., Merchant Bankers 1810–1960, London 1960. BECK, Wolfgang: Eines Hohen Senats Buchdrucker: eine kleine Firmengeschichte in Dokument und Kommentar nebst einer gelehrten Abhandlung über die Geschichte der Hamburger Ratsbuchdrucker 1886–1986: hrsg. anläßlich des 100jährigen Firmenjubiläums von Luetcke & Wulff, Hamburg 1986. BOUCHE, Guenther: ...und beehre ich mich Ihnen anzuzeigen ... : Festschrift zum 150jährigen Bestehen des Unternehmens Westermann 1838–1988 (eine Firmengeschichte durch anderthalb Jahrhunderte), Braunschweig 1988. DAUMANN, Carl-Friedrich: 175 Jahre Henschel: der ständige Weg in die Zukunft, 1810–1985, Moers 1985. HAUSSMANN, Georg: Ludwig Sartorius & Comp.: 1777–1977, ein Oldenburger Handelshaus im Wandel der Zeiten, Oldenburg 1977. LYMHE, Konrad: Chronik der Firma J. & H. Gehlsen 1798–1973: vom Schiffer zum Holzkaufmann, zum Dienstleistungs- und Handelskaufhaus für die Bauwirtschaft, zum 175. Jubiläum, Heide 1974. MAUDE, W.: Antony Gibbs & Sons Limited, Merchants and Bankers 1808–1958, London 1958. NORRINGTON, A. L. P.: Blackwell's 1879–1989. The History of a Family Firm, Oxford 1983. OLBRICH, Wilhelm: 100 Jahre Hiersemann, Stuttgart 1984. PIERENKEMPER, Toni; TILLY, Richard: Die Geschichte der Drahtweberei. Dargestellt am Beispiel der Firma Haver & Boecker, Oelde, aus Anlaß des einhundertjährigen Bestehens 1887–1987, Stuttgart 1987 (Zeitschrift für Unternehmensgeschichte, Beiheft 51). WIEMANN, Harm (Hrsg.): Wilhelm Connemann: 200 Jahre Firmengeschichte. Ein Spiegel ostfriesischer Wirtschaftsentwicklung, Leer 1950.

53 BURK, Kathleen: Morgan Grenfell, 1838–1988: The Biography of a Merchant Bank, Oxford 1989. DIAPER, Stephanie: The History of Kleinwort, Sons & Co. in Merchant Banking, 1855–1966, unpubl. Diss. University of Nottingham 1983. FIERZ, Peter: Eine Basler Handelsfirma im ausgehenden 18. und zu Beginn des 19. Jahrhunderts: Christoph Burckhardt & Co. und verwandte Firmen, Diss. Zürich 1994. FISCHER, E. J.: Fabriqueurs en fabrikanten, de Twentse katoennijverheid en de onderneming S. J. Spanjaard te Borne tussen circa 1800 en 1930, Utrecht 1983. DERS.; GERWEN, J. L. J. M. van; WINKELMANN, H. J. M.: Bestemming Semarang, geschiedenis van de textielfabrikanten Gelderman in Oldenzaal 1817–1970, Oldenzaal 1991. HOFFMANN, Gabriele: Das Haus an der Elbchaussee. Die Godeffroys – Aufstieg und Niedergang einer Dynastie, Hamburg 1998. HÜCKING, Renate; LAUNER, Ekkehard: Aus

zumindest bis in das 19. Jahrhundert hinein existierten, und nur wenige Studien haben ältere Firmen zum Untersuchungsgegenstand[54]. Dieser Umstand hängt wahrscheinlich vor allem mit dem Fehlen von Archivmaterial zusammen. Dabei handelt es sich bei dem Gros der Arbeiten um die Untersuchung am Beispiel einer Firma, die meist auch identisch mit einer Familie ist[55], was vor allem seinen Grund in der damalig üblichen Firmenstruktur hat. Unter diesen Publikationen befinden sich jedoch auch einige wesentlich ältere, die noch heute relevant sind, wie zum Beispiel die Untersuchung über das Handelshaus Van Eeghen von J. Rogge aus dem Jahre 1949. Neben dem firmengeschichtlichen Ansatz konzentriert sich eine Reihe von Veröffentlichungen mehr auf den familiengeschichtlichen Aspekt. In diesen werden einzelne Personen, die eine Firma betrieben, in den Mittelpunkt der Betrachtung gestellt[56]. In anderen Publikationen wiederum wurde nicht eine einzelne Firma

---

Negern Menschen machen: Wie sich das Handelshaus Woermann an Afrika entwickelt hat, Hamburg 1986. KNIERIEM, Michael: „Gewinn unter Gottes Segen": Ein Beitrag zu Firmengeschichte und geschäftlicher Situation von Friedrich Engels; aus dem Archiv der Firma Ermen & Engels in Engelskirchen, Wuppertal 1987. KYNASTON, David: Cazenove & Co.: a History, London 1991. PRICE, Jacob M.: Perry of London. A Family and a Firm on the Seaborne Frontier, 1615–1753, Cambridge 1992 (Harvard Historical Studies, 111). ROSE, Mary B.: The Gregs of Quarry Bank Mill. The Rise and Decline of a Familiy Firm, 1750–1914, Cambridge 1986. SCHELVEN, A. A. van: Onderneming en familisme, opkomst, bloei en neergang van de onderneming Van Heek & Co. te Enschede, Leiden 1984. VELUWENKAMP, Jan Willem: Ondernemersgedrag op de Hollandse Stapelmarkt in de Tijd van de Republiek. De Amsterdamse Handelsfirma Jan Isaac Neufville & Comp., 1730–1764, Leiden 1981. ZIEGLER, Philip: The Sixth Power: Barings 1762–1929, London 1988.

54 BRULEZ, W.: De firma Della Faille en de internationale handel van Vlaamse firma's in de 16e eeuw, Brüssel 1959. EIKENBERG, Wiltrud: Das Handelshaus der Runtinger zu Regensburg. Ein Spiegel süddeutschen Rechts-, Handels- und Wirtschaftslebens im ausgehenden 14. Jahrhundert, Göttingen 1976 (Veröffentlichungen des Max-Planck-Instituts für Geschichte, 43). FORSTER, Robert: Merchants, Landlords, Magistrates. The Depont Family in Eighteenth-Century France, Baltimore 1980. SCHULTE, Aloys (Hrsg.): Geschichte der großen Ravensburger Handelsgesellschaft, 1386–1530, 3 Bde., Wiesbaden 1964 (Deutsche Handelsakten des Mittelalters und der Neuzeit).

55 BOYSON, Rhodes: The Ashworth Cotton Enterprise. The Rise and Fall of a Family Firm, 1818–1880, Oxford 1970. BUIST, M. G.: At spes non fracta, Hope & Co. 1770–1815, Den Haag 1974. BURGERS, R. A.: 100 jaar G. en H. Salomonson, kooplieden-entrepreneurs, fabrikanten en directeuren van de Koninklijke Stoomwevereij te Nijverdal, Leiden 1954. COMAN, Edwin T.; GIBBS, Helen M.: Time, Tide and Timber, a Century of Pope & Talbot, Stanford 1949. GILLE, B.: Histoire de la Maison Rothschild, Genf 1965–67. GOVERS, F. G. G.: Het geslacht en de firma F. van Lanschot 1737–1901, Tilburg 1972. HIDY, Ralph W.: The House of Baring in American Trade and Finance: English Merchant Bankers at Work 1763–1861, Cambridge 1949. ROGGE, J.: Het Handelshuis van Eeghen. Proeve eener Geschiedenis van een Amsterdamsch Handelshuis, 1662–1811, Amsterdam 1949. SCHRAMM, Percy Ernst: Neun Generationen. Dreihundert Jahre deutscher „Kulturgeschichte" im Lichte der Schicksale einer Hamburger Bürgerfamilie (1648–1948), 2 Bde., Göttingen 1963/64.

56 AHRENS, Gerhard; HAUSCHILD-THIESSEN, Renate: Die Reeder Laeisz, Ballin, Hamburg 1989 (Hamburgische Lebensbilder, Bd. 2). MULLER, H.: Een Rotterdams zeehandelaar, Hendrik Muller Szn., (1819–1898), Schiedam 1977. OOSTERWIJK, A. J.: Koning van de Koopvaart, Anthony van Hoboken (1756–1850), Rotterdam 1983. DERS.: Reder in Rotterdam, Willem Ruys 1803–1889, Rotterdam 1990.

untersucht, sondern der Methodik der Kollektivbiographie folgend Gruppen von Fabrikanten, Händlern, Firmen, welche durch Firmensitz oder Branche verbunden waren. Zu diesen Arbeiten gehört der von Johannes Burkhardt herausgegebene Band über Augsburger Handelshäuser und die Studie von T. M. Devine über Glasgower Tabakhändler[57]. Aus den genannten Publikationen ragen einzelne als beispielhaft und innovativ heraus[58]. Christian Degn hat in seinem Werk über die Familie Schimmelmann die Vielschichtigkeit, die sich durch Einheit von Familie und Firma im gesellschaftlichen und historischen Kontext ergibt, herausgearbeitet. Wie auch David Hancocks Arbeit über englische Kaufleute ist die Studie sehr gründlich recherchiert. Die Untersuchung von Leos Müller zeichnet sich durch Innovativität aus. In seiner Studie hat er sich klar von der vorherrschenden chronologischen Vorgehensweise und der ereignisgeschichtlichen Betrachtungsweise gelöst. Nach Themen geordnet vergleicht er die Stockholmer Familienfirmen Momma-Reenstierna und Carlos & Claes Grill miteinander. Systematisch werden dabei verschiedenste geschäftliche Aspekte beleuchtet: Langzeitinvestitionen, Organisation des Handels, die sozialen Netzwerke der Händler und die Zusammensetzung des Vermögens. Richard Roberts hat dagegen eine bis heute bestehende Firma in deren Auftrag untersucht und mit seinem Ergebnis bewiesen, daß auch solch eine Auftragsarbeit ergiebig sein kann[59]. Es zeigt sich jedoch bei all diesen, letztlich auf privaten Firmen- oder Familienarchiven basierenden Untersuchungen, daß sie von der Quellenlage determiniert sind.

Da sich die vorliegende Studie über die im Karibikhandel aktive Hamburger Familie Wappäus von den überkommenen Schemata der Firmengeschichten lösen will und der Kontext des Überseehandels dieser Kaufmannsreederei durch eine Untersuchung der Rahmenbedingungen für den hanseatischen Handel in Niederländisch- und Dänisch-Westindien untersucht werden soll, wird auch die Kolonialgeschichtsforschung der beiden nordwest-europäischen Länder herangezogen.

Bietet die niederländische Forschung neueste Werke zu verschiedensten Aspekten der niederländischen Kolonialgeschichte[60] und ist der Quellenbestand der ABC-

57 AGNEW, Jean: Belfast Merchant Families in the Seventeenth Century, Dublin 1996. BURK-HARDT, Johannes (Hrsg.): Augsburger Handelshäuser im Wandel des historischen Urteils, Berlin 1996 (Institut für Europäische Kulturgeschichte der Universität Augsburg, Colloquia Augustana, Bd. 3). DAHLMANN, Dittmar: „... das einzige Land in Europa, das eine große Zukunft vor sich hat": deutsche Unternehmen und Unternehmer im Russischen Reich im 19. und frühen 20. Jahrhundert, Essen 1998. DEVINE, T. M.: The Tobacco Lords. A Study of the Tobacco Merchants of Glasgow and their Trading Activities c. 1740–90, Edinburgh 1975.

58 DEGN, Christian: Die Schimmelmanns im atlantischen Dreieckshandel. HANCOCK, David: Citizens of the World. MÜLLER, Leos: The Merchant Houses of Stockholm. ROBERTS, Richard: Schroders. Merchants & Bankers, London 1992.

59 ROBERTS, Richard: Schroders. Merchants & Bankers.

60 GOSLINGA, Cornelis Ch.: Curaçao and Guzmán Blanco. A Case of Small Power Politics in the Caribbean, 'S-Gravenhage 1975 (Verhandelingen van het koninklijk Instituut voor Taal-, Land- en Volkenkunde, 76). DERS.: The Dutch in the Caribbean and in Surinam 1791/5–1942, Assen – Maastricht 1990. DERS..: The Dutch in the Caribbean and on the Wild Coast, 1580–1680, Gainesville 1971. DERS.: A Short History of the Netherlands Antilles and Surinam, Den Haag – Boston – London 1979. GOSLINGA, Marian: A Bibliography of the Caribbean, London 1996 (Scarecrow Area Bibliographies, No. 8). HARTOG, Johannes: Curaçao van Kolonie

Inseln[61] schon Gegenstand etlicher Untersuchungen gewesen, so hat die dänische Kolonialgeschichte bislang kaum Beachtung gefunden. In Dänemark ist die Forschung über die Kolonien des Landes fast inexistent. Veröffentlichungen zu Dänisch-Westindien sind auf wenige Werke beschränkt. Bis heute ist das vierbändige, 1964 erschienene, *Vore gamle tropekolonier*, pro Band je von einem anderen Autoren verfaßt, das Standardwerk, auf das sich in größten Teilen die wenigen nachfolgenden Publikationen stützen[62]. An der Universität wird die dänische Kolonialgeschichte nicht gelehrt. Die einschlägigen Quellen im *Rigsarkivet København* sind großenteils unbearbeitet. Grundsätzliche Fragen, wie zum Beispiel zur Art des Handels auf St. Thomas, diesem wichtigen, allenthalben erwähnten kolonialen Entrepots in der Karibik sind ungeklärt. Dieses Desinteresse an der eigenen Kolonialgeschichte ist untypisch für europäische Nationen und scheint seine Wurzeln in Art und Geschichte der dänischen Kolonien zu haben.

Dänisch-Westindien ist als reine Handelsniederlassung gegründet worden. Übergeordnete Absichten wie die Verbreitung der dänischen Kultur, Missionierung oder auch Ausbau eines militärischen Stützpunktes spielten keine Rolle in der Geschichte der dänischen Kolonien. Die Anzahl der dänischen Auswanderer war verschwindend gering, der Großteil der Dänen in Westindien war nicht freiwillig dort. Eine familiäre und damit emotionale Bindung an diese Kolonien entstand nicht. Einzig die Aktionäre der Dänisch-Westindien-Kompagnie und dort tätige Kaufleute hatten ein Interesse an den Inseln, das auch nur rein ökonomischer Natur war. Da Westindien jedoch immer ein Zuschußgeschäft für den dänischen Staat blieb und auch der einzelne Kaufmann dort keine Reichtümer erwarb, war schließlich der Verkauf die

tot Autonomie, Bd. I tot 1816 en Bd. II na 1816, Aruba 1961 (Geschiedenis van de Nederlandse Antillen, III Curaçao, 2 Bde.). DERS.: De Geschiedenis van twee landen de Nederlandes Antillen en Aruba met een recente historische bibliografie, Zaltbomme 1993. DERS.; GIDEON OENES, Virginia: Curaçao: Short History, Oranjestad 1979. DERS.: Registerdeel en Historische Bibliografie bij de Geschiedenis van de Nederlandse Antillen, Aruba 1981 (Geschiedenis van de Nederlandse Antillen, IV). HEIJER Henk van: De Geschiedenis van de WIC, Zutphen 1994. JONG, Theo M. P. de: De krimpende horizon van de Hollandse kooplieden. Hollands Welvaren in het Caribisch Zeegebied (1780–1830), Assen 1966. KLOOSTER, Wim: Illicit Riches, Dutch Trade in the Caribbean, 1648–1759, Leiden 1998 (Koninklijk Instituut voor Taal-, Land- en Volkenkunde, Caribbean Series 18). LECHNER, J.; VOGEL, H. Ph. (Hrsg.): De Nieuwe Wereld en de Lage Landen. Onbekende Aspecten van Vijfhonderd Jaar Ontmoetingen tussen Latijns-amerika en Nederland, Amsterdam 1992.

61   Die allgemein gebräuchliche Bezeichnung ABC-Inseln für Aruba, Bonaire und Curaçao wird im Folgenden zur Abkürzung benutzt.

62   VIBÆK, Jens: Vore Gamle Tropekolonier, Dansk Vestindien 1755–1848, Vestindiens Storhedstid, Bd. 2, Dänemark 1966. SKRUBBELTRANG, Fridlev: Vore gamle tropekolonier, Dansk Vestindien 1848–1880, Politiske brydninger og social uro, Bd. 3, Dänemark 1967. Dazu existieren vereinzelte Publikationen geringen Umfangs: DOOKHAN, Isaac: A History of the Virgin Islands of the United States, East Kilbride 1974. GØBEL, Erik: Die Schiffahrt Altonas nach Westindien in der zweiten Hälfte des 18. Jahrhunderts, Hamburg 1995 (Altonaer Museum, Norddeutsches Landesmuseum 1990–1993, Jahrbuch Bd. 28–31, Sonderdruck), S. 11–24. DERS.: Shipping through the Port of St. Thomas, Danish West Indies, 1816–1917, in: International Journal of Maritime History VI/2 (12/1994), S. 155–173. DERS.: Volume and Structure of Danish Shipping to the Caribbean and Guinea, 1671–1838, in: Int J MH II/2 (12/1990), S. 103–131.

logische Konsequenz. In diesem Lichte war Dänisch-Westindien eine Episode in der dänischen Geschichte, die eher mit Verlust und Niederlagen, denn mit Großmachtansprüchen verbunden ist. Das in Dänemark existierende Forschungsvakuum zur Kolonialgeschichte könnte in diesem Zusammenhang entstanden zu sein.

In Hamburg sind ebenfalls Quellenbestände vorhanden, die bislang unzureichend genutzt wurden. Viele Firmenarchive sind bis auf den heutigen Tag unbearbeitet geblieben[63]. Die Forschung zum hamburgischen Handel stützte sich bisher fast ausschließlich auf Hafen- und Zollakten. Verschiedene Aufsätze deuten jedoch auf vorhandenes und noch nicht vollständig ausgewertetes Archivmaterial in Privatbesitz hin[64]. Zu solchen bislang ungenutzten Quellenkorpora gehört auch der Nachlaß der Familienfirmen Georg Heinrich und Adolph Heinrich Wappäus, der im Mittelpunkt dieser Studie steht. Einzig ein Aufsatz wurde 1990 zu diesem Bestand veröffentlicht[65].

Familienfirmen spielten im 18. und 19. Jahrhundert in Europa eine Schlüsselrolle. Bis heute haben sie eine große Bedeutung für die europäische Wirtschaft, denn Familienfirmen haben einen überproportionalen Anteil am Markt[66]. Während der Anfänge der Industrialisierung waren Familienfirmen bezüglich Größe und Struktur gut den Marktbedingungen angepaßt wie etwa dem technischen Stand, der benötigten Kapitalmenge und der Überwachung und Anleitung von Angestellten. Als Familienfirmen gelten solche, welche in den Händen von Familien liegen, von diesen kontrolliert und geleitet werden. In solchen Unternehmen gab es keine sonderlich ausgeprägte Hierarchie in den Leitungsfunktionen. Derartige von Familien kontrollierte und verwaltete Firmen verfügten über das verwandschaftliche Netzwerk und die persönlichen Kontakte zu befreundeten Unternehmern, welche die Basis für gegenseitiges Vertrauen im Geschäft bildeten. Dieses Vertrauen war notwendig, um die großen Unsicherheiten und Risiken im wechselseitigen Geschäft des 19. Jahrhunderts abzumildern. Ein weiteres Merkmal von Familienfirmen ist die Beeinflussung der Handlungsmotivation durch nicht-geschäftliche Faktoren wie Reputation der Familie, Status innerhalb der Gemeinschaft, Arbeitsbeschaffung für Familienmitglieder und Reproduktionsfragen. Daraus resultierte eine Geschäftsfüh-

---

63 KELLENBENZ, Hermann: Firmenarchive und ihre Bedeutung für die europäische Wirtschafts-
    geschichte, in: Archiv und Wissenschaft, Meinungsblätter für das Archivwesen der Wirtschaft
    1/3 (1967/68), S. 71–83, S. 80.
64 BAASCH, Ernst: Zur Geschichte einer hamburgischen Großtabaksfirma im 18. und 19. Jahr-
    hundert, in: ZVHG 29 (1928), S. 1–60. BEURZE, S. J.: Winst, vermogen en familiebelang
    binnen de firma J. J. Krantz & Zn. 1826–1948, in: MOES, J. K. S.; VRIES, B. M. A. de (Hrsg.):
    Stof uit het Leidse verleden, zewn eeuwen textielnijverheid, Utrecht 1991, S. 145–162. BROE-
    ZE, Frank: Unternehmertum und Liebhaberei. CARTER, A. C.: The Family and Business of
    Belesaigne, Amsterdam, 1689–1809, in: Proceedings of the Huguenot Society of London 20
    (1961), S. 302–323. DUPOY, Walter: Las Casas Blohm de Venezuela.. STEVENS, Th.: De
    familie Kann en haar financiële activiteiten gedurende vier eeuwen, in: Studia Rosenthaliana 4
    (1970), S. 43–95.
65 BROEZE, Frank: Unternehmertum und Liebhaberei: Der Hamburger Reeder A. H. Wappäus
    (1814–1904), in: ZVHG 76 (1990), S. 41–81.
66 ROSE, Mary B.; JONES, Geoffrey: Family Capitalism, in: Business History 35/4 (1993), S. 1–
    16.

rung, die oft in kurzen Zeit- und Investitionszyklen dachte, was ein Wachsen der Firma zu einem Großbetrieb verhinderte. Aus diesem Grunde war es typisch, daß es einen kontinuierlichen Prozeß des Firmensterbens und Entstehens neuer Familienfirmen gab[67].

Der Begründer der Familienfirma, die dieser Studie als Beispiel zugrunde liegt, Georg Heinrich Wappäus[68], engagierte sich 1805 nach Einheirat im Leinenhandel. 1818 etablierte er sich mit dem Kauf eines ersten Schiffes auch als Reeder. In diesem Geschäft sollte er zu einem der größten Unternehmer Hamburgs aufsteigen und für fast zwei Jahrzehnte maßgeblich an der Westindienfahrt beteiligt sein. Der karibische Raum war sein Haupthandelsgebiet. Zudem handelte er auch mit Afrika und Asien, Gebieten, die in dieser Studie nicht beachtet werden können, da dies den Rahmen der Untersuchung angesichts der gewählten Methode sprengen würde. 1836 erlosch die Firma mit dem Tod des Inhabers. Doch sein Stiefsohn Johann Wilhelm Alexander Lorenzen und sein Sohn Adolph Heinrich Wappäus waren in anderen Firmen im Überseehandel tätig. Johann Wilhelm Alexander hatte sich nach einigen Jahren Tätigkeit in La Guaira / Venezuela in Hamburg niedergelassen. Adolph Heinrich dagegen war erst in New York und danach an verschiedenen Orten Venezuelas als Kaufmann tätig gewesen, bevor er 1857 in Hamburg die Kaufmannsreederei A. H. Wappäus gründete, die er bis zu seinem Tode 1904 führte. Wie sein Vater, legte auch er den Schwerpunkt des Geschäftes auf den Westindienhandel, mit einer besonderen Spezialisierung auf Venezuela. Aus dem gleichen Sachzwang wie bei der Firma G. H. Wappäus müssen auch bei der Firma A. H. Wappäus die Relationen nach Afrika, Asien und Australien späteren Studien vorbehalten bleiben.

Das Firmenarchiv des Hamburger Reeder- und Kaufmannsunternehmens Wappäus[69] ist vielleicht der einzige in großen Teilen erhaltene Quellenbestand eines der frühen, noch in der Umbruchphase vom 18. Jahrhundert zum beginnenden 19. Jahrhundert gegründeten Hamburger Unternehmen, die im großen Stil Schiffahrt und Handel zunächst mit dem karibischen Raum und dann mit weiten Teilen des nach-unabhängigen Lateinamerika betrieben und zentral von Hamburg aus operierten. Dieses Quellenkorpus ist bisher noch nie Gegenstand eingehender Untersuchungen gewesen. Sämtliche Quellen des Bestandes befinden sich in einem guten Zustand. Das Archiv der Familienfirma Wappäus umfaßt Dokumente der ersten Firma, welche unter Georg Heinrich Wappäus bestand und die Unterlagen der zweiten Firma unter dessen Sohn Adolph Heinrich Wappäus. Dieser Teil ist der wesentlich größere und auch aussagekräftigere. Er deckt den Zeitraum von 1856 bis 1904 ab. Die Dokumente der ersten Firma von Georg Heinrich Wappäus datieren von 1825 bis 1835. Hauptbestandteil dieses Archivs sind zwei *Korrespondenzbücher*[70], groß-

---

67 CHURCH, Roy: The Family Firm in Industrial Capitalism: International Perspectives on Hypotheses and History, in: Bus Hist 35/4 (1993), S. 17–43, S. 18–19.

68 Zu den Personen siehe IX. Anhang: 1. Stammtafel der Familie Wappäus.

69 StAH 621-1 Firma G. H. Wappäus 1–5. StAH 621-1 Firma A. H. Wappäus 1–19.

70 In dieser Studie wurden zur Bearbeitung des Firmenarchivs Wappäus die Bezeichnungen des Staatsarchivs Hamburg für die einzelnen Quellengruppen übernommen. Bis auf eine Ausnahme handelt es sich dabei um die im 19. Jahrhundert im kaufmännischen Bereich üblichen Bezeichnungen. Einzig das sogenannte *Memorandum-Book* aus dem Bestand des A. H. Wappäus

formatige Folianten, die den Schriftwechsel der Firma von 1825 bis 1830 enthalten. Unsystematisch lassen sich hieraus Informationen über geplante und getätigte Geschäfte, Schiffsbewegungen, gehandelte Waren, Handelspartner, aber auch über private Angelegenheiten, gewinnen.

Sehr viel umfangreicher und detaillierter ist der Bestand, den Georg Heinrichs Sohn Adolph Heinrich hinterließ. Eine zentrale Quelle für die Untersuchung bilden die *Auftragsbücher* der Firma A. H. Wappäus. In diesen sind nahezu vollständig die Bestelllisten der Kunden in Amerika von 1857 bis 1897 erhalten. Die Namen sämtlicher Geschäftspartner, der Ort oder die Orte, an welchen sie tätig waren, sind hier erfaßt. Nicht nur alle georderten Waren, sondern auch detaillierte Wünsche, Qualitätsanforderungen und Mengenangaben sind für den langen Zeitraum von 40 Jahren notiert und erlauben so einen tiefen Einblick in die Handelspraxis. Anhand der Waren und Namen können mit diesem Bestand die Verbindungen der Familie und Firma Wappäus nach Südamerika rekonstruiert und nachvollzogen werden.

Die Auftragsbücher werden durch eine weitere bedeutende Dokumentengruppe ergänzt, die fünf *Kopiebücher*[71], in denen die ausgegangene Korrespondenz von 1863 bis1894 erhalten ist. Die Korrespondenz gibt Aufschluß über die Art der Geschäfts- oder auch sonstiger Kontakte, über die Art und Weise wie Verbindungen hergestellt, erhalten und Geschäfte getätigt wurden. In Verbindung mit den Auftragsbüchern handelt es sich hier um die wesentlichste Quellengruppe für die vorliegende Studie, die sich vorrangig auf die Untersuchung der kaufmännischen und sozialen Relationen der Familienfirma konzentriert, da dieser Aspekt des hamburgischen Überseehandels bisher noch nicht behandelt wurde. Ergänzt werden die Auftrags- und Kopiebücher durch kleinere Bestandsgruppen des Firmenarchivs[72].

Darüber hinaus liefern die Unterlagen der von A. H. Wappäus gegründeten G. H. Wappäus-Stiftung und Eintragungen des Handelsregisters Informationen über die Firma[73].

trägt seinen Namen aufgrund des persönlichen Charakters der darin enthaltenen in englischer Sprache verfaßten Aufzeichnungen.

71   In der kaufmännischen Praxis des 19. Jahrhunderts wurden alle ausgehenden Briefe in sogenannte Kopiebücher transkribiert.

72   Es handelt sich hierbei um Rechnungen über Bau, Ausrüstung und Reisen der Schiffe *Orinoco* und *Evelina*, von 1857 bis 1859 und 1861; ein *Kassabuch* über den Bau und die Reisen der Bark *Orinoco*; das sogenannte *Memorandum-Book*, ein großer Foliant mit persönlichen Aufzeichnungen des Adolph Heinrich Wappäus, seinen Aufenthalt in Ciudad Bolívar betreffend; und das Testament der Eheleute Wappäus, welches 1904 eröffnet wurde. Desweiteren liegen persönliche Rechnungen der Familie, deren Hausstandsrechnungen, Aufträge, Verkaufsrechnungen und Fakturen, das sind Warenrechnungen und Lieferscheine, vor. Zur Gruppe der Dokumente von geringem Umfang, aber großer Aussagekraft gehören noch die *Connossements* und *Frachtbriefe*, die für die Jahre 1858 bis 1861 vorliegen. Mit den Connossements bestätigten die Kapitäne, daß und welche Fracht sie für Adolph Heinrich Wappäus beförderten. Die Frachtbriefe führen ebenfalls auf, welche Waren für Adolph Heinrich Wappäus mit welchem Schiff transportiert wurden. Die Rechnungsbücher der Firma liefern für diese Studie nur Einzelinformationen, da sie von Frank Broeze in seinem Aufsatz *Unternehmertum und Liebhaberei* schon für eine umfassende Rentabilitätsanalyse des insgesamt 24 Schiffe zählenden Reedereibetriebs wie auch für eine Firmenbilanz des Handelshauses genutzt wurden.

73   StaH 611–19 Archiv der G. H. Wappäus Stiftung 1–6, 1905–1928. StAH 231–3 Handelsregi-

Aus dem Staatsarchiv Hamburg wurde zusätzlich noch der Bestand der hamburgischen Konsulate in Venezuela, in den Städten La Guaira, Angostura und Maracaibo berücksichtigt. Diese Unterlagen umfassen Schreiben, Protokolle und Vorgänge dieser Konsulate von 1827 bis 1869. Sie geben außerdem Auskunft über Schiffahrtsangelegenheiten und gebührenpflichtige Anträge[74].

Da es allein mit dem Hamburger Quellenmaterial nicht möglich ist, die damit zusammenhängenden Fragen nach Art, Ursprung, Bedeutung und Einfluß der kaufmännischen Netzwerke zu klären und auch, um die bisher unilaterale, unzureichende Sichtweise zu erweitern, wird das Quellenmaterial durch Dokumente aus St. Thomas, Curaçao und Venezuela ergänzt[75].

Dieser neue methodische Ansatz, der Archivalien aus den Handelszielnationen in die Untersuchung einbezieht, ist das zentrale Anliegen der vorliegenden Studie. Die Erschließung und Edierung umfangreicher, bislang ungenutzter, ausländischer Quellenbestände macht die Konzentration auf die empirische Auswertung der Dokumente notwendig. Umfassende theoretische Einordnungen würden den Rahmen der Untersuchung sprengen und müssen zukünftigen Studien vorbehalten bleiben.

Die Firma Wappäus handelte zwar auch mit Asien, Ozeanien und Afrika, doch die beschriebene Vorgehensweise, komplementäres Quellenmaterial der Zielnationen auszuwerten, machte eine Beschränkung auf den karibischen Bereich notwendig. Auch innerhalb des karibischen Raumes war aus dem gleichen Sachzwang heraus eine Konzentration auf eine Auswahl von Häfen notwendig.

Venezuela mit seinen Häfen bildet als Haupthandelsgebiet der Familie Wappäus einen Schwerpunkt der Studie. Ausgehend von der Hypothese, daß Freihäfen für die hanseatische Kaufmannschaft Einstiegs- und Stützpunkte im sonst von Kolonialmächten beherrschten karibischen Markt waren, wurde Curaçao als ein der venezolanischen Küste vorgelagerter Freihafen als zweiter Studienschwerpunkt gewählt. Der dänische Freihafen St. Thomas, der gemeinhin in der Forschungsliteratur als ein Zentrum karibischen Handels geführt wird, wurde zur Ergänzung als drittes Studienobjekt gewählt, um zu untersuchen, ob Dänisch-Westindien auch für Hamburg eine zentrale Bedeutung hatte. Anhand der ausgewählten Häfen bietet sich zudem die Möglichkeit, den Hamburger Überseehandel aus drei verschiedenen überseeischen Perspektiven, nämlich Niederländisch-Westindiens, Dänisch-Westindiens und Venezuelas, zu betrachten.

Durch das Heranziehen ausländischer Quellen können die Daten des Hamburger Archivmaterials gegengeprüft werden. So wurden in Den Haag, Kopenhagen und Caracas Quellenbestände ausgewertet, die ebenfalls Informationen über den

---

ster F 4730 (A 6 Band 18). StAH 231–3 Handelsregister G 31042 (A 13 Band 21). StAH 231–7 Amtsgericht Hamburg – Handels und Genossenschaftsregister A 1050 (Handelsregister A Band 4).

74 StAH 132–6 Hamburgisches Konsulat (Generalkonsulat, Vizekonsulat) La Guayra 1 und 2, Bde. 1–3. StAH 132–6 Hamburgisches Konsulat Maracaibo 1–6. StAH 132–6 Hamburgisches Konsulat Angostura 1 I–II, 2, 3, 5–8.

75 Die Dokumente von Curaçao liegen im Rijksarchief Den Haag, die Bestände von St. Thomas großenteils im Rigsarkivet København und die für diese Studie verwandten venezolanischen Quellen befinden sich in diversen Archiven von Caracas.

Hamburger Handel enthielten, welche in Hamburg selbst nicht erhalten sind, wie z.
B. Hafenprotokolle, die das Kommen und Gehen hamburgischer Schiffe in den westindischen Häfen verzeichneten und Konsulatskorrespondenz. Diese neue Methode,
Hamburger Handelsgeschichte mit ausländischen Dokumenten zu erforschen, zeigte, daß sich in den Zielhäfen bislang nicht ausgewertetes Quellenmaterial befindet,
das auch von Hamburger Kaufleuten selbst stammt. Diese Quellen liefern teilweise
andere Ergebnisse als die Hamburger Archive. Denn um sich in den komplexen und
von nationalen Interessen geprägten Atlantikhandel einzuschalten, bauten viele
Händlerfamilien Kontakte in den wichtigsten atlantischen Häfen auf, weshalb die
Recherchen für diese Studie den Spuren der Akteure folgen mußten, um breit gestreute, bislang noch nicht zusammenhängend untersuchte Quellenbestände aus ausländischen Archiven einbeziehen zu können. Nur so kann das Handeln der jenseits
nationalstaatlicher Schranken denkenden Kaufleute des 19. Jahrhunderts rekonstruiert werden. Indem die Spuren, die sie in Übersee hinterließen, untersucht werden,
kann die Forschung den global denkenden und agierenden Überseehändlern gerecht
werden und eventuell letztlich die Frage klären, wie sich die von keiner Großmacht
geschützten Hansestädter im teilweise monopolisierten Atlantikhandel etablieren
und behaupten konnten, ohne in die Mühlen der großen Politik zu geraten.

Im Rahmen dieses methodischen Vorgehens wurden die Westindienbestände
der Niederlande untersucht. Dort fanden sich drei Quellengruppen, die relevante
Informationen für die vorliegende Studie enthielten. In der Universitätsbibliothek
Leiden liegen die *Consulaire Verslagen en Berichten 1865 bis 1900*[76]. In ihnen sind
die Jahresberichte der niederländischen Konsuln in Venezuela aber auch in Harburg, Altona und Hamburg enthalten. Sie geben Auskunft über die allgemeine wirtschaftliche Lage und über Schiffsbewegungen in Bezug auf Holland, seine Koloni-
en und Hamburg. Die Berichte enthalten zudem Informationen über das Verhältnis
zwischen Hamburg und den Niederlanden in jenem Zeitraum.

Ergänzend zu dieser Quelle enthält der Bestand *Koloniaal-Verslag*[77] aus dem
Koninklijk Instituut voor Taal-, Land- en Volkenkunde in Leiden ebenfalls Verzeichnisse der Schiffsbewegungen auf Curaçao, die jährlich herausgebracht wurden. Anhand dieser Quelle läßt sich der hamburgische Anteil am Gesamtvolumen des Handels der Insel feststellen.

Mit geringen Lücken brachte die dritte Quellengruppe, die karibische Zeitung
De Curaçaosche Courant für das vorletzte Jahrhundert wöchentlich ein Verzeichnis der Schiffsbewegungen, die auf der Insel stattgefunden hatten. Diese Zeitung
ist, in sich ergänzenden Teilen, im *Algemeen Rijksarchief Den Haag* und der
Koninklijke Bibliotheek Den Haag archiviert[78]. Die Zeitung erschien jeden Sams-

---

76   UL, Ministerie van Waterstaat, Handel en Nijverheid (Hrsg.): Verzameling van Consulaire en
      andere Verslagen en Berigten over Nijverheid, Handel en Scheepvaart, Jaargang 1865–1889,
      'S Gravenhage 1865–1890. UL, Ministerie van Buitenlandsche Zaken (Hrsg.): Consulaire Vers-
      lagen en Berichten, Amsterdam 1891–1900.
77   KITLV, Koloniaal Verslag. Verslag van het beheer en den staat der Kolonien over 1848–1901.
      Verslag van het beheer van Curaçao en Onderhoorigheden en van den staat waarin de Kolonie
      zich bevindt.
78   ARA, De Curaçaosche Courant, 1818–1835. KBDH, De Curaçaosche Courant 1847–1900, Si-
      gnatuur 1657 C1.

tag. Sie hat keine Paginierung und enthält neben Artikeln über internationale Ereignisse in Europa, Süd- und Nordamerika Informationen zu Handel und Schiffahrt, neuen Erlassen, Gebührentabellen, Schiffsein- und -ausgängen in Willemstad[79], Passagierverkehr, Geburten und Todesfällen.

Wie auch in anderen Quellen ist es für die Erfassung des Hamburger Schiffsverkehrs hinderlich, daß ab 1867 die Schiffe nur noch unter norddeutscher Flagge verzeichnet waren, kurz darauf sogar nur noch als deutsch bezeichnet wurden. Trotzdem ließ sich über weite Strecken das Aufkommen von Hamburger Schiffen in Willemstad nachvollziehen, nachdem die holländischen Listen mit Hamburger Schiffsbestandsverzeichnissen[80] verglichen wurden.

Im *Rigsarkivet København*[81] sind überaus vollständige Quellenbestände zum Hafen von St. Thomas, Charlotte Amalie, archiviert. In den Hafenmeisterprotokollen[82] und Berichten an das Mutterland Dänemark[83] sind sämtliche ein- und auslaufenden Schiffe samt Ladung und Kapitän für das 19. Jahrhundert verzeichnet. Dieser Bestand ermöglichte die Erfassung der Hamburger Schiffe, ihrer Ladung beim Ein- und Auslaufen, sowie eine Einordnung des Hamburger Anteils an der Schiffahrt auf St. Thomas in den internationalen Kontext.

In Venezuela wurde das dieser Studie zugrundeliegende Quellenkorpus vervollständigt. Die venezolanischen Quellen fanden sich verstreut in verschiedenen Sammlungen innerhalb von Caracas. Sie gaben Aufschluß über die ausländische Kaufmannschaft in Venezuela, Handel mit Hamburg und konsularische Verbindungen. In Caracas fanden sich in unterschiedlichen Beständen Spuren der Firma und Familie Wappäus: Im *Archivo Guzmán Blanco*, Teilbestand der *Fundación John Boulton*, ist die Korrespondenz des venezolanischen Präsidenten Guzmán Blanco erhalten. In dieser zeigen sich die vielfältigen Verbindungen zwischen Kaufmannschaft und Führungselite Venezuelas. Dazu bot die Stiftung Einblick in einige Periodika des 19. Jahrhunderts[84]. Die *Hemeroteca-Mapoteca* der *Academia Nacional*

---

79 Der Hafen von Curaçao hieß Willemstad, der von St. Thomas Charlotte Amalie.

80 KRESSE, Walter: Seeschiffs-Verzeichnis der Hamburger Reedereien 1824–1888, Hamburg 1969 (Mitteilungen aus dem Museum für Hamburgische Geschichte, Neue Folge, Bd. V), Teile 1–3.

81 In den Archiven Dänemarks und der USA liegen die wesentlichsten Teile der Archivalien des ehemaligen Dänisch-Westindien. Auf den Inseln selbst existiert kein Archiv und auch kein archivierendes System bis zum heutigen Tag, auch wenn die Bibliothek in St. Thomas den Beititel Archiv trägt.

82 RK, Rigsarkivet og Hjælpemidlerne til dets Benyttelse I, 2. Bind, St. Thomas Havnemester 1819–1867, Jan. 1819 – März 1854, Indgående skibe, TB / 36 TV 2, Protokoller over indkomne fartøjer 1821, 1833–1865 (m. angivelse af koller over indkomne fartøjer art og navn, fører, nationalitet, hvorfra ankommet samt ladnings art), für 1819, 1821, 1825, 1833, 1835, 1845, 1854–1855, 1860, 1864. RK, Rigsarkivet og Hjælpemidlerne til dets Benyttelse I, 2. Bind, St. Thomas Havnemester 1819–1867, Protokoller over udgåede fartøjer 1821, 1833–1865 (m. angivelse af koller over udgåede fartøjer art og navn, fører, nationalitet, bestemmelssted samt ladnings art).

83 RK, Koloniernes Centralbestyrelse, Kolonialkontoret Gruppesager til Vestindisk Journal, Rapporter St. Thomas, St. Jan.

84 FJB, Archivo Guzmán Blanco. Periodika: El Boletín Comercial, El Guayanés und El Orden aus Ciudad Bolívar, sowie El Liberal aus Caracas.

de la Historia bot die umfangreichste Sammlung an Periodika. Aus diesem Archiv stammt der größte Teil der in der Arbeit verwendeten Informationen über Schiffsbewegungen in La Guaira[85]. Der verwendete Zeitungsbestand wurde durch die *Hemeroteca* der *Biblioteca Nacional de Venezuela* ergänzt[86]. Konkrete Informationen über die ausländische Kaufmannschaft in Venezuela und die Familie Wappäus fanden sich in der venezolanischen Nationalbibliothek in der Sammlung seltener Bücher und Manuskripte. In dieser Sammlung der seltenen Bücher und Handschriften der Nationalbibliothek ist auf Mikrofilm ein Teil der venezolanischen Konsulatskorrespondenz erhalten[87]. Da auch die Familie Wappäus Konsuln stellte, liefert dieser Bestand Informationen über die Bedeutung von Konsulaten für hanseatische Überseekaufleute im 19. Jahrhundert. Im *Archivo del Ministerio de Relaciones Exteriores* geben die Quellen Aufschluß über die ausländische Kaufmannsgemeinde in Venezuela, Zollangelegenheiten und offizielle Abkommen. In jenem Bestand sind sämtliche Konsuln in Venezuela aufgeführt, wie auch venezolanische Konsuln im Ausland und deren Berichte. Diese Berichte betrafen oft Wirtschaft und Schiffahrt, so daß hier Informationen, den Handel mit Hamburg betreffend, vorliegen. Die Firma Wappäus fand auch in diesen Unterlagen Erwähnung[88].

Mit Hilfe des komplementär zum Hamburger Archivbestand eingesehenen Quellenmaterials wird diese Studie ausgehend vom aktuellen Forschungsstand bisher vernachlässigte Fragen und Probleme behandeln. Die Erforschung des hamburgischen Außenhandels beschränkte sich bisher fast ausschließlich auf die Rekonstruktion von Warenströmen und Quantitäten. Dabei wurde die in der Realität bestehende Einheit von Handels-, Wirtschafts- und Sozialgeschichte außer acht gelassen. Auch auf dem Gebiet der Firmengeschichte wurden nur selten Querverbindungen geknüpft. Das Gros der Publikationen auf diesem Gebiet ist veraltet und von minderer Qualität, orientiert an Chronologie und Ereignisgeschichte. Dagegen liegt bislang keine Studie zum hamburgischen Überseehandel vor, die sich neuerer Methoden, wie etwa der Netzwerktheorien bedient. Dies liegt unter anderem in der Tatsache begründet, daß sich die vorhandenen Publikationen fast ausschließlich auf hamburgische, teilweise auf andere deutsche, Quellen stützen, die weder die Untersuchung des außereuropäischen wirtschaftlichen und sozialen Kontextes noch eines kaufmännischen Netzwerkes einer im Überseehandel engagierten Firma erlauben.

Die Untersuchung der drei karibischen Beispielhäfen von Curaçao, St. Thomas und La Guaira soll einen Beitrag zur von Günter Moltmann geforderten Kontextanalyse zum Phänomen der wachsenden Handelsstatistiken im Hamburger Überseehandel des 19. Jahrhunderts leisten. Dem voran steht die Frage, ob dieses Phänomen überhaupt auch auf den Karibikhandel zutraf. Um zu einer Antwort zu gelangen, wird zuerst zu untersuchen sein, welchen Rahmen die Kolonial- und Handelspolitik Hollands und Dänemarks und die Situation Venezuelas für die hamburgische Karibikfahrt bot. Erleichterten oder erschwerten die transatlantischen Gegebenheiten Einstieg und Etablierung der Hanseaten im Karibikhandel? Vor diesem

---

85   HMANH, Diario de Avisos, El Liberal, El Orden, El Venezolano, alle aus Caracas.
86   HBNV, El Colombiano und El Liberal aus Caracas.
87   CLRM, Despacho de los Cónsules Americanos en Ciudad Bolívar 1850–1853.
88   AMRE, Archivo Antiguo, 1839–1890.

Hintergrund soll geklärt werden, welche Funktion jeweils die drei Häfen für den Hamburger Karibikhandel hatten. Waren die Häfen selbst Absatzmarkt für europäische Exportwaren, waren sie eventuell viel mehr Handelsplätze, an denen Waren ausgetauscht wurden, dienten sie als Informationszentren oder fungierten sie bloß als Anlaufstelle zum Vorratsbunkern? Mithilfe der Untersuchung diverser Faktoren soll diese Frage nach der Funktion der Häfen für Hamburg geklärt werden. Als solche Faktoren stehen im Blickfeld die Frequenz hamburgischer Schiffe im jeweiligen Hafen, die Ermittlung der in der Karibikfahrt engagierten Eigner, die Fahrtrouten, Warenpalette und Warenumschlag sowie Konjunkturschwankungen im Verlaufe des Untersuchungszeitraumes.

Nach dieser Kontextanalyse wird als konkretes Beispiel für den hamburgischen Karibikhandel im 19. Jahrhundert die Kaufmannsreederei Wappäus untersucht. Der Schwerpunkt der Studie soll auf dem Netzwerk der Firma liegen, da eine Netzwerkanalyse für eine hamburgische Firma im Überseehandel bislang noch nicht vorliegt.

Als Netzwerk wird in diesem Fall die Gruppe der handelnden Personen und ihre sozialen und kaufmännischen Beziehungen zueinander verstanden. Im Zentrum dieses exemplarischen Netzwerkes steht die Firma Wappäus. Das Firmenarchiv und seine Information bilden die Basis für Anknüpfungspunkte in anderen Quellenbeständen und setzen zugleich die Grenzen des untersuchten Netzwerkes. Um Informationen über die Art der Relationen der handelnden Personen untereinander zu gewinnen, muß gefragt werden, wie diese hergestellt, erhalten, gestärkt und eventuell unterbrochen wurden. Aufschluß über die Funktion der Beziehungen gibt die Untersuchung, wie und wozu sie benutzt wurden.

Anhand dieses exemplarischen und fest umrissenen Netzwerkes einer Hamburger Kaufmannsreederei und der Kategorisierung der Art und Funktion seiner Beziehungen werden Fragen und Probleme betreffend die Bedeutung und Funktion von Netzwerken im Überseehandel behandelt. Wie entstand ein Netzwerk? Knüpfte es eventuell an Vorläufer an, wenn ja, an welche? Wie war das Netzwerk einer hanseatischen Kaufmannsreederei im 19. Jahrhundert strukturiert? Gingen die Relationen der handelnden Personen zueinander linear vom Zentrum, in diesem Falle der Firma Wappäus, aus? Oder existierte ein Geflecht von Verbindungen, in dem einzelne oder eventuell alle Netzwerksmitglieder miteinander in Kontakt standen? Eine weitere Frage ist, wie das Netzwerk Unternehmensstrategien und -strukturen der Firma in seinem Zentrum beeinflußte. Basierten die Strategien auf dem Netzwerk oder wurde das Netzwerk den Anforderungen der Strategien entsprechend etabliert? Stand es im Zusammenhang mit dem Netzwerk, ob eine Firma zentral oder dezentral, von einer Person oder mehreren Partnern bzw. Teilhabern geführt wurde? Da der Untersuchungszeitraum, vorgegeben durch das Firmenarchiv, ein Jahrhundert umfaßt, stellt sich die Frage, ob es Veränderungen das Netzwerk, die Strategie oder Struktur der Firma betreffend, gab. Änderte sich eventuell der Kreis der handelnden Personen, Art und Funktion ihrer Beziehungen zueinander? Inwiefern bedingten und beeinflußten sich eventuelle Veränderungen im Netzwerk, der Strategie oder Firmenstruktur? Anhand des Beispielnetzwerkes soll weiterhin untersucht werden, welcher Art die Beziehungen hamburgischer Kaufleute zu Kaufleuten anderer Nation und auch hanseatischer Kaufleute untereinander waren. Neben diesen Relationen sozialer und kaufmännischer Art gab es im 19. Jahrhundert aber auch das rasch wachsende institutionell-diplomatische Netzwerk der Konsulate, von denen die Hansestädte im Laufe jenes Jahrhunderts viele gründeten. In diesem Zusammenhang ist es von Interesse, zu ergründen, welche Rolle jeweils das intraurbane, die Beziehungen Hamburger Kaufleute innerhalb Hamburgs zueinander, und das extraurbane, die Beziehungen zu hanseatischen und Kaufleuten anderer Nation im Ausland und das institutionelle Netzwerk, die Konsuln, spielten. Überschnitten, bedingten und beeinflußten sie eventuell einander?

Die Untersuchung all dieser Fragen will ergründen, welche Bedeutung Netzwerke, das heißt Beziehungen, Kontakte und Verbindungen von Kaufleuten und Nichtkaufleuten zueinander, für den Hamburger Karibikhandel hatten.

Charles Harvey kritisiert, daß sich Historiker in der Wirtschaftsgeschichte mit Firmenstudien aufhielten und vor Übersichtsthemen zurückscheuten[89]. In dieser Studie wird eine Kombination aus beidem versucht, in der Hoffnung, daß der holistische Ansatz in Methode und Fragestellung zu neuen Erkenntnissen führt. Die Erschließung neuen Quellenmaterials will eine Revision der deutschen Außenhandelshistoriographie initiieren, die seit dem 19. Jahrhundert in gleichbleibenden Methoden und Ansätzen verharrt.

---

89 HARVEY, Charles: Business History. Concepts and Measurement, in: DERS. (Hrsg.): Business History. Concepts and Measurement, London 1989, S. 1–6, S. 1.

II. Der Hamburger Karibikhandel im 19. Jahrhundert

1. Die Entwicklung des Hamburger Südamerikahandels im 19. Jahrhundert

Bis heute manifestiert sich die besonders enge Bindung zwischen Hamburg und Lateinamerika darin, daß die Stadt nach wie vor wichtigster Hafen des deutschen Südamerikahandels und der bedeutendste Sitz ibero-amerikanischer Generalkonsulate in Europa ist sowie über etliche Institutionen verfügt, die sich wissenschaftlich mit dem Kontinent befassen[1]. Trotz dieser vielseitigen Aspekte wurden Hamburgs Schiffahrt und Handel fast immer nur unter quantitativen Problemstellungen beleuchtet. Der Grund dafür mag einerseits darin liegen, daß in der deutschen Forschung eurozentrierte und unilaterale Perspektiven vorherrschen, andererseits ist er in dem Zustand der Quellenbestände begründet. Sowohl deren mangelnde Systematisierung und Inventarisierung, als auch die über ganz Deutschland und in Übersee verstreuten Archive, machen den Zugriff für Historiker auf relevante Dokumente außerordentlich schwer.

Trotz vieler Einzelkenntnisse über Hamburg im 19. Jahrhundert besteht nach wie vor ein großer Forschungsbedarf[2]. Es fehlt vor allem an Arbeiten, die Hamburg im internationalen Kontext untersuchen. Es gibt zwar einige wenige Gesamtdarstellungen der Geschichte der Hansestadt, diese sind jedoch durchweg stark hamburgzentriert und werden nicht der Bedeutung der Stadt als Außenhandelszentrum der deutschen Staaten gerecht[3]. Das Forschungsinteresse hat in der letzten Dekade sehr zugenommen, doch unter den Publikationen überwiegt die Bearbeitung von Themenausschnitten und Spezialgebieten[4]. Größer angelegte Studien über die Rolle der

---

1 ARFS, Jörn Helmuth: Die Beziehungen der Hansestadt Hamburg zu den La Plata-Staaten 1815–1866, Hamburg – Münster 1991 (Hamburger Beiträge zur Überseegeschichte, Bd. 1), S. 4.

2 Einen guten Überblick über die Forschungslage bietet SCHMIDT, Burghart: Hamburg im Zeitalter der Französischen Revolution und Napoleons (1789–1813), Teil 2, Kommentierte Übersicht über Literatur und Quellen, Hamburg 1998 (Beiträge zur Geschichte Hamburgs, Bd. 55, Teil 2, zugleich Veröffentlichungen aus dem Staatsarchiv der Freien und Hansestadt Hamburg, Bd. XV, Teil 2).

3 BERLIN, Jörg: Hamburg zur Zeit der Französischen Revolution, Hamburg 1989. BRACKER, Jörgen: Hamburg. Von den Anfängen bis zur Gegenwart. Wendemarken einer Stadtgeschichte, Hamburg 1987. JEANNIN; Pierre (Hrsg.): Hamburg und die Französische Revolution, Hamburg 1977. STEPHAN, Inge; WINTER, Hans G. (Hrsg.): Hamburg im Zeitalter der Aufklärung, Hamburg 1989.

4 BÖHM, Ekkehard: Überseehandel und Flottenbau. Hanseatische Kaufmannschaft und deutsche Seerüstung 1879–1902, Düsseldorf 1972 (Studien zur modernen Geschichte, Bd. 8). BOROWSKY, Peter: Die Restauration der Verfassungen in Hamburg und in den anderen Hansestädten nach 1813, in: HERZIG, Arno (Hrsg.): Das alte Hamburg (1500–1848/49). Vergleiche, Beziehungen, Berlin 1989, S. 155–175. BRAUN, Erich; KOPITZSCH, Franklin (Hrsg.): Zwangsläufig oder abwendbar? 200 Jahre Hamburgische Geschichte Allgemeine Armenanstalt. Symposium der Patriotischen Gesellschaft von 1765, Hamburg 1990. DREYER, Karl-Joachim: Hamburg als Mitglied des Deutschen Bundes (1815–1848), Hamburg 1976. DUDA,

Stadt im sich formierenden Weltmarkt des 19. Jahrhunderts wären für die Zukunft wünschenswert.

Denn zu Fragen und Problemen, die Hamburgs Außenhandel im 19. Jahrhundert betreffen, herrschen bislang undifferenzierte Meinungen vor, die einer Überprüfung bedürfen. Bislang wird davon ausgegangen, daß Hamburger Kaufleute bei der Integration Lateinamerikas in den Weltmarkt eine wichtige Rolle spielten, obwohl Hamburg weder eine Kriegsflotte besaß, noch über eine Schutzmacht verfügte. Als Zwischenhändler hätten sie eine Schlüsselfunktion als Vermittler der Handelsströme zwischen Alter und Neuer Welt innegehabt. Allgemein wird von einer herausragenden Stellung der Hansestadt im internationalen Handel gesprochen, die darauf beruht habe, daß die Stadt den Schnittpunkt im Warenaustausch zwischen Amerika und Osteuropa, zwischen London und Skandinavien gebildet habe[5]. Hamburg sei es zu verdanken, daß Deutschland in jenen Jahren im Konkurrenzkampf um die neuen überseeischen Märkte gegenüber den großen Handelsmächten nicht abgehängt worden sei und als geeinte Nation nach 1871 die von Hamburg geschaffenen handelspolitischen Grundlagen habe nutzen können[6]. All diese Thesen stützen sich jedoch auf eine recht schmale Quellenbasis. Bestände überseeischer Archive wurden bislang so gut wie nicht zu solchen Forschungsarbeiten herangezogen. Deshalb ist eine kritische Revision dieser Thesen notwendig.

Es besteht ein Konsens in der Forschung darüber, daß sich Hamburg im 19. Jahrhundert in den Welthandel integrierte und selbst zu einer Welthandelsstadt wurde[7]. Für das 19. Jahrhundert wurde, wie schon angemerkt, allgemein ein exponen-

---

Detlev: Die Hamburger Armenfürsorge im 18. und 19. Jahrhundert. Eine soziologisch-historische Untersuchung, Weinheim – Basel 1982. FREIMARK, Peter; HERZIG, Arno (Hrsg.): Die Hamburger Juden in der Emanzipationsphase (1780–1870), Hamburg 1989. HAUSCHILD-THIESSEN, Renate: Bürgerstolz und Kaisertreue. Hamburg und das Deutsche Reich von 1871, Hamburg 1979. KUHLMANN, Erich: Die Post im alten Hamburg, Hamburg 1984. LINDE-MANN, Mary: Patriots and Paupers, Hamburg, 1712–1830, New York – Oxford 1990. PO-STEL, Rainer: „Im Allgemeinen ist der Mensch geneigt immer beym Alten zu bleiben": über die Franzosenzeit und ihre Wirkung in den Hansestädten, in: Politischer Wandel, organisierte Gewalt und nationale Sicherheit (1995), S. 11–27. ROGOSCH, Detlef: Hamburg im Deutschen Bund, 1859–1866. Zur Politik eines Kleinstaats in einer mitteleuropäischen Föderativordnung, Hamburg 1990 (Beiträge zur deutschen und europäischen Geschichte, Bd. 2). SCHMIDT, Wolfgang: Die demokratische Bewegung in Hamburg in der Revolution von 1848/49, in: Ergebnisse. Zeitschrift für demokratische Geschichtswissenschaft 22 (9/1983). SCHNEIDER, Konrad: Hamburgs Münz- und Geldgeschichte im 19. Jahrhundert bis zur Einführung der Reichswährung, Koblenz 1983.

5 AHRENS, Gerhard: Von der Franzosenzeit bis zur Verabschiedung der neuen Verfassung 1806–1860, in: LOOSE, Hans-Dieter; JOCHMANN, Werner (Hrsg): Hamburg, Geschichte der Stadt und ihrer Bewohner, Von den Anfängen bis zur Reichsgründung, Bd. 1, Hamburg 1982, S. 415–490, S. 416.

6 ARFS, Jörn Helmuth: Die Beziehungen der Hansestadt Hamburg zu den La Plata-Staaten, S. 6.

7 Zum Beispiel SCHULZ, Andreas: Weltbürger und Geldaristokraten. Hanseatisches Bürgertum im 19. Jahrhundert, in: Historische Zeitschrift 259 (1994), S. 637–670, S. 638. Dabei basiert dieser Konsens zum großen Teil auf Hypothesen. Die Quellenlage ist derart problematisch, daß eine differenzierte Studie zu dieser Frage wünschenswert wäre. Zu weiterführenden Fragen, jenseits quantitativer Untersuchungen über den Handel mit Südamerika, siehe REINHARD, Wolfgang: Parasit oder Partner? Europäische Wirtschaft und Neue Welt. 1500–1800, Münster

tielles Wachstum des hamburgischen Überseehandels konstatiert[8]. In diesem Zusammenhang wurde bis heute oft die Subjektivität der Kriterien, auf denen derartige Aussagen basieren, ignoriert[9]. Weit verbreitet sind Vorstellungen vom Hamburger Kaufmann, der, wie Ahrens es schreibt, mit Unternehmungslust, Wagemut, Aufgeschlossenheit und Anpassungsfähigkeit Hamburg zu einem Zentrum des sich in den 20er bis 40er Jahren des 19. Jahrhunderts entfaltenden Welthandels machte. Es wird noch zu untersuchen sein, welchen Anteil an solchen Aussagen jeweils Mythos und Wahrheit haben.

Bei der Untersuchung des hamburgischen Überseehandels mit Hispano-Amerika im 19. Jahrhundert müssen vier Komponenten beachtet werden: Erstens Spanien und seine Politik; zweitens die Entwicklungen in Hispano-Amerika von der Kolonie über die Unabhängigkeitskämpfe bis zu den jungen Republiken; drittens die Politik der europäischen Großmächte, der Pentarchie, bestehend aus England, Frankreich, Preußen, Österreich und Rußland, und viertens die Begebenheiten in den Hansestädten selbst.

Das Bestreben der Kolonialmacht Spanien war es stets gewesen, sich durch handelspolitische Abschirmung gegen das Eindringen dritter Mächte in den atlantischen Gebieten zu schützen. Dies erschwerte es den deutschen Staaten, sich im Transatlantikhandel zu behaupten[10]. Während Holländer, Franzosen und Engländer dem Expansionsdrang ihrer politisch und national geschlossenen Wirtschaftsgebiete folgend, das iberische Überseemonopol mit Gewalt aufbrachen, sah sich der, von keiner festgefügten Zentralgewalt geschützte deutsche Handel stark benachteiligt[11]. Durch eine merkantilistische Handelspolitik suchte sich Spanien, wie auch die anderen großen Kolonialmächte England und Frankreich, wirtschaftlich größtmögliche Vorteile zu verschaffen. Die Einfuhr von Rohstoffen in die Mutterländer mit Schiffen eigener Nation wurde begünstigt, die Kolonien mußten wiederum die Fer-

---

1997 (Periplus-Texte, Bd. 3) und EMMER, Pieter C.: Europas Expansion im Atlantik. Wirtschaftliche Misse- oder Wohltat?, Bamberg 1995 (Kleine Beiträge zur europäischen Überseegeschichte, Heft 26). Sowohl REINHARD als auch EMMER halten die Quellenbasis im wirtschaftshistorischen Bereich für ausgesprochen unzuverlässig.

8   MOLTMANN, Günter: Hamburgs Öffnung nach Übersee, S. 51–71, S. 55. AHRENS, Gerhard: Von der Franzosenzeit bis zur Verabschiedung der neuen Verfassung 1806–1860, S. 448. Die Tragfähigkeit der Schiffe hatte 1816 im Durchschnitt noch 34 Commerzlast betragen, 1860 waren es 84 C. L.. Die kontinuierliche Zunahme der Schiffsgröße führte dazu, daß in dieser Periode gut die doppelte Zahl der Schiffe über das Fünffache an Fracht befördern konnte. Auch im Bereich der Seetransportversicherung machte sich der stete Handelsaufschwung bemerkbar. Die Assekuranzsumme hatte 1815 87 Mio. Mark Banco betragen, 1860 waren es 485 Mio. Mark Banco. Dabei sank die Durchschnittsprämie von 3,5 auf knapp 0,5%, was die relative Stabilität der politischen Verhältnisse und die zunehmende Sicherheit im Schiffsverkehr reflektiert.

9   Vgl. z. B. die in Fußnote 8 wiedergegebene Argumentation von AHRENS mit der Methode BAIROCHs, Kapitel I., Fußnote 3.

10 Einen allgemeinen Überblick über den deutschen Transatlantikhandel bietet KELLENBENZ, Hermann: Les allemands sur les routes de l'Atlantique, in: Anuario de Estudios Américanos 25 (1968), S. 163–207.

11 KOSSOK, Manfred: Zur Geschichte der deutsch-lateinamerikanischen Beziehungen (Forschungs- und Periodisierungsprobleme), in: HGbll 84 (1966/67), S. 49–77, S. 58.

tigprodukte der Mutterländer abnehmen. Fertiggüter, die im eigenen Land hergestellt werden konnten, durften nur unter ungünstigen Bedingungen eingeführt werden[12].

Zwar behielt sich die spanische Krone bis ins 19. Jahrhundert hinein weitgehend den Direkthandel mit ihren Kolonien vor, trotzdem gelang es hamburgischen Kaufleuten schon im 18. Jahrhundert, sich in den Kolonialhandel einzuschalten[13].

Hamburg wickelte den größten Teil seines Handels mit Kolonialwaren indirekt über die Mutterländer ab. Dort besorgten die hanseatischen Kaufleute Produkte aus Übersee und verteilten diese von dort aus in Mittel-, Ost-, und Nordeuropa. Im Gegenzug versorgten sie west- und südeuropäische Häfen mit deutschen und europäischen Gütern[14]. Der mit Abstand wichtigste Exportartikel der Hansestadt via Spanien nach Hispano-Amerika waren schlesische und sächsische Leinen. Zu Beginn des 18. Jahrhunderts hatten sie einen Anteil von etwa 60%, später machten sie die Hälfte bis zwei Drittel der Gesamtausfuhren aus. Daneben wurden über Spanien noch andere Textilwaren, Kupfer, Blech, Glas, Wachs und Juchten[15] ausgeführt. Der direkte Handel zwischen Spanien und Hamburg war gering, denn ab 1735 bezog Hamburg seine Kolonialwaren großenteils aus Frankreich[16], in der zweiten Hälfte des 19. Jahrhunderts aus England und Amsterdam[17].

Doch in der letzten Phase der kolonialen Epoche knüpften die Hansestädte auch Direktkontakte mit Hispanoamerika an[18]. Da die Hanseaten schon auf vorhandene Erfahrungen und bestehende Kontakte aus dem indirekten Handel rekurrieren konnten, bedeutete dies für die Hanseaten nicht, daß sie sich auf unbekanntes Terrain begaben[19]. Das Risiko des Einstiegs in den direkten Amerikahandel war daher nicht

12 SCHWEBEL, Karl H.: Bremer Kaufleute in den Freihäfen der Karibik. Von den Anfängen des Bremer Überseehandels bis 1815 (Veröffentlichungen aus dem Staatsarchiv der Freien Hansestadt Bremen, Bd. 59), Bremen 1995, S. 38.

13 Über diese Frage gab es lange Zeit eine Kontroverse. Noch lange, nachdem belegt worden war, daß Hamburger im 18. Jahrhundert nicht nur indirekt über Spanien Kolonialhandel betrieben hatten, sondern auch schon direkt auf eigenen Schiffen hispano-amerikanische Häfen angelaufen waren, wurde immer wieder die Meinung vertreten, daß Hamburg erst nach 1815 in den transatlantischen Direkthandel eingestiegen sei. Dies z. B. bei KÖPPEN, Heinrich Ernst: Die Handelsbeziehungen Hamburgs zu den Vereinigten Staaten von Nordamerika bis zur Mitte des 19. Jahrhunderts, Köln 1973, S. 2. Gegenteilige Belege erbrachten dagegen z. B. KELLENBENZ, Hermann: Phasen des hanseatisch-nordeuropäischen Südamerikahandels, in: HGbll 78 (1960), S. 87–120 und BROCKSTEDT, Jürgen: Die Schiffahrts- und Handelsbeziehungen Schleswig-Holsteins nach Lateinamerika 1815–1848, Köln 1975, S. 181.

14 KÖPPEN, Heinrich Ernst: Die Handelsbeziehungen Hamburgs zu den Vereinigten Staaten von Nordamerika, S. 2.

15 Feines, wasserdichtes Leder.

16 KRAWEHL, Otto-Ernst: Hamburgs Schiffs- und Warenverkehr mit England und den englischen Kolonien 1814–1860, Köln – Wien 1977 (Forschungen zur internationalen Sozial- und Wirtschaftsgeschichte, Bd. 11), S. 308.

17 ARFS, Jörn Helmuth: Die Beziehungen der Hansestadt Hamburg zu den La Plata-Staaten, S. 31–32.

18 KELLENBENZ, Hermann: Phasen des hanseatisch-nordeuropäischen Südamerikahandels, S. 110.

19 PIETSCHMANN, Horst: Hamburg und Lateinamerika, S. 395.

so sehr ökonomischer Art, da die Hamburger hier schon ausreichend Erfahrung gesammelt hatten, sondern eher politisch. Der hanseatische Handel konnte sich nicht auf militärischen Schutz verlassen. Doch diese Schwäche bot oft auch Vorteile, denn die Hanseaten wurden wegen ihrer politischen Belanglosigkeit besonders als unverfängliche Handelspartner geschätzt. Um diese Position zu wahren und in den Vorzug von Ausnahmeregelungen für Neutrale zu gelangen, war es ständiges Bestreben der Hansestadt, ihre Neutralität zu wahren[20].

Ein Beispiel für Handelskontakte Hamburgs zu amerikanischen Staaten vor deren Unabhängigkeit sind die Beziehungen der Hansestadt über die spanische Handelskompagnie Guipúzcoa, die 1784 erlosch. Die auch Caracas-Kompagnie genannte Gesellschaft hatte das Handelsmonopol für Venezuela inne und bezog von dort Tabak, Zucker, Kakao und Häute[21]. Im Einverständnis mit der Kompagnie konnten Schiffe unter dänischer Flagge Venezuela anlaufen[22]. Begünstigt durch die Nachbarschaft zu Dänemark waren hieran auch Hamburger beteiligt.

1791 begann der eigentliche Direkthandel zwischen Hamburg und Amerika, als Spanien die Handelsbeschränkungen für neutrale Ausländer auf Kuba, Puerto Rico, Santo Domingo und in den venezolanischen Provinzen lockerte[23]. Ab dem gleichen Jahr handelten hamburgische und dänische Schiffe auch nachweisbar mit dem La Plata-Gebiet[24]. Doch vor allem in Kriegszeiten machte Spanien Ausnahmen, was das Handelsverbot für Ausländer anging[25]. Am 18.11.1797 erließ Spanien ein Freihandelsdekret, das für die Zeit des Krieges zwischen Spanien und England allen neutralen Staaten den spanisch-amerikanischen Markt öffnete[26].

Der „Freihandel" des 18. Jahrhunderts bedeutete allerdings nicht die Gleichstellung von In- und Ausländern. Es blieben weiterhin Unterschiede, z. B. bei den Zolltarifen, bestehen. Freihandel bedeutete nur die grundsätzliche Zulassung von Ausländern[27]. In diesem Falle wurde es Schiffen neutraler Staaten erlaubt, in spanischen oder ausländischen Häfen neutraler oder befreundeter Nationen nicht verbotene Waren, wie z. B. Waffen, nach den Häfen des spanischen Amerikas zu laden und auszuführen. Rückfracht konnte jedoch nur für einen spanischen Hafen genommen werden. Zu diesem Schritt entschloß sich der spanische König, weil der geringe Absatz von Landesprodukten der amerikanischen Kolonien und der dort herr-

20 AHRENS, Gerhard: Von der Franzosenzeit bis zur Verabschiedung der neuen Verfassung 1806–1860, S. 418. Ausführlich zu Begriff und Geschichte der Neutralität siehe SCHWEBEL, Karl H.: Bremer Kaufleute in den Freihäfen der Karibik, S. 13–37. KELLENBENZ, Hermann: Die erste bewaffnete Neutralität und ihre Auswirkungen auf die hamburgische Schiffahrt, in: ZVHG 62 (1976), S. 31–48.
21 PIETSCHMANN, Horst: Hamburg und Lateinamerika, S. 394.
22 KELLENBENZ, Hermann: Phasen des hanseatisch-nordeuropäischen Südamerikahandels, S. 105–106.
23 PIETSCHMANN, Horst: Hamburg und Lateinamerika, S. 396.
24 KELLENBENZ, Hermann: Phasen des hanseatisch-nordeuropäischen Südamerikahandels, S. 108.
25 POHL, Hans: Die Wirtschaft Hispanoamerikas in der Kolonialzeit (1500–1800), Stuttgart 1996 (Wissenschaftliche Paperbacks, 25), S. 137–138.
26 KOSSOK, Manfred: Zur Geschichte der deutsch-lateinamerikanischen Beziehungen, S. 61.
27 SCHWEBEL, Karl H.: Bremer Kaufleute in den Freihäfen der Karibik, S. 39.

schende Mangel an europäischen Erzeugnissen schwere ökonomische Schäden anrichtete[28].

Es war das erste Mal in der spanischen Handelsgesetzgebung, daß seit der Eroberung Amerikas durch ein königliches Dekret neutralen Schiffen gestattet wurde, in neutralen Häfen nach den westindischen, mittel- oder südamerikanischen Besitzungen Spaniens Ladung zu nehmen. Gegen eine Gebühr wurden Lizenzen zur Befrachtung eines oder mehrerer Schiffe im Amerikahandel vergeben. In einem späteren Schritt erleichterte Spanien den Handel mit seinen Kolonien für Ausländer weiter. Die neutralen Schiffe durften nun aus Amerika direkt in ihren Heimathafen zurückkehren[29]. Nach einiger Zeit schränkte Spanien diese Bestimmungen jedoch wieder ein. Dadurch wurde der Direktverkehr mit Hispanoamerika zwar behindert, aber nicht abgebrochen. Es gab zu viele Möglichkeiten für die Hamburger, die sich nun in diesem Handelsgebiet orientiert hatten, die Restriktionen zu umgehen[30]. So gibt es Beispiele für Direkthandel zwischen Tönning, dem Ersatzhafen Hamburgs während der englischen Elbblockade, und Südamerika auf dänischen und hamburgischen Schiffen um 1805[31].

Es war der Krieg zwischen England, Spanien und Frankreich, der den Ausbau direkter Handelsbeziehungen stocken ließ[32], nicht jedoch zu deren Abbruch führte. Im Zuge dieses Konfliktes blockierte England von 1803 bis 1805 Elb- und Wesermündungen, um die französische Wirtschaft zu schwächen. Damit reagierte England auf französische Versuche, Teile der englischen Handelsflotte zu kapern[33]. Während dieser Blockade wich der hamburgische Handel nach Tönning[34] in Schles-

---

28 POHL, Hans: Die Beziehungen Hamburgs zu Spanien und dem spanischen Amerika in der Zeit von 1740 bis 1806, Wiesbaden 1963 (Vierteljahresschrift für Sozial- und Wirtschaftsgeschichte, Beihefte, Nr. 45), S. 245.

29 Es herrscht Uneinigkeit darüber, wie lange und in welcher Form das Freihandelsdekret bestand. Nach SCHWEBEL, Karl H.: Bremer Kaufleute in den Freihäfen der Karibik, S. 32, durften neutrale Schiffe ab 1798 von Amerika aus direkt in ihre Heimathäfen zurückkehren, eine Regelung, die SCHWEBELS Meinung nach bis 1802 Bestand hatte. Nach KELLENBENZ, Hermann: Phasen des hanseatisch-nordeuropäischen Südamerikahandels, S. 107, wurde das Dekret am 13.2.1800 auf Protest spanischer Kaufleute hin widerrufen. Diesen Widerruf setzte aber der Gouverneur von Venezuela 1801 außer Kraft. 1803 wurde der Neutralenhandel erneut eingeschränkt und 1807 abgeschafft. Ab 1810 öffnete das revolutionäre Caracas dann den Handel wieder für die Neutralen, so KELLENBENZ. Und nach ARFS, Jörn Helmuth: Die Beziehungen der Hansestadt Hamburg zu den La Plata-Staaten, S. 35, beteiligte Spanien die Neutralen ab 1801 am Kolonialhandel, eine Regelung, die laut ARFS bis zu den Unabhängigkeitskriegen Bestand hatte.

30 PIETSCHMANN, Horst: Hamburg und Lateinamerika, S. 397.

31 KELLENBENZ, Hermann: Phasen des hanseatisch-nordeuropäischen Südamerikahandels, S. 108–109.

32 Zu vorangegangenen Handelsaufschwüngen und Wirtschaftskrisen Hamburgs zwischen 1569 und 1781 siehe die Übersicht bei VOGEL, Walther: Handelskonjunkturen und Wirtschaftskrisen in ihrer Auswirkung auf den Seehandel der Hansestädte 1560–1806, in: HGbll 74 (1956), S. 50–64, S. 63–64. Zu den internationalen Wirtschaftskrisen und ihren Auswirkungen zwischen 1815 und 1870 siehe WALTER, Rolf: Venezuela und Deutschland, S. 113.

33 ZUNCKER, Detlef: Die Franzosenzeit in Hamburg 1806–1814. Volkskultur und Volksprotest in einer besetzten Stadt, in: Erg 23 (12/1983), S. 15–157, S. 37.

34 Tönning war zu diesem Zeitpunkt dänisch.

wig-Holstein aus. Vor allem nordamerikanische Schiffe segelten, nachdem sie an der Elbmündung abgewiesen worden waren, Tönning bald direkt an. Die Güter wurden großenteils auf dem Landwege in die Hansestadt geschmuggelt[35]. Der Hamburger Hafen selbst jedoch wurde vollständig lahmgelegt. 1802 waren noch 21 Schiffe aus Spanisch Amerika eingelaufen, 1803 waren es noch sechs und 1805 nur noch zwei Schiffe[36].

Auf diese Krise folgte mit der französischen Besetzung Hamburgs eine noch schwerwiegendere Beeinträchtigung des Handels. Marschall Mortier marschierte auf Befehl Napoleons mit 3.000 Soldaten am 19.11.1806 in der Hansestadt ein[37]. Die zwischen 1806 und 1814 liegende sogenannte Franzosenzeit sollte eins der drei prägenden Ereignisse in der Geschichte der Stadt Hamburg im 19. Jahrhundert werden[38]. Hamburg war beständig Spielball der Interessen stärkerer Mächte, die vermittels der hanseatischen Handelsmetropole gegnerischen Parteien schaden wollten. In diesem Fall verfügte die französische Besatzungsmacht die sogenannte Kontinentalsperre, um England zu treffen. Das entsprechende Dekret sah folgende Maßnahmen vor: Die Blockade der britischen Inseln, das Verbot des Postverkehrs mit England, die Beschlagnahme aller englischen Waren und Magazine, das Handelsverbot mit allen in England produzierten Waren, die Beschlagnahme aller aus England stammenden oder englische Waren führender Schiffe und die Arretierung aller englischen Staatsangehörigen als Kriegsgefangene[39]. Mit diesen Maßnahmen kam der hamburgische Kolonialhandel fast gänzlich zum Erliegen. Nur über das englische Helgoland, Lübeck, die dänischen Häfen Tönning und Frederikstad und die Vergabe von englischen und französischen Einfuhrlizenzen wurde ein geringer Warenverkehr aufrecht erhalten[40]. Tönning vermittelte während dieser Blockadezeit erneut den größten Teil des hamburgischen Warenverkehrs. Mit Ausnahme von 1808 führten vor allem nordamerikanische Schiffe den Zwischenhandel von deut-

---

35 SCHWEBEL, Karl H.: Bremer Kaufleute in den Freihäfen der Karibik, S. 91.

36 MEIER, Harri: Die hansische Spanien- und Portugalfahrt bis zu den spanischamerikanischen Unabhängigkeitskriegen, in: BAUMGARTEN, Fritz; GROSSMANN, Rudolf; HAACK, Gustav; Meier, Harri; PLÄTZMANN, Eduard: Ibero-Amerika und die Hansestädte. Die Entwicklung ihrer wirtschaftlichen und kulturellen Beziehungen, Hamburg 1937 (Ibero-Amerikanische Studien, Bd. 5), S. 143.

37 KLESSMANN, Eckart: Geschichte der Stadt Hamburg, Hamburg 1981, S. 316.

38 AHRENS, Gerhard: Von der Franzosenzeit bis zur Verabschiedung der neuen Verfassung 1806–1860, S. 415. KLESSMANN, Eckart: Geschichte der Stadt Hamburg, S. 329. WALTER, Rolf: Venezuela und Deutschland, S. 96. Die zwei weiteren einschneidenden Begebenheiten waren der Stadtbrand von 1842 und die Wirtschaftskrise von 1857. Eine hervorragende Ernte in Europa führte 1857 in Amerika zu einem Rückgang der Nachfrage an Getreide, dem Hauptexportgut der USA. Zudem kam es zu einem Preisverfall, so daß die USA ihren Verpflichtungen gegenüber England nicht mehr nachkommen konnten und die Krise auf Europa übergriff. Als Folge dieser Wirtschaftskrise von 1857 kam es zu heftigen politischen Auseinandersetzungen in Hamburg, als deren Ergebnis 1860 eine neue Verfassung verabschiedet wurde, die Grundlage für die Entwicklung der Stadt zu einer modernen Großstadt wurde.

39 ZUNCKER, Detlef: Die Franzosenzeit in Hamburg 1806–1814, S. 35.

40 MEIER, Harri: Die hansische Spanien- und Portugalfahrt bis zu den spanischamerikanischen Unabhängigkeitskriegen, S. 294. MEIER, Harri: Die napoleonische Kontinentalsperre und der hansische Handel nach Ibero-Amerika, in: Ib Rund 2 (2/1936), S. 143–145.

schem Leinen gegen Kolonialwaren aus. Neben dem Handel kamen auch Gewerbe und Bankgeschäfte in der Hansestadt zum Erliegen, Schiffe verfaulten im Hafen und viele Übersee-Unternehmen gingen bankrott oder verloren ihre Geschäftsverbindungen nach Hispano-Amerika. Die Hamburger Handelsflotte schrumpfte von 248 Schiffen 1798 auf 87 Schiffe 1816[41]. Als am 30.5.1814 die letzten französischen Besatzungstruppen Hamburg verließen, hatte die Stadt stark gelitten. 1800 hatte Hamburg um die 130.000 Einwohner gehabt, 1814 nur noch 100.000 und erst 1820 waren es wieder 125.000[42]. Dies war die größte Wirtschaftskrise der Stadt im 19. Jahrhundert neben der Baisse von 1857, die Folge einer Weltwirtschaftskrise war.

Für die Hansestädte Hamburg, Bremen und Lübeck standen nach der Befreiung von napoleonischer Herrschaft zwei große Probleme auf der Tagesordnung[43]. Ihr politisches Hauptanliegen war die Bestätigung der Existenz als freie Städte und republikanisch regierte Miniaturstaatswesen, und damit verbunden war auch die Frage nach dem Neuaufbau der wirtschaftlichen Existenz.

Nach 1814 stand Hamburg vor einer veränderten handelspolitischen Situation. Die 1810 in Südamerika ausgebrochenen Unabhängigkeitskriege bedeuteten einen grundlegenden Wandel in der Transatlantikfahrt. Nach Aufhebung der Kontinentalsperre kam eine Wiederaufnahme des Amerikahandels via Spanien nicht mehr in Frage. Durch die Umwälzungen in den Kolonien und die daraus resultierende Einschränkung seines Handelsverkehrs hatte Spanien seine ursprünglich zentrale Bedeutung als Transitplatz für den deutschen Leinenexport nach Übersee eingebüßt und auch sonst seine Mittlerrolle im indirekten Handel verloren.

Der Hamburger Außenhandel mußte nun also ein neues eigenständiges Bezugssystem aufbauen. Die Ausgangslage war günstig: Die deutsche Industrie brauchte dringend neue Absatzmärkte, denn die europäischen Nachbarn waren wegen ihrer Schutzzollpolitik unattraktive Handelspartner. Die billigen, qualitativ hochwertigen englischen Waren waren eine übermächtige Konkurrenz und das Binnenland, zwar nicht von Schutzzöllen umgeben, war verarmt.

Nach 1814 wirkten Hamburger Kaufleute zunächst meist als Kommissionäre oder Konsignatare. Als Kommissionäre leiteten sie fremde Ware auf fremde Rechnung weiter, als Konsignatare erhielten sie fremde Ware, die sie eigenständig weiterverkauften. Beides bedeutete, daß die Hanseaten nur geringe Gewinne machen konnten. Im Direkthandel mit Iberoamerika war der Handel eher ein Tauschgeschäft. Für europäische Produkte wurden Kolonialwaren und Rohstoffe geboten. Nach der

---

41   ARFS, Jörn Helmuth: Die Beziehungen der Hansestadt Hamburg zu den La Plata-Staaten, S. 35–37.

42   KLESSMANN, Eckart: Geschichte der Stadt Hamburg, S. 329. AHRENS, Gerhard: Von der Franzosenzeit bis zur Verabschiedung der neuen Verfassung 1806–1860, S. 417.
     Zuvor hatte eine andere Katastrophe zu einem Modernisierungsschub geführt. Die Zerstörungen des großen Brandes von 1842 hatten bauliche und technische Neuerungen zur Folge, die wesentlich zur Modernisierung der Stadt beitrugen.

43   KOSSOK, Manfred: Deutschland und die „Südamerikanische Frage" 1815–1830, Eine Studie zur Politik der deutschen Staaten gegenüber der Unabhängigkeitsbewegung Mittel- und Südamerikas, Leipzig 1962, S. 27.

Unabhängigkeit der amerikanischen Staaten mußten Geschäfte vorfinanziert werden, der Gewinn hing von dem Erfolg des Absatzes der im Gegenzug importierten Kolonialwaren ab. Doch durch den zu jenem Zeitpunkt ungehinderten Import von Kolonialprodukten nach Europa verfielen die Preise zunächst. Erst durch eine Steigerung des Konsums dieser Produkte konnte es später zu einer Stabilisierung der Preise kommen[44]. Dennoch stand Hamburg nach 1815 mehr und mehr in Konkurrenz zur Wirtschafts- und Handelsexpansion europäischer Mächte nach Übersee[45]. Kaufleute und Reeder, wie auch Großproduzenten erwarteten von der politischen Unabhängigkeit der amerikanischen Staaten eine Beseitigung des Kolonialmonopols und damit den freien Zugang zu neuen Märkten[46].

Doch der Kleinstaat Hamburg mußte sich auf einem eigenen Weg durch die Zwänge hindurchlavieren, die ihm die Politik der europäischen Großmächte auferlegte. Aus der Handelsgeographie der Hansestadt resultierte ihre Neutralitätspolitik, die versuchte, nach allen Seiten hin in Frieden zu leben. Der Primat der Senatspolitik war die Erhaltung der Stadt als Finanzzentrum, Stapel-, Verarbeitungs- und Umschlagplatz von Warenströmen. Politik und Handelspolitik waren in Hamburg Begriffe von nahezu gleicher Bedeutung. Eine Politik, die den Handel nicht berücksichtigte, gab es in Hamburg nicht und konnte es nicht geben. Das ganze Dasein des Stadtstaates stand und fiel mit dem Handel[47]. Dies war gleichzeitig der Rechtfertigungsgrund für die Aufrechterhaltung der politischen Selbständigkeit gegenüber anderen Staaten. Hamburg war darauf angewiesen, die Interessen der europäischen Großmächte, die Zugehörigkeit zum Reichsverbund und die Handelsinteressen der Hansestadt miteinander in Einklang zu bringen[48].

Auch die geographische Lage hatte sich für Hamburg 1815 verändert. Das benachbarte Altona war dänisch geworden. Harburg und Hannover waren englisch und nach Osten hin lag die Großmacht Preußen. All diese Staaten hatten gegensätzliche Interessen, die die Hansestadt berücksichtigen mußte. Gleichzeitig war ein neutrales Hamburg für die umgebenden Mächte gerade auch handelspolitisch von Vorteil.

Für die USA, England und die Hansestädte waren Abschluß und Inhalt von Handelsverträgen bestimmend für den zukünftigen wirtschaftlichen Erfolg auf den neuen überseeischen Märkten. Hamburg war von allen Handelsmächten am meisten auf Verträge angewiesen, da es ohne politische und militärische Macht nur so seine handelspolitischen Interessen vertreten konnte. Durch eine selbständige Handelsvertragspolitik demonstrierte die Stadtrepublik zudem effektiv ihren Sonderstatus. Trotz gemeinsamen Vorgehens in vielen Fällen, unterstrich Hamburg seine staatsrechtliche Unabhängigkeit auch gegenüber den anderen Hansestädten.

44   PIETSCHMANN, Horst: Hamburg und Lateinamerika, S. 398–400.

45   ARFS, Jörn Helmuth: Die Beziehungen der Hansestadt Hamburg zu den La Plata-Staaten, S. 5.

46   KLEINMANN, Hans-Otto: Die deutschen Staaten und die Unabhängigkeit Lateinamerikas, S. 119.

47   Ernst BAASCH nach AHRENS, Gerhard: Von der Franzosenzeit bis zur Verabschiedung der neuen Verfassung 1806–1860, S. 443–444.

48   SCHMIDT, Burghart: Hamburg im Zeitalter der Französischen Revolution und Napoleons (1789–1813), Teil 1, S. 130.

Auf der anderen Seite des Atlantiks waren die neuen Staaten ebenfalls mit der Absicherung ihrer Souveränität durch Vertragspolitik beschäftigt. Sie strebten nach der Anerkennung ihrer völkerrechtlichen Unabhängigkeit, um Wiedereroberungsversuchen Spaniens, Militärinterventionen der Heiligen Allianz, territorialen Übergriffen der Nachbarstaaten und Expansionsbestrebungen der Engländer vorzubeugen. Daher waren die jungen Republiken gewillt, großzügige Handelsprivilegien zu verleihen. Sie lockten mit dem Angebot: Handelsvertrag gegen völkerrechtliche Anerkennung. Dies hatte jedoch erst Erfolg, als die USA 1822/23 die lateinamerikanischen Staaten anerkannten[49].

Bis dahin war die Situation für Hamburg problematisch. Die Pentarchie verfolgte eine Nicht-Anerkennungspolitik gegenüber den neuen südamerikanischen Republiken, da sie ein Übergreifen der republikanischen Revolutionsideen auf Europa und den Sturz der Monarchien fürchtete[50]. Dabei wurden die europäischen Großmächte auch in ihrer Südamerikapolitik vom Dualismus Preußens und Österreichs beeinflußt[51]. Österreich wurde in der Südamerikafrage an erster Stelle von Fragen der Restauration und Legitimität geleitet. Wirtschaftliche Interessen waren zwar vorhanden, standen jedoch im Hintergrund. Für Preußen dagegen stand der wirtschaftlich-kommerzielle Aspekt immer im Vordergrund[52]. Außerdem gab es noch die anderen deutschen Staaten, teilweise mit Interessen in Mittel- und Südamerika. Dies waren Sachsen, Hannover, Mecklenburg, Bayern und Württemberg. Diese Staaten ordneten sich stets den beiden erstgenannten konträren Linien unter. Die Hansestädte hielten sich offiziell an Berlin, wie auch Sachsen, Mecklenburg und Hannover. Deren Interessen waren mehr atlantisch-überseeisch geprägt, denn kontinental-ostmitteleuropäisch, wie dies bei Österreich der Fall war. Eine gemeinsame Position der Hansestädte zur Südamerikafrage hatte sich allerdings erst ab 1817 aus der Einsicht heraus entwickelt, allein dem Legitimitätsanspruch der Re-

---

49   KLEINMANN, Hans-Otto: Die deutschen Staaten und die Unabhängigkeit Lateinamerikas, S. 127–128.

50   BERNECKER, Walther L.: Die Handelskonquistadoren, S. 102f.. KÖRNER, Karl Wilhelm: La independencia de la América española y la diplomacia alemana, Buenos Aires 1968. KOSSOK, Manfred: Legitimität gegen Revolution. Die Politik der Heiligen Allianz gegenüber der Unabhängigkeitsrevolution Mittel- und Südamerikas 1810–1830, Kommentare und Quellen, Ost-Berlin 1987 (Sitzungsberichte der Akademie der Wissenschaften der DDR, Gesellschaftswissenschaften, Nr. 6/G).

51   KAHLE, Günter: Lateinamerika in der Politik der Europäischen Mächte, 1492–1810, Köln – Weimar – Wien 1993. Bei KAHLE Überblick zu *„Lateinamerika als Konfliktfeld der internationalen Politik".*

52   KOSSOK, Manfred: Deutschland und die „Südamerikanische Frage" 1815–1830, S. 81–82. ZEUSKE, Michael: Bajo la bandera prusiana: Compañías comerciales, comerciantes y cónsules alemanes en las Antillas (1815–1860), in: BUTEL, Paul: Commerce et plantation dans la Caraïbe, XVIIIe et XIXe siècles, Actes du Colloque de Bordeaux, 15–16 mars 1991, Bordeaux 1992 (Collection de la maison des pays ibériques, Bd. 52), S. 233–252.
Siehe bei ZEUSKE zu den bislang stark unterschätzten wirtschaftlichen Interessen Preußens in Lateinamerika die Beispiele der *Compañía Renana de las Indias Occidentales (CRIO), Compañía Sajona del Comercio de Alta Mar, Compañía Silesiana-Sudamericana (CSS)* und der *Compañía Elba-Americana (CEA).*

staurationsmächte nicht gewachsen zu sein[53]. Dabei hatte Lübeck praktisch kein Gewicht, während Hamburg aufgrund seiner Vormachtstellung im Spanien- und Portugalhandel dominierte.

In dieser Situation wurde das offizielle handelspolitische Vorgehen der Hansestädte durch die Nicht-Anerkennungspolitik Preußens und Spaniens gegenüber den aufständischen lateinamerikanischen Staaten bestimmt. Die Stadtrepublik konnte in ihrer politischen Einflußlosigkeit nicht Preußen in der Anerkennungsfrage vorgreifen und wollte auch nicht ihre Handelsinteressen in Spanien selbst gefährden. Ein absolutes Bekenntnis zur Nicht-Anerkennung hätte für den Hamburger Außenhandel jedoch den Verzicht auf günstig eingeschätzte künftige Handelschancen auf einem neuen Marktsektor gegenüber der Handelskonkurrenz aus England und den USA bedeutet[54].

Inoffiziell und auf individueller und privater Ebene knüpften hanseatische Kaufleute Kontakte nach Südamerika, um die neuen Märkte nicht von vornherein an die Konkurrenz zu verlieren. Der Senat duldete derartige Aktivitäten[55]. Auch Preußen profitierte von diesen ersten Kontakten der Hanseaten mit den neuen Republiken. Die Handelsverbindungen der Hamburger und Bremer Kaufmannschaft öffneten den preußischen Waren unter fremder Flagge den Weg nach Mittel- und Südamerika. Durch den Erfolg der geheimen und inoffiziellen Bemühungen der Hanseaten gab es für die Regierung Preußens erst einmal keine Notwendigkeit, sich gegenüber den politischen Ambitionen der übrigen Mächte der Heiligen Allianz rechtfertigen zu müssen[56]. Doch mit dem sich abzeichnenden Erfolg der Unabhängigkeitsbewegungen wurde die europäische Politik ohnehin mehr und mehr von Wirtschaftsinteressen geprägt. Die Gemeinsamkeiten der Kongreßmächte traten allmählich hinter Einzelstaatsinteressen zurück. Im Wettbewerb um Handels- und Schiffahrtsbeziehungen, Marktanteile und Firmenstandorte in der Neuen Welt wollte niemand zurückstehen[57]. Im Zuge dieser Entwicklung begann auch die führende Allianzmacht Preußen, den Primat der Handelsinteressen vor allen anderen einzuräumen.

Vor diesem Hintergrund hatten Hamburg, Bremen und Lübeck den Wiederaufbau und die Erweiterung eines eigenen Gesandtschaftssystems betrieben, um die selbständige Position innerhalb des Deutschen Bundes und im Ausland zu stärken[58]. 1815 gab es in den Hansestädten bereits Vertreter von Dänemark, Frankreich, Großbritannien, den Niederlanden, Österreich, Preußen, Rußland, Schweden und Spanien. Hanseatische Gesandte, sogenannte Ministerresidenten, waren in Wien, Berlin, Petersburg, Paris, London und Madrid akkreditiert. Aber auch in Amerika war

53   KOSSOK, Manfred: Deutschland und die „Südamerikanische Frage" 1815–1830, S. 38. Ders.: Im Schatten der Heiligen Allianz, Deutschland und Lateinamerika 1815–1830, Zur Politik der deutschen Staaten gegenüber der Unabhängigkeitsbewegung Mittel- und Südamerikas, Ost-Berlin 1964 (Studien zur Kolonialgeschichte und Geschichte der nationalen und kolonialen Befreiungsbewegung, Bd. 4/5), S. 30–48.
54   ARFS, Jörn Helmuth: Die Beziehungen der Hansestadt Hamburg zu den La Plata-Staaten, S. 7.
55   Ebd., S.40–42.
56   KOSSOK, Manfred: Deutschland und die „Südamerikanische Frage" 1815–1830, S. 88.
57   KLEINMANN, Hans-Otto: Die deutschen Staaten und die Unabhängigkeit Lateinamerikas, S. 122–123.
58   KOSSOK, Manfred: Deutschland und die „Südamerikanische Frage" 1815–1830, S. 28.

Hamburg daran gelegen, ohne förmliche Anerkennung der neuen Staaten seine Interessen durchzusetzen. Dazu diente neben dem Abschluß von Handelsverträgen die Einrichtung konsularischer Vertretungen als wichtigstes Instrument der Hansestadt zur Aktivierung des Außenhandels[59]. Da es internationaler Rechtsgrundsatz war, daß Handelsagenten nicht die politischen Beziehungen von Staaten zueinander berührten, nutzten die drei Hansestädte diese Chance, um tätig zu werden. Dabei waren sie immer darauf bedacht, sich weder mit Spanien noch mit Rußland und Österreich, den beiden nachdrücklichsten Verfechtern einer legitimistischen Ordnung, zu überwerfen. Der Wettbewerbsdruck gegenüber England und die sich konsolidierende Situation in Amerika machten dies möglich und notwendig. Außerdem kam es durch die Wirtschaftskrise von 1825/26 zu Kursverlusten und Insolvenzen, die die sich entwickelnde europäische Industrie mit Absatzproblemen konfrontierte und belastete. Handel und Industrie setzten nun gemeinsam bei den Regierungen Außenhandelsförderung durch Handelsverträge und die Einrichtung von Konsulaten durch[60].

Der Erfolg der Bemühungen und die Intensität der Handelsbeziehungen lassen sich an der Eröffnung eigener hanseatischer bzw. hamburgischer Konsulate ablesen: Río de Janeiro 1817, Bahia 1820[61], Ciudad de México und Port-au-Prince 1825, La Guaira / Venezuela und Montevideo 1827, Buenos Aires und Lima 1828, Tampico und Vera Cruz / beide Mexiko 1832, Valparaiso 1834, Havanna 1837, Guatemala 1841 und Guayaquil 1842[62].

Da es in Deutschland keine zentrale politische Gewalt gab, vereinbarte Hamburg bis zum Eintritt in den Norddeutschen Bund 1867 allein oder in Gemeinschaft mit Bremen und Lübeck Handelsverträge mit auswärtigen Nationen. Zwischen 1827 und 1861 wurden 13 Verträge mit außereuropäischen Staaten abgeschlossen, sieben davon mit Ländern in Amerika[63]: 1827 Brasilien, 1827 USA, 1832 Mexiko, 1837 Venezuela, 1847 Guatemala, 1848 Costa Rica, 1854 Neu-Granada (Kolumbien), 1858/61 Hawaii (nur Hamburg und Bremen), 1855 Liberia, 1857 Persien, 1858 Siam, 1859 Sansibar und 1861 China.

Da den Hanseaten kaum politische Druckmittel zur Verfügung standen, mußten sie ihr ganzes Verhandlungsgeschick an den Tag legen, um zu befriedigenden

---

59 ARFS, Jörn Helmuth: Die Beziehungen der Hansestadt Hamburg zu den La Plata-Staaten, S. 8.
60 KLEINMANN, Hans-Otto: Die deutschen Staaten und die Unabhängigkeit Lateinamerikas, S. 129.
    Es ist bisher zum hamburgischen Konsulatswesen nur sehr unzureichend geforscht worden. Es existiert eine Reihe älterer Schriften. Neue Publikationen sind rar: BENECKE, Otto: Zur Geschichte des hamburgischen Consulatswesens. Gedruckter Archivalbericht v. 24.11.1866 im Staatsarchiv Hamburg. BERG, Inge Bianka von: Die Entwicklung des Konsularwesens im Deutschen Reich von 1871–1914 unter besonderer Berücksichtigung der außenhandelsfördernden Funktionen dieses Dienstes, Köln 1995. BERNECKER, Walther L.: Die Handelskonquistadoren. PRÜSER, F.: Hanseatische Akten zur deutschen Überseegeschichte, in: Archivalische Zeitschrift 53 (1957), S. 54–84.
61 Zu diesem Zeitpunkt beherbergte Brasilien noch die portugiesische Krone.
62 AHRENS, Gerhard: Von der Franzosenzeit bis zur Verabschiedung der neuen Verfassung 1806–1860, S. 445.
63 Ebd., S. 446–447.

Ergebnissen zu gelangen. Ihre schwache Stellung manifestierte sich auch in der Tatsache, daß kein einziges Abkommen in den Hansestädten selbst ausgehandelt wurde.

Weit über den Lokalbereich Hamburgs, Bremens und Lübecks hinaus bestimmten die Rechtsnormen der von den Hanseaten in der ersten Hälfte des 19. Jahrhunderts eingegangenen Verträge und die Tätigkeit ihrer Agenten und Konsuln die gesamtdeutschen Beziehungen zu Iberoamerika. Schwerpunkte dieser Beziehungen waren Handel und Auswanderung[64]. Die hanseatische wirtschaftliche Hegemonie in den deutsch-lateinamerikanischen Beziehungen endete erst mit der Sukzession von 1867 und der Integration Hamburgs in den Norddeutschen Bund.

Offen bleibt im Hinblick auf die Entwicklung auf offizieller und diplomatischer Ebene die Frage, wie die geheimen und inoffiziellen Bemühungen Hamburgs um Kontaktaufnahme mit Lateinamerika erfolgten. Die Schlußfolgerung von Manfred Kossok, daß der Handel mit den sogenannten Freistaaten, abgesehen vom wirtschaftlichen Aspekt, nach dem Legitimitätsprinzip eine hochpolitische Kategorie war und demzufolge Normen gehorchte, über deren Festsetzung am wenigsten die Hansestädte bestimmten[65], ist insofern richtig, als die Hansestädte selbst keine Normen bestimmten; ob für die Stadtstaaten der Umgang mit den Freistaaten jedoch eine „hochpolitische Kategorie" war und als solche gesehen und behandelt wurde, muß angezweifelt werden. Nach Kossoks Meinung hing es von der kontinuierlichen Liberalisierung in der Haltung der beiden Hauptmächte im Bereich des Deutschen Bundes, von Österreich und Preußen, ab, ob und inwieweit die Hanseaten dem offiziellen Kontakt zu Spanisch-Amerika Raum geben durften. Doch es ist unwahrscheinlich, daß Hamburgs Kaufleute sich davon abhängig machten. Die Forschung hat sich in dieser Frage bisher stark auf die Diplomatiegeschichte konzentriert. Wie der einzelne hanseatische Kaufmann wirklich agierte, ist bislang unklar.

Ältere Studien kamen zu dem Schluß, daß die Hamburger im Transatlantikhandel Erfolg hatten, weil sie bevorzugt behandelt worden seien. Ohne politische Macht und militärische Mittel hätten die lateinamerikanischen Staaten in ihnen ein Gegengewicht zu den Großmächten gesehen, das sie sich sichern wollten[66]. Walther Bernecker kommt dagegen zu dem Schluß, daß es die Art und Weise war, wie die Hanseaten Handelspolitik betrieben, die sie erfolgreich machte. Seiner Meinung nach übten die Kaufleute mit einem weitverzweigten Netz von informellen und persönlichen Kontakten subtil Einfluß auf die Außenpolitik der Gastländer aus[67]. Es ist evident, daß dem individuellen Kaufmann, der oft auch gleichzeitig Konsul für die Hansestädte in Übersee war, ein großes Gewicht in der Gestaltung der Handelspoli-

---

64   KOSSOK, Manfred: Zur Geschichte der deutsch-lateinamerikanischen Beziehungen, S. 75.
65   Ders.: Deutschland und die „Südamerikanische Frage" 1815–1830, S. 116–117.
66   BECKER, Felix: Die Hansestädte und Mexiko. Handelspolitik, Verträge und Handel, 1821–1867, Wiesbaden 1984, S. 72–74. DANE, Hendrik: Die wirtschaftlichen Beziehungen Deutschlands zu Mexiko und Mittelamerika im 19. Jahrhundert, Köln 1971 (Forschungen zur internationalen Sozial- und Wirtschaftsgeschichte, Bd. 1), S. 6. KATZ, Friedrich: Deutschland, Díaz und die mexikanische Revolution. Die deutsche Politik in Mexiko 1870–1920, Ost-Berlin 1964, S. 88.
67   BERNECKER, Walther L.: Die Handelskonquistadoren.

tik und vor allem auch des realen Handels zufielen. Damit wurde die Politik Hamburgs von den konkreten Handelsbeziehungen beeinflußt. Wie gewichtig dabei die Rolle des einzelnen Kaufmanns war, und wie sie im Detail aussah, muß noch untersucht werden.

2. Hamburger Handel zwischen niederländischer und dänischer Kolonialpolitik

Die Kolonialpolitik der Mutterländer war immer auch gleichzeitig eine Wirtschafts- und Handelspolitik. Die Metropolen mußten ihre wirtschaftlichen, strategischen, ideellen und politischen Interessen außerhalb Europas mit ihren innereuropäischen politischen Interessen in Einklang bringen. Durch äußere Umstände wie Wirtschaftskrisen, Kriege und Unruhen im Kolonialgebiet sowie die Politik von Handelspartnern und geographischen Nachbarn waren die Kolonialmächte jedoch oft zu Kompromissen gezwungen. Hamburg, das auf keine Schutzmacht und keine eigene Kolonie als Stützpunkt in der Karibik zurückgreifen konnte, reagierte empfindlich auf die Politik der Kolonialmächte im karibischen Raum. Es war beispielsweise angewiesen auf Freihäfen, die seinen Schiffen das Anlegen und Handeln erlaubten. Holländisch- und Dänisch-Westindien boten solche Möglichkeiten. Die niederländische und dänische Kolonialpolitik war somit für die Hamburger Kaufleute von großem Belang. Im Folgenden wird deshalb zuerst die Kolonialpolitik Den Haags und darauf die Kopenhagens auf ihre Bedeutung für Hamburg untersucht.

Im Gegensatz zu Hollands asiatischen Kolonien waren die Besitzungen in Westindien im 19. Jahrhundert eine Belastung für die Metropole. Holländisch-Westindien war während des gesamten 19. Jahrhunderts ein Verlustgeschäft für Den Haag. Wirtschaftlich war die Insel sehr unrentabel: 1816 nahm der Staat 77.000 Pesos, 1818 100.000 Pesos ein, aber das Militär allein kostete die Metropole 115.000 Pesos jährlich. Zudem brachten die ABC-Inseln, Aruba, Bonaire und Curaçao, das Mutterland beständig in Konflikte und Spannungsfelder zwischen eigenen Interessen, Spanien und der entstehenden Republik Venezuela. Curaçao wurde ein ganzes Jahrhundert lang von der Instabilität Groß-Kolumbiens und seiner Nachfolgestaaten beeinträchtigt, da es abhängig vom Handel mit dem südamerikanischen Festland war. Zudem waren die niederländischen Inseln Spielball der Interessen anderer Großmächte im karibischen Raum.

Das 19. Jahrhundert begann mit einem englischen Interregnum in der Kolonie, das von 1800 bis 1803 dauern sollte. In Europa hatte der mit den Engländern verbündete Wilhelm V. die Vereinigten Provinzen auf der Flucht vor den Franzosen verlassen müssen. Um eine französische Inbesitznahme der westindischen Inseln zu vermeiden, unterstellte daraufhin 1800 der niederländische Gouverneur in Willemstad, Johann Rudolf Lauffer, Curaçao der englischen Herrschaft. 1802 zwang der Frieden von Amiens zwischen England und Frankreich ersteres, Curaçao den Holländern zurückzugeben, was die Briten nur widerstrebend taten. Schon 1807 eroberten die Engländer Curaçao gewaltsam zurück und hielten es bis 1816. In dieser Zeit unter englischer Herrschaft wurde die Insel erstmals zum Freihafen. Nachdem Napoleon bei Leipzig besiegt worden war, wurden die Niederlande eine Monarchie unter den Oraniern. Im Zuge der Neuordnungen des Wiener Kongresses mußte England Curaçao wieder abtreten, behielt jedoch wichtige Teile Guayanas: Essequibo, Demerara und Berbice[1].

---

1   GOSLINGA, Cornelis Christiaan: A Short History of the Netherlands Antilles and Surinam, S. 67–75.

Die Verhältnisse in der Karibik waren inzwischen ganz vom Unabhängigkeitskrieg, der auf dem Festland ausgebrochen war, beeinflußt. Die Kolonialpolitik der Niederlande stand von nun an im Konfliktfeld zwischen der Heiligen Allianz und deren Parteinahme für Spanien und der jungen Republik Groß-Kolumbien. Die niederländische Entscheidung, die Interessen der spanischen Kolonialmacht zu unterstützen, wurde zur Ursache tiefer Konflikte zwischen Holland und der neuen Republik[2]. Die Lage der ABC-Inseln war schwierig. Aufgrund ihrer geographischen Lage, befanden sie sich in einer bedrängten Position. Sie standen mit ihren Handelsinteressen im Spannungsfeld zwischen Spanien, den venezolanischen Rebellen, Händlern von Curaçao und England. Die niederländischen Inseln waren zugleich bedeutsam für Waffenlieferungen an und als Zufluchtsort für Revolutionäre, was das Konfliktpotential noch erhöhte. Von diesen Spannungen unterschiedlicher Interessen profitierten hanseatische Kaufleute, die die Schwäche der Niederlande und die mangelnde Kontrolle seitens der Spanier im Krisengebiet für sich nutzten.

Den Haag, das am Legitimitätsprinzip festhielt, unterstützte bis 1822 Spanien. Die Niederlande halfen der Kolonialmacht, über Curaçao Schiffe durch die von den Rebellen kontrollierten Gewässer zu manövrieren und spanische Truppen in Venezuela zu versorgen. Dieses einträgliche Geschäft war für die Holländer neben dem Eintreten für die monarchischen Ordnung ein weiterer Beweggrund dafür, die revolutionäre Bewegung nicht anzuerkennen.

1821 besiegten die venezolanischen Rebellen endgültig das spanische Heer. Doch Den Haag hielt an den freundlichen Beziehungen zu Spanien fest und erkannte die neue Situation in Venezuela nicht an. Spanien errichtete eine Handelsblockade gegen die Küste Venezuelas, womit es den Widerstand der curaçaoschen Bevölkerung, deren Handel unter der Maßnahme litt, gegen die Politik der niederländischen Metropole provozierte. Diese wurde dadurch gezwungen, die Häfen der Insel für die Venezolaner zu öffnen. Spanien war zu schwach, um seine Festlandblockade auf Curaçao auszuweiten, und mußte die Situation 1822 anerkennen.

Der Handel mit Venezuela war die wirtschaftliche Existenzgrundlage der ABC-Inseln. Sie waren abhängig von der politischen Situation in Venezuela. In der Zeit nach 1822 kam es zu Konflikten zwischen den ABC-Inseln und Groß-Kolumbien, die den Handel zwischen Holland und dem Festland blockierten. Hamburg profitierte von den Streitigkeiten und konnte als neutraler Staat, der von keinerlei Sanktionen getroffen wurde, den Transport von und Handel mit niederländischen Produkten übernehmen. Den Haag hatte, nachdem 1822 die USA und England Groß-Kolumbien anerkannt hatten, einen Vertreter nach Caracas entsandt, der informelle Beziehungen aufbauen und Handelsvorteile sichern sollte. Infolgedessen wurden niederländische Handelsagenten nach La Guaira, Puerto Cabello, Maracaibo und in andere Festlandhäfen geschickt, und in mehreren kolumbianischen Städten wurden Konsuln ernannt. *De facto* erkannte Holland damit Groß-Kolumbien an, doch eine formelle Anerkennung erfolgte nicht. Die darauf folgenden groß-kolumbianischen Sanktionen gegen den holländischen Handel begünstigten Hamburg, das von dem zeitweiligen Ausfall seines Konkurrenten profitierte. Erst unter dem dadurch ent-

---

2   GOSLINGA, Cornelis Christiaan: Curaçao and Guzmán Blanco, S. 4.

stehenden Druck erkannte Den Haag 1828 im Tausch gegen einen Vertrag, der Handel, Schiffahrt, Im- und Export regulierte, die Unabhängigkeit der neuen Republik an.

Seit den 20er Jahren des 19. Jahrhunderts wurde Curaçao immer wieder in die innenpolitischen Konflikte Venezuelas hineingezogen[3]. Caracas verweigerte die Verlängerung von Handelsverträgen. Immer wieder sperrte Venezuela seine Häfen für holländische Schiffe und beschlagnahmte diese. Zeitweise kam es zu einem vollständigen Abbruch der diplomatischen Beziehungen zwischen Den Haag und Caracas. Auch dies war für Hamburg von Nutzen, da der Agent des Norddeutschen Bundes die Vermittlung zwischen beiden Parteien übernahm und so seine eigene Position festigen konnte.

Nach der zweiten englischen Besetzung hatten die Holländer 1816 feststellen müssen, daß sich der Handelsstrom von Willemstad nach St. Thomas verlagert hatte. Handel mit dem Festland fand fast nur noch mit Coro und Maracaibo statt, reduziert auf geringe Quantitäten von Ziegenfellen und Hölzern. Die Wiederbelebung des vorherigen Handels gestaltete sich aus mehreren Gründen recht schwierig: Die Holländer hatten Guayana verloren. Amsterdamer Handelshäuser hatten große Summen in diese Kolonien investiert und nun ihr Interesse an weiteren westindischen Investitionen verloren. Außerdem hielten die Holländer, lange nachdem andere Mächte in der Karibik ihre Häfen dem Freihandel geöffnet hatten, an einem 6% Zoll auf alle Güter, die nicht aus Holland stammten, fest. Diese Zollpolitik sollte über eine Dekade das Haupthindernis bei den wirtschaftlichen Beziehungen zwischen Curaçao und Venezuela sein und auch die Hamburger bevorzugt St. Thomas anlaufen lassen. Um die großen finanziellen Defizite auszugleichen, wurde Curaçao 1827 erneut zum Freihafen erklärt. Man hoffte, den Handel, der an Dänemark verloren gegangen war, zurückzugewinnen.

Trotz aller Anstrengungen im landwirtschaftlichen Bereich blieb der Handel Curaçaos Haupteinnahmequelle im 19. Jahrhundert. Ziegen- und Schaffelle, Holz, Tabak, Kakao und andere Erzeugnisse der Insel oder Venezuelas, wurden gegen europäische Waren ausgetauscht. Dieses Geschäft wurde durch venezolanische und europäische Interessen bestimmt. Mit dem Mutterland war der Handel gering. Zwei oder drei niederländische Schiffe legten pro Jahr in Willemstad an. Mit den USA wurden Lebensmittel und Holz gegen Schuhe und Hüte, die auf Curaçao gefertigt wurden, getauscht. Es gab eine profitable Schiffbauindustrie auf der Insel, die sowohl Schiffe baute als auch einen Reparaturservice bot, den Schiffe in der Hurrikanzeit nutzten. Ab 1871 wurde Phosphat abgebaut[4]. Im gleichen Jahr schloß die Hamburg Amerikanische Paketfahrt Gesellschaft Curaçao in ihre Route ein, womit

---

3   Dazu BANKO, Catalina: Las Luchas Federalistas en Venezuela, Caracas 1996 (Estudios Serie Historia). EARLE, Rebecca A.: Spain and the Independence of Colombia, 1810–1825, Exeter 2000. LYNCH, John (Hrsg.): Latin American Revolutions, 1808–1826. Old and New World Origins, Oklahoma 1994. Ders.: Simón Bolívar and the Age of Revolution, London 1983. RODRÍGUEZ O., Jaime E.: The Independence of Spanish America, Cambridge 1998 (Cambridge Latin American Studies 84), S. 109–122.

4   GOSLINGA, Cornelis Christiaan: A Short History of the Netherlands Antilles and Surinam, S. 127–132.

sich die Distanz zu Europa erheblich verringerte. 1882 wurde die holländische Dampfschiffverbindung des Königlich Westindischen Postdienstes eröffnet.

Die karibischen Kolonien waren weder gewinn- noch anderweitig nutzbringend für die Niederlande. Die Westindische Compagnie konnte nie die Bedeutung der Ostindischen Compagnie erreichen. Die wechselhafte Geschichte Curaçaos, die englische Besatzungszeit, die mangelnde Stringenz und Konsequenz in der Handelspolitik und die geographische Lage der Insel direkt vor Venezuela, die sie in die unruhige Politik des Festlands involvierte, bewirkten, daß die holländische Kolonie gegenüber der dänischen im 19. Jahrhundert im Handel zurückblieb.

Für die Niederländer waren die Hamburger als geographisch naheliegende Konkurrenz von Interesse. In allen Jahrgängen der niederländischen Zeitschrift *De Economist* ist im vorletzten Jahrhundert eine, für die Größe Hamburgs, überproportionale Beschäftigung mit der Hansestadt festzustellen. Hamburg wurde als starke Konkurrenz, nicht nur für einzelne holländische Häfen, sondern für ganz Holland empfunden. Durchgehend wurden Statistiken erstellt, welche Holland und Hamburg verglichen. Hamburg erschien in den entsprechenden Rubriken gleichberechtigt neben Frankreich und England. Ausführlich wurde zum Beispiel die Wirtschaftskrise Hamburgs von 1857 beleuchtet[5]. Die Niederländer sahen das Erfolgsrezept der Hansestädte darin, daß diese ihre eigenen Produkte direkt zum Kunden und ausländische Importwaren selbst direkt ohne Zwischenhändler nach Deutschland brachten[6]. Dies traf auf die Situation an der venezolanischen Küste zu, deren Häfen von Hanseaten mit niederländischen Produkten beliefert wurden.

Regelmäßig sandten niederländische Konsuln Berichte über den Stand von Hamburger Wirtschaft, Gewerbe, Handel und Schiffahrt nach Den Haag. Holland hatte nach Hamburg so gut wie keinen Handel. Der hamburgische Handel nach Südamerika wurde dagegen allgemein als bedeutend beschrieben[7]. Grund für das geringe Handelsaufkommen zwischen Holland und Hamburg war, daß die Haupthandelsgüter Produkte aus den niederländischen Kolonien waren und ihr Erwerb auf direktem Wege ohne Zwischenlager für die Hamburger günstiger war. Dennoch unterhielten die Handelshäuser Hamburgs, Rotterdams und Amsterdams Agenten in den jeweils anderen Städten[8]. Im letzten Drittel des 19. Jahrhunderts wurden hol-

---

5   De Economist. Tijdschrift voor alle Standes. Tot Bevordering van Volkswelvaart, door Verspreiding van Eenvoudige Beginselen van Staathuishoudkunde, De Nederlanders en de Duitschers en de Wereldhandel, Bd. 1, 'S Gravenhage [Offizielle Bezeichnung für Den Haag, Anm. d. A.] 1887, S. 444–448.

6   Ebd., S. 447.

7   UL, Ministerie van Waterstaat, Handel en Nijverheid (Hrsg.): Verzameling van Consulaire en andere Verslagen en Berigten over Nijverheid, Handel en Scheepvaart, Jaargang 1865–1889, 'S Gravenhage 1865–1890. Name der Serie, des Herausgebers und Verlagsort änderten sich 1889: Ministerie van Buitenlandsche Zaken (Hrsg.): Consulaire Verslagen en Berichten, Amsterdam 1891–1900.

8   UL, Ministerie van Waterstaat, Handel en Nijverheid (Hrsg.): Verzameling van Consulaire en andere Verslagen en Berigten over Nijverheid, Handel en Scheepvaart, Jaargang 1865–1889, 'S Gravenhage 1865–1890, 1865 Bd. I, Bericht des Generalkonsuls zu Hamburg ad interim George Wachter für das Jahr 1864, S. 130.

ländische Artikel in großen Mengen mit der HAPAG durch hamburgische Handelshäuser direkt importiert[9].

Die niederländischen Konsuln in Venezuela beklagten durchweg in ihren Berichten den verschwindend geringen Anteil der Niederlande am Handel, während sie oft Hamburg als eine führende Nation im Venezuelahandel nannten. Besonders beklagenswert war es aus holländischer Sicht, daß alle holländischen Produkte über Hamburg mit deutschen Schiffen transportiert wurden. Der niederländische Konsul in La Guaira schrieb 1867, daß die meisten Kaufleute Deutsche seien, die auch mit Deutschland handelten[10]. Dagegen wurde so gut wie kein Handel zwischen Holland und La Guaira getrieben. Holländische Waren wie Butter, Käse, Genever, Kerzen und Schinken kamen über Hamburg nach La Guaira. Der hauptsächliche Handel dieser Stadt wurde laut Vizekonsul C. Perret Gentil von Frankreich, Hamburg, England, Spanien und den USA abgewickelt[11]. Für das Jahr 1879 wurde aus La Guaira ein Bericht mit den gleichen Feststellungen an Holland abgeliefert. Auch ein Jahrzehnt später hatten die Hamburger den Handel mit holländischen Produkten in der Hand[12]. Ein Bericht ähnlichen Inhaltes ging 1880 von G. F. Hoijer aus dem Generalkonsulat in Barranquilla ein. Der dortige Handel läge in Händen der USA, Englands, Frankreichs und Deutschlands. Holland spiele keine Rolle, heißt es dort[13].

In all diesen Konsulatsberichten, seien sie aus Hamburg oder Venezuela, verlautete, daß Hamburg in Bezug auf den Venezuelahandel die stärkere Position innehatte. Die Hamburger profitierten von der schwachen Stellung der Niederländer im karibischen Raum. Die Niederländer besaßen dort zwar Kolonien, doch schadeten diese eher ihrer Handelsbilanz, als daß sie Gewinn brachten. Die Territorien stärkten auch nicht die niederländische Position in der Karibik. Sie brachten vielmehr internationale Konflikte mit sich, die Holland Geld und diplomatische Komplikationen kosteten, das Land jahrelang mit Krieg bedrohten und niederländische Kaufleute diskreditierten. Die Hamburger profitierten von der niederländischen Zwangs-

---

9   UL, Ministerie van Waterstaat, Handel en Nijverheid (Hrsg.): Verzameling van Consulaire en andere Verslagen en Berigten over Nijverheid, Handel en Scheepvaart, Jaargang 1865–1889, 'S Gravenhage 1865–1890, 1882, Bericht des Konsuls C. Perret Gentil in La Guaira, S. 1144–1145.

10   UL, Ministerie van Waterstaat, Handel en Nijverheid (Hrsg.): Verzameling van Consulaire en andere Verslagen en Berigten over Nijverheid, Handel en Scheepvaart, Jaargang 1865–1889, 'S Gravenhage 1865–1890, 1867 Bd. III, Bericht des Vizekonsuls C. Hellmund in La Guayra, S. 833–834.

11   UL, Ministerie van Waterstaat, Handel en Nijverheid (Hrsg.): Verzameling van Consulaire en andere Verslagen en Berigten over Nijverheid, Handel en Scheepvaart, Jaargang 1865–1889, 'S Gravenhage 1865–1890, 1868 Bd. III, Bericht des Vizekonsuls C. Perret Gentil für das Vizekonsulat in La Guayra, S. 1151.

12   UL, Ministerie van Waterstaat, Handel en Nijverheid (Hrsg.): Verzameling van Consulaire en andere Verslagen en Berigten over Nijverheid, Handel en Scheepvaart, Jaargang 1865–1889, 'S Gravenhage 1865–1890, 1880, Jährlicher Bericht des Konsuls C. F. Hellmund für Konsulat der Niederlande in La Guayra, S. 334.

13   UL, Ministerie van Waterstaat, Handel en Nijverheid (Hrsg.): Verzameling van Consulaire en andere Verslagen en Berigten over Nijverheid, Handel en Scheepvaart, Jaargang 1865–1889, 'S Gravenhage 1865–1890, 1880, Bericht des Generalkonsuls G. F. Hoijer in Barranquilla, S. 620–623.

lage. Sie importierten Produkte holländischen Gewerbes nach Venezuela, unbehelligt von Sanktionen des venezolanischen Staates, die dieser gegen die Holländer immer wieder verhängte.

Dänemark hatte, anders als Holland, relativ spät damit begonnen, an der europäischen Expansion in die Neue Welt teilzunehmen. Die dänische Inbesitznahme des bis dahin unbesetzten St. Thomas im Jahre 1671, geschah erst ein halbes Jahrhundert nach dem Eindringen anderer nicht-spanischer Mächte in die Karibik. 1671 hatten die Engländer, Holländer und Franzosen längst *de jure* und *de facto* Spaniens Monopolanspruch in dieser Hemisphäre gebrochen und waren dabei, ihre eigenen Kolonien zu konsolidieren.

Begrenzte ökonomische und Populationsressourcen, sowie der späte Einstieg in das Rennen um Kolonien in Amerika sollten die Natur des dänischen Imperiums bestimmen. Nationale Langzeitinteressen mußten Kurzzeitlösungen weichen. Generell wurde unter der effektiven Besetzung einer Kolonie im 17. Jahrhundert verstanden, daß gewinnbringende ökonomische Aktivitäten in den Kolonien eng mit den Metropolen verbunden sein sollten. Die militärische Präsenz sollte in der Tendenz immer abnehmend sein. Beides verlangte zur Realisierung eine ausreichende Anzahl befähigter Menschen. Diese konnte Dänemark jedoch nicht aufbringen. Dadurch war es gezwungen, in Westindien eine *Politik der Einladung* zu verfolgen. Die dänischen Kolonien waren auf Siedler anderer Nationalitäten angewiesen[14].

Für 246 Jahre, von 1671 bis 1917, hatte Dänemark Kolonien in Westindien. Diese, ehemals dänischen Inseln heißen bis heute Jomfruøerne oder Jungferninseln und sind im nordwestlichen Teil der Kleinen Antillen gelegen und bestehen aus den Inseln St. Thomas, St. Jan und St. Croix[15]. St. Croix unterschied sich in seiner Ökonomie bedeutend von den zwei nördlicheren und kleineren Inseln. Es war eine Agrarkolonie und hing von den Erträgen seiner Plantagen ab. Die Haupteinnahmequelle von St. Thomas jedoch war im 19. Jahrhundert der Charlotte-Amalie-Hafen[16].

Der Handel spielte bis Mitte des 18. Jahrhunderts auf St. Thomas eine untergeordnete Rolle und bestand vor allem aus dem Import von Fleisch, Brot, Butter und Hering aus dem Mutterland. Es gab jedoch auch eine große Palette von importierten Handelsgütern, welche außerhalb Dänemarks hergestellt wurden, wie unter anderem Baumaterial, Kohle, Porzellan, Kochgeschirre, Weine, Spirituosen und Baumwollwaren. Sie kamen aus dem Deutschen Reich und dem Baltikum. Das dänische Gewerbe allein wäre ohne Zuhilfenahme des Vertriebs fremder Güter nicht in der Lage gewesen, die Bedürfnisse der Inseln zu befriedigen[17].

Mitte des 18. Jahrhunderts wandten sich die Bewohner von St. Thomas immer mehr von der Plantagenwirtschaft ab und widmeten sich dem Handel, den Dänemark an sich zu binden suchte[18]. So gewann St. Thomas im beginnenden 19. Jahr-

---

14   HALL, Neville A. T.: The Danish West Indies: Empire Without Dominion 1671–1848, United States Virgin Islands 1985 (Occasional Papers, Nr. 8), S. 1–2.

15   VIBÆK, Jens: Vore gamle tropekolonier, Dansk Vestindien 1755–1848, S. 311.

16   The Central Management of the Colonies, Introduction to Vejledende Arkivregistratur XX Koloniernes Centralbestyrelse, Rigsarkivet 1975, Copenhagen 1979 (Vejlednede Arkivregistraturer XX), S. 1–3.

17   HALL, Neville A. T.: The Danish West Indies, S. 16.

18   DOOKHAN, Isaac: A History of the Virgin Islands of the United States, S. 87.

hundert vor allem eine Funktion als Handelszentrum. Die dänische Regierung begann unter dem Druck der Siedler, der Kaufleute und der politischen Entwicklungen, in jenen Jahrzehnten die Handelsbeschränkungen aufzuheben[19]. Es wurden Manufakturwaren aus Dänemark gegen Produkte der umgebenden Kolonien wie Zucker, Baumwolle, Tabak, Indigo, Kaffee und Farbhölzer, ausgetauscht. Doch der Handel war direkt an das Mutterland gebunden. Hamburger Kaufleute waren von ihm ausgeschlossen. Das Wohlergehen der Kolonie war an die Konjunktur des Mutterlandes geknüpft. Beim Freihandel dagegen hätte St. Thomas von Konjunkturhochs in verschiedenen Regionen profitieren können, weshalb die Siedler diesen durchzusetzen versuchten[20]. Doch die Kolonie der Jungferninseln wurde auch in Kopenhagen als Unternehmen betrachtet, das in erster Linie Dänemark Gewinne einbringen sollte. Deshalb blieb der Handel stark monopolisiert, was wiederum den Interessen der Siedler widersprach, die sich vom Freihandel Wohlstand versprachen. Unter ihrem Druck wurde 1754 der Handel von Charlotte Amalie für alle Dänen geöffnet, ob sie nun in Europa oder in Westindien lebten. Dieses Privileg beinhaltete auch das Recht, Sklaven aus Guinea auf die Inseln zu bringen. Der größte Teil der Schiffahrt verlief allerdings direkt zwischen Europa und der Karibik[21]. Doch das dänische Handelsmonopol wurde 1754 noch nicht gelockert. Waren, die in Dänemark produziert wurden, durften nicht von anderen Häfen aus auf die Jungferninseln importiert werden. Kolonialwaren, die auf dänischen Schiffen geladen waren, durften nur nach Dänemark gebracht werden.

Ein Jahrzehnt später, 1764, wurde St. Thomas zum Freihafen erklärt. Dies bedeutete, daß von nun an Schiffen aller Nationalitäten erlaubt war, Handel von St. Thomas und St. Jan aus mit anderen Kolonien in Amerika zu treiben. Fremde Waren und Rohmaterialien, welche nicht vor Ort produziert wurden, durften nun auch von Schiffen anderer Nation eingeführt werden. Jedermann wurde erlaubt, sich auf St. Thomas zu etablieren und Handel mit europäischen oder amerikanischen Gütern zu treiben. Der Handel mit Europa blieb jedoch Dänen vorbehalten. Weiterhin konnten die Erzeugnisse der Inseln nur nach Dänemark verkauft werden. Doch auch so etablierte sich innerhalb von 50 Jahren eine feste Enklave von fremden Kaufleuten auf der Insel, unter ihnen auch Hamburger. Der Freihafen regte unterdes nicht, wie von der dänischen Krone erhofft, die dänische Schiffahrt an und machte St. Thomas auch nicht zu einem größeren Absatzmarkt für Waren aus der Metropole[22]. 1767 wurde daher allen Nationen der Direkthandel mit Europa erlaubt, wenn auch gegen erhöhte Gebühren. 1777, während des Amerikanischen Unabhängigkeitskrieges, wurden diese Freiheiten wieder eingeschränkt, um 1782 wieder eingeräumt zu werden, weil sich die Einschränkungen als nicht durchsetzbar erwiesen. Damit stand Charlotte Amalie auch Hamburgern zum Transatlanikhandel offen.

Trotz der erneuten Behinderungen des Handels zwischen 1777 und 1882, setzte in Dänisch-Westindien eine Hochkonjunktur während des Amerikanischen Frei-

19   BOYER, William W.: America's Virgin Islands. A History of Human Rights and Wrongs, Durham / North Carolina 1983, S. 11–13.
20   DOOKHAN, Isaac: A History of the Virgin Islands of the United States, S. 88.
21   GØBEL, Erik: Die Schiffahrt Altonas nach Westindien, S. 11–24. S. 14.
22   HALL, Neville A. T.: The Danish West Indies, S. 15.

heitskrieges 1778–1783 ein. Ebenso wirkten die ab 1793 einsetzenden Revolutionskriege konjunkturfördernd. Da die kriegführenden Mächte die eigenen Handelsschiffe und Seeleute in Beschlag nahmen, die Häfen der anderen blockierten, die Handelsschiffe des Feindes aufbrachten und seine Verbindungen nach Übersee abschnitten, entstand ein Transportvakuum, das die neutralen Mächte ausnutzten, um große Teile der Schiffahrt und des Handels der Kriegführenden zu übernehmen. Zu diesen neutralen Mächten gehörten unter anderen Dänemark und Hamburg[23].

Als Folge des napoleonischen Krieges in Europa waren die Jungferninseln 1807 bis 1815 von Briten okkupiert. Diese Besetzung Dänisch-Westindiens unterband nochmals den Freihandel[24]. Mit der erneuten Übernahme durch Dänemark 1815 wurde am 17. November des gleichen Jahres der volle Freihandel eingeführt: Dänen wie Nichtdänen konnten gleichberechtigt handeln[25]. Der Hafen von Charlotte Amalie wurde frei für alle Nationen erklärt. Schiffe jeder Nation konnten aus fremden Häfen kommend ein- und mit beliebigem Zielhafen wieder auslaufen[26]. Gebühren bzw. Steuern wurden so gering wie möglich gehalten. Sämtliche Zollzahlungen für Kohlenschiffe entfielen. Diese Freihafenpolitik machte St. Thomas zu einem internationalen Zentrum der Schiffahrt und zu einem Verteiler für ganz Westindien, was die hamburgische Handelsschiffahrt nutzte[27].

St. Thomas wurde so zu einem Stützpunkt des internationalen Handels. Schon während der 20er Jahre des 19. Jahrhunderts war St. Thomas der führende Freihafen in der Karibik[28]. 1839 gab es bereits 41 große Importhäuser auf St. Thomas. Dreizehn davon waren englisch, elf französisch, sechs deutsch, je vier amerikanisch, italienisch und spanisch und nur drei waren dänisch[29]. Hamburg engagierte sich besonders stark auf der Insel. Die HAPAG richtete 1873 ein festes Büro auf St. Thomas ein. Die Dampfschiffahrtsgesellschaft eröffnete Verbindungen zwischen den Großen und Kleinen Antillen mitsamt Curaçao und Venezuela[30]. Von dieser wie auch von anderen Verbindungen der HAPAG profitierte die Hamburger Kaufmannschaft[31].

Das Mutterland profitierte dagegen in keiner Weise von den Kolonien, auf denen die, zumeist nicht-dänischen, Kaufleute mit dem blühenden Handel Gewinn machten. In diesem Punkte glich sich die Situation in Holländisch- und Dänisch-Westindien. Vor diesem Hintergrund wurde seit 1846 die Möglichkeit, die Jungferninseln zu veräußern, in Betracht gezogen[32]. A. Ballin, Direktor der HAPAG,

23   GØBEL, Erik: Die Schiffahrt Altonas nach Westindien, S. 11–24, S. 15.
24   GØBEL, Erik: Volume and Structure of Danish Shipping, S. 103–131, S. 111.
25   DOOKHAN, Isaac: A History of the Virgin Islands of the United States, S. 91.
26   SCHWEBEL, Karl H.: Bremer Kaufleute in den Freihäfen der Karibik, S. 52.
27   GØBEL, Erik: Shipping through the Port of St. Thomas, S. 155–173, S. 163–164.
28   NIELSEN, Per: Pabellón de Guerra y Pabellón Mercante, Las Indias Occidentales de Dinamarca, Venezuela, Colombia y Panamá 1815–1830, unveröff. Aufsatz, Kopenhagen 1999, S. 102.
29   DOOKHAN, Isaac: A History of the Virgin Islands of the United States, S. 102.
30   SKRUBBELTRANG, Fridlev: Vore gamle tropekolonier, Dansk Vestindien 1848–1880, S. 124.
31   Die Firma A. H. Wappäus versandte z. B. auf bestimmten Routen ihre Ware ausschließlich mit der HAPAG.
32   DOOKHAN, Isaac: A History of the Virgin Islands of the United States, S. 103. PEDERSEN OVERGAARD, Erik: The Attempted Sale of the Danish West Indies to the United States of

versuchte den Kauf der dänischen Jungferninseln durch das Deutsche Reich zu er-
wirken. Der Hamburger versprach sich Handelsvorteile von einer deutschen Kolonie in der Karibik[33]. Schließlich erstanden die US-Amerikaner 1916 die Jungferninseln als Marinestützpunkt, vor allem, um die Deutschen davon abzuhalten, einen
solchen in der Karibik einzurichten[34].

Auch ohne daß die Jungferninseln deutsch wurden, zog Hamburg Nutzen aus
diesen und der dänischen Handels- und Kolonialpolitik. Dies geschah jedoch auf
andere Weise und aus anderen Gründen als im Fall Niederländisch-Westindiens.
Der Umstand, daß den dänischen Kolonien in der Karibik sowohl von der dänischen Regierung als auch von der Bevölkerung ausschließlich ökonomische Bedeutung beigemessen wurde, bewirkte, daß Dänemark St. Thomas ungewöhnlich früh
zu einem Freihafen machte. Zudem hatte erst die Westindien-Kompagnie und später die Krone ausländische Kaufleute und Siedler, in Ermangelung eigener auswan-
derungswilliger Population, immer willkommen geheißen. Die Insel St. Thomas
war für Hamburger der ideale Ort für die Gründung eines karibischen Handelsstütz-
punktes, zu einem Zeitpunkt, zu dem alle anderen Kolonialmächte noch eifersüch-
tig über ihr Besiedelungs- und Handelsmonopol wachten. Hier bot sich den Hamburgern ein Standbein in Westindien an, das umso attraktiver war, als die Jungferninseln geographisch ausgesprochen günstig gelegen waren. Unter den karibischen
Inseln liegen sie auf der Fahrt nach Westindien Europa am nächsten und boten sich
somit an, um nach der langen Atlantiküberquerung Wasser und Proviant, später
Kohle, aufzunehmen. Wenn die Hamburger von der Kolonialpolitik der Holländer
profitierten, so war dies von diesen unerwünscht und unbeabsichtigt gewesen. Die
Dänen hatten dagegen aus Not bewußt eine Kolonial- und Handelspolitik der offenen Tür betrieben, da dies die einzige Möglichkeit für sie war, überhaupt Gewinn
aus den Jungferninseln zu ziehen. Diese Politik war für Dänemark jedoch nicht sehr
erfolgreich. Das Land war froh, als es die Inseln schließlich veräußern konnte. Für
die Hamburger hatte die dänische Freihandelspolitik jedoch das Tor nach Westindien aufgestoßen.

America: 1865–1870, Frankfurt a. M. 1997, S. V, VII–VIII. SKRUBBELTRANG, Fridlev:
Vore gamle tropekolonier, Dansk Vestindien 1848–1880, S. 69.

33   TANSILL, Charles Callan: The Purchase of the Danish West Indies, New York 1968, S. 398.
     Dazu auch COPPIUS, Adolf: Hamburgs Bedeutung auf dem Gebiete der deutschen Kolonial-
     politik, Berlin 1905. COPPIUS war Befürworter von deutschen Kolonien und unterstrich die
     seiner Meinung nach herausragende Rolle Hamburgs in diesem Zusammenhang. Weiterhin
     WASHAUSEN, Helmut: Hamburg und die Kolonialpolitik des Deutschen Reiches, 1880–1890,
     Hamburg 1968.

34   GØBEL, Erik: Shipping through the Port of St. Thomas, S. 155–173, S. 156.

3. Funktion und Bedeutung der karibischen Häfen Hollands, Dänemarks und Venezuelas

Es ist bislang nicht versucht worden, systematisch die Funktion und Bedeutung karibischer Häfen zu untersuchen und miteinander zu vergleichen. Hier sollen deshalb anhand der nachweisbaren Schiffsbewegungen in den Häfen von Willemstad, Charlotte Amalie und La Guaira diverse Faktoren untersucht werden. Als Quellen liegen Unterlagen aus den jeweiligen drei karibischen Häfen und hamburgisches Material zugrunde. Die teilweise Lückenhaftigkeit der Bestände bringt es mit sich, daß die in diesem Rahmen ermittelten Ergebnisse nicht als absolute Werte, sondern als Tendenzen verstanden werden müssen. Die unterschiedlichen Zeitspannen, die die verschiedenen Graphiken abdecken, ergeben sich aus dem Quellenmaterial. Wie in der gesamten Arbeit, steht die Zeit der Segelschiffahrt im Untersuchungsmittelpunkt. Die Bezeichnung *Schiff* oder *Schiffe* meint also immer Segelschiffe. Dreht es sich um Dampfschiffe, so ist dies immer explizit kenntlich gemacht.

Es erschien sinnvoll, für die Darstellung der Frequenz Hamburger Schiffe in der Karibik und ihren Häfen, dargestellt in den Graphiken 1, 2, 3, 5 und 7, das vorhandene Quellenmaterial vollständig auszunutzen und den gesamten dokumentierten Zeitraum darzustellen, um möglichst umfassend die vorhandenen Informationen zu nutzen. Dafür müssen jedoch quellenbedingte Lücken in den Graphiken hingenommen werden. Für andere Graphiken, in denen die komprimierten Informationen mehrerer Quellenbestände verglichen werden, war es günstiger, relevante Zeitabschnitte auszuwählen, in denen über möglichst lange Abschnitte hinweg Quellenmaterial der jeweiligen Bestände parallel zueinander vorhanden ist, auch wenn sich kleinere zwischenzeitliche Lücken ergeben. Dennoch lassen sich aus den Graphiken 4 und 6, auf die dieses zutrifft, wertvolle Informationen ablesen. In den Graphiken 8 und 10 wird für St. Thomas und Curaçao jeweils das Gesamtaufkommen der einlaufenden Schiffe in den beiden Häfen im 19. Jahrhundert dargestellt, für La Guaira war eine solche Information nicht vorhanden. In Graphik 9 wird die Information durch die Darstellung einiger Beispieljahrgänge der hamburgischen Dampfschiffahrt auf Curaçao ergänzt. Graphik 11, die die prozentuale Verteilung der Nationen, welche St. Thomas im 19. Jahrhundert anliefen, darstellt, war nur für diesen Hafen erstellbar, da für die anderen beiden Häfen keine entsprechenden Quellen einsehbar waren. Damit läßt sich der Hamburger Handel für einen Hafen in den internationalen Kontext einordnen. In der abschließenden Graphik 12 wurde der Versuch unternommen, mit dem vorliegenden Quellenmaterial die durchschnittliche Verweildauer Hamburger Schiffe in den drei Häfen zu ermitteln. Die in dieser Graphik gewonnen Werte lassen Rückschlüsse auf die Funktion der Häfen für den Hamburger Überseehandel zu.

In den folgenden drei Graphiken wird das jeweilige jährliche Aufkommen Hamburger Schiffe in den drei Häfen von Curaçao, La Guaira und St. Thomas dargestellt[1].

---

1   Ab 1868 wurden Schiffe aus der norddeutschen Region nur noch unter der Bezeichnung *Norddeutsch* geführt. In den Anhängen sind zwar für spätere Jahrgänge noch die Schiffe aufgeführt, die sicher als hamburgisch identifiziert werden konnten, da dies jedoch keine zuverlässige Da-

Graphik 1   Anzahl der jährlich Curaçao anlaufenden Hamburger Schiffe
(1818–1867)

Quelle: Siehe IX. Anhang: 2.a) Hamburger Schiffe, die zwischen 1818 und 1847 Curaçao anliefen
2.b) Hamburger Schiffe, die zwischen 1848 und 1889 in Curaçao ein- und ausliefen.

Die Gesamtzahlen der jährlich zwischen 1818 und 1867 in Willemstad anlegenden
Hamburger Schiffe waren ausgesprochen gering. Sie schwankten zwischen keinem
und sechs Schiffen[2]. Es sind, eingedenk der konstant niedrigen Zahlen, keine nen-
nenswerten Schwankungen in der hamburgischen Frequenz des holländischen Hafens zu konstatieren.

Es wäre denkbar gewesen, daß die Venezuela vorgelagerten Inseln als Sprung-
brett zur Küste dienten, doch die Auswertung der Quellen ergab, daß Holländisch-
Westindien in dieser Funktion zwischen 1818 und 1830 fast nur von G. H. Wappäus genutzt wurde[3]. Für die Gesamtheit der hamburgischen Reeder waren jedoch St.
Thomas und La Guaira die wichtigeren Häfen. Dies lag zum einen an der geographisch vorteilhafteren Position und den günstigeren Bedingungen im dänischen
Hafen, zum anderen an der Möglichkeit für die Hansestädter nach 1824, die Festlandküste direkt anzulaufen.

Das Gesamtergebnis steht in bemerkenswertem Gegensatz zum niederländischen Kolonialbericht von 1848 in welchem der Handel auf Curaçao, im Gegensatz
zum Landbau, als blühend beschrieben wurde. Dort heißt es, daß es auf die Rückkehr der Insel zu den Niederlanden zurückzuführen sei[4], daß sie der Mittelpunkt des

---

tengrundlage mehr bietet, wurde die Graphik nur bis 1867 geführt. Ab 1877 wurde die Verifizierung Hamburger Schiffe noch schwieriger, da nun nur noch pauschal die Nationalität *Deutsch*
geführt wurde.

2   Zu den Lücken in der Graphik muß beachtet werden, daß für die Jahre 1834 bis 1845 und 1860
keine Angaben vorlagen. 1824, 1831 bis 1833, 1846, 1847, 1849, 1851, 1857, 1860 und 1867
haben dagegen keine Hamburger auf der Insel angelegt.

3   Bemerkenswert ist, daß die Reederei G. H. Wappäus zwischen 1818 und 1830 fast eine Monopolstellung in der hamburgischen Curaçaofahrt innehatte. Siehe dazu Kapitel III., Tabelle 15:
Schiffe des Eigners G. H. Wappäus, die Curaçao anliefen (1818–1830).

4   Der Bericht rekurriert auf die englische Interrimsherrschaft. Vgl. Kapitel II.2..

gesamten westindischen Handels geworden sei[5]! Für Hamburg war Curaçao aber offensichtlich keinesfalls ein Zentrum. Die Graphiken 4, 6, 7, 8 und 10 belegen, daß dieses offensichtliche Produkt eines Wunschdenkens im Kolonialbericht nicht durch die Quellen bestätigt wird.

Im Folgenden soll La Guaira untersucht werden, für dessen Hafen die Quellenlage ebenfalls nicht kontinuierlich war. Doch trotz der Lückenhaftigkeit der Archivalien lassen sich eindeutige Ergebnisse in Bezug auf die Bedeutung des Hafens für Hamburger gewinnen[6].

Graphik 2   Anzahl der jährlich La Guaira anlaufenden Hamburger Schiffe
(1824–1858)

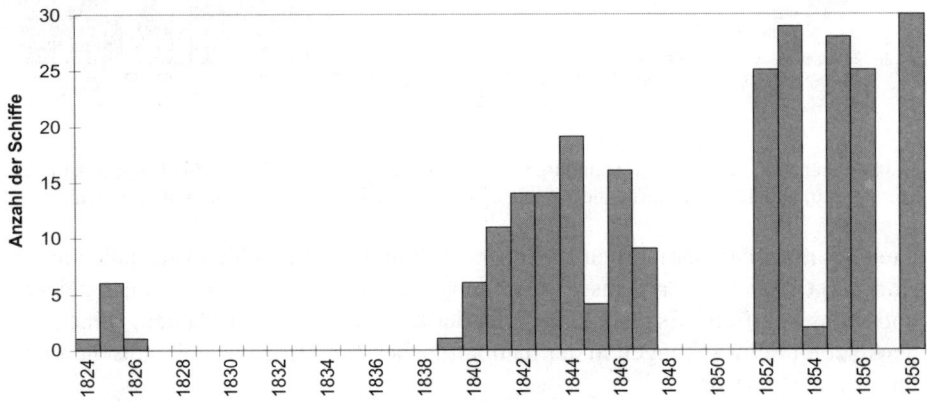

Quelle: Siehe IX. Anhang: 5. Hamburger Schiffe, die zwischen 1824 und 1865 in La Guaira ein-
und ausliefen.

Die Zahl der in dem Zeitraum zwischen 1824 und 1858 La Guaira anlaufenden hamburgischen Schiffe, schwankte zwischen einem und dreißig Schiffen. Dabei ist, von Einbrüchen in einzelnen Jahren abgesehen, eine kontinuierliche Steigerung der Frequenz Hamburger Schiffe im Hafen vor Caracas festzustellen. 1824 ließ sich nur ein hamburgisches Schiff registrieren, 1858 waren es 30. La Guaira wurde zunehmend häufiger angelaufen als Willemstad. Andere Dimensionen hatte jedoch das Aufkommen Hamburger Schiffe auf St. Thomas, wie die folgende Graphik belegt[7].

---

5   KITLV, Koloniaal Verslag, Verslag van het beheer en den staat der Kolonien over 1848. Mededellungen betreffende de Kolonien (Art. 60 der Grundwet.), Zitting 1849–1850 (XXXVI), Nr. 2.

6   Für die Jahre 1827 bis 1838, 1848 bis 1851 und 1857 waren keine Angaben verfügbar.

7   Ab dem 17.6.1868 wurden Hamburger unter die Nationalitätenbezeichnungen *Deutsch* oder *Norddeutsch* eingeordnet, so daß eine vollständige Erfassung hamburgischer Schiffe nicht mehr möglich war. Aus diesem Grunde bricht die Graphik im Jahr 1868 ab. Zu den Herkunftsregionen und Ausgangshäfen Hamburger Schiffe, die St. Thomas anliefen, vgl. Graphik 27 und 28.

Graphik 3   Anzahl der jährlich St. Thomas anlaufenden Hamburger Schiffe
(1821–1868)

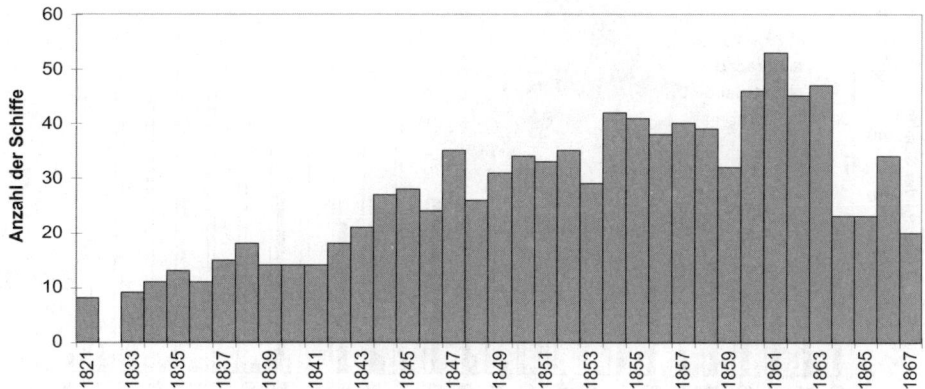

Quelle: Siehe IX. Anhang: 6. Hamburger Schiffe, die zwischen 1821 und 1882 St. Thomas anliefen.

Waren 1821 noch weniger als zehn Hamburger Schiffe auf St. Thomas eingelaufen, so stieg die Zahl der Schiffe im Laufe des Jahrhunderts kontinuierlich an. 1861 war das Jahr mit der größten verifizierbaren Zahl an hamburgischen Schiffen im Hafen von Charlotte Amalie. Über 50 Hamburger legten dort in jenem Jahr an. Nach 1861 fiel die Kurve ab. Dies könnte auf den drohenden deutsch-dänischen Krieg zurückzuführen sein. Hinzu kommt, daß die aufkommende Dampfschiffahrt, in deren Routen St. Thomas von Anfang an integriert war, die Segelschiffahrt in diesem Gebiet stark reduzierte. Da eine vollständige Erfassung der Dampfschiffe den Rahmen der vorliegenden Arbeit sprengte, muß eine Untersuchung dieser Hypothese anderen Studien vorbehalten bleiben.

Vergleicht man die drei untersuchten Häfen miteinander, so ergibt sich folgendes Bild:

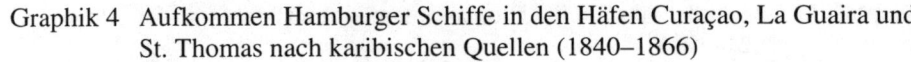

Graphik 4 Aufkommen Hamburger Schiffe in den Häfen Curaçao, La Guaira und
          St. Thomas nach karibischen Quellen (1840–1866)

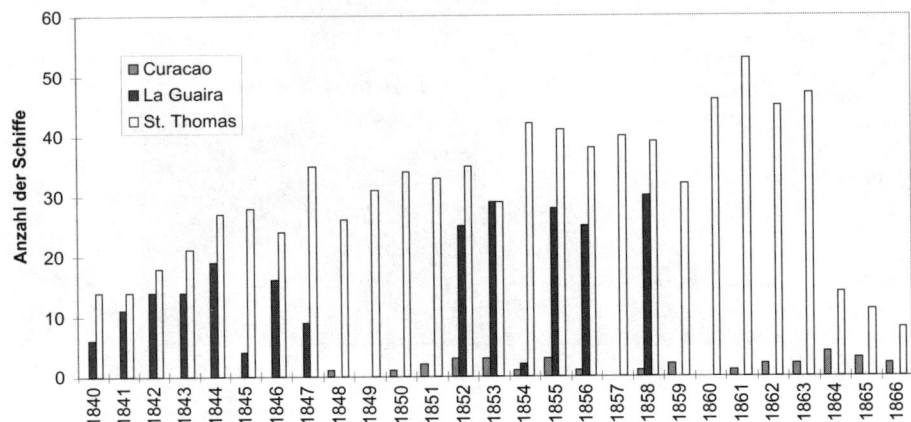

Quelle: Quelle und detaillierte Information siehe IX. Anhänge: 2. Hamburger Schiffe, die zwischen
         1818 und 1889 Curaçao frequentierten. 2.a) Hamburger Schiffe, die zwischen 1818 und
         1847 Curaçao anliefen. 2.b) Hamburger Schiffe, die zwischen 1848 und 1889 in Curaçao
         ein- und ausliefen. Und: 5. Hamburger Schiffe, die zwischen 1824 und 1865 in La Guaira
         ein- und ausliefen. Und: 6. Hamburger Schiffe, die zwischen 1821 und 1882 St. Thomas
         anliefen.

Wegen der besseren Vergleichbarkeit wurde der dargestellte Zeitraum auf die Jahre
von 1848 bis 1863 beschränkt. Eindeutig hatte St. Thomas die größte Bedeutung für
die hamburgische Schiffahrt. An zweiter Stelle lag La Guaira. Weit geringer war
die Bedeutung von Curaçao. Der Vergleich verdeutlicht, daß Curaçao im Gegensatz zu La Guaira und St. Thomas über die untersuchten Jahrzehnte hinweg in bezug auf die hamburgische Schiffahrt keine Zunahme aufwies und nicht am Wachstum des Handels der Hansestadt in der karibischen Region partizipierte.

Diesen in den Zielhäfen gewonnen Daten stehen die der Hamburger Quellen
gegenüber. Die in der Hansestadt selbst eingesehen Quellen können keinen Anspruch auf Vollständigkeit erheben, verdeutlichen jedoch eine Tendenz, die für die
Erforschung von Überseehandel im Allgemeinen von Interesse sein dürfte.

Graphik 5   Anzahl der jährlich aus Hamburg in Richtung Karibik auslaufenden
Hamburger Schiffe (1818–1888)

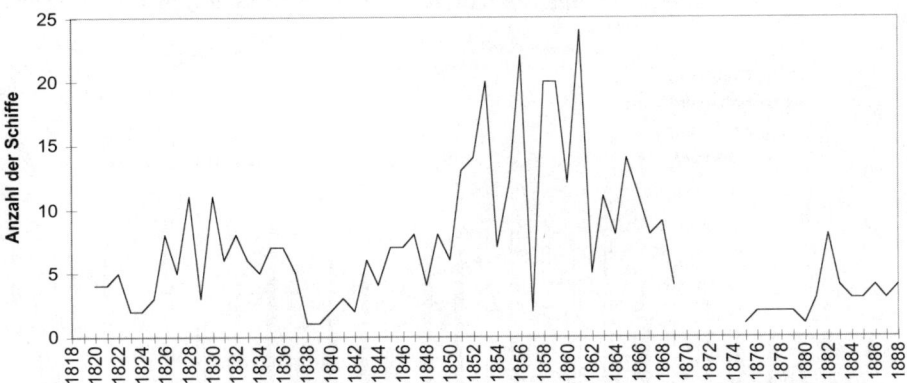

Quelle: Siehe IX. Anhang: 10. Aus Hamburg zwischen 1818 und 1888 in Richtung Karibik auslaufende Hamburger Schiffe.

Hamburger Quellen bieten den Vorteil, daß hamburgische Schiffe auch nach Gründung des Norddeutschen Bundes 1867 noch als Hamburger zu identifizieren sind.
Aus diesem Grunde konnten Daten für einen längeren Zeitraum als für die Karibikhäfen erhoben werden. Einbezogen wurden sämtliche Schiffe, die in Richtung Karibik ausliefen, auch mit anderen Zielhäfen, als den drei untersuchten. Für die Jahre
1819 und 1870 bis 1874 waren keine Daten vorhanden. Geprägt ist die Kurve von
zwei Zwischenhochs. Das erste in den Jahren 1826 bis 1836 und das zweite 1852
bis 1861. Zwei Jahrzehnte, die jeweils, nach langsamem Abfall der Kurve, von Jahrgängen mit extrem niedriger Konjunktur abgelöst wurden. Es sind die Mittdreißiger
bis Anfang 40er und die 70er Jahre, die als Konjunkturtiefs hervortreten. Deutlich
ist das Jahr der großen Weltwirtschaftskrise 1857 als Einschnitt erkennbar. Die Gesamtzahl der jährlich in Richtung Karibik auslaufenden Schiffe schwankte im untersuchten Zeitraum zwischen einem in mehreren Jahren und vierundzwanzig Schiffen 1861. Damit ist eine erhebliche Diskrepanz zwischen den hamburgischen und
den karibischen Angaben zu konstatieren. Dies ist deutlicher erkennbar in der folgenden Graphik, welche für einen reduzierten Zeitraum, nämlich 1848 bis 1863, die
Ergebnisse in einer Darstellung zusammenfaßt.

Graphik 6   Anzahl der Schiffe, welche laut Hamburger Quellen Richtung Karibik
ausliefen, im Vergleich mit den laut karibischen Quellen in Curaçao, La
Guaira und St. Thomas einlaufenden Hamburger Schiffen (1840–1866)

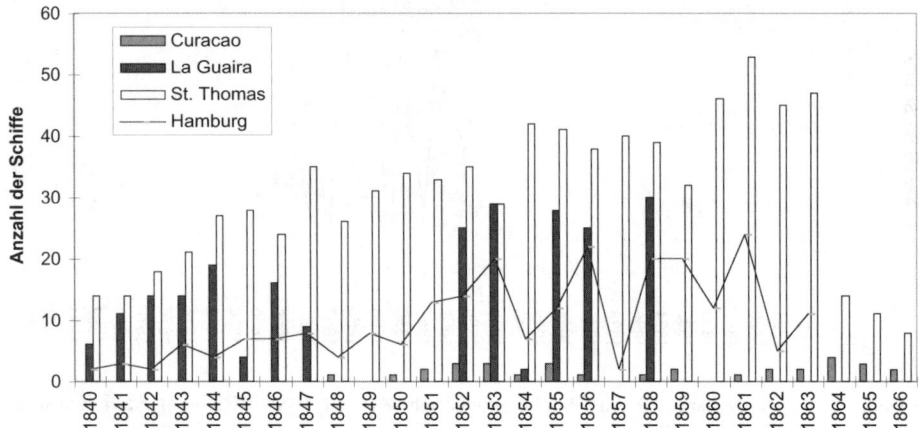

Quelle: Quelle und detaillierte Information siehe IX. Anhänge: 2.b) Hamburger Schiffe, die zwischen 1848 und 1889 in Curaçao ein- und aufliefen. 5. Hamburger Schiffe, die zwischen
1824 und 1865 in La Guaira ein- und ausliefen. 6. Hamburger Schiffe, die zwischen 1821
und 1882 St. Thomas anliefen. 10. Aus Hamburg zwischen 1818 und 1888 in Richtung
Karibik auslaufende Hamburger Schiffe. Und: ARA, Nummer toegang: 1.05.12.02, Archieven van Curaçao, Bonaire en Aruba na 1828, Inv. Nr.: 1271–1277: De Curaçaosche Courant 1818–1830.

In dieser Graphik zeigt sich deutlich, daß die Hamburger Quellen nicht annähernd
alle Schiffe erfassen, welche in die Karibik liefen. Selbst unter Berücksichtigung
der vielen Fehlerquellen und der Lückenhaftigkeit des gesichteten Materials ist es
eindeutig, daß nur Teile der Karibikfahrten in Hamburg als solche registriert wurden. Hamburger Quellen erfassen somit nur rudimentär die Karibikschiffahrt. Dies
ist vor allem durch zwei Faktoren erklärbar: Zum einen wurden aus politischen Gründen Karibikfahrten falsch oder gar nicht deklariert. Zum anderen wurde oft nur der
nächste Zielhafen angegeben. Lief das Schiff z. B. erst nach Liverpool, um dort
Ware aufzunehmen, erscheint die englische Stadt als Zielhafen. Der Karibikfahrer
ist nicht als solcher erkenntlich. Vor dem Hintergrund dieser Erkenntnis ist es interessant, die gesamten gewonnenen Daten in einer Kurvengraphik darzustellen[8].

---

8   Bei dieser Graphik ist zu beachten, daß ab Gründung des Norddeutschen Bundes 1867 die hamburgische Flagge nicht mehr gesondert notiert wurde, eine Entwicklung, die in den karibischen
Häfen ab 1868 ihren Niederschlag fand. Aus diesem Grunde ist nach 1867 nur noch die auf
hamburgischem Quellenmaterial basierende Kurve, soweit überhaupt möglich, vollständig.

Graphik 7   Konjunktur Hamburger Schiffe in der Karibik (1818–1889)

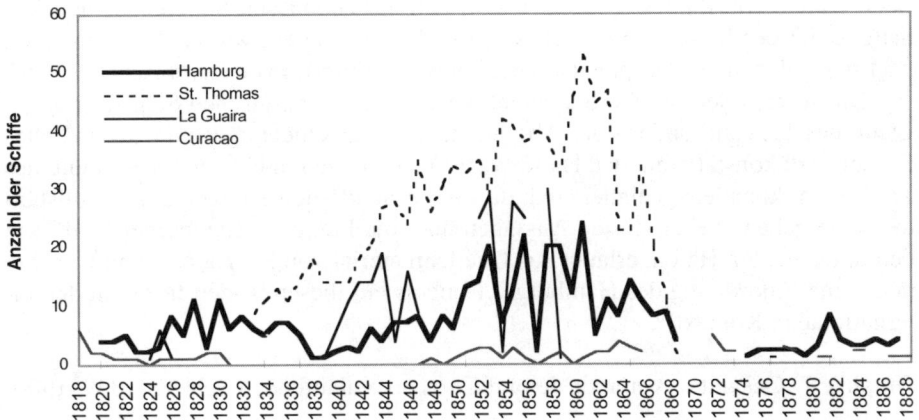

Quelle: Quelle und detaillierte Information siehe IX. Anhänge: 2. Hamburger Schiffe, die zwischen
1818 und 1889 Curaçao frequentierten. 2.a) Hamburger Schiffe, die zwischen 1818 und
1847 Curaçao anliefen. 2.b) Hamburger Schiffe, die zwischen 1848 und 1889 in Curaçao
ein- und ausliefen. Und: 5. Hamburger Schiffe, die zwischen 1824 und 1865 in La Guaira
ein- und ausliefen. Und: 6. Hamburger Schiffe, die zwischen 1821 und 1882 St. Thomas
anliefen. Und: 10. Aus Hamburg zwischen 1818 und 1888 in Richtung Karibik auslaufende
Hamburger Schiffe.

Zur besseren Illustration der Quellenlage wird in Graphik 7 das gesamte ausgewertete Material zusammengefaßt dargestellt. Neben den schon vermerkten Ergebnissen, zeigt diese Graphik, daß das Quellenmaterial zur Schiffskonjunktur in der Karibik trotz seiner Lücken und Fehleranfälligkeit durchaus Entwicklungen der hamburgischen Karibikschiffahrt des 19. Jahrhunderts aufzeigen kann. Obwohl die Statistik aufgrund der vergleichsweise geringen Anzahl von Hamburger Schiffen, die
in der Karibik verkehrten, extrem fehleranfällig ist, stützen sich die Aussagen der
verschiedenen Quellengruppen gegenseitig. Das Archivmaterial aus Kopenhagen,
Venezuela und Hamburg zeigt gleichermaßen eine steigende Tendenz zwischen den
Jahren 1840 und 1861. Einzig das Den Haager Material weist eine andere Entwicklung auf. Daraus läßt sich schließen, daß Curaçao als Zielhafen tatsächlich nicht
den Anschluß an die Hamburger Wirtschaftsentwicklung jener Jahre fand. Es ist zu
beachten, daß wegen der niedrigen absoluten Zahlen bereits einzelne Schiffe den
Kurvenausschlag deutlich beeinflussen, so daß schon ein oder zwei nicht erfaßte
Schiffe sich als deutlich sichtbares Tief niederschlagen. Es muß also davon ausgegangen werden, daß in diesen Graphiken ersichtliche Konjunktureinbrüche eventuell keine solchen waren. Es ist aber wahrscheinlich, daß die Spitzenwerte korrekt
sind und höchstens nach oben korrigiert werden müßten, da kein Grund ersichtlich
ist, mehr Schiffe in den jeweiligen Dokumenten zu notieren, als wirklich eingelaufen waren. Vor diesem Hintergrund läßt sich nach umfangreichen Quellenauswertungen sagen, daß die Gesamtzahlen der in den untersuchten Häfen pro Jahr einlau-

fenden hamburgischen Schiffe zwischen Null und über 50 Schiffen variierte. Eindeutig war St. Thomas der am häufigsten und Curaçao der am wenigsten frequentierte Hafen. Die Zahlen spiegeln wider, daß der Hafen von St. Thomas den Ruf hatte, einer der besten Häfen der Karibik zu sein. Zudem war er der Europa am nächsten gelegene Anlaufpunkt auf der Fahrt von Europa in den karibischen Raum[9].

Die Anzahl der am Karibikhandel beteiligten hamburgischen Schiffe stieg im Laufe des 19. Jahrhunderts an. Abschließend ist als eindeutiges und wesentliches Ergebnis zu konstatieren, daß Hamburger Quellen allein nicht zur Erforschung des Transatlantikhandels geeignet sind, da sie die Schiffsbewegungen nur unvollständig widergeben. Neben diesen Aussagen über die Frequenz Hamburger Schiffe in den untersuchten Häfen, erlaubt das Quellenmaterial von St. Thomas und Curaçao noch eine Einordnung des Hamburger Handels auf diesen beiden Inseln in den internationalen Kontext[10].

Graphik 8   Gesamtaufkommen der auf Curaçao einlaufenden Schiffe (1849–1900)

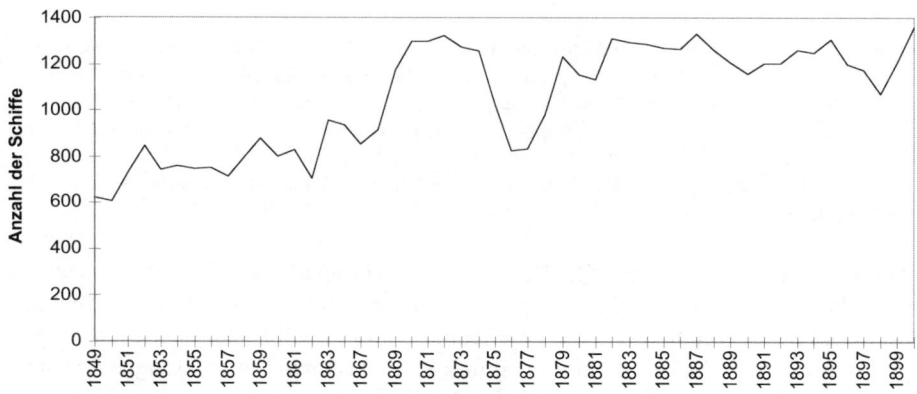

Quelle: Siehe IX. Anhang: 4. Gesamtaufkommen der zwischen 1849 und 1900 auf Curaçao einlaufenden Schiffe.

An Graphik 8 läßt sich deutlich erkennen, daß die geringe Anzahl der Hamburger Segelschiffe, welche Willemstad anliefen, durchaus nicht das Fahrtverhalten von Schiffen anderer Nationen widerspiegelte. Ein Konjunkturtief wurde im Hafen mit 605 Schiffen im Jahre 1850 erreicht, das Jahr 1900 war mit 1.359 einlaufenden Schiffen das erfolgreichste. Ein Zwischenhoch um 1872 wurde von einem Tief 1877 abgelöst. Abgesehen von dieser Schwankung war die Tendenz über das untersuchte halbe Jahrhundert hinweg stetig und, wenn auch maßvoll, steigend. Ein Blick auf

---

 9 GØBEL, Erik: Shipping through the Port of St. Thomas, S. 155–159.
10 Wichtig ist es, bei Graphik 8 zu beachten, daß Segel- und Dampfschiffe in der Statistik zusammen erfaßt worden sind. Die folgende Graphik 9 wird anhand von fünf Beispieljahren die Bedeutung der hamburgischen Dampfschiffahrt in diesem Zusammenhang illustrieren. Aufgrund der Quellenlage ist es nur möglich, erst ab 1849 bis 1900 das Gesamtaufkommen von Schiffen auf Curaçao darzustellen.

den Beginn des 19. Jahrhunderts zeigt, daß in der ersten Hälfte jenes Jahrhunderts ein vergleichbares Wachstum stattgefunden zu haben scheint. Carlyon W. Hughes, englischer Gouverneur ad interim auf Curaçao, Aruba und Bonaire übermittelte am 18.8.1802 an das Kriegsministerium in London folgende Daten über die Schiffsbewegungen im Hafen von Willemstad zwischen dem 1.11.1800 und dem 18.8.1802:

Tabelle 1
Schiffsbewegungen im Hafen von Willemstad (1.11.1800 – 18.8.1802)

Nation	Schiffe ein	Schiffe aus
Spanien[11]	361	398
England	187	180
USA	102	108
Dänemark	17	21
Frankreich	1	1
Hamburg	1	–

Quelle: HUGHES, Carlyon W.: Rapport van de Engelse Gouverneur van Curaçao, Aruba en Bonaire. W. Carlyon Hughes, aan Lord Hobard, van het Ministerie van Oorlog in London,
18.8.1802 ediert in: COOMANS-EUSTATIA, Maritza; COOMANS, Henny E.; LEE, To
van der (Hrsg.): Breekbare Banden. Feiten en visies over Aruba, Bonaire en Curaçao na de
Vrede van Munster 1648–1998, Bloemendaal 1998, S. 143–147, S. 145.

Errechnet man aus diesen Angaben einen Mittelwert für zwölf Monate, so liefen um jene Jahrhundertwende ungefähr 375 Schiffe pro Jahr in den Hafen ein[12]. Die politische Situation der Zeit spiegelt sich klar wider. Noch ist die spanische Flagge führend in jenem Gewässer. Erstaunlich hoch ist der Anteil an Dänen im Hafen. Zu jenem Zeitpunkt, wie auch über das gesamte Jahrhundert hinweg, machten die hamburgischen Segelschiffe somit einen verschwindend geringen Anteil auf Curaçao aus. Etwas anders sieht es dagegen aus, betrachtet man später das Aufkommen Hamburger Dampfschiffe auf der Insel.

11 Es ist unklar, wie Carlyon HUGHES „Spanien" definierte, ob als Mutterland oder spanisch
kontrollierte Gebiete.
12 Daß teilweise mehr Schiffe einer Nation ein- statt ausliefen oder umgekehrt, ist dadurch erklärbar, daß einige der Schiffe schon vor dem 1.11.1800 eingelaufen waren bzw. erst nach dem
18.8.1802 ausliefen

Graphik 9   Aufkommen Hamburger Dampfschiffe auf Curaçao (1871–1875)

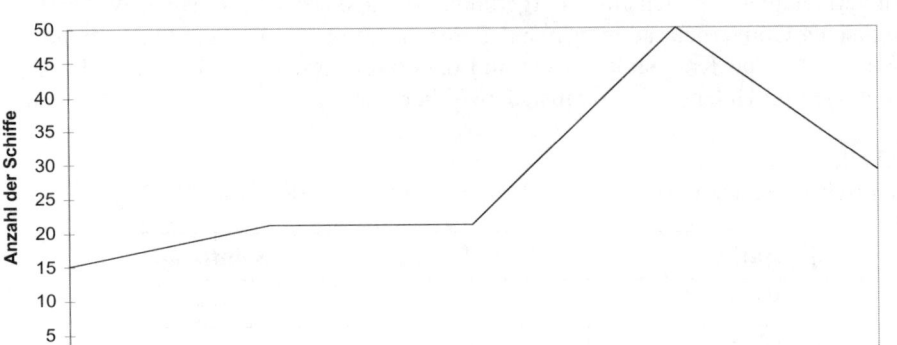

Quelle: Siehe IX. Anhang: 3. Hamburger Dampfschiffe, die zwischen 1871 und 1892 in Curaçao
ein- und ausliefen.

Curaçao war vom Beginn der hamburgischen Karibikdampfschiffahrt an in das Rou-
tennetz eingebunden gewesen. Es ist nicht belegt, warum dies der Fall war, spielte
die Insel für den Hamburger Handel doch keine wesentliche Rolle. Denkbar ist, daß
die Schiffe auf Höhe der ABC-Inseln eine Kohlebunkerstation benötigten, um ans
Festland weiterfahren zu können. Die HAPAG lief die Insel regelmäßig an. Vom
Anfang der Dampfschiffahrt an, war die Frequenz Hamburger Dampfer auf der Insel höher als die von Segelschiffen[13]. 1871 liefen 15, 1872 und 1873 21, 1874 50
und 1875 29 hamburgische Dampfer im Hafen von Willemstad ein. Dadurch wurde
der Anteil der Hamburger Schiffahrt am Gesamtaufkommen im Hafen von Willemstad seit Aufkommen der Dampfschiffahrt zwar immer noch nicht bedeutend, doch
die Gesamtzahl einlaufender Hamburger Schiffe steigerte sich erheblich.

Für La Guaira ist kein Quellenmaterial verfügbar, das Auskunft über das Gesamtaufkommen im Hafen während des 19. Jahrhunderts gibt. Die dänischen Hafenmeisterprotokolle dagegen erlaubten eine genaue Darstellung für St. Thomas[14].

---

13 Aufgrund der im Atlantik herrschenden Wind- und Strömungsverhältnisse, war es für Segelschiffe optimal, vom Ärmelkanal aus direkt die Jungferninseln anzulaufen. Auf der Rückfahrt
war es wegen des Golfstroms günstiger, über die Bahamas nach Europa zurückzukehren. Vgl.
dazu Graphik 27 und 28. Bei der Dampfschiffahrt reduzierte sich die Rolle von Stömung und
Wind, die Kohleversorgung wurde dafür der bestimmende Faktor.
14 Wie für Graphik 8 ist zu vermerken, daß in der Darstellung des Gesamtaufkommens der Schiffe
auf St. Thomas ebenfalls Segel- und Dampfschiffe in einer Statistik erfaßt wurden. Die Angaben zu den Jahren 1854 und 1855 sind unvollständig, daher die Unterbrechung in der Kurve.

Graphik 10   Gesamtaufkommen der auf St. Thomas einlaufenden Schiffe
                  (1819–1861)

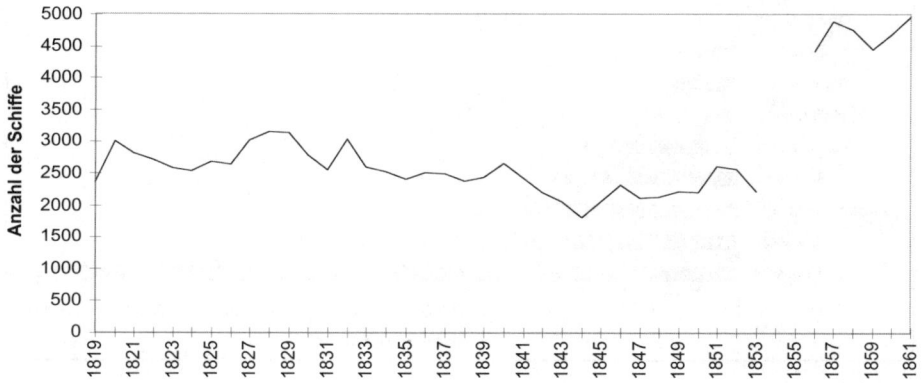

Quelle: Siehe IX. Anhang: 8. Gesamtzahlen der auf St. Thomas Januar 1819 bis März 1854 und
        April 1855 bis August 1862 einlaufenden Schiffe.

In den Jahren zwischen 1819 und 1853 lag der Tiefpunkt der pro Jahr einlaufenden
Schiffe im Jahr 1844 mit 1.808 Schiffen, und mit 4.960 Schiffen im Jahre 1861 war
ein Hoch erreicht. Damit wurde St. Thomas im Vergleich zu Curaçao von einem
Vielfachen an Schiffen frequentiert. Die sprunghafte Entwicklung des Hafens ab
1856 lag wahrscheinlich an der Versechsfachung des Aufkommens englischer Schiffe in den Jahren zwischen 1845 und 1855. Bis zu diesem explosiven Anstieg der
Konjunktur war die Tendenz insgesamt mit Schwankungen leicht negativ. Die Entwicklung der hamburgischen Schiffahrt in St. Thomas verlief dagegen bis 1861 stetig steigend (Graphik 3). Diese gegenläufigen Entwicklungen, Abnahme in der Gesamtfrequenz und Zunahme der hamburgischen Schiffahrt in St. Thomas, lassen
vermuten, daß das Hamburger Wachstum in der St. Thomas-Fahrt in der Hansestadt selbst begründet war, nicht in einer allgemeinen Entwicklung des dänischen
Freihafens. Dieses Wachstum war für die Hansestädter und die einzelnen Eigner
und Kaufleute von Bedeutung, nicht jedoch für Dänemark. Denn der Anteil der
Hamburger an den Schiffen, die den dänischen Westindienhafen nutzten, war im
internationalen Vergleich gering[15].

15   In der dieser Graphik zugrunde liegenden Statistik sind für alle Nationen gleichermaßen sowohl Segel- als auch Dampfschiffe erfaßt worden.

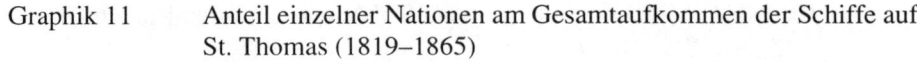

Graphik 11   Anteil einzelner Nationen am Gesamtaufkommen der Schiffe auf
                    St. Thomas (1819–1865)

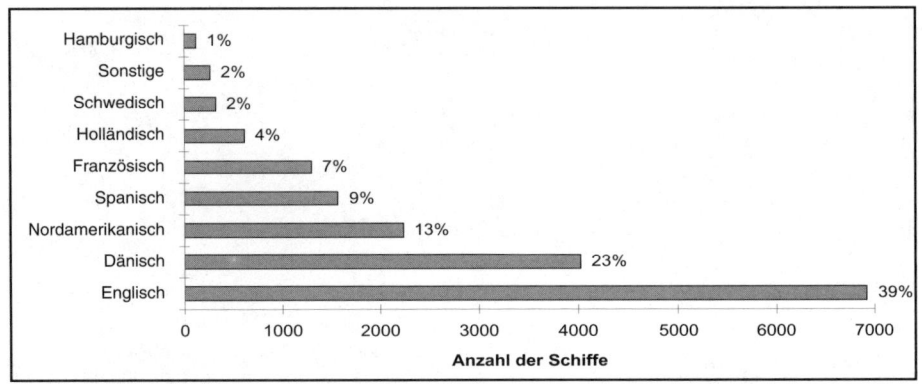

Quelle: Siehe IX. Anhang: 9. Beispieljahrgänge zur Verteilung der Nationalitäten, der auf St. Thomas anlegenden Schiffe.

Hamburger Schiffe machten nur 1% der Schiffe aus, die zwischen 1819 und 1865
St. Thomas anliefen. Die Hansestadt war damit das Schlußlicht unter den registrier-
ten Nationen. Nur die unter *Sonstige*[16] geführten Nationen hatten einen niedrigeren
Anteil. Die Schweden waren mit 2% ebenfalls gering vertreten. Auch die Holländer
als Kolonial- und Seemacht waren mit 4% schwach vertreten. Die Franzosen mit
7% und Spanier mit 9% machten auch nur einen geringen Anteil aus. Die Nordamerikaner waren mit 13% die drittgrößte Macht im Hafen, der vor ihrer Haustür lag
und als Drehscheibe zwischen ihrer Heimat, Europa und Südamerika diente. Die
23% an dänischer Schiffe zeigen klar, daß die Dänen ihren Heimvorteil nutzten.
Die Engländer waren mit 39% Anteil die eindeutig dominierende Macht im Hafen.
Insgesamt war der Anteil, den verschiedene Nationen hatten, jedoch so verteilt, daß
es keine absolute, alles beherrschende Nationalität gab.

    Laut Erik Gøbel nahm die Tonnage in den 1840ern, 1850ern und 1860ern zu,
auch wenn die Anzahl der Schiffe in den 1840ern abnahm. Eine Feststellung, die
Graphik 10 bestätigt. Die gegenläufige Entwicklung von Schiffsanzahl und Tonnage in den 1840ern ist dadurch erklärbar, daß die Durchschnittstonnage der Schiffe
rapide zunahm. Nach einer Analyse, die Gøbel aus einer unveröffentlichten Magisterarbeit übernommen hat, meint er, daß keine wesentlichen Änderungen in jenem
Zeitabschnitt in Bezug auf die Nationalität der ankommenden Schiffe zu beobachten seien[17]. Dies kann in dieser Arbeit nicht bestätigt werden. Betrachtet man fol-

---

16   Unter *Sonstige* fallen folgende Nationen: Bremen, Haiti, Hannover, Knipphausen, Kolumbien,
     Mecklenburg, Neu Granada, Oldenburg, Österreich, Portugal, Preußen, Rußland, St. Domingo,
     Sardinien und Venezuela.
17   GØBEL, Erik: Shipping through the Port of St. Thomas, S. 163. Erik GØBEL hat diese Werte
     1994 aus einer unveröffentlichten Magisterarbeit von Ernst WEISS THORSØ übernommen:
     WEISS THORSØ, Ernst: Besejlingen af Saint Thomas havn i Dansk Vestindien ca. 1815–1865,
     Universitet København 1979.

gende Tabelle, in der wie in Graphik 11 Segel- und Dampfschiffe erfaßt wurden, so sind diesbezüglich einige Veränderungen festzustellen:

Tabelle 2
Verteilung der Nationalitäten der auf St. Thomas anlegenden Schiffe (1819–1865)

Nation	1819	1825	1835	1845	1855	1865
Dänemark	906	922	316	222	777	886
England	424	583	609	455	2190	2670
Frankreich	289	270	183	197	184	181
Hamburg	4	8	15	37	33	27
Holland	144	154	67	62	62	132
Spanien	91	143	565	343	k. A.	429
USA	436	454	355	609	278	97

Quelle: Siehe IX. Anhang: 9. Beispieljahrgänge zur Verteilung der Nationalitäten, der auf St. Thomas anlegenden Schiffe.

Tabelle 2 belegt, daß im Gegensatz zu Gøbels Behauptung drei Nationen in den 1840ern, 1850ern und 1860ern in Bezug auf die Frequentierung des Hafens von Charlotte Amalie große Veränderungen durchgemacht haben. Dänemark steigerte sich fast um das Vierfache, England fast um das Sechsfache, während sich die USA auf ein Sechstel reduzierten. Insgesamt vergrößerten die USA zwar kontinuierlich ihre karibische Präsenz im 19. Jahrhundert. Doch der Krieg mit Mexiko 1846/50 und der Bürgerkrieg 1860/68 zogen Kräfte aus Teilen des karibischen Raums ab, um sie andernorts, z. B. auf Kuba und in Mittelamerika, zu verstärken. Auf den ganzen Zeitraum von 1819 bis 1865 bezogen, verringerte sich Dänemark in den ersten vier Jahrzehnten auf fast ein Viertel des Ausgangswertes, um sich danach wieder zu erholen. Spanien steigerte sich im Lauf der Zeit beträchtlich. Die Hamburger verbuchten eine steigende Tendenz, wenn auch mit insignifikanten Zahlen.

Es sollen im Folgenden die in dieser Arbeit aufgeführten Werte zur Verteilung der Nationalitäten im Hafen von St. Thomas, ermittelt anhand der einlaufenden Segel- und Dampfschiffe, mit denen verglichen werden, die in der dänischen Historiographie der letzten Jahrzehnte übermittelt wurden.

Tabelle 3
Nationalität und Tonnage der auf St. Thomas ankommenden Schiffe (1821 bis 1864)

	Anteil / Schiffe	Anteil / Tonnage
England	42%	25%
Dänemark	24%	15%
Spanien	16%	6%
USA	11%	29%
Frankreich	6%	12%
Andere	1%	13%

Quelle: GØBEL, Erik: Shipping through the Port of St. Thomas, S. 162[18].

Die Ergebnisse aus Tabelle 3 und dieser Arbeit bestätigen sich gegenseitig. Die Abweichungen sind gering, von Spanien abgesehen. Dessen Anteil wird mit 16% um 7% höher veranschlagt als in dieser Arbeit. Insgesamt scheint es sich jedoch bei den ermittelten Werten um sichere Ergebnisse zu handeln. Erik Gøbel selbst hat die folgende Tabelle erstellt, die es erlaubt, die weitere Entwicklung der Verteilung der Nationalitäten, gemessen an einlaufenden Segel- und Dampfschiffen, im Hafen von St. Thomas zu verfolgen.

Tabelle 4
Verteilung der Nationalitäten der auf St. Thomas anlegenden Schiffe (1870–1910)

	1870er	1880er	1890er	1900er	1910er
Andere	4%	7%	4%	1%	1%
Dänemark	15%	16%	12%	14%	13%
Deutsches Reich	4%	6%	6%	7%	6%
England	59%	54%	68%	71%	73%
Frankreich	4%	5%	3%	2%	2%
Holland	3%	3%	3%	2%	3%
Spanien	5%	4%	1%	0%	0%
USA	6%	5%	3%	3%	2%
Schiffe im Jahresdurchschnitt	3.718	2.530	2.496	2.559	2.442

Quelle: Die Prozentangaben sind die Durchschnittswerte eines Jahrzehnts. Erfaßt sind Segel- und Dampfschiffe. GØBEL, Erik: Shipping through the Port of St. Thomas, S. 169.

18 Erik GØBEL nach Ernst WEISS THORSØ: Besejlingen af Saint Thomas. Dieser wiederum hat seine Daten aus den Hafenmeisterprotokollen gewonnen, die auch Hauptquelle der Datenerhebungen zu St. Thomas in der vorliegenden Arbeit sind.

Ab 1870 kam es zu Veränderungen in bezug auf die Nutzung des Hafens von St. Thomas[19]. Dänemark verlor an Bedeutung. Für Hamburg ist keine Aussage mehr möglich, da seine Flagge mit dem Norddeutschen Bund verschwand. Das Deutsche Reich jedoch hatte über die notierten Jahrzehnte hinweg einen gleichbleibenden Anteil. England baute seinen Anteil um mehr als ein Drittel aus und wurde zur alles dominierenden Übermacht im Hafen. Spanien reduzierte seine Präsenz kontinuierlich, um gegen Ende des Jahrhunderts vollkommen auszubleiben. Auch die USA verloren beträchtlich an Boden im dänischen Hafen. In Anbetracht des wesentlich höheren Aufkommens an deutschen Schiffen in Dänisch-Westindien wird die Befürchtung der USA zu Beginn des 20. Jahrhunderts, diese Region an das Deutsche Reich zu verlieren, etwas einsichtiger. Insgesamt verlor Charlotte Amalie nach dem Hoch in den 60er Jahren des 19. Jahrhunderts beträchtlich an Bedeutung. Das Gesamtaufkommen im Hafen war zwischen 1861 mit 5.000 Schiffen und dem ersten Jahrzehnt im 20. Jahrhundert mit einem jährlichen Durchschnitt von 2.442 Schiffen um mehr als 50% gesunken. Diese Zahlen erklären den Verkauf der Jungferninseln an die USA. Sowohl die Motive Dänemarks, die wirtschaftliche Ineffizienz der Inseln, als auch die der USA, die Angst vor einer Großmacht vor der eigenen Haustür, manifestieren sich hier. Gøbel erklärt den Einbruch in den 1870ern mit einer allgemeinen Wirtschaftsdepression in jener Zeit[20]. Dies scheint nicht plausibel, da sich der Hafen auch in den folgenden Jahrzehnten nicht erholte, sondern sich im Gegenteil die negative Tendenz fortsetzte. Zudem kann von einer weltweiten Depression in den 1870ern nicht gesprochen werden, da zumindest das Deutsche Reich in der letzten Hälfte der Dekade ein beispielloses Wirtschaftshoch nach dem Sieg über Frankreich erlebte.

Für die Erforschung des Karibikhandels Hamburgs, lassen sich aus den vorangegangenen Daten verschiedene Schlüsse ziehen. Daß die Hansestadt mit nur einem Prozent beteiligt war und die hamburgische Entwicklung nicht mit der Dänisch-Westindiens korrelierte, wie in Graphik 3 und 10 sichtbar, zeigt die periphere quantitative Bedeutung des hamburgischen Handels in jener Region. Es ist der qualitative und individuelle Aspekt, der in diesem Bereich besonders beachtet und gewürdigt werden muß, um der hanseatischen Handelsrealität gerecht zu werden. Unter diesem Gesichtspunkt ist auch die Frage nach der Funktion der Häfen für die hamburgischen Schiffe von Bedeutung. Um darüber Auskunft zu bekommen, wurde die durchschnittliche Verweildauer der Schiffe im jeweiligen Hafen ermittelt.

---

19   Es kam zu Veränderungen der wirtschaftlichen Strukturen. Die vorliegende Arbeit wird in folgenden Kapiteln auf zwei Aspekte eingehen: Die Warenpalette wird in Kapitel II.4., Veränderungen in der hanseatischen Handelspraxis in den Kapiteln III. und V.1. behandelt werden.
20   GØBEL, Erik: Shipping through the Port of St. Thomas, S. 167.

Graphik 12   Durchschnittliche Verweildauer Hamburger Schiffe in den Karibik-
              häfen Curaçao, La Guaira und St. Thomas (1818–1889)

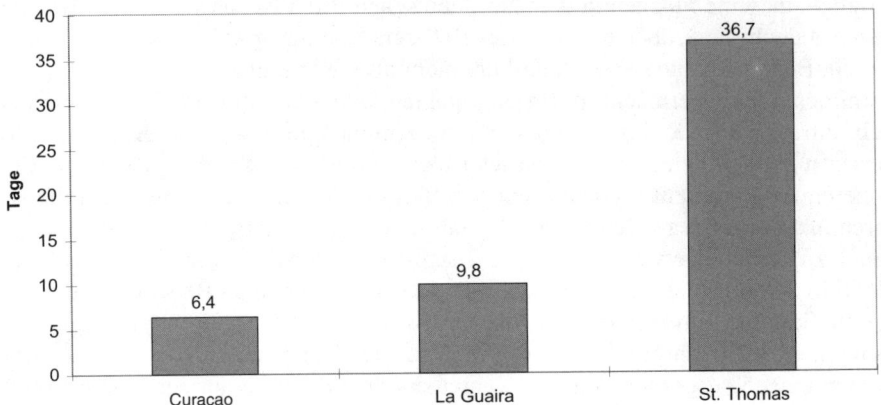

Quelle: Quelle und detaillierte Information siehe IX. Anhänge: 7. Hamburger Schiffe, die zwischen
         1821 und 1892 in St. Thomas ein- und ausliefen. Und: 2. Hamburger Schiffe, die zwischen
         1818 und 1889 Curaçao frequentierten. 2.b) Hamburger Schiffe, die zwischen 1848 und
         1889 in Curaçao ein- und ausliefen. Und: 5. Hamburger Schiffe, die zwischen 1824 und
         1865 in La Guaira ein- und ausliefen.

Das Ergebnis korreliert mit den vorhergegangenen Graphiken. In dem am wenigsten frequentierten Hafen Willemstad verweilten die Hamburger am kürzesten. Nur
6,4 Tage blieben sie im Schnitt. La Guaira nimmt wie gehabt die Mittelposition ein.
Dort lag ein Hamburger Schiff im Schnitt 9,8 Tage. Sehr viel länger hielten sich
Hamburger im Hafen von Charlotte Amalie auf, nämlich durchschnittlich 36,7 Tage.
Es muß also von Interesse und Nutzen gewesen sein, sich auf St. Thomas aufzuhal-
ten. Es ist wahrscheinlich, daß die Insel als Informationspool für die Karibik diente[21]. Als der Europa am nächsten gelegene Karibikhafen, zudem Freihafen in einer
geographischen Lage, die der Insel eine natürliche Mittlerrolle zwischen Nord- und
Südamerika zukommen ließ, wurde St. Thomas von einer großen Zahl verschiedener Nationen frequentiert, wie in Graphik 9 zu sehen war. In den Hafenmeisterprotokollen wurden 23 verschiedene Nationalitäten geführt. Der Hafen bot dementsprechend die Möglichkeit, sich über die Lage in der Region zu informieren und
über den nächsten Zielhafen zu entscheiden. Curaçao und La Guaira dagegen wurden gezielter zur Abwicklung vorher geplanter Geschäfte angelaufen und nach Er-
ledigung derselben zügig wieder verlassen.
      Während Curaçao im gesamten 19. Jahrhundert auch für hamburgische Nieder-
lassungen nur eine geringe Rolle spielte, war die Möglichkeit, Handelsdependan-
cen zu errichten, ein bedeutender Aspekt für die beiden anderen untersuchten Häfen. Wegen seiner besonderen Entwicklung und Verknüpfung mit anderen Häfen
Venezuelas wird La Guaira in späteren Kapiteln gesondert behandelt werden. St.
Thomas modifizierte im Laufe des 19. Jahrhunderts seine Funktionen für den Ham-

21   Vgl. Kapitel II.4..

burger Handel. Zu Beginn des 19. Jahrhunderts verlor Dänisch-Westindien seine Funktion als Zwischenhandelsort für Zucker und Kaffee. Die Kolonialwaren, die Kaufleute von St. Thomas an anderen Orten aufkauften, gingen nun direkt nach Europa[22]. Die Insel mußte also ihr Handelsprofil verändern. Der Schwerpunkt verlagerte sich auf den Import von Waren für den karibischen Raum. Schon 1839 gab es auf St. Thomas 41 Importhäuser, unter ihnen überwogen die amerikanischen, englischen und französischen Firmen. Sechs waren deutscher Herkunft. Sie vertraten hauptsächlich Hamburger und Bremer Kaufleute. Die Firma *Bergeest & Uhlhorn* bestand schon 1815 und setzte unter dem Namen *Bergeest & Co.* die Tätigkeit von 1826 bis 1848 fort. Christian Friedrich Overmann, seit 1817 auf St. Thomas, gründete mit A. J. Schön 1827 die Firma *Overmann & Schön*, deren Name später als *Schön, Willink & Co.* firmierte. Auch *Köster & Meister* war ein Hamburger Handelshaus[23]. Diese Häuser handelten nun weniger mit Kolonialwaren, sondern unterhielten einen umfangreichen Zwischenhandel mit europäischen und nordamerikanischen Gütern, besonders Textilien, Eisenwaren und Lebensmitteln, welche für die spanischen Kolonien Puerto Rico und Santo Domingo bestimmt waren, wie auch für die neuen Republiken Südamerikas[24].

Die hamburgischen Niederlassungen auf St. Thomas waren sicher einer der Gründe für die lange Verweildauer hanseatischer Schiffe im Hafen. Während die Erfindung des Telegraphen die Bedeutung von St. Thomas als Informationspool minderte, verstärkte die HAPAG ihre Aktivitäten auf der Insel, nachdem sie 1873 ein ständiges Büro eingerichtet hatte. Die Schiffe der HAPAG verbrauchten 75% der auf die Insel gebrachten Kohle[25]. Dies unterstreicht die Dominanz der Hamburger in der Dampfschiffahrt der Insel, die wiederum eine zentrale Position in der Dampfschiffahrt der Karibik innehatte. In Charlotte Amalie bestand die effizienteste Vorrichtung zum Kohlebunkern in Westindien[26]. Allerdings spielten auch andere Schiffe deutscher Flagge durchaus eine Rolle im Handel der Insel, so daß der deutsche Anteil auf die in Tabelle 4 notierten Werte angestiegen war.

Die in diesem Kapitel durchgeführte Untersuchung zu Bedeutung und Funktion der Karibikhäfen von Curaçao, La Guaira und St. Thomas hat neben Ergebnissen, die die Häfen an sich betrafen, auch einige Erkenntnisse in Bezug auf die hamburgische Schiffahrt erbracht. Zu Curaçao ist festzustellen, daß die Insel im 19. Jahrhundert für die hamburgische Schiffahrt in Langzeitperspektive unbedeutend war. Sie war in allen Werten den anderen beiden Häfen unterlegen. Die Entwicklung der hamburgischen Schiffahrt in Niederländisch-Westindien stagnierte. Die Frequenz

---

22 VIBÆK, Jens: Vore gamle tropekolonier, Dansk Vestindien 1755–1848, S. 307–308.
23 FRÖSCHLE, H. (Hrsg.): Die Deutschen in Lateinamerika. Schicksal und Leistung. Tübingen – Basel 1979, S. 618–619.
24 GØBEL, Erik: Shipping through the Port of St. Thomas, S. 167.
    Eventuell hing die lange Verweildauer Hamburger Schiffe auf St. Thomas (Graphik 12) mit Finanztransaktionen der dort ansässigen Handelshäuser zusammen. Die genaue Funktion der hanseatischen Niederlassungen auf der Insel ist jedoch bislang unklar.
25 Hamburger Schiffe luden oft Kohle in englischen Häfen und brachten sie nach Charlotte Amalie. Vgl. Kapitel II.4..
26 GØBEL, Erik: Shipping through the Port of St. Thomas, S. 155–159, 168–169.

Hamburger Segelschiffe steigerte sich nicht entsprechend der allgemeinen Entwicklung des Hafens von Willemstad und der hamburgischen Schiffahrt.

In Bezug auf die Bedeutung für die hamburgische Schiffahrt nahm La Guaira den Mittelrang ein. Wie mehrfach dargestellt hatte St. Thomas die größte Bedeutung für die hanseatische Schiffahrt. Diesen Hafen liefen bei weitem die meisten Hamburger Schiffe an. Dänisch-Westindien diente den Hanseaten als Informationspool für Belange der karibischen Region und war ein wichtiger Stützpunkt für hamburgische Handelshäuser, die direkt oder über Mittelsmänner in der Region tätig waren. Mit Aufkommen der Dampfschiffahrt nahm die HAPAG, im Gegensatz zur hamburgischen Segelschiffahrt, eine Vorrangstellung auf der Insel ein, die ihrerseits ein wichtiges Dampfschiffahrtszentrum der Karibik war. Dennoch war die Bedeutung der hamburgischen St. Thomas-Fahrer im internationalen Vergleich gering. In diesem Zusammenhang wäre es interessant, weitere Karibikhäfen zu untersuchen, um aussagekräftige Ergebnisse über den Hamburger Karibikhandel zu gewinnen. Bezogen auf die drei untersuchten Häfen erwiesen sich die Fragestellungen, die auf quantitative Aspekte abzielen, als weniger geeignet als solche, die qualitative Aspekte in den Vordergrund stellen.

Es zeigt sich insgesamt, daß die Auswertung karibischer Quellen einerseits zu überraschenden Ergebnissen führen kann, wie etwa von Hamburger Quellenangaben abweichende Quantifizierungen in bezug auf Schiffszahl oder in bezug auf die angelaufenen Häfen und die dortige Verweildauer, andererseits auch zu weiterführenden Fragen führt, die im Rahmen der vorliegenden Studie allerdings nicht beantwortet werden können. So scheinen sich die Zielgebiete des Handels in dem untersuchten Raum verschoben zu haben und Indizien darauf hinzudeuten, daß damit auch eine Veränderung der Handelsgüter bzw. der Struktur des Handels überhaupt zusammenhing. Die Rolle von St. Thomas weist offenbar auf die große Bedeutung des Reedereigeschäfts. bzw. des Zwischenhandels über dort ansässige Hamburger Firmen hin, deren Funktion noch genauer untersucht werden müßte. Der geringe Anteil von Hamburgern in den untersuchten Häfen im internationalen Vergleich wirft die Frage auf, ob die Hanseaten in anderen Karibikhäfen stärker vertreten waren und wenn ja, warum dies der Fall war. In diesem Zusammenhang ist die Rolle der Dampfschiffahrt von Bedeutung, deren Unabhängigkeit von Winden dafür aber Abhängigkeit von Kohlestationen, scheinbar zu Verschiebungen im karibischen Fahrtroutennetz führte, die wiederum auch die Segelschiffahrt beeinflußten.

4. Die Warenpalette im Karibikhandel des 19. Jahrhunderts

Nachdem im vorangegangenen Kapitel die Konjunktur Hamburger Schiffe in den drei in dieser Studie untersuchten Karibikhäfen im Mittelpunkt stand, soll in einem nächsten Schritt untersucht werden, was diese Schiffe transportierten. Welche Waren wurden nach und von Amerika über den Atlantik verschifft? Welche Rückschlüsse lassen sich daraus für den hamburgischen Handel ziehen? Untersuchungen zu dieser Frage konnten zu den venezolanischen Häfen Angostura[1] und La Guaira vorgenommen werden, sowie zu Charlotte Amalie auf St. Thomas. Aufgrund der fehlenden Quellen mußte Curaçao unberücksichtigt bleiben. Erhebungen zu den venezolanischen Häfen erlauben es unter anderem, den hamburgischen Warenumschlag in den internationalen Kontext einzuordnen, was wiederum Rückschlüsse auf die Bedeutung der hanseatischen Handelsbeziehungen zu Venezuela zuläßt. La Guaira als der wichtigste Hafen der jungen südamerikanischen Republik, der über die Route der karibischen Inseln angefahren wurde und Caracas versorgte, stand auch in den vorherigen Kapiteln schon im Mittelpunkt der Untersuchungen. Hier soll nun Angostura ergänzend betrachtet werden, da es Einblick in die Handelsverhältnisse eines in seiner Funktion und geographischen Lage gänzlich anderen Hafens gibt. Angostura wurde zumeist direkt von Europa aus angelaufen und handelte eine andere Warenpalette als La Guaira. Zudem ist der Hafen im Rahmen dieser Studie von besonderem Interesse, da er für die Firma A. H. Wappäus eine zentrale Rolle spielte. Anhand der Unterlagen dieser Firma sollen zudem Herkunft, Art und Bezug europäischer Exportwaren untersucht werden.

Wie bereits ausgeführt, erfordern die Quellenkorpora eine besondere Auswertungsmethode[2]. Damit soll einem nicht erfüllbaren Anspruch auf absolute Werte vorgebeugt und das Quellenmaterial unter neuen Gesichtspunkten betrachtet werden. Denn bisher ist die bei weitem überwiegende Zahl der Publikationen quantitätsorientiert und suggeriert eine zweifelhafte Vollständigkeit der Daten[3].

Die wirtschaftlichen Beziehungen zwischen Deutschland und Venezuela im 19. Jahrhundert können in zwei Phasen unterteilt werden: die präindustrielle und die industrielle. Zwischen 1830 und 1880 dominierte der Import von kolonialen Rohstoffen wie Kaffee, Kakao, Baumwolle und Tabak den Hamburger Venezuelahandel. Doch auch schon vor 1830 unterhielten die Deutschen ein lukratives Exportgeschäft mit Venezuela. Sie lieferten vor allem Textilien, Manufakturwaren, Lebens-

---

1 Angostura, ab dem 24.6.1846 in Ciudad Bolívar umbenannt. Im folgenden wird die Stadt bis 1846 als Angostura, danach als Ciudad Bolívar bezeichnet werden.

2 Aufgrund der gegebenen chronologischen Lückenhaftigkeit, Ungenauigkeiten im damaligen Buchführungsmodus und sonstigem Datentransfer, sowie mangelnder Präzision der in den Quellen benutzten Terminologie, muß die Auswertung diese Schwierigkeiten zur Kenntnis nehmen und berücksichtigen. Deshalb wurden in dieser Studie zur Warenpalette die Daten nicht vorrangig unter dem Aspekt von Wert oder Quantität betrachtet, sondern die Ladung und Warennennung pro Schiff gerechnet.

3 Zu Informationen über die Volumina und Werte des hamburgischen Überseehandels vgl. z. B.: KRESSE, Walter: Materialien zur Entwicklungsgeschichte der Hamburger Handelsflotte, darin: Hamburger Seeschiffsbestand S. 65; Anzahl und Raumgehalt der Seeschiffe S. 67; Größenklassen S. 116–117; Schiffsbesitz Hamburger Reedereien S. 116–117.

mittel und Alkoholika[4]. Der Export von industriellen Gütern erreichte erst nach der deutschen Einigung von 1871 ein bedeutendes Volumen.

Der Freundschafts-, Handels- und Schiffahrtsvertrag zwischen den Hansestädten und Venezuela, der am 6.3.1838 unterzeichnet wurde, erwies sich als gute Basis für den hanseatischen Handel. In kurzer Zeit wuchs das Handelsvolumen um 130% auf 5 Millionen Mark jährlich[5]. Schon zur Zeit des Abschlusses des Vertrages war Venezuela der wichtigste Importeur hanseatischer Waren in Südamerika gewesen. Solange noch kein Vertrag zwischen den Hansestädten und Venezuela abgeschlossen worden war, hatten viele Hamburger Kaufleute 1836/37 die Möglichkeit genutzt, Waren auf US-Schiffen zu transportieren. Die USA hatten nach ihrem Handelsvertragsabschluß mit Venezuela schon 1836 keine Abgaben zahlen müssen. Diese Regelung galt nicht nur für US-Produkte sondern auch für solche, die Nordamerikaner im Ausland gekauft hatten, zum Beispiel in Deutschland. Damit umgingen die Hanseaten in diesem Zeitraum die hohen Abgaben bis zu einem eigenen Vertragsabschluß, so daß es kaum möglich ist, für diese Jahre die gehandelte Warenpalette vollständig zu rekonstruieren.

Die Qualität der nach Venezuela eingeführten Waren veränderten sich mit der Zeit. Zu Anfang des 19. Jahrhunderts exportierten die Engländer Produkte von minderem Standart und Wert. Mehr und mehr jedoch wurden hochwertige Produkte für eine kleine, kaufkräftige venezolanische Oberschicht eingeführt. Dieser Wandel eröffnete neue Möglichkeiten im Handel[6], den die Hanseaten nutzten. Sie kamen dem neuen Bedürfnis mit einer individuell auf einzelne Kunden abgestimmen Liefer- und Warenbezugspraxis nach. Zwar war England auf dem internationalen Markt jener Zeit dominierend, doch die venezolanischen Güter entsprachen nicht den Bedürfnissen Großbritanniens, so daß dieses kein großer Abnehmer venezolanischer Rohstoffe war: Kakao war bevorzugt von Spanien importiert worden. Nach der Unabhängigkeit sank die Nachfrage nach diesem Produkt insgesamt stark ab. Kaffee wurde vorrangig in Holland, Belgien und Deutschland konsumiert. Der Kaffeebezug für diese Regionen wurde mehr und mehr von Hamburg beherrscht. Die Engländer bevorzugten asiatischen Tee. Was Baumwolle und Indigo anging, so wäre England ein großer Markt gewesen, doch Venezuela konnte für England nicht mit der nordamerikanischen Baumwolle und dem indischen Indigo konkurrieren[7], so daß Hamburg mit venezolanischem Indigo- und Baumwollimport eine marktbeherrschende Stellung in Mitteleuropa aufbauen konnte.

Die Hamburger selbst sahen sich in einer vorteilhaften und wichtigen Position im Venezuelahandel, wie Johann Eduard Wappäus in seiner geographisch-statistischen Abhandlung über die Republiken von Südamerika 1843 schrieb. Zu diesem Zeitpunkt hatte Deutschland und hatten damit die Häfen Hamburg, Bremen und

---

4   WALTER, Rolf: Los Alemanes en Venezuela, S. 100.

5   HERWEG, Holger H.: Sueños alemanes de un imperio en Venezuela, Caracas 1991, S. 25, 26–27.

6   WALTER, Rolf: Los Alemanes en Venezuela, S. 129–130, 133.

7   IZARD, Miguel: Período de la Independencia y la Gran Colombia 1810–1830, in: FRANKEL, Benjamín A. (Hrsg.): Política y Economía en Venezuela 1810–1991, Caracas 1992 (Fundación John Boulton), S. 3–31, S. 25.

Altona laut Wappäus, die höchste Ausfuhrrate nach Venezuela, gemessen am Wert der Ware. Seiner Meinung nach hätten die günstigen Einfuhrbedingungen der Hamburger, die Vorteile vor Engländern und Franzosen hatten, die er jedoch nicht näher benannte, besser genutzt werden können, hätten die deutschen Industriellen ihre Politik geändert. Die harsche Kritik, die der Sproß einer Hamburger Kaufmannsfamilie, der sich immer der Hamburger Kaufmannschaft verbunden fühlte, an den Fabrikanten äußerte, dürfte die damalige Stimmung in Hamburg widerspiegeln. Mangelnde Flexibilität, Information und fehlender Wille zu Innovation von Seiten der Industrie, brächten die hanseatische Stellung im Südamerikahandel in Gefahr, war die Befürchtung. „Läppische" Interna versperrten den Industriellen den Blick für das Wesentliche, meinte auch die Überseekaufmannschaft. Es sei notwendig und an der Zeit, daß auch die deutsche Industrie *von dem eigenthümlichen Wesen des Welthandels* Notiz nähme, mahnte Wappäus[8]. Hanseatische Kaufleute mußten nicht nur mit den Schwierigkeiten bei der Exportwarenbeschaffung im Binnenland mit der Industrie kämpfen, die sich in der Produktion nicht auf den Überseehandel

---

8   WAPPÄUS, Johannes Eduard: Die Republiken von Südamerika geographisch – statistisch, mit besonderer Berücksichtigung ihrer Produktion und ihres Handelsverkehrs, vornehmlich nach amtlichen Quellen, Erste Abtheilung, Venezuela, Göttingen 1843, S. 208–209:
„*Der Import der Vereinigten Staaten erscheint deshalb so hoch, weil sie ausser ihren eigenen Landesprodukten, als Mehl, Seife, Lichte, Schinken, auch eine bedeutende Quantität europäischer Erzeugnisse, namentlich schwedische und russische einführen. An eigenen Produkten führt gegenwärtig England am meisten ein, in den letzten Jahren für 1.884.481 Pesos pr. Jahr. Die grösste Einfuhr nach Venezuela überhaupt hat aber gegenwärtig Deutschland, denn zu den 1.345.000 Pesos, welche Altona, Bremen und Hamburg während der beiden letzten Jahre durchschnittlich im Jahr direkt nach Venezuela importiert haben, ist noch der grösste Theil der von St. Thomas, einem Hauptstapelplatz für den Handel zwischen Deutschland und der Küste der Tierra firme, eingeführten Waaren zu dem Werthe von 1.187.000 Pes. zuzurechnen, so dass man dennach den gegenwärtigen Import Deutschlands nach Venezuela auf jährlich 2 Millionen Pesos anschlagen darf. Die deutsche (hanseatische) Flagge ist in Venezuela selbst vor der englischen und französischen begünstigt, denn hanseatische Fahrzeuge dürfen Erzeugnisse aller Länder einführen, während englische und französische nur die eigenen bringen dürfen. Die Vergleichung der Einfuhr Venezuela's aus den genannten drei deutschen Seehäfen während der Jahre 1832 bis 34 und 1840 bis 42 zeigt, dass der Werth derselben sich in diesem Zeitraum mehr als vervierfacht hat, und ohne Zweifel würde der Export deutscher Fabrikate nach Venezuela auch bedeutend zunehmen, wenn nicht der grösste Theil der deutschen Fabrikantenwelt, anstatt sich um die Anforderungen und das Bedürfniss der überseeischen Märkte zu bekümmern und sich selbst technisch mehr auszubilden, seine ganze Thätigkeit darauf wendete, sich die Absperrung fremder Concurrenz und dadurch ein den inländischen Konsumenten wie den Exporthandel gleich drückendes Monopol zu erklagen. Venezuela wird seiner natürlichen Verhältnisse wegen noch lange einer grossen Zufuhr europäischer Erzeugnisse bedürfen, jedoch die deutschen Fabrikate von den venezuelischen , wie von allen südamerikanischen Märkten nicht ganz verdrängt werden sollen, so ist es Zeit, dass Diejenigen, welche jetzt, in reiner Zollvereinsblattbegeisterung, die Interessen der deutschen Industrie vertreten wollen und sich damit so breit machen in der Tagesliteratur wie auf der Tagesrednerbühne, endlich anfangen Notiz zu nehmen, wie von dem eigenthümlichen Wesen des Welthandels überhaupt, so auch insbesondere von den Bedürfnissen und natürlichen Verhältnissen der im Aufblühen begriffenen reichen Länder Südamerika's.*"

einstellte und stattdessen auf ausländische, meist englische Produkte zurückgreifen. Zudem waren die Gegebenheiten in Venezuela selbst diffizil und problematisch[9].

Eine Schwierigkeit bestand darin, daß es zu dieser Zeit kein das Land einigendes Straßennetz gab. Die Waren mußten mühselig auf Maultieren transportiert werden, wenn kein Fluß eine Anbindung ermöglichte[10].

Des weiteren war die politische Situation während des gesamten 19. Jahrhunderts phasenweise instabil. Dem Sturz der europäisch-spanischen Führungselite im Unabhängigkeitskrieg folgte ein kontinuierlicher Machtkampf, der das gesamte Jahrhundert über Venezuela mit Revolutionen und Bürgerkrieg beutelte. Die Außenwirtschaft wurde von den innenpolitischen Problemen stark getroffen.

Trotz dieser Schwierigkeiten war es lohnend für ausländische Kaufleute, mit dem Land Handel zu treiben, denn mit dem Ende des Unabhängigkeitskrieges kamen dessen direkte Verbindungen zu Spanien vollkommen zum Erliegen. Venezuela mußte sich neuen Märkten zuwenden, die andere Bedürfnisse und Handelsgepflogenheiten hatten. Das Land hatte praktisch keine Schiffe und Großkaufleute, denn die meisten von ihnen waren als Spanier oder Anhänger der Royalisten gezwungen gewesen, das Land zu verlassen. Dies begünstigte das Eindringen von Kaufleuten dritter Nationalitäten. Mit Abbruch der Beziehungen zu Spanien, mit dem Venezuela erst 1845 einen Friedensvertrag schloss, entstanden neue Handelsbeziehungen mit England, den USA, Frankreich, Dänemark, Holland und den Hansestädten, bzw. wurden frühere illegale Beziehungen legalisiert. Während der letzten Jahre Groß-Kolumbiens und vor allem ab 1830, begann sich Venezuela in den westlichen Markt zu integrieren[11].

Unter anderem bedingt durch die Zerstörungen des Unabhängigkeitskrieges war das venezolanische Handwerk nicht konkurrenzfähig gegenüber den Importprodukten. Schon um 1830 wurden viele, auch alltägliche Waren, wie zum Beispiel Seife oder Kerzen, im Land nicht mehr produziert. Dennoch erließ Venezuela kein Importverbot für derlei Waren, sondern errichtete einzig gegen die Kolonialwaren Kaffee, Zucker und Rum Handelsbarrikaden. Trotz des langen Transportweges und des Zolls lohnte sich der Import für die vorwiegend ausländische Großkaufmannschaft in Venezuela. Das ruinierte das heimische Handwerk auf lange Sicht[12]. So hing auch Ende des 19. Jahrhunderts Venezuela noch vollständig vom Import ausländischer Manufaktur- und Industrieprodukte ab. Es bestand praktisch keine inländische Produktion[13]. Wegen dieser Situation war der Import von lebenswichtiger

---

9   Vgl. MATTHEWS, Robert P.: La Turbulenta Década de los Monagas, 1847–1858, in: FRANKEL, Benjamín A. (Hrsg.): Política y Economía en Venezuela 1810–1991, Caracas 1992 (Fundación John Boulton), S. 93–127, S. 105–106. VILA PÉREZ, Manuel: El Gobierno Deliberativo. Hacendados, Comerciantes y Artesanos frente a la Crisis. 1830–1848, in: FRANKEL, Benjamín A. (Hrsg.): Política y Economía en Venezuela 1810–1991, Caracas 1992 (Fundación John Boulton), S. 35–89, S. 43–49.

10 WALTER, Rolf: Los Alemanes en Venezuela, S. 112, 217, 133.

11 VILA PÉREZ, Manuel: El Gobierno Deliberativo, S. 35–89, S. 37.

12 Ebd., S. 35–89, S. 68.

13 HARWICH VALLENILLA, Nikita: El Modelo del Liberalismo Amarillo. Historia de un Fracaso, 1888–1908, in: FRANKEL, Benjamín A. (Hrsg.): Política y Economía en Venezuela 1810–1991, Caracas 1992 (Fundación John Boulton), S. 203–246, S. 206.

Bedeutung für das Land. Er wurde über viele Häfen abgewickelt, von denen La Guaira, Puerto Cabello, Maracaibo und Ciudad Bolívar die wichtigsten waren.

In Venezuela entwickelten die hanseatischen Kaufleuten ein immer spezialisierteres Importsystem. Die Schiffe kamen in La Guaira aus heimischen oder ausländischen Häfen, konsigniert für einen bestimmten, in Venezuela etablierten Kaufmann an. Diese im Hafen ansässige Firma war verantwortlich für internationale Geschäftsabschlüsse, für die Einfuhr der Waren, deren Weiterleitung ins Binnenland und die Ausfuhr der Exportwaren. Die konsignierte Ware wurde von den Händlern verkauft, wofür sie einen bestimmten Prozentsatz des Gewinns erhielten. Die Ware gehörte jedoch bis zum Verkauf dem Emittenten, einem hamburgischen Kaufmann.

Meist war die Ware für Händler aus La Guaira bestimmt, die sie direkt importierten oder aber im Auftrag eines Händlers aus Caracas einkauften. In einem solchen Fall konnte die Ware auch auf den Namen eines Großhändlers aus Caracas einlaufen. Es kam ebenfalls vor, daß Ware für Puerto Cabello bestimmt war, wohin das Schiff auslief, nachdem es einen Teil seiner Ladung in La Guaira gelöscht hatte[14].

Die Importeure kauften meist große Mengen an Ware als bevorzugtes Mittel der Vermögensansammlung und als Spekulationsobjekt ein, zumal die Zollgebühren nicht sofort gezahlt werden mußten. So kauften die Händler oft mehr Ware ein, als der lokale Markt aufnehmen konnte. Zugleich verkauften sie an andere Großhändler weiter, denen sie Kredite einräumten, so daß diese mehr Waren abnahmen, als sie zunächst bezahlen konnten. Diese Praktiken verursachten in Zeiten einer schwachen Konjunktur eine Kettenreaktion, in der kaum noch Ware aufgekauft werden konnte, die Verkäufe stockten und sich ein Rattenschwanz von offenen Rechnungen bildete. In solch einer Situation versuchten die Importeure, direkt an Einzelhändler zu verkaufen, um keine Kredite mehr gewähren zu müssen und stattdessen für die geringeren Mengen gleich bezahlt zu werden. Währenddessen mußten die Kreditlaufzeiten verlängert werden, was die Schuldensummen immer weiter erhöhte. Die Importeure bekamen ihre offenen Rechnungen nicht beglichen und konnten ihrerseits wiederum die Zollgebühren nicht bezahlen. Es kam in einem solchen Falle zum Stillstand von Export und Import, da Geld fehlte, um die Waren aus dem Landesinneren zum Weiterverkauf anzukaufen. Solch eine Krise trat in den 1840er Jahren während einer weltweiten Wirtschaftskrise ein. Geldmangel war meist das größte Problem, wenn einerseits aus Angst vor Verlust nicht mehr investiert wurde, andererseits Vermögen in Krediten, die nicht zurückgezahlt werden konnten, gebunden waren.

Auch für die Exporte entwickelte die hanseatische Kaufmannschaft ein System: Die venezolanischen Produzenten der Exportware bekamen Geldvorschüsse, mit welchen sie die Produktionskosten vorfinanzieren konnten. Diese Vorschüsse wurden von Kunden gezahlt, die auf diese Art der Spekulation spezialisiert waren. Der Preis für die noch zu erzeugende Ware wurde zum Zeitpunkt der Kreditvergabe

14   BANKO, Catalina: El capital comercial en La Guaira y Caracas (1821–1848), S. 347.

festgelegt und orientierte sich am internationalen Markt. Handelshäuser des Fernhandels waren also auf gewisse Weise in den Produktionsprozeß involviert[15].

Zu Beginn des 19. Jahrhunderts hatte sich in Caracas eine wichtige Gruppe von Kaufleuten etabliert, die als Zwischenhändler fungierte, Waren aus La Guaira verteilte, lokale Produkte lagerte und zum Export in den Hafen transportierte[16]. In den 20er Jahren wurden meist sämtliche Schritte dieses Zwischenhandels von Caracas aus organisiert. Eine Firma übernahm jeweils alle Arten von Warenlieferungen. Später kam es jedoch zu einer Spezialisierung für die einzelnen Handelsschritte[17].

Der Export gliederte sich in verschiedene Tätigkeitsfelder. Die Händler, die den Kredit gewährt hatten, nahmen die Ernte in Empfang und lagerten sie in Caracas, bis die Produkte über La Guaira verschifft wurden. Entweder wurde direkt mit den Häusern in La Guaira verhandelt oder mit Agenten, die im Auftrag der an der Küste gelegenen Handelshäuser in Caracas wirkten. Danach wurden die Produkte an die Küste transportiert, wo die Exporteure für Zwischenlagerung und Verladung auf Schiffe sorgten. Diese Exporteure waren verantwortlich für Hafenangelegenheiten, Versicherung und Charter. Für die Abwicklung dieser einzelnen Schritte bildeten sich im Verlauf des vorletzten Jahrhunderts weitere Spezialgeschäfte heraus.

Der Großhandel war die verbreitetste Art des Handels in Venezuela. Spezialisierte Händler kauften Waren in La Guaira auf und verteilten sie in Caracas oder an andere Orte im Landesinneren. Sie konzentrierten sich mithin auf den Importsektor. Darüber hinaus finden sich Agenten der Im- und Exportfirmen in La Guaira, die im Auftrag ihrer Firmen Landesprodukte auf- oder verkauften. Anfang des Jahrhunderts wurden Großhandel und Agentenfunktion überwiegend in ein und demselben Handelshaus betrieben, doch in den 1830er Jahren entstanden spezialisierte Firmen, die ausschließlich als Agenturen fungierten. Eine weitere Gruppe von Zwischenhändlern spezialisierte sich auf Vorschußzahlungen an Plantagenbesitzer und den anschließenden Kauf, Verkauf und Transport der Produkte nach La Guaira. Teils verkauften sie die Produkte direkt an Exporteure, teils geschah dies über einen Agenten[18].

Neben La Guaira, dem bedeutendsten Hafen Venezuelas, waren der Rangfolge nach Puerto Cabello, Maracaibo und Angostura die wichtigsten Häfen des Landes. Caracas war in Venezuela das landesweit bedeutendste Zentrum, in dem Importware im großen Stil konsumiert wurde. Deshalb liefen die meisten Schiffe zuerst La Guaira an, um die Ware für Caracas zu löschen, erst danach wurde Puerto Cabello angelaufen, wo Produkte aus den Regionen Aragua, Valencia, San Carlos und San Felipe geladen wurden[19].

Manuel Lucena Salmoral kommt zu dem Schluß, daß es aufgrund der Quellenlage unmöglich ist, für den Zeitraum der Unabhängigkeitsrevolution Daten über

---

15 PACHECO TROCONIS, Yolanda: Las casas comerciales extranjeras en Puerto Cabello, in: TF 30/8 (1990), S. 288–306, 302–304.

16 BANKO, Catalina: El capital comercial en La Guaira y Caracas (1821–1848), S. 483. Vgl. dazu Kapitel IV.1. und IV.2..

17 BANKO, Catalina: El comercio en La Guaira y Caracas, S. 162.

18 Ebd., S. 163.

19 WALTER, Rolf: Los Alemanes en Venezuela, S. 101.

den venezolanischen Außenhandel zu erheben[20]. Für die Jahre vor Ausbruch des
Krieges lassen sich jedoch für La Guaira folgende Zahlen ermitteln:

Tabelle 5
Wert der in La Guaira gehandelten Waren pro Handelsnation (1807–1812)

Nation	Wert (Pesos/Reales)	%
USA	6.595.536 p. 4 r.	35,2
Andere Kolonien[21]	6.373.235 p. 1 r.	34,0
Spanien	4.562.189 p. 4,5 r.	24,4
Europa	616.368 p. 3r.	3,3
Hispanoamerika	363.379 p. 5,5 r.	1,9
Venezuela[22]	229.139 p. 3,5 r.	1,2

Quelle: LUCENA SALMORAL, Manuel: Características del comercio exterior de la provincia de
Caracas, S. 139–140.

Die USA führen eindeutig die Liste an. Andere Kolonien und Spanien folgen. Weit
abgeschlagen war zu jenem Zeitpunkt Gesamteuropa mit nur 3,3% der gehandelten
Ware nach Wert. Wahrscheinlich versorgte sich zu diesem Zeitpunkt Europa noch
über Cádiz, also Spanien. Auch der binnenvenezolanische Handel war ausgesprochen gering mit nur 1,2%. Ein genaueres Bild bietet die Aufschlüsselung der Waren
nach Anzahl der Konsignationen und Wert der Ware. Bei Konsignationen handelte
es sich um Warenlieferungen, zum Beispiel aus Hamburg, an einen Kaufmann vor
Ort, der gegen eine vorher vereinbarte, prozentuale Gewinnbeteiligung die Ware in
Venezuela verkaufte. Die Ware gehörte diesem Vermittler jedoch zu keinem Zeitpunkt.

---

20 LUCENA SALMORAL, Manuel: Características del comercio exterior de la provincia de Ca-
    racas. Dies kann aufgrund der Erfahrungen bei der Archivarbeit für diese Studie nachdrücklich
    bestätigt werden. Nur selten wurde in den Hafendokumenten Herkunfts- und Bestimmungsha-
    fen von Schiffen verzeichnet.
21 „Andere Kolonien" auch im folgenden alle Kolonien, die nicht zu Spanien gehörten.
22 „Venezuela" bezieht sich in Tabelle 5, 6 und 7 auf den binnenvenezolanischen Handel.

Tabelle 6
Anzahl und Wert der Warenkonsignationen in La Guaira pro Handelsnation (1807–1812)

Nation	Anzahl der Konsignationen	Wert der Ware (Pesos/Reales)
USA	474	6.595.536 p. 4.r.
Andere Kolonien	831	6.373.235 p. 1 r.
Spanien	256	4.562.189 p. 4,5 r.
Europa	21	616.368 p. 3 r.
Hispanoamerika	116	363.379 p. 5.5 r.
Venezuela	652	229.139 p. 3,5 r.
Gesamt	**2.350**	**18.739.848 p. 5,5 r.**

Quelle: LUCENA SALMORAL, Manuel: Características del comercio exterior de la provincia de Caracas, S. 181–182.

Nach Warenwert führen eindeutig die USA den Import an. Doch die bei weitem größte Anzahl der Konsignationen, nämlich 831, kamen aus den anderen Kolonien. Europa war mit 21 Konsignationen am schwächsten vertreten. Gemessen am Wert der einzelnen Aufträge war es jedoch die führende Nation. Das Verhältnis zwischen Wert und Anzahl der Konsignationen ergibt folgendes Bild:

Tabelle 7
Durchschnittswert pro Konsignation in La Guaira (1807–1812)

Nation	Wert je Konsignation
Europa	29.350 pesos
Spanien	17.821 pesos
USA	13.914 pesos
Andere Kolonien	7.669 pesos
Hispanoamerika	3.132 pesos
Venezuela	351 pesos

Quelle: LUCENA SALMORAL, Manuel: Características del comercio exterior de la provincia de Caracas, S. 181–182.

Hier führt Europa mit großem Abstand die Liste an! Dieses auf den ersten Blick erstaunliche Ergebnis erklärt sich daraus, daß Aufträge über große Distanzen sich lohnen mußten. Der Aufwand für die Ausstattung eines Schiffes konnte nur durch Geschäfte mit hoher Gewinnerwartung bei kalkulierbarem Risiko gedeckt werden.

Diese Regel läßt sich an diesem Beispiel ausnahmslos ablesen. Je geringer die räumliche Distanz, desto geringer der Wert der Ware. Je größer die Entfernung zwischen Herkunfts- und Zielort, desto wertvoller die Konsignation. Das bedeutet, daß den wenigen Konsignationen aus Europa trotz ihrer geringen Anzahl Bedeutung zugemessen werden muß, da es sich bei jeder Transaktion um ein überdurchschnittlich großes Geschäft handelte. Dies rechtfertigt im folgenden die Betrachtung auch von Zeiträumen, in denen andere Daten, wie z. B. Schiffsverkehr, scheinbar nur einen geringen Handelsumfang vermuten lassen.

Der Direkthandel mit Europa war selten. Der Handel zwischen Europa und Amerika über mehrere Zwischenstationen war die Regel. Der dennoch stattfindende Direkthandel war mit 616.368 Pesos und 3 Reales jedoch ausgesprochen hochwertig. Er verteilte sich folgendermaßen:

Tabelle 8
Verteilung des Handels zwischen Europa und La Guaira auf europäische Häfen (1807–1812)

Nation	Handelswert	%
Großbritannien	398.042 p. 7 r.	64,6
Portugal[23]	91.632 p. 4,5 r.	14,9
Deutsche Staaten[24]	91.573 p. 7,5 r.	14,8
Italien / Frankreich	35.119 p.	5,7
Gesamt	**616.368 p. 3 r.**	**100**

Quelle: LUCENA SALMORAL, Manuel: Características del comercio exterior de la provincia de Caracas, S. 247–248.

Hier zeigt sich, daß England zu Beginn des 19. Jahrhunderts die europäischen Nationen im Venezuelahandel, gemessen an dem Wert der Waren, mit großem Vorsprung anführte. Portugal hatte mit 14,9% den zweiten Platz inne. Deutsche Gebiete hatten mit 14,8% praktisch den gleichen Anteil am Geschäft und nahmen damit schon zu Beginn des vorletzten Jahrhunderts einen führenden Platz im Venezuelahandel ein. Genauer stellte sich der europäische Handel mit La Guaira folgendermaßen dar:

23 Portugal hatte außer Portwein kaum Ware für Venezuela zu bieten. Es war aber einerseits eng mit England verknüpft, so daß es als Deckadresse für englische Waren in Betracht kommt, andererseits war die portugiesische Krone 1808 nach Brasilien geflohen und Portugal war von Frankreich besetzt, so daß es sich auch um französische Waren gehandelt haben könnte.

24 In der hispanoamerikanischen Forschungsliteratur wird oft undifferenziert von *Alemania* gesprochen. Gemeint sind die deutschen Staaten, darüber hinaus oft auch noch weitere deutschsprachige Gebiete.

Tabelle 9
Anteile europäischer Häfen am Handel zwischen Europa und La Guaira (1807–1812)

Hafen	Import	Export	Bilanz
Liverpool	232.664 p. 5 r.	0	– 232.664 p. 5 r.
Tönning[25]	73.948 p. 6 r.	17.589 p. 1,5 r.	– 56.395 p. 4,5 r.
Lissabon	39.259 p. 6,5 r.	52.372 p. 6 r.	+ 13.112 p. 7,5 r.
Irland[26]	4.706 p.	1.097 p. 2,5 r.	– 3.980 p. 4 r.
London	61.837 p. 1 r.	65.817 p. 5 r.	+ 3.980 p. 4 r.
Glasgow	0	31.920 p. 1,5 r.	+ 31.920 p. 1,5 r.
Livorno	0	35.119 p.	+ 35.119 p.
Gesamt	**412.452 p. 2,5 r.**	**203.916 p. 1,5 r.**	**– 208.536 p. 2 r.**

Quelle: LUCENA SALMORAL, Manuel: Características del comercio exterior de la provincia de
        Caracas, S. 247–248.

Man beachte die herausragende Platzierung Tönnings, über das Hamburg in jenem
Zeitraum seinen Handel abwickelte[27]. Trotz der erschwerten Handelsbedingungen
zu Zeiten der Kontinentalsperre war der Handel bedeutend. Hamburg exportierte
gemessen an Wert von den sieben Häfen die zweitgrößte Warenmenge nach Venezuela. Der Import venezolanischer Waren war jedoch geringer, hier nahm Hamburg
lediglich Platz fünf ein. Die Kontinentalsperre traf den Import von Rohstoffen also
empfindlicher; eventuell konnte Venezuela zu jenem Zeitpunkt auch nicht liefern.
Die Außenhandelsbilanz mit Europa war für Venezuela zwischen 1807 und 1812
negativ. Erst für die 20er Jahre des 19. Jahrhunderts läßt sich der Anteil deutscher
Staaten am venezolanischen Außenhandel, über La Guaira wieder verfolgen:

Tabelle 10
Anteil Deutschlands am Außenhandel La Guairas (1823–1829)

Jahr	Anteil am venezolanischen Import %	Anteil am venezolanischen Export %
1823/24	7,7	3,5
1824/25	10,4	7,5
1826 (geschätzt)	17,0	12,0
1827	22,0	15,8
1828	36,4	18,0
1829	27,3	13,4

Quelle: WALTER, Rolf: Los Alemanes en Venezuela, S. 104.

25   Tönning war dänisch.
26   Nationalitätsbezeichnung ersetzt Nennung einzelnen Hafens.
27   Zur Kontinentalsperre und ihren Auswirkungen auf Hamburg siehe Kapitel II.1..

Es läßt sich für das Jahrzehnt ein kontinuierlicher Zuwachs am deutschen Anteil des venezolanischen Außenhandels erkennen. In der Zeit von 1823 wuchs der Anteil am Import von 7,7% auf 36,4% 1828. In dem gleichen Zeitraum wuchs der Anteil am Export von 3,5% auf 18,0%.

Nach Einsetzung der Generalkonsuln im Jahre 1827 stieg 1828 der Handel stark an. Eine andere Erklärung für das Hoch wäre eventuell die Rückkehr Simón Bolívars nach Caracas 1827, was eine Stabilisierung der politischen Lage zur Folge hatte. Nach seiner Abreise kam es 1829 erneut zu einem Rückgang von Im- und Export. Bei dem Vergleich mit anderen Nationen lassen sich in den 20er Jahren unterschiedliche Tendenzen feststellen.

Tabelle 11
Venezolanischer Import La Guairas pro Handelsnation (1823–1827)

Herkunft	1823–1824	1824–1825	1826–1827
Bremen	–	54.642	427.583*
England	642.757	413.143	606.695
Frankreich	67.804	171.750	209.107
Hamburg	221.331	270.143	
Kolonien[28]	712.870	257.945	278.521
USA	1.026.373	799.587	423.502
Gesamt	**2.671.135**	**1.967.210**	**1.945.408**

Quelle: BANKO. Catalina: El capital comercial en La Guaira y Caracas (1821–1848), S. 60.
       Angaben in Pesos.
*   Die Ziffer bezieht sich auf deutsche Staaten, ohne die Häfen gesondert zu unterscheiden.

Der venezolanische Import aus den USA sank sehr stark ab. 1823–1825 waren die Jahre, in denen in Venezuela die größte Nachfrage an Waffen herrschte. Danach war die Unabhängigkeit gesichert und es fehlte an Geld, weiterhin größere Armeen zu unterhalten. Hier könnte der Grund für den Einbruch im venezolanischen Import von US-Ware bestehen. England dagegen steigerte nach einem Zwischentief den Export nach Venezuela. Die Lieferungen aus anderen Kolonien verloren dagegen an Bedeutung. Hamburg und Bremen konnten ihr Exportgeschäft stark steigern, Frankreich ebenso. Der venezolanische Export über La Guaira korrelierte nicht vollständig mit diesen Tendenzen.

---

28   „Kolonien" meint in Tabelle 11 und 12 sämtliche noch nicht unabhängigen Gebiete in Amerika.

Tabelle 12
Venezolanischer Export La Guairas pro Handelsnation (1823–1827)

Ziel	1823–1824	1824–1825	1826–1827
Bremen	–	43.440	–
England	385.882	255.004	185.550
Frankreich	86.310	259.463	267.222
Genua	2.250	–	–
Hamburg	52.375	78.797	197.756*
Kolonien	305.391	52.173	186.934
Kolumbien	5.439	–	–
USA	669.040	672.954	413.636
Verschiedene	–	1.584	–
Gesamt	**1.506.687**	**1.363.415**	**1.251.098**

Quelle: BANKO, Catalina: El capital comercial en La Guaira y Caracas (1821–1848), S. 61.
         Angaben in Pesos.
*   Die Ziffer bezieht sich auf deutsche Staaten im allgemeinen, ohne bestimmte Häfen zu un-
         terscheiden.

Unterschiede zwischen Im- und Export zeigen sich bei England, das beim Import
venezolanischer Waren kontinuierlich abbaute und den Kolonien, die nach einem
Zwischentief den Import aus Venezuela wieder steigerten, jedoch insgesamt weniger importierten. Die Abnahme der wirtschaftlichen Bedeutung der Kolonien war
vor allem in der fortschreitenden Unabhängigkeitsbewegung begründet. Als spanische Kolonien blieben nur Kuba und Puerto Rico. Wie auch beim venezolanischen
Import über La Guaira verbuchten Hamburg und Bremen beim venezolanischen
Export einen Handelszuwachs, ebenso Frankreich. Die USA, die auch im venzola-
nischen Import stark zurückgefallen waren, verloren ebenfalls beim venezolanischen
Export. Damit baute Venezuela eindeutig in den 20er Jahren des 19. Jahrhunderts
seine Beziehungen zu den Hansestädten und Frankreich aus, während vor allem die
Handelsbeziehungen zu den USA deutlich litten.

In den 30er Jahren lag das Volumen des Imports in La Guaira höher als das des
Exports. Der größte Teil des Handels wurde direkt mit den großen Häfen Europas
und Nordamerikas abgewickelt: Philadelphia, New York, Liverpool, Bordeaux, Bremen, Hamburg und Altona[29].

Neben La Guaira war Angostura am Orinoco ein bedeutender venezolanischer
Hafen. Wegen des ausgeprägten Schmuggels in diesem Hafen werden die offiziellen Zahlen nur einen Teil des Handels von Angostura erfassen, eventuell nur als
Trendindikator des Handels auf den Flüssen Orinoco und Apure dienen. Im internationalen Handel nahm der Hafen von Angostura innerhalb Venezuelas seit 1830

29   BANKO, Catalina: El capital comercial en La Guaira y Caracas (1821–1848), S. 347.

den vierten Rang unter den nationalen Häfen ein. Wegen seiner geographischen Lage am Ufer des Orinoco, 46 Leguas[30] vom Meer entfernt, hatte der Hafen eine Doppelfunktion inne. Er diente dem Ex- und Import im maritimen Handel, und er war die Zollstation für allen Handel, der weiter den Orinoco hinaufging, bis zu den Anden. Dies machte den Unterschied von Angostura zu den drei größeren Häfen aus.

Angostura war der Verbindungspunkt zwischen Guayana und der Ebene im Landesinneren. Der Orinoco bildete ein Netz, das Kommunikation, Transport, Handel und kulturellen Austausch erleichterte. Der venezolanische Radius des Hafens von Angostura erstreckte sich in der zweiten Hälfte des 19. Jahrhunderts an der Ostküste entlang und verband Carúpano, Porlamar, Cumaná und La Guaira. Mit Maracaibo gab es in jener Zeit noch keinen regelmäßigen Austausch. Die ersten Anlaufpunkte im Außenhandel von Angostura aus waren Puerto España auf Trinidad und Demerara[31].

Die Zollakten von Angostura führen 26 Häfen an, nach denen exportiert wurde: Cayena[32], Havanna, Sankt Thomas, Guadaloupe, Martinique, Barbados, Berbice, Demerara, Granada, San Vicente, Santa Lucia, Tobago, Trinidad, Curaçao, Surinam im atlantisch-karibischen Gebiet, Baltimore und New York in den USA, Bremen, Hamburg, Altona, Cowes, Falmouth, Liverpool im Nordseeraum, Bordeaux an der Atlantikküste und Barcelona und Triest im Mittelmeerraum[33].

Bis zur Regierung Guzmán Blancos 1870[34] waren die Exportprodukte zum größten Teil traditionelle Agrarprodukte: Rinderfelle und Vieh aus der Ebene, Tabak, Kaffee und Baumwolle. Im letzten Drittel des 19. Jahrhunderts kamen Kautschuk und Balatá[35], Sarrapia[36], Reiherfedern aus den Llanos[37] und Gold aus Guayana hinzu. Der Wert der über Angostura / Ciudad Bolívar ausgeführten Waren war im nationalen Vergleich klein. Dies lag daran, daß der größte Teil der venezolanischen Einnahmen aus dem Kaffeexport erzielt wurde, der vor allem über La Guaira, Puerto Cabello und Maracaibo durchgeführt wurde. Die offizielle Liste der Exportprodukte aus Ciudad Bolívar verzeichnete Baumwolle, Indigo, Kakao, Kaffee, Rinderfelle und Tabak, Produkte, die vorrangig von Europa und den USA gekauft wurden, sowie Esel, Maultiere, Pferde, Rinder, gepökeltes Fleisch und Käse, Waren, die vor allem auf den karibischen Inseln gebraucht wurden [38].

30 1 Legua = 5,5727 km.
31 Demerara in britisch Guayana.
32 Cayena oder Cayenne in französisch Guayana.
33 BRICEÑO DE BERMÚDEZ, Tarcila: Comercio por los ríos Orinoco y Apure, S. 131, 136.
34 Antonio Guzmán Blanco *Caracas 20.2.1829 – †Paris 28.2.1899. Venezolanischer Präsident 1870–1877, 1879–1884 und 1886–1888.
35 Gummi des Balatabaumes aus Guayana.
36 Gummi aus dem Amazonasgebiet.
37 Als *Llanos* wird die venezolanische Ebene zwischen Anden und Orinoco bezeichnet.
38 BRICEÑO DE BERMÚDEZ, Tarcila: Comercio por los ríos Orinoco y Apure, S. 146. WALTER, Rolf: Los Alemanes en Venezuela, S. 90. StAH 621–1 Firma A. H. Wappäus 17b, Kopiebücher 1870–1877, Brief an Mr Turner, London, 28.5.1871, S. 63–64, englisch. Ein weiteres Exportprodukt war das von J. T. B. Siegert produzierte berühmte *Angostura Bitters*, ein Magenbitter. In den 70er Jahren des 19. Jahrhunderts wurde die Fabrik nach Trinidad verlegt. Entweder verkauften die Erben 1879 die Herstellungslizenz an Alex Fleury & Co., einen Ge-

Die wertvollsten Produkte, welche über Ciudad Bolívar exportiert wurden, waren Rinderfelle und Tabak[39]. Zwischen 1848 und 1855 verdoppelte sich die Zahl der exportierten Häute. Da dieser Anstieg nicht mit dem Fleischkonsum korrelierte, wurden die Tiere anscheinend nur enthäutet und ihr Fleisch nicht verwertet. Die Besitzer zogen es vor, die Häute den Orinoco hinunter nach Ciudad Bolívar zu verschiffen, anstatt auf den urbanen Märkten im Norden auch das Fleisch zu verkaufen. Der Fleischpreis war auch in so entfernten Städten wie Valencia und Caracas nicht höher als in den *Llanos*, der großen Ebene im Zentrum des Landes. Zölle und Transportkosten auf dem Weg machten den Transport unrentabel. Auf dem Orinoco entfielen diese Kosten, und die Möglichkeit des Schmuggels versprach hohe Gewinne[40]. Abnehmerländer für Rinderhäute und Tabak waren vor allem die USA und Deutschland, die diese Waren im Wert von 3/4 des venezolanischen Gesamtexports importierten.

Tabak wurde größtenteils von Deutschland importiert. Ein großer Teil der Lieferungen ging nach Bremen, dem Hauptimporthafen Deutschlands für Tabak. Der Tabakexport in die Hansestädte war ein wichtiger Teil des Handelsvolumens Ciudad Bolívars. Innerhalb Venezuelas war Ciudad Bolívar der größte Tabakexporteur. Erst im letzten Drittel des 19. Jahrhunderts kamen als neue Exportwaren in Ciudad Bolívar Balatá und Reiherfedern hinzu. Gold wurde ein wichtiger Wirtschaftsfaktor[41], nachdem sich 1849 die Nachricht von Goldfunden in der Region des Yuruaryflusses[42] verbreitet hatte. 1876 existierten in Caratal, einem Ort in Venezolanisch-Guayana, zwölf Minengesellschaften. Fünf davon US-amerikanisch, zwei deutsch, Hansa Mining & Co. und Potosí Mining & Co., vier venezolanisch und eine französisch. Die venezolanischen Minen waren gemeinsam von ausländischen Aktionären und Venezolanern gegründet worden. In den Goldvertrieb waren etliche Handelshäuser Ciudad Bolívars involviert. Einige davon besaßen auch direkt Minenkonzessionen[43]. Insgesamt wurden mit Rinderhäuten und Gold die größten Gewinne erzielt. Im letzten Drittel des 19. Jahrhunderts nahm allerdings die Minenaktivität den größten Raum ein. Gold wurde vor allem von England importiert. Wurde in Angostura während der Unabhängigkeitskriege Handel vor allem zur Versorgung des revolutionären Heeres getrieben, so dominierte später die Ausstattung der Goldgräber[44], die die Einfuhr von ausländischen Produkten nötig machte. Die vielen ausländischen Kaufleute, die sich in Ciudad Bolívar etabliert hatten, orientierten sich an ihren Heimatländern, wodurch sie der Stadt eine internationale

---

schäftspartner von A. H. Wappäus, oder aber diese agierten als Agenten der Alkoholfirma in La Guaira und Caracas. A. H. Wappäus bemühte sich um die Vermarktung von *Angostura Bitters* in Europa. Er wollte für dieses Produkt einen Agenten in London installieren, da er sich viel Erfolg davon versprach. Er bat Turner um die Vermittlung eines Agenten. Der Erfolg der Aktion läßt sich nicht rekonstruieren.

39   BRICEÑO DE BERMÚDEZ, Tarcila: Comercio por los ríos Orinoco y Apure, S. 132.

40   MATTHEWS, Robert P.: La Turbulenta Década de los Monagas, S. 109–110.

41   BRICEÑO DE BERMÚDEZ, Tarcila: Comercio por los ríos Orinoco y Apure, S. 138, 158, 163.

42   Nordöstlich von Canaima in der Gran Sabana.

43   BRICEÑO DE BERMÚDEZ, Tarcila: Comercio por los ríos Orinoco y Apure, S. 172–179.

44   BANKO, Catalina: El comercio en La Guaira y Caracas, S. 154.

Atmosphäre verliehen und damit auch den Konsum von Importgütern ankurbelten[45].

Für Ciudad Bolívar lassen sich erst um die Mitte des 19. Jahrhunderts Daten erheben[46]. Für die 1840er bis Mitte der 1850er Jahre ist es möglich, den Export des Hafens nach Hamburg und Bremen zu erfassen und den Anteil der Häfen am Gesamtvolumen des Exports des venezolanischen Hafens zu ermitteln:

Tabelle 13
Export von Ciudad Bolívar nach Deutschland (1844–1855)

Jahre	Bremen	Hamburg	Total	%*
1841–42	121.783	79.147	200.930	29
1842–43	102.736	146.432	249.168	39
1843–44	143.747	141.696	285.443	47
1844–45	12.090	73.399	85.489	17
1845–46	–	–	–	–
1846–47	86.748	64.256	151.004	24
1847–48	–	–	–	–
1849–50	42.983	35.584	78.567	21
1850–51	61.824	30.593	92.417	24
1851–52	102.856	84.254	187.110	34
1852–53	80.949	49.113	130.062	21
1853–54	77.700	27.158	104.858	15
1854–55	63.647	31.453	95.100	13

Quelle: BRICEÑO DE BERMÚDEZ, Tarcila: Comercio por los ríos Orinoco y Apure, S. 139. 1845–
46 und 1847–48 keine Zahlen verfügbar.
Angaben in Pesos.
*   Prozentsatz bezogen auf Gesamtexportziffer von Ciudad Bolívar.

Es kam nach einer anfänglich kontinuierlichen Wachstumssteigerung in der zweiten Hälfte der 40er Jahre zu einem Tief der Handelsbeziehungen. 1854–1855 erreichte das Tief mit 13% hanseatischem Anteil am Gesamtexport von Ciudad Bolívar die Talsohle, nachdem noch 1843–1844 ein Anteil von 47% an diesem entlegenen Handelsplatz erreicht worden war. Bremen war in Ciudad Bolívar in jener Zeit stärker engagiert als Hamburg. Es ist bemerkenswert, daß A. H. Wappäus später diesen Handelsplatz für Hamburg erobern sollte.

Insgesamt exportierte Venezuela 1864–1865, also ein Jahrzehnt später, 20% seiner Waren in die Hansestädte und nach Altona, 29% nach England und 10% in die USA. Dabei ist zu bemerken, daß ein Teil des Handels mit England von deut-

---

45 BRICEÑO DE BERMÚDEZ, Tarcila: Comercio por los ríos Orinoco y Apure, S. 188–189.

46 Aufgrund der politischen Unruhen, von denen Angostura/Ciudad Bolívar in den ersten Jahrzehnten des 19. Jahrhunderts stark betroffen wurde, sind erst ab den 1840er Jahren Hafenakten erhalten.

schen Handelshäusern in Venezuela abgewickelt wurde. Am meisten importierte Venezuela aus den deutschen Staaten mit 31%, gefolgt von Frankreich, England und den USA[47]. In den darauf folgenden 1870er Jahren behielt Deutschland seine wichtige Position im Venezuelahandel. 1873 exportierte Venezuela sowohl nach Gewicht als auch nach Wert die meiste Ware nach Deutschland, noch vor den USA. 1875 und 1876 wurde Deutschland nur von den USA geringfügig übertroffen[48]. Dies ist eine erstaunliche Bilanz für den Venezuelahandel des 19. Jahrhunderts. Die kleinen Hansestädte nahmen, mit geringen Einbrüchen, über das gesamte Jahrhundert hinweg Spitzenpositionen im Im- und Export ein. Sie konkurrierten erfolgreich mit so großen Mächten wie England und den USA.

Die zum Export nach Venezuela bestimmte europäische Ware wurde von den hanseatischen Kaufleuten auf unterschiedliche Weisen beschafft. Das von der Familienfirma Wappäus hinterlassene Quellenmaterial läßt deutliche Rückschlüsse auf die Warenbeschaffung zumindest dieser Firma zu[49]. Sie bezog aus 25 verifizierbaren Bezugsorten Ware. Diese wurde aus dem In- und Ausland beschafft[50]. Von etlichen der Orte ist bekannt, daß A. H. Wappäus sie persönlich zwecks Bestellungen aufzusuchen pflegte oder zumindest einmal zur persönlichen Vorstellung dorthin reiste. So war er in Berlin und Bremen, Wien, Paris und Kopenhagen gewesen. Es handelte sich bei den Waren um überproportional viele Kurzwaren und Textilien. Eisenwaren und Lebensmittel spielen eine untergeordnete Rolle, Waffen und Zubehör sind noch seltenere Artikel[51].

---

47   DUPOY, Walter: Venezuela en la época de Anton Göring, S. 106.

48   PACHECO TROCONIS, Yolanda: Las casas comerciales extranjeras en Puerto Cabello, S. 297.

49   StAH 621–1 Firma A. H. Wappäus 7, Zollzettel, Schlußnoten, Discontnoten, Tratten 1858 ff..
     Vgl. IX. Anhang: 11.b) Zollzettel der Firma A. H. Wappäus, 1858–1861.
     Waren, die A. H. Wappäus aus dem Umland bezog, um sie eventuell weiterzuverkaufen, mußte er verzollen. Sie wurden in Zollzetteln erfaßt. Leider sind nur Dokumente von 1858 bis 1861 in dem Bestand erhalten. Dieser gewährt jedoch Einblick in den innerdeutschen Handel der Firma. Es wird ersichtlich, woher A. H. Wappäus in welchen Mengen welche Waren bezog.

50   Antwerpen, Kopenhagen, Hull, Paris, Wien und Liechtenstein sind als internationale Lieferungsorte aufgeführt. Innerhalb des Deutschen Reiches war die Reichweite ebenfalls groß. Von den nahegelegenen Orten Harburg, Celle, Lübeck und Bremen, über Barmen, Hagen, Offenbach, Berlin, Penzlien, Watwyl, Chemnitz, Leipzig, Zittau, Iserlohn bis hin nach Mülhausen, Limbach und Fürth.

51   Weiterhin gibt der Bestand *Connossemente und Frachtbriefe* einen Einblick in die innereuropäischen Warenbestellungen des A. H. Wappäus. Mit den Connossements bestätigten die Kapitäne, daß und welche Fracht sie für A. Wappäus beförderten. Ausgehende Connossements erfaßten die Waren, die A. H. Wappäus verschickte, eingehende die, welche er empfing. Die Frachtbriefe führten ebenfalls auf, welche Waren für A. H. Wappäus mit welchem Schiff transportiert wurden. Aus den Frachtbriefen des Vereins Deutscher Eisenbahn-Verwaltungen von 1859 läßt sich ersehen, daß über diesen Waren aus 13 Orten empfangen wurden. Von diesen liegen Berlin, Camen und Lübeck recht nahe bei Hamburg; Chemnitz, Dresden, Eisenach, Zittau, Magdeburg und Rimburg bei Aachen in mittlerer Entfernung und Fürth und Lindau weit entfernt. Brüssel und Paris waren die im Ausland liegenden Warenlieferungsorte. Auch dieser Bestand unterstreicht die Wichtigkeit von Kurzwaren und Textilien. Eisenwaren und Lebensmittel nehmen den wesentlich kleineren Teil der Waren ein. Vgl. StAH 621–1 Firma A. H. Wappäus 6, Conossemente und Frachtbriefe 1858–1861. Siehe IX. Anhang: 11.c) Frachtbriefe und Connossements der Firma A. H. Wappäus.

Die weite Streuung der Bezugsorte für Ware läßt vermuten, daß A. H. Wappäus eventuell stets spezielle Qualitäten bezog. Sonst hätte er nicht Taftbänder aus Bremen, Knöpfe aus Berlin und Kurzwaren aus Fürth beziehen müssen. In dieser Art der Warenbeschaffung spiegelt sich die individuelle Betreuung seiner einzelnen Kunden in Übersee wider. Diese Art von Überseegeschäft war in Hamburg üblich, die Arbeit für einen festen Kundenstamm die Stärke der Kaufleute der kleinen Hansestadt. Die Ware wurde sorgfältig eingekauft und detailliert an die entsprechenden Kunden in Übersee weitergeleitet.

In den Quellen der Zielhäfen finden sich nur selten detaillierte Aufzählungen der Waren. Meist wurden die Waren Obergruppen zugeordnet. Dabei wurden in Venezuela alkoholische Getränke als *caldos* geführt, Lebensmittel als *provisiones,* Kurzwaren und Textilien als *quinqualla,* und *mercancias* bezeichnete sämtliche Manufaktur- und Fabrikwaren. Geordnet nach diesen Oberbegriffen ergab sich folgende prozentuale Verteilung der Waren, welche im 19. Jahrhundert aus Hamburg über La Guaira nach Venezuela importiert wurden:

Graphik 13   Prozentuale Verteilung der Waren, welche von Hamburger Schiffen nach La Guaira eingeführt wurden (1824–1865)

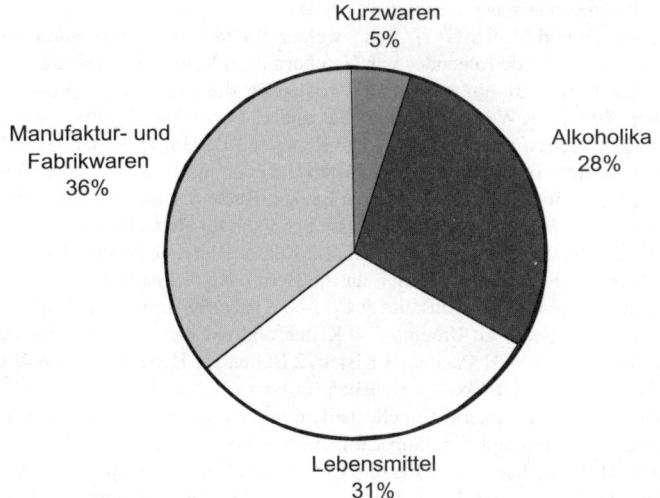

N = 265 Warenangaben[52]

Quelle: Siehe IX. Anhang: 5. Hamburger Schiffe, die zwischen 1824 und 1865 in La Guaira ein- und ausliefen.

---

52 In den Graphiken 13, 14, 15, 16 und 17 wurde als Menge N die Gesamtzahl der Warennennungen zugrunde gelegt. So wurden in Graphik 13 z. B. 265 Warenangaben, die Gesamtzahl der für die Fragestellung relevanten in den Quellen recherchierbaren Nennungen von Waren zur Erstellung des Schaubildes verwendet. Vgl. Fußnote 2.

Kurzwaren waren mit 5% die kleinste Warengruppe. Trotzdem mag es überraschen, daß diese Warengruppe mit einer derartigen Prozentzahl vertreten war. Erklärlich ist dies durch das Fehlen einer einschlägigen Produktion im Zielland. Alkoholika nahmen mit 28% den zweithäufigsten Ladungsanteil ein. Dies ist bemerkenswert, da es sich dabei nicht um ein Grundbedarfsprodukt handelte. Lebensmittel wurden nur 3% mehr importiert. Manufaktur- und Fabrikwaren waren mit 38% die am meisten eingeführten Waren. Dabei handelte es sich um Güter, die im Lande nicht hergestellt wurden. Alle anderen Warengruppen wurden durch eine zumindest geringe inländische Produktion ergänzt. Daß Manufaktur- und Fabrikwaren die am häufigsten importierte Warengruppe war, spiegelt deutlich die völlig fehlende Eigenproduktion Venezuelas und die vollständige Dependenz von Importen auf diesem Sektor wider. Um sich eine Vorstellung von in Venezuela gelöschten hanseatischen Schiffsladungen im Detail machen zu können, werden im folgenden genaue Angaben aus Zeitungen in La Guaira und der Firma A. H. Wappäus untersucht. Für die Häfen von La Guaira und Puerto Cabello soll hier beispielhaft je eine Schiffsladung aufgeführt und analysiert werden[53].

53   Quelle siehe IX. Anhang: 5. Hamburger Schiffe, die zwischen 1824 und 1865 in La Guaira ein- und ausliefen. Spanische Originalversion siehe IX. Anhang: 11.a) Beispiele für detaillierte Warenlisten nach venezolanischen Zeitungen.
Auf der *Georg* von Eduard Müller G. W. Sohn, welche am 28.8.1846 unter Kapitän Cornelissen in La Guaira einlief, wurde folgendes von Hamburg nach Venezuela exportiert:
Konsigniert für die Herren Blohm & Co. mit 2 Kisten für die Herren G. Espino & Co. – 21 Kisten, 12 Ballen, 50 Kisten Wein, 16 Kisten Glas und 12 Fässer für die Herren F. W. Vogelsang & Co. – 1 Kiste Herren Degado Kern. –110 Kisten, 62 Ballen, 78 Kisten Glas, 50 Kisten Käse, 100 Schinken, 100 Einheiten Öl, 300 Karaffen Genever und 10 Ballen leere Säcke für die Herren Blohm & Co.. – 56 Kisten für die Herren Becker, Ruete & Co. – 24 Kisten Käse und 6 Kisten für die Herren A. M. Seixas & Co., 2 Fässer Schinken für Herrn Declisur. – 1 Ballen für die Herren O.Callaghan & Schimmel. – 16c. und 2 Kessel Blutegel für die Herren Gebrüder Meister und Köster. – 6 Kisten und 1 Ballen für die Herren Neckelmann & Hagen. – 3 Kisten und 1 Ballen für die Herren A. M. Monsanto & Co.. – 6 Kisten für Herrn J. A. Stahl. – 5 Kisten, 8 Ballen, 55 Fässer für Herrn G. Braun. – 14 Kisten und ein kleiner Ballen für die Herren Gebrüder Rosenberg & Co. – 31 Packen, 3 Kisten, 2 Ballen für Herrn H. Cohen & Co.. – 20 Kisten für die Herren Strohm & Co.. – 1 Kistchen für Herrn G. Moritz.
Das Schiff sollte weiter nach Puerto Cabello laufen, wie es üblich war. Schon in La Guaira erschien die Liste der Waren und Empfänger folgendermaßen:
1 Kiste für Herrn H. O. L. Lange. – 8 Fässer, 13 Kisten, 25 Kisten Wein, 1 Faß Cognac, 15 Kisten Glas, eine Rolle Blei und 21 Stangen Eisen, für die Herren Sonntag & Liborius – 8 Kisten für die Herren A. Bielenberg & Co. – 3 Ballen leere Säcke, 54 Kisten für die Herren Geller & Co. Nachf.. – 2 Kisten für die Herren Rühs & Co. – 5 Packen für Herrn H. Lenkerstorff– 7 Kisten für die Herren Becker, Ruete & Co..
Die Handelsaktivitäten La Guairas waren häufig mit Puerto Cabello verbunden. So wurde auf der *Johannes Christoph* von J. C. & F. Cordes aus New York kommend über La Guaira folgende Ware nach Puerto Cabello gebracht:
Konsigniert für die Herren Gebrüder Meister und Koster 5 Kisten mit Waren, für die Herren Strohm & Co. – 2 Fässer Teer für die Herren Eisenblat & Co. –1 Windmühle für H. B. Taylor – 37 kleine Fässer, 12 Kisten, 1 Kiste und eine Tonne, 8 Fässer, 1 Krug für Herrn José Carlos Alcántara. – 4 Kisten Ware, 4 Kisten Fenstergitter, 3 Kisten Schlösser, Schlüssel u. ä., 1 Kiste Pinsel, 1 Türangel für Herrn Declisur. – 6 Kisten Ware für die Herren Vogelsang & Co. –1 Kiste id. und 1 Kiste Öl für die Herren Boulton, Dallett & Co.. –8 Kisten Ware für die Herren Neckelmann & Hagen. –2.600 Ziegel auf Bestellung. –1 Paket für die Herren Dubbers & Luis.

Nicht immer wurde bei der Inventarisierung der Schiffsladung der Inhalt der Verpackungseinheit angegeben. Hier bleiben Unklarheiten bestehen. Bei den benannten Waren stehen Lebensmittel, Alkoholika und Manufaktur- bzw. Fabrikprodukte im Vordergrund. Schinken, Käse und Öl waren es bei den Lebensmitteln; Wein, Genever, und Cognac bei den Alkoholika. Glas, leere Säcke und Eisenwaren machten einen Großteil der Lieferungen aus. Kurios muten zwei Kessel mit Blutegeln wohl für medizinische Zwecke für die Gebrüder Meister & Köster an. Neben dieser Ausnahme handelte es sich bei den Artikeln um Waren des täglichen Bedarfs, die offensichtlich gezielt angefordert worden waren, wie zum Beispiel eine Türangel für Herrn Declisur. Beliefert wurden Kaufleute verschiedener Nationalitäten. Die Warenmenge für die jeweiligen Kunden variierte stark. Sie konnte zum Beispiel von einer Kiste für die Herren Degado Kern bis zu insgesamt 238 Kisten, 72 Ballen und mehr für Blohm & Co. reichen.

Der individuelle Charakter der Warenbestellung und des jeweiligen Bedarfs, der im hanseatischen Geschäft vorherrschte, spiegelt sich auch in den Auftragsbüchern der Firma A. H. Wappäus wider. Beispielhaft sollen hier zwei der dort kopierten Bestellbriefe transkribiert und betrachtet werden[54]. Eine der Listen wurde im Jahre 1857 vom Hause D. M. & F. Battistini aus Soledad[55] geschickt. Es handelt sich damit um einen der ersten Aufträge, die A. H. Wappäus nach seiner Niederlassung in Hamburg aus Venezuela erhielt. Die Liste ist durchgängig auf spanisch geschrieben. Sie läßt sich in die großen Gruppen Alkoholika, Lebensmittel, Manufakturwaren, Kurzwaren und Textilien einteilen. Hinzu kommen einzelne Artikel anderer Art. In dieser Bestellung wurden Waffen, konkret Flinten, Stutzen und Degen geordert. Dies ist eine Ausnahme. Explizite Erwähnungen von Waffen im hanseatischen Transatlantikhandel waren sehr selten. Die Anzahl war in dieser Order allerdings auch gering. Als weitere Manufakturwaren waren Gebrauchsgegenstände für Haushalt und Handwerk von Bedeutung: Strümpfe, Kämme, Streichhölzer, Papier, Kerzen, Gläser, Messer, Scheren, Spiegel, Waagen, Stahlfedern und leere Gefäße. Bei den Alkoholika überwogen als starke Getränke verschiedende Schnäpse, Champagner wurde in kleinerer Menge geordert. Die Lebensmittel waren unterschiedlichster Art. Es wurden Salz, Öl, Kartoffeln, Gerste, Sago, Schinken, verschiedene Sorten Käse und Sardinen bestellt. Besonders genau wurden Kurzwaren und Textilien aufgelistet. Verschiedenste Garne, Stoffe, Schnitte, Knöpfe und Tücher wollte man in Venezuela haben. Aus diesen Obergruppen fallen Spielkarten, Spielzeug und Ziegel heraus.

Die Bestellung von N. Gärdes & Co. aus Ciudad Bolívar aus dem Jahre 1889 kam bei A. H. Wappäus an, als dieser schon lange im Handel mit jenem Orinocohafen etabliert war. Hier findet sich ein für die hamburgische Kaufmannschaft typischer Sprachmix. Deutsch, Englisch und Spanisch wurden in einer Zeile nebeneinander benutzt. So wurden zum Beispiel *4 Kisten á 24 Fl. Worcestershire Sauce á 100 Latas Hams* bestellt. Gemeint ist in diesem Falle, daß vier Kisten mit insgesamt 96 Flaschen Sauce und vier Kisten mit insgesamt 400 Dosen Schinken geschickt

---

54 Quelle und detaillierte Information siehe unter IX. Anhang: 11.d) Exemplarische Exzerpte aus den Auftragslisten der Firma A. H. Wappäus.
55 Soledad liegt am Orinoco direkt gegenüber von Ciudad Bolívar.

werden sollten. In dieser Bestellung überwiegen die Lebensmittel, welche ausgesprochen detailliert angegeben worden sind. Verschiedene Gewürze, Perlgraupen, Mett- und Trüffelleberwurst, mehrere Sorten Bier, schwarzer und grüner Tee, diverse Öle, Schinken, norwegischer Stockfisch, englische Bonbons, Fleisch und Zunge in Dosen, Klippfisch, Reis und Kondensmilch sowie einiges mehr sollte verschifft werden. Daneben wollten Gärdes & Co. sehr unterschiedliche Manufaktur- und Fabrikprodukte haben: Kleidung, Handwerkszeug, Korkenzieher, Korkteppiche, Petroleumöfen, Pfannen, Kessel, Kasserolen, Dochte, Seife, Häkel- und Stricknadeln. Weiterhin wurden Textilien und Kurzwaren geordert. Angaben wie zum Beispiel *Liebig Fleisch Extract* zeigen, daß sich der Kaufmann in Übersee sehr gut mit der Warenpalette in Deutschland auskannte und daß Käufer in Übersee Wert auf bestimmte Markenartikel legten[56].

Das Spektrum der zwei Bestellungen der Firma A. H. Wappäus und der Ladungslisten zweier in La Guaira einlaufender Schiffe zeigt, daß Venezuela vielfältige Waren importierte und importieren mußte. Jeder Alltagsgegenstand wie Seife und Dochte, jedes Spezialgerät wie Waagen, Petroleumöfen oder Uhrmacherwerkzeug, Grundnahrungsmittel wie Gerste und Reis und europäische Lebensmittel wie Käse, Schinken und Würste wurden importiert. Als Beispiel für das brachliegende Handwerk Venezuelas sei angeführt, daß die gesamte Elite des Landes Grabmonumente im Ausland bestellte, inländische Steinmetze konnten dem Bedarf nicht genügen. Durch die nicht vorhandene Eigenproduktion Venezuelas und auch anderer karibischer Gebiete war die Warenpalette des Exports aus Europa ausgesprochen groß und diversifiziert. Anders dagegen verhielt es sich mit den Waren, die Europa aus der Karibik importierte. Hierbei handelte es sich ausschließlich um Agrarprodukte und Rohstoffe.

---

56 In der Konsumgeschichte wurde bisher am meisten über Großbritannien und die USA publiziert. Für Kontinentaleuropa besteht noch ein großer Forschungsbedarf. Der Quellenbestand des Wappäus-Archivs wäre geeignet, um Studien in diese Richtung zu betreiben. Vgl. BREWER, John; PORTER, Roy (Hrsg.): Consumption and the World of Goods, London – New York 1993. DOUGLAS, Mary; ISHERWOOD, Baron: The World of Goods: Towards an Anthropology of Consumption, London 1996[2]. SHAMMAS, Carole: The Pre-Industrial Consumer in England and America, Oxford 1990. SIEGRIST, Hannes; KAELBLE, Hartmut; KOCKA, Jürgen (Hrsg.): Europäische Konsumgeschichte: Zur Gesellschafts- und Kulturgeschichte des Konsums (18. bis 20. Jahrhundert), Frankfurt a. M. – New York 1997.

Graphik 14   Prozentuale Verteilung der Waren, welche von Hamburger Schiffen aus La Guaira ausgeführt wurden (1824–1865)

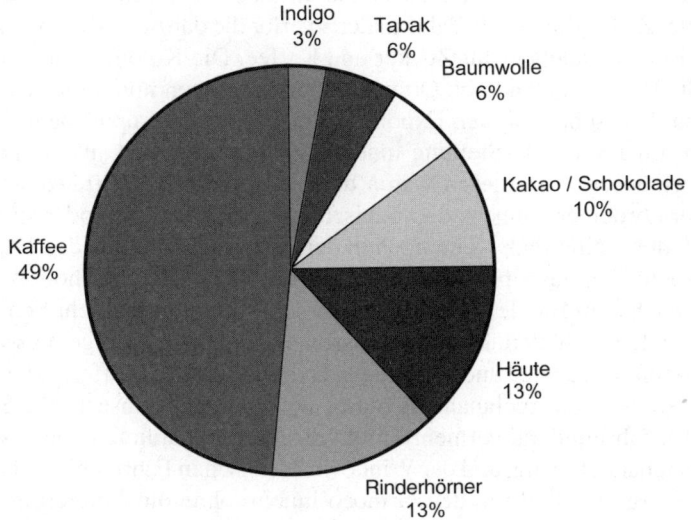

N = 227 Warenangaben

Quelle: Siehe IX. Anhang: 5. Hamburger Schiffe, die zwischen 1824 und 1865 in La Guaira ein- und ausliefen.

Kaffee war das am häufigsten nach Hamburg exportierte Produkt. 49% der nach Hamburg laufenden Schiffe hatten Kaffee geladen. Die Kaffeeproduktion hatte ihr Zentrum in der Gegend um Caracas, aber auch in den andinen Regionen wurde Kaffee angepflanzt. Die verbleibenden 51% verteilten sich im wesentlichen auf sechs Produkte: Rinderhörner und Häute waren mit je 13% vertreten. Die Häute stammten überwiegend vom Rind. Nur in Ausnahmefällen wurden Rotwildhäute exportiert. Genauso selten war der Export von Rinder- und Rotwildfellen. Rinderzucht in großem Stil wurde im Landesinneren, der *Llanos* genannten Region betrieben, in der die Städte Barinas und San Fernando de Apure liegen. Diese Orte waren über Wasserwege mit dem Orinoco verbunden, deshalb war Angostura der bedeutendere Exporthafen für Häute. Darauf folgte Kakao mit 10%, nur selten wurde Schokolade exportiert. Venezolanischer Kakao war sehr hochwertig. Kakaoplantagen lagen an der Küste vor Caracas, an den Flüssen San Felipe und Tuy, bei Cúcuta und Carúpano. Baumwolle nahm mit 6% einen vergleichsweise geringen Anteil ein. Sie wurde im ganzen Land angebaut, konnte aber nicht mit der nordamerikanischen Produktion konkurrieren. Tabak war ebenfalls nur in 6% der Schiffsladungen vorhanden, Indigo nur in 3%. Der Farbstoff wurde in den Tälern von Aragua und Maracay, bei Cumaná, Barinas und Upatá angebaut. Für dieses Produkt war die indische Konkurrenz zu groß, bei der die Engländer ihren Bedarf deckten.

Über die Warenpalette, die im Hafen von Curaçao gehandelt und umgeschlagen wurde, ist leider keine Aussage möglich, da in den Quellen die Angaben fehlen. Für St. Thomas dagegen bieten die Quellen umfangreiche Informationen über die Warenpalette. Zu Beginn des 19 Jahrhunderts verlor die dänische Kolonie ihre Funktion als Zwischenhandelsort für Zucker und Kaffee. Die Kolonialwaren, die Kaufleute von St. Thomas an anderen Orten aufkauften, gingen nun direkt von dort aus nach Europa. Das schädigte den Export der Insel. Für den Import behielt St. Thomas jedoch seine wichtige Stellung inne. 1839 befanden sich auf St. Thomas 41 große Importhäuser. Von diesen waren dreizehn englisch, elf französisch, sechs deutsch, vier nordamerikanisch, drei dänisch und vier italienisch oder spanisch[57].

Rolf Walter meint, daß, wenn noch in den ersten Jahrzehnten des 19. Jahrhunderts der größte Teil des Überseehandel mit Venezuela über St. Thomas abgewickelt wurde, nach dem Handelsabkommen von 1837 aber immer mehr Schiffe direkt die Küste angelaufen hätten. Den Ergebnissen dieser Studie zufolge müssen jedoch mehrere Faktoren beachtet und muß diese Hypothese etwas differenziert werden. Auf einen Teil des Venezuelahandels traf es sicher zu, daß hanseatische Schiffe im Laufe des 19. Jahrhunderts vermehrt direkt das Festland anliefen. Dies ist der Fall beim Guayanahandel. Aufgrund der Winde im karibischen Fahrtgebiet fuhren Schiffe von Hamburg aus direkt in den Orinoco hinein, ohne die Jungferninseln überhaupt zu berühren. Dies ist der Handel, der im wesentlichen von A. H. Wappäus in der zweiten Hälfte des 19. Jahrhunderts für Hamburg gewonnen wurde. Was die anderen Häfen Venezuelas angeht, also La Guaira, Puerto Cabello und Maracaibo, so war es wohl eher die Ausnahme, nicht zuerst den dänischen Freihafen anzulaufen. Damit wurde St. Thomas weiterhin genauso bzw. noch stärker als zuvor frequentiert, da insgesamt mehr Schiffe in die Karibik fuhren. St. Thomas war eine wichtige Zwischenstation und sei es nur, um Wasser und Lebensmittel zu bunkern und sich über die wirtschaftliche und politische Lage in der Karibik zu informieren[58]. Das Quellenmaterial aus Charlotte Amalie ermöglicht eine Veranschaulichung des Zeitraums von 1821 bis 1882. Hamburgische Schiffe, die in diesem Zeitraum den Hafen anliefen, hatten folgende Warenpalette geladen:

---

57   VIBÆK, Jens: Vore gamle tropekolonier, Dansk Vestindien 1755–1848, S. 307–308.
58   WALTER, Rolf: Los Alemanes en Venezuela, S. 139.

Graphik 15   Prozentuale Verteilung der Waren, welche von Hamburger Schiffen
              nach St. Thomas eingeführt wurden (1821–1882)

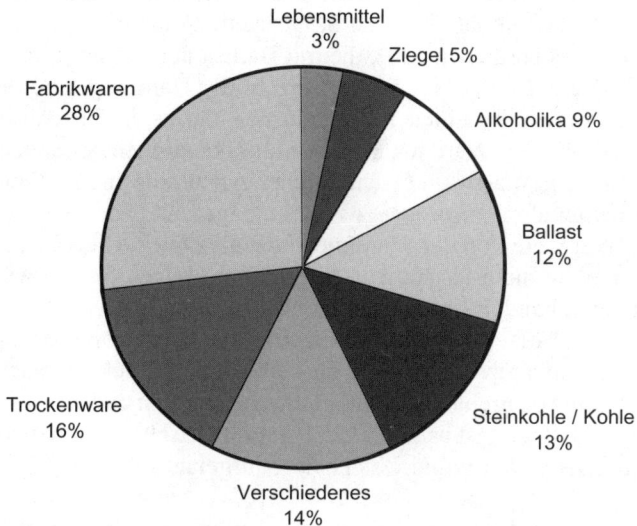

N = 1.184 Warenangaben

Quelle: Siehe IX. Anhang: 6. Hamburger Schiffe, die zwischen 1821 und 1882 St. Thomas anliefen.

Schwierig bei der Erfassung der Warenpalette ist die ungenaue Bezeichnung der
Waren durch die Hafenmeister[59]. Trotzdem gibt die Untersuchung der Warenpalette eine zutreffende Vorstellung von der Art des hanseatischen Karibikhandels im
19. Jahrhundert[60]. Die Liste der nach St. Thomas importierten Waren wurde von
Fabrikwaren angeführt. 28% der hamburgischen Schiffe hatten diese Warenart geladen. Trockenware[61] nahm mit 16% den zweiten Platz ein. Restliche Lebensmittel

59 So wurden mal Kartoffeln gesondert angegeben, mal wurde nur Pauschal der Begriff Lebens-
    mittel eingetragen. Ob eine zuverlässige Unterscheidung zwischen Fabrik- und Manufakturwa-
    ren in den Karibikhäfen getroffen wurde, ist zweifelhaft.
60 Um eine genaue Vorstellung von der Warenpalette zu geben, sei sie hier komplett aufgeführt.
    Wie im folgenden aufgelistet, erschienen die Angaben in den dänischen Hafenmeisterprotokol-
    len. Je einmal wurde von einem hamburgischen Schiff in den Hafen von St. Thomas eingeführt:
    Bauholz, Melasse, Brandwein, Eisenzeug, Gelbholz, Hüte, Schinken, Kakao, Reis, Campeche-
    holz, Dividivi, Eisenholz, Kupfer, Borax, Mahagoni, Likör, Indigo, Tabak, Rum. Je zweimal:
    Tee, Weizenmehl, Möbel, Hering, Farbholz, Glasware. Je dreimal: Lebensmittel, Kartoffeln,
    Häute. Viermal: Butter. Je fünfmal: Bier, Manufakturwaren. Je sechsmal: Kaffee, Raffinade-
    zucker / Zucker, Käse. Je neunmal: Öl, Steingut. Je fünfzehnmal: Wein, Kaufmannswaren. Zie-
    gel 65mal. Genever 78mal. Diverse 110mal. Ballast 145mal. Steinkohle / Kohle 158mal. Trok-
    kenware 188mal. Fabrikwaren 319mal.
61 Trockenware, im Original Törrevarer (das „ö“ wurde erst später im Zuge einer Standardisie-
    rung der dänischen Schriftsprache durch das heute übliche „ø“ ersetzt), meint getrocknete Le-
    bensmittel aller Art.

lagen mit 3% auf dem letzten Platz. Frische Lebensmittel wurden also so gut wie gar nicht geladen. Insgesamt lagen Lebensmittel, frische und getrocknete, mit 19% auf Platz zwei der in den Hafen eingeführten Waren. 13% der Hamburger Schiffe fuhren mit Kohle oder Steinkohle beladen in Charlotte Amalie ein. Dicht gefolgt wird dieser Wert von erstaunlichen 12%, die mit Ballast den Hafen frequentierten. Es zeigt sich, daß durchaus eine beachtliche Anzahl der Hamburger Schiffe Etappen ohne Ware fuhren. Dies bedeutete einen enormen Verlust im investitionsintensiven Überseehandel. 9% der Ware machten Alkoholika aus. Ziegel hatten 5% der Schiffe geladen. 14% an Waren unterschiedlicher Art wurde in der Graphik der Übersichtlichkeit halber als *Verschiedenes* zusammengefaßt. Unter die gleiche Rubrik fällt auch die Ware, die von den Hafenbeamten als *Diverse* bezeichnet wurde. Hier ist die Art der Ware nicht feststellbar. Sie machte 9% des Gesamtwarenvolumens aus. Des weiteren handelte es sich bei der Rubrik *Verschiedenes* im einzelnen um Manufakturwaren, Hölzer, sowohl Baumaterial als auch tropische Edel- und Farbhölzer und Kolonialware von Schiffen, die sich auf dem Rückweg nach Europa befanden. Da St. Thomas Durchgangsstation auf dem Weg zu anderen karibischen Inseln oder dem Festland war, ist es interessant, exemplarisch zu untersuchen, welche Waren auf der Insel verkauft und welche dort aufgekauft wurden[62].

Graphik 16   Waren, welche von Hamburger Schiffen nach St. Thomas eingeführt und dort verkauft wurden (1821–1882)

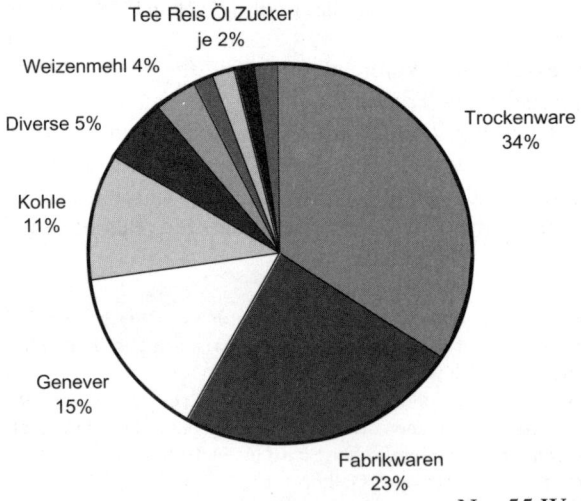

N = 55 Warenangaben

Quelle: Siehe IX. Anhang: 7. Hamburger Schiffe, die zwischen 1821 und 1892 in St. Thomas ein- und ausliefen.

62   Um zu ermitteln, welche Waren auf St. Thomas verkauft wurden, wurde wie in allen anderen Untersuchungen zur Warenpalette zugrunde gelegt, welche Ware pro Schiff eingeführt wurde.

Den bei weitem größten Teil der von Hamburgern auf St. Thomas verkauften Ware machten Lebensmittel aus. Davon war Trockenware mit 34% die größte Gruppe. Der Däne Per Nielsen vermutet, daß zwischen den als *Trockenware* bezeichneten Ladungen manchmal Waffen geschmuggelt wurden[63]. Dies ist jedoch nicht direkt nachweisbar. Weizenmehl folgte mit wesentlich geringeren 4% und Zucker, Tee, Öl und Reis nahmen je 2% ein. Daß Reis gesondert aufgeführt wurde, genauso wie Mehl, verdeutlicht, daß die Hafenmeisterprotokolle nicht nach einem stringenten Muster geführt wurden. Grundsätzlich wären diese Lebensmittel der Obergruppe Trockenware zuzuordnen. Es ist wahrscheinlich, daß in den 34% jener Warengruppe weitere Reis- und Mehlladungen enthalten waren. Insgesamt waren 46% der auf der Insel verkauften Waren Lebensmittel. Gefolgt wurde diese Warengruppe von Fabrikwaren mit 23%. Genever machte 15% der verkauften Waren aus. Vermutlich fielen auch andere Alkoholika unter diese Bezeichnung, wenn auch Genever den größten Anteil gehabt haben dürfte. Mit 11% nahm Kohle einen recht geringen Raum ein, obwohl St. Thomas als Knoten- und Stützpunkt für Dampfschiffahrtslinien einen hohen Bedarf hatte. Diese Entwicklung setzte jedoch erst im letzten Drittel des 19. Jahrhunderts ein, so daß sich der geringe Anteil, gemessen am Untersuchungszeitraum, erklärt. Sogenannte Diverse machten 5% der verkauften Ware aus. Bei allen Waren, bis auf die Kohle, handelte es sich um solche, die die Inselbewohner täglich benötigten. Die Eigenproduktion war gering und die Bevölkerung war auf Importe angewiesen. Die Warenpalette, die von Hamburger Schiffen auf St. Thomas erworben und ausgeführt wurde, entspricht dem Ergebnis:

Dem wurde gegenübergestellt, welche Ware pro Schiff ausgeführt wurde. Die Negativbilanz ergab die Ware, die auf der Insel verblieb. Denkbar, aber nicht erfaßbar, ist die Möglichkeit, daß Ware an Schiffe anderer Nationen verkauft und von diesen ausgeführt wurde. Die Graphik kann also nur anzeigen, welche Ware nicht wieder von hamburgischen Schiffen ausgeführt wurde.

63 NIELSEN, Per: Pabellón de Guerra y Pabellón Mercante, S. 8–9.

Graphik 17   Waren, welche Hamburger Schiffe auf St. Thomas erwarben und
               ausführten (1821–1882)

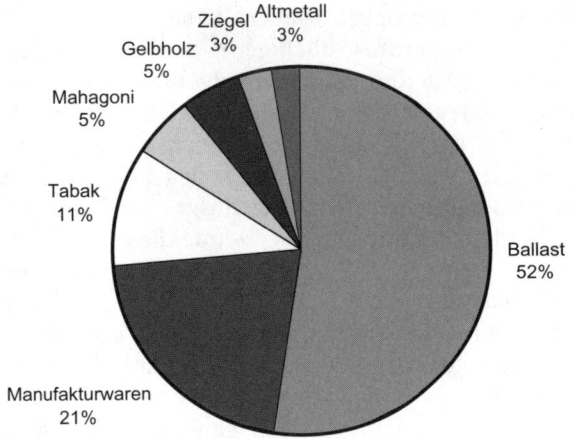

N = 38 Warenangaben

Quelle: Siehe IX. Anhang: 7. Hamburger Schiffe, die zwischen 1821 und 1892 in St. Thomas ein-
         und ausliefen.

52% der Schiffe, welche mit anderer Ware aus- als einliefen, verließen St. Thomas
mit Ballast. Sie hatte also ihre Ware auf der Insel veräußert, jedoch keine neue geladen. Dieser Wert bekräfigt, daß St. Thomas nicht in erster Linie Handelsplatz war.
Das Angebot an attraktiven, gewinnbringenden Waren war gering und zufällig.
Manufakturwaren waren mit 21% die am häufigsten aufgekaufte Warengruppe. Mit
11% lag Tabak an zweiter Stelle, gefolgt von den Hölzern Mahagoni und Gelbholz
mit je 5%. Ziegel und Altmetall machten je 3% der im dänischen Freihafen erworbenen Güter aus. Bei keinem dieser Produkte handelte es sich um heimische Produktion. Alle auf St. Thomas umgeschlagenen Güter waren erst auf die Insel importiert worden, um von dort weiter exportiert zu werden. Ein solches Geschäft bot
sich an, da Schiffe unabhängig vom Warenangebot der Insel Charlotte Amalie anliefen, um den Hafen als Informationspool und Wasseraufnahmestelle vor der Weiterfahrt in die Karibik zu nutzen. Ohne die besondere geographische Lage, die St.
Thomas als den Europa am nächsten gelegenen Hafen auszeichnete, wäre die Insel
vermutlich vollkommen bedeutungslos gewesen. Eine ausreichende Versorgung,
wie sie die vorangehende Graphik 16 illustriert, wäre unter anderen Bedingungen
nicht möglich und viel zu kostspielig gewesen. Hätten Schiffe Ware geliefert, ohne
die genannten Vorteile vorzufinden, wären die Güter unverhältnismäßig teuer geworden. Insgesamt verteilte sich der Warenaustausch Hamburger Schiffe im Hafen
Charlotte Amalie folgendermaßen:

Graphik 18   Nutzung des Hafens Charlotte Amalie durch Hamburger Schiffe
(1821–1892)

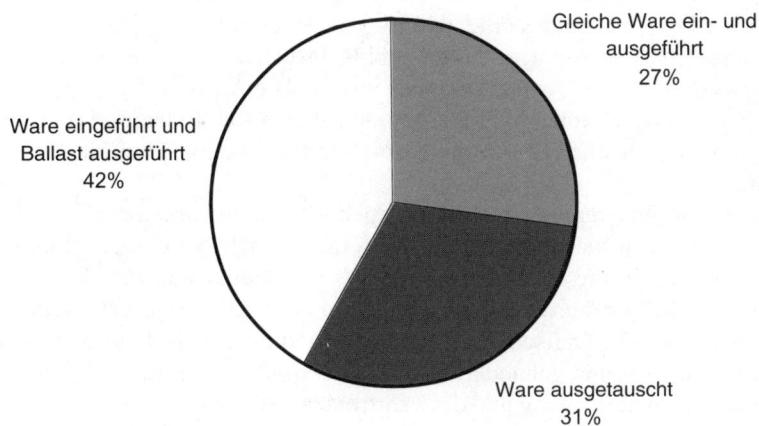

Gleiche Ware ein- und
ausgeführt
27%

Ware eingeführt und
Ballast ausgeführt
42%

Ware ausgetauscht
31%

N = 55 Schiffe

Quelle: Siehe IX. Anhang: 7. Hamburger Schiffe, die zwischen 1821 und 1892 in St. Thomas ein-
und ausliefen.

31% der hamburgischen Schiffe tauschten Ware aus. Das heißt, sie liefen mit anderer Ladung ein als aus. 27% der Schiffe betrieben überhaupt keinen Handel und
führten die gleiche Ware ein und aus. 42% der Hamburger verkauften ihre Ware auf
St. Thomas, kauften jedoch keine neue Ware auf und verließen den Hafen mit Ballast. Damit wird die Funktion der dänischen Insel deutlich umrissen. 69% der Schiffe kauften keine Ware auf St. Thomas. Die Ware, die 31% der Schiffe dort kauften,
war von anderen Schiffen importiert worden. Die Insel lebte nur vom Hafen, die
Attraktivität für einlaufende Schiffe war einzig in ihrer geographischen Lage und
der Anwesenheit anderer vor Anker liegenden Schiffen bedingt.

Die Auswertungen der gehandelten Warenpalette im Venezuelahandel des 19.
Jahrhunderts ergaben, daß Hamburg im Handel mit Venezuela eine bedeutende Größe war, die mit England und den USA konkurrieren, diese teilweise sogar übertref-
fen konnte. Dabei ist zu konstatieren, daß jedes einzelne getätigte Geschäft von
Bedeutung war, da die Durchschnittshöhe der Konsignationen im hanseatischen
Handel die aller anderen Nationen übertraf. Die Betrachtung der Rolle des Individuums im Überseehandel ist konsequenterweise notwendig, um Einblick in denselben zu erhalten. Dies bestätigte auch die exemplarische Quellenauswertung aus
Beständen des Firmenarchivs A. H. Wappäus. Anhand dieser wurde deutlich, daß
die individuelle Betreuung von Kunden in Übersee, die übliche hanseatische Handelspraxis, der detaillierte und persönliche Einkauf jeder einzelnen Ware, wesentlich dazu beitrug, daß Hamburg eine Spitzenposition im Venezuelahandel einnahm.
Mit der hanseatischen Warenbezugspraxis war es den Kaufleuten möglich, den
höchst spezifizierten Ordres der Kaufleute in Venezuela nachzukommen. Diese

Bestellungen zeigten, wie auch andere untersuchte Quellen, daß Venezuela darauf angewiesen war, praktisch jeden Alltagsgegenstand ebenso wie auch Grundnahrungsmittel zu importieren. Daher war die europäische Exportpalette stark diversifiziert, während es sich herausstellte, daß Europa wiederum eine kleine, überschaubare Produktpalette von Agrarprodukten und Rohstoffen aus Venezuela importierte. Die Auswertungen des Quellenmaterials von St. Thomas bestätigten die venezolanischen Ergebnisse. Darüber hinaus ergab sich, daß die dänische Insel für die Hanseaten nicht in erster Linie Handelsplatz, sondern Informationspool für den karibischen Raum war.

Ein in diesem Zusammenhang bislang noch weitgehend unerforschtes Problem ist der Schmuggel im karibischen Raum. So drängt sich bei der geographischen Lage der ABC-Inseln die Vermutung auf, daß von diesen aus zum Festland geschmuggelt wurde. Der Verdacht des Schmuggels war auch Auslöser wiederholter Konflikte zwischen Holländisch-Westindien und Venezuela. Welche Waren illegal in der Karibik bewegt und gehandelt wurden und welchen Einfluß dies auf den legalen Handel, die Warenpalette und die Fahrtrouten hatte, muß die vorliegende Studie offen lassen. Die vagen Produktbezeichnungen in vielen Hafenakten dürften den Schmuggel begünstigt haben.

III. Die Firmengründung: Georg Heinrich Wappäus
Die Anfänge des hamburgischen Karibikhandels
im 19. Jahrhundert (1805–1836)

Es zeigte sich im vorhergehenden Abschnitt, daß der Westindienhandel im 19. Jahrhundert einen enormen Aufschwung erfuhr. Das „Phänomen der wachsenden Handelsstatistiken", wie Günter Moltmann es nennt[1], ließ sich an den Karibikhäfen von Curaçao, La Guaira und St. Thomas nachweisen. Hamburger Kaufleute und Eigner verstanden es, im Transatlantikhandel des 19. Jahrhunderts Fuß zu fassen. Angesichts der eingangs beschriebenen Situation in der Karibik und auf dem europäischen Kontinent zu Beginn des 19. Jahrhunderts stellt sich die Frage, wie die Hamburger Kaufmannschaft diese Handelsbeziehungen in den karibischen Raum aufbaute. Wie wurden Kontakte zu überseeischen Händlern und Kunden geknüpft? Wie informierten sie sich über die wirtschaftliche Situation und die Vorgänge jenseits des Atlantiks? Aus diesen Fragen ergeben sich weitere: Mit welchen Unternehmensformen wurde transatlantischer Handel betrieben? Denkbar wäre die Gründung von Filialen hansestädtischer Familienbetriebe oder Kompaniegeschäfte oder die Ansiedelung der Firma in Übersee selbst bzw. die Installierung von Agenten oder Zweigniederlassungen. Das Reedereigeschäft wirft die Frage auf, ob die Firmen nur eigene Ware oder auch fremde, ja eventuell ausschließlich fremde Güter transportierten. Am Beispiel der Kaufmannsreederei G. H. Wappäus, die zwischen 1805 und 1836 existierte[2], sollen diese Fragen untersucht werden, auch wenn in Ermangelung anderer Firmenarchive offen bleiben muß, inwieweit die Ergebnisse verallgemeinert werden können.

Die Wappaus waren ein protestantisches hannoversches Geschlecht, das seit etwa 1400 einen Hof zu Platenlaase bei Dannenberg besaß und mit Christopher I. Wappaus, geb. 1636, seine urkundlich nachweisbare Stammreihe begann. Ein Teil der Familie war in Platenlaase, ein anderer in Teichlosen, ebenfalls bei Hannover, ansässig. Die Schreibweise „Wappäus" des Hamburger Astes rührt von deren Stammvater Jürgen Heinrich Wappäus her, der auch seinen Vornamen änderte und sich in der Hansestadt Georg Heinrich Wappäus nannte. Das Wappen der Familie war geviert: Im ersten und vierten blauen Feld drei goldene, fünfblättrige Rosen mit silbernem Samen, im zweiten roten Feld ein rechtsgekehrter Löwe, im dritten schwarzen Feld im Schildhaupt drei gestürzte silberne Spitzen. Auf einem Helm mit rot-silbern-blau-goldenem Wulst und rechts rot-silberner, links blau-goldener Decke stand ein Löwe. Ein silbernes Spruchband trug in schwarzer Schrift das Familienmotto: In God is All[3].

---

1   MOLTMANN, Günter: Hamburgs Öffnung nach Übersee, S. 55.
2   1805 stieg G. H. Wappäus durch Heirat als Kaufmann in den Leinenhandel der Familie Jörst ein. 1810 übernahm er das Geschäft und 1818 begründete er mit dem Kauf eines ersten Schiffes seine Reederei.
3   KOERNER, Bernhard (Hrsg.): Deutsches Geschlechterbuch (Genealogisches Handbuch bür-

Der Begründer des Hamburger Familienzweiges und zugleich der Firma, Georg Heinrich I. Wappäus wurde am 30.6.1776 in Platenlaase geboren und starb am 25.7.1836 in Hamburg. Er war das vierte Kind von Jochen Hinrich II. Wappaus (1741–1812) und dessen Frau Catharine Dorothea, geb. Rehbeck (1739–1807). Georg Heinrich hatte drei Schwestern und einen Bruder[4]. Als junger Mann, eine genaue Altersangabe ist nicht bekannt, verließ er den Hof des Vaters. Seine Tochter Emilia[5] (1817–1906) vermutete, daß er einer Konskription[6] entgehen wollte. Ihren Erinnerungen zufolge ging Georg Heinrich Wappäus nach Hamburg, um Weinhändler zu werden, verlor jedoch beim Spiel sein gesamtes Geld und schiffte sich darum als Seemann nach Amerika ein[7].

Laut Bericht der Tochter stellte der junge Seemann fest, daß er mit seiner mangelhaften Ausbildung beruflich und gesellschaftlich nicht aufsteigen konnte. Deshalb nahm er, so die Informantin, in den USA Unterricht, um dann Steuermann und Kapitän zu werden. Im Jahre 1800, nach einem zwischenzeitlichen Aufenthalt in Hamburg, soll G. H. Wappäus wieder nach Nordamerika gegangen sein mit dem Vorsatz, sich dort niederzulassen, weil eine gewisse Anna Jörst sich gegen eine Ehe mit ihm entschied und einen anderen Mann heiratete. Laut Tochter hat ihn jedoch eine schwere Krankheit, die er dort überstand, bewogen, noch einmal, um 1805, nach Hamburg zurückzukehren. Er habe einen Sohn seines Bruders aus Hannover mit sich nach Nordamerika nehmen wollen, damit dieser in der Heimat von seinem eventuellen Tod berichten und sein Erbe hätte antreten können, schrieb Emilia Wappäus.

In Hamburg war inzwischen Anna Catharina Sophia Lorenzen, geb. Jörst (1780–1855), verwitwet. Ob der veränderten Situation beschloß Georg Heinrich Wappäus nun, nach einer letzten Fahrt als Kapitän, sich 1805 in Hamburg niederzulassen. Er heiratete Anna Lorenzen im selben Jahr. Sie brachte zwei Kinder mit in die Ehe. Eine Tochter Caroline Margarete und den späteren Kaufmann Johann Wilhelm Alexander Lorenzen[8]. Georg Heinrich Wappäus bekam zusätzlich vier eigene Kinder. Sein ältester Sohn Johann Eduard (1812–1879) wurde Professor für Geographie und Statisitik an der Universität Göttingen. Die Tochter Anna Wilhelmine (1813–1879) war das zweite Kind. Adolph Heinrich (1814–1904) wurde wie sein Vater

---

gerlicher Familien, Bd. 19, zweiter Hamburger Band, Görlitz 1911, S. 433–441. StaH 611–19 Archiv der G. H. Wappäus Stiftung 2, Ernennung von Verwaltern der Stiftung, 1905–1923. Abbildung siehe Deckblatt.

4   Siehe IX. Anhang: 1. Stammtafel der Familie Wappäus.

5   Die Schreibung des Namens schwankt in den unterschiedlichen Quellen zwischen „Emilia" und „Emilie". Im folgenden wird die auf „a" endende Version verwendet werden.

6   Aushebung zum Kriegsdienst.

7   StAH 621–1 Archiv der Reederei G. H. Wappäus 4, Lebensbild des Georg Heinrich Wappäus, Durchschlag nach einer Abschrift der Aufzeichnungen von Emilia Wappäus, vor 1900.
Da die schriftlich niedergelegten Erinnerungen der Tochter die einzige bekannte Quelle zur frühen Jugend von G. H. Wappäus sind, ist eine Gegenprüfung der Angaben nicht möglich. Die Erinnerungsschrift von Emilia Wappäus ist ebenfalls die einzige Quelle, in der sich Informationen über die frühe berufliche Laufbahn des G. H. Wappäus finden.

8   StAH 621–1 Archiv der Firma A. H. Wappäus 9, Memorandum-Book von A. H. Wappäus in Ciudad Bolívar 1839–1857, S. 14–15.

erfolgreicher Reeder und Kaufmann. Emilia Maria Elisabeth (1817–1906) blieb ledig und wurde Oberin des Diakonissenheims „Betlehem" in Hamburg.

Schon am 12.7.1805 wurde G. H. Wappäus Großbürger der Stadt Hamburg[9]. Es ist nicht sicher, ob er ein größeres Vermögen als Startkapital von seinen Fahrten als Kapitän mitgebracht hatte oder ob das Geld für die Etablierung als Großbürger und Kaufmann aus dem Besitz seiner neu angetrauten Frau stammte. Auf jeden Fall übernahm er den Leinenhandel seiner Schwiegereltern Jörst in Hamburg-Dovenfleet. Er kam zu einem wirtschaftlich ungünstigen Zeitpunkt nach Hamburg zurück. Hamburg hatte sich noch nicht von der englischen Blockade der Elbmündung erholt und die französische Besatzung stand noch bevor. 1805 war ein Jahr, in dem es in der Stadt besonders viele Konkurse gab[10]. 1806 besetzten französische Truppen die Stadt. Die folgende Kontinentalsperre traf Hamburg hart. Trotz dieser Widrigkeiten führte G. H. Wappäus das Geschäft erfolgreich fort. Eventuell erwarb er aus der Konkursmasse eines weniger erfolgreichen Reeders, der die Kontinentalsperre nicht überstanden hatte, günstig sein erstes Schiff. Nach seiner Heirat war G. H.

---

9   GABRIELSSON, Peter: Das Bürgerrecht im alten Hamburg, in: Pro-Magazin 7, 1977, S. 8–9 und S. 18, S. 8–9. SCHULZ, Andreas: Weltbürger und Geldaristokraten, S. 650.
    G. H. Wappäus wird das Großbürgerrecht für 40 Mark Courant erworben haben, wie es 1805 üblich war. Nach 1833 wurde der Betrag verfünffacht. Das Großbürgerrecht mußte erworben werden, wollte man durch Betrieb eines Erwerbsgeschäftes seinen Lebensunterhalt verdienen und Grundstückseigentümer sein. Zu Beginn des 19. Jahrhunderts waren von ca. 100.000 Einwohnern in Hamburg ca. 1.100–1.200 Großbürger, also handlungsberechtigte Kaufleute.
10 SCHMIDT, Burghart: Hamburg im Zeitalter der Französischen Revolution und Napoleons (1789–1813), Teil 1, S. 766:
    Anzahl der jährlichen Konkurse in Hamburg zwischen 1.4.1774 und 16.8.1811:

Jahr	Konkurse	Jahr	Konkurse
1774	26	1793	45
1775	45	1794	35
1776	44	1795	21
1777	28	1796	35
1778	34	1797	57
1779	35	1798	39
1780	30	1799	152
1781	31	1800	59
1782	29	1801	72
1783	40	1802	78
1784	36	1803	77
1785	26	1804	95
1786	25	1805	104
1787	33	1806	90
1788	38	1807	84
1789	45	1808	73
1790	31	1809	79
1791	39	1810	102
1792	34	1811	82

Wappäus zu seinen Schwiegereltern gezogen, die am Dovenfleth 44 wohnten und dort auch ihr Geschäft hatten. Während seiner ersten Jahre in Hamburg war G. H. Wappäus noch als Schiffskapitän im Adreßbuch verzeichnet, später änderte sich sein Selbstverständnis und Stand. Er war nun als Kaufmann eingetragen. Nach einigen Jahren änderte sich die Hausnummer. Ob G. H. Wappäus das Geschäft und oder den Wohnsitz von der Hausnummer 44 nach 62 verlegte, geht aus der Adreßbuchangabe nicht hervor. Eingedenk des Kaufes eigener Schiffe und der Etablierung einer erfolgreichen Reederei, muß davon ausgegangen werden, daß es sich in jedem Falle um eine Vergrößerung und Verbesserung gehandelt haben dürfte. Dies zeigt auch der Umstand, daß G. H. Wappäus nun ein Bankkonto führte[11]. Wenn die Familie später auch zu großem Wohlstand gekommen sei, so habe G. H. Wappäus jedoch nie Wert auf Äußeres gelegt. Wenn auch alles vorhanden gewesen sei, so jedoch bürgerlich und einfach, erinnerte sich die Tochter[12], eine Beobachtung, die sich ebenfalls in Berichten ihres Bruders Adolph Heinrich findet.

In den schwierigen Zeiten, die im November 1806 mit der Besetzung Hamburgs durch die Franzosen einsetzten und erst mit der endgültigen Befreiung im Mai 1814 ihren Abschluß fanden, wurden nicht wenige Hamburger Schiffahrtsunternehmen geschlossen. Viele neue entstanden. Zu diesen gehörte Georg Heinrich Wappäus, der 1818 begann, mit dem Aufbau einer eigenen Reedereiflotte sein Handelshaus zu ergänzen[13]. Die Schiffe seiner Reederei führten als Kontorflagge die Hamburger Türme rot auf weißem Grund von einem grünen Rand umgeben[14].

11   StAH Adreßbücher, Mikrofilm L 16 / 004, 1804, 1805, 1806; Adreßbuch von 1804, S. 123.
Jörst, Wbe. Dan. Wilh., Leinen und Commiss. Dovenfleth Nr. 44, C 9. Die Schreibweise änderte sich später von Fleth zu Fleet. Die Angabe „C 9" bezog sich auf das Kirchenspiel, in diesem Fall das von St. Catharinen.
StAH Adreßbücher, Mikrofilm L 16 / 006, 1810, 1811, 1813; Adreßbuch von 1810, S. 333.
Wappäus, Georg H. Schiffskapt. Dovenfleth No. 44, C 9. StAH Adreßbücher, Mikrofilm L 16 / 016, 1834, 1835; Adreßbuch von 1834, S. 286: Wappäus, G. H. Kaufm. B. Cto., Dovenfleet No. 62.

12   StAH 621–1 Archiv der Reederei G. H. Wappäus 4, Lebensbild des Georg Heinrich Wappäus, Durchschlag nach einer Abschrift der Aufzeichnungen von Emilia Wappäus, vor 1900.

13   KRESSE, Walter: Materialien zur Entwicklungsgeschichte der Hamburger Handelsflotte 1765– 1823, S. 54.

14   MATHIES, Otto: Die Kontorflaggen der Hamburger Reedereien, in: Hamburger Geschichts- und Heimatblätter 1 (1926), S. 81–88, S. 81–82.
Wie jedes Seeschiff am Heck die Flagge seines Heimatlandes zeigte und damit seine Nationalität auswies, so pflegte es am Großmast die Kontorflagge seines Reeders zu führen. Es scheint, daß die Hamburger Kontorflaggen in der ersten Zeit nach den napoleonischen Kriegen aus der Hamburger Flagge mit der dreitürmigen, wachsenden Burg hervorgegangen sind, die die einzelnen Reedereien in verschiedenen, aber für jede von ihnen als solche charakteristischen Spielarten benutzten. Im Gegensatz zur Gegenwart diente also ein und dieselbe Flagge sowohl zur Kenntlichmachung der Nationalität als auch der Reederei. Das erscheint zunächst sonderbar, da heute die offiziellen Flaggen nach genauen Vorschriften, also Farbe und Zeichnung genau übereinstimmend sein müssen. Das war früher durchaus nicht so. Nicht nur, daß die Zeichnung der Burg auf der Hamburger Flagge alle möglichen Varianten aufwies, auch die Farben wurden nicht einheitlich behandelt. Neben den weißen Türmen in rotem Feld sah man auch rote Türme, in weißem Feld usw.. Noch im Jahre 1834 hatte der Senat Veranlassung, die Commerzdeputation darauf hinzuweisen, daß die Hamburger Flagge eine weiße Burg in einem roten Feld zei-

Als G. H. Wappäus 1836 starb, wurde das Geschäft liquidiert. Sein Sohn Johann Eduard war kein Kaufmann geworden, sein Stiefsohn Johann Wilhelm Alexander war nicht voll erbberechtigt gewesen und Adolph Heinrich war Teilhaber einer Firma in New York. So erlosch die Kaufmanns-Reederei Georg Heinrich Wappäus. J. W. A. Lorenzen und A. H. Wappäus blieben jedoch im Überseehandel tätig.

Die Person G. H. Wappäus dürfte ein *Selfmademan* im wahrsten Sinne des Wortes gewesen sein. Aus dem Binnenland kommend, vom Matrosen zum Kapitän aufsteigend und in Hamburg eine Kaufmannsreederei schaffend, schöpfte er aus dem Schatz eigener Erfahrungen. Englisch hatte er wahrscheinlich bei seinem Aufenthalt in den USA gelernt. Bisher ging die Forschung davon aus, daß ein Mann wie G. H. Wappäus aufgrund seiner ländlichen, nicht-hamburgischen Herkunft unter den Hamburger Kaufleuten und Reedern eine exotische Figur gewesen sein muß. Neuzugewanderte Familien hatten demnach eine marginale Stellung in der Hamburger Gesellschaft inne, die sie über Generationen nicht vollständig überwinden konnten[15]. Neue Untersuchungen widersprechen jedoch dieser überlieferten Sichtweise und belegen, daß sich Neuankömmlinge schnell, vor allem in die Handelsinstitutionen, integrierten[16]. Tatsache ist allerdings, daß sich kein Mitglied der Familie trotz ihrer herausragenden ökonomischen Position in Politik und Regierung der Stadt engagierte.

G. H. Wappäus, der selbst keine höhere Bildung genossen hatte, erkannte, daß Bildung unabdingbare Voraussetzung für Erfolg war. Seine Tochter Emilia bekräftigte, daß ihr Vater ständig bestrebt gewesen sei, sein Wissen zu erweitern. Zudem habe er viel in die Ausbildung seiner Kinder investiert und ihnen die teuersten Schulen und Lehrer zugute kommen lassen. Kirche und Bildung hätten bei ihm, der selbst keine besondere Bildung genossen hatte, Priorität gehabt. Tochter Emilia schrieb, daß der Sohn von G. H. Wappäus habe studieren dürfen, was er wollte, allerdings unter der Prämisse, daß er hinterher Kaufmann würde. Dies war der Beruf, den G. H. Wappäus am meisten achtete[17].

Briefe zeigen G. H. Wappäus als fürsorglichen und umsichtigen Vorgesetzten. So mahnte er seinen Kapitän J. J. Westphal von der Brigg *Flora* 1827, dieser solle das Trinken aufgeben und an seine Zukunft und die Familie denken. Dem Schiffsmakler Flores de Kinderen in Amsterdam sandte er ein Rezept zur Heilung eines Matrosen, der mit unbestimmter Krankheit ins Krankenhaus gebracht werden muß-

gen müsse. Die Commerzdeputation hielt daraufhin die Reeder an, die Flaggen in den vorschriftsmäßigen Farben zu führen. Da die Mehrzahl der Reedereien jener Zeit, für die die Kontorflaggen noch zu ermitteln sind, die Hamburger Türme aufweisen, ist anzunehmen, daß sie damals, als sie die offizielle Hamburger Flagge führen mußten, daneben die von ihnen bis dahin gebrauchte Variante als besonderes Kennzeichen weiterführten.

15 SCHRAMM, Percy Ernst: Kaufleute zu Haus und Übersee, Hamburgische Zeugnisse des 17., 18. und 19. Jahrhunderts, Bd. 1, Hamburg 1949, S. 366–367.

16 WEBER, Klaus: Deutsche Kaufmannsfamilien im atlantischen Manufaktur- und Kolonialwarenhandel: Netzwerke zwischen Hamburg, Cádiz und Bordeaux (1715–1830), Hamburg 2001 (unveröff. Diss.).

17 StAH 621–1 Firma G. H. Wappäus Reederei 4, Lebensbild des Georg Heinrich Wappäus. Neben Eduard Wappäus, dem Professor für Geographie und Statistik in Göttingen, gingen aus der weiteren Familie auch sonst etliche Akademiker hervor.

te[18]. Desweiteren gab der Eigner G. H. Wappäus seinem Kapitän Hinrichsen 1835 ein englisches Buch mit, das er eigenhändig mit handschriftlichen Ergänzungen versehen hatte. Diese erläuterten das Segelrevier und gaben Ratschläge für den Handel[19].

Die Angaben, ob G. H. Wappäus der zweitgrößte oder der größte Reeder seiner Zeit in Hamburg war, gehen auseinander. Sein Sohn A. H. Wappäus schrieb über seinen Vater G. H. Wappäus im Jahre 1889, daß dieser zu dessen Zeit der größte Schiffseigner und einer der ersten Kaufleute der Stadt gewesen sei[20]. In der Forschungsliteratur werden unterschiedliche Angaben gemacht[21]. Wegen der lückenhaften Quellenbestände ist es unwahrscheinlich, daß diese Frage je geklärt werden wird. Tabelle 14 zum Schiffsbestand der Reederei G. H. Wappäus zeigt, daß aufgrund fehlender oder vager Ankaufs- und Verkaufs- bzw. Verlustdaten der Schiffe eine endgültige Bestimmung der Größe der Reederei zu irgendeinem Zeitpunkt ihrer Existenz nicht möglich ist[22]. G. H. Wappäus war mithin unbestritten einer der Größten der Branche. Die Reederei verfügte im Laufe ihrer Existenz über folgende Schiffe[23]:

---

18   SCHRAMM, Percy Ernst: Kaufleute zu Haus und Übersee, Hamburgische Zeugnisse des 17., 18. und 19. Jahrhunderts, Bd. 1, Hamburg 1949, S. 364–366.

19   StAH 621–1 Firma G. H. Wappäus Reederei 3, Segelanweisung für die Westküste von Afrika, englische Druckschrift mit handschriftlichen Ergänzungen von G. H. Wappäus und Kapitän Hinrichsen 1835.

20   StAH 621–1 Firma A. H. Wappäus 17c, Kopiebücher 1877–1883, Brief an Guillermo L. Quin, Ocaña, 10.12.1889, S. 460, englisch.

21   KRESSE, Walter: Seeschiffs-Verzeichnis der Hamburger Reedereien, S. 270–273. MATHIES, Otto: Hamburgs Reederei 1814–1914, Hamburg 1924, S. 14, 17. STIEVE, Tilman: Der Kampf um die Reform in Hamburg 1789–1842, Hamburg 1993 (Beiträge zur Geschichte Hamburgs, Bd. 44), S. 50–51.
      Nach KRESSE besaß G. H. Wappäus 1822 schon 10 und 1830 stolze 15 Schiffe. MATHIES schrieb, daß 1828 in Hamburg nur ein Reeder vier und sechs Reeder fünf und mehr Schiffe besaßen. Diese Großreeder seien Peter Hinrich Mohrmann mit vierzehn Schiffen (1185 Commerzlasten), G. H. Wappäus mit dreizehn Schiffen (1017 C. L.), S. & B. Roosen mit sieben (601 C. L.), P. H. T. Richters mit sechs (661 C. L.), Joh. Ces. Godeffroy & Sohn mit fünf (535 C. L.), H. J. Merck & Co. mit ebenfalls fünf (370 C. L.) und B. & S. Roosen jres. mit vier Schiffen (481 C. L.) gewesen. Exemplarisch für neuere Veröffentlichungen sei STIEVE angeführt. Er übernahm, wie es in fast allen Publikationen des letzten Jahrzehnts der Fall ist, einfach die Angaben von Mathies. Wie problematisch Angaben über Schiffe einer Reederei des 19. Jahrhunderts sind, zeigt z. B., daß KRESSE für die *Aufgehende Sonne* Baujahr 1798/99 angibt, während MATHIES dies auf 1825 veranschlagte.
      (Eine Commerzlast entsprach 6.000 Commerzpfund.)

22   Nach KRESSE, Walter: Materialien zur Entwicklungsgeschichte der Hamburger Handelsflotte, S. 117, besaß G. H. Wappäus 1818 3 Schiffe, 1819 3, 1820 4, 1821 6, 1822 8 und 1823 7. Siehe dazu auch ebd. S. 60 eine graphische Darstellung des Schiffsbesitzes einiger Hamburger Reeder 1765–1823.

23   In dieser Arbeit werden nicht systematisch Schiffsvolumina berücksichtigt. Diese Daten finden sich bei KRESSE, Walter: Materialien zur Entwicklungsgeschichte der Hamburger Handelsflotte: Gesamtzahlen der Seeschiffe S. 65; Anzahl und Raumgehalt der Seeschiffe S. 67; Größenklassen S. 116–117; Schiffsbesitz Hamburger Reedereien S. 116–117.

Tabelle 14
Schiffe des Georg Heinrich Wappäus

Name	Baujahr	Kapitäne	Anmerkung
Elisabeth		C. Hansen H. Blohm	Lief unter dänischer Flagge 1818/19, 1820, 1822 nach Curaçao und St. Thomas.
Concordia	1814	J. A. S. Herzer M. Hauschildt J. H. C. Köhne	1839 nach Norwegen verkauft.
Alexander	1812	H. Blohm J. N. Martens J. C. Türck J. H. C. Köhne D. B. Knaak	Eventuell 1831 verkauft.
Germania	1815	C. Hansen G. N. J. Meyburg W. H. D. von Justi L. A. A. Hooge H. Bähr P. H. Decker	1839 nach Dänemark verkauft.
Flora		J. D. C. Meincke M. Hauschildt J. J. Westphalen J. N. Martens	
Die Jungfrau Emilia		G. N. J. Meyburg J. D. Säuberlich	1824 an Marbs in Hamburg verkauft.
Die Aufgehende Sonne	1798/99	P. B. Decker L. A. A. Hooge W. H. D. von Justi	
Wilhelmine	1813	J. J. J. Wilcken G. N. J. Meyburg	1828 verloren.
Hercules		H. B. Decker P. H. Decker	1824 gestrandet und 1825 zerstört.
Jungfrau Emilia		J. J. Westphalen M. Hauschildt J. P. Möller J. M. Lührs N. J. Bahr J. S. G. W. Paap C. L. Holz	Eventuell 1833 verkauft.
Heinrich Adolph	1825/26	J. Ch. Scheffler H. D. Alwes C. J. Timm H. Bähr	1837 an Altmann in Altona verkauft.

Johann Eduard	1826	J. P. Meyer jun. G. N. J. Meyburg L. A. A. Hooge J. N. Martens R. Bähr	1827 an Heins in Hamburg verkauft.
Bienenstock	1826	L. A. A. Hooge C. L. Holtz	1831 auf der Elbe / Vogelsand verloren.
Anna Sophia		H. D. Alwes J. C. H. Scheffler	1831 in Brazil Packet umbenannt.
Georg Heinrich	1826/27	J. A. S. Hertzer J. Tiemann	1837 verkauft an Mohrmann in Hamburg.
Der Kern		J. P. Meyer jun.	Eventuell 1829 verloren.
Legator	1827	F. Langreuter J. C. Türck H. Bähr P. H. Janssen jun. E. Hinrichsen A. N. Martensen	1837 an Brödermann in Hamburg verkauft.
Maria Elisabeth	1804	J. J. Schüder M. Hauschildt	1836 verkauft an Marbs in Hamburg.
Brazil Packet	1815	E. Hinrichsen	1837 verkauft an Lorenzen[24] & Dreyer in Hamburg.
Aurora	1830/31	H. D. Alwes M. H. Kölln	1837 verkauft an Lorenzen in Hamburg.
Flora		G. W. Jacobi L. A. A. Hooge	1837 verkauft an Ross in Hamburg.

Quelle: StAH 621–1 Firma G. H. Wappäus Reederei 1, Korrespondenzbuch 25. Januar 1825 bis 23. November 1827. StAH 621–1 Firma G. H. Wappäus Reederei 2, Korrespondenzbuch 17. November 1827 bis 10. Dezember 1830. KRESSE, Walter: Seeschiffs-Verzeichnis der Hamburger Reedereien 1824–1888, Bd. 2, Hamburg 1969 (Mitteilungen aus dem Museum für Hamburgische Geschichte, Neue Folge, Bd. V), S. 270–273.

Schwerpunkt der Reederei G. H. Wappäus war in den Anfangsjahren die Westindienfahrt mit Reisen nach La Guaira, St. Thomas, Curaçao und Havanna[25]. In den

---

24   Johann Wilhelm Alexander Lorenzen war der Stiefsohn von G. H. Wappäus.

25   Dazu: StAH 621–1 Archiv der Reederei G. H. Wappäus 4, Lebensbild des Georg Heinrich Wappäus, Durchschlag nach einer Abschrift der Aufzeichnungen von Emilia Wappäus, vor 1900.
Tochter Emilia schrieb, daß es ihrem Vater G. H. Wappäus nicht nur um den Gewinn gegangen sei, sondern daß er danach gestrebt habe, möglichst viele Schiffe zu bauen, um sie die verschiedensten Routen fahren zu lassen. Seine Schiffe seien die ersten gewesen, die nach Ostindien, Mittelamerika, Brasilien und Westafrika gefahren seien. Um den Rahmen der Arbeit nicht zu sprengen, sind die asiatischen und afrikanischen Fahrtgebiete der Firmen G. H. und A. H. Wappäus nicht berücksichtigt worden. Angaben zu Ostindien und Westafrika können von der

Geschäftsbriefen werden als Bestimmungsorte gelegentlich auch Batavia und Singapur genannt, welche in dieser Arbeit nicht berücksichtigt werden können[26]. Wappäussche Schiffe fuhren allerdings hauptsächlich nach Westindien und Südamerika. Neben der Reederei betrieb G. H. Wappäus auch weiterhin das Handelsgeschäft, das er von seinen Schwiegereltern übernommen hatte und fügte der Palette der gehandelten Waren, bis dahin hauptsächlich Leinen, Bauholz und Dachschindeln, typische Exportwaren für die Karibik im 19. Jahrhundert hinzu[27].

Um eine Vorstellung von der Art des Geschäftes des Hauses G. H. Wappäus außerhalb Amerikas zu geben, sei erwähnt, daß G. H. Wappäus z. B. auch zum Golf von Guinea Schiffe schickte, um dort Küstenhandel treiben zu lassen. Gold, Elfenbein und Farbhölzer wurden dort gegen Tücher, Perlen, Gewehre, Pulver und Schnaps eingetauscht. Nach Berichten seiner Tochter soll G. H. Wappäus der erste Hamburger Reeder gewesen sein, der seine Schiffe nach Sierra Leone, Liberia, zur Elfenbein- und Goldküste fahren ließ[28].

Noch im gleichen Jahr, in dem G. H. Wappäus sein erstes Schiff gekauft hatte, schickte er dieses nach Westindien. Als er 1818 als Eigner in die Westindienfahrt einstieg, war es üblich, ein bestimmtes Schiff unter dem gleichen Kapitän immer wieder zu dem gleichen Überseehafen zu schicken. Diese Gepflogenheit dürfte dem Wunsch der Kaufmannsreeder nach möglichst präziser Festlegung der Ein- und Verkaufsorders entsprungen sein. Denn bei Weiterreisen nach freier Entscheidung des Kapitäns hing das wirtschaftliche Resultat solcher Fahrten allein von dessen kaufmännischem Geschick ab, während das Risiko weiterhin vom Schiffseigner getragen werden mußte[29]. Die Kaufmannsreederei war die übliche Form der Reederei in Hamburg. Das bedeutet, daß das Schiff zur Beförderung der eigenen Ladun-

---

Autorin nicht kommentiert werden. Es ist unwahrscheinlich, daß G. H. Wappäus der erste war, wie es im Superlativ heißt, der entsprechende Häfen in Mittelamerika und Brasilien anlaufen ließ. Aufgrund der schlechten Quellenlage ist solch eine absolute Behauptung nicht möglich. Sicher ist, daß er zu den ersten und erfolgreichsten gehörte, die diese Routen befahren ließen. Vgl. IX. Anhang: 18. Fahrtrouten der Reedereien G. H. und A. H. Wappäus und IX. Anhang: 10. Aus Hamburg zwischen 1818 und 1888 in Richtung Karibik auslaufende Hamburger Schiffe.

26 Zu den amerikanischen Häfen vgl. IX. Anhang: 18. Fahrtrouten der Reedereien G. H. und A. H. Wappäus.

27 Vgl. Kapitel II.4..

28 Eine Überprüfung dieser Aussagen ist der Autorin nicht möglich. Die Untersuchung des Überseehandels der Familie Wappäus mit Afrika und Asien wäre eine interessante Ergänzung zur vorliegenden Arbeit, die Afrikanisten und Asienforscher vornehmen könnten.
    AHRENS, Gerhard: Von der Franzosenzeit bis zur Verabschiedung der neuen Verfassung 1806–1860, S. 445. AHRENS schreibt, daß G. H. Wappäus mit den regelmäßigen Fahrten an die Westküste Afrikas in den 1830ern begann und damit die kaufmännische Erschließung des Kontinents für Hamburg initiierte. Er und später andere Kaufleute wie Adolph Jacob Herz und William O, Swald sollen in den afrikanischen Häfen Faktoreien [Eine Faktorei war eine größere Handelsniederlassung in Übersee, Anm. d. A.] zur Lagerung der gegen Fertigprodukte eingetauschten Rohstoffe anlegt haben. Dies sollen Edelhölzer, Palmöl, Gummi, Kaffee, Kakao, Gold und Elfenbein gewesen sein. Leider findet sich bei AHRENS kein Hinweis auf die von ihm benutzte Quelle.

29 KRESSE, Walter: Die Fahrtgebiete der Hamburger Handelsflotte, S. 47, 64.

gen des Reeders diente. Diese Ladung wurde häufig auf dem Schiff auf Spekulation, also ohne daß die Ware von einem bestimmten Kunden bestellt worden war, nach Übersee gesandt und erst dort von einem auf dem Schiff mitfahrenden Kargadeur oder Superkargo verkauft. Dieser stellte dann auch die Rückladung zusammen. Befand sich kein Superkargo an Bord, so übernahm der Kapitän diese Funktionen. Hieraus erklärt sich, daß die Reeder zu Beginn des 19. Jahrhunderts meist nur ein Schiff oder nur wenige Schiffe besaßen, da andernfalls diese Handelspraxis nicht durchführbar gewesen wäre, wie auch das Beispiel der Reederei G. H. Wappäus zeigt. Allein die große Zahl ihrer Schiffe legt nahe, daß Wappäus sie nicht alle mit eigenen Gütern beladen konnte, sondern fremde Ladungen suchen mußte. Dies wird durch die Korrespondenzbücher[30] bestätigt. Diese Verfahrensweise war eine Ausnahme im Hamburger Reedereigeschäft der ersten Hälfte des 19. Jahrhunderts, sowohl was die Größe der Reederei als auch konsequenterweise was ihre Praxis, fremde Ware zu transportieren, anbelangte. Die allgemein übliche Art des Überseehandels, bei der Ware ohne feste Konsignation, das heißt ohne einen bestimmten Abnehmer, über den Atlantik gesandt wurde, weist darauf hin, daß die Kommunikationsmöglichkeiten zu Beginn des 19. Jahrhunderts noch sehr rudimentär waren. Von einem stabilen, funktionierenden kaufmännischen Netzwerk der Hamburger Kaufleute in die Karibik kann zu diesem Zeitpunkt noch keine Rede sein. Jede Transatlantikfahrt war wegen der Ungewißheit hinsichtlich Markt und Käufer mit extrem hohem Verlustrisiko verbunden.

Berücksichtigt man, daß eine Reise viele Monate dauerte und man in der Zwischenzeit, wenn überhaupt, nur spärliche Nachrichten bekam, so ist es erklärlich, daß das einzelne Schiff für Eigner und Firma wichtiger war, als dies bei der heutigen Reederei als einem reinen Transportunternehmen der Fall ist. Damals war Abfahrt und Ankunft eines Schiffes ein Ereignis, an dem der Reeder und mit ihm seine Familie Anteil nahm. Seine Frau und seine Kinder besuchten das Schiff und der Kapitän wurde vom Reeder nach Hause eingeladen. Deshalb wurden den Schiffen meist Namen gegeben, die es sichtbar mit der Familie verbanden. So erklärt es sich, daß der Reeder seine Schiffe oft nach dem Vornamen seiner Frau oder anderer, meist weiblicher, Familienmitglieder benannte. Doch auch männliche Vornamen waren beliebt. Wenn es sich um Kinder handelte, wurde dies oft mit einem Zusatz wie zum Beispiel *Der junge...* zum Ausdruck gebracht[31]. In G. H. Wappäus Reederei findet sich diese Bindung an die Familie in den Schiffsnamen *Alexander*, sein Siefsohn; *Heinrich Adolph* und *Johann Eduard*, Söhne; *Georg Heinrich*, der Eigner selbst oder auch sein Vater, *Anna Sophia*, die Frau des Eigners; *Die Jungfrau Emilia* und *Maria Elisabeth*, die Tochter Emilia Maria Elisabeth und *Wilhelmine*, die ältere Tochter. Ob die *Elisabeth* nach der Schwester des Eigners benannt war, ist Spekulation. Sicher ist, daß neun von neunzehn der Schiffe, die G. H. Wappäus besaß, nach Familienmitgliedern benannt waren. Neben den Vornamen waren Na-

---

30 StAH 621–1 Firma G. H. Wappäus Reederei 1, Korrespondenzbuch 25. Januar 1825 bis 23. November 1827. StAH 621–1 Firma G. H. Wappäus Reederei 2, Korrespondenzbuch 17. November 1827 bis 10. Dezember 1830.
31 MATHIES, Otto: Die Namen der Hamburger Schiffe seit dem 19. Jahrhundert, in: HGH 1 (1926), S. 20–24.

men der Mythologie beliebt. Etwa ein Viertel der Hamburger Schiffe hatte derartige Namen. In der Reederei G. H. Wappäus können nur vier Schiffe dieser Kategorie zugeordnet werden: *Germania, Flora, Aurora* und *Hercules*, wobei die ersten drei Namen auch anderen Gruppen zugeordnet werden könnten. Manche Namen enthielten den Zusatz *Packet*. Durch diese Ergänzung aus dem Englischen, daher mit „c" geschrieben, sollte angedeutet werden, daß es sich um ein schnellsegelndes Schiff handelte. Diesen wurde oft die Beförderung der Post übertragen. Die Briefe wurden damals nicht in Säcke gepackt, sondern in Pakete verschnürt. So war ein Paketschiff gleichbedeutend mit einem Postschiff[32]. Eine Erinnerung daran enthält noch die offizielle Bezeichnung der Hamburg-Amerika Linie *Hamburg-Amerikanische Packetfahrt-Aktiengesellschaft*. Es handelte sich also wahrscheinlich bei der *Brazil Packet* der Reederei Wappäus um einen schnellen Segler, der oft nach Brasilien fuhr. Selten gab es Tier- oder Pflanzennamen, eher noch abstrakte Hauptwörter, wie zum Beispiel *Freundschaft* oder lateinisch *Concordia,* wie sie G. H. Wappäus besaß. Bei den größeren Reedereien der damaligen Zeit, P. H. Mohrmann und G. H. Wappäus, findet sich keine einheitliche Namensgebung, sondern Vornamen, abstrakte und mythologische Namen kommen nebeneinander vor[33]. Das gesamte 19. Jahrhundert hindurch waren die Namen der Schiffe von großer Bedeutung und verdeutlichten die enge Beziehung vom Eigner zum Schiff, die sich aus der Reedereipraxis der Zeit ergab.

Soviel über die Schiffe feststellbar ist, so wenig ist über ihre Mannschaften und Kapitäne bekannt. Auch über das konkrete Reeder- und Kaufmannsgeschäft des G. H. Wappäus sagen die Quellen wenig aus. Den wichtigsten Anhaltspunkt bieten die Fahrten, die seine Schiffe machten. 99 Fahrten in den karibischen Raum konnten für diese Arbeit verifiziert werden[34]. Wie viele Fahrten wirklich gemacht wurden, kann nicht annähernd geschätzt werden. Es kann bei der Untersuchung der hamburgischen Überseeschiffahrt im 19. Jahrhundert in den Westindischen Raum immer nur von den nachgewiesenen Schiffen ausgegangen werden, um exemplarische Ergebnisse zu erzielen. Andere Untersuchungsmethoden können nur spekulative und höchst unsichere Daten ergeben. Hamburgische Auskünfte über Schiffsbewegungen für den Beginn des 19. Jahrhunderts sind spärlich und fehlerhaft, da 1817 die Zensur der öffentlichen Blätter die Anweisung erhielt, keine Anzeigen über Verladungen nach spanisch-amerikanischen Häfen zuzulassen. Diese wurden zwar angelaufen, doch durch die Nicht-Deklaration vermied die Hansestadt einen Konflikt mit Spanien[35]. Eine weitere Strategie, um Unstimmigkeiten mit Spanien zu vermei-

---

32 MOLTMANN, Bodo Hans: Geschichte der deutschen Handelsschiffahrt, Hamburg 1981 (Veröffentlichungen der Wirtschaftsgeschichtlichen Forschungsstelle e. V., Bd. 43), S. 116. WALTER, Rolf: Los Alemanes en Venezuela, S. 100.

33 MATHIES, Otto: Die Namen der Hamburger Schiffe, S. 20–24.

34 Vgl. IX. Anhang: 18. Fahrtrouten der Reedereien G. H. und A. H. Wappäus und IX. Anhang: 10. Aus Hamburg zwischen 1818 und 1888 in Richtung Karibik auslaufende Hamburger Schiffe.

35 BAUMGARTEN, Fritz: Hamburg und die lateinamerikanische Emanzipation 1815–1830, in: Ders.; Grossmann, Rudolf; Haack, Gustav; Meier, Harri; Plätzmann, Eduard: Ibero-Amerika

den, war es, den Handel auf Schiffen unter dänischer Flagge abzuwickeln. Dies ist ein weiterer Faktor, der die Erfassung des hamburgischen Überseehandels zu Beginn des 19. Jahrhunderts erschwert. Erst nach und nach fand der Handel dann auf Hamburger Schiffen selbst statt[36]. Diesen Schwierigkeiten Rechnung tragend, wurden Informationen sowohl über Schiffe der Reederei G. H. Wappäus als auch aller in den Karibikhandel involvierter Hamburger Schiffe ergänzend in den Archivbeständen von Den Haag, Kopenhagen und Caracas gesucht, um die Hamburger Quellenbestände durch die Informationen der Zielhäfen zu ergänzen. Diese Methode erwies sich als erfolgreich und läßt für die Zukunft eine Revision alter Forschungsergebnisse erhoffen. So schreibt z. B. Oskar Schwarzer, sich auf Hamburger Quellenmaterial stützend, daß zwischen 1823 und 1828 sieben Schiffe der Reederei G. H. Wappäus nach Venezuela ausfuhren[37]. Die für diese Arbeit eingesehenen Quellenbestände belegen jedoch zehn Fahrten[38].

Grundsätzlich gilt für die Quellen des beginnenden 19. Jahrhunderts, daß sie sehr lückenhaft und teilweise gar nicht mehr vorhanden sind. So war es nicht möglich, zusätzlich zu der Information über die Route, die die Schiffe des G. H. Wappäus liefen, auch noch etwas über ihre Ladung und den Verlauf der Geschäfte herauszufinden. Sicher ist, daß G. H. Wappäus in der Westindienfahrt eine herausragende Stellung einnahm. Ob sie tatsächlich einem Monopol gleichkam, wie die eingesehenen Quellen nahelegen, kann aber aufgrund der ungenügenden Dokumentation allenfalls vermutet werden.

Über die Fahrten der Schiffe der untersuchten Reederei, ihren Verlauf und Besonderheiten gibt es keine Dokumentation. Nur in einer Ausnahme wurde etwas über den Verlauf und Unregelmäßigkeiten von Fahrten bekannt. Kaiser Dom Pedro von Brasilien[39] benötigte Truppen in Uruguay, dessen Bevölkerung sich gegen die Annexion des Landes durch Brasilien zur Wehr setzte und dabei von Buenos Aires unterstützt wurde. Zu diesem Zweck wurden Transportschiffe gesucht, um Sodaten in den Süden zu bringen. Solche Schiffe besaß Brasilien nicht. Engländer, so meldete ein Bericht aus London vom 13.8.1825, weigerten sich, ihre Schiffe zur Verfügung zu stellen, weil sie diese nicht der Gefahr einer Konfiszierung durch Kaperer aus Buenos Aires aussetzen wollten. Diese Bedenken hatte Kapitän Meyburg von G. H. Wappäus Schiff *Wilhelmine* nicht. Im Zuge der Reise Hamburg – Río de Janeiro – Hamburg vom 4.12.1824 bis zum 24.2.1826, beförderte er 20 Offiziere und 750 Soldaten von Brasilien nach Montevideo. Auch Wappäus Schiff *Die Aufgehende Sonne* segelte am 9.11.1825 über London nach Buenos Aires und kehrte erst im Sommer 1827 nach Hamburg zurück. Die Route und die ungewöhnlich lan-

---

und die Hansestädte. Die Entwicklung ihrer wirtschaftlichen und kulturellen Beziehungen, Hamburg 1937 (Ibero-Amerikanische Studien, Bd. 5), S. 156.
Zu Hamburgs Interessenkonflikt mit der Heiligen Allianz siehe Kapitel II.1..

36   WALTER, Rolf: Los Alemanes en Venezuela, S. 98.

37   SCHWARZER, Oskar: Der Hamburger Exporthandel mit der Karibik und Mexiko (1814–1838), in: Scripta Mercaturae, Zeitschrift für Wirtschafts- und Sozialgeschichte 17/1 (1983), S. 45–88, S. 70.

38   Vgl. IX. Anhang: 18. Fahrtrouten der Reedereien G. H. und A. H. Wappäus.

39   Pedro I *1798 – † 1834, König von Portugal und Kaiser von Brasilien.

ge Reisezeit legen nahe, daß das Schiff wohl ebenfalls Truppentransporte übernahm[40]. Solche Aktivitäten waren jedoch die Ausnahme[41].

Es wird vermutet, daß Hamburger Kaufleute das Geschäft mit Venezuela suchten, indem sie Waffen für die Unabhängigkeitskämpfe lieferten. Der rasche Ausbau des Geschäfts von G. H. Wappäus spricht für seine Beteiligung am Waffenhandel. Es ist unwahrscheinlich, daß er mit der offiziell deklarierten Produktpalette solche Gewinne machte, daß er regelmäßig neue Schiffe kaufen konnte. Den zu solchen Investitionen nötigen Kredit hätte er als Zuwanderer in der Hansestadt nicht erhalten. Spanien versuchte über seinen Gesandten Pérez de Castro wiederholt, eine Belieferung der revolutionären Kolonien mit Waffen durch Hamburg zu unterbinden. Hamburg wiegelte die Klagen jedoch ab und versuchte seine Kaufmannsinteressen durchzusetzen. Pérez de Castro konnte weder ein völliges Verbot des Waffenhandels, noch auch nur eine Kontrolle oder Einschränkung durchsetzen[42]. Um sich keinen eventuellen Repressalien seitens Spaniens auszusetzen, verzichteten die Hamburger allerdings auf die offizielle Deklarierung von Waffen. Aus diesem Grunde ist ein Nachweis für Art und Umfang hanseatischen Waffenhandels kaum zu erbringen.

Es ist jedoch gut dokumentiert, daß sich auch ausländische Soldaten an den lateinamerikanischen Unabhängigkeitskämpfen beteiligten. Aus deutschsprachigen Gebieten waren es vor allem Hannoveraner. Die Herkunft von G. H. Wappäus aus dem hannoverschen Raum spricht für eine Beteiligung seiner Reederei am Transport der Truppen. In den Quellen finden sich allerdings keine Belege für diese Annahme. Es ist nicht bekannt, bis zu welchem Ausmaß die Hannoveraner auch am venezolanischen Handel partizipierten und eventuell Waffen lieferten. Sicher ist, daß die Kämpfe von Europa aus, vor allem von England, mit Krediten unterstützt wurden. In diesem Zusammenhang stehen die Annahmen, daß von Hamburg aus größere Lieferungen alter Gewehre erfolgten[43]. Es ist auch denkbar, daß Hamburger für England Reedereidienste leisteten.

Um Waffen beschaffen zu können, erhoben die Republikaner während der Unabhängigkeitskämpfe in Venezuela Steuern und Abgaben, die zwangsweise eingezogen wurden. Kirchenschätze wurden geplündert, Eigentum von Royalisten konfisziert. Maultiere, Rinder, Pferde, Tabak, Kaffee, Kakao und Früchte wurden als Eigentum der republikanischen Armee betrachtet und als Zahlungsmittel für Waffen benutzt[44]. Mit dieser Bezahlung hätten Hamburger Schiffe eine lohnende Rückfracht laden können. Der einzige Beleg für die Möglichkeit der Involvierung von

---

40 KRESSE, Walter: Die Fahrtgebiete der Hamburger Handelsflotte, S. 78.

41 Daß G. H. Wappäus zwischen 1829 und 1836 wiederholt über die Kapverdischen Inseln nach Río de Janeiro fuhr, legt die Vermutung nahe, daß der Sklaven transportierte. Vgl. IX. Anhang: 18. Fahrtrouten der Reedereien G. H. und A. H. Wappäus.

42 KOSSOK, Manfred: Deutschland und die „Südamerikanische Frage" 1815–1830, S.42–46.

43 WALTER, Rolf: Los Alemanes en Venezuela, S. 84. Vgl. dazu Tabelle 8. Der große Anteil den Portugal am Venezuelahandel zu Beginn des 19. Jahrhunderts hatte, ist eventuell dadurch zu erklären, daß England unter portugiesischer Deckadresse Waffenhandel betrieb

44 GARCÍA PONCE, Guillermo: Las armas en la Guerra de la Independencia, Caracas 1965, S. 210.

Hamburgern in Waffenschiebereien konnte im Laufe der Studien für diese Arbeit nur im Tagebuch des Briten Sir Robert Ker Porter gefunden werden. Demnach hatte ein bedeutendes deutsches Handelshaus, es kann davon ausgegangen werden, daß es sich um ein hamburgisches handelte, da die Hansestädter unter den Deutschen die dominierende Handelsmacht vor Ort waren, von der venezolanischen Regierung den Auftrag bekommen, für 2.000.000 $ Waffen und Munition zu besorgen[45].

Es gibt bisher keinen Beleg dafür, daß über Waffen der Einstieg des Handelshauses Wappäus in den Venezuelahandel erfolgte. Das kann jedoch als wahrscheinlich in Betracht gezogen werden[46]. 1818–1830 steuerten fast ausschließlich Schiffe der Reederei G. H. Wappäus Curaçao an. Nur drei hamburgische Schiffe anderer Eigner legten in diesem Zeitraum in der holländischen Kolonie an. Es entsteht der Eindruck, daß in dieser unruhigen Zeit des Konfliktes zwischen Curaçao und Venezuela Wappäus unter den Hamburgern als einziger wirklich diese Route nutzte. Von 21 einlaufenden hamburgischen Schiffen zwischen 1818 und 1830 waren 18 Schiffe von Wappäus (siehe Tabelle 15). Vor diesem Hintergrund vergrößert sich die Bedeutung der Beziehungen der Familie zu Curaçao[47]. Die Curaçaofahrten der Reederei G. H. Wappäus entsprachen bis 1830 einer Monopolstellung. Wappäusschiffe sind auf Curaçao ausschließlich für diese Frühzeit auszumachen. Ab 1830 ließ G. H. Wappäus Curaçao nicht mehr anlaufen. Den größten Anteil an Transatlantiküberquerungen machten bei G. H. Wappäus nun Fahrten nach Bahía und Río de Janeiro aus. Diese Entwicklung fand statt, obwohl die niederländische Insel 1827 zum Freihafen erklärt worden war und sich die politischen Verhältnisse beruhigt hatten. Dadurch drängt sich der Verdacht auf, daß Wappäus den großkolumbianischen Krisenherd mit Waffen beliefert hatte und sich dabei der von Curaçao zum Festland laufenden Schmuggelkontakte bediente. Als sich der Unruheherd beruhigte, war es nicht mehr lukrativ, Waffen über Curaçao ans Festland zu schmuggeln. Diese Vermutung wird dadurch erhärtet, daß die Schiffe der Reederei G. H. Wappäus direkt zwischen Hamburg und Curaçao pendelten. Dies war völlig unüblich im Ka-

---

45   DUPOY, Walter (Hrsg.): Sir Robert Ker Porter's Caracas Diary, S. 95:
      „11.5.1826 The Dutch Consul Mr. Van Radders dined with me. Nothing particular. Commodore Danells communicated to me a day or two since that as an American, Páez's party had applied to him to contract and get from abroad 50,000 stand or arms. I scarcely credited this information – as he fills the long bow it is said. – However, on dining today at Col: Stopford's a gentleman and partner in one of the first German houses had this morning been applied to – to make a purchase of arms and ammunition to the amount of 2,000,000 Dollars. He would not tell me wether Mariño himself had been the person who made the request but he said it came from one in authority of Páez's party. These precautions do not look like tranquility and a good understanding in perspective. ... ."

46   Es wäre denkbar, daß Wappäus Beziehungen zur bedeutenden Waffenproduktion im Raum Hannover, seiner ursprünglichen Heimat, hatte. Vgl. ZENKE, Rainer: Ultima Ratio Regum. Feuerwaffen und ihre Produktion im Kurfürstentum Hannover und im Alten Reich im 18. Jahrhundert, Osnabrück 1997 (Wehrtechnik und wissenschaftliche Waffenkunde, Bd. 11).
      Der Nachlaß Simón Bolívars wird zur Zeit im Instituto de Investigaciones Históricas Bolivarium in Caracas systematisch aufgearbeitet. Bis jetzt wurden keine Nachweise für Waffenlieferungen aus Hamburg gefunden. Hier liegt jedoch eine Aufgabe für kommende Studien.

47   Vgl. Kapitel II.3. Graphik 1 und Kapitel IV.3..

ribikhandel. Normalerweise wurden Routen mit mehreren Stationen innerhalb der Karibik befahren, um den Gewinn zu optimieren. Grundsätzlich führten in diesem Zeitraum auch nur um die 10% der wappäusschen Fahrten, die in die Karibik gingen, auch nach Curaçao. Dies läßt auf einen eng begrenzten Handelszweig, wie eventuell Waffenhandel, schließen.

Tabelle 15
Schiffe des Eigners G. H. Wappäus, die Curaçao anliefen (1818–1830)

Jahr	Schiff	Kapitän	Ausgangshafen	Zielhafen	Anzahl Fahrten
1818	Die Jungfrau Emilie	C. Hansen	von Hamburg	nach Hamburg	
1818	Elisabeth	H. Blohm	von Hamburg	nach Hamburg	2
1819	Elisabeth	H. Blohm	von Hamburg	nach Hamburg	3
1820	Elisabeth	H. Blohm	von Hamburg	nach Hamburg	2
1820	Die Jungfrau Emilie	C. Hansen	von Hamburg	nach Martinique	
1821	Alexander	H. Blohm	von Hamburg	nach Hamburg	
1822	Flora	J. D. C. Meincke	von Hamburg	nach Hamburg	
1823	Flora	J. D. C. Meincke		nach Hamburg	
1825	Flora	J. D. C. Meincke		nach Hamburg	
1826	Alexander	J. N. Martens	von Hamburg		
1827	Alexander	J. N. Martens	von Hamburg		
1828	Flora	J. N. Martens	von Hamburg		
1829	Anna Sophia	J. C. H. Scheffler	von Hamburg	nach Hamburg	
1830	Johann Eduard	J. N. Martens	von Hamburg		

Quelle: ARA, Nummer toegang: 1.05.12.02, Archieven van Curaçao, Bonaire en Aruba na 1828, Inv. Nr.: 1271–1277: De Curaçaosche Courant 1818–1830.

Es ist davon auszugehen, daß G. H. Wappäus in seiner aktiven Zeit als Kapitän den gesamten karibischen Raum kennenlernte. Daß er mit Beginn der Reederei sofort ein Schiff nach Venezuela sandte, belegt, daß er dieses Land für gewinnträchtig hielt. Dies ist ein Hinweis darauf, daß er die venezolanische Küste aus persönlicher Erfahrung kannte. Ob er jedoch schon Kontakte geknüpft und von Hamburg aus erhalten hatte, ist unklar. G. H. Wappäus konnte sich in keiner vorhandenen hanseatische Handelsstruktur bedienen. Zudem gab es in jenem Zeitraum noch keinen regelmäßigen Postschiffverkehr zwischen Norddeutschland und Venezuela, eine regelmäßige Korrespondenz zum Aufbauen und Unterhalten von Kontakten war nicht möglich. Als Wappäus 1818 ein erstes Schiff nach Westindien schickte, geschah dies während der Unabhängigkeitskämpfe, die in Venezuela von 1808 bis 1823 dauerten. Inmitten der Kriegswirren kann die Nachfrage nach europäischen Waren nur äußerst gering gewesen sein, zumal eine große spätere Konsumentengruppe, die Ausländer, noch nicht im Lande war, während die alte Elite ihren Besitz verloren hatte. Diese Faktoren zusammengenommen machen es unwahrscheinlich, daß G.

H. Wappäus Zivilwaren über den Atlantik sandte. Diese Vermutung wird durch die Fahrtrouten der wappäusschen Schiffe verstärkt[48]. Zwischen 1818 und 1823, also dem ersten Schiff, das G. H. Wappäus aussandte und dem Ende des venezolanischen Unabhängigkeitskrieges, fuhren vier seiner Schiffe nach Curaçao, eins nach La Guaira und drei nach St. Thomas. Ein Schiff lief das Land also direkt an, viermal wurde der holländische Freihafen frequentiert, dessen Funktion als Waffendrehscheibe und Schmuggelhafen für Venezuela hinlänglich bekannt ist und dreimal St. Thomas, ebenfalls ein Freihafen, der eine eventuelle Waffeneinfuhr und -handel zumindest wahrscheinlicher macht als andere Karibikhäfen. Erhärtet wird die Hypothese dadurch, daß sich ab 1824, nachdem die Kämpfe abgeschlossen waren, die Fahrtrouten veränderten. Von nun an wurden vor allem Havanna und abwechselnd verschiedene andere Häfen angelaufen. Das Geschäft scheint zu diesem Zeitpunkt diversifiziert worden zu sein. Allerdings wurde von nun an auch oft La Guaira direkt angelaufen, was nach Ende der spanischen Herrschaft kein Problem mehr war. Der Hafen spielte ab 1824 für die Familie Wappäus eine besondere Rolle, denn dort etablierte G. H. Wappäus unmittelbar nach Ende des Unabhängigkeitskrieges seinen Stiefsohn mit einer Firma.

Es war nicht leicht, sich 1824/25 an der karibischen Küste niederzulassen und ein Geschäft einzurichten. Aus der Situation Venezuelas ergaben sich große Hindernisse. Die vollkommen fehlende Infrastruktur, die ungünstigen geographischen Bedingungen für den Handel, die Metropolen lagen alle in den Bergen, und die politische Instabilität waren handelserschwerende Faktoren.

Die politische Instabilität Venezuelas hatte ihre Ursache im Unabhängigkeitskrieg und danach im Verlaufe des 19. Jahrhunderts in der Uneinigkeit über die zukünftige Gestaltung des Landes. Anhänger eines Bundesstaates und die Befürworter von Zentralismus bekämpften sich gegenseitig. Das erschwerte den Fortschritt Venezuelas und die Entstehung eines stabilen Binnenhandels. Der Unabhängigkeitskrieg, zuerst unter Miranda[49], dann unter Bolívar[50] verschlang einen großen Teil der Einkünfte des Landes. In den 20er Jahren des 19. Jahrhunderts litt die Landwirtschaft Venezuelas stark unter den Unabhängigkeitskämpfen. Der Export war gering, dadurch auch die aus Zöllen stammenden Staatseinnahmen, die dringend benötigt wurden. Aus diesem Grund und um die enormen Ausgaben für Militär und Verwaltung begleichen zu können, verschuldete sich das Land. 1822 und 1824 hatte Venezuela teure Kredite in England aufnehmen müssen. Hier lag der Beginn der ökonomischen Ausrichtung Venezuelas nach Übersee, wie auch der wirtschaftlichen Abhängigkeit des Staates vom Ausland. Die politischen und militärischen Kämpfe sowohl in Venezuela als auch in Europa, dort bis 1815, lähmten auf beiden Seiten Handel und Handwerk. Zwischen 1806 und 1814 wurde ebenfalls der Hafen von Hamburg durch die napoleonischen Kriege schwer betroffen. Es fand praktisch keine Seefahrt nach Venezuela statt. Erst 1815 mit dem Wiener Kongreß änderte sich die Situation. Besonders vor und zu Anfang der 20er Jahre transportierten dä-

---

48   Vgl. IX. Anhang: 18. Fahrtrouten der Reedereien G. H. und A. H. Wappäus.
49   Francisco de Miranda *Caracas 28.3.1750 – †Cádiz / Spanien 14.7.1816.
50   Simón Bolívar *Caracas 24.7.1783 – †Santa Marta / Kolumbien 17.12.1830.

nische Schiffe Waren von Hamburg nach Venezuela. Erst nach und nach fand der Handel dann auf Hamburger Schiffen selbst statt[51].

Zu diesem Zeitpunkt ließen sich auch die ersten deutschen Kaufleute[52] in Venezuela nieder. Schon Ende der 20er Jahre des 19. Jahrhunderts waren die Deutschen fest in der Region um Caracas etabliert und hatten sich in den Handel integriert. Am häufigsten war zu diesem Zeitpunkt unter den Deutschen die Unternehmensform der *compañía personal* anzutreffen, eine offene Gesellschaft, in welcher einer der Teilhaber sich um die Geschäfte im Hafen von La Guaira kümmerte und der andere in Caracas für gute Verbindungen zu anderen Kaufleuten und Politikern sorgte[53]. Die ausländischen Kaufleute, die zu Beginn der 20er Jahre in großer Zahl nach La Guaira kamen, wurden durch erhoffte große Möglichkeiten des gerade unabhängig gewordenen Landes angezogen. Das Monopol der Spanier war gefallen, die Kaufleute der Iberischen Halbinsel und der Kanaren hatten zum größten Teil Venezuela verlassen. Gleichzeitig versuchte der kolumbianische Staat die Zuwanderung ausländischer Kaufleute und Investitionen zu fördern, um den durch die Kriege zerstörten und verschuldeten Staat ökonomisch zu sanieren. Im Gegensatz zu den einheimischen Kaufleuten, die vor allem im Binnenhandel tätig waren, konnten Ausländer die für Venezuela wichtigen internationalen Verbindungen herstellen. Diese Möglichkeit muß G. H. Wappäus erfaßt und zur Etablierung eines Agenten in Person seines Stiefsohns genutzt haben.

Neben La Guaira waren noch Puerto Cabello, Maracaibo und Angostura interessante Orte für Niederlassungen ausländischer Kaufleute. Von diesen Häfen hatte Angostura[54] die meisten Besonderheiten aufzuweisen. Als Flußhafen und weit abgelegen in Guayana lokalisiert, war er als einziger der Häfen nicht in die Küstenschiffahrt integriert, die die nördlicheren Teile der Küste miteinander verband. Außerdem existierten zu Beginn des 19. Jahrhunderts praktisch keine Straßen im Lande, die das Hinterland mit den internationalen Häfen verbanden. Dies erhöhte die Bedeutung des Orinoco als Verbindung zwischen See und Binnenland, denn sein Flußsystem reicht bis an die Anden heran[55]. Schon während des Unabhängigkeitskrieges ließen sich etliche ausländische Kaufleute in Angostura nieder, welches sich zwischen 1817 und 1819 zum strategischen Zentrum sowohl der Politik als auch der Wirtschaft entwickelt hatte, da es Sitz der revolutionären Regierung war. Durch diesen nun wichtigsten Hafen des Landes kamen die Kriegsgüter in Form von Munition, Waffen, Kleidung und Lebensmitteln für das revolutionäre Heer in das Land.

---

51 WALTER, Rolf: Los Alemanes en Venezuela, S. 98, 156.
    Anteil und Bedeutung von Schmuggel sind aufgrund fehlender Quellen eine unbestimmbare Größe. Es ist denkbar, daß Hamburger Schiffe mit offiziellem Zielhafen Curaçao selbst die venezolanische Küste anliefen, ohne dies zu deklarieren.
52 Da häufig die Herkunftsregion deutschsprachiger Kaufleute nicht bestimmbar ist, wird im Folgenden die Bezeichnung *deutsch* verwendet werden, wenn eine genaue regionale Zuordnung nicht möglich ist.
53 WALTER, Rolf: Los Alemanes en Venezuela, S. 98.
54 In Angostura sollte Georg Heinrichs Sohn, Adolph Heinrich Wappäus, von 1842 bis 1856 als Kaufmann arbeiten.
55 WALTER, Rolf: Los Alemanes en Venezuela, S. 70.

Bezahlt wurden diese Güter mit Waren des Landes und sehr selten auch mit Geld, das knapp war[56].

Die Familie Wappäus etablierte sich jedoch vorerst in La Guaira. Einigen Autoren zufolge soll sich G. H. Wappäus selbst, zumindest über eine Beteiligung am Handelshaus Blohm, in der Stadt installiert haben[57]. Damit soll G. H. Wappäus unter den ersten hamburgischen Händlern gewesen sein, die sich in Venezuela engagierten. Er soll auch selbst dort gewesen sein[58]. Auch über andere Kaufleute in dieser Periode lassen sich nur spekulative Aussagen machen. So ist von einem gewissen Hirsch Oppenheimer, der ein Manufakturwarengeschäft in Hamburg besaß, nicht sicher, ob er sich nach 1819 auf St. Thomas oder in Venezuela niederließ[59]. Im Fall Heinrich Meyer ist jedoch gewährleistet, daß er 1821 als wahrscheinlich erster deutscher Kaufmann im 19. Jahrhundert schon während des Unabhängigkeitskrieges in Caracas ein Geschäft gründete. Dieser Heinrich Meyer war einer von hunderten von deutschen Soldaten, die sich an den Unabhängigkeitskämpfen beteiligt hatten. Einige weitere von diesen Söldnern ließen sich nach dem Krieg als Kaufleute nieder, wie zum Beispiel auch J. G. B. Siegert in Angostura[60].

Nachweislich setzten Aktivitäten der Familie Wappäus in Venezuela mit Johann Wilhelm Alexander Lorenzen, dem Stiefsohn, ein. Er gehörte zu den ersten hamburgischen Kaufleuten, die sich dort niederließen. Laut Rolf Walter gründete er Ende 1824 mit Kapital und Anstoß seines Stiefvaters die Firma *Lorenzen & Tomaschke*[61] in La Guaira[62]. Catalina Banko meint dagegen, daß die Firma Anfang 1825 gegründet wurde[63]. Ein genaues Datum der Firmengründung oder seiner Einreise nach Venezuela ist nicht in den für diese Arbeit konsultierten Quellen überliefert.

Wappäus hatte seinen Stiefsohn mit seinem Geld und seiner Unterstützung als Im- und Exporteur in La Guaira angesiedelt. Auf diese Weise richtete er seine eigene Agentur in La Guaira ein. In einem Brief[64] an Lorenzen wies er explizit auf seine

---

56   BANKO, Catalina: El capital comercial en La Guaira y Caracas (1821–1848), S. 45.
57   WALTER, Rolf: Venezuela und Deutschland (1815–1870), S. 134. Für diese Arbeit konnte leider nicht, wie es eigentlich angestrebt gewesen war, das Familienarchiv der Familie Blohm in Caracas eingesehen werden, um derartige Fragen zu klären. Die Familie Blohm verweigert schon seit Jahrzehnten jeglichen Zugang zum Archiv.
58   WALTER, Rolf: Los Alemanes en Venezuela, S. 157–158, 210–211.
       Für diese, von Rolf Walter nicht näher ausgeführten Behauptungen konnte bei den Untersuchungen für die vorliegende Arbeit jedoch weder Bestätigung noch Widerlegung gefunden werden.
59   Ders.: Venezuela und Deutschland (1815–1870), S. 134.
60   Ders.: Los Alemanes en Venezuela, S. 105.
       J. G. B. Siegert wurde später Geschäftspartner von A. H. Wappäus.
61   Der Name taucht in verschiedenen Varianten auf: Thomaschke, Thomaschcke, Thomaschecke. Es ist am wahrscheinlichsten, daß es Thomaschke heißen muß, da G. H. Wappäus selbst diese Schreibweise wählte. Vgl. StAH 621–1 Firma G. H. Wappäus Reederei 1, Korrespondenzbuch 25. Januar 1825 bis 23. November 1827, Brief vom 28.1.1825 an H. G. Thomaschke in Bautzen, S. 4.
62   WALTER, Rolf: Los Alemanes en Venezuela, S. 272.
63   BANKO, Catalina: El capital comercial en La Guaira y Caracas (1821–1848), S. 404.
64   SCHRAMM, Percy Ernst: Kaufleute zu Haus und Übersee, S. 361–364.

geleistete Hilfe hin. Bis zum 21. Lebensjahr des Sohnes habe er, der Vater, weder an Mühe, noch Unterricht gespart, um den Sohn auszubilden. Danach habe er ihm vier Jahre lang auf Reisen Geld gegeben, ohne etwas daran verdient zu haben. Durch seine Aufopferung habe er seinem Sohn Ansehen und Kenntnisse verschafft und den Weg gebahnt. Er wolle auch in Zukunft weiter so handeln, wenn der Sohn sich dessen als würdig erweise. Dies kann als Aufforderung verstanden werden, dem großzügigen Stiefvater nun auch von Nutzen zu sein. Wappäus fungierte als Berater für seinen Stiefsohn in La Guaira und versuchte so, auf die Geschäfte Einfluß zu nehmen. Er empfahl Offenheit im Umgang mit Kunden und Freunden, eine zügige Abwicklung von Geschäften, warnte vor langer Lagerung der Waren und riet zu schnellem Entschluß. Seine Ratschläge in bezug auf den Umgang von Kompagnons untereinander halfen nicht viel, die Partnerschaft des Stiefsohns brach nach nur wenigen Monaten auseinander. Der Vater hatte diesbezüglich Treue, Offenheit, Rechtschaffenheit, ein gutes Beispiel in häuslichen und privaten Angelegenheiten, gegenseitige Achtung und Beratung mit der Bereitschaft zu Kompromissen angeraten. Es ist anzunehmen, daß sich in diesem Brief die Maximen des Firmenbegründers selbst widerspiegeln. Er war es wohl auch, der seinem Stiefsohn den Kompagnon gesucht hatte[65]. Hermann Thomaschke war offensichtlich der Sohn von H. G. Thomaschke in Bautzen, einem Geschäftspartner von G. H. Wappäus.

Für die Jahre zwischen 1825 und 1842 hat Walter Dupoy die in Sir Robert Ker Porters Tagebuch erwähnten Deutschen in Venezuela aufgelistet[66]. Rolf Walter vervollständigte diese Liste. In ihr sind zwei Personen direkt der Familie Wappäus zugehörig: J. W. A. Lorenzen und A. H. Wappäus. G. B. Sprotto gehörte als Schwager Lorenzens im weiteren Sinne zur Familie[67]. Desweiteren sind von den aufgelisteten Personen elf mit der Familie in Verbindung zu bringen. Hermann Thomasch-

---

65 StAH 621–1 Firma G. H. Wappäus Reederei 1, Korrespondenzbuch 25. Januar 1825 bis 23. November 1827, Brief vom 28.1.1825 an H. G. Thomaschke in Bautzen, S. 4.

66 WALTER, Rolf: Venezuela und Deutschland, S. 134.
Fett gedruckt sind nachfolgend die Namen derjenigen, zu denen J. W. A. Lorenzen zu Lebzeiten des G. H. Wappäus Kontakt hatte. Kursiv sind die Namen der Personen, die A. H. Wappäus später persönlich kennenlernte. Unterstrichen sind diejenigen, die später Kunden des A. H. Wappäus wurden:
Blohm, Braun, Deeg, Eggers, Förste (Foerste), Freudenthal, Feldt, Gramlich, Grönning, Groth, Hart, Hauser, Hayken, Heyermann, der „unechte" Baron Humboldt, Jahn, Jung, Koegel, Keppel, Lamb, Lancau, Meyer, Möller, Mozür, Mormon, Overmann, Raynel, Retemeyer, Rosenberg, Scheil (Schael), **Strohm**, von Grabenhorst, von Uslar, Witten, Wolff.
Mit folgenden Namen vervollständigte Rolf Walter die Liste:
Alfred (Augusto Alfred), Bauch, Behn, Behren(d)s, Behrmad, Beste, Dittmer, Elbers, Estron, Feldmann, Fürgensen, *Geller*, Glöckler, Grau, Groning, Gunther, Hailer, Harrassowitz, Heinrich, Hoffmann, Johannes, Kellmann, Krohn, Krüchental (Krückental), Leborius, Levenhagen, Lind, **Lorenzen**, Meinhard, Miercken, Moller, Monch (*Mönch*), Mooyer, Münch, Oppenheimer, Passow, Radonich, Reinken, Rothe, Rühs, Schön, **Schwartz**, Siegert, **Sprotto**, Staegemann, Stahl, Tedtsen, Thoebel, Thomas, **Thomaschke**, Tornberger, Tresect, Urzinus, Wätjen, Wappäus, *Wuppermann* (Wüppermann), *Wulff*, D. Antonio Xedler.

67 AMRE, Archivo Antiguo, Alemania, Consules de Venezuela en Hamburgo 1833–1840, Vol. 11, Folio 194. Vgl. IX. Anhang: 13. Korrespondenz in Konsulatsangelegenheiten, Dokument 13.

ke und J. W. A. Lorenzen waren Geschäftspartner gewesen. G. B. Sprotto war zeitgleich mit diesem in Venezuela gewesen, es ist daher anzunehmen, daß Lorenzen über Sprotto auch dessen Geschäftspartner Schwartz kennenlernte. Johann Friedrich Strohm war Lorenzens Agent in Caracas[68]. Behrends, Theodor Meinhard, Johann Gottlieb Benjamin Siegert, Adolf Wuppermann und Johann Wulff wurden später Kunden von A. H. Wappäus. Und Carl August Geller, Mönch, Adolf Wuppermann und Johann Wulff sollte dieser persönlich kennenlernen. Die Familie Wappäus muß also schnell und erfolgreich Kontakte im Venezuelahandel aufgebaut haben. Die allerersten Verbindungen zu Venezuela sind aufgrund der wenigen, bzw. nicht einsehbaren, Quellen[69] allerdings nicht nachzuvollziehen.

Schon am 30.11.1825 und am 7.12.1825 erschienen Anzeigen in der Zeitung *El Colombiano* in Caracas, welche die Auflösung der Partnerschaft der Firma Lorenzen & Thomaschke [sic] verkündete. In der Anzeige vom 7.12. 1825 informierte J. W. A. Lorenzen die Kundschaft darüber, daß er das Geschäft unter seinem Namen weiterführen werde. Wie aus den Anzeigen hervorgeht, war mit der Firma Lorenzen & Thomaschke, später nur noch mit J. W. A. Lorenzen, der Agent Johann Friedrich Strohm verbunden, der für Kontakte mit der Großstadt Caracas sorgte. Die Anzeigen erschienen auf spanisch und englisch. Das belegt die Internationalität der in Venezuela anwesenden Kaufmannschaft[70].

Beispielhaft sollen hier die bekannten Fakten über die mit Lorenzen verbundenen Kaufleute erläutert werden, um die frühen Jahre der ausländischen Kaufmannskolonie in Venezuela zu beleuchten. Über Lorenzens Anwesenheit in Venezuela ist nur noch bekannt, daß er 1832 zusammen mit einem Samuel Halle Konkurssyndikus der Gläubiger gegen einen Cayetano Mauri in La Guaira war. 1833 reiste Lorenzen aus Venezuela ab, und es gibt keine weiteren Nachweise, die auf eine spätere Tätigkeit im Lande hinweisen. Sein ehemaliger Partner Hermann Thomaschke tat sich im Februar 1826 mit Héctor MacDonald in Caracas als *MacDonald & Thomaschke* und in La Guaira als *Thomaschke & MacDonald* zusammen. Die zwei

---

68   HBNV, Mikrofilm, El Colombiano, C-44, 4.11.1823 – 29.11.1826, ppp 455–000J, El Colombiano, Caracas, 30.11.1825, Nr. 133.

69   Siehe Fußnote 56.

70   HBNV, Mikrofilm, El Colombiano, C-44, 4.11.1823 – 29.11.1826, ppp 455–000J, El Colombiano, Caracas, 30.11.1825, Nr. 133: „*Los abajo firmados tienen el honor de anunciar al público que la Compañia que hasta hoy ha existido bajo la firma de* **Lorenzen y Thomaschke** *queda sisuelto* [sic] *por mutuo con sentimiento y solamente seguirá para la liquidación de sus negocios. En Caracas continua como nuestro Agente el Sr. J. F. Strohm. J. W. A. Lorenzen, Herrm. Thomaschcke, La Guayra, Noviembre 15 de 1825.*"
„*The undersigned hereby notify the Public, that the co-partnership heretofore existing under the firm of* **Lorenzen & Thomaschke** *in this place, has this day been dissolved by mutual consent, and only continues for liquidation. In Caracas our agency remains in the hands of Mr. J. F. Strohm. J. W. A. Lorenzen, Herrm. Thomaschcke, La Guayra, November 15, 1825.*"
HBNV, El Colombiano, 7.12.1825, Nr. 134: In dieser Ausgabe werden die gleichen Anzeigen wiederholt gedruckt, haben jedoch folgenden Zusatz: „*... . Con referencia a la noticia de arriba, anuncio la continuación de mi establecimiento bajo mi nombre y firma de J. W. Lorenzen, La Guayra, Noviembre 15 de 1825.*" „*... . With reference to the above Notice, I beg leave to inform the public, that I continue my establishment under my own name. I. W. A. Lorenzen, La Guayra, November 15, 1825.*"

Gesellschaften lösten sich noch im gleichen Jahr auf. H. MacDonald kümmerte sich um die Liquidation. 1827 verließ Thomaschke Venezuela, und es ist nichts weiter über ihn bekannt[71]. Lorenzens Agent in Caracas, der Bremer Johann Friedrich Strohm, hatte sich 1822 in Caracas als Teilhaber von *Strohm & Gramlich* niedergelassen. Das Unternehmen agierte in Caracas und La Guaira. 1825 löste sich das Geschäft auf und J. F. Strohm tat sich mit A. G. Mooyer als *Strohm & Mooyer* in La Guaira zusammen. J. F. Strohm vertrat das Geschäft in Caracas, bei seiner Abwesenheit sprang der US-Amerikaner William Thomas für ihn ein. 1826 löste sich auch diese Verbindung und Strohm handelte nun unter *Strohm & Co.* in La Guaira und Caracas. Während dieser Jahre nahm er gleichzeitig die Agentur in Caracas für *Lorenzen & Thomaschke* war. 1830 verließ J. F. Strohm das Land und ging nach Baltimore. Er übernahm den dortigen Zweig des Familienunternehmens, dessen Hauptsitz in Bremen lag. Sein Bruder Christian Dietrich führte die Niederlassung in Venezuela weiter[72]. Nachdem J. F. Strohm ab 1827 Generalkonsul für Bremen in der Republik Kolumbien mit Sitz in La Guaira geworden war, fungierte er später in Baltimore als Konsul für Venezuela. Sein Bruder übernahm das Bremer Konsulat in La Guaira.

Der Agent von *Lorenzen & Thomaschke* ist ein Beispiel für die hohe Mobilität der hanseatischen Kaufmannschaft. An ihm zeigt sich auch, daß Agenturen zum Teil zusätzlich zu einem eigenen Geschäft übernommen wurden. Wie in den meisten Fällen kooperierte auch J. F. Strohm mit Kaufleuten anderer Nationalität.

Ein weiteres Beispiel für früh in Venezuela etablierte und mit der Familie Wappäus in Zusammenhang stehende Kaufleute ist Lorenzens Schwager, der Hamburger Kaufmann Gottlob Benjamin Sprotto. Er erhielt 1825 die Naturalisierung in Venezuela. In jenem Jahr war er Teilhaber von *Schwartz, Sprotto & Co.* in La Guaira und Caracas, einer Firma, die ihre Ware aus Hamburg erhielt. Die Firma importierte auch bearbeiteten Tabak aus Hamburg. Der Rohstoff war zuvor aus Venezuela in die Hansestadt exportiert und dort aufbereitet worden. Sprotto sandte auch konsignierte Ware auf englischen Schiffen nach Europa. 1825 veranstaltete das Haus eine Auktion in La Guaira. Im Februar 1826 bekam der Schotte Peter Murdock wegen vorübergehender Abwesenheit Sprottos die Genehmigung, *Schwartz, Sprotto & Co.* in Caracas und La Guaira zu repräsentieren. Das Direktorium der Geschäfte blieb währenddessen in Händen eines William Larke in Caracas. 1826 wurde Sprotto zum Handelsagenten Bayerns ernannt[73]. Die bekannten Daten über Sprotto bestätigen die Feststellung, daß der venezolanische Überseehandel schon in den 20er Jahren des 19. Jahrhunderts in ausländischer Hand war und daß die Kaufleute verschiedener Nationalitäten zusammenarbeiteten.

Insgesamt zeigen die Beispiele, daß die Firmen sich meist nur für kurze Zeiträume hielten und immer wieder neue Geschäftspartnerschaften eingegangen wurden. Die Handelsgesellschaften jener Jahre, fast ausschließlich in ausländischer Hand, waren aufgrund ihres spekulativen Charakters so instabil, daß sie manchmal

71   Diese Vorgänge lassen auf überhöhte und fehlgeschlagene Spekulationen in der Region schließen.

72   BANKO, Catalina: El capital comercial en La Guaira y Caracas (1821–1848), S. 404, 411–414.

73   Ebd., 410.

schon in weniger als einem Jahr zerbrachen. Viele dieser Gesellschaften ließen sich zuerst in Caracas nieder, von wo aus sie ihre Aktivitäten auf La Guaira konzentrierten oder sie etablierten sich an beiden Orten, um sich aber später definitiv in der Hafenstadt niederzulassen, wo der internationale Handel abgewickelt wurde. Meist brauchten diese Unternehmungen kein großes Startkapital. Die herrschende Gesetzgebung den Import betreffend, die auf Konsignation und offenem Kredit basierte, zudem flexible Fristen der Zahlung der Zollgebühren einräumte, machten einen Geschäftseinstieg einfach. So entstand Anfang der 20er Jahre fast ein Außenhandelsmonopol der ausländischen Kaufleute in La Guaira, während nur eine kleine Gruppe einheimischer Händler im Geschäft blieb[74]. Die ausländischen Kaufleute machten in La Guaira 85% und in Caracas 50% der Kaufmannschaft aus[75]. Dies bedeutet, daß in den 20er Jahren eine tiefgreifende Veränderung unter den Kaufleute stattfand. Europäische und nordamerikanische Kaufleute ersetzten Venezolaner und Spanier, die bis dahin den Handel dominiert hatten[76]. Eine weitere Welle von Niederlassungen folgte in den 30er Jahren. Konsul Blohm schrieb am 30.5.1838 an den Hamburger Senat, daß von 25 Handelshäusern in La Guaira über die Hälfte deutsch sei[77].

Damit einhergehend hatte es zum Zeitpunkt der ersten Niederlassungswelle, Mitte der 20er Jahre, eine entscheidende Veränderung im Im- und Exportgeschäft gegeben. Der Handel wurde nun im Gegensatz zur zweiten Dekade des 19. Jahrhunderts per Konsignation betrieben. Innerhalb von zehn Jahren hatten sich Kommunikationsstrukturen gebildet, die eine regelmäßige Korrespondenz über den Atlantik und damit gezielte Bestellungen ermöglichten. Dies war durch die vergleichsweise große Anzahl ausländischer Kaufleute, die sich in Venezuela niedergelassen hatten, möglich geworden. Innerhalb eines Jahrzehnts hatte die nicht-venezolanische Kaufmannschaft ein Netzwerk aufgebaut, das den Atlantik überspannte. Damit hatten sie die einheimischen Konkurrenten aus dem Feld geschlagen, die über keine vergleichbaren Niederlassungen und Agenturen in Europa verfügten.

Die Ausländer in Venezuela bildeten meist Handelsgesellschaften untereinander. Dabei blieben die Nationalitäten jeweils unter sich oder bestimmte Nationalitätengruppen taten sich bevorzugt zusammen. So gab es oft die englisch-nordamerikanische Gesellschaft, Holländer, Deutsche und Dänen taten sich zusammen und die Deutschen standen auf gutem Fuß mit den Engländern. Die Franzosen dagegen hielten sich zumeist separat. Verbindungen mit Venezolanern waren selten, sie wurden am ehesten von Engländern in Caracas eingegangen, wo dies auch politische Vorteile haben konnte, während eine solche Konstellation in La Guaira so gut wie nicht vorkam[78].

74   BANKO, Catalina: El comercio en La Guaira y Caracas, S. 155–156.
75   BERNECKER, Walther L.: Die Handelskonquistadoren, S. 459.
     Das gleiche Phänomen konstatierte Bernecker auch für Mexiko. Auch dort waren kurz nach der Unabhängigkeit die großen Im- und Exporthäuser in Mexiko Stadt und diversen Hafenstädten in ausländischer Hand oder, dies im Gegensatz zu Venezuela, ausländisch-mexikanische Partnerschaftsunternehmen.
76   BANKO, Catalina: El capital comercial en La Guaira y Caracas (1821–1848), S. 117.
77   WALTER, Rolf: Venezuela und Deutschland, S. 134.
78   BANKO, Catalina: El comercio en La Guaira y Caracas, S. 158–159.

Die Kaufleute in Venezuela gliederten sich im 19. Jahrhundert in mehrere Schichten. Die oberste Rangstufe war die der Im- und Exporteure, auch *alto comercio* genannt. Dieser Handel wurde seit den 20er Jahren von Ausländern beherrscht. Sie kauften Waren auf dem internationalen Markt an und verkauften die venezolanischen Produkte ins Ausland. Sie stellten die direkte Verbindung Venezuelas mit dem Weltmarkt dar. Sie verfügten über monetäres Kapital und konnten Kredite gewähren. J. W. A. Lorenzen ist am ehesten dieser Gruppe zuzuordnen. Eine Stufe darunter befanden sich die Zwischenhändler, die meist in Caracas oder anderen Binnenstädten ansässig waren. Zu diesen gehörten Großhändler und Agenten der Im- und Exporthäuser, wie auch solche Agenten, die Produkte der Großgrundbesitzer für den Weitertransport nach La Guaira aufkauften. Auch dieses Geschäft war vorwiegend in ausländischer Hand. Die unterste Schicht bildeten die Einzelhändler, die ihre Ware von Großhändlern oder Agenten bezogen[79]. In diesem Geschäftszweig agierten auch Venezolaner.

Die Kaufmannsreederei Wappäus ist atypisch, weil sie mit ihrer Größe fast alle anderen Hamburger Reedereien übertraf. Daraus resultierte, daß sie, was für die Zeit ungewöhnlich war, nicht nur eigene, sondern auch die Ware anderer Kaufleute beförderte. Damit war sie Vorreiter einer sich rasch verstärkenden Entwicklung, die im Verlauf des 19. Jahrhunderts stattfand. Die Kaufmannsreederei des beginnenden 19. Jahrhunderts, die ausschließlich eigene Ware transportierte, wurde allmählich von der Reederei als Transportunternehmen abgelöst, das ausschließlich fremde Ware beförderte. Jedoch noch gegen Ende des 19. Jahrhunderts sollte die Mischform, wie sie die Reederei G. H. Wappäus praktizierte, also die Beförderung eigener und fremder Ware, die vorherrschende Reedereipraxis bleiben, wie das Beispiel der Firma des Sohnes Adolph Heinrich zeigen wird.

Zwischen 1818, dem Jahr, in welchem das erste Schiff der Reederei G. H. Wappäus nach Westindien lief und 1824/25, dem Jahr, in dem der Eigner seinen Stiefsohn auf seine Kosten in La Guaira installierte, fand eine grundlegende Veränderung der Handelspraxis statt. Wurde in den allerersten Jahren die Ware noch ohne festen Konsignatar[80] verschifft, hatte sich schon um 1825 der Venezuelahandel derart gefestigt, daß der Konsignationshandel die übliche Geschäftsform geworden war. Das bedeutet, daß um 1818 noch kein kaufmännisches Netzwerk existierte, während es sieben Jahre später schon zumindest in kleinem Maßstab geschaffen worden war. Dies erreichten die Hanseaten durch die Niederlassung von Familienmitgliedern im Zielland, wie die Familie Wappäus verdeutlicht. Am Beispiel des Stiefsohns wird die schnell voranschreitende Vernetzung der Kaufmannschaft erkennbar. Die Zeit zwischen 1815 und 1825 war entscheidend für den Erfolg hamburgischer Kaufleute im Venezuelahandel. Eine genauere Untersuchung dieses Jahrzehnts wäre in Zukunft wünschenswert.

Die Hamburger Kaufleute gründeten vorrangig Firmen, die als Filialen von Häusern, die außerhalb Venezuelas saßen, agierten. So zum Beispiel *Strohm & Co.*, deren Hauptsitz in Bremen lag und Filialen in La Guaira und Baltimore unterhielt.

---

79 Dies.: El capital comercial en La Guaira y Caracas (1821–1848), S. 114–116.
80 Empfänger von Waren zum Weiterverkauf.

Eine weitere Variante bildeten Zweigfirmen von Familienmitgliedern, die als Agenten und Konsignatare für die Familienfirma in Europa oder den Vereinigten Staaten tätig waren[81]. Dies war bei der Familie Wappäus der Fall. Strategien dieser Art waren schon im 17. Jahrhundert üblich.

Anhand dieser Familie wurde auch exemplarisch die Bedeutung der ausländischen Kaufmannschaft für das Land Venezuela deutlich, wie auch die Kooperation der Kaufleute verschiedener Nationen untereinander, die der Kaufmannschaft einen festeren Stand in einer instabilen Umgebung sicherte. Durch die Vernetzung und Kommunikation von Kaufleuten untereinander wurde erst der risikoärmere und marktspezifisch orientierte Konsignationshandel möglich. Die in diesem Kontext bedeutsame Vernetzung der ausländischen Kaufmannschaft in Venezuela, die in den 1820er Jahren begann, soll im folgenden Abschnitt genau untersucht werden.

---

81   BANKO, Catalina: El capital comercial en La Guaira y Caracas (1821–1848), S. 345.

IV. Die Interimsjahre: Kaufmännische Aktivitäten Angehöriger der Familie Wappäus im Ausland (1836–1857)

1. Verbindungen der Familie Wappäus zu deutschen Kaufleuten im karibischen Raum

Neben den unter anderem in Abschnitt II. behandelten quantitativen Aspekten des Überseehandels und den exogenen Einflüssen auf diesen, waren Strategien der Kaufleute, mit denen sie sich im Handel zu etablieren und halten suchten, ein wesentlicher Punkt, der über Erfolg und Mißerfolg im Überseegeschäft entschied. Zentrale Strategie war die Bildung und Erhaltung von Netzwerken[1]. In den folgenden Kapiteln soll dieses Phänomen aus verschiedenen Blickwinkeln untersucht werden. Ausgangspunkt der Studie ist die Gemeinde der Deutschen in Venezuela. Im Mittelpunkt der Forschungen stehen hier exemplarisch die einzelnen Mitglieder der Familie Wappäus und ihre Firmen[2]. Das Hauptaugenmerk ruht auf Fragen nach Aufbau und Einbindung in Händlernetzwerke, sowie der Positionierung der Kaufleute innerhalb derselben.

Netzwerke unterscheiden sich von anderen Formen der sozialen Organisation, welche nach W. W. Powell in drei Hauptsektoren geteilt werden können[3]: Netzwerke, Märkte und Hierarchien. Hierarchische Organisationen wie zum Beispiel Regierungen, werden im Gegensatz zu Netzwerken von geschriebenen Regeln bestimmt. Netzwerke dagegen richten sich nach Routine, Bräuchen und Gewohnheiten, d. h. eher nach informellen Nomen. Mitglieder eines Netzwerkes erfahren seine Regeln in ihrer Familie oder auch in der firmenbezogenen Ausbildung. Ansehen und Vertrauen spielen die wichtigste Rolle bei Errichtung und Erhaltung von Netzwerkbeziehungen. Formelle hierarchische Strukturen bestehen nicht. Der Unterschied zwischen Markt und sozialem Netzwerk ist nach Powell in erster Linie die Indifferenz sozialen Kontakten gegenüber auf dem Markt. Insgesamt kann der frühe moderne Handel als eine Reihe sich überlappender sozialer Netzwerke angesehen werden[4].

Soziale Netzwerke haben nach Powell drei Schlüsselfunktionen: Die erste ist der Austausch: Es können soziale, ökonomische und kulturelle Güter ausgetauscht

---

1   Grundsätzliche Überlegungen zur Bedeutung von Netzwerkverbindungen in einem von keiner übergeordneten Organisation geschützten und organisierten Handel siehe bei ROSEVEARE, Henry G.: Merchant Organization and Maritime Trade in the North Atlantic, 1660–1815: Some Reflections, in: JANZEN, Olaf Uwe (Hrsg.): Merchant Organisation and Maritime Trade in the North Atlantic, 1660–1815, St. John's / Neufundland 1998 (Research in Maritime History, Nr. 15), S. 259–267.

2   Bei diesen handelte es sich um die Firmen Lorenzen & Thomaschke und J. W. A. Lorenzen in La Guaira, Wappäus Ripke Ltd. in New York und Wuppermann & Co. in Angostura.

3   POWELL, W. W.: Neither Market nor Hierarchy, S. 5.

4   MÜLLER, Leos: Merchant Houses of Stockholm, S. 42.

werden. Zum Beispiel sind Informationen austauschbar. Durch den Austausch sollen Vertrauen und Verpflichtungen geschaffen werden. Eine zweite Schlüsselfunktion sind Ausschluß und Erhaltung: Soziale Netzwerke schließen andere Personen und Gruppen aus. Nur wenige können an ihnen partizipieren. Die Gruppe definiert sich durch Vermögen, besondere Wohnorte, Sprache, Kleidung, Interessen oder Titel. Die gleiche Ausschlußfunktion ist auch bei isolierten ethnischen oder religiösen Gruppen zu finden. Die Ausschlußgrenze verläuft immer horizontal und nie vertikal. Die Funktion des Ausschlusses dient auch der Erhaltung des Netzwerkes. Netzwerke tendieren zu Autarkie und existieren über lange Zeitspannen. Der Aufbau eines sozialen Netzwerkes ist eine teure und langwierige Angelegenheit, so daß alle Beteiligten ein Interesse an dessen Erhaltung haben. Als dritte Schlüsselfunktion ist Reproduktion zu nennen: Aus den gleichen Gründen, aus denen Familien danach streben, sich zu reproduzieren, tun dies auch soziale Netzwerke[5]: Vermögen, Titel und Lebensweise sollen erhalten werden. Alle drei Funktionen sind auf Stabilität, Kontinuität und Risikobegrenzung ausgerichtet. So ist die Erstellung eines Netzwerkschemas geeignet, um nachzuvollziehen, wie Kaufleute ihre Position zu erhalten und zu verbessern suchten[6].

Netzwerke können morphologisch charakterisiert werden: Zentrum, Erreichbarkeit, Reichweite und Dichte stehen hier im Mittelpunkt. Das Zentrum ist im Falle einer Firmenstudie die Firma selbst, davon ausgehend wird untersucht, auf welche Weise die Mitglieder des Netzwerkes einander erreichen können. Die Erreichbarkeit ist größer, wenn sich die Mitglieder gegenseitig direkt erreichen können und nicht den Weg über Dritte nehmen müssen. Die Dichte zeigt, wie intensiv die Verbindungen sind. Je dichter das Netzwerk, desto mehr Mitglieder haben direkten Kontakt zueinander. Die Reichweite des Netzwerkes ist um so größer, je mehr Mitglieder direkten Kontakt zum Zentrum haben.

Das Netzwerk kann auch inhaltlich charakterisiert werden. Es ist zu untersuchen, ob die Verbindungen auf Verwandtschaft, Freundschaft, gemeinsamen ökonomischen Interessen, Beruf, Religion, Geschlecht oder anderem mehr beruhen. Anhand dieser Kriterien können Beziehungen als uni- oder multilateral eingestuft werden. Bei ersterem haben die Relationen nur eine der genannten Charakteristiken gemeinsam, in letzterem teilen sie zwei oder mehr Charakteristika. Generell sind multilaterale Verbindungen stärker als unilaterale zu bewerten. Direktheit ist ein weiterhin zu untersuchendes Charakteristikum. Dabei ist zwischen einseitigen und reziproken Beziehungen zu unterscheiden. Des weiteren ist auf die Haltbarkeit der Beziehung zu achten. Verwandtschaft zum Beispiel läßt auf längere Haltbarkeit einer Beziehung schließen. Die Häufigkeit der Kontakte der Netzwerkmitglieder untereinander, wie auch die Intensität der Beziehungen, welche sich darin ausdrückt, ob die Mitglieder ihre Verpflichtungen erfüllen und die Regeln des Netzwerkes befolgen, sind weitere Charakteristika. Zusammengenommen können alle diese Kri-

---

5   HASSELBERG, Ylva; MÜLLER, Leos; STENLÅS, Niklas: History from a Network Perspective, S. 4.
6   MÜLLER, Leos: The Merchant Houses of Stockholm, S. 33–35.

terien als für den Handel unerläßliche Eigenschaften gesehen werden[7]. Das wappäussche Netzwerk soll auf sie hin untersucht werden[8].

Die Handelsbedingungen waren im frühneuzeitlichen Handel so riskant, daß persönliche Bande die Voraussetzung für Handel waren[9]. Kaufleute pflegten ihre Beziehungen zueinander mit großem Engagement, ökonomische Interessen wurden mit Freundschaft und Verwandtschaft verbunden. Händlernetzwerk und soziales Netzwerk überschnitten sich in weiten Teilen. Einem engen innerstädtischen Netzwerk[10] stand das weit gefächerte außerstädtische Netzwerk gegenüber, das für den Handel unerläßlich war[11] und das hier untersucht werden soll. Mitglieder eines Händlernetzwerkes waren sich bewußt, daß der Kontakt zu ihnen abgebrochen werden konnte, wenn andere Kaufleute bessere Bedingungen boten. Trotzdem waren Händlernetzwerke recht stabil, denn neue Verbindungen verursachten Kosten und neue Unsicherheiten[12].

1867 lebten in Caracas circa 500 und im gesamten Venezuela ungefähr 1.500 bis 1.600 Deutsche. Die meisten von ihnen waren Norddeutsche aus den Hansestädten[13]. Nur selten ist es möglich, Hamburger auch als solche zu identifizieren. Darum soll im weiteren von Deutschen die Rede sein. Im Einzelfall, wo es möglich ist, werden genauere Herkunftsangaben gemacht.

Die deutschen Kaufleute waren vom Beginn der 20er Jahre des 19. Jahrhunderts an stark unter den ausländischen Kaufleuten in Venezuela vertreten. Ihre Position festigte sich immer mehr, so daß sie bis in die zweite Hälfte des 19. Jahrhunderts den größten Teil des englischen Marktanteiles übernehmen konnten. Nach der Unabhängigkeitserklärung des Landes war der Zustrom deutscher Firmen nach Venezuela so stark, daß schon in den 30er Jahren die englische Vorherrschaft im dortigen Handel gebrochen wurde. Das deutsche Firmenpersonal kam zunächst wohl großenteils von dem Handelszentrum St. Thomas, der dänischen Insel, wo viele deutsche Firmen Niederlassungen hatten. Von hier aus gründeten sie Zweigstellen

---

7   Ebd., S. 223.
8   BERNECKER, Walther L.: Die Handelskonquistadoren, S. 482–483.
    In seiner Studie ging auch BERNECKER davon aus, daß die den Interaktionen von europäischen Händlern zugrundeliegenden sozialen Verflechtungen wesentlich zum Verständnis der erfolgreichen Operationsweise dieser Handelsunternehmen sind. Er unterscheidet vier Beziehungstypen: Verwandtschaft, Landsmannschaft, Freundschaft, Patronage. Verwandtschaft ist für BERNECKER der wichtigste Beziehungstyp. Die Landsmannschaft unterteilt er in eine weitere Begriffsfassung, unter die die Zugehörigkeit zur gleichen Nationalität und eine engere, unter die die Herkunft aus der gleichen Landschaft fällt. Freundschaft hält Bernecker für schwer erfaßbar, da sie stark in die Bereiche Landsmannschaft und Nationalität falle. Als Patronage versteht er die Schutzgewährung eines Patrons einem Klienten gegenüber. Bis auf die Patronage werden in dieser Arbeit alle genannten Aspekte untersucht werden, ergänzt durch weitere Faktoren.
9   NORTH, D. C.: Institutions, S. 27–35.
10 Zum innerstädtischen Netzwerk siehe Kapitel V.2..
11 MÜLLER, Leos: The Merchant Houses of Stockholm, S. 221.
12 SNEHOTA, Ivan: Notes on a Theory. HÅKANSSON, Håkan, SNEHOTA, Ivan (Hrsg.): Developing Relationships in Business Networks.
13 WALTER, Rolf: Los Alemanes en Venezuela, S. 161.

auf dem Festland[14]. Generell wird angenommen, daß sich die Engländer in dieser Zeit stärker auf ihre eigenen überseeischen Besitzungen konzentrierten und sich aus anderen Gebieten zurückzogen. Beim Rückzug der Engländer aus Venezuela mag auch der Guayanakonflikt[15] eine Rolle gespielt haben[16]. In das in Venezuela entstehende Vakuum drängten deutsche Kaufleute. Sie übernahmen Geschäfte, die bisher von Engländern getätigt worden waren· Ein großer Teil englischer Waren wurde von deutschen oder auch Kaufleuten anderer Nationalität nach Venezuela importiert. Ab Mitte des Jahrhunderts kam es zu einem deutlichen Wachstum deutscher Handelshäuser in Venezuela[17]. Die Engländer konnten sich nicht behaupten, obwohl ihnen direkt nach den Unabhängigkeitskämpfen Sonderrechte im Handel die Unterstützung mit Soldaten und Krediten entlohnten. So hatten sich einige englische Veteranen aus der venezolanischen Armee als Kaufleute niedergelassen. Auch Deutsche hatten in Großkolumbien gekämpft. Unter ihnen waren die Hannoveraner die größte Gruppe. Inwieweit diese auch Handel trieben, ist unklar. Nach den Kämpfen etablierten sich jedoch auch einige dieser deutschen Soldaten im Land in Gewerbe und Handel. So waren in den 1820er Jahren des 19. Jahrhunderts deutsche Kaufleute fest in der Region um Caracas etabliert, die wohl aus der Armee stammten, und beteiligten sich am Handel. Am häufigsten war unter den deutschen Firmen die Unternehmensform der *compañía personal* anzutreffen, eine offene Gesellschaft, in welcher einer der Teilhaber sich um die Geschäfte im Hafen von La Guaira kümmerte und der andere in Caracas für gute Verbindungen zu anderen Kaufleuten und Politikern in der Hauptstadt und im Hinterland sorgte[18]. Im Laufe der Jahre sollten sich deutsche Kaufleute jedoch neben dieser Form des Überseehandels in den verschiedensten Geschäftsarten und Unternehmensformen einrichten. Schon wenige Beispiele aus der späteren Kundschaft der in Hamburg ansässigen Firma A. H. Wappäus illustrieren das breite Spektrum der Tätigkeiten[19]. Theodor Meinhard betrieb zum Beispiel ein Hotel in Upata[20]. Anzeigen für das Etablissement ließ er in diversen Zeitungen drucken[21]. In Ciudad Bolívar besaß er ein Haus,

14 FRÖSCHLE, Hartmut (Hrsg.): Die Deutschen in Lateinamerika, S. 757.

15 In den 1850er Jahren entbrannte ein Grenzkonflikt zwischen Venezuela und England um Britisch-Guayana. Der Konflikt entstand mit der Entdeckung von Gold in diesem Gebiet und der Diskussion darüber, auf wessen Seite die Goldminen lägen.

16 WALTER, Rolf: Los Alemanes en Venezuela, S. 82.

17 PACHECO TROCONIS, Yolanda: Las casas comerciales extranjeras en Puerto Cabello, S. 288–306, 289–290.

18 WALTER, Rolf: Los Alemanes en Venezuela, S. 84, 98.

19 Siehe IX. Anhang: 14. Kunden des A. H. Wappäus.

20 GELDNER, Carl: Anotaciones de un viaje por Venezuela = Reiseaufzeichnungen aus Venezuela, Venezuela 1865–1868, Caracas 1998, S. 180.

21 FDB, Periodika, El Orden, Paz, Libertad, Progreso, Ciudad Bolívar, 31.1.1871, Nr. 381, Año II, Mes V. FDB, El Boletín Comercial, Diario de la tarde, Comercio, Política, Literatura, Variedades, Anuncios, Ciudad Bolívar, 30.1.1871, Nr. 2061, Año IX.
    „Hotel Meinhardt en Upata
    Recomiendo mi establecimiento a los viajeros, relacionados y amigos que van a las Minas de Oro de Nueva Providencia *y los que por algun tiempo deseen gozar* de los deliciosos aires de Upata. ... ...*el cuido de las bestias ... al modelo de las* caballerias reales de Prusia *dejará satisfecho al mas exigente viajero.“*

während sein Geschäft in Caracal ansässig war. Die Firma Hahn Schock & Co. warb für Kümmel[22] und die Gebrüder Frühstück für ihr Schuhgeschäft *A la bota colorada*[23]. Und in der gleichen Zeitung, in welcher Blohm Krohn & Co. warben, verkündete Hermann Courlaender in der Funktion eines Schatzmeisters des Staates neue Steuerabgabedaten für Minen. In diesem Falle hatte ein Deutscher also bereits eine öffentliche Funktion im Staate Venezuela inne.

Mitte des 19. Jahrhunderts, begannen die deutschen Kaufleute in Venezuela soziale Einrichtungen zu gründen. Im Jahre 1843 erschienen die *„Statuten des Hülfsvereins für Deutsche"*, in der Zeitung *El Venezolano*. Unter Punkt eins hieß es: *„1. Der Zweck dieses Vereins ist, nothleidende Deutsche in Caracas zu unterstützen*[24]. "

Dies zeigt, daß eine solche Einrichtung in den 1840er Jahren in Caracas notwendig wurde, weil die Anzahl der Deutschstämmigen in der Region bedeutend war. Zudem waren sie offensichtlich derart vernetzt, daß sie sich in einem Verein organisieren konnten und diesen als wünschenswert empfanden. Es gab also auch Deutsche, die einseitig auf die Hilfe von Landsleuten angewiesen waren. Diese fühlten sich durch Nationalität, eventuell auch Religion, es handelte sich oft um Protestanten in einem katholischen Land, Verwandtschaft und Beruf denen verpflichtet, die aus dem kaufmännischen Beziehungsgeflecht aus verschiedensten Gründen herausgefallen waren oder nie dort Eintritt gefunden hatten. Der Ausschluß anderer Nationalitäten und die selektive Hilfe lassen vermuten, daß auch notleidende Landsleute als potentielle Kandidaten für Erhalt und Reproduktion deutschen Kaufmannsvermögens und -ansehens in Venezuela betrachtet wurden. Wahrscheinlich verband sich mit einem karitativen Verein noch die Funktion der Erhaltung und Besserung der eigenen Reputation. Dies wäre als eine indirekte Investition in die eigene Position im kaufmännischen Netzwerk zu verstehen. Im Jahre 1852 entstand in Puerto Cabello der Club *El Recreo*[25], der älteste heute noch existierende Club Venezuelas, der eine bedeutende Funktion als Treffpunkt Deutscher innehatte und auch kulturelles Organ der Deutschen im Lande war. Ein solcher Club war Knotenpunkt der diversen persönlichen Kontakte der einzelnen Mitglieder. Er bot ein Forum für direkten und reziproken Austausch von Sozialem, Kulturellem und Ökonomischem. Neben den genannten Vereinszielen beider Clubs spielte sicher auch das gesellige Beisammensein unter Gleichgesinnten eine große Rolle[26]. Unter den Gründungsmitgliedern des Clubs in Puerto Cabello war auch Carl August Geller[27], der erste Arbeitgeber von A. H. Wappäus in Venezuela.

Georg Heinrich Wappäus, sein Vater, hatte um die Wende zwischen 18. und 19. Jahrhundert viele Jahre in den USA als Kapitän gearbeitet. Durch diese Tätig-

---

22 FDB, Periodika, El Orden, Paz, Libertad, Progreso, Ciudad Bolívar, 31.1.1871, Nr. 381, Año II, Mes V.
23 FDB, El Orden, Paz, Libertad, Progreso, Segunda Era, Ciudad Bolívar, 11.2.1874, Nr. 1121, Año VI.
24 HMANH, El Venezolano, Caracas, 17.1.1843, Nr. 153.
25 WALTER, Rolf: Los Alemanes en Venezuela, S. 165.
26 Im folgenden wird die Funktion von Feiern und Geselligkeit noch eingehender beleuchtet.
27 DUPOY, Walter: Venezuela en la época de Anton Göring, S. 97–108, 104–105.

keit kannte er wahrscheinlich Venezuela. Als er das Land kennenlernte, geschah dies noch vor der Niederlassung anderer Hamburgern in demselben. Aufgrund der mangelhaften Quellenlage ist über seine Beziehungen zu dort ansässigen Kaufleuten jedoch nichts genaues bekannt.

Im Rijksarchief Den Haag war es lediglich möglich, die Namen der curaçaoschen Handelspartner der Wappäus als großen Familien aus Niederländisch-Westindien zugehörig zu identifizieren. Das Gesellschafts- und Handelsleben der Insel wurde über Generationen hinweg von einer Gruppe einflußreicher Familien bestimmt. Mit den Brachi, de Lima, van der Dys, Morón, Winkel und Baiz, welche zu dieser Elite gehörten, stand zumindest nachweislich die Firma A. H. Wappäus in Kontakt[28]. In den holländischen Dokumenten findet sich jedoch nichts über diese Verbindungen, die Namen der curaçaoschen Elite tauchen in den Quellen interessanterweise nur im Zusammenhang mit Politik und Verwaltung auf. Feststellen läßt sich also nur, daß Adolf Heinrich Wappäus mit den führenden Familien der niederländischen Insel in Handelskontakt stand. Im *Curaçaoschen Courant*, der größten Zeitung der Insel, findet sich einzig ein Hinweis, der auf einen eventuellen Handelsagenten seines Vaters hinweist: Am 18.8.1827 ist eine Anzeige in der Zeitung zu finden, in der auf der Georg Heinrich Wappäus gehörenden *Alexander* unter Kapitän J. N. Martens, Fracht- und Passagiertransport nach Hamburg angeboten wurde. Interessenten sollten sich an einen gewissen C. A. Zeppenfeldt wenden[29]. Über diesen ist jedoch nichts weiteres bekannt. In welcher Art von Verbindung G. H. Wappäus mit diesem Herrn stand, ist ungewiß.

Über die Etablierung des kaufmännischen Netzwerkes der Firma G. H. Wappäus gibt das Firmenarchiv nur wenig Auskunft. Folgende Fakten sind sicher: G. H. Wappäus hatte trotz seiner Auslandsaufenthalte und seines für damalige Verhältnisse weit vom Geburtsort entfernten Wohnsitzes in Hamburg nicht den Kontakt nach Plaatenlaase und zu seiner Verwandtschaft verloren. Auch diese Verbindung nutzte er für sein Geschäft. Er korrespondierte mit einem Herrn Johann Christoph Wappäus in Plaatenlaase bei Dannenberg über Holzlieferungen nach Hamburg[30]. Darüber hinaus lassen sich die familiären Beziehungen des Firmengründers nicht mehr rekonstruieren. Genauere Informationen lassen sich jedoch über seinen Stiefsohn Johann Wilhelm Alexander, der sich um 1825 mit der finanziellen Unterstützung seines Stiefvaters mit der Firma Lorenzen & Thomaschke in La Guaira niedergelassen hatte, ausfindig machen[31]. J. W. A. Lorenzen gehörte zur ersten Generation der hanseatischen Firmeninhaber auf dem venezolanischen Festland. Nicht nur, daß sein Stiefvater seine Etablierung finanziert hatte, über diesen war er auch zu seinem Geschäftspartner Hermann Thomaschke gekommen. Jener war Sohn des H. G. Thomaschke in Bautzen, eines Geschäftspartners des G. H. Wappäus[32]. So-

28   Siehe IX. Anhang: 14.b) Kundenliste alphabetisch nach Firmensitz geordnet.

29   ARA, Archieven van Curaçao, Bonaire en Aruba na 1828, Inventarisnummer: 1275, De Curaçaosche Courant 1826 und 1827.

30   StAH 621–1 Firma G. H. Wappäus Reederei 2, Korrespondenzbuch 17. November 1827 bis 10. Dezember 1830, S. 425.

31   BANKO, Catalina: El capital comercial en La Guaira y Caracas (1821–1848), S. 404.

32   StAH 621–1 Firma G. H. Wappäus Reederei 1, Korrespondenzbuch 25. Januar 1825 bis 23. November 1827, Brief an H. G. Thomaschke, Bautzen, 28.1.1825, S. 4.

mit war Lorenzen indirekt auch mit Thomaschke in Bautzen verbunden. Zwischen Lorenzen und seinem Stiefvater bestand nicht nur eine verwandtschaftliche Verbindung, sondern es gab auch gemeinsame ökonomische Interessen, die auf dem gleichen Beruf basierten. G. H. Wappäus hatte damit eine verläßliche Bezugsperson in Venezuela installiert, von der die Familie mehrfach Nutzen hatte. Die Beziehung war durch häufigen Kontakt gekennzeichnet. In Briefen an seinen *lieben Sohn* trug der Stiefvater durch Ratschläge Sorge, daß seine Investition nicht verloren ginge, sich erhielte und stärke und dem Zweck der familiären Gewinnmehrung und Reproduktion diene[33]. Lorenzens Schwager G. B. Sprotto[34] war zeitgleich mit diesem in Venezuela gewesen, es ist daher anzunehmen, daß Lorenzen über Sprotto auch dessen Geschäftspartner Schwartz kennenlernte. Innerhalb Venezuelas war also eine verwandtschaftliche, direkte Beziehung vorhanden, über die zuerst indirekte, später vielleicht direkte Kontakte erwuchsen. Der Agent der Firma Lorenzen & Thomaschke, später nur noch von J. W. A. Lorenzen, war Johann Friedrich Strohm, der für Kontakte in der Großstadt Caracas sorgte. Allen erwähnten Verbindungen ist gemeinsam, daß es sich bei ihnen unter anderem inhaltlich um Beziehungen mit gemeinsamen ökonomischen Interessen, gleicher Nationalität und gleichem Beruf handelte. Annähernd alle waren direkt, reziprok und dienten dem Austausch materieller und sozialer Güter. Genaueres über Geschäftsverbindungen Lorenzens ist nicht bekannt. Um 1833 verließ er Venezuela und kehrte nach Hamburg zurück, wo er sich mit einem Partner unter der Firma Lorenzen & Dreyer etablierte.

Sein Stiefbruder Adolph Heinrich sollte 1841 nach La Guaira kommen, als die deutschen Händler schon zur führenden überseeischen Kaufmannsgruppe in Venezuela gehörten. Vorher hatte dieser jedoch seine Auslandsjahre, wie sein Vater, in den USA begonnen. Die bewegten und ereignisreichen Jahre dieses Kaufmanns in Übersee sind exemplarisch für die Hamburger Kaufmannschaft des 19. Jahrhunderts. Viele Jahre, nachdem A. H. Wappäus sich in Hamburg niedergelassen hatte, schrieb er an seinen Geschäftsfreund Cristiano Vicentini, den er in Venezuela kennengelernt hatte und der selbst in seine Heimatstadt Verona zurückgekehrt war, daß er, A. H. Wappäus, mit 18 nach New York gegangen und vollkommen auf sich selbst gestellt gewesen sei. Sein Vater habe ihm in nichts geholfen. Er habe alles von seinem Gehalt selbst bezahlen müssen, Unterkunft und Essen inklusive. Sein Vater habe ihm geschrieben, er könne auf keinen Centavo von ihm rechnen, obwohl dieser reich gewesen sei. Dafür sei er seinem geliebten Vater unendlich dankbar[35]. Bevor A. H. Wappäus in die USA gegangen war, hatte er in Hamburg in einem Kontor gearbeitet. Auch zu jenem Zeitpunkt bekam er kein Geld von seinem Vater,

33 StAH 621–1 Firma G. H. Wappäus Reederei 1, Korrespondenzbuch 25. Januar 1825 bis 23. November 1827, Brief an Lorenzen & Thomaschke, La Guaira, 1.2.1825, S. 6. StAH 621–1 Firma G. H. Wappäus Reederei 1, Korrespondenzbuch 25. Januar 1825 bis 23. November 1827, Brief an J. W. A. Lorenzen, La Guaira, 28.6.1825, S. 63.

34 AMRE, Archivo Antiguo, Alemania, Consules de Venezuela en Hamburgo 1833–1840, Vol. 11, Folio 194. Vgl. IX. Anhang: 13. Korrespondenz in Konsulatsangelegenheiten, Dokument 13.

35 StAH 621–1 Firma A. H. Wappäus 17b, Kopiebücher 1870–1877, Brief an Cristiano Vicentini, Verona, 27.1.1876, S. 381–382, spanisch.

wofür er ihm ebenfalls dankte[36]. In New York ließ er sich zusammen mit einem
anderen Hamburger, Theodor Ripke, mit der Firma Wappäus Ripke Ltd. nieder.
Woher A. H. Wappäus Ripke kannte, ist nicht bekannt. Inhaltlich waren sie durch
gleiche Heimatstadt, Beruf und ökonomische Interessen miteinander verbunden. In
jenen Jahren in den USA lernte A. H. Wappäus viel vom Land kennen. Sicher ist,
daß er in St. Louis, Cincinnati, Louisville, Buffalo, Pittsburgh, Baltimore, Boston
und Philadelphia war. Angesichts dieser Liste von Orten ist es anzunehmen, daß er
noch weitere Städte in den USA kannte. In den 1830ern war er nach eigenen Angaben auch häufig zwischen Liverpool oder Havre und Boston / New York hin- und
hergesegelt. Hier erwarb er die im Überseehandel notwendigen profunden Kenntnisse von der Segelschiffahrt. Außerdem lernte er auf diesen Fahrten den Industrie-
standort England kennen und knüpfte Kontakte für die später entscheidenden Geschäftsverbindungen zu diesem Land an[37]. A. H. Wappäus erwarb in jener Zeit sowohl Kenntnisse über die USA und England, als auch über das Transatlantikgeschäft im allgemeinen und vervollkommnete sein Englisch. Gleichzeitig diente die
Firma W. R. Ltd. seiner Familie in Hamburg als Partner im Nordamerikageschäft.
In den Aufzeichnungen zeigt sich, daß sowohl Vater Georg Heinrich[38], als auch der
Halbbruder J. W. A. Lorenzen mit seiner Firma Lorenzen & Dreyer, Geschäfte mit
W. R. Ltd. tätigten[39]. Wie nach La Guaira verfügte die Firma G. H. Wappäus in
Hamburg also auch nach New York über eine enge verwandtschaftliche Verbindung in die USA. Im Jahre 1836 verstarb G. H. Wappäus. A. H. Wappäus wurde in
der Erbschaftsangelegenheit von Johann Heinrich Dreyer, dem Geschäftspartner
seines Stiefbruders J. W. A. Lorenzen, ansässig am Großmarkt 16 in Hamburg, vertreten[40]. A. H. Wappäus verzeichnete in seinem Memorandum-Book die Liste der
Erbberechtigten, welche den inneren verwandschaftlichen Zirkel um den Verstorbenen ausmachten[41]. Doch schon im Börsenkrach von 1837 verlor A. H. Wappäus
nicht nur seine Firma, sondern auch die ganze Erbschaft seines Vaters. In dieser
Situation wandte er sich jedoch nicht dem Heimatland zu, sondern befand es für

36   StAH 621–1 Firma A. H. Wappäus 17d, Kopiebücher 1885–1890, Brief an José Afandor, Ci-
     udad Bolívar, 18.2.1889, S. 361, spanisch.
37   StAH 621–1 Firma A. H. Wappäus 17c, Kopiebücher 1877–1883, Brief an Unbekannt zwi-
     schen dem 30.10. und 12.12.1884, S. 468–469, englisch.
38   StAH 621–1 Archiv der Firma A. H. Wappäus 9, Memorandum-Book von A. Wappäus in Ci-
     udad Bolivar 1839–1857.
39   StAH 621–1 Firma A. H. Wappäus 9, Memorandum-Book von A. H. Wappäus in Ciudad Boli-
     var 1839–1857, S. 6–7.
40   StAH 621–1 Archiv der Firma A. H. Wappäus 9, Memorandum-Book von A. H. Wappäus in
     Ciudad Bolivar 1839–1857, S. 14–15.
41   StAH 621–1 Archiv der Firma A. H. Wappäus 9, Memorandum-Book von A. H. Wappäus in Ci-
     udad Bolivar 1839–1857.
     Erbvertrag der Familie Wappäus: Als Erbberechtigte des G. H. Wappäus unterzeichneten am
     17. April 1841 Johann Wilhelm Alexander Lorenzen, Stiefsohn des Verstorbenen; Caroline
     Margarete Hooge geb. Lorenzen, Ludwig August Alexander Hooge, Stieftochter und deren
     Mann; Anna Wilhelmine Knaak geb. Wappäus, Joh. H. Knaak, Tochter und deren Mann; Emi-
     lie Maria Elisabeth Wappäus, Tochter; Joachim Jacob Hülfs als Curator, Johann Ed. Wappäus
     Dr. phil. priv. Doz. zu Göttingen, Sohn; Joh. Heinr. Dreyer für den Sohn A. H. Wappäus in
     New York und die Witwe Sophia C. A. Wappäus, geb. Jörst.

vorteilhafter, im Ausland zu bleiben. Über das Datum der Ankunft in Venezuela müssen Zweifel bestehen. A. H. Wappäus legte 1839 sein sogenanntes Memorandum-Book an, das laut Archiv die Jahre 1839–1857 in Ciudad Bolívar beschreibt. Diese Angabe ist auf jeden Fall unkorrekt, da A. H. Wappäus die ersten zweieinhalb Jahre in Venezuela in Puerto Cabello arbeitete und erst anschließend nach Angostura ging[42]. In jenem Buch beschrieb A. H. Wappäus die Reise von New York nach La Guaira im Jahre 1841. Diese Angabe bestätigen auch venezolanische Zeitungen. Am 13.7.1841 lief die venezolanische Bergantin *Fénix,* unter Kapitän Simon Sardi, innerhalb von sechs Tagen aus New York kommend, in La Guaira ein. Unter den Passagieren war unter anderen ein A. Wippans verzeichnet. Es ist sicher, daß es sich hierbei um A. H. Wappäus handelte[43]. Es ist denkbar, daß A. H. Wappäus 1841 in geschäftlichen Angelegenheiten von Venezuela nach New York segelte. Merkwürdig erscheint, daß er diese Reise und nicht die erste, die ihn an die karibische Festlandküste brachte, ausführlich beschrieb. Es scheint, daß er 1839 nach Venezuela kam, wie die Datierung des Memorandum-Books nahelegt, wie auch die Feststellung von A. H. Wappäus selbst, daß er 17 Jahre lang in Venezuela verbracht habe, davon allein 14 in Ciudad Bolívar[44]. Da er sicher 1856 nach Hamburg zurückkehrte, ist es am wahrscheinlichsten, daß er 1839 nach Venezuela kam und 1842 nach Angostura ging.

Für seinen Neuanfang hatte A. H. Wappäus das Land ausgewählt, in welchem sein Vater seinen Stiefbruder etabliert hatte. Er beschrieb seine Eindrücke von La Guaira in seinem Memorandum-Book. Der Hafen von La Guaira sei nur eine offene Reede, die manchen Winden ungünstig ausgeliefert sei und die Landung gefährlich mache. Caracas liege ungefähr drei Leguas[45] entfernt, der Weg sei jedoch sehr beschwerlich[46]. In Anbetracht der Exotik dieses Ortes für den aus New York kommenden Hamburger Kaufmann fielen die Notizen erstaunlich trocken und unaufgeregt aus. Ein Mann in seiner verschuldeten Situation hatte nur mehr den Blick für die wesentlichsten Handelsmerkmale eines Ortes.

Wohl unter dem Eindruck des erlittenen Desasters legte A. H. Wappäus das schon zitierte Memorandum-Book an, das mit schriftlich niedergelegten Prinzipien für Kaufleute begann und als seine Firmenphilosophie bis ans Ende seines Lebens galt. Er feuerte sich selbst zum Durchhalten an. Gerechtigkeit, die pünktliche Einhaltung von Verpflichtungen, wohlüberlegtes Handeln, Selbstverantwortung und Diskretion sollten einen Geschäftsmann auszeichnen. Nie sollte das Vermögen überbelastet werden, Kurzzeitkredite seien solchen über lange Zeiträume vorzuziehen, eine gewissenhafte Buchhaltung und Ordnung seien essentiell. Der gute Kaufmann lebe sparsam und sei nur aus mitmenschlichen Motiven generös. Seine Niederschrift

---

42 Die Stadt Angostura wurde 1866 in Ciudad Bolívar umbenannt.
43 HMANH, El Venezolano, Caracas, 19.7.1841, Nr. 58 und El Liberal, Caracas, 20.7.1841, Nr. 279.
44 StAH 621–1 Firma A. H. Wappäus 17b, Kopiebücher 1870–1877, Brief an Federico Vicentini, Ciudad Bolívar, 13.7.1877, S. 493–494, deutsch.
45 1 Legua = spanische Meile = 20.000 Fuß = 5,5727 km. 3 Leguas waren also ca. 17 km.
46 StAH 621–1 Archiv der Firma A. H. Wappäus 9, Memorandum-Book von A. Wappäus in Ciudad Bolivar 1839–1857.

betreffend die Schuld, die einen Kaufmann trifft, wenn er im Bankrott auch noch den Bankrott anderer verursacht, war sicherlich nach seiner Erfahrung eine schwere Belastung in den folgenden Jahren der Schuldentilgung und ein Damoklesschwert für den Rest seines Lebens[47].

Die Geschäftsprinzipien zielten auf essentielle Strategien zum Aufbau und Erhalt kaufmännischer Verbindungen ab. Allererste Voraussetzung zum Aufbau von Kontakten war die, in diesem Falle, Wiederherstellung von Ansehen und Kredit durch Schuldentilgung und Beweis der Leistungsfähigkeit. Gerechtigkeit und Diskretion dienten dem Erhalt von Beziehungen. Beziehungen waren umso intensiver, je genauer die Verpflichtungen erfüllt wurden, ein Punkt, der zentral war in der Niederschrift von A. H. Wappäus. Um Verbindungen bestmöglich nutzen zu können, bemühte er sich zeitlebens um genaueste Buchführung und Ordnung in allen Dingen.

In den auf die Ankunft in Venezuela folgenden Jahren arbeitete A. H. Wappäus, um seine Schulden zu begleichen. Es war sein zweiter geschäftlicher Anlauf, den er als einfacher Kommis[48] begann. Als A. H. Wappäus von New York nach La Guaira ging, besaß er 100 US$. Sein Bruder Lorenzen habe ihm geholfen, dann Georg Blohm[49], schrieb er 41 Jahre später an seinen Sohn. Das Haus Blohm war 1835 in La Guaira gegründet worden, zusammen mit dem Partner Overmann unter dem Namen Overmann, Blohm & Co.. Gleichzeitig tat sich Georg Blohm in Puerto Cabello mit Partnern in dem Haus Overmann, Geller & Co. zusammen. Mit dem Tod Overmanns 1838 wurden die Firmen in G. A. Blohm & Co. und C. A. Geller & Co. respektive umbenannt[50]. Nachdem A. H. Wappäus in La Guaira angekommen war, arbeitete er zweieinhalb Jahre lang bei der Nachfolgefirma der letzteren, Geller & Co. Nachfolger, in Puerto Cabello. Diese Anstellung hat ihm wahrscheinlich sein Stiefbruder verschafft. Das Beziehungsgeflecht der Familie hatte ihn aufgefangen und war damit seiner Erhaltungsfunktion von Familie und Firma gerecht geworden. Danach wurde A. H. Wappäus von dem Hauptteilhaber dieses Hauses in Puerto Cabello, Georg Blohm, in Ciudad Bolívar etabliert[51]. Damit fand seine Tüchtigkeit 1842 Anerkennung, als er jüngster Teilhaber in der von dem Lübecker Großkaufmann Georg Blohm in Angostura am Orinoco in jenem Jahr gegründeten Han-

---

47 Siehe IX. Anhang: 19. Geschäftsprinzipien des A. H. Wappäus. Diese Prinzipien galten wahrscheinlich nicht für G. H. Wappäus, der als Neueinsteiger spekulativer und eventuell auch skrupelloser handeln mußte.

48 Handlungsgehilfe.

49 StAH 621–1 Firma A. H. Wappäus 17c, Kopiebücher 1877–1883, Brief an Georg Wappäus, Venezuela, 18.10.1880, S. 278–279, deutsch.

50 PACHECO TROCONIS, Yolanda: Las casas comerciales extranjeras en Puerto Cabello, S. 288–306, 290.

51 StAH 621–1 Firma A. H. Wappäus 17c, Kopiebücher 1877–1883, Brief an Elias Aranjo, Curaçao, 14.5.1882, S. 355–378, spanisch. Und StAH 621–1 Firma A. H. Wappäus 17e, Kopiebücher 1890–1904, Brief an Chr. Tams, Puerto Cabello, 4.3.1890, S. 1, deutsch. Frank BROEZE meint in „Unternehmertum und Liebhaberei", S. 43–44, A. H. Wappäus habe in einem deutschen Handelshaus in Caracas begonnen, was angesichts der zwei angeführten Briefe jedoch bezweifelt werden muß.

delsfirma Wuppermann & Co. wurde[52]. An dieser Firma waren weiterhin Adolph Wuppermann und Carl August Geller, sein ehemaliger Arbeitgeber, beteiligt[53]. Die wichtigste Tätigkeit der Firma war die Einfuhr von Waren aus Hamburg, wogegen die Rimessen[54] meist in Produkten wie Häuten, Kaffee, Kakao, Baumwolle oder Tabak, den wichtigsten Exportprodukten des Hafens[55], nach New York gesandt wurden. A. H. Wappäus erarbeitete sich in Ciudad Bolívar zwischen 1844 und 1856 200.000 Mark Banco, die sein Anfangskapital in Hamburg bildeten[56].

Bis 1846 hatte er für die Begleichung seiner Schulden gearbeitet. An einer Eintragung im Memorandum-Book vom 15.6.1841 läßt sich ersehen, daß die Firma Wappäus Ripke Ltd. bei Sophia C. A. Wappäus, der Mutter von A. H. Wappäus, hoch verschuldet gewesen war und Schritte unternahm, um diese Schulden zu begleichen. Hier zeigt sich die enge Verquickung der verschiedenen Firmen der einzelnen Familienmitglieder einer Kaufmannsfamilie im 19. Jahrhundert. Verwandtschaft als Stabilität garantierender gemeinsamer Nenner war ein Grundbaustein von kaufmännischen Relationen. Nicht nur die Mutter von A. H. Wappäus war an dessen Geschäft in New York beteiligt. Das gleiche galt auch für seinen Halbbruder und dessen Firma Lorenzen & Dreyer[57]. Diese Firma gehörte in der Zeit ihrer Existenz bis 1871 zu den größeren Reedereien Hamburgs. 1839 verfügte sie über vier Schiffe von insgesamt 328 Commerzlast. Lorenzen & Dreyer hatten ihre ersten Schiffe bei der Liquidation der Firma G. H. Wappäus nach dem Tode des Inhabers erworben. Im Jahre 1840 besaß Lorenzen & Dreyer mit der *Flora*[58], neben Joseph Holmes, der ein Schiff gleicher Größe besaß, das größte Schiff in Hamburg· In den vierziger Jahren hatte die Firma meist zwei bis drei Schiffe, von 1848 an vier, von 1850–1856 fünf, 1857 vier, von 1858–1866 zwei Schiffe und 1869–1871 ein Schiff. Es handelte sich dabei durchgehend um Schiffe, die an Größe nicht unwesentlich über dem Durchschnitt der damaligen Hamburger Reedereien standen[59].

Der Stiefsohn hatte also von seinem Vater profitiert und bot nach dessen Tod mit seiner eigenen Firma ein gewichtiges Standbein in Hamburg für seinen Stiefbruder in New York. Dieser verzeichnete in seinem Memorandum-Book Zahlungen unter der Rubrik *Amount voluntarily on my part agreed upon to pay him over and above the Compromise of W R Ltd.*[60]. Solche Zahlungen gingen nach Bremen und Hamburg. Nur die Hamburger Firma S. Herwig wurde in diesem Zusammen-

---

52 BANKO, Catalina: El capital comercial en La Guaira y Caracas (1821–1848), S. 397–398.
53 TAVERA-ACOSTA, B.: Anales de Guayana, Ciudad Bolívar 1914, S. 241–242. Der Autor meinte vermutlich irrtümlich, daß A. H. Wappäus im September 1843 nach Angostura gekommen sei.
54 Rimesse: a) Übersendung von Geld oder eines Wechsels, b) In Zahlung gegebener Wechsel.
55 PACHECO TROCONIS, Yolanda: Las casas comerciales extranjeras en Puerto Cabello, S. 288–306, 291.
56 BROEZE, Frank: Unternehmertum und Liebhaberei, S. 41–81, 43–44.
57 StAH 621–1 Firma A. H. Wappäus 9, Memorandum-Book von A. H. Wappäus in Ciudad Bolivar 1839–1857, S. 8–9.
58 Die *Flora* hatte 18 Commerzlast.
59 MATHIES, Otto: Hamburgs Reederei 1814–1914, Hamburg 1924, S. 58–59, 73.
60 StAH 621–1 Firma A. H. Wappäus 9, Memorandum-Book von A. H. Wappäus in Ciudad Bolivar 1839–1857, S. 215ff..

hang namentlich genannt. Hier handelte A. H. Wappäus nach seinen in das gleiche Buch eingetragenen Maximen und versuchte, die durch ihn verursachten Unannehmlichkeiten auszugleichen, um Ruf und Kredit wiederherzustellen, um ein kaufmännisches Netzwerk etablieren zu können und selbst in Netzwerke anderer Firmen aufgenommen zu werden. Neun Jahre nach dem Bankrott und sieben Jahre nach der Ankunft in Venezuela waren im Memorandum-Book am 12.8.1846 Zahlungen an Theodore [sic] Ripke eingetragen, welche mit der Bemerkung *in full Settlement with him, concern W R* (Wappäus Ripke Ltd., Anm. d. A.) abschlossen[61]. Dies muß ein Freudentag gewesen sein. Die Schulden des Bankrotts waren beglichen. Mit Theodor Ripke verband A. H. Wappäus ein freundschaftliches Verhältnis[62] bis zu dessen Tod im März 1899. Ripke war ebenfalls nach Hamburg zurückgekehrt, wo er auch starb[63].

Es war einem mittellosen Hamburger Kaufmann in Venezuela möglich gewesen, genug zu verdienen, um einen Bankrott zu begleichen und, wie dies bei A. H. Wappäus in Ciudad Bolívar als Teilhaber von Georg Blohm der Fall sein sollte, ein beträchtliches Vermögen zu bilden[64]. Ausgangspunkt waren schon bestehende indirekte Kontakte in der Region gewesen. Darauf lernte A. H. Wappäus das Land durch seine kaufmännische Tätigkeit selbst gut kennen. Er schrieb, daß er unter anderem in folgenden Orten gewesen sei: Puerto Nutrias, Barinas, Pedraza, Barcelona, Aragua, San Fernando de Apure, Calabozo, Valle de Curia, Victoria, Ocumare, Chaguaramas, Chagrasemal und Pao[65]. Vor allem die ersten Jahre waren sehr fordernd gewesen. A. H. Wappäus erinnerte sich, daß er viel gearbeitet und unzählige Male mitten im Winter draußen auf dem Felde vollkommen durchnäßt geschlafen habe. Doch sei er nie krank gewesen und habe nicht eine Stunde im Kontor gefehlt[66]. Ein Kaufmann mußte sich seinen Aufstieg hart erarbeiten. A. H. Wappäus erwarb in jener Zeit nicht nur ein Vermögen und knüpfte Kontakte, sondern der nüchterne Blick des verschuldeten jungen Mannes machte einer tiefen emotionalen Verbindung mit seinem Gastland und dessen Kaufleuten Platz, denen er sein Leben lang in Dankbarkeit verbunden blieb. Nicht nur, daß er dies wiederholt in Briefen äußerte, er blieb mit Spenden und Rat Venezuela verbunden. Daß A. H. Wappäus

---

61 StAH 621–1 Firma A. H. Wappäus 9, Memorandum-Book von A. H. Wappäus in Ciudad Bolivar 1839–1857, S. 213.
62 StAH 621–1 Firma A. H. Wappäus 15, Kassabücher Lit. B – D 1858–1903, b 1884–1894, Oktober 1888, S. 61 und Oktober 1891, S. 104.
63 StAH 621–1 Firma A. H. Wappäus 15, Kassabücher Lit. B – D 1858–1903, c 1894–1903, März 1899, S. 73.
64 StAH 621–1 Firma A. H. Wappäus 17c, Kopiebücher 1877–1883, Brief an A. Brachi, Curaçao, 27.4.1879, S. 182–185, spanisch.
65 StAH 621–1 Firma A. H. Wappäus 17e, Kopiebücher 1890–1904, Brief an Chr. Tams, Puerto Cabello, 4.3.1890, S. 1, deutsch.
    Die Reisetätigkeit des jungen Kaufmanns gibt Einblick in die Geschäftspraktiken deutscher Kaufleute im Venezuela des 19. Jahrhunderts. Die persönliche Anwesenheit vor Ort und Handelskontakte in entlegene Regionen waren Teil des Erfolgsrezeptes der deutschen Kaufmannschaft. Vgl. Kapitel IV.2..
66 StAH 621–1 Firma A. H. Wappäus 17e, Kopiebücher 1890–1904, Brief an Sabustio Gonzalez, Cúcuta, 20.8.1891, S.167, spanisch.

noch 1890, 33 Jahre nachdem er das Land verlassen hatte, um die Regelung einer
Streitigkeit unter Kaufleuten in Ocaña gebeten wurde, verdeutlicht, daß er ein bedeutendes Mitglied der Kolonie ausländischer Kaufleute in Venezuela gewesen war,
nach wie vor in engem Kontakt mit dieser stand, auch im Alter von 76 Jahren noch
auf der Höhe der Entwicklungen war und von anderen Kaufleuten geschätzt wurde.
Hier zeigt sich, daß es ihm gelungen war, ein beständiges Netzwerk zu errichten. Es
ging um eine Auseinandersetzung zwischen Henry Struß und Guillermo R. Quin,
ehemalige Geschäftspartner. Beide waren Kunden von A. H. Wappäus, der vermitteln sollte. Er schlug Struß vor, zwei oder drei angesehene *Gentlemen* in Ocaña, die
er benennen könnte, als Schiedsrichter einzusetzen. Denn Quin wollte nicht auf die
örtliche Justiz zurückgreifen, worin A. H. Wappäus ihn unterstützte, denn er vermutete, daß diese wie in Venezuela und überhaupt allen spanischen Ländern sei:
die Verfahren seien endlos, verschlängen sehr viel Geld und seien extrem defizi-
tär[67], meinte A. H. Wappäus. In diesen Briefen über die Uneinigkeit der ehemaligen
Partner spiegelt sich ein Stück des Alltags ausländischer Kaufleute in Übersee wider. Sie versuchten ihre Angelegenheiten unter sich mithilfe ihrer Beziehungen zu
regeln und nicht die Institutionen des Gastlandes in Anspruch zu nehmen. Kaufmännische Netzwerke sicherten sich also eine gewisse Autarkie und Unabhängigkeit vom Gastland. Es kam jedoch auch zu Brüchen in den Beziehungen. Dissonanzen unter den Kaufleuten kamen regelmäßig vor, oft auch in Form von Familien-
zwisten. Letztendlich blieben trotz aller Bemühungen, Beziehungen intensiv und
stabil zu erhalten, Konflikte und Fehlschläge nicht aus[68].

Neben seiner Funktion als Ratgeber ließ A. H. Wappäus Venezuela auch materielle Zuwendungen zukommen. Dabei sandte er nicht nur Bücherspenden an das
Colegio Nacional de Guayana in Ciudad Bolívar[69], sondern darüber hinaus schrieb
er am 30.12.1867 nach Ciudad Bolívar, daß er im Oktober in Paris gewesen sei und
sich nach dem Preis für eine Statue von Bolívar erkundigt habe. Schon lange habe
er sich mit dem Gedanken getragen, der Stadt Ciudad Bolívar aus Dankbarkeit und
Freundschaft für viele Jahre des Glücks und der Gesundheit eine Statue zu schen-
ken. Das habe sich nun jedoch als zu teuer erwiesen, er wolle jedoch viel beitragen
und habe sich in München nach einer Statue erkundigt. Er warte noch auf Antwort
von dort[70]. Am 29.1.1868 schrieb er in der Angelegenheit, daß über München ein
Italiener eine Statue des *immortal Bolívar* anfertigen könne. Wegen des Klimas und
der allgemeinen Haltbarkeit sei er, Wappäus, für Bronze[71]. Am 5.12.1869 konnte

---

67   StAH 621–1 Firma A. H. Wappäus 17e, Kopiebücher 1890–1904, Brief an Guillermo R. Quin,
        Ocaña, 8.10.1890, S. 62, spanisch.
68   StAH 621–1 Firma A. H. Wappäus 17e, Kopiebücher 1890–1904, Brief an Guillermo R. Quin,
        Ocaña, 23.4.1891, S. 134, englisch.
        A. H. Wappäus schrieb:
        „.... . *Having lived so long in South America I can judge what it means, to live in bad terms with
        one, whom one sees every day and more yet to whom one is related ... .* "
69   StAH 621–1 Firma A. H. Wappäus 17c, Kopiebücher 1877–1883, Brief an Ramón Montes,
        Rector del Colegio Nacional de Guayana en Ciudad Bolívar, 25.11.1878, S. 124–125, spanisch.
70   StAH 621–1 Firma A. H. Wappäus 17a, Kopiebücher 1863–1870, Brief an Tomás Machado,
        Ciudad Bolívar, 30.12.1867, S. 322, spanisch.
71   StAH 621–1 Firma A. H. Wappäus 17a, Kopiebücher 1863–1870, Brief an Tomás Machado,
        Ciudad Bolívar, 29.1.1868, S. 330, spanisch.

A. H. Wappäus verkünden, daß die Bolívarstatue unter seiner Erwähnung aufgestellt worden sei[72]. Der Autor der *Anales de Guayana* B. Tavera-Acosta irrte in diesem Zusammenhang offensichtlich: Er behauptete, daß 1867 in Ciudad Bolívar die Statue Simón Bolívars errichtet worden sei. Er listete in seinen Annalen die Spender der Statue auf. In Ciudad Bolívar gab die Regierung von Guayana 3.500[73], der Consejo Municipal de Heres gab 2.000, A. H. Wappäus gab mit 500 mehr als jede andere Privatperson. Juan Bautista Dalla Costa jr. gab 250, Blohm Krohn & Co. ebenfalls 250, Cristiano Vicentini 100. Es folgt bei Tavera-Acosta eine Liste über mehrere Seiten, in welcher sich der Betrag bis auf 1 senkt[74]. Die herausragende Summe, die A. H. Wappäus spendete, ist bemerkenswert. Keiner seiner Handelspartner, von welchen hier drei erwähnt wurden, gab annähernd so viel wie er. Es schien dem Autor der Annalen jedoch nicht bekannt zu sein, daß A. H. Wappäus Initiator und Organisator des Unternehmens gewesen ist. Nach erfolgreichem Abschluß der Errichtung der Statue beteuerte A. H. Wappäus abermals seine Verbundenheit mit Venezuela und Ciudad Bolívar, wo er die besten Jahre seines Lebens verbracht, sein Vermögen verdient und Freunde gefunden habe[75].

Diese Episode verdeutlicht mehrere Dinge: Die Spende kann sicher neben anderen Aspekten auch als Etablierung eines zusätzlichen Standbeines in Ciudad Bolívar gesehen werden. Neben den geschäftlichen Verpflichtungen, die A. H. Wappäus mit dem Ort verbanden, schuf er eine ideelle Verpflichtung der Stadt gegenüber dem Kaufmann in Hamburg. An diesem Beispiel zeigt sich, daß es Mitgliedern eines kaufmännischen Beziehungsgeflechts nicht nur möglich war, in geschäftlichen Angelegenheiten an einem Strang zu ziehen, sondern die Verbindung war so effektiv, daß ein Kaufmann zehn Jahre nachdem er den Ort des Geschehens verlassen hatte, noch eine große, nicht-geschäftliche Aktion mobilisieren konnte. Die Bedeutung des ehemaligen Gastlandes für den Werdegang des hamburgischen Kaufmannes wird hier unterstrichen. Die Verbindung mit dem Land und seinen Kaufleuten basierte eindeutig nicht nur auf Gemeinsamkeiten wie Beruf und ökonomischen Interessen, sondern hatte zusätzlich noch eine emotionale Komponente, die sich am deutlichsten in Freundschaften manifestierte, sich jedoch auch weniger greifbar einfach in positiven Gefühlen für vieles, was mit dem Gastland verbunden war, zeigte. In diesem Zusammenhang erwähnte A. H. Wappäus auch, daß er hoffe, eines Tages noch einmal nach Venezuela und in die USA reisen zu können. In den USA habe er seine Jugend verbracht und viele süße Erinnerungen hingen daran[76]. Nach Vene-

---

72 StAH 621–1 Firma A. H. Wappäus 17a, Kopiebücher 1863–1870, Brief an Cristiano Vicentini, Ciudad Bolívar, 5.12.1869, S. 417, spanisch.

73 Währung nicht angegeben.

74 TAVERA-ACOSTA, B.: Anales de Guayana, Ciudad Bolívar 1914, S. 275.

75 Ebd., S. 241–242. Der Autor schrieb über A. H. Wappäus und seine Rückkehr nach Hamburg 1856:
„... *durante el resto de sus días recordó siempre con verdadero cariño la época en que fué nuestro huésped, se regocijó con cuanto nos fué grato y sufrió penas con nuestras desgracias.*"
Leider ist nicht kenntlich gemacht, woher Tavera-Acosta diese Aussage nahm. Es scheint, als habe er Briefe von A. H. Wappäus gesehen. Es könnten also noch heute relevante Dokumente im Privatbesitz in Venezuela existieren.

76 StAH 621–1 Firma A. H. Wappäus 17a, Kopiebücher 1863–1870, Brief an Cristiano Vicentini, Ciudad Bolívar, 5.12.1869, S. 417, spanisch.

zuela kehrte er nie zurück, eine ausgedehnte Reise in die USA hingegen unternahm er noch in hohem Alter, ein erneuter Beweis seiner Agilität.

In die karibische Region schickte er statt dessen auf seine Kosten seine leitenden Angestellten. Im Jahre 1875 reiste sein oberster Angestellter Herr Kächler zu den West-Indies, wie A. H. Wappäus schrieb, einerseits wegen dessen Gesundheit und um persönlich die verschiedenen Firmen kennenzulernen, deren Geschäfte A. H. Wappäus in Hamburg abwickelte[77]. In jenem Jahr ereignete sich in Maracaibo ein schweres Erdbeben. Kächler kehrte noch einmal um, um in Maracaibo zu sehen, welchen Schaden das Erdbeben angerichtet hatte und wie es um die Kunden der Firma A. H. Wappäus bestellt war. Ein Kunde wurde vollkommen ruiniert. Dieser schuldete A. H. Wappäus noch viel Geld. A. H. Wappäus konnte oft nicht schlafen bei dem Gedanken an die Unsicherheiten in Venezuela: Revolutionen, Bürgerkrieg, Schikanen, Verfolgungen durch die Regierung und Erdbeben. Er überlegte oft, ob er nicht seine Geschäfte dort reduzieren solle[78]. Den Unwägbarkeiten mußte der Kaufmann ein Geflecht aus stabilen Kontakten entgegenstellen. Dem Erhalt und der Festigung desselben dienten die finanziell aufwendigen Reisen seiner Angestellten. Im Jahre 1880 führte A. H. Wappäus die Geschäfte mit nur zwei Lehrlingen in Hamburg, da er einen neuen Angestellten auf Reise nach West-Indien, Venezuela und Neu Granada geschickt hatte, damit dieser die dortigen Verhältnisse und Kunden kennenlerne. Einerseits befand A. H. Wappäus solche Reisen für notwendig und geschäftsfördernd, andererseits bereiteten ihm die dadurch entstehenden personellen Engpässe in Hamburg Schwierigkeiten, und er mußte noch einen weiteren Angestellten suchen[79]. Gegen Ende des Jahres 1885 war ein Herr Marschall, Geschäftspartner von A. H. Wappäus, in Ciudad Bolívar. Nach der Station in Guayana sollte Marschall nach Kolumbien reisen, wo die Revolution den Kaufleuten schwer zu schaffen machte und A. H. Wappäus um sein Geld, circa 500.000 Mark, fürchtete, das ihm dortige Händler noch schuldeten[80]. Herr Marschall, der elf Jahre für A. H. Wappäus arbeitete, unternahm in diesem Zeitraum auf Kosten seines Arbeitgebers zwei Reisen in die Karibik, um Kunden, Sprache und Geschäfte kennenzulernen[81]. Die Reisen dienten unter anderem dazu, daß ein weiteres Mitglied der Firma A. H. Wappäus Kunden persönlich kennenlernte und direkte, reziproke Verbindungen aufbaute. Dabei kann davon ausgegangen werden, daß die Reisenden bei Bekannten unterkamen und damit direkt von diesen profitierten. In solch einem Fall fand ein mehrfacher Austausch statt, sowohl sozial, als auch kulturell und materiell. Es waren Beruf, gemeinsame ökonomische Interessen, später vielleicht auch

77 StAH 621–1 Firma A. H. Wappäus 17b, Kopiebücher 1870–1877, Brief an Mr. Rougette, England, 25.7.1875, S. 341–343, englisch.
78 StAH 621–1 Firma A. H. Wappäus 17b, Kopiebücher 1870–1877, Brief an A. Palazzi, Ciudad Bolívar, 30.7.1875, S. 345, spanisch.
79 StAH 621–1 Firma A. H. Wappäus 17c, Kopiebücher 1877–1883, Brief an Mrs. Rougette, England, 20.3.1880, S. 287–289, englisch.
80 StAH 621–1 Firma A. H. Wappäus 17d, Kopiebücher 1885–1890, Brief an Ed. Castellano, Ocaña, 1.12.1885, S. 58, spanisch.
81 StAH 621–1 Firma A. H. Wappäus 17d, Kopiebücher 1885–1890, Brief an M. Dagnino, Curaçao, 23.7.1888, S. 299, spanisch.

Freundschaft, die die Geschäftsreisenden mit den Kunden der Firma verbanden. Es ist vorstellbar, daß die Angestellten Kunden persönlich kennenlernten, die A. H. Wappäus nicht persönlich kannte, so daß die Zahl der Verbindungen, die durch persönliche Bekanntschaft besonders stabil und zuverlässig waren, erhöht wurden. Insgesamt wurden auf diese Weise multilaterale Verbindungen erhalten, gestärkt und auch neu geknüpft.

Bei allem hanseatisch kaufmännischen Stolz auf Hamburg, der in Briefen Ausdruck fand, hing A. H. Wappäus nicht unabänderlich an seiner Heimatstadt. Er war bei aller Emotionalität, welche seine Person charakterisierte, ein Pragmatiker, der die Zukunft in Nordamerika sah und der gerne an dessen Entwicklung partizipiert und von ihr profitiert hätte. Ein solcher Eklektizismus war sicher Grundprinzip Hamburger Kaufleute, Teil ihres Erfolgsgeheimnisses und notwendige Konsequenz aus der geringen Größe ihrer Heimatstadt. Als Junggeselle wäre A. H. Wappäus noch länger in Venezuela geblieben, aber der Tod seines Sohnes Georg im August 1856 bewog ihn dazu, sich als Überseekaufmann in Hamburg niederzulassen[82]. Er wäre lieber, nachdem er Venezuela verlassen hatte, in die USA gegangen. Seiner Frau zuliebe ließ er sich aber in der Hansestadt nieder. In einem Brief an einen französischen Freund gab A. H. Wappäus seiner Überzeugung Ausdruck, daß Amerika Europa überflügeln werde, wovon ihn die Weltausstellung in Philadelphia, welche er auf seiner USA-Reise 1876 besucht hatte, nochmals nachhaltig überzeugt habe[83].

Neben den kaufmännischen Verbindungen, die als gemeinsame Komponenten Beruf und ökonomische Interessen hatten, läßt sich am Beispiel der Familie Wappäus sehr gut exemplarisch untersuchen, ob es Verbindungen anderer Art gab. Es zeigt sich, daß Familienmitglieder, die selbst nicht die kaufmännische Karriere einschlugen, trotzdem dem Geist ihrer Kaufmannsfamilien verhaftet und in deren Netzwerke integriert blieben. Der wichtigste inhaltliche Verbindungspunkt war in diesem Fall die Verwandtschaft. Während sonst in allen bisher erwähnten Netzwerkbeziehungen der Austausch in erster Linie materieller Natur war und erst an zweiter oder dritter Stelle, dies auch nur in manchen Fällen, soziale und kulturelle Faktoren eine Rolle spielten, waren letztere hier vorrangig. Im Falle der Familie Wappäus war der Kontakt zwischen den Geschwistern der zweiten Generation eng, wie die zahlreichen Briefe belegen[84].

Johann Eduard Wappäus, der Bruder von A. H. Wappäus, wirkte als Professor für Geographie und Statistik an der Universität Göttingen. Er blieb dem von seinem Vater G. H. Wappäus vorgegebenen Weg in doppeltem Sinne verbunden. Er versuchte, mit seinen Werken eine Lanze für die Belange der hanseatischen Kaufmannschaft zu brechen, gleichzeitig nutzte er seine Verbindungen zu dieser und befaßte sich in seiner Forschungsarbeit hauptsächlich mit Südamerika. Es handelte sich bei seiner Beziehung zu seinem Bruder um eine reziproke, direkte Verbindung, bei der bemerkenswert ist, daß beide Seiten, der Kaufmann und der Wissenschaftler, Nutzen aus dieser zogen. Im Vorwort seines Buches *Die Republiken von Südamerika*

---

82 BROEZE, Frank: Unternehmertum und Liebhaberei, S. 41–81, 43–44.

83 StAH 621–1 Firma A. H. Wappäus 17b, Kopiebücher 1870–1877, Brief an Foy Rivière, Cognac, ohne Datum, S. 488–491, englisch.

84 StAH 621–1 Firma A. H. Wappäus, 17a-e Kopiebücher, 1863–1894.

heißt es, daß J. E. Wappäus Privatnachrichten, politische Blätter der verschiedenen südamerikanischen Staaten, Konsulatsberichte, offizielle Denkschriften und wissenschaftliche Werke als Quelle für sein Buch benutzt habe. Amerika als für Deutschland wichtiges Handelsgebiet sei von den Statistikern bisher unverzeihlich vernachlässigt worden. Er danke den deutschen Kaufleuten amerikanischer Handels- und deutscher Seestädte, welche seine Arbeit mit *„Rath und Tath"* gefällig unterstützt hätten, *„Männern, die sich erlebt und erwandert haben, was unsereiner mühselig und stückweise in der Studierstube zusammenlernen muss*[85]*."* Ihre Namen dürfe er nicht nennen, denn diese Art von Männern, gewöhnt an eine großartige Tätigkeit in einem seiner welthistorischen Bedeutung nach erkannten Beruf, hätten immer noch zu viel Abneigung gegen die Presse, ohne die es um die handelspolitische Literatur besser aussähe. Zu eben jenen Männern zählte sein Bruder A. H. Wappäus, der J. E. Wappäus sicher mit Informationen versorgte, wie im folgenden dargelegt werden soll. Es ist anzunehmen, daß die Beschreibungen der venezolanischen Häfen in seinen Werken, die Erfahrungen seines Bruders, des hamburgischen Kaufmanns vor Ort, widerspiegeln. Die Reziprozität der Beziehung bestand darin, daß Johann Eduard Informationen über seinen Forschungsgegenstand aus erster Hand bekam und Adolph Heinrich publiziert wußte, was er für wesentlich und handelsförderlich erachtete. Dies wird an der Beschreibung Angosturas deutlich. Zum Zeitpunkt der Niederschrift lebte A. H. Wappäus in jener Stadt. Der Artikel über diese für ihn wichtige Stadt ist um ein Vielfaches länger als jene über andere Städte. Die detaillierten Angaben über Handels- und Schiffahrtsverhältnisse der Stadt, sowie ihre Zukunftsperspektiven, lassen vermuten, daß hier A. H. Wappäus sein persönliches Angosturabild vermittelte[86]. J. E. Wappäus schrieb, er habe es sich erlaubt, auf die kommerziellen Verhältnisse eines Platzes aufmerksam zu machen, der als Seehafen eines unermesslichen, reichen, erst in jenem Augenblick aufgeschlossenen Binnenlandes und wegen seiner günstigen Lage an Bedeutung zunehmen müsse. Der deutsche Handel habe dort schon seit einigen Jahren entschiedene Erfolge. Solche Aussagen in seinen Veröffentlichungen müssen schlicht als Werbung für den hanseatischen Handel im allgemeinen und den Bruder im speziellen verstanden werden. Interessant ist in diesem Zusammenhang die von J. E. Wappäus dem hier in Fußnote 81 zitierten Abschnitt hinzugefügte Fußnote:
„Vergl. die interessanten Nachrichten über den Verkehr Deutschlands mit Venezuela in Ad. Soetbeer's, Statistik des Hamb. Handels. Hamb. 1842, ein Werk, welches Thatsachen bringt und welches durch eine einfache statistische Darstellung unendlich viel mehr Aufklärung über den internationalen Handel Deutschlands giebt, als das ewig, sich wiederholende geistreiche und nichtgeistreiche Gerede gewisser binnenländischer Handelspolitiker und namentlich der Correspondenten und respective Redaktoren zweier im Verlage einer berühmten süddeutschen Buchhandlung erscheinenden periodischen Blätter, welche auf eine dem deutschen Charakter unwürdige Weise Parthei machen gegen Alles was nicht ihrem Monopolsysteme dient[87].*"*

85   WAPPÄUS, Johannes Eduard: Die Republiken von Südamerika, S. V–IX.
86   Siehe IX. Anhang: 20.a) Angostura.
87   Dies zeigt sich auch an einem historischen Forschungsversuch. Die Nähe zur Schiffahrt war bei

Wenn auch leider nicht mehr auszumachen ist, um welche Periodika es sich handelte, von denen hier die Rede ist, so wird doch deutlich, wie sehr sich J. E. Wappäus
den Belangen der Überseekaufmannschaft und damit seiner Familie verbunden fühlte.

Die weiteren Häfen Venezuelas La Guaira[88], Puerto Cabello[89] und Maracaibo[90]
wurden mit wesentlich kürzeren, weniger detaillierten und unpolitischeren Beschreibungen bedacht. Die Bevorzugung Angosturas verdichtet die Vermutung, daß sich
J. E. Wappäus der Hilfe seines Bruders bediente. Die Ortsbeschreibungen seien im
Fußnotenapparat zitiert, um dem Leser ein zeitgenössisches Bild der in dieser Arbeit erwähnten Orte zu vermitteln.

Neben dem geographischen und handelspolitischen Aspekt spiegelt sich im
Werk J. E. Wappäus, auch etwas von der Einstellung der Hanseaten gegenüber der
Bevölkerung des Gastlandes wider. Offensichtlich herrschte unter den so „weltge-
wandten" Kaufleuten ein völlig unreflektierter Rassismus, der über die Verbindung
der Brüder zueinander als „wissenschaftliche Erkenntnis" einem breiten Publikum
unterbreitet wurde. J. E. Wappäus schrieb, daß in Venezuela die Sklavenbevölke-
rung im Abnehmen begriffen sei, so daß dieser Staat von den „*Übeln einer großen
Bevölkerung afrikanischer Rasse*" nicht viel zu fürchten habe. Weniger günstig sei
jedoch das Verhältnis der „*gemischten Kaste*", eines fast ebenso „*hemmenden und
gefährlichen Elements der Bevölkerung wie die Negerrasse*". Weiter heißt es, daß
in der gemischten Rasse das afrikanische Blut vor dem amerikanischen vorherr-
schend sei, was ein unglückliches Verhältnis sei, da bei bedeutender physischer
Stärke und einer gewissen leicht zum Schlechten ausartenden Energie, nur die Fehler gewisser Rassen, nicht ihre Vorzüge vererbt würden[91]. J. E. Wappäus behauptete, daß Kinder von Personen verschiedener Rassen „*sittlich schwache Menschen*"
seien. Indios gab er den Vorzug vor Schwarzen[92]. Die rassistischen Ausführungen
mündeten in die Behauptung, daß die Südamerikaner eine „*widerliche Überschät-
zung ihrer hohen Kulturstufe*" hätten. Da sie jedoch trotzdem eine „*gewisse heilige
Scheu und Verehrung*" für alles Europäische hätten, sei mit Zuversicht eine noch
lange bestehende Abhängigkeit vorherzusagen eine „*unsichtbare Fessel, eine ma-
gische Gewalt der intellektuellen Überlegenheit und der reiferen Bildung*"[93]. Soweit J. E. Wappäus, dessen Meinung kaum von der seines Bruders, seiner Familie
und großen Teilen der hamburgischen Kaufmannschaft abgewichen sein dürfte[94]!

J. E. Wappäus unverkennlich. Auf der Umschlagseite von WAPPÄUS, Johannes Eduard: Die
Republiken von Südamerika, wurde das Buch: „Untersuchungen über die geographischen Ent-
deckungen der Portugiesen unter Heinrich dem Seefahrer. Ein Beitrag zur Geschichte des See-
handels und der Geographie im Mittelalter. 1er Theil. Untersuchungen über die Negerländer
der Araber und über den Seehandel der Italiener, Spanier und Portugiesen im Mittelalter", von
J. E. Wappäus, angekündigt.

88   Siehe IX. Anhang: 20.b) La Guaira.
89   Siehe IX. Anhang: 20.c) Puerto Cabello.
90   Siehe IX. Anhang: 20.d) Maracaibo.
91   WAPPÄUS, Johannes Eduard: Die Republiken von Südamerika, S. 147–148.
92   Ebd., S. 161.
93   Ebd., S. 166.
94   Zu diesem Rassismus steht die lebenslange Verbundenheit von A. H. Wappäus mit Venezuela

An diesen Beispielen zeigt sich, daß Kaufleute mit ihren Netzwerken über die Grenzen ihrer Berufsgruppe hinaus andere Bereiche der Gesellschaft beeinflußten, nämlich in diesem Falle die Leser des zitierten Buches. Zudem war J. E. Wappäus zwischen 1874 und 1879 Redakteur beim Göttinger Anzeiger, konnte also selbst über die Presse Einfluß nehmen[95]. Hieran zeigt sich auch die Ausschlußfunktion von Netzwerken. Ausgeschlossen aus der Runde der hanseatischen Kaufleute waren sowohl jene erwähnten binnenländischen Handelspolitiker, Leute ohne Bildung und die diskriminierten Menschen anderer Ethnien. Gerade an diesem Beispiel läßt sich auch festmachen, wozu die Netzwerkbildung unter anderem diente. Trotz aller persönlichen Fortschrittsgläubigkeit und Welterfahrung hielten Hanseaten im Ausland an einer überheblichen Einschätzung der eigenen Kultur fest. Diese war verbunden mit und motiviert durch die Hoffnung auf eine andauernde Abhängigkeit der überseeischen Territorien von Europa zur eigenen Gewinnsicherung. Hanseaten waren nicht im Ausland, um Ideale zu verfolgen, sondern einzig und allein um persönlichen Profit zu erlangen.

Neben der Besonderheit, daß sich ein Familienmitglied der Kaufmannsfamilie dem Überseehandel und dem Ausland von universitär-wissenschaftlicher Seite her näherte, waren die Wappäus auch eine in vieler Hinsicht typische in den Überseehandel involvierte hamburgische Kaufmannsfamilie. Alle Handel treibenden Familienmitglieder hatten im Ausland gelebt und gearbeitet. Diese Lehrmethode zum Sammeln praktischer Erfahrungen im Beruf des Überseekaufmanns diente immer auch der Erweiterung des Netzwerkes einer Familienfirma. Diese Tradition sollte durch den Sohn Adolph Heinrichs, den jungen Georg Heinrich, fortgesetzt werden. Dieser besuchte in Eutin das Gymnasium[96]. Offensichtlich versprachen sich seine Eltern davon eine besonders gute Ausbildung für ihren Sohn, wie sie überhaupt viel in die Ausbildung all ihrer Kinder investierten. Georg Wappäus reiste im Oktober 1879 nach Venezuela ab. Er hatte zuerst eine nicht genauer benannte Stellung in Valencia und sollte zwei bis drei Jahre bleiben, um danach in das väterliche Geschäft in Hamburg einzutreten. Hervorgehoben wurde, daß Georg sein Spanisch verbessern sollte, das er offensichtlich nicht gut beherrschte, was vermuten läßt, daß im Haus der Familie Wappäus nicht spanisch gesprochen wurde[97], obwohl Frau Wappäus Puertoricanerin war.

in scheinbarem Widerspruch. Es ist möglich, daß er das Gastland nur selektiv wahrnahm und persönliche Erfahrungen von prinzipiellen Ansichten trennte. Das Problem der Wahrnehmung des Fremden ist in diesem Zusammenhang noch zu untersuchen.
Vgl. dazu ARFS, Jörn Helmuth: Die Beziehungen der Hansestadt Hamburg zu den La Plata-Staaten, S. 210–211.
ARFS schreibt von einem Gefühl ethnischer Überlegenheit der hamburgischen Kaufleute gegenüber der einheimischen Bevölkerung im La Plata-Gebiet, das von chauvinistischen und rassistischen Untertönen begleitet wurde.

95 SuBG, Abteilung Handschriften und seltene Drucke, 8° Cod. Ms. philos. 185; Briefe an J. E. Wappäus.
96 StAH 621–1 Firma A. H. Wappäus 17b, Kopiebücher 1870–1877, Brief an Madame Bärmann, Ort unbekannt, 14.2.1874, S. 216–217.
97 StAH 621–1 Firma A. H. Wappäus 17c, Kopiebücher 1877–1883, Brief an Mrs. Rougette, England, 20.3.1880, S. 287–289, englisch.

Drei Jahre nach seiner Ankunft in Venezuela begann Georg 1882 in Puerto Cabello bei Leseur, Römer & Co. zu arbeiten. Diese Firma ist nicht als Kunde von A. H. Wappäus nachweisbar. Es hat sich wohl um einen Kontakt über Dritte gehandelt, der zur Anstellung in dieser Firma führte oder Georg selbst hatte den Kontakt hergestellt. Entgegen der eigentlichen Planung, nach der der Auslandsaufenthalt nur zwei bis drei Jahre hatte dauern sollen, war nach der Station in Puerto Cabello nachträglich noch ein weiterer Aufenthalt in New York organisiert worden. Ein oder zwei Jahre hätte Georg noch in Puerto Cabello bleiben sollen, insgesamt also fast fünf Jahre in Venezuela. Für die Zeit danach hatten sich die Theband Brothers in New York schon bereit erklärt, dem ältesten Sohn von A. H. Wappäus, wie sie diesem versicherten, bei der Erweiterung seiner Kenntnisse in New York behilflich zu sein[98]. Die Firma Theband Bros. gehörte zu den Kunden der Firma A. H. Wappäus. Dieser setzte seine Verbindungen zur Reproduktionssicherung der Familie, der Firma und des Vermögens ein, wie dies auch sein Vater Georg Heinrich und sein Stiefbruder getan hatten. Wie der Firmengründer Georg Heinrich Wappäus, so stand auch A. H. Wappäus durch Briefe mit seinem Sohn in engem Kontakt. Diese Briefe waren inhaltlich immer gemischter Natur. Neben Nachrichten über die Familie gab der Vater Ratschläge zu Geschäften und versuchte mit allgemeinen Verhaltensregeln aus seinem Sohn einen tüchtigen Kaufmann zu machen. Auch wenn die Briefe viele Mahnungen enthielten, die immer auf den Leitsatz *Ein jeder ist seines Glückes Schmid* [sic][99] hinausliefen, so drückte sich in den Briefen, die stets mit *Dein dich liebender Papa*[100] unterzeichnet waren, doch eine enge Verbundenheit und Sorge um Glück und Wohlergehen des Sohnes aus.

Nach der Zeit im Ausland sollte Georg das Hamburger Geschäft seines Vaters übernehmen. Es sollte nicht verloren gehen, was A. H. Wappäus mit so viel Mühe aufgebaut hatte[101]. Dieser Sorge verlieh A. H. Wappäus explizit Ausdruck. Die Jahre im tropischen Ausland waren gefährlich und forderten viele Opfer. A. H. Wappäus war zwar in Venezuela selbst immer gesund gewesen, hatte aber später mit den Folgen des anstrengenden Tropenaufenthaltes zu kämpfen. Zwei Jahre bevor Georg nach Venezuela gegangen war, hatte ein Neffe[102] von A. H. Wappäus, Otto Ludwig Adolph Luis, geboren am 5.2.1845 in Altona, am 17.10.1877 in Ciudad Bolívar überraschend Selbstmord begangen[103]. Bevor er nach Venezuela gekommen war, hatte er in Mexiko gearbeitet[104]. Dieser 32jährige Adolf Luis war erst seit vier Mo-

---

98 StAH 621–1 Firma A. H. Wappäus 17c, Kopiebücher 1877–1883, Brief an Theband Bros., New York, 5.8.1879, S. 204–205, englisch.

99 StAH 621–1 Firma A. H. Wappäus 17c, Kopiebücher 1877–1883, Brief an Georg Wappäus, Venezuela, 18.10.1880, S. 278–279, deutsch.

100 StAH 621–1 Firma A. H. Wappäus 17c, Kopiebücher 1877–1883, Brief an Georg Wappäus, Venezuela, 2.12.1879, S. 228–229, deutsch.

101 StAH 621–1 Firma A. H. Wappäus 17c, Kopiebücher 1877–1883, Brief an Elias Aranjo, Curaçao, 14.5.1882, S. 355–378, spanisch.

102 StAH 621–1 Firma A. H. Wappäus 17c, Kopiebücher 1877–1883, Brief an Fritz Urich, Trinidad, 30.10.1877, S. 5–6, deutsch.

103 StAH 621–1 Firma A. H. Wappäus 17c, Kopiebücher 1877–1883, Brief an Herrn Doctor, Nachname und Ort unbekannt, 2.12.1877, S. 16–17, deutsch.

104 StAH 621–1 Firma A. H. Wappäus 17a, Kopiebücher 1863–1870, Brief an Adolf Luis, Ort unbekannt, S. 361–363, deutsch.

naten verheiratet gewesen, als er sich am Abend einer Rückkehr nach Ciudad Bolívar, wo er als Geschäftsmann etabliert war, umbrachte[105]. A. H. Wappäus vermutete, daß der junge Mann den Gedanken nicht ertragen habe, daß seiner geliebten jungen Frau im ungesunden Guayana etwas zustoßen könne. Durch seine Heirat mit Evelina Prudencia del Campo war A. H. Wappäus diesem und anderen Kaufleuten in Ciudad Bolívar verwandtschaftlich verbunden gewesen. Der Kaufmann Heinrich Sprick in Ciudad Bolívar war durch diese Heirat ebenfalls sein Neffe. Wie auch mit seinen Geschwistern und Kindern unterhielt A. H. Wappäus mit seinen Neffen Adolf und Heinrich eine regelmäßige Korrespondenz[106]. Ein engeres, persönlicheres Verhältnis schien er zu Adolph gehabt zu haben[107], dem Sohn seiner Schwägerin Frau L. E. Luis[108]. Die Familien Luis und Sprick, deren Handelshaus Luis Sprick & Co. in Ciudad Bolívar ansässig war, gehörten zur Kundschaft von A. H. Wappäus[109]. Es könnte sein, daß A. H. Wappäus seinen Sohn Georg nicht nach Ciudad Bolívar schickte, da er dort schon über genügend stabile, verzweigte Kontakte verfügte. Sein Sohn sollte wahrscheinlich die Verbindungen zu Puerto Cabello und New York stabilisieren. Georg hatte es in seinem Leben nicht so schwer gehabt wie sein Vater und Großvater, trotzdem erwiesen sich die Sorgen seines Vaters als berechtigt. Georg starb am 25.12.1882 in Puerto Cabello wahrscheinlich an Gelb- oder einem anderen hämorrhagen Fieber. Die Leiche konnte nicht nach Hamburg überführt werden. Wie es damals in solchen Fällen bei vermögenden Kaufleuten üblich war, bestellte sein Vater bei einem Herrn G. Micheli in Berlin ein Grabmal[110]. Dieses wurde in Puerto Cabello aufgestellt[111]. Zuhause gedachte die Familie des Toten

---

105 StAH 621–1 Firma A. H. Wappäus 17c, Kopiebücher 1877–1883, Brief an J. B. Fry, Cardiff, 17.11.1877, S. 8, englisch.

106 StAH 621–1 Firma A. H. Wappäus 17b, Kopiebücher 1870–1877, Briefe an die Neffen Adolph und Heinrich.

107 StAH 621–1 Firma A. H. Wappäus 17b, Kopiebücher 1870–1877, Brief an unbekannte Dame, Ort unbekannt, 29.5.1874, S. 250, spanisch.

108 StAH 621–1 Firma A. H. Wappäus 17b, Kopiebücher 1870–1877, Brief an Lorenz Kessler, Manchester, 17.12.1874, S. 285, deutsch.

109 StAH 621–1 Firma A. H. Wappäus 17c, Kopiebücher 1877–1883, Brief an H. Sprick, Ciudad Bolívar, 30.10.1877, S. 4–5, deutsch.

110 StAH 621–1 Firma A. H. Wappäus 17c, Kopiebücher 1877–1883, Brief an G. Micheli, Berlin, 20.5.1883, S. 396.

111 StAH 621–1 Firma A. H. Wappäus 17c, Kopiebücher 1877–1883, Eintragung ohne Adresse und Datum, S. 395. Für die Säule auf dem Grab bestimmten die Wappäus folgendermaßen den Spruch:

El Señor	Und für das Postament:	Aqui yace
de la paz te dé		Jorge Enrique
la paz sin fin		Wappäus
en todo lugar		Nació en Hamburgo
2a. Ep Thess		el 28 de Junio 1857
C 3 V 16		Expiró en Puerto Cabello
		el 25 de Diciembre 1882
		Dedicado á su memoria
		por sus desolados padres

wahrscheinlich mit Vergißmeinnicht, die seit jenem Jahr als regelmäßiger Ausgabenposten im Kassabuch verzeichnet waren[112].

Unter den Aspekten von Investition und Reproduktion bedeutete dieses traurige Ereignis ein Scheitern der Familienfirma Wappäus. Denn der jüngere Bruder Georgs, Eduard, ließ sich nicht in die kaufmännische Tradition der Familie einbinden. Er studierte später Architektur in Berlin[113] und wollte nicht Kaufmann werden[114].

Darüber hinaus erwuchs aus dem Auslandsaufenthalt Georgs eine unerwünschte verwandtschaftliche Verbindung, wie sie sicher oft entstand. Ungewöhnlich war wahrscheinlich das Verhalten von A. H. Wappäus, als er einen Brief von einer Frau aus Puerto Cabello erhielt, die behauptete, eine Tochter von Georg zu haben. A. H. Wappäus bat B. Lenfant, einen Freund Georgs, diskret herauszufinden, ob das wahr und was für eine Person diese Frau sei. Er wollte etwas für sie tun. Zu diesem Zeitpunkt beschied er noch, daß er seiner Frau Evelina nichts sagen wolle, um ihr nicht noch mehr Kummer zu bereiten[115]. Solch illegitimer Nachwuchs konnte das Ansehen einer Familie schädigen und Glaubwürdigkeit und Kredit in Gefahr bringen. Eine uneheliche, verwandtschaftliche Beziehung bedeutete also das genaue Gegenteil einer verwandtschaftlichen aber ehelichen Verbindung. A. H. Wappäus sprach dennoch mit seiner Frau über Georgs Tochter und sie entschieden, wenn möglich, das Kind nach Hamburg zu holen, um es aufzunehmen und zu erziehen[116]. Doch die Mutter des Mädchens, Norea Arias, scheint diesem Plan nicht zugestimmt zu haben. Deshalb unterstützten die Großeltern ihre Enkelin in Puerto Cabello[117]. Auf Anfrage der Mutter sandte A. H. Wappäus von nun an über viele Jahre hinweg Kleidung und anderes für die Tochter Georgs, die Mercedes hieß, nach Puerto Cabello. Es entwickelte sich eine Korrespondenz, in welcher A. H. Wappäus großes Interesse für seine Enkelin zeigte. Die Mutter schickte, worum er auch bat, hin und wieder kleine, von Mercedes gefertigte Gegenstände, wie Tüchlein und Kärtchen, welche der Großvater als besonders hübsch und gelungen lobte. Er hatte ein Haus für die beiden in Puerto Cabello gekauft, in dem sie leben und die Einkünfte daraus für sich behalten durften. A. H. Wappäus schrieb, daß er im Testament festgelegt habe, daß Mercedes das Haus erhalte, wenn sie sich weiter gut benähme und einen anständigen und gebildeten Mann heirate. Darauf könnten sie und ihre Mutter zählen. Er behielt sich jedoch vor, über seine Geschäftspartner zuvor Erkundigungen über den Heiratskandidaten einzuholen. Nur wenn dies geschehen sei und er seine

---

112 StAH 621–1 Firma A. H. Wappäus 15, Kassabücher Lit. B – D 1858–1903, c 1894–1903, Oktober 1900, S. 94.

113 StAH 621–1 Firma A. H. Wappäus 17e, Kopiebücher 1890–1904, Brief an P. Battistini, Sesco, 6.12.1991, S. 211, spanisch.

114 StAH 621–1 Firma A. H. Wappäus 17d, Kopiebücher 1885–1890, Brief an J. Boscan, Maracaibo, 10.2.1888, S. 277, spanisch.

115 StAH 621–1 Firma A. H. Wappäus 17c, Kopiebücher 1877–1883, Brief an B. Lenfant, Puerto Cabello, 7.4.1884, S. 433–434, spanisch.

116 StAH 621–1 Firma A. H. Wappäus 17d, Kopiebücher 1885–1890, Brief an B. Lenfant, Puerto Cabello, 15.10.1885, S. 33, spanisch.

117 StAH 621–1 Firma A. H. Wappäus 17e, Kopiebücher 1890–1904, Brief an Chr. Tams, Puerto Cabello, 4.3.1890, S. 1, deutsch.

Einwilligung gegeben habe, dürfe Mercedes heiraten. Küsse und Segen sandten die beiden Großeltern über den Atlantik[118]. Wieso Mercedes im Testament dann doch nicht erwähnt wurde, ist nicht rekonstruierbar. In Anbetracht des herzlichen, gutwilligen und zuverlässigen Charakters, der sich in der Korrespondenz des A. H. Wappäus erkennen läßt und angesichts der Tatsache, wie sehr er und seine Frau sich über Jahre hinweg der unehelichen Tochter des Sohnes annahmen, scheint es am wahrscheinlichsten, daß Mercedes starb. Ihre Mutter war schon 1893 verstorben und deren Schwester Belén kümmerte sich von da an um Mercedes. Zu diesem Zeitpunkt ließen sich die Wappäus, wie auch all die Jahre zuvor, in Hamburg noch von Besuchern aus Puerto Cabello persönlich über Mercedes berichten[119].

In diesem Falle war eine Verbindung materiell nicht nutzbringend, wurde jedoch mit Mühe und Aufwand gepflegt. Materielle Güter flossen nur in eine Richtung und etwas anderes war auch nie zu erwarten. Es waren neben kulturellen vor allem soziale und emotionale Faktoren, die eine Rolle spielten. In Mercedes lebte der verstorbene Sohn weiter, zudem fühlten sich die Großeltern verpflichtet, Unrecht zu begleichen, das im Namen der Familie begangen worden war.

Am Beispiel der Familie Wappäus zeigte es sich, daß sich das soziale und kaufmännische Netzwerk von Familie und Firma überschnitten. Die beiden bedingten einander und spielten eine essentielle Rolle für Gründung und Erhalt der Firmen. Ansehen und Vertrauen waren die Voraussetzung zur Schaffung eines Netzwerkes, das wiederum Reputation und Kredit sichern sollte. Beziehungen waren fast ausnahmslos multilateral, reziprok und direkt. Dies ermöglichte die zentrale Steuerung der Firma von Hamburg aus. Im Netzwerk der Familienfirma Wappäus lassen sich verschiedene Arten von Verbindungen ausmachen. Die klassischen kaufmännischen Verbindungen, die immer von gemeinsamem Beruf und übereinstimmenden ökonomischen Interessen bestimmt waren und teilweise durch Freundschaft und Verwandtschaft noch mehr Stabilität erhielten, machten den größten und für das Geschäft wichtigsten Anteil aus. Daß diese Kontakte in dieser Untersuchung immer direkt und reziprok waren, könnte am Quellenmaterial liegen, das es nicht ermöglicht, indirekte und oder einseitige Kontakte aufzuspüren. Über sie können nur Vermutungen angestellt werden. In den nachweisbaren Verbindungen der kaufmännischen Art wurden an erster Stelle materielle Güter ausgetauscht, soziale und kulturelle Güter spielten auch eine, allerdings untergeordnete, Rolle. Die Verbindungen zeichneten sich durch große Erreichbarkeit aus, die Netzwerksmitglieder korrespondierten direkt miteinander. In dieser Untersuchung stellt sich die Reichweite des Netzwerkes als maximal dar, da jedes Mitglied direkten Kontakt zum Zentrum, in diesem Fall der jeweilige Firmeninhaber, hatte. Von den anfangs aufgezählten in-

---

118 StAH 621–1 Firma A. H. Wappäus 17e, Kopiebücher 1890–1904, Brief an Norea Arias, Puerto Cabello, 18.8.1890, S. 49, spanisch.
„.... . *Me será grato de tiempo en tiempo saber, como Mercedes está y como adelanta en su educacion. Un besito y la bendicion á ella de parte de mi esposa y la mia y saludo á Ud.*
Su afmo Servidor
A. H. Wappäus"

119 StAH 621–1 Firma A. H. Wappäus 17e, Kopiebücher 1890–1904, Brief an Belén Arias, Puerto Cabello, 31.7.1893, S. 389, spanisch.

haltlichen Charakteristika spielte einzig das Geschlecht als verbindender Faktor keine nachweisbare Rolle. Dieser Faktor ist jedoch im 19. Jahrhundert implizit in dem Verbindungsfaktor Beruf enthalten. Dennoch kam den Frauen eine wichtige Rolle bei der Anknüpfung und Pflege von Kontakten zu. Die Vorstellungen von A. H. Wappäus von der Erziehung und zukünftigen Heirat seiner Enkelin Mercedes belegen die Einbeziehung der weiblichen Familienangehörigen in kaufmännisch-strategische Überlegungen. An der Beispielfamilie läßt sich gut belegen, daß ein Netzwerk gezielt angelegt und beständig gepflegt wurde, um es zu erhalten, zu stärken, auszuweiten und dann nutzen zu können. In den inhaltlichen und zusammenfügenden Charakteristika ist schon implizit die Funktion des Ausschlusses enthalten. Letztendlich zeigte sich, daß neben dem Streben nach Stabilität in Geschäften, Kontinuität und Risikobegrenzung, die Reproduktionsfunktion das Endziel der Netzwerketablierung war. Explizit legte A. H. Wappäus wiederholt schriftlich seine Sorge um den eventuellen Verlust von Firma, Vermögen und Lebenswerk nieder. Es zeigte sich aber auch, daß es neben dieser Art von Verbindungen andere gab, die sehr wohl eine Rolle spielten. Die Ausweitung der Verbindungen in andere gesellschaftliche Bereiche, in diesem Falle den wissenschaftlichen Betrieb, wurde zu beiderseitigem Nutzen vorangetrieben. Schließlich ergab sich, daß neben solchen, vor allem ökonomisch begründeten Beziehungen, auch solche, welche von ideellen Werten getragen wurden, existierten. Geschäft, Familie, Lebenserfahrungen und Privatleben waren in einer Familienfirma des 19. Jahrhunderts nicht voneinander zu trennen. Verbindungen wurden mit Emotionen belegt und umgekehrt motivierten Emotionen durchaus die Etablierung von Kontakten. Verwandtschaft und Freundschaft waren die tragenden Säulen der Netzwerke von Familienfirmen im Überseehandel des 19. Jahrhunderts.

2. Verbindungen der Familie Wappäus zu Kaufleuten anderer Nationen

Nachdem im vorangegangenen Kapitel Fragen nach Aufbau und Einstieg in Händlernetzwerke, sowie der Etablierung der Kaufleute innerhalb derselben, bezogen auf den Kreis deutscher Kaufleute behandelt wurden, soll nun der erweiterte Zirkel der Kaufleute im Ausland untersucht werden: Die Hamburger und Deutschen und ihre Verbindungen zu Kaufleuten anderer Nationen. Dabei stehen Fragen nach der Art der Beziehung der Kaufleute zueinander, nach eventuellen Anknüpfungs- aber auch Ausgrenzungspunkten und der Bedeutung internationaler Kontakte für Hamburger Kaufleute im Mittelpunkt.

Für die Untersuchung des Verhältnisses deutscher Kaufleute in Venezuela zu Kaufleuten anderer Nationen sind neben dem Wappäusbestand das Tagebuch des britischen Diplomaten Sir Robert Ker Porter[1] von Bedeutung und der Briefbestand des *Archivo Guzmán Blanco* in der Fundación Boulton in Caracas, welcher die an Präsident Guzmán Blanco[2] gesandten Briefe enthält. Sir Robert Ker Porter dokumentierte mit seinen Tagebucheintragungen das Leben der ausländischen Kaufleute und Diplomaten in Venezuela kurz nach der Unabhängigkeit. Er hielt fest, in welchen Personenkonstellationen sich die Ausländer in Venezuela trafen und kommentierte unter anderem das Verhalten der Deutschen bei solchen Gelegenheiten. Die Briefe, die von Ausländern an den Präsidenten Guzmán Blanco geschrieben wurden, geben Einblick in das Verhältnis der ausländischen Kaufleute zu ihrem Gastland und in das kaufmännische Netzwerk in Venezuela im letzten Drittel des 19. Jahrhunderts. In diesem Bestand fanden sich viele Briefe von Angehörigen des Kaufmannsnetzwerkes der Firma A. H. Wappäus. Anhand der Einbindung dieses Kaufmanns in seine Gastgemeinde Ciudad Bolívar, soll das Verhältnis eines Hamburger Kaufmanns zu Kaufleuten anderer Nationen exemplifiziert werden[3].

---

1 DUPOY, Walter (Hrsg.): Sir Robert Ker Porter's Caracas Diary / 1825–1842. A British Diplomat in a Newborn Nation, Caracas 1966.

2 Antonio Guzmán Blanco *Caracas 20.2.1829 – †Paris 28.7.1899.

3 Eine große Schwierigkeit in diesem Zusammenhang ist die genaue Bestimmung des Herkunftslandes der Kaufleute in Venezuela. Um den Kaufleuten, welche in den untersuchten Quellen genannt werden, ihre jeweilige Nationalität zuordnen zu können, wurden die Bücher von Catalina BANKO: El capital comercial en La Guaira y Caracas (1821–1848) und Rolf WALTER: Los Alemanes en Venezuela herangezogen. Beide Autoren haben umfassende Studien zur Kolonie ausländischer Kaufleute in Venezuela erstellt. Des weiteren diente das Diccionario de Historia de Venezuela, 3 Bde., Caracas 1988 (Fundación Polar) zur Verifizierung der Nationalität einiger Kaufleute. Ergänzende Informationen lieferte der Wappäusbestand und Erkundungen von Friedhöfen vor Ort. Um nicht den Rahmen des Fußnotenapparates zu sprengen, wurde darauf verzichtet, jeden Namen mit einem Hinweis zu versehen. Lediglich interessant erscheinende Zusatzinformationen und Details zu Personen wurden entsprechend kenntlich gemacht. Es sei jedoch darauf verwiesen, daß Angaben in den erwähnten Büchern und Quellen nachgeprüft werden können, wobei der allergrößte Teil der nicht mit Fußnoten versehenen Nationalitätenangaben in dem übersichtlichen Register bei Catalina Banko nachgeschlagen werden können. Trotz dieser hilfreichen Materialien ist es nicht möglich, alle Kaufleute einer Nation zuzuordnen. In einigen dieser Fälle wurde den Nachnamen entsprechend eine Nationalität deduziert. Aus diesem Grunde wurden die Nationalitätenbezeichnungen in verschiedene Kategorien, nämlich gesicherte und deduzierte Angaben, eingeordnet. Alle im Fließtext zugeordneten

Venezolanische Historiker haben sich immer wieder in kurzen Beiträgen mit den deutschen Kaufleuten im Venezuela des 19. Jahrhunderts befaßt[4], denn die hamburgischen und deutschen Kaufleute im Ausland zogen große Aufmerksamkeit auf sich. Dies lag sowohl an ihrem überdurchschnittlichen Erfolg, als auch an ihrer besonderen Lebens- und Arbeitsweise. Andere Kaufmannsnationen beobachteten die deutsche Kaufmannschaft genau. Der US-amerikanische Konsul in Maracaibo, Eugene H. Plumacher, lieferte Ende des 19. Jahrhunderts detaillierte Berichte an seine Regierung über die Aktivitäten deutscher Händler in Maracaibo[5]. Plumacher war selbst gebürtiger Schweizer aus Stein am Rhein und hatte so guten Einblick in die deutschen Angelegenheiten. Er berichtete, daß die deutschen Kaufleute praktisch den Kaffeehandel monopolisiert hätten, und zwar nicht nur in Maracaibo, sondern auch in der gesamten Region Táchira, San Cristóbal, Tovar, Mérida, Valera, San José de Cúcuta, Santander und in Kolumbien. Es lohnte sich aus Kolumbien Kaffee nach Maracaibo zu transportieren, obwohl 20% Extraabgaben auf kolumbianischen Kaffee gezahlt werden mußten. 1893 berichtete Plumacher, daß Hamburg den Kaffeemarkt in Maracaibo, wie in allen anderen Häfen, vollkommen beherrsche. Welche Häfen er dazu rechnete, ist ungewiß. Zur Erklärung für diese Dominanz im Kaffeehandel meinte er, daß die Deutschen vollkommen darüber informiert seien, was die Bevölkerung im Landesinneren benötige und daß sie die meisten wichtigen Personen der Region persönlich kennten. Dazu sprächen deutsche Kaufleute nicht nur fließend spanisch, sondern auch französisch und englisch, berichtete er. Plumacher empfand dieses *deutsche System*, wie er es nannte, als sehr überlegen. Dazu schrieb er, daß einige der deutschen Firmen ein Dutzend oder mehr junge deutsche Angestellte hätten, welche für einige Jahre verpflichtet seien. Sie stiegen im Laufe der Zeit in immer höhere Positionen auf, bis sie zu Teilhabern oder auch Eigentümern würden. Die Veteranen zögen sich reich geworden zurück und ließen sich vor allem in Hamburg nieder, wo sie sich dem Export von Waren an Handelshäuser in Maracaibo widmeten und die Waren aus Venezuela empfingen. Dies ist ein Hinweis darauf, daß die meisten als deutsch bezeichneten Kaufleute Hamburger, zumindest jedoch Hanseaten, waren. Der hier beschriebene Lehrweg deutscher Kaufleute wurde in ganz Lateinamerika praktiziert[6]. A. H. Wappäus hatte ihn in Puerto

---

Staatsangehörigkeiten sind gesichert, solange nicht eine Fußnote die Einordnung erläutert. Die in diesem Kapitel aufgeführten Tabellen enthalten in den Fußnoten gesonderte Hinweise darauf, wie sicher oder auch unsicher die Zuordnung der Nationalitäten ist. Bei Kaufleuten deutscher Staatsangehörigkeit wird, soweit bekannt, die Geburtsstadt angegeben, häufig sind jedoch keine genauen Daten überliefert.

4   BANKO, Catalina: El capital comercial en La Guaira y Caracas (1821–1848). BRICEÑO DE BERMÚDEZ, Tarcila: Comercio por los ríos Orinoco y Apure. DUPOY, Walter: Las Casas Blohm de Venezuela, S. 113–131. GELDNER, Carl: Anotaciones de un viaje por Venezuela. RODRÍGUEZ, José Angel (Hrsg.): Alemanes en las regiones equinocciales. TAVERA-ACOSTA, B.: Anales de Guayana.

5   HERWEG, Holger H.: Sueños alemanes, S. 33–35.
     Der wahrscheinlich sehr interessante und ergiebige Nachlaß von Eugene H. Plumacher liegt zum großen Teil in Nashville / Tennessee.

6   Dazu ARFS, Jörn Helmuth: Die Beziehungen der Hansestadt Hamburg zu den La Plata-Staaten, S. 212.

Cabello und Ciudad Bolívar absolviert. Nach Plumacher boten die Leiter der deutschen Handelshäuser dem Personal Kost und Logis und versorgten es mit Kleidung und ärztlicher Betreuung. Gleichzeitig behielten sie strenge Kontrolle und Aufsicht über die Disziplin. Unter den deutschen Kaufleuten herrschten Kleidervorschriften, zum Essen durfte nur in Krawatte erschienen werden. Die Neuankömmlinge aus Hamburg seien meist unpassend und etwas einfach gekleidet, sehr schnell jedoch sähe man auch diese in eleganten weißen Anzügen und feinen Strohhüten durch die Straßen laufen. Laut Plumacher beeindruckten die deutschen Kaufleute die Venezolaner vor allem durch ihre soziale Geschlossenheit. Sie hätten ihren *Club Social*, ihren Chor und ihren eleganten Ruderclub in Maracaibo[7]. Solches wurde auch von anderen Seiten berichtet, zum Beispiel von Sir Robert Ker Porter in La Guaira. Auf der anderen Seite jedoch paßten sich wiederum gerade die deutschen Kaufleute an ihre Gastnation an. Sie sprächen besonders schnell und gut die Landessprache und gewönnen so die Sympathie der Menschen, bemerkte Plumacher. Dazu trüge auch bei, daß deutsche Kaufleute einheimische Gewichte, Maße und Währungen benutzten, ihre Kataloge auf Spanisch und Portugiesisch veröffentlichten, auf die Bedürfnisse lokaler Märkte achteten und sich auch kleiner Aufträge annähmen. Deutsche Kaufleute seien bereit, auch für kleine Gewinne zu arbeiten und kooperierten mit Handelsreisenden, welche sich in Sprache und Sitten des jeweiligen Gebietes auskannten. Gleichzeitig, so stellte der US-Konsul fest, würde die deutsche Industrie gezielt niedrige Preise für den Verkauf von Waren in Übersee anbieten, um die etablierten Industrienationen USA, England, Holland, Frankreich und Italien vom Markt zu drängen[8]. Die Berichte Plumachers sollten eine Warnung an die US-Regierung vor der vordringenden deutschen Handelsmacht sein. In ihnen schwingt jedoch gleichzeitig viel Anerkennung für die deutschen Kaufleute in Venezuela mit[9].

Es wird deutlich, daß die deutsche Kaufmannschaft eine geschlossene Kolonie im Gastland bildete und an ihrer Kultur festhielt. Durch feste Regeln, Kleiderordnung, die auch bei größter Hitze eingehalten wurde, gemeinsame Mahlzeiten, die

---

ARFS sieht in der Praxis, Angestellte nicht im Gastland selbst zu rekrutieren den Ausdruck beruflicher Segregation der hanseatischen Kaufleute in Übersee. Diese „Entwicklung deutscher Geschäftshäuser entlang nationaler Organisationslinien" führt er auf eine hybride Einschätzung der eigenen Kultur zurück, von der die hanseatischen Kaufleute glaubten, sie durch berufliche, soziale und räumliche Segregation erhalten zu können.

7   Ebd., S. 213.
    Die gleichen Phänomene beschreibt ARFS für die Kolonie der Deutschen im La Plata-Gebiet.
8   HERWEG, Holger H.: Sueños alemanes, S. 33–35.
    Es wäre interessant zu untersuchen wie die deutsche Industrie und Kaufmannschaft diese heute „Dumping" genannte Strategie im 19. Jahrhundert durchführten.
9   WALTER, Rolf: Europäische Unternehmen auf südamerikanischen Märkten. Das Beispiel Venezuela vor 1914, in: POHL, Hans (Hrsg.): Competition and Cooperation of Enterprises on National and International Markets (19th – 20th Century), Stuttgart 1997 (Beihefte der Vierteljahresschrift für Sozial- und Wirtschaftsgeschichte, Nr. 136), S. 141–146; S. 145.
    Walter faßt die von Plumacher umschriebenen Wettbewerbsvorteile hanseatischer Handelshäuser in fünf Punkten zusammen: 1. Die weite Streuung der hanseatischen Handelsbeziehungen ins Innere des Landes, 2. Vielfältigkeit der Geschäfte, 3. Große Flexibilität seitens der Hanseaten in Bezug auf Kundenwünsche, 4. Vertrautheit der Hanseaten mit lokalen Verhältnissen, 5. Bereitschaft zu langfristiger Kreditgewährung.

versuchten heimische Eßgewohnheiten zu kultivieren und zu Experimenten wie Ananasstrudel führten, und ständige Kontrolle durch den Arbeitgeber, auch im Privatleben, wurde ein starkes Gruppengefühl geschaffen. Neben den negativen Aspekten der Kontrolle und Fremdbestimmung hatte dieses System die positive Funktion der Fürsorge und des Familienersatzes. Neuankömmlinge waren nicht auf sich allein gestellt, in Notlagen half die deutsche Kolonie. Der enge Kontakt der deutschen Kaufleute untereinander basierte quasi auf einer Ausschlußfunktion. Nicht-Deutsche waren nicht in dieses System integriert. In dieser auf solche Art reduzierten Umgebung konnte der Neuankömmling leichter erste Kontakte zu Landsleuten knüpfen.

Doch das, was von Plumacher als *deutsches System* bezeichnet wurde, isolierte die deutsche Kaufmannschaft keineswegs im Gastland. Es bot vielmehr eine solide, verläßliche Ausgangsbasis für Kontakte mit Gastland und Fremden. Bei den deutschen Clubs und Wohnhäusern handelte es sich auch keineswegs um exklusive, elitäre Einrichtungen, wie die positive Resonanz zeigt, die diese unter Kaufleuten anderer Nationen und Venezolanern fanden. Durch die Organisation der deutschen Handelshäuser im Ausland waren Neuankömmlinge im Land automatisch in ein Netzwerk integriert. Darüber hinaus hatten jedoch, wie das Beispiel der Familie Wappäus zeigt, die Verbindungen zu Kaufleuten anderer Nationalitäten eine noch größere Bedeutung als die Kontakte zu Landsleuten. 77% des späteren Kundenstammes der Firma A. H. Wappäus in Hamburg bildeten Kaufleute nicht-deutscher Nation[10]. Plumacher deutete an, daß deutsche Kaufleute außerdem immer mit der einheimischen Bevölkerung in Kontakt standen, mehrere Sprachen beherrschten und sich lokalen Handelsgepflogenheiten anpaßten. Diese Strategien und Fähigkeiten ermöglichten es deutschen Kaufleuten, auch kleine Aufträge zu bearbeiten, die sich oft auf der lokalen Ebene abspielten. Dadurch erwarben sie wiederum mehr Kenntnisse des Marktes als andere. Die Beobachtungen Plumachers hoben hervor, daß deutsche Kaufleute über ein festes Netz untereinander verfügten. Gleichzeitig bemerkte er, daß sie in hohem Maße auf ihre fremde Umwelt eingingen und so in ein positives Verhältnis zu dieser traten.

Das Tagebuch Sir Robert Ker Porters, des englischen Konsuls in La Guaira, belegt ein solches freundschaftliches Verhältnis ohne Ressentiments zwischen Briten, Deutschen und Angehörigen anderer Nationalitäten schon zu Beginn der Etablierung ausländischer Kaufleute in Venezuela. Seine Aufzeichnungen geben Aufschluß über die ausländische Kaufmannskolonie im nachunabhängigen Venezuela. Oft verzeichnete der englische Konsul Diners mit Deutschen, Hamburgern und anderen Gästen und Gastgebern. So aß er 1826 mit den Herren Oppenheimer und Gramlich[11] zu Abend. Georg Gramlich, ein Hamburger, war der erste Generalkonsul seiner Heimatstadt in Großkolumbien gewesen. Die Nationalität von W. G. Oppenheimer ist nicht sicher bestimmbar. Diesen Abend versah Ker Porter mit der Bemerkung *nothing particular*. Treffen dieser Art waren also an der Tagesordnung.

---

10 Für detaillierte Information siehe IX. Anhang: 14. Kunden des A. H. Wappäus. Zur Ermittlung dieses Prozentsatzes wurde sowohl gesicherte Information über die Nationalität der Kaufleute benutzt, als auch die Methode der Deduktion der Herkunft aus dem Nachnamen angewandt.

11 DUPOY, Walter (Hrsg.): Sir Robert Ker Porter's Caracas Diary, S. 106.

1827 verbrachte Ker Porter den Tag mit Besuchern der englischen Marine und Herrn Sprotto, einem Hamburger Kaufmann, wie er vermerkte[12]. Gottlieb Benjamin Sprotto, der Schwager von J. W. A. Lorenzen, hatte im Verlauf der Jahre verschiedene konsularische Funktionen inne. Sprotto schien engen Kontakt zu Ker Porter gehabt zu haben. 1827 wurde er noch zweimal erwähnt. Er schien häufig einziger Hamburger unter Engländern zu sein, die in den 20er Jahren noch einen großen Teil der Überseekaufmannschaft in Venezuela ausmachten[13]. Für den September 1827 findet sich die Notiz:

„.... . *Evening at Mr. Sprotto's – all the few of Caracas there. ...* [14].

Es wurde keine genauere Angabe der anwesenden Personen gemacht. Doch es scheint, daß es einen festen Kreis aus Hamburgern und Engländern gab, der miteinander verkehrte. Zu diesen Kaufleuten der ersten Stunde in Caracas zählte auch Gramlich, der 1828 mit Ker Porter und einem Dr. Smith[15] zu Abend aß[16]. Ker Porter machte aber auch ausführlichere Notizen über Zusammentreffen mit Deutschen. Er übernahm häufig konsularische Tätigkeiten für diese. Dies allein kann als Beleg für das gute Verhältnis zwischen Deutschen und Engländern gewertet werden. Im März 1828 beerdigte er einen jungen Angestellten des Hauses Strohm & Co., dessen Hauptsitz in Bremen lag. Der junge Mann wurde auf einem Feld in der Nähe eines Flusses auf dem Firmengelände begraben. Noch war die Lobby der Protestanten in Venezuela nicht groß genug, um einen protestantischen Friedhof zu errichten. Ker Porter berichtete, daß das Begräbnis von allen Ausländern besucht worden sei[17]. Es ist möglich, daß auch europäische römisch-katholische Kaufleute kamen, obwohl die Zeremonie protestantisch war. Anlaß zu dieser Vermutung gibt zum einen die Notiz Ker Porters, zum anderen die Geschichte der Gründung des protestantischen Friedhofs in Ciudad Bolívar, an der sich auch Katholiken beteiligten. Das verbindende Element des Fremdseins und der gemeinsamen europäischen Herkunft in einem Gastland war stärker als die Trennung durch verschiedene Religionen[18].

Bei Ker Porter sind darüber hinaus auch Zusammenkünfte von Personen anderer Nationalitäten als der deutschen oder englischen belegt. Im Jahre 1834 notierte der Engländer, daß er mit Mr. Syers von der Firma Ackers & Co., Col. Hurtado, dem örtlichen Kommandanten, also einem Venezolaner und Herrn Fleury, einem französischen Kaufmann[19] gespeist habe[20]. Robert Syers und William Ackers waren Engländer. Der Franzose Fleury sollte einen dauerhaften Kontakt zu Sir Robert

---

12 Ebd., S. 214. Bei Zusammenkünften dieser Art scheinen sich die Ebenen von kaufmännischen und konsularischen, also diplomatischen Kontakten, vermischt zu haben.

13 Ebd., S. 214.

14 Ebd., S. 288.

15 Aufgrund der fehlenden Angabe des Vornamens kann nicht bestimmt werden, um wen es sich handelte, da es etliche Smiths in der venezolanischen Kaufmannskolonie der 1820er gab.

16 DUPOY, Walter (Hrsg.): Sir Robert Ker Porter's Caracas Diary, S. 355.

17 Ebd., S. 366.

18 Vgl. die Ausführungen über Rassismus der Hanseaten in Venezuela in Kapitel IV.1..

19 Die französische Nationalität ist für Francisco Fleury, der die Firma Fleury & Co. führte, nachweisbar. Es ist wahrscheinlich, daß Alex Fleury mit diesem Francisco Fleury verwandt und auch französischer Herkunft war.

20 DUPOY, Walter (Hrsg.): Sir Robert Ker Porter's Caracas Diary, S. 816.

aufbauen[21]. Dieser Alex Fleury wurde mit seiner Firma Alex Fleury & Co. in Caracas drei Jahrzehnte später Kunde von A. H. Wappäus. Die Blohms, mit denen A. H. Wappäus in Ciudad Bolívar zusammenarbeitete, hatten ebenfalls engen Kontakt zu dem britischen Konsul[22]. Nachdem dieser 1835 die Tochter Adelina eines Herrn Kögel getauft hatte, nahm Ker Porter in Maiquetía mit den Blohms, wie so oft, sein Abendessen ein[23]. Auch dieser aus Lübeck stammenden Familie leistete der englische Konsul Dienste. Er taufte 1835 einen Sohn Georg Blohms und notierte, daß 24 Personen der verschiedensten Nationen an dem reichlichen Festmahl teilgenommen hätten[24]. 1837 taufte er den zweiten Sohn Ludwig Friedrich[25]. Es scheint, daß besonders etabliertere Kaufleute über zahlreiche internationale Kontakte verfügten und daß das gesellschaftliche Leben der Hansestädter in Venezuela jenseits der deutschen Clubs Menschen der verschiedensten Nationalitäten zusammenführte. An diesen Beispielen ist deutlich zu beobachten, daß die Ausschlußfunktion der Gesellschaften nie vertikal verlief, alle Kaufleute und Diplomaten verkehrten miteinander, egal welcher Nationalität oder Religion sie angehörten[26]. Dagegen hätten deutsche Kaufleute nicht mit deutschen Handwerkern zusammen gefeiert[27]. Beruf und gemeinsame ökonomische Interessen waren bindendere Faktoren als die Nationalität. Juden waren integriert in den Handel, wurden jedoch gesondert als solche wahrgenommen. Es konnten keine Belege für die Teilnahme jüdischer Kaufleute an den Gesellschaften[28] und keine Teilhabe an Firmen christlicher Kaufleute gefunden werden, was diese jedoch nicht ausschließt. Im Jahre 1835 verzeichnete Ker Porter explizit, daß israelitische Kaufleute, die Herren Baíz und Morón, bei ihm gewesen seien[29]. Die Familien Baíz und Morón gehörten zu den großen, über die ganze Karibik mit Niederlassungen verteilten Familienfirmen. Beide sollten später Kunden von A. H. Wappäus werden.

Ker Porters Tagebuch macht deutlich, daß sich die deutschen Kaufleute nicht absonderten. Sie verbrachten sogar Weihnachten in Gesellschaft von Kaufleuten anderer Nationalität. Die von Sir Robert mit *Xmas day!!* begonnene Tagebucheintragung vom 25.12.1836 beschreibt eine große Festgesellschaft mit Teilnehmern beiderlei Geschlechts, wie er vermerkte, viele von ihnen deutsche und englische Kaufleute und ihre Angestellten[30]. Die Feierlichkeiten jenes Jahres setzten sich fort wie begonnen und am 28.12. machte Ker Porter den Eintrag:

---

21 Ebd., S. 965.
22 Ebd., S. 948.
23 Ebd., S. 817.
24 Ebd., S. 904.
25 Ebd., S. 964.
26 Vgl dazu HASSELBERG, Ylva; MÜLLER, Leos; STENLÅS, Niklas: History from a Network Perspective, S. 4.
27 Neben deutschen Kaufleuten haben sich auch deutsche Handwerker in Venezuela angesiedelt. Eine Untersuchung ihrer Rolle steht noch aus.
28 Ein Grund dafür könnte das Problem koscherer Mahlzeiten sein.
29 DUPOY, Walter (Hrsg.): Sir Robert Ker Porter's Caracas Diary, S. 907.
30 Ebd., S. 948.

„.... . *Evening till 10 at the* young widow *Hayken's*[31]. *Last Xmas I christenend her little son – we had a good deal of vocal music from the young Germans accompanied by a guitar. How musical these people are – when compared with the* obtuse *unharmonious capabilities of the* sons of albion *in that way*[32]. "
Häufiger wurde im positivsten Sinne die Sangesfreudigkeit deutscher Kaufleute erwähnt. Die Musikalität wurde als Lebensfreude empfunden und galt als deutsches Charakteristikum. Im Jahre 1837 wurde anläßlich der Heirat des Bremer Kaufmanns und Generalkonsuls C. D. Strohm mit der deutschen Witwe Stahl, zur Feier in *höllischer Hitze* notiert:
„Much singing and chorusing, and toast drinking, which the younger German gentlemen like greatly[33]. "
Anscheinend fand der Engländer, daß die deutsche Kaufleute besonders ausgelassen im Feiern seien. In seinem Tagebuch sind viele Diners vermerkt, die sowohl geschäftlicher als auch gesellschaftlicher Natur waren.

Interessant ist, daß es neben häufiger vorkommenden kleinen Runden, wie sie schon erwähnt wurden, auch immer wieder neue Gruppierungen und Konstellationen gab. Neben den kaufmännischen Gesellschaften, an denen hin und wieder auch die Ehefrauen teilnahmen, gab es noch die politisch-diplomatischen Zirkel, wobei die Übergänge fließend waren, da ein großer Teil der Kaufleute gleichzeitig auch ein Konsulat innehatte. So kamen auf eher privat-kaufmännischer Ebene die Lübekker Familie Blohm, der Hamburger Herr Gramlich, die englischen Mocattas, und die irische Miss O'Callaghan bei Sir Robert zusammen[34]. Einen anderen Abend mischten sich die Briten Mr. Syers, Mr. Ackers und Mr. Wilson mit Herrn Blohm und dem Sekretär Herrn Weymer[35], sowie den Angestellten von Ackers & Co.[36]. Zu anderer Gelegenheit feierten Briten, Franzosen, Italiener und die Familie Blohm zusammen[37]. Ab 1838 taucht in den Aufzeichnungen der Name Dalla-Costa auf[38]. Die aus Italien stammende Familie spielte im gesamten 19. Jahrhundert in Venezuela eine große Rolle. Juan Bautista Dalla-Costa sen. lernte A. H. Wappäus nachweislich persönlich kennen[39]. Es ist wahrscheinlich, daß der Hamburger mit der gesamten Familie Dalla-Costa in Ciudad Bolívar Umgang hatte. Das Handelshaus

---

31 BANKO, Catalina: El capital comercial en La Guaira y Caracas (1821–1848), S. 404: Johann Haycken [sic] war Kaufmann aus Hamburg, der ab 1826 in der angegebenen Reihenfolge an den Firmen Gunter, Tedtsen & Haycken, Tedtsen, Haycken & Co. und Haycken & Co. beteiligt gewesen war.

32 DUPOY, Walter (Hrsg.): Sir Robert Ker Porter's Caracas Diary, S. 948.

33 Ebd., S. 987.

34 Ebd., S. 949.

35 Es könnte sich eventuell um den Holländer B. J. Weymar gehandelt haben.

36 DUPOY, Walter (Hrsg.): Sir Robert Ker Porter's Caracas Diary, S. 949.

37 Ebd., S. 961.

38 Ebd., S. 990. Es finden sich verschiedene Angaben über die Herkunft der Familie Dalla-Costa. Laut DUPOY; Walter: Las Casas Blohm de Venezuela, S. 113–131, 116–117, stammte die Familie aus Verona. Das Diccionario de Historia de Venezuela, Bd. 1, S. 986, schreibt, daß die Dalla-Costas Genuesen waren.

39 StAH 621–1 Firma A. H. Wappäus 17e, Kopiebücher 1890–1904, Brief an José Afandor, Ciudad Bolívar, 12.5.1894, S. 462.

J. B. Dalla-Costa & Söhne wurde zwanzig Jahre später Kunde der Hamburger Firma A. H. Wappäus. Die Dalla-Costas sind sowohl ein Beispiel dafür, daß ausländische Kaufleute oft eine bedeutende Rolle in Venezuela gespielt haben, als auch für die Vielfältigkeit der Tätigkeitsfelder solcher Handelsfamilien, ihre Funktion in der Diplomatie und Politik und ihre internationale Ausrichtung. Da es sich um eine prominente Familie der Überseekaufmannschaft im Venezuela des 19. Jahrhunderts handelte, die eng mit der Familie Wappäus verbunden war, sollen die Dalla-Costas beispielhaft vorgestellt werden:

Im Jahre 1818 wurde Antonio Dalla-Costa Soublette[40] in Angostura als Sohn des Italieners Juan Bautista Dalla-Costa geboren. Dieser ließ sich 1814 in Ciudad Bolívar nieder. Antonio führte zusammen mit seinem Vater das Geschäft J. B. Dalla-Costa & Söhne. Dieses war eines der ökonomischen Zentren der Stadt in jener Zeit. Nebenher engagierte Antonio sich stark in der Politik Guayanas. 1870 löste er das Geschäft auf und zog sich nach Trinidad zurück, wo er in Puerto España um 1880 starb[41]. Juan Bautista Dalla-Costa Soublette, der Bruder von Antonio, wurde 1823 in Angostura geboren. Auch er beteiligte sich am Geschäft der Familie. Er studierte in den USA und Deutschland und unternahm Reisen in Europa, Palästina und Südamerika. Zwischen 1850 und 1870 bestimmte er als Gouverneur und Präsident der Provinz im wesentlichen die Politik Guayanas. 1871 mußte er ins Exil fliehen und wirkte für den Präsidenten Guzmán Blanco, seinen Cousin, als Diplomat in Washington. 1876 kandidierte er als Präsident Venezuelas, jedoch ohne Erfolg. 1894 starb er in Ciudad Bolívar[42].

Die an der Familie Dalla-Costa sichtbare Verquickung von Handel und Politik fand auch in Sir Robert Ker Porters Tagebuch ihren Niederschlag. Er verkehrte als Diplomat zum großen Teil mit Kaufleuten. Er verzeichnete in seinem Tagebuch Diners, an denen venezolanische Regierungsmitglieder und Kaufleute gemeinsam teilnahmen. Bei einer Gelegenheit speisten General Soublette[43], General Páez[44], Montilla[45], der U.S. Chargé d'Affaires[46], der französische Konsul und Herr Dalla-Costa mit Ker Porter[47]. General Soublette und die Familie Dalla-Costa waren miteinander verwandt. Wenige Tage später saßen der US-amerikanische Chargé d'Affaires Mr. Williamson, General Soublette, General Páez, Montilla, der französische Konsul, Herr Gramlich, Dalla-Costa, Mathieson[48], Litchfield und die dazugehörigen Damen zu offenbar geselliger Runde beisammen[49]. Ebenso gemischt, allerdings ohne deutsche Teilnahme war ein vorgezogenes Hochzeitsmahl[50] für Herrn

---

40   Verwandt mit Carlos Soublette, einem Führer der Unabhängigkeitsbewegung, s. Fußnote 43.
41   Diccionario de Historia de Venezuela, Bd. 1, S. 986.
42   Ebd., S. 986.
43   Carlos Soublette * La Guaira 15.12.1789 – †Caracas 11.5.1870.
44   José Antonio Paéz *Curpa 13.6.1790 – †New York 6.5.1873. Dreimal venezolanischer Präsident.
45   Mariano Montilla *8.9.1782 – †22.9.1851 Caracas. General des venezolanischen Heeres.
46   Mr. J. G. Williamson.
47   DUPOY, Walter (Hrsg.): Sir Robert Ker Porter's Caracas Diary, S. 960.
48   Entweder Charles oder Kenneth Mathison [sic]. Sie waren Engländer.
49   DUPOY, Walter (Hrsg.): Sir Robert Ker Porter's Caracas Diary, S. 962.
50   Ebd., S. 1060.

Miranda und seine Braut aus der Familie Dalla-Costa. Es trafen die Familien Soublette, O,Leary, Acker, Morrison, Dalla-Costa, Miranda, Santa María[51], Hernaiz
und Benedetti zusammen[52]. In diese Runden von Leuten verschiedenster Nationalität waren Hamburger oft direkt eingebunden, manchmal hatten sie nur indirekt, über
Dritte, Kontakt zu ihnen.

An diesen Beispielen zeigt sich, daß die Verflechtung der Kaufleute in Venezuela keine Nationalitätenschranken kannte und bis in die oberste Spitze des Staates reichte, wie das *Archivo Guzmán Blanco* bestätigt. Wie im Tagebuch von Ker
Porter zeigt sich an diesem Bestand, daß direkte und indirekte Verbindungen den
Hamburger Kaufleuten ein großes Netz erschlossen, das sowohl Handel als auch
Politik umfasste. Während Ker Porters Notizen Aufschluß über die Anfangsphase
der Etablierung deutscher Kaufleute in Venezuela gab, ermöglicht das *Archivo Guzmán Blanco* einen Einblick in die Situation im letzten Drittel des 19. Jahrhunderts.
Am Beispiel der Briefe, die Kaufleute zwischen 1863 und 1889 an den venezolanischen Präsidenten Guzmán Blanco schrieben, läßt sich die Verflechtung von Kaufleuten verschiedener Nationalitäten miteinander und ihre Beziehung zum Gastland
und dessen Regierung verdeutlichen[53]:

Tabelle 16
Personen aus dem Kundennetzwerk der Firma A. H. Wappäus, die mit Präsident
Guzmán Blanco korrespondierten

Briefautor	Nationalität[54]	Datum / Briefe
1. Afandor Hermanos	keine Bestimmung möglich	1866
2. Agostini, José M.	italienisch	1889
3. Álvarez, Francisco José	keine Bestimmung möglich	1874

51   BANKO, Catalina: El capital comercial en La Guaira y Caracas (1821–1848), S. 536: Der in
     Caracas ansässige Kaufmann Julián Santamaría [sic] kam aus Neu Granada.
52   DUPOY, Walter (Hrsg.): Sir Robert Ker Porter's Caracas Diary, S. 1058.
53   FJB, Archivo Guzmán Blanco, Briefbestand 1863–1889.
     Aus dem Briefbestand wurden all jene Briefe ausgewählt, die Kunden der Firma A. H. Wappä-
     us und sonstige Geschäftspartner desselben an den venezolanischen Präsidenten schrieben. Die
     Autoren der Briefe lassen sich in drei Gruppen unterteilen, wobei Doppelnennungen möglich
     sind. Zur ersten Gruppe zählen alle Geschäftspartner der Firma A. H. Wappäus in Hamburg.
     Die Verbindung von A. H. Wappäus zu diesen war direkt, reziprok, basierte auf gemeinsamen
     ökonomischen Interessen und dem gleichen Beruf. Die Verbindungen waren in jedem Fall mul-
     tilateral. Die Nationalität spielte dagegen keine Rolle als verbindendes Element, da es sich um
     Männer der verschiedensten Nationalitäten handelte. Zum Firmensitz der im folgenden erwähn-
     ten Kunden siehe IX. Anhang: 14. Kunden des A. H. Wappäus.
54   Gesicherte Nationalitäten sind in allen in diesem Kapitel folgenden Tabellen unterstrichen. Na-
     tionalitätenangaben in Tabellen ohne Unterstreichung basieren auf Deduktion von Nachnamen.
     Keine Bestimmung ist möglich, wenn der Nachname nicht eindeutig einer Nationalität zuzu-
     ordnen ist. Dies sind meist Namen aus dem spanischen Sprachraum, die offenlassen, ob der
     Träger Spanier, Venezolaner oder Bürger eines anderen Staates der hispanoamerikanischen Welt
     war. Einordnungen können sich nur auf die im Firmennamen angegebenen Daten beziehen. Die
     Compagnons müssen aufgrund der fehlenden Daten unerwähnt bleiben.

4. Aristimuño, José María	keine Bestimmung möglich	1884
5. Battistini, Domingo María	korsisch[55]	1875–76, 1882–83, 1886–87
6. Beauperthuy, Gustavo	französisch	1876
7. Becker, Henrique	deutsch	1872, 1878
8. Blanc, J. M.	französisch	1886–87
9. Brachi, Antonio	italienisch	1864
10. Castellano, Julián	keine Bestimmung möglich	1874, 1876, 1887
11. Courländer, Hermann	deutsch	1881
12. Dagnino, Manuel	italienisch	1883
13. Dalla-Costa, Juan Bautista jun.	italienisch	1865, 1867–68, 1871–72, 1874–75, 1876–79, 1881
14. Fleury, Alex & Co.	französisch	1877, 1881
15. Früstuck, José	deutsch	1872
16. Gallegos, Germán del	keine Bestimmung möglich	1882
17. Hahn Echenagucia, H.	keine Bestimmung möglich	1879, 1884–85
18. Hahn, Carl	deutsch	1863–76, 1878–82, 1886–89
19. Hahn, Ernesto	deutsch	1863, 1873
20. Hahn, Schock & Co.	deutsch	1871, 1874
21. Harriman, J. N.	keine Bestimmung möglich	1872
22. Montes, Miguel Rafael	keine Bestimmung möglich	1877, 1879
23. Palazzi Hermanos	italienisch	1880–82
24. Palazzi, Meriso	italienisch	1881–84
25. Plessmann & Co.	deutsch	ohne Angabe
26. Rincón, Lucas E.	keine Bestimmung möglich	1886
27. Rivas & Braasch	keine Bestimmung möglich	1867
28. Rivas, Miguel	keine Bestimmung möglich	1867, 1874, 1882, 1884
29. Rolando, Aquiles	keine Bestimmung möglich	1880–81
30. Salazar, Hernández M.	keine Bestimmung möglich	1882

55   StAH 621–1 Firma A. H. Wappäus 17a, Kopiebücher 1863–1870, Brief an F. Battistini, Korsika, 27.11.1866, spanisch, S. 254–255.

31. Sánchez, Manuel	keine Bestimmung möglich	1864, 1873–77, 1879–83, 1887
32. Scherpeltz & Sahmkow	deutsch	ohne Angabe
33. Silva, Ramón	keine Bestimmung möglich	1887
34. Villamil, Pedro	keine Bestimmung möglich	1880
35. Villanueva, Narciso	keine Bestimmung möglich	1873, 1875–76
36. Vinnen, Winter & Co.	deutsch, Joh. Hermann Winter bremisch[56]	1871
37. Wulff, Johann	deutsch	1873
38. Zürcher, Fritz	deutsch	ohne Angabe

Quelle: Um nicht den Rahmen des Fußnotenapparates zu sprengen, dient Tabelle 16 gleichzeitig als Quellennachweis für die folgenden Untersuchungen im Zusammenhang mit dem Bestand Guzmán Blanco. Der in der Fundación John Boulton, Caracas, unter dem Namen *Archivo Guzmán Blanco* archivierte Bestand verfügt weder über eine Bestandsnummer, noch über ein anderes Ordnungssystem als Namen der Briefautoren und Datum der Briefe. Diese Daten sind vollständig in Tabelle 16 aufgeführt, so daß alle folgenden Angaben über diese verifiziert werden können.

Erstaunliche 26% der Kunden[57] des A. H. Wappäus unterhielten eine Korrespondenz mit dem Präsidenten von Venezuela. Es ist im einzelnen nicht immer möglich, die ursprüngliche Nationalität der Kaufleute herauszufinden. Auf jeden Fall waren unter den hier aufgeführten neben Deutschen noch ein Korse, Spanier, Italiener und Franzosen, welche zum einen zum kaufmännischen Netzwerk der Familienfirma Wappäus gehörten, zum anderen direkten Kontakt zum venezolanischen Präsidenten Guzmán Blanco hatten. Von diesen Briefeschreibern kannte A. H. Wappäus wiederum folgende persönlich:

Tabelle 17
A. H. Wappäus persönlich bekannten Personen, die mit Präsident Guzmán Blanco korrespondierten

Briefautoren	Nationalität	Datum / Briefe
1. Afandor Hermanos	keine Bestimmung möglich	1866
2. Álvarez, Francisco José	keine Bestimmung möglich	1874
3. Battistini, Domingo María	korsisch	1875–76, 1882–83, 1886–87
4. Dagnino, Manuel	italienisch	1883

---

56   Belegt durch die Inschrift seines Grabsteins in Ciudad Bolívar.
57   Für detaillierte Information siehe IX. Anhang: 14. Kunden des A. H. Wappäus.

5. Hahn[58]	deutsch	ohne Angabe
6. Schock, Carl (von Hahn, Schock & Co)	deutsch	1871, 1874
7. Villamil, Pedro	keine Bestimmung möglich	1880
8. Villanueva, Narciso	keine Bestimmung möglich	1873, 1875–76
9. Wulff, Johann	deutsch	1873
10. Wuppermann, Adolfo	deutsch	1870–71, 1873–74

Von den Kunden der Firma A. H. Wappäus korrespondierten knapp 7% mit dem Präsidenten Venezuelas, die der Firmenchef gleichzeitig persönlich kannte. Unter ihnen war der Agent der Hamburger Firma in Ciudad Bolívar, Johann Wulff. Neben den deutschstämmigen waren unter den persönlichen Bekanntschaften des A. H. Wappäus auch korsisch-, italienisch- und wohl spanischstämmige Geschäftspartner. Des weiteren hatte die aus Lübeck kommende Familie Blohm, die für seinen Geschäftseinstieg in Venezuela entscheidend gewesen war, über ihre diversen Firmen ausgedehnte Beziehungen zu Guzmán Blanco. Blohm Valentiner & Co.[59] schrieben 1864, 1872–73, 1875; Blohm Krohn[60] & Co. 1871; Blohm Nolting & Co. 1865; Blohm Hagan & Co. 1867, 1870 und Blohm & Co. 1872 und 1875 Briefe an das Staatsoberhaupt[61]. Über seine oft internationalen Verbindungen hatte A. H. Wappäus auch noch von Hamburg aus indirekte Verbindungen zur Spitze des venezolanischen Staates.

Anhand der untersuchten Briefe aus dem Bestand Guzmán Blanco zeigte sich außerdem, daß die dem wappäusschen Kaufmannsnetzwerk angehörigen Kaufleute auch untereinander Kontakt hatten. Hahn Schock & Co. bezog sich im Schreiben von 1871 auf A. Vogelius, einen weiteren Kunden von A. H. Wappäus. Carl Hahn kannte Herrn Leseur[62], bei welchem Georg Wappäus in Puerto Cabello gearbeitet hatte; Herrn Ball, dessen Firma Ball & Co. Geschäfte mit A. H. Wappäus tätigte, ebenso wie Liccioni[63] und Alex Fleury, deren Handelshäuser in Ciudad Bolívar Kunden von A. H. Wappäus waren. Domingo María Battistini, ein alter Bekannter von A. H. Wappäus, war in Minengeschäften mit Alex Fleury verbunden und J. N. Harriman gab Carl Hahn Briefe für Guzmán Blanco mit. Aus anderer Quelle, der

58 StAH 621–1 Firma A. H. Wappäus 17a, Kopiebücher 1863–1870, Brief an Cristian Vicentini, Ciudad Bolívar, 5.12.1869, S. 417, spanisch. A. H. Wappäus kannte Sr. Hahn und Frau. Welches Mitglied der Familie Hahn gemeint war, ist aufgrund der fehlenden Angabe des Vornamens nicht ermittelbar.

59 Hugo Valentiner stammte aus Lübeck.

60 Heinrich Krohn stammte aus Lübeck.

61 Es wäre interessant, die Geschäftsstrategie der Blohms mit der der Wappäus zu vergleichen. Blohms gründeten in ganz Venezuela Geschäfte, erhielten gleichzeitig aber auch ihre Verbindungen zu Europa. Eine Untersuchung und Einordnung dieser Vorgehensweise wäre eine Aufgabe für die Zukunft.

62 Herr Leseur von der Firma Leseur, Römer & Co. war deutscher Nationalität.

63 Die Firmen Pedro Liccioni, Liccioni Figuera & Co. und Liccioni Vicentini & Co. in Ciudad Bolívar waren allesamt Kunden von A. H. Wappäus.

Zeitung *El Orden,* ist bekannt, daß Juan Bautista Contasti in der Abwesenheit von Manuel Salazar dessen Eisenwarenhandlung weiterführte[64]. Die Netzwerksmitglieder unterstützten sich also untereinander.

An diesem Beispiel wird deutlich, daß sich das kaufmännische Netzwerk der Firma A. H. Wappäus nicht linear vom Zentrum her ausbreitete, sondern daß es derartig verwoben war, daß es Nationalitätenverbindungen in jeder Konstellation gab und daß die Netzwerkmitglieder nicht nur auf der, im Falle der Firma A. H. Wappäus, Ebene des Überseehandels verbunden waren, sondern auch durch verschiedene andere Geschäfte, wie zum Beispiel den Bergbau.

Die Entstehungsorte der Briefe unterstreichen die grenzüberschreitende Mobilität und Flexibilität der Überseekaufleute im allgemeinen. Wie A. H. Wappäus bereisten auch seine Kunden regelmäßig verschiedenste Länder, wobei sie nicht nur zwischen der Wahlheimat Venezuela und ihrer Ursprungsnation pendelten, sondern auch andere Länder in ihren Aktionsradius einbezogen. So erhielt Guzmán Blanco von Juan Bautista Dalla-Costa jun. Briefe aus London, Paris, Ciudad Bolívar und Washington, wo er für die Regierung Venezuelas tätig war. Des weiteren sandte Dalla-Costa jun. Berichte über Goldminen in Australien, die er persönlich vor Ort erkundet hatte. In Paris hatte der Kaufmann 1865 seinen erkrankten Vater besucht, einen Freund von A. H. Wappäus. H. Hahn Echenagucia[65] schrieb aus Bordeaux und war auch häufiger in Hamburg. Auch Miguel Rivas meldete sich aus Bordeaux, Carl Hahn aus Paris. Und J. Blanc hielt sich 1886–1887 in London auf. Damit waren diese Netzwerkmitglieder des Hauses A. H. Wappäus für ihn nicht nur Brückenköpfe in Venezuela, sondern auch in anderen Teilen der Welt. Für die Regierung in Caracas waren die Überseekaufleute eine essentiell wichtige Verbindung zum Ausland. Sie lieferten Informationen und mit den meisten von ihnen machte die venezolanische Regierung Geschäfte, denn so konnte sie gezielt Waren aus dem Ausland ordern[66].

Narciso Villanueva lieferte Lebensmittel an den venezolanischen Staat, ebenso Vinnen, Winter & Co.. Johann Wulff, der Agent von A. H. Wappäus in Ciudad Bolívar, belieferte das Heer mit Baumwolle und Rindern. Rivas & Braasch versorgten die Pferde des Präsidenten mit Futter und von Carl Hahn ließ sich das Staatsoberhaupt Möbel beschaffen, ebenso von J. Blanc aus London. Auch José Früstuck war finanziell mit der venezolanischen Regierung verbunden. Interessant ist das Schreiben von Fritz Zürcher vom 10.7.1874, in welchem er der Regierung eine Rechnung vorlegte. Zum einen ging es um Zinsen für ein Darlehen, das er gewährt hatte, zum anderen um eine Waffenlieferung. Deutsche Kaufleute versorgten also die venezolanische Regierung mit Geld und Waffen. Diese war nicht unbedingt ein zuverlässiger Handelspartner. Manuel Sánchez beschwerte sich, daß er noch immer nicht für ein Haus bezahlt worden sei, das er der Regierung in Barcelona verkauft habe. Andere Kunden der Firma A. H. Wappäus bemühten sich darum, mit der Re-

---

64   FJB, El Orden, Paz, Libertad, Progreso, Segunda Era, Ciudad Bolívar, Bestellnr.: 20 N 42 – 571, 3.3.1874, Nr. 1138, Año VI. Spezialisierungen auf bestimmte Geschäftsfelder kamen immer wieder vor.

65   H. Hahn Echenagucia führte das bezeichnende Motto „Where there is a will there is a way".

66   An diesen Beispielen zeigt sich die globale Dimension des Handels im 19. Jahrhundert.

gierung des Gastlandes ins Geschäft zu kommen. Lucas E. Rincón, der mit heimischem Holz handelte, bot seine Ware an, da er von Plänen zum Eisenbahnbau gehört hatte. Miguel Rivas hatte eine Filiale in Bordeaux eröffnet und wollte gerne Guzmán Blanco beliefern. Miguel Rafael Montes formulierte 1879 das gleiche Anliegen, nachdem er seine *Botica Boliviana* vorgestellt hatte:

„... . ... *no tendré ningun inconveniente en forestar al Gobierno de U.* ... .[67] „

Germán del Gallegos bat für Maracaibo um ein Gemälde des *Libertadors*[68] und meinte wohl, so einen positiven Eindruck zu hinterlassen. Die Verquickung von Politischem und Geschäftlichem war gang und gäbe. So erbot sich Narciso Villanueva, im Wahlkampf zu helfen. Und Manuel Dagnino schrieb 1883:

„... *¡Ojalá pueda servirle de algo para sus fines humanitarios de que me habló!* ... .“

Dr. José Félix Manuel Dagnino Dassori, ein weiterer Kunde der Firma A. H. Wappäus, der zu den herausragenden Einwohnern Venezuelas des 19. Jahrhunderts zählte, war im Jahre 1842 als achtjähriges Kind aus Genua mit seiner Familie in Maracaibo eingewandert und wurde zu einem bedeutenden Gelehrten. Dieser Kunde von A. H. Wappäus war Arzt, Pädagoge, Schriftsteller und Journalist. In all diesen Disziplinen veröffentlichte er etliche Schriften. Vor allem aber war er ein wegbereitender Arzt und Begründer neuer Praktiken und Krankenhäuser in dem tropischen Land. Er starb 1901 in Maracaibo. Zwischendurch hatte er sechs Jahre in mehreren Ländern Europas verbracht[69]. Weiter als dieser mit seinem Hilfsangebot an die Regierung ging Heinrich Becker, den A. H. Wappäus wahrscheinlich persönlich kannte, da Becker ab 1844 in Ciudad Bolívar als Diener bei Wuppermann & Co., später Blohm & Krohn und danach weitere vier Jahre für Dalla-Costa gearbeitet hatte. Becker bot seine Unterstützung 1878 mit folgenden Worten an:

„... . *Su perro no serra mas fiel i adicto á Usted que su humilde servidor Henrique Becker.*“

Auch Hermann Courländer versuchte, seine Fähigkeiten anzupreisen. Mit fünf Sprachen und Kenntnissen der Buchhaltung glaubte er, Guzmán Blanco nützlich sein zu können. Darüber hinaus war Guzmán Blanco einigen der Kaufleute durch gemeinsame Geschäfte mit Minen verbunden. Sowohl der Präsident, als auch die internationale Kaufmannschaft wollte mit dem Goldrausch in Guayana Gewinn machen. Die Gebrüder Palazzi waren im Minengeschäft. Meriso Palazzi war Vertreter der *Venezuela-Panama Gold Mine Company Limited, Guayana*. Sowohl an dieser, als auch an der *Compagnie Miniere Française de La Eureka* war der venezolanische Präsident beteiligt. In der Funktion des Administrateur Délégué dieser Mine schrieb ihm D. M. Battistini aus Ciudad Bolívar. Die Firma Alex Fleury & Co. fungierte als Agent dieser Compagnie in Ciudad Bolívar. Auch J. M. Agostini war in Minenangelegenheiten mit Guzmán Blanco in Kontakt.

Die Kaufleute verkehrten also auf verschiedenen Ebenen mit dem venezolanischen Präsidenten. Einige belieferten Staat und Heer mit Waren, andere gewährten dem Staat Darlehen, wieder andere lieferten dem Privatmann Guzmán Blanco Wa-

---

67 Mit dieser subtilen Formel erbot sich Montes, die Regierung bzw. das Heer zu beliefern.
68 Simón Bolívar *Caracas 24.7.1783 – †Santa Marta / Kolumbien 17.12.1830.
69 Diccionario de Historia de Venezuela, Bd. 1, S. 985.

ren. Es gab Kaufleute, die für den Präsidenten in staatsmännischen Angelegenheiten unterwegs waren und solche, die mit ihm gemeinsam an Minen beteiligt waren. Allen jenen Kaufleuten lieferte A. H. Wappäus Waren aus Europa. Es ist anzunehmen, daß auch Teile seiner Güter an die Regierung verkauft wurden. Eine vorstellbare, jedoch nicht belegbare Hypothese ist, daß er unter anderem Fritz Zürcher und damit die venezolanische Regierung mit Waffen belieferte[70]. Auf der einen Seite war die venezolanische Regierung auf ihre ausländischen Kaufleute angewiesen, auf der anderen Seite hing das Wohlergehen der Überseekaufmannschaft von der Regierung des Gastlandes ab. Die Kaufleute wandten sich auch mit Bitten und Beschwerden an den Präsidenten. Auffällig ist in diesem Zusammenhang die Direktheit der Kontakte. Die Kaufleute richteten ihre Schreiben immer direkt an das Machtzentrum der Gastnation. Leider ist nur die eingegangene Korrespondenz erhalten, so daß der Bestand nicht auf eine eventuelle Reziprozität oder aber auch eventuelle Einseitigkeit hin untersucht werden kann. Wie bei den Beziehungen innerhalb des wappäusschen Netzwerkes, basierten auch die Verbindungen der internationalen Überseekaufmannschaft zur Regierung vor allem auf gemeinsamen ökonomischen Interessen. Aus diesem Grunde erwarteten die Kaufleute auch Unterstützung in ihren Angelegenheiten.

Aquiles Rolando beschwerte sich direkt beim Präsidenten, weil sein Schiff, die *Carolina Rolando,* auf Regierungserlaß hin für hundert Tage den Hafen von La Guaira nicht verlassen durfte. J. N. Harriman ersuchte um die Zulassung einer Dampfschiffahrtslinie zwischen La Guaira und Nutrias und Carl Hahn bat um Hilfe, da er in Paris einen Teil seines Vermögens verloren hatte. 1863 beschwerte sich Ernesto Hahn darüber, daß in Ciudad Bolívar der Handel für Ausländer behindert würde. Und Gustavo Beauperthuy legte bei Guzmán Blanco Fürsprache für einen Kapitän ein.

Die Tatsache, daß 38 der Kunden von A. H. Wappäus direkt mit dem Präsidenten Guzmán Blanco in Verbindung standen, belegt, daß die Überseekaufmannschaft eine bedeutende Position in Venezuela innehatte und daß A. H. Wappäus Kontakte zu wichtigen Persönlichkeiten aus Handel und Politik des Landes unterhielt.

Anhand der Untersuchung kaufmännischer Kontakte in einem Beispielort von Venezuela soll das Beziehungsgeflecht der internationalen Überseekaufmannschaft exemplarisch genauer beleuchtet werden. Ciudad Bolívar[71] ist ein besonders interessantes Beispiel für eine genauere Untersuchung der Verbindungen ausländischer Kaufleute in Venezuela untereinander. Die am Orinoco gelegene Stadt in Guayana ist kein Seehafen. Trotzdem machte sie die internationale Überseekaufmannschaft im 19. Jahrhundert zu einem bedeutenden Handelszentrum. In jener Stadt verdiente sich A. H. Wappäus sein Startvermögen von 200.000 Mark Banco. Ciudad Bolívar bot günstige Voraussetzungen für den Handel. Wie alle Orinocohäfen hatte es, aufgrund der dort herrschenden Winde, den Vorteil, daß Segler von dort aus bessere

---

70 Vgl. in Kapitel III. die ausführliche Darstellung zur Problematik der Untersuchung des Waffenhandels.

71 Diccionario de Historia de Venezuela, Bd. 1, S. 687–690: Das ehemalige Angostura entstand 1762 an seinem jetzigen Ort aus der Verlegung des Ortes Santo Tomé de Guayana. 1817 hatte die Stadt ca. 6.000 Einwohner. Am 24.6.1846 wurde sie in Ciudad Bolívar umgetauft.

Verbindungsmöglichkeiten mit den Antillen hatten, als die Antillen unter sich selbst. Das gleiche galt für die Häfen der Nordküste Venezuelas La Guaira und Puerto Cabello, da die Flußmündung des Orinocos im Windschatten der Antillen liegt[72]. Das Flußnetz des Orinocos erlaubte es den Firmen in Ciudad Bolívar, mit großen Teilen des Landes zu handeln, dessen Produkte exportiert wurden. Die importierten Waren erreichten über diese Strecke alle Siedlungen der Ebene bis zu den Anden[73].

Durch die Handelsaktivitäten, die sich in Ciudad Bolívar entwickelten, bildete sich eine eigene soziale Gruppe von Kaufleuten, welche als Repräsentanten der Handelshäuser anwesend waren. Dazu kamen die Besitzer kleiner Fabriken, zwei Seifenproduzenten, ein Zigarrenhersteller und der Produzent des bekannten *Amargo de Angostura*[74], eines Magenbitters, welcher zum Ende des Jahrhunderts hin vom deutschen Theodor Meinhard hergestellt wurde. Die Ausländer führten zudem kunsthandwerkliche Betriebe, Schneidereien, Tischlereien, Uhrmachereien und ein Hotel, das *Hotel Bolívar* unter der Leitung von Luis Krone. Während die Ausländer sich dem Handel widmeten, engagierten sich die Kreolen vor allem in Viehzucht und Landbesitz.

Es scheint ein kosmopolitischer Geist in der Stadt geherrscht zu haben, welcher sich in den Gewohnheiten und Bräuchen dieser Elite widerspiegelte. Importierte Luxusgüter jeder Art wurden konsumiert: Feine Handschuhe, Musselin, französische Parfums, Konzertflügel, ausgesuchte Schinken, Weine und andere Alkoholika. Diese Gruppe von Ausländern verbrachte die Freizeit im *Club de Comercio* und im Kasino. Jährlich wurde von ihnen ein aufwendiger Karnevalsumzug arrangiert. Wie auch in anderen Städten, wie etwa Maracaibo oder Puerto Cabello, besaßen die Kaufleute Sommerhäuser außerhalb der Stadt, *Morichales*[75] genannt. So soll der Kaufmann Dalla-Costa einen prächtigen Landsitz besessen haben.

Kaufleute, welche sich dem Im-und Export oder auch dem Großhandel widmeten, arbeiteten meist in Handelshäusern. Viele dieser Häuser hielten sich über etliche Jahrzehnte, so Dalla-Costa & Söhne, Münch[76], Kraft, Hahn Grillet und Blohm, so daß diese Geschäfte auf ihrem Sektor Traditionsgeschäfte in der Stadt waren[77]. Anhand der Zollzahlungen für Import- und Exportrechte im Hafen von Ciudad Bolívar läßt sich die Größe der verschiedenen Handelshäuser jener Zeit vergleichen. Zwischen 1830–1847 ergaben sich folgende Summen in Pesos:

---

72   WALTER, Rolf: Los Alemanes en Venezuela, S. 209.
73   DUPOY, Walter: Las Casas Blohm de Venezuela, S. 113–131, 118.
74   Bitterlikör mit Zusatz von Angosturarinde, der getrockneten Zweigrinde eines südamerikanischen Baumes. Dieser Likör ist auch heutzutage noch erhältlich, jedoch von unterschiedlichen Herstellern.
75   Nach den gleichnamigen Palmenlandschaften benannt.
76   Die Schreibweise des Namens variiert zwischen Münch und Mönch.
77   BRICEÑO DE BERMÚDEZ, Tarcila: Comercio por los ríos Orinoco y Apure, S. 106–107.

Tabelle 18
Zollzahlungen für Import- und Exportrechte in Ciudad Bolívar (1830–1847)

Firma	Nationalität	Summe / Pesos
1. Dalla-Costa & Söhne	italienisch	58.767
2. Wuppermann & Co.	deutsch	42.224
3. Wätjen, H. & Co.	deutsch	22.578
4. Machado Hermanos	keine Bestimmung möglich	17.191
5. Bermúdez, Manuel	keine Bestimmung möglich	14.027

Quelle: BRICEÑO DE BERMÚDEZ, Tarcila: Comercio por los ríos Orinoco y Apure, S. 107.

Im Jahre 1849 kamen noch die Häuser des Engländers Charles Mathison, Thomas Drummonds, Abraham Noels und des Deutschen Johann Wulff hinzu, welche laut Tarcila Briceño de Bermúdez Vieh exportierten und englische Manufakturwaren importierten. Die hohe Einfuhrrate englischer Produkte entstand durch große Einkäufe die in Venezuela ansässige deutsche Handelshäuser in England tätigten. Die Deutschen kannten sich im Gegensatz zu Engländern und Franzosen auch außerhalb der heimischen Märkte aus[78]. Dies trifft auch auf A. H. Wappäus zu, der einen Großteil seiner Waren persönlich in England einkaufte und damit, unter anderen, seinen Agenten Johann Wulff belieferte. A. H. Wappäus selbst war Teilhaber des zweitgrößten Im- und Exporthauses des Ortes, Wuppermann & Co., gewesen, wie Tabelle 18 verdeutlicht.

Zur Untersuchung der Verteilung der Nationalitäten der Überseekaufleute in Ciudad Bolívar um die Mitte des 19. Jahrhunderts ist die Liste der feststellbaren Importfirmen von 1855 dienlich:

Tabelle 19
Importfirmen in Ciudad Bolívar (1855)

Firma	Nationalität
1. Aristeguieta	keine Bestimmung möglich
2. Courländer, Hermann	**deutsch**
3. Dalla-Costa, J. B. & Söhne[79]	**italienisch**
4. Eduarte, Francisco & Cía.	keine Bestimmung möglich
5. Grillet, M. und T. & Co.	französisch
6. Machado R. & T.	keine Bestimmung möglich
7. Meyer, Fernando	deutsch / aus Dessau
8. Möller, Federico C.	deutsch

---

78 DUPOY, Walter: Las Casas Blohm de Venezuela, S. 108, 113–131.
79 GELDNER, Carl: Anotaciones de un viaje por Venezuela, S. 180, 193, 238: Die Dalla-Costas unterhielten neben ihrem Handelshaus auch Gasthäuser.

9. Negretti, J. & Sohn	italienisch
10. Thieron, E. & Co.	französisch
11. Vallée, J. B. & Co.	französisch
12. Vicentini, Cristián	italienisch
13. Vinnen, Winter & Co.	deutsch, Winter bremisch
14. Wätjen, H. & Co.	deutsch
15. Wuppermann & Co.	deutsch

Quelle: BRICEÑO DE BERMÚDEZ, Tarcila: Comercio por los ríos Orinoco y Apure, S. 108–109. Kunden und Geschäftspartner von A. H. Wappäus in den Tabellen 19, 20 und 21 fettgedruckt.

Im gleichen Jahr,1855, lösten sich die Importhäuser León Serrano und A. S. Palazzi auf. 1859 kamen Georg Blohm & Co. und Hahn Vidal hinzu, welche Filialen von Häusern in La Guaira und Puerto Cabello waren. 1855 überwogen die deutschen Handelshäuser. Italiener und Franzosen waren in gleicher Anzahl vertreten. Zwanzig Jahre später, 1870–1873, hatte sich die Liste der Importhäuser verändert:

Tabelle 20
Importfirmen in Ciudad Bolívar (1870–1873)

Firma	Nationalität
1. Battistini, D. M. & F.	korsisch
2. Blohm, Krohn & Co.	deutsch / aus Lübeck
3. Dalla-Costa & Söhne, J. B.	italienisch
4. Dalton Hermanos	US-amerikanisch
5. Frühstück, Carl	deutsch
6. Hahn, Schock & Co.	deutsch
7. Laveana & Co.	keine Bestimmung möglich
8. Laveaux, J.	französisch
9. Mönch, Kraft & Co.	deutsch
10. Palazzi, Meriso	italienisch
11. Pedrique & Machado	keine Bestimmung möglich
12. Perfetti, J. M.	italienisch
13. Vinnen, Winter & Co.	deutsch, Winter bremisch
14. Wulff, Johann	deutsch

Quelle: BRICEÑO DE BERMÚDEZ, Tarcila: Comercio por los ríos Orinoco y Apure, S. 108–109.

Anfang der 1870er waren immer noch die meisten Häuser in deutscher Hand. Die Franzosen hatten an Bedeutung verloren, die Italiener ihre Stellung gewahrt und als Neuerung im Panorama war ein US-amerikanisches Haus hinzugekommen. Für 1887 lassen sich folgende Häuser mit verschiedenen Aktivitätsschwerpunkten feststellen:

Tabelle 21
Handelshäuser in Ciudad Bolívar (1887)

Firma	Geschäftsart	Nationalität
1. Battistini, P. & Co.	**Import-Export**	korsisch
2. Blohm & Co.	Import-Export	deutsch / lübeckisch
3. Dalton & Co.	**Import-Export**	US-amerikanisch
4. Früstück Hermanos	**Kommissionär im Einzelhandelsgeschäft**[80]	deutsch
5. Gärdes, N. & Co.	Import-Export	deutsch
6. Machado, Tomás & Siegert	**Kommissionär und Lebensmittelhandel**	Siegert deutsch
7. Mathison Hermanos	Kommissionär	englisch
8. Mönch, Kraft & Co.	Import-Export	deutsch
9. Palazzi Hermanos & Co.	**Import-Export**	italienisch
10. Rodríguez, Miguel A.	Geschäft ohne genauere Spezifizierung	keine Bestimmung möglich
11. Ruiz, B. & Co.	Kommissionär im Einzelhandelsgeschäft	keine Bestimmung möglich
12. Sprick, Luis & Co.	**Import-Export**	deutsch
13. Vicentini, C. & Co.	**Import-Export**[81]	italienisch

Quelle: BRICEÑO DE BERMÚDEZ, Tarcila: Comercio por los ríos Orinoco y Apure, S. 110.

A. H. Wappäus schrieb 1888: „.... . *Hago un gran negocio en Ciudad Bolívar, tengo allí nueve casas cuyos negocios tengo exclusivamente. ....* [82].
Liccioni, Vicentini & Co. und Hahn, Grillet & Co. befanden sich 1887 in Auflö-sung. Da Liccioni, Vicentini & Co auch sein Kunde war, könnte eventuell dieses Handelshaus als neuntes gemeint gewesen sein. Orientiert man sich an der Liste von 1887, so demonstriert diese so oder so die herausragende Stellung von A. H. Wappäus im Handel mit Ciudad Bolívar. Er belieferte acht von dreizehn Häusern. Es ist zu bemerken daß, soweit ersichtlich, die Firmen meist von Kaufleuten der gleichen Nationalität geführt wurden. Ausnahmen waren Machado, Tomás & Sie-gert und Hahn Grillet & Co.. Am Beispiel der Familie Blohm läßt sich dieses Phä-nomen gut nachweisen.

---

80   Ein Kommissionär ist jemand, der gewerbsmäßig Waren oder Wertpapiere in eigenem Namen für fremde Rechnung ankauft oder verkauft.

81   FJB, El Boletín Comercial, Diario de la tarde, Comercio, Politica, Literatura, Variedades, Anuncios, Ciudad Bolívar, Bestellnr. 20 N 22 – 74, 28.1.1871, Nr. 2060, Año IX. In jener Zeitung warb C. Vicentini für seinen Zucker.

82   StAH 621–1 Firma A. H. Wappäus 17d, Kopiebücher 1885–1890, Brief an E. Castellano, Ocaña, 20.7.1888, S. 286–288, spanisch.

Die Blohms[83] waren mit der wohl bedeutendsten Einwanderungswelle ausländischer Kaufleute nach Venezuela ins Land gekommen. Im Zuge dieser Zuwanderung etlicher ausländischer Überseekaufleute wurde die wichtige Verbindung zwischen St. Thomas und Kolumbien in den 20er Jahren von Händlern und Agenten hergestellt, die von der Insel aufs Festland emigrierten. Einige davon waren wahrscheinlich von Handelshäusern auf St. Thomas ausgesandt, andere waren wohl Vertreter Altonaer und Hamburger Handelshäuser[84]. 1829 hatte sich Georg Blohm von seinem Partner, dem Deutschen Christian Friedrich Overmann, auf St. Thomas getrennt und sich in Angostura mit dem Italiener Juan Bautista Dalla-Costa verbunden, welcher dort seit 1814 tätig war. Im Jahr 1834 trennten sich auch diese mit der Vereinbarung, daß Georg Blohm sich zehn Jahre lang nicht in Angostura niederlassen würde. Er heiratete auf St. Thomas die dänischstämmige Ann Margaret Lind und zog darauf nach La Guaira, wo er sich 1835 mit seinem alten Partner C. F. Overmann als Overmann, Blohm & Co. niederließ. Gleichzeitig wurde er Teilhaber von Overmann, Geller & Co. in Puerto Cabello, mit dem Hamburger August Joseph Schön als Teilhaber[85]. Im Jahr 1843 etablierte sich Georg Blohm auch in Lübeck, seiner Heimatstadt. 1844 trat er dem Geschäft Wuppermann & Co. in Angostura bei, wie auch kurz darauf sein Freund, der Lübecker Heinrich Krohn. An jenem Geschäft hatte auch A. H. Wappäus Anteile. Die Blohms sind eines der Beispiele für die hohe Mobilität der Überseekaufleute und ihre gleichzeitige enge Bindung an die ursprüngliche Heimat. Georg Blohm reiste zwischen Lübeck und Venezuela hin und her, seine Nachkommen etablierten eine weitere Niederlassung auch in Hamburg[86]. Im Laufe des 19. Jahrhunderts engagierte sich die Familie außerdem noch bei Blohm, Valentiner & Co.; Blohm, Nolting & Co. und Blohm, Hagan & Co. Trotz seiner Einbindung in das Gastland, des gesellschaftlichen und kaufmännischen Verkehrs mit Kaufleuten anderer Nationen, hatte Blohm, wie anhand der aufgeführten Firmen ersichtlich, meist mit Hanseaten zusammengearbeitet. Nur einmal war er mit einem Italiener verbunden gewesen, über die Staatszugehörigkeit von Hagan besteht keine Klarheit. Trotz dieser Präferenz für die Zusammenarbeit mit Landsleuten hatte Georg Blohm jedoch in eine dänische Familie eingeheiratet. Dieses hier exemplarisch angeführte Beispiel scheint auf viele deutsche und hamburgische Kaufleute zuzutreffen. Einerseits verkehrten die Überseekaufleute aller Nationalitäten gesellschaftlich untereinander, machten miteinander Geschäfte und traten geschlossen zur Interessenvertretung im Gastland Venezuela auf, andererseits gehörten die Teilhaber von Firmen fast immer der gleichen Nationalität an.

---

83 HERWEG, Holger H.: Sueños alemanes, S. 31–32: Herwig schreibt, man wisse wenig über das Handelsimperium der Familie Blohm, da sie weder Tagebücher, noch Briefe, noch ein Familienarchiv hinterlassen habe. Die Familie habe sehr im Geheimen operiert und offensichtlich viele Geschäfte mündlich und per Handschlag geschlossen. Hier ist Herwig nicht richtig informiert. Das Familienarchiv der Blohms ist eines der größten Wirtschaftsarchive Venezuelas. Es hat jedoch seit dreißig Jahren kein Historiker mehr Zutritt erhalten. Es wird vermutet, daß die Blohms nachteilige Enthüllungen auf verschiedenen Sektoren befürchten.
84 NIELSEN, Per: Pabellón de Guerra y Pabellón Mercante, S. 101.
85 DUPOY, Walter: Las Casas Blohm de Venezuela, S. 113–131, 116–117.
86 Georg Heinrich und Ludwig Friedrich Blohm.

Als Beispiel der Kooperation von Kaufleuten verschiedener Nationalität sei hier die Gründung des protestantischen Friedhofs in Ciudad Bolívar genauer untersucht, an der A. H. Wappäus federführend beteiligt gewesen war. Im Laufe der Jahre waren immer wieder Angehörige der Kaufmannskolonie in Angostura gestorben, denen als Nicht-Katholiken die Bestattung auf dem einzigen Friedhof der Stadt versagt blieb. Sie mußten in ungeweihtem Boden beigesetzt werden. Aus diesem Grunde wurden am 29.3.1841 Juan Bautista Dalla-Costa und A. H. Wappäus vor dem Stadtrat vorstellig, dessen Vorsitzender zu diesem Zeitpunkt Manuel Bermúdez war. Die Kaufleute baten um Land, um einen Friedhof gründen zu können, auf dem alle Verstorbenen Ciudad Bolívars, egal welcher sozialen Gruppe oder Religion zugehörig, begraben werden könnten[87]. Die Bewilligung des Ansuchens verdeutlicht, daß die Kaufmannschaft eine wichtige Gruppe in der guayanischen Gesellschaft bildete, die das Gastland nicht brüskieren wollte. Mit der Errichtung einer Bronzetafel wurde 1848 der *Cementerio de los Protestantes* eingeweiht. Nach einem einleitenden Text wurden die Namen[88] der Stifter des Friedhofs wie folgt aufgelistet: Gobernador de la Provincia[89], José Tomas Machado, H. Wätjen, A. Wuppermann, E. Krogh, Th. Mönch[90], H. Mönch, J. B. Dalla Costa, P. Bauch, M. Calderon, H. Courlaender, H. Hellmann, T. Meinhard, J. M. Sucre, J. Tornberger, J. T. A. Roth, A. Wappäus, M. Feldmann, F. Sprotto, T. Strangaard, L. Küchental, S. Machado, G. H. Dath, A. Dalla Costa, B. Courlaender, F. W. Behrens, M. Hellmann, A. Jacobsen, H. Bauch, G. Müller, L. Lorenzen, C. Jürgensen, J. Wulff, M. Bermudez, J. G. Sotillo, H. Krohn, L. Goebel, G. Mecklenburg, A. Vinnen, L. F. Meyer[91], K. Mathison.

---

87 Nach TAVERA-ACOSTA, B.: Anales de Guayana, S. 223–225, hieß es in der Petition: „... . *Estamos ciertos de que todos han visto con el más profundo dolor que los restos de sus prógimos por diferencia de creencias hayan sido arrojados a la sabana y no hayan podido enterrarse con la decencia que prescribe la humanidad. ... .* "

88 Die Inschrift lautete: *La Honorable Diputación Provincial de Guayana en el año de 1841, cedió generosamente el área para este Cementerio, y las personas que se denominan a continuación, lo edificaron á sus expensas, en el año de 1848, con el piadoso fin de que en él encuentren su último reposo los individuos de cualquiera religión, secta o país, sin excepción alguna. Esta condición será perpetua, irrevocable, como es la caridad que la ha dictado.*
Anhand dieses Beispieles soll auf ein Problem hingewiesen werden, das bei der Erforschung des Überseehandels in Venezuela beständig auftritt. Sowohl in Originalquellen, als auch in der Literatur wurden und werden Namen bis zur Unkenntlichkeit verändert. Allein in der Transkription der Inschrift der Gedenktafel unterliefen Tavera-Acosta 24 Fehler, hier fett hervorgehoben. TAVERA-ACOSTA, B.: Anales de Guayana, S. 223–225: El Gobernador de la Provincia, José Tomás Machado, H. Wätjen, A. Wuppermann, E. Krogh, Th. Mönch, H. Mönch, J. B. Dalla Costa, P. Ba**nc**k, M. Calderón, H. Courlaender, H. **K**ellmann, T. Meinhard, J. M. Sucre, J. Tornberger, J. T. A. Roth**e**, A. **H.** Wappäus, M. Feld**e**mann, F. Sprotto, T. Strangaard, L. **Kr**üchental, S. Machado, G. H. Dath, A. Dalla Costa, B. Courlaender, F. W. Behrens, M. **K**ellmann, A. Jacobsen, H. Ba**nc**k, **T.** **M**ühler, L. Lorenzen, **G.** **F**ürgersen, J. Wulff, M. Bermúdez, J. G. Sotillo, H. Krohn, L. **Th**oebel, **T.** Mecklenburg, A. **Fürn**en, **L. J.** Meyer, K. Mathison.

89 Gouverneur war zu jenem Zeitpunkt Coronel Muguerza.

90 Eventuell identisch mit dem Hamburger Theodor Mönch.

91 Eventuell identisch mit Ferdinand Meyer aus Dessau.

Zu sieben der 39 beteiligten Kaufleute unterhielt A. H. Wappäus auch von Hamburg aus Geschäftskontakte, sie wurden seine Kunden:

1. Behrens, F. W.
2. Courländer, Hermann
3. Dalla-Costa, Juan Bautista
4. Machado, José Tomás
5. Meinhard, Theodor
6. Vinnen, Adolph
7. Wulff, Johann

Wahrscheinlich waren 31 der an der Friedhofsstiftung beteiligten Kaufleute deutscher Nation. Gesichert ist dies von Heinrich Bauch, H. und M. Hellmund und J. T. A. Roth. Guillermo Mecklenburg war Schwede und Kenneth Mathison war Engländer. Nur sechs Kaufleute, die südeuropäischen Ursprungs waren, beteiligten sich am neuen Friedhof. Dies ist vor allem dadurch zu erklären, daß Italiener, Spanier und Franzosen, die wahrscheinlich römisch-katholisch waren, keines gesonderten Friedhofs bedurften. Umso bemerkenswerter ist die Mitwirkung von sechs eindeutig italienisch oder spanischstämmigen Personen. Die Beteiligung der Regierung und katholischer Kaufleute war eine Geste der Solidarität und Verbundenheit mit der nordeuropäischen Bevölkerung in Ciudad Bolívar. Den Namen *Cementerio de los Protestantes* trug der Friedhof jedoch zu Unrecht, wie sowohl die Petition beim Stadtrat als auch die Inschrift der Bronzetafel belegen. Ein weiterer Beleg dafür, daß sich die Kaufmannschaft durch den Beruf so eng miteinander verbunden fühlte, daß trennende Charakteristika wie die Religion zweitrangig wurden, ist die Stiftung des Friedhofes für die Angehörigen jeder Religion, ja sogar Sekte und jeden Standes. Neben Beruf und Kaufmannsinteressen wurde die Kaufmannschaft noch durch ein weiteres Band zusammengehalten: Das allen gemeinsame Leben in der Fremde hatte sicher mit zu der liberalen Bestimmung des Friedhofszwecks beigetragen.

Neben den bisher im Mittelpunkt stehenden kaufmännischen Verbindungen waren auch internationale familiäre Verbindungen häufig, wie beispielhaft schon bei der Vorstellung der Firma Blohm angeführt wurde. In der Familie Wappäus ist über solcherlei Kontakte am meisten von A. H. Wappäus bekannt. Seine Heirat mit Evelina Prudencia del Campo verband ihn auch verwandschaftlich mit dem Ausland. Die Frau von A. H. Wappäus war halb französischer Herkunft. Die Familie von Frau Wappäus kam mütterlicherseits ursprünglich aus La Rochelle[92]. Ihre Mutter war eine De Laborde, deren Familie Frankreich 1798 wegen der Revolution verlassen mußte und nach Haiti ging, wo sie große Kaffeeplantagen besaß. Dort wurde Evelinas Mutter, A. H. Wappäus Schwiegermutter, geboren. Die Familie gehörte zur Elite der Insel. General Leclerc[93], Schwager des ersten Napoleon, damals Chefkommandeur und Gouverneur von Haiti, war ihr Pate. Doch mit Ausbruch der Revolution auf Haiti und der Sklavenemanzipation verlor die Familie De Laborde ihre Plantagen und floh nach Puerto Rico. Dort heiratete Mademoiselle de Laborde Sr.

---

92 StAH 621–1 Firma A. H. Wappäus 17c, Kopiebücher 1877–1883, Brief an M. A Pellevoisier, La Rochelle, 29.10.1884, S. 465, französisch.
93 Charles Victor LeClerc *1772 – †1802. Schlug 1802 die Revolution auf Haiti nieder.

José María del Campo. Dieser war Venezolaner[94]. Er mußte während der ersten Revolution aus Venezuela flüchten, als dieses unabhängig wurde[95]. Es ist also anzunehmen, daß er spanischstämmig war. A. H. Wappäus, Frau Evelina wurde wie ihre drei Geschwister auf der Zuckerplantage *La Coraza* nahe Ponce auf Puerto Rico geboren[96]. Diese Plantage führte ihr Bruder Adolfo del Campo weiter[97]. A. H. Wappäus selbst war nach eigenen Angaben nie auf Puerto Rico gewesen[98]. Es ist nicht überliefert, wo er seine Frau kennenlernte, wahrscheinlich jedoch in Hamburg oder Altona, denn die Schwester von Evelina Wappäus lebte in Altona. 1876 lebten von der Familie del Campo nur noch die beiden Töchter. Die beiden Brüder und Eltern waren zu diesem Zeitpunkt bereits verstorben.

Über die Heirat der Schwester von Evelina Wappäus war A. H. Wappäus verwandtschaftlich mit Handelshäusern in Ciudad Bolívar verbunden, wie im vorangehenden Kapitel erläutert wurde. Auch am Beispiel der Familie Wappäus zeigt sich, daß die hamburgischen Kaufleute des 19. Jahrhunderts innerhalb der eigenen gesellschaftlichen Schicht durchaus tolerant waren. Katholizismus und Protestantismus duldeten sich nebeneinander. Dies erwuchs sicher aus der Notwendigkeit der kleinen protestantischen Hansestadt, Kontakte nach außen knüpfen zu müssen. Evelina Wappäus war katholisch[99]. Das Nebeneinander ging über passive Toleranz hinaus. A. H. Wappäus spendete regelmäßig für die Katholische Kirche und Schule in Hamburg[100]. Die Kinder des Ehepaares waren, dem Wohnort angepaßt, evangelisch. Die Konfession wurde manchmal als Hindernis empfunden. So mußte A. H. Wappäus die Ehre, Pate für die neugeborene Tochter Pedro Villamils in Mérida zu sein, ablehnen, da er protestantisch war. Er bedauerte sehr, daß die katholische Kirche ihn nicht zuließ[101].

Kontakte zu Ausländern waren erwünscht, gesucht und wurden über andere Werte gestellt. Grundlage für die Knüpfung solcher Verbindungen war die Beherrschung möglichst vieler Sprachen, wie dies auch Plumacher konstatierte. Wohl jeder Überseekaufmann beherrschte zwei oder drei Fremdsprachen. A. H. Wappäus konnte fließend englisch und spanisch sprechen und schreiben. Sein Französisch war nicht ganz so geschliffen. Seine Frau sprach ebenfalls englisch, französisch, spa-

---

94 StAH 621–1 Firma A. H. Wappäus 17d, Kopiebücher 1885–1890, Brief an B. Lenfant, Puerto Cabello, 15.10.1885, S. 33, spanisch.

95 StAH 621–1 Firma A. H. Wappäus 17d, Kopiebücher 1885–1890, Brief an E. Castellano, Ocaña, 15.6.1886, S. 111, spanisch.

96 StAH 621–1 Firma A. H. Wappäus 17b, Kopiebücher 1870–1877, Brief an Sir Rivière, Cognac, 21.8.1876, S. 416–419, englisch.

97 StAH 621–1 Firma A. H. Wappäus 17c, Kopiebücher 1877–1883, Brief an Elias Aranjo, Curaçao, 14.5.1882, S. 355–378, spanisch.

98 StAH 621–1 Firma A. H. Wappäus 17b, Kopiebücher 1870–1877, Brief an Sir Rivière, Cognac, 21.8.1876, S. 416–419, englisch.

99 StAH 621–1 Firma A. H. Wappäus 17c, Kopiebücher 1877–1883, Brief an Mrs. Rougette, England, 20.3.1880. S. 278–279, englisch.

100 StAH 621–1 Firma A. H. Wappäus 15, Kassabücher Lit. B – D 1858–1903, a 1858–1884, Februar 1876.

101 StAH 621–1 Firma A. H. Wappäus 17e, Kopiebücher 1890–1904, Brief an Pedro Villamil, Mérida, 19.1.1993, S. 336, spanisch.

nisch und deutsch. Auch dies war von Bedeutung, da sich Geschäftskontakte meist auf freundschaftlicher bis hin zu familiärer Ebene abspielten und die Unterhaltung von Gästen wichtig für eine stabile und dauerhafte Beziehung war[102]. A. H. Wappäus pries in einem Brief an Eduardo Castellano die Vielsprachigkeit seiner Frau und auch seiner Kinder und versprach somit dem ausländischen Geschäftspartner für die Zeit eines Besuches in Hamburg eine anregende Zeit, die den Aufenthalt in der Fremde nicht nur lukrativ, sondern auch angenehm machen sollte[103].

Das verbindende Element des Fremdseins in einem Gastland war sehr stark unter den Überseekaufleuten in Venezuela. Die dadurch entstehende Verbundenheit war stärker als Trennendes wie zum Beispiel katholische oder protestantische Religionszugehörigkeit. Weitere Verbindungselemente waren der gleiche Beruf, die gemeinsamen ökonomischen Interessen, Heirat und auch Freundschaft. Die Ausschlußfunktion der internationalen Überseekaufmannschaft verlief vertikal. Die genannten Elemente verbanden, nicht nur die Nationalität, die diesen untergeordnet war. Es waren vielmehr der gesellschaftliche Stand und unterschiedliche Tätigkeiten, die durchaus Verbindungen von Menschen gleicher Staatsangehörigkeit verhindern konnten. Das kaufmännische Netzwerk von A. H. Wappäus schloß Kaufleute verschiedenster Nationalitäten in sich ein, jedoch keine Deutschen anderer Berufsgruppen. Es breitete sich nicht linear vom Zentrum der Firmenführung in Hamburg her aus, sondern war ein wahres Geflecht von Beziehungen der Netzwerkangehörigen auch untereinander und darüber hinaus zu Dritten. Dadurch waren Handel und Politik gleichermaßen in das Netzwerk eingeschlossen. Denn die Überseekaufmannschaft hatte eine bedeutende Position in Venezuela inne. Dadurch hatte A. H. Wappäus sowohl direkten als auch indirekten Kontakt mit wichtigen Persönlichkeiten aus Handel und Politik des Landes. Die Verflechtung der Kaufleute, die keine Nationalitätenschranken kannte, reichte bis an die Spitze des Gaststaates[104]. Doch das Netzwerk der in Venezuela ansässigen Überseekaufmannschaft verband A. H. Wappäus nicht nur mit diesem Land. Die Netzwerkmitglieder waren flexibel und mobil und somit Brückenköpfe nicht nur in verschiedenste Regionen der Erde. Doch trotz aller internationalen Kooperation bestanden die Handelsfirmen in Venezuela meist aus Personen der gleichen Nationalität[105]. Das von Plumacher beschriebene quasi-hermetische *Deutsche System* könnte Erklärung dafür sein, daß Deutsche innerhalb von Firmen unter sich blieben. Doch die Geschäfte, Privatkontakte und andere gesellschaftliche Aktivitäten kannten keine Nationalitätenschranken, da der ausländische Kundenstamm von existenzieller Bedeutung für die Firma war.

---

102 Siehe dazu Kapitel V.2..

103 StAH 621–1 Firma A. H. Wappäus 17d, Kopiebücher 1885–1890, Brief an E. Castellano, Ocaña, 15.6.1886, S. 111, spanisch.

104 BERNECKER, Walther L.: Die Handelskonquistadoren, S. 474.
In seiner Studie zu Mexiko kam BERNECKER ebenfalls zu dem Schluß, daß familiäre und und wirtschaftliche Beziehungen unternehmensfreudiger Ausländer bis in höchste militärische und politische Kreise reichten.

105 Ebd., S. 472. BERNECKER kam in seiner Untersuchung zu Mexiko zu dem gleichen Schluß.

3. Die Funktion und Bedeutung von Konsulaten für die Familie Wappäus im Transatlantikhandel

Überseekaufleute hatten nicht nur, wie in den vorangehenden Kapiteln untersucht wurde, persönliche Kontakte und Geschäftsbeziehungen zur Regierung des Gastlandes, sondern waren auch selbst in diplomatische und zum Teil nicht-kaufmännische Strukturen eingebunden. Anhand der Konsulate in Venezuela im 19. Jahrhundert läßt sich die Entwicklung dieser Institution in einer jungen lateinamerikanischen Republik nachvollziehen, wie auch ihre Bedeutung für die ausländische Kaufmannschaft im Lande[1]. Es wird im folgenden das Beispiel der Familie Wappäus untersucht, die im 19. Jahrhundert vier Konsuln stellte.

Schon zur Zeit der mittelalterlichen Hanse unterhielt Hamburg Auslandsvertretungen. Ähnliche Funktionen, wie sie die Konsuln im 19. Jahrhundert erfüllten, bekleideten Äldermänner, Vorsteher hanseatischer Faktoreien und Comptoire schon vorher an ausländischen Handels- und Hafenplätzen. Das hamburgische konsularische Netz wurde nach 1815 schnell ausgebaut. Im Jahre 1846 existierten 162 konsularische Vertretungen weltweit, 1866 schon 279[2].

Zu Beginn des 19. Jahrhunderts gab es drei Klassen von ausländischen Repräsentanten in Venezuela: Botschafter erster Klasse hatten sämtliche Rechte; Botschafter zweiter Klasse hatten nicht den vollen repäsentativen Status für ihr Land, wie Botschafter erster Klasse. Botschafter dritter Klasse waren meist Personen, welche von beiden Staaten im Einklang ernannt wurden. Zu ihnen gehörten Ministerresidenten, Chargés d'Affaires, Agenten und Konsuln. Agenten und Konsuln waren fast ausschließlich für wirtschaftliche Angelegenheiten zuständig. 1818 kam es zu einer Änderung. Die Ministerresidenten wurden in eine dritte Klasse eingestuft, während die Chargés d'Affaires, Agenten und Konsuln einer vierten Klasse zugeteilt wurden. In diese neue vierte Kategorie gehörten von nun an auch Kommissare.

---

1   Siehe dazu auch WALTER, Rolf: Venezuela und Deutschland, S. 241–265, 282–284, 294, 297. Und ZEUSKE, Michael: Trasfondos del conflicto 1902: política, cónsules y comerciantes alemanes en las Venezuelas del siglo XIX, in: BÖTTCHER, Nikolaus; HAUSBERGER, Bernd (Hrsg.): Dinero y negocios en la historia de América Latina – Geld und Geschäfte in der Geschichte Lateinamerikas, Veinte ensayos dedicados a Reinhard Lier – Zwanzig Aufsätze, gewidmet Reinhard Lier, Madrid – Frankfurt a. M. 2000 (Bibliotheca Ibero-Americana, Publicaciones del Instituto Ibero-Americano Fundación Patrimonio Cultural Prusiano, Vol. 77), S. 413–452.
     Neben anderen Quellen wurden Dokumente der Sammlung seltener Bücher und Manuskripte in der venezolanischen Nationalbibliothek Caracas, *Biblioteca Nacional de Venezuela, Colección Libros Raros y Manuscritos*, und des Archivs des venezolanischen Außenministeriums, *Archivo del Ministerio de Relaciones Exteriores, Caracas*, ausgewertet. Mit Hilfe dieser Dokumente soll geklärt werden, welche Funktion und Bedeutung das Konsulatswesen für Überseekaufleute im allgemeinen hatte. Spezielle Aufmerksamkeit wird der Frage nach der Rolle von Konsulaten im kaufmännischen Netzwerk gelten. Es soll erforscht werden, ob es eventuell ein konsularisches Netzwerk gab, das in das kaufmännische integriert war oder sich mit diesem überschnitt. Wenn dies der Fall sein sollte, muß untersucht werden, welche Bedeutung das konsularische für das kaufmännische Netzwerk und damit für den Überseehandel hatte.
2   ARFS, Jörn Helmuth: Die Beziehungen der Hansestadt Hamburg zu den La Plata-Staaten 1815–1866, S. 65.

Kommissare erledigten Aufgaben, die keinen diplomatischen Charakter hatten. Agenten waren für Dinge zuständig, die die Botschaften nicht bearbeiten wollten oder konnten. Sie genossen wie Botschafter höherer Klassen auch Immunität und waren durch das internationale Recht geschützt[3].

Die Vertretung der hamburgischen Kaufmannschaft und der Senat betrachteten die Konsulate traditionell weniger als politisch-diplomatische Vertretungen, sondern als Interessensvertretungen von Handel und Schiffahrt. Konsuln waren Wirtschaftsagenten welche eine Regierung an Orten, mit welchen sie wirtschaftliche Beziehungen unterhielt, ernannte, besonders in Seehäfen. Sie hatten die wirtschaftlichen Interessen ihres Landes zu wahren und die Rechte ihrer Landsleute im Ausland zu vertreten. Unter den Konsuln existierte keine Rangordnung wie unter den übrigen Diplomaten. Die Person, welche die Funktionen eines Konsuls wahrnahm, war Konsul oder Vizekonsul, ohne daß dies einen Rangunterschied bedeutet hätte. Konsuln handelten offiziell und im Namen ihres Staates. Deshalb brauchten sie neben dem Konsulatspatent oder der Ernennungsurkunde des Auftraggeberlandes auch eine Anerkennung des Gastlandes, das Exequatur.

In dem Fall, daß es Handels- oder Schiffahrtsabkommen zwischen den Ländern gab, mußten die Konsuln über die Einhaltung der Abmachungen wachen. Zudem hatten sie eine Schiedsrichterfunktion in Streitfällen inne. Die vorrangige Aufgabe war es jedoch, die Interessen des Landes zu wahren, welches sie vertraten. Konsuln waren im Gegensatz zu Botschaftern der Rechtsprechung des Gastlandes unterworfen, es sei denn in Konsulatspatent und Exequatur war das Gegenteil verbrieft. Dennoch waren sie durch internationales Recht geschützt und genossen Immunität. Dies bedeutete, daß das Gastland, sollte ein Konsul in diesem einen Schaden erleiden, den Fall aufklären und eine Wiedergutmachung leisten mußte.

Die Übernahme des Amtes wurde als Bürgerpflicht und Auszeichnung gegenüber der Heimatstadt empfunden. In dieser Haltung manifestierte sich das hanseatisch-republikanische Selbstverständnis, nach dem der Bürger aktiv zum Staatsleben beizutragen hatte. Die Kandidaten wurden nach strengen Kriterien ausgewählt. Sie sollten erfahren, angesehen, landes- und sprachkundig sein und über weitreichende informelle Kontakte im jeweiligen Land verfügen. Sie mußten wirtschaftlich unabhängig sein, damit ein Amtsmißbrauch ausgeschlossen war. Erst nach Erkundigungen über ihre Person und Verhandlungen zwischen Vertretung der Kaufmannschaft und dem Senat wurde das Patent ausgestellt[4].

Hamburgische Konsuln arbeiteten fast immer ehrenamtlich. Ihnen wurde weder der Aufwand an Zeit erstattet, noch wurden Kosten für Bürohaltung, Anfertigung eines Wappenschildes und das Führen der hamburgischen Flagge erstattet. Konsulatsgebühren durften nur in Einzelfällen erhoben werden[5]. Es handelte sich bei Konsuln meist um Kaufleute oder Industrielle, welche im Gastland ansässig waren. Konsuln welche speziell zur Wahrnehmung der konsularischen Aufgaben in ein anderes Land geschickt wurden, waren im 19. Jahrhundert die Ausnahme. Kon-

---

3   WALTER, Rolf: Los Alemanes en Venezuela, S. 90–91.
4   ARFS, Jörn Helmuth: Die Beziehungen der Hansestadt Hamburg zu den La Plata-Staaten, S. 68–69, 71.
5   Ebd., S. 68.

suln lebten normalerweise von den Einkünften ihrer Geschäfte. So bestand natürlich die Gefahr, daß das Amt nicht gewissenhaft erfüllt oder auch Mißbrauch zur eigenen Bereicherung betrieben wurde.

Preußen, welches erst sehr spät, nämlich 1842, Konsuln nach Venezuela schickte, legte deshalb Wert darauf, zumindest an wichtigen Handelsplätzen besoldete und möglichst preußische Konsuln einzusetzen[6]. Frankreich setzte ab 1833 nur noch besoldete Konsuln ein. England und Preußen wandten beide Methoden an.

Generalkonsuln waren manchmal für ein ganzes Land, wenigstens jedoch für mehrere Handelsorte zuständig. Sie beaufsichtigten die Konsuln und Vizekonsuln, die in diesem Gebiet arbeiteten. Konsuln dagegen waren für einen bestimmten Handelsort oder -sektor zuständig. Ihnen und auch den Generalkonsuln assistierte manchmal ein Vizekonsul. So war zum Beispiel der erste hamburgische Generalkonsul, Georg Gramlich, zu Beginn seiner Tätigkeit 1827 für ganz Großkolumbien zuständig, ab 1830, dem Zerfallsdatum Großkolumbiens, nur noch für Venezuela. Sein Sitz lag in La Guaira und ab 1828 hatte er die Hilfe eines Vizekonsuls in Puerto Cabello, Carl August Geller[7]. In einem Schreiben vom 4.2.1839 war Geller[8] zum Handelsagenten für Hamburg in Puerto Cabello ernannt worden[9]. Später wurde er Konsul des Hafens[10]. Als 1835 Georg Blohm Konsul für Hamburg in La Guaira wurde, hatte Hamburg Konsuln aller drei Kategorien in Venezuela installiert[11].

Schon um 1823 waren die ersten englischen Konsuln nach Venezuela gekommen, ermuntert durch die staatliche Öffnung für ausländische Elemente. Yolanda Pacheco Troconis schreibt fälschlicherweise, daß 1828 die ersten zwei deutschen Konsuln nach Venezuela gekommen seien[12]. Genauso irrtümlich meinte Walter Dupoy, daß es 1827, als Venezuela noch Teil Großkolumbiens mit der Hauptstadt Bogotá war, im Gebiet Venezuelas nur englische und US-amerikanische Konsuln gegeben habe: Sir Robert Ker Porter aus England und Adolf Williamson aus den USA[13]. Wie viele unrichtige Angaben zu diesem Thema gemacht wurden und werden, belegt weiterhin die Feststellung von Hartmut Fröschle, daß 1827 ein Kaufmann namens Graulich zum ersten hamburgischen Konsul in Caracas ernannt worden sei. Obwohl dieser eine bedeutende Stellung im dortigen Kaufmannsstand innegehabt haben müsse, um diesen wichtigen Posten zu erlangen, sei über diesen

6 Siehe dazu auch WALTER, Rolf: Preußen und Venezuela. Zur weiteren Entwicklung des Konsulates in Preußen siehe BERG, Inge Bianka von: Die Entwicklung des Konsularwesens im Deutschen Reich.
7 Carl August Geller, erster Arbeitgeber von A. H. Wappäus in Venezuela.
8 StAH 621–1 Archiv der Firma A. H. Wappäus 17c, Kopiebücher 1877–1883, Brief an Elias Aranjo, Curaçao, 14.5.1882, S. 355–378, spanisch.
9 AMRE, Archivo Antiguo, Alemania, Consules y Viceconsules en Ciudad Bolívar 1839–1905, Vol. 9, Legajo 1.
10 AMRE, Archivo Antiguo, Alemania, Consules y Viceconsules en Puerto Cabello 1839–1905, Vol. 9, Legajo 2.
11 WALTER, Rolf: Los Alemanes en Venezuela, S. 92–94.
12 PACHECO TROCONIS, Yolanda: Las casas comerciales extranjeras en Puerto Cabello, S. 288–306, 289.
    Richtig ist, daß Georg Gramlich 1827 Generalkonsul für Hamburg in La Guaira wurde.
13 DUPOY, Walter: Los Alemanes en el Diario de Sir Robert Ker Porter, S. 35–48. Siehe Fußnote 9.

nichts weiter bekannt, schreibt Fröschle[14]. Dieser Kaufmann hieß richtig Georg Gramlich und wurde, wie schon genauer ausgeführt, 1827 zum Generalkonsul in La Guaira ernannt.

Ein Defizit in der bisherigen Forschung hat zu diesem Verwirrspiel von Angaben geführt. Kaum ein Historiker hat sich bisher die Mühe gemacht, im Archiv die von Generation zu Generation weitergetragenen Angaben zu verifizieren. Es ist jedoch richtig und bemerkenswert, daß die Deutschen bis zur Einrichtung ihrer ersten diplomatischen Vertretungen in Venezuela darauf angewiesen waren, von den Diplomaten anderer Mächte geschützt zu werden[15]. Diese Funktion übernahmen die Engländer, zu denen die deutschen Kaufleute im 19. Jahrhundert in Venezuela ein ausgezeichnetes Verhältnis hatten. Frankreich dagegen verweigerte sich solchen Hilfeforderungen. Die meisten der Deutschen, um deren Vertretung es ging, kamen aus Norddeutschland: Hamburg, Bremen und Altona. 1867 lebten in Caracas circa 500 Deutsche. Ebenso lebten viele in Maracaibo, Puerto Cabello, La Guaira, und Ciudad Bolívar. Insgesamt waren um die 1.500 bis 1.600 Deutsche im Land[16].

Für die Hamburger waren die Konsulate in den Häfen von Angostura, La Guaira und Maracaibo am wichtigsten. Sie wurden zu unterschiedlichen Zeitpunkten gegründet. Als erstes wurde das Konsulat in La Guaira ins Leben gerufen. Am 11.6.1827 wurde Georg Gramlich zum hamburgischen Generalkonsul für die Republik Kolumbien in La Guaira ernannt; er vertrat auch die Niederlande. Als sein Vertreter fungierte während seiner Abwesenheit der von ihm am 12.1.1831 eingesetzte W. G. G. Oppenheimer bis Mitte 1832. Nachdem Gramlich als hanseatischer Geschäftsträger im Februar 1835 nach Caracas gegangen war, ernannten Hamburg und Lübeck im Oktober 1835 Georg Blohm zum Konsul für die seit 1830 selbständige Republik Venezuela in La Guaira. Blohm trat seinen Dienst im Februar 1836 an. Zu interimistischen Konsulatsverwesern bei Abwesenheit bestellte er am 19.4.1839 den bremischen Generalkonsul C. D. Strohm bis Mai 1841 und am 5.6.1843 den preußischen Konsul Otto Harrassowitz bis etwa März 1845. Als hamburgischer Konsul folgte am 27.12.1844 Heinrich Bauch, der am 27.6.1845 seine Geschäfte aufnahm. Zu interimistischen Konsulatsverwesern bei Abwesenheit bestellte Bauch am 15.12. 1851 den belgischen Konsul Heinrich Eisenblatt bis Mai 1853, der seinerseits am 26.4.1853 seinen Nachfolger als belgischer Konsul bis September 1853 subdelegierte, und am 28.5.1857 Johannes Röhl. Nachdem Bauch 1858 das Amt abgegeben hatte, trat Röhl am 31.1.1859 als Konsul an seine Stelle, bezeichnete sich aber noch im Mai 1860 als interimistischer Konsulatsverweser. Als seinen Vertreter setzte er am 29.6.1858 den dänischen Konsul R. Roosen Runge und am 26.4.1860 seinen Bruder Theodor Röhl ein. Dieser wurde am 2.9.1861, nachdem Johannes Röhl unter dem gleichen Datum hamburgischer Generalkonsul in Caracas geworden war,

14 FRÖSCHLE, Hartmut (Hrsg.): Die Deutschen in Lateinamerika, S. 780.
15 In Ermangelung eines Zentralstaats, der ein System von Botschaften unterhalten konnte, gab es nur Konsuln von Kleinstaaten, Ministerresidenten und wenige Botschafter, die die deutschen Könige von Bayern und Preußen ernannten. Da Botschaften aufwendige Unternehmen mit Repräsentationsaufgaben waren, lohnten sie in Lateinamerika nicht. Erst mit Gründung des Deutschen Reiches 1871 änderte sich dies.
16 DUPOY, Walter: Venezuela en la época de Anton Göring, S. 97–108, 104–105.

zum Vizekonsul in La Guaira ernannt. Als interimistischer Vizekonsulatsverweser fungierten an seiner Stelle J. R. Leseur[17], ernannt am 1.4.1863, und seit dem 10.7. 1868 H. Gosewisch. Dieser verwaltete das Amt bis 1869[18].

An diesem kurzen Überblick über die Amtsinhaber des hanseatischen Konsulats von La Guaira läßt sich abermals ersehen, daß die internationalen Kaufleute in Venezuela kooperierten. Dies wird auch anhand des Konsulats am Orinoco deutlich. Die verschiedenen deutschen Staaten arbeiteten hier auf der konsularischen Ebene zusammen. 1839 wurde der Hamburger Adolph Wuppermann[19] zum hamburgischen Konsul in Angostura ernannt. Er vertrat gleichzeitig auch die Hansestädte Lübeck und Bremen. Als sein Vertreter fungierte der Hamburger Theodor Mönch 1840 und 1843, später, 1855, der Hamburger und Konsul der USA, A. H. Wappäus. Seit dem 17.4.1856 war der Lübecker Heinrich Krohn Verweser der drei hansischen Konsulate, bis er am 9.1.1857 zum hamburgischen Konsul ernannt wurde. Er blieb in diesem Amt bis 1868 und vertrat 1867 auch noch den preußischen Konsul. Als sein Vertreter begegnet uns 1858 Johann Wolff[20].

Als letztes der drei Konsulate wurde dasjenige in Maracaibo gegründet. Am 27.12.1844 wurde dort Theodor Schön zum hamburgischen Konsul ernannt. Bei Abwesenheit vertraten ihn als interimistische Konsulatsverweser Hermann Caspar Graf vom 18.3.1846 bis zum 13.1.1847, ab dem 25.4.1854 und ab dem 11.6.1855. F. C. Fahrenholtz vertrat Schön ab dem 14.7.1848 und Carl L. von Holten vom 23.4.1863 bis zum 6.5.1864. Schön, der am 2.5.1864 für einige Monate auch zum interimistischen preußischen Konsulatsverweser bestellt wurde, fungierte bis zum November 1869[21].

Die in diesen kurzen Abrissen zur Geschichte und personellen Besetzung der Konsulate in etlichen Hafenstädten von Venezuela deutlich gewordene Vernetzung von Kaufleuten verschiedener Nationalitäten kann exemplarisch am Werdegang des Konsuls A. H. Wappäus, seines Bruders, des Konsuls Johann Eduard Wappäus, und deren Stiefbruder, des Konsuls J. W. A. Lorenzen, verdeutlicht werden. Das am besten dokumentierte Beispiel ist das des A. H. Wappäus, der in Angostura als Konsul für die USA tätig war. Die Vertretung der Hamburger Kaufleute im Orinocohafen von Angostura begann 1839 mit der Ernennung Adolf Wuppermanns zum Handelsagenten[22]. Auch A. H. Wappäus übernahm als ambitionierter und erfolgreicher Kaufmann das Amt eines Konsuls der USA in Angostura. Allein die Liste der in Angostura im 19. Jahrhundert tätigen Konsuln vermittelt einen Eindruck von der

---

17 1882 arbeitete der Sohn von A. H. Wappäus, Georg, in Puerto Cabello bei Leseur Römer & Co..

18 StAH 132–6 Hanseatische und hamburgische konsularische Vertretungen, S. 26.

19 Im zitierten Text heißt es Wüppermann. Bezüglich dieses Kaufmanns kam es auch in anderen Dokumenten den Namen betreffend zu Irrtümern. Hier wird der Name im folgenden korrekt als Adolph Wuppermann geschrieben werden.

20 StAH 132–6 Hanseatische und hamburgische konsularische Vertretungen, S. 15.
    Johann Wulff, Agent in Angostura für die hamburgische Firma A. H. Wappäus.

21 StAH 132–6 Hanseatische und hamburgische konsularische Vertretungen, S. 42.

22 AMRE, Archivo Antiguo, Alemania, Consules y Viceconsules en Ciudad Bolívar 1839–1905, Vol. 9, Legajo 1.

engen Vernetzung der Kaufleute untereinander. Bei der Untersuchung sollen die
Beziehungen und Kontakte des A. H. Wappäus im Vordergrund stehen[23]:

Tabelle 22
Konsuln in Angostura / Ciudad Bolívar (1835–1901)

Belgien

1866	F. Blohm	
1873	L. Brockmann	

Brasilien

1866	Clemente Destein	
1873	Clemente Destein	

Chile

1866	Andrés Jesús Montes	
1873	Andrés Jesús Montes	

Dänemark

1853	**Hermann Luis Theodor Courländer** *Antonio Dalla Costa*	
1858	**Hermann Luis Theodor Courländer**	
1866	**A. Vogelius**	
1873	**A. Vogelius**	

Deutsches Reich

1873	**Federico Prahl**	

England

1835	James Hamilton	Vizekonsul
1840	Kenneth Mathison	Vizekonsul
1842	Thomas Drummond	Vizekonsul
1847	Kenneth Mathison	Vizekonsul
1866	Vicente K. Mathison	Vizekonsul
1866	Lewis Joel	Vizekonsul
1871	Vicente K. Mathison	Vizekonsul
1883	James H. Reddau	Vizekonsul
1892	Charles Hermann de Lemos	Vizekonsul
1899	James Lyall	Vizekonsul
1901	Samuel Dean	Vizekonsul

23   Bezogen auf die Familie Wappäus überliefern die Quellen die umfangreichste Information über
     A. H. Wappäus.

Frankreich

1844	Juan Bautista Dalla Costa	
1853	Eugenio Thirion	Vizekonsul
1858	Eugenio Thirion	Vizekonsul
1859	Dr. Luis Plassard	
1873	Dr. Luis Plassard	

Großherzogtum Oldenburg

1855	Hermann Winter[24]	
1858	Hermann Winter	
1859	Hermann Winter	
1866	Theodor Feldhusen	

Hannover

1854	Adolph Vinnen[25]	

Hansestädte (Hamburg, Bremen, Lübeck)

1844	Adolf Wuppermann	
1853	Adolf Wuppermann	
1858	Heinrich August Karl Krohn	
1859	Heinrich August Karl Krohn	
1866	Heinrich August Karl Krohn	

Holland

1853	Fernando Meyer	
1858	Fernando Meyer	
1873	M. Plessmann	

Italien

1873	Cristiano Vicentini	—
	Luis Soublette	

Neu Granada

1858	Elías Guerra	
1859	Elías Guerra	
1873	Nicht besetzt	

---

24 AMRE, Archivo Antiguo, Alemania, Consules y Viceconsules en Ciudad Bolívar 1839–1905, Vol. 9, Legajo 20.
Am 10.8.1855 wurde Hermann Winter zum Konsul in Ciudad Bolívar für Oldenburg bestellt.

25 AMRE, Archivo Antiguo, Alemania, Consules y Viceconsules en Ciudad Bolívar 1839–1905, Vol. 9, Legajo 13.
Am 30.11.1854 wurde Adolph Vinnen zum Konsul für Hannover in Ciudad Bolívar bestellt.

Preußen

1866	C. Venselow	

Schweden und Norwegen

1866	Nicht besetzt	
1844	Antonio Dalla Costa	Vizekonsul
1853	Antonio Dalla Costa	Vizekonsul
1873	Antonio Dalla Costa	Vizekonsul

Spanien

1853	Marcos Calderón	
1859	Marcos Calderón	
1866	Antonio Batalla	
1873	*Juan Machado*	

USA

1845	**Adolf Heinrich Wappäus**	**Vizekonsul**
1851	**Juan Bautista Dalla Costa**[26]	**Consul Interim**
1853	**Adolf Heinrich Wappäus**	
1854	José B. Austin	
1854	**Adolf Heinrich Wappäus**[27]	
1858	Henry Fay	
1859	Henry Fay	
1866	**John Dalton**	
1873	**John Dalton**	

Quelle: BRICEÑO DE BERMÚDEZ, Tarcila: Comercio por los ríos Orinoco y Apure, S. 216–218.
Kursiv gedruckt sind die Namen derjenigen, zu welchen A. H. Wappäus zumindest indirekt Kontakt hatte, da es sich um Verwandte von Kunden handelte.
Fettgedruckt sind die Namen derer, die A. H. Wappäus nachweisbar persönlich kannte. Zu diesen unterhielt er auch immer geschäftliche Kontakte.

Fünf der Konsuln, Juan Bautista Dalla Costa[28], Adolf Wuppermann[29], John Dalton[30], Federico Prahl[31] und Cristiano Vicentini[32] kannte A. H. Wappäus nachweis-

26 AMRE, Archivo Antiguo, Estados Unidos, Consules y Viceconsules en Venezuela 1834–1911, Vol. 18, Legajo 54. AMRE, Indice General de Estados Unidos, Tomo III, Vol. 18, Consules y Viceconsules de Estados Unidos en Venezuela, En Ciudad Bolívar. Am 10.2.1851 wurde Juan Bautista Dalla Costa Sohn als Konsul interim der USA in Ciudad Bolívar eingesetzt.

27 AMRE, Archivo Antiguo, Estados Unidos 1845–1854, Consules y Viceconsules en Venezuela 1834–1911, Vol. 18, Legajos 19, 20, 21, 60, 61, 62, 63, 64, 73, 74, 75, 76.
Siehe IX. Anhang: 13. Korrespondenz in Konsulatsangelegenheiten, Dokumente 1–12.

28 StAH 621–1 Archiv der Firma A. H. Wappäus 17e, Kopiebücher 1890–1904, Brief an José Afandor, Ciudad Bolívar, 12.5.1894, S. 462, spanisch.

29 Da A. H. Wappäus und A. Wuppermann Teilhaber des gleichen Geschäfts in Ciudad Bolívar waren, ist davon auszugehen, daß sie sich persönlich kannten.

lich persönlich. Bis auf Federico Prahl waren die anderen vier auch belegbare Kunden von A. H. Wappäus[33]. Bei Adolph Vinnen, Hermann Luis Courländer, A. Vogelius und Hermann Winter ist eine persönliche Bekanntschaft nicht beweisbar. Alle vier waren jedoch Kunden von A. H. Wappäus. Zumindest indirekte Beziehungen bestanden zu Antonio Dalla Costa über Juan Bautista Dalla Costa, zu Juan Machado über die dem Hamburger persönlich bekannten Kunden Rafael und Tomás Machado[34] und zu M. Plessmann über den Kunden Cuno Pleßmann. Wenn Friedrich Blohm nicht persönlich mit dem hanseatischen Kaufmann bekannt gewesen sein sollte, so bestand zumindest eine indirekte Verbindung über Georg Blohm[35] zu diesem. Damit hatte A. H. Wappäus mindestens zu zwölf der aufgelisteten siebzehn Konsulate Kontakte jenseits der konsularisch amtlichen. Etwas erstaunlich, aber wohl der Quellenlage oder dem Zufall zuzuschreiben, ist, daß ausgerechnet zu England keine besondere Verbindung nachweisbar ist. Traditionell bestanden zwischen Hamburgern und Engländern beste Kontakte und Wappäus selbst hatte eine persönliche Schwäche für die Insel, die er oft bereiste. Beachtenswert ist die häufige Besetzung der Konsulate mit Kaufleuten fremder Nationalität. So setzten die Schweden und Norweger einen Korsen ein, die USA einen Hamburger und Belgien einen Lübecker. Diese Praxis war überall üblich. So war 1866 der Hamburger Konsul in Maracaibo, Theodor Schön, Konsul interim für Dänemark gewesen[36]. Gerade die Nationen, die selbst nicht über viele Kaufleute im Ausland verfügten und trotzdem präsent sein wollten, nutzten diese Lösung. Nationalstaatliche Begrenzungen wurden den Handelsinteressen unterworfen. Wenn zum Beispiel Schön das Amt des Konsuls für Dänemark übernahm, brachte ihm dies zwar Ehre ein, muß aber als freundliche Geste dieser Nation gegenüber verstanden werden. Die ausländischen Kaufleute in einem Gastland halfen sich häufig gegenseitig und schufen sich damit eine Lobby gegenüber dem Gaststaat. Dies schloß natürlich eventuelle persönliche Antipathien und Spannungen, hervorgerufen durch die Politik des Gastlandes wie auch der Mutterländer, nicht aus.

Der Schriftverkehr der hamburgischen Konsulate in Venezuela gibt einen weiteren Einblick in die Vernetzung der Kaufleute im Ausland untereinander. Beispielhaft sollen hier die in diesen Dokumenten erhaltenen Briefe genannt werden, die

---

30 StAH 621–1 Archiv der Firma A. H. Wappäus 17c, Kopiebücher 1877–1883, Brief an John Dalton, Ciudad Bolívar, 30.9.1883, S. 408–409, englisch.

31 StAH 621–1 Archiv der Firma A. H. Wappäus 17c, Kopiebücher 1877–1883, Brief an Guillermina Wulff, Ciudad Bolívar, 12.5.1879, S. 170, deutsch.

32 StAH 621–1 Archiv der Firma A. H. Wappäus 17b, Kopiebücher 1870–1877, Brief an Cristiano Vicentini, Verona, 27.1.1876, S. 381, spanisch.

33 Siehe IX. Anhang: 14. Kunden des A. H. Wappäus.

34 StAH 621–1 Archiv der Firma A. H. Wappäus 17b, Kopiebücher 1870–1877, Brief an Tomás und Rafael Machado, Ciudad Bolívar, 31.1.1871, S. 32–33, spanisch.

35 StAH 621–1 Archiv der Firma A. H. Wappäus 17c, Kopiebücher 1877–1883, Brief an Elias Aranjo, Curaçao, 14.5.1882, S. 355–378, spanisch. Da A. H. Wappäus erst leitender Angestellter, dann Teilhaber in Geschäften von Georg Blohm war, ist davon auszugehen, daß sie sich persönlich kannten.

36 StAH 132–6 Hamburgisches Konsulat Maracaibo 5, Schreiben des Generalkonsulats in Caracas, anderer hanseatischer Konsulate und solcher fremder Staaten in Maracaibo, 1853–1867.

von Bekannten oder Kunden des A. H. Wappäus geschrieben wurden oder diese involvierten. A. H. Wappäus, selbst Konsul, war mit vielen der Korrespondenten Hamburger Konsulate persönlich bekannt oder über Geschäfte verbunden[37]. So schrieben ein Herr Urich aus Trinidad und ein Herr Dalla Costa, Ort unbestimmt, 1834 dem Konsul der Hansestädte in Angostura, A. Wuppermann. Söhne von diesen Herren Urich und Dalla Costa waren später wichtige, persönlich bekannte Geschäftspartner für A. H. Wappäus. Mit A. Wuppermann wiederum sollte A. H. Wappäus einige Jahre später zusammenarbeiten. Bevor er jedoch in das Geschäft in Angostura einstieg, arbeitete er mit dem Vizekonsul in Puerto Cabello, Carl August Geller zusammen. Nachdem A. H. Wappäus 1842 in La Guaira angekommen war, hatte er zweieinhalb Jahre lang bei Geller & Co. Nachfolger in Puerto Cabello gearbeitet. Georg Blohm, hamburgischer Konsul in La Guaira, kannte A. H. Wappäus ebenfalls, denn dieser war Hauptteilhaber des Hauses Geller & Co. gewesen und hatte A. H. Wappäus nach dessen Beschäftigung in Puerto Cabello in Ciudad Bolívar etabliert.

Am 5.7.1842 erschien eine Liste von Spendern aus Angostura, welche anläßlich des Hamburger Brandes Geld stifteten. Darunter waren als spätere Kunden von A. H. Wappäus A. Bärmann; J. B. Dalla Costa, der französische Vizekonsul; Theodor Meinhardt; Antonio Dalla Costa, der schwedische Konsul und Dr. J. T. B. Siegert, dessen Magenbitter A. H. Wappäus zu vermarkten versuchte[38]. Auch nichthamburgische Kaufleute spendeten also für die Hansestadt[39]. In anderen Dokumenten finden sich A. H. Wappäus, spätere Kunden Hermann Courländer und A. Bärmann, die 1847 Unterschriften in einer Schiffsangelegenheit leisteten[40]. Mehr im anekdotischen Bereich liegt das Schreiben eines Sr. Guiverre vom 2.8.1850 an den *Consul de Alemania* [sic] mit einer Beschwerde über einen Matrosen namens Julian Schmidt, der den Kapitän Simon Sardi geschlagen habe und danach geflüchtet sei. Guiverre bat um dessen Bestrafung[41]. Auf dem Schiff *Fénix* eben jenes Kapitäns Sardi war A. H. Wappäus von New York nach La Guaira gereist[42]. Im Bestand des Schriftverkehrs mit venezolanischen Behörden findet sich auch die Bestätigung der Ausstellung des Exequaturs für Adolfo Wapäus [sic] als *Consul Americano de Angostura*, durch José M. Lagrave vom 4.2.1853[43]. Jenseits der vor allem wirtschaftlichen Aufgaben gab es auch Abwechslung im Konsulatsalltag: Am 31.3.1862 bat eine deutsche Zoologische Gesellschaft beim Konsulat von Maracaibo um Tiere[44].

---

37   StAH 132–6 Angostura, Konsulat Angostura 3, Allgemeine Konsulatsangelegenheiten, Bestallung und persönliche Angelegenheiten der Konsuln (1834) 1838–57.

38   StAH 132–6 Hamburgisches Konsulat Angostura 8, Sammlungen für wohltätige Zwecke (Hamburger Brand u. a.) 1842–66.

39   Die Dalla Costas waren Italiener.

40   StAH 132–6 Hamburgisches Konsulat Angostura 2, Protokoll der Attestate 1847–62.

41   StAH 132–6 Hamburgisches Konsulat Angostura 7, Allgemeiner Schriftverkehr mit venezolanischen Behörden 1840–64.

42   HMANH, El Venezolano, Caracas, 19.7.1841, Nr. 58.

43   StAH 132–6 Hamburgisches Konsulat Angostura 7, Allgemeiner Schriftverkehr mit venezolanischen Behörden 1840–64.

44   StAH 132–6 Hamburgisches Konsulat Maracaibo 6, Handels- und Schiffahrtsangelegenheiten allgemein, Gesuche von Privaten, 1847–1868.

Allein in den untersuchten hamburgischen Dokumenten zum Schriftverkehr hamburgischer Konsulate finden sich zehn Personen, zu welchen A. H. Wappäus Verbindungen hatte. Mit venezolanischem Quellenmaterial lassen sich weitere Verknüpfungen dieser Art belegen. Auch diese Dokumente wurden im Hinblick auf das Beziehungsgeflecht der Familie Wappäus ausgewählt, um daran die Funktion und Bedeutung von Konsulaten zu exemplifizieren. Erstes Beipiel ist die curaçaosche Familie Baíz. Die Baíz waren, wie schon erwähnt, Kunden von A. H. Wappäus. In Barcelona, Venezuela, waren Verwandte dieser Familie Baíz Konsuln. Im Jahre 1850 fungierte Hipólito Baíz dort als US-Vizekonsul und 1851 war Ignacio H. Baíz Konsul für die USA in Barcelona[45]. In Maracaibo war 1861 Federico Wuppermann Konsul für die Vereinigten Staaten von Amerika. Er war ein Verwandter des ehemaligen Geschäftspartners von A. H. Wappäus, Adolf Wuppermann[46]. Richard A. Neubauer wurde 1884 zum Konsul für Venezuela in Hamburg ernannt. Die Familie Neubauers verschickte in den 80er Jahren des 19. Jahrhunderts Ware auf Schiffen der Reederei A. H. Wappäus[47]. In Berlin waren Verwandte des Wappäuskunden H. Hahn Echenagucia aus Bordeaux Konsuln für Venezuela. 1887 fungierte Carlos Hahn Echenagucia und 1891/93 Eduardo Hahn Echenagucia im Amt[48]. Theodor Meinhard, der einen Gasthof in Upata führte[49] und Kunde von A. H. Wappäus war, wirkte 1896 als Konsul ad honorem für Venezuela in St. Luis, USA[50]. Und 1901 war A. H. Wappäus, Kunde Germán del Gallegos Konsul ad honorem für Venezuela in Havanna[51].

Dieses Quellenmaterial verdeutlicht die supranationale Streuung von Standorten und Nationalitäten. Die USA setzten in Barcelona und Maracaibo Konsuln fremder Nationalität ein. Venezuela hatte in dieser, auf die Kontakte des Hauses Wappäus ausgerichteten Quellenauswahl zumindest zwei Vertreter, die nicht venezolanisch waren, in Berlin und St. Luis. Hier spiegelt sich auch die große Mobilität der Kaufmannschaft wider, welche das Beziehungsnetzwerk geographisch enorm breit fächerte. Die Familie Baíz hatte ihren Hauptsitz auf Curaçao, doch waren Familienmitglieder an der venezolanischen Küste verstreut ansässig. Adolf Wuppermann saß in Ciudad Bolívar, doch sein Verwandter war in Maracaibo tätig. Dabei müssen sowohl die Baíz als auch Federico Wuppermann zusätzlich schon in den USA ge-

45 AMRE, Indice General de Estados Unidos, Tomo VI, Vol. 21, Consules y Viceconsules de Estados Unidos en Venezuela, En Barcelona.
Mit den Firmen David Baíz, Isaac Baíz & Co. und Isaac Baíz & Söhne unterhielt A. H. Wappäus geschäftliche Kontakte. Siehe IX. Anhang: 14. Kunden des A. H. Wappäus.

46 AMRE, Indice General de Estados Unidos, Tomo IV, Vol. 19, Consules y Viceconsules de Estados Unidos en Venezuela, En Maracaibo.

47 AMRE, Archivo Antiguo, Alemania, Consules de Venezuela en Hamburgo 1868–1884, Vol. 13, Folio 358.

48 AMRE, Indice General de Alemania, Tomo VII, Vol. 17, Consules y Viceconsules Venezolanos en Alemania, En Berlin.

49 RODRÍGUEZ, José Angel (Hrsg.): Alemanes en las regiones equinocciales, darin: Ders.: Paisajes venezolanos en la mirada de Carl Geldner (1866–1867), S. 181–194, S. 189.

50 AMRE, Indice General de Estados Unidos, Tomo XI, Vol. 32, Consules y Viceconsules de Venezuela en Estados Unidos, En San Luis.

51 AMRE, Indice General de Estados Unidos, Tomo XI, Vol. 33, Consules y Viceconsules de Venezuela en Estados Unidos, En La Habana.

wesen oder zumindest sehr vertraut mit dem Land und der Sprache gewesen sein, um Nordamerika vertreten zu können. Ein Teil der Familie Hahn Echenagucia trieb Handel in Bordeaux, ein anderer Zweig war in Venezuela ansässig, wo auch die Kontakte zu A. H. Wappäus herrührten; zwei Familienmitglieder zumindest aber lebten in Berlin. Der Deutsche Theodor Meinhard war lange in Venezuela ansässig gewesen und übte für dieses Gastland das Konsulat in den USA aus. Und der wappäussche Kunde Germán del Gallegos hatte ursprünglich in Maracaibo gewirkt, erscheint in den Konsulatsdokumenten jedoch als Konsul in Havanna. All diese Personen standen in direktem oder indirektem Kontakt mit Hamburg. Sie waren zumindest potentielle Stütz- und Anlaufpunkte für Unternehmungen der Firma A. H. Wappäus. In ihrer Funktion als Konsuln waren sie besonders wertvolle Kontakte, da sie über Privilegien und Insiderinformationen vor Ort verfügten, die für Geschäfte nützlich sein konnten.

Der Konsul A. H. Wappäus selbst ist ein typisches Beispiel seiner Zeit. Er war 1845 bis 1850 Vizekonsul der USA in Angostura. 1851 fungierte er dort als Konsul interim für Hamburg[52]. Zeitweise war Adolph Heinrich Wappäus auch Konsul interim für Preußen in Ciudad Bolívar[53]. In den Jahren 1853 und 1854 war er US-Konsul in derselben Stadt und, nachdem 1854 José B. Austin zwischenzeitlich Konsul gewesen war, 1854 bis 1856 erneut US-Konsul. Austin hatte Venezuela verlassen und war nicht, wie eigentlich beabsichtigt, zurückgekehrt. Nach A. H. Wappäus, Abreise nach Hamburg wurde Henrique Fay zum Konsul ernannt[54]. Warum A. H. Wappäus 1854 sein Amt abgab, geht nicht aus den Dokumenten hervor. Eventuell war er, wie schon 1852, für längere Zeit von Angostura abwesend und hatte deshalb das Amt niedergelegt[55]. Insgesamt war er sechs Jahre lang als deutscher Konsul und Vizekonsul für die USA am Orinoco. Zwischenzeitlich hatte er seine Heimatstadt vertreten und auch Preußen, dessen Bürger er nicht war.

Aus den Dokumenten des Archives des venezolanischen Außenministeriums und der Nationalbibliothek in Caracas läßt sich gut rekonstruieren, wie Konsuln bestallt wurden und wie die damit verbundene Korrespondenz aussah. In diesen Unterlagen schrieb A. H. Wappäus außerordentlich gleichmäßig und ordentlich. Offensichtlich legte er liniertes Papier unter, um in geraden Zeilen zu schreiben. Dies war nicht unbedingt bei allen offiziellen Korrespondenzen dieser Zeit der Fall und weist ihn als ordnungsliebend und gewissenhaft aus. Als Konsul informierte er Washington regelmäßig über alle Gebühren, die er kassiert hatte, zum Beispiel für das Ausstellen von Gesundheitszeugnissen, über ein- und auslaufende amerikani-

---

52 StAH 132–6 Hamburgisches Konsulat Angostura 1 II, 1. Protokoll der ausgehenden Schreiben und Vorgänge beim Konsulat 1845–56.

53 WALTER, Rolf: Los Alemanes en Venezuela, S. 210–211.

54 AMRE, Archivo Antiguo, Estados Unidos, Consules y Viceconsules en Venezuela 1834–1911, Vol. 18.

55 CLRM, Mikrofilm USA 001, T–335, Nr. 1, Despacho de los Cónsules Americanos en Ciudad Bolívar 1850–1853, Schreiben aus New York vom 4.8.1852 von A. H. Wappäus. CLRM, Mikrofilm USA 001, T–335, Nr. 1, Despacho de los Cónsules Americanos en Ciudad Bolívar 1850–1853, Schreiben aus Ciudad Bolívar vom 23.7.1853 von A. H. Wappäus.
    A. H. Wappäus war mindestens vom 4.8.1852 bis zum Mai 1853 in den USA gewesen.

sche Schiffe, die allgemeine Hafenbewegung, wirtschaftliche Daten und Tendenzen und eventuelle Vorkommnisse, in welche US-Bürger verwickelt waren. Er informierte über Todesfälle oder zum Beispiel über eine Gruppe von Amerikanern, die in die Wälder gezogen war, um Kautschuk zu suchen. Um als Konsul ernannt zu werden, mußte A. H. Wappäus Angaben über sich machen. Um 1853 erneut das Amt übernehmen zu können, schrieb er am 4.8.1852 nach Washington. Seinen Brief schrieb er in New York, wo er sich zu diesem Zeitpunkt aufhielt. Er gab an, daß er Hamburger Bürger sei, lange Zeit in New York gelebt habe und nur nicht US-Bürger geworden sei, weil er hin und wieder das Land habe verlassen müssen[56]. Am 23.7.1853 informierte er in einem Schreiben, daß er am 6. Juni nach Ciudad Bolívar zurückgekehrt sei. Alles sei trotz der Revolution[57] ruhig und er werde von jetzt ab seine Arbeit als Konsul aufnehmen[58]. Kurz darauf beklagte er sich, daß die geringen Gelder des Konsulates es ihm nicht erlaubten, qualifizierte Leute einzustellen, gleichzeitig hob er seine eigene Qualifikation noch einmal hervor[59]. Etwas weniger enthusiastisch, aber in die gleiche Richtung gehend, äußerte sich Joseph B. Austin über ihn, der zwischenzeitlich das Amt innegehabt hatte. Dieser mußte wegen Familienangelegenheiten für längere Zeit Südamerika verlassen, wie Austin in einem Schreiben aus New York vom 14.6.1855 mitteilte[60]. In seiner Korrespondenz präsentierte sich A. H. Wappäus selbstbewußt gegenüber Washington. So kann man es interpretieren, wenn er am 28.1.1856 schrieb, daß er seit seinem letzten Brief vom 15.9.1855 keine Antwort erhalten habe[61]. In dem gleichen Brief bat er ohne falsche

56 CLRM, Mikrofilm USA 001, T–335, Nr. 1, Despacho de los Cónsules Americanos en Ciudad Bolívar 1850–1853, Schreiben aus New York vom 4.8.1852 von A. H. Wappäus. A. H. Wappäus schrieb: „..... . *Regarding your enquiry of the name of the State and Country in which I was born, I beg to state that I am a native of Hamburg, Germany. I for many years have been a resident of New York and only my occasional absence from the country has prevented my becoming a citizen of the United States. I handed in my intention to become* .... (nicht auf der Kopie lesbar) *as early as 1832. ..... .*“

57 Von Valencia am 23.7.1853 ausgehende Aufstände, die sich über ganz Venezuela ausbreiteten und in den 1854 ausbrechenden *Guerra Federal* genannten Bürgerkrieg mündeten.

58 CLRM, Mikrofilm USA 001, T–335, Nr. 1, Despacho de los Cónsules Americanos en Ciudad Bolívar 1850–1853, Schreiben aus Ciudad Bolívar vom 23.7.1853 von A. H. Wappäus.

59 CLRM, Mikrofilm USA 001, T–335, Nr. 1, Despacho de los Cónsules Americanos en Ciudad Bolívar 1850–1853, Schreiben aus Ciudad Bolívar vom 9.8.1853 von A. H. Wappäus. A. H. Wappäus schrieb:“.... . *I am well acquainted with the language of this Country / the Spanish / having resided here for the last eleven years and therefore able to transact in said language all the business* ... .“

60 CLRM, Mikrofilm USA 001, T–335, Nr. 1, Despacho de los Cónsules Americanos en Ciudad Bolívar 1850–1853, Schreiben aus New York vom 14.6.1855 von J. B. Austin. Austin schrieb:“.... . *I have left the office in the charge of Mr. A. H. Wappäus, who has represented the United States at that port for several years, and who I would recommend for reappointment, as he is the only person in the place, who I could find, willing to accept the appointment, and at the same time sufficiently familiar with the business to perform the duties.* ... .“

61 CLRM, Mikrofilm USA 001, T–335, Nr. 1, Despacho de los Cónsules Americanos en Ciudad Bolívar 1850–1853, Schreiben aus Ciudad Bolívar vom 28.1.1856 von A. H. Wappäus. A. H. Wappäus schrieb:“*Sir, Since my last Despatch dated Septemb 15th 1855, I have not had the honor to receive any of your esteemed communications. ..... .*“ Weiter hieß es:“ .... . *Having been informed by Mr. Jos. B. Austin, my predecessor, of having resigned the U. S. Consulate, I*

Bescheidenheit um offizielle Anerkennung als Konsul und informierte darüber, daß er sich 61,30 $ genommen habe, um seine Ausgaben zu decken. Tavera-Acosta schrieb 1914, in einer Zeit, in welcher persönliche Erinnerungen von Mitbürgern noch vorhanden gewesen sein dürften, daß Konsul Adolfo Wappäus den Bürgern der Stadt Ciudad Bolívar als Philantrop und Altruist in bester Erinnerung geblieben sei[62]. Der Grund dafür, daß die Familie Wappäus in der venezolanischen Geschichtsschreibung nicht vollständig vergessen wurde und in Südamerika bis heute zumindest eine geringe Beachtung in Publikationen findet, liegt in der Quellenlage begründet. Adolph Heinrich Wappäus hinterließ Spuren in den venezolanischen Archiven. Die Korrespondenz seine Ernennung zum Konsul betreffend, ist großenteils erhalten[63]. Bemerkenswert und die bisherigen Ausführungen unterstreichend ist, daß in all den erhaltenen Briefen nicht einmal erwähnt wurde, daß A. H. Wappäus nicht US-Bürger war. Seine Nationalität spielte bei der Übernahme des Amtes eine, wenn überhaupt, untergeordnete Rolle. Seine Qualifikation für das Amt stand im Vordergrund.

Weitere Familienmitglieder hatten ebenfalls ein Konsulat inne. Über Johann Eduard Wappäus ist bekannt, daß er Konsul für den Freistaat Chile und den Argentinischen Staatenbund war[64]. Dies verdeutlicht, daß dieser Bruder von A. H. Wappäus enge Beziehungen zum südlichen Lateinamerika hatte und damit die familiären Beziehungen in diese Himmelsrichtung ausdehnte. Das Beispiel für ineinander verwobene familiäre und kaufmännische Vernetzung in der Welt der Überseekaufleute kann noch weiter geführt werden. Am 24.10.1840 schrieb Johann Willhelm Alexander Lorenzen, Stiefbruder von Adolph Heinrich Wappäus, aus Hamburg an den Staatssekretär des Außenministeriums in Caracas, Coronel Guillermo Smith. Er teilte diesem mit, daß am 19.10.1840 Gottlieb Benjamin Sprotto, Generalkonsul der Republik Venezuela in Hamburg, gestorben sei[65]. Sprotto war Lorenzens Schwager. Im weiteren Sinne hatte also ein großer Teil der wappäusschen Familie Venezuelakontakte. Im gleichen Brief bot sich J. W. A. Lorenzen als Nachfolger für seinen Schwager an. Er habe lange Jahre als Kaufmann in La Guaira gelebt und besäße das kolumbianische Bürgerrecht. Sein Geschäft in Hamburg, Lorenzen & Dreyer, hätte Handelbeziehungen zu verschiedenen venezolanischen Häfen und er glaube, in der

take the liberty of applying to you for my appointment as American Consul, a station which I have already administered previously for a good number of years, and I flatter myself to the Credit of the United States. ..... .

62 TAVERA-ACOSTA, B. : Anales de Guayana, S. 231.

63 Siehe IX. Anhang: 13. Korrespondenz in Konsulatsangelegenheiten.
   Es sind in Lateinamerika zweifelsohne große Quellenbestände erhalten, deren Auswertung neue Erkenntnisse zur Geschichte des hamburgischen Konsulatswesens brächte. Dies ist eine Aufgabe für kommende Forschergenerationen.

64 Koerner, Bernhard (Hrsg.): Deutsches Geschlechterbuch (Genealogisches Handbuch bürgerlicher Familien, Bd. 19, zweiter Hamburger Band, Görlitz 1911, S. 433–441. StaH 611–19 Archiv der G. H. Wappäus Stiftung 2, Ernennung von Verwaltern der Stiftung, 1905–1923.

65 AMRE, Archivo Antiguo, Alemania, Consules de Venezuela en Hamburgo 1833–1840, Vol. 11, Folio 1–14. BANKO, Catalina: El capital comercial en La Guaira y Caracas (1821–1848), S. 410. Sprotto war 1826 zum Handelsagenten Bayerns in La Guaira ernannt worden. 1833 wurde er zum Generalkonsul für Venezuela in Hamburg, Lübeck und Bremen ernannt.

Lage zu sein, von Nutzen für Venezuela in Hamburg wirken zu können[66]. Laut Außenministerium wurde J. W. A. Lorenzen 1840 zum Konsul für Venezuela in Hamburg ernannt[67]. 1841 wurde diese Ernennung in Venezuela in den Zeitungen bekannt gegeben[68]. In den drei Jahren zwischen 1847 und 1850 schrieb J. W. A. Lorenzen in seiner Funktion als Konsul siebzehn Berichte nach Caracas. In diesen teilte er Daten über Hamburgs Handelsvolumen mit. Auch über Handel mit dritten Nationen wurde berichtet. Des weiteren sind spezifische Berichte über den Warenaustausch zwischen Hamburg und venezolanischen Häfen aus diesem Zeitraum erhalten. In drei Schreiben aus Venezuela an Lorenzen gerichtet geht es um Probleme venezolanischer Schiffe im Hamburger Hafen[69]. Während A. H. Wappäus in Venezuela als Kaufmann arbeitete, war sein Stiefbruder in der Heimatstadt Hamburg Konsul für das Gastland. Es ist anzunehmen, daß beide Brüder in dieser Situation geschäftlich voneinander profitierten. In das familiäre Netzwerk der Familie Wappäus waren kaufmännische und konsularische Netzwerkverbindungen integriert. Die Familie hatte Kontakte auf allen Ebenen geknüpft. Am 23.7.1850 starb Lorenzen. Er hatte Hamburg verlassen, um seine Gesundheit in einem Heilbad wiederherzustellen und hatte seinen Geschäftspartner J. H. Dreyer als Konsul interim eingesetzt. Dieser informierte den Staatssekretär des venezolanischen Außenministeriums, M. Quintero, in einem Brief vom 26.7.1850 über die Vakanz des Konsulates[70].

Das Konsulatswesen als vermittelnde Institution zwischen Kaufmannschaft und Politik war ein wichtiges Instrument der Kaufleute, um Beziehungen zu knüpfen. Es läßt sich feststellen, daß ein nicht geringer Teil der Überseekaufleute in die Strukturen des Konsularwesens eingebunden war. Die Bedeutung von Konsulaten für die Erforschung des hanseatischen Überseehandels läßt sich allein schon am Anteil der Kunden des A. H. Wappäus erkennen, die ein konsularisches Amt innehatten. Gut 16% der Kunden der Firma A. H. Wappäus hatten zu irgendeinem Zeitpunkt eine solche Funktion inne[71]. Rechnete man noch diejenigen hinzu, welche nicht durch die Bestellisten des Wappäusbestandes zweifelsfrei als Kunden verifizierbar sind,

---

66 AMRE, Archivo Antiguo, Alemania, Consules de Venezuela en Hamburgo 1833–1840, Vol. 11, Folio 194. Vgl. IX. Anhang: Korrespondenz in Konsulatsangelegenheiten, Dokument 13.

67 AMRE; Archivo Antiguo, Alemania, Consules de Venezuela en Hamburgo 1833–1840, Vol. 11, Folio 198.

68 HMANH, El Venezolano, Caracas 1.2.1841, Nr. 28.
    „Nombramientos: Por muerte del Sr. G. B. Sprotto, ha sido nombrado Cónsul de Venezuela en Hamburgo, el Sr. P. G. A. Lorenzen [sic]."

69 AMRE, Archivo Antiguo, Alemania, Correspondencia con el Consulado de Venezuela en Hamburgo 1847 a 1909, Vol. 29, Folio 1–20.

70 AMRE, Archivo Antiguo, Alemania, Correspondencia con el Consulado de Venezuela en Hamburgo 1847 a 1909, Vol. 29, Folio 21.
    Vgl. IX. Anhang: 13. Korrespondenz in Konsulatsangelegenheiten, Dokument 14.

71 Kunden des A. H. Wappäus, die ein konsularisches Amt innehatten (vgl. IX. Anhang: 14. Kunden des A. H. Wappäus): Hermann Luis Theodor Courländer, Konsul für Dänemark; Juan Bautista Dalla Costa, Konsul für Frankreich; John Dalton, Konsul für die USA; Germán del Gallegos, Konsul ad honorem für Venezuela; Theodor Meinhard, Konsul ad honorem für Venezuela; Eugenio Thirion, Vizekonsul für Frankreich; Cristiano Vicentini, Konsul für Italien; Adolph Vinnen, Konsul für Hannover; A. Vogelius, Konsul für Dänemark; Hermann Winter, Konsul für das Großherzogtum Oldenburg; Johann Wolff, Konsul interim für die Hansestädte.

aber zweifelsohne in Kontakt mit A. H. Wappäus standen, so erhöht sich der Prozentsatz noch bedeutend. Die Tatsache, daß die Firma A. H. Wappäus in ihr kaufmännisches Netzwerk so viele Mitglieder mit Konsulatsämtern integrierte, weist darauf hin, daß das Netzwerk eine große Anzahl bedeutenderer Kaufleute einschloß. Die Geschäfte der Firma dürften von der privilegierten Stellung der Netzwerkmitglieder profitiert haben.

Die Familie Wappäus selbst stellte im 19. Jahrhundert vier konsularische Funktionäre: Die Konsuln A. H. Wappäus, J. E. Wappäus, J. W. A. Lorenzen und G. B. Sprotto. Als wichtiges Instrument der Kaufmannschaft war das Konsulatswesen ein zentraler Punkt im Überseehandel. Es sicherte den Kaufleuten im Ausland Schutz und Unterstützung. Konsulate waren zentrale Anlaufpunkte für Ausländer in den verschiedensten Angelegenheiten. Deshalb sind Konsulate und ihre Korrespondenz geeignet, um Verknüpfungen innerhalb der Kaufmannschaft zu rekonstruieren. Allein für eine einzige Person, A. H. Wappäus, zeigte es sich, daß vielfache Verbindungen und Kontakte zu Kaufleuten verschiedener Nationen im Geflecht der Konsulate nachweisbar sind. Das konsularische Beziehungsgeflecht überschnitt sich mit dem kaufmännischen. Dabei waren diese Kontakte nicht auf einen Ort beschränkt, sondern streuten sich über mehrere Länder. Auf der Ebene der Konsultskontakte läßt sich also feststellen, daß das kaufmännische Netzwerk nicht nur direkt Heimat- und Gasthafen umspannte, sondern sich von diesen Punkten aus weit auffächerte. Bemerkenswert ist das Ergebnis, daß die Nationalität der Amtsinhaber ein zu vernachlässigender Faktor im Konsulatswesen des 19. Jahrhunderts war. Vielmehr bestimmten pragmatische Handelsinteressen die Besetzung der Konsulate.

V. Die Neugründung:
Das Reeder- und Handelshaus Adolph Heinrich Wappäus
(1857–1904)

1. Die Gründung der Kaufmannsreederei A. H. Wappäus

Die Gründung der Firma A. H. Wappäus ist geeignet, um zu untersuchen, wie die Etablierung im Reeder- und Überseehandelsgeschäft in Hamburg Mitte des 19. Jahrhunderts funktionierte. Im Mittelpunkt steht in dieser Untersuchung die Frage nach Strategien, welche ein Kaufmann des 19. Jahrhunderts anwandte, um einen Geschäftseinstieg zu finden[1].

Wie viele andere Kaufleute auch, war A. H. Wappäus nach einem, wenn auch ungewöhnlich langen, Auslandsaufenthalt in seine Heimatstadt zurückgekehrt, um sich dort selbständig niederzulassen. Dies war der allgemein übliche Einstieg in das

---

[1] Die vorliegende Arbeit stützt sich ausschließlich auf Briefe, wenn auch die Telegraphie im Verlaufe der Existenz der Firma A. H. Wappäus immer mehr an Bedeutung zunahm. Im Jahre 1866 war das Nordatlantikkabel in Betrieb genommen worden. Westindien wurde zwischen 1866 und 1870 an den nordamerikanischen Kontinent angeschlossen und Südamerika zwischen 1873 und 1875 mit Europa verbunden. In den Kassabüchern der wappäusschen Firma verzeichnete Telegraphenrechnungen belegen, daß die Firma die neue Technik nutzte, doch weder Inhalt noch Bestimmungsorte sind dokumentiert. Dies ist ein generelles Problem der Forschung, die daher telegraphische Firmenkorrespondenz bisher noch nicht analysiert hat. Da es sehr teuer war, Telegramme zu verschicken, war es allgemein üblich, nur die dringendsten Nachrichten per Kabel zu übermitteln. Dies wird auch auf die Firma A. H. Wappäus zutreffen, so daß die Briefkorrespondenz als zuverlässige und annähernd vollständige Quelle betrachtet werden kann. Zu den neuen Kommunikationsmedien des 19. Jahrhunderts siehe AHVENAINEN, Jorma: Telegraphs, Trade and Policy. The Role of the International Telegraphs in the Years 1870–1914, in: FISCHER, Wolfram; MCINNIS, R. Marvin; SCHNEIDER, Jürgen (Hrsg.): The Emergence of a World Economy 1500–1914, Papers of the IX. International Congress of Economic History, Bd. II, Wiesbaden 1986 (Beiträge zur Wirtschafts- und Sozialgeschichte, Bd. 33, II), S. 505–518. AHVENAINEN, Jorma: The Role of Telegraphs in the 19th Century Revolution of Communications, in: NORTH, Michael; JENKS, Stuart; WALTER, Rolf: Kommunikationsrevolutionen. Die neuen Medien des 16. und 19. Jahrhunderts, Köln – Weimar – Wien 1995 (Wirtschafts- und Sozialhistorische Studien, Bd. 3), S. 73–80. Forschungsgrundlage sind in der vorliegenden Untersuchung die Briefe, die A. H. Wappäus nach seiner Rückkehr aus Venezuela nach Hamburg verfaßte. Von besonderem Interesse ist in diesem Zusammenhang der Bestand Kopien und Diverses, der 1857 angelegt wurde. In diesem sind Kopien der ausgehenden Korrespondenz in einer losen Blattsammlung erhalten. Wie vollständig dieser Archivteil ist, ist also nicht zu bestimmen. In ihm finden sich die Briefe aus dem Bestand StAH 621–1 Firma A. H. Wappäus 2, Kopien, Diverses 1857 ff., welche A. H. Wappäus verfaßte, um Kunden für sein geplantes Geschäft zu gewinnen und welche im folgenden analysiert werden sollen. Erst 1863 wurde die Korrespondenz der Firma so umfangreich, daß A. H. Wappäus sich genötigt sah, Kopiebücher, archiviert unter StAH 621–1 Firma A. H. Wappäus 17, Kopiebücher a) – e) 1863–1894, anzulegen. In diesen finden sich weitere Informationen zur Gründung der Firma.

hamburgische Kaufmannsgeschäft. A. H. Wappäus gründete seine Kaufmannsree-
derei gleichen Namens ausgerechnet im Jahre 1857, dem Jahr mit einer der schwer-
sten Wirtschaftskrisen, welche Hamburg im 19. Jahrhundert zu überstehen hatte.
Die Firmenneugründung stand insgesamt unter einem ungünstigen Stern. A. H.
Wappäus schrieb im Dezember 1857 an seinen Bekannten, den in Soledad[2] ansässi-
gen D. M. Battistini[3], welcher sich zu diesem Zeitpunkt in Paris aufhielt, daß die
Wirtschaft in Hamburg in einem Zustand sei, den man noch nie zuvor erlebt habe.
Der Krise fielen auch die reichsten und solidesten Häuser, deren Kapital mehrere
Millionen betrage, zum Opfer. Dies habe zur Folge, daß das Vertrauen so sehr er-
schüttert sei, daß auch weiterhin selbst reichste Häuser, sicher und angesehen wie
die Bank von England, bankrott machen könnten. A. H. Wappäus fürchtete einen
Totalzusammenbruch der Wirtschaft.

Das Jahr 1857 markierte das Ende der Hausse der 1850er Jahre. Die harte Krise
zog durch den Fall der Preise für venezolanische Produkte in New York das Kapital
von A. H. Wappäus erheblich in Mitleidenschaft. Außerdem hatte er Schwierigkeiten, sein Guthaben aus der Firma Wuppermann & Co. von seinen ehemaligen Partnern nach Hamburg überwiesen zu bekommen. Es sollte bis Oktober 1857 dauern,
bis er, mitten in der Krisenzeit, seine Karriere als unabhängiger Kaufmann aufnehmen konnte[4]. Auch Anfang 1858 war die Wirtschaftslage noch prekär. A. H. Wappäus meinte, daß die Krise von den USA ausgegangen sei und beklagte, daß Wuppermann & Co. für ihn Felle in New York zu *skandalösen* Bedingungen und mit
großem Verlust verkauft habe. Adolph Wuppermann, der ehemalige Kompagnon
habe seine, Wappäus', Angelegenheiten nachlässig behandelt[5]. Zu diesem Zeitpunkt
lag A. H. Wappäus' Kapital jedoch zum großen Teil noch *tot* in weiteren Häuten in
New York, woran, wie A. H. Wappäus schrieb, Wuppermann & Co. schuld seien,
welche ihm sehr geschadet hätten[6]. Das Verhältnis zu diesem ehemaligen vertrau-
ten Geschäftspartner blieb für immer gestört. Wuppermann & Co. wurde kein Kun-

---

2   Soledad lag Ciudad Bolívar gegenüber auf der anderen Seite des Orinoco.
3   StAH 621–1 Firma A. H. Wappäus 2, Kopien, Diverses 1857 ff, Brief an D. M. Battistini, Paris,
    1.12.1857.
    „…. . *En cuanto á negocios, no se que decirle, pues ellos están actualmente en un estado como
    nunca se ha conocido. Hamburgo con sus riquezas [sic] y su solidez, está medio arruinado, las
    casa [sic] las mas antiguas y respetables con millones de capital, han ya caido y siguen cayen-
    do, y el espanto, la consternacion, la falta general de confianza era tal que no se puede saber
    que casas aunque riquisimas pueden sostenerse. Hoy han quebrado unas cuantas casas que
    hasta ahora han tenido la reputacion tan seguro y respetable como el Banco de Inglaterra y
    quien sabe que sucederá mañana, yo temo una quiebra general. En estas circunstancias, mi
    amigo, no puedo, ni tengo los medios de hablar de negocios pues todos mis recursos están
    contados. El capital que ya habia sacado de Cd Bolivar, lo he empleado en un buque que he
    mandado construir y que está actualmente en Liverpool, cargando para las Indias, mi demas
    Capital está amanado en Nueva York en Cueros ó aun en manos de los Sres Wuppermann &
    Co.. …… .*"
4   BROEZE, Frank: Unternehmertum und Liebhaberei, S. 45.
5   StAH 621–1 Firma A. H. Wappäus 2, Kopien, Diverses 1857 ff, Brief an Calderón Söhne,
    Ciudad Bolívar, 12.2.1858, spanisch.
6   StAH 621–1 Firma A. H. Wappäus 2, Kopien, Diverses 1857 ff, Brief an J. F. Laveana, Ciudad
    Bolívar, 12.2.1858, spanisch.

de von A. H. Wappäus und in den Briefen, die dieser dem Handelshaus in Ciudad Bolívar schrieb, enthielt er sich seiner sonst so zugewandten Freundlichkeit und Herzlichkeit[7]. A. H. Wappäus schrieb einen großen Teil seiner Anfangsschwierigkeiten dem Verhalten Wuppermanns zu.

Am 7.10.1857 ließ sich A. H. Wappäus rückwirkend für den 1.10.1857 in das Handelsregister mit dem Handelsgeschäft *A. H. Wappäus* als alleiniger Inhaber eintragen[8]. Später wurde die Firma genauer als Reederei, Kommissions-, Import- und Exportgeschäft[9] eingeschrieben[10]. Um in den Überseehandel und die Reederei einsteigen zu können, hatte A. H. Wappäus sofort nach seiner Rückkehr nach Hamburg von seinem in Ciudad Bolívar erworbenen Kapital ein Schiff in Auftrag gegeben. Dies war die *Evelina*, benannt nach seiner Frau, die zwei Jahre lang das einzige Schiff der Reederei bleiben sollte. Daß das Reedereigeschäft recht langsam anlief, lag unter anderem sicher auch an dem ungünstigen Gründungsjahr. Die Reederei sollte jedoch im Laufe der Jahre eine bedeutende Größe erlangen. Zwischen 1857 und 1904 besaß die Reederei A. H. Wappäus folgende Schiffe[11]:

---

7 StAH 621–1 Firma A. H. Wappäus 2, Kopien, Diverses 1857 ff, Brief an Wuppermann & Co., Ciudad Bolívar, 23.2.1858, deutsch.

8 StAH 231–3 Handelsregister F 4730 (A 6 Band 18).

9 StAH 231–3 Handelsregister G 31042 (A 13 Band 21), Fortführung der Eintragung F 4730.

10 Zur Firma A. H. Wappäus:
StAH 231–7 Amtsgericht Hamburg – Handels und Genossenschaftsregister A 1050 (Handelsregister A Band 4).
Am 1.4.1889 wurde Wilhelm Carl Christian Hooge zum Prokuristen bestellt. Nachdem dessen Prokura erlosch, erteilten Hendrik Pontoppidan und Carl Wilhelm Albrecht Maack zu Nienstedten eine solche. Ab dem 1.1.1899 wurde die Firma zur offenen Handelsgesellschaft und Kommanditgesellschaft. Am 2.1.1899 wurde rückwirkend für den 1.1.1899 Lorenz Wilhelm Adolph Prehm als Gesellschafter hinzugetragen, der Name der Firma blieb unverändert. Der Gesellschafter A. H. Wappäus schied am 16.11.1904 durch Tod aus. Die Gesellschaft wurde von dem verbliebenen Gesellschafter L. W. A. Prehm und von Erben des A. H. Wappäus bis zum 31.12.1904 fortgesetzt. Das Geschäft ist sodann von einer Kommanditgesellschaft übernommen worden, welche dasselbe unter unveränderter Firma fortsetzte. Persönlich haftender Gesellschafter war Lorenz Wilhelm Adolph Prehm, Kaufmann zu Hamburg und Kommanditist war Hendrik Pontoppidan, Kaufmann zu Hamburg, mit einer Vermögenseinlage von 300.000 M. 1909 setzte H. Pontoppidan seine Vermögenseinlage auf 200.000 M herab. 1912 wurde die Kommanditgesellschaft aufgelöst. Das Geschäft ist von dem persöhnlich haftenden Gesellschafter Prehm mit Aktiven und Passiven übernommen worden und wurde von diesem unter unveränderter Firma fortgesetzt. 1914 wurde das Geschäft mit Aktiven und Passiven von einer Kommanditgesellschaft übernommen und hieß nun Maack & Co.. Persönlich haftende Gesellschafter waren Carl Wilhelm Albrecht Maack, Kaufmann zu Nienstedten und Otto Hauenschild, Kaufmann zu Hamburg. Kommanditisten waren L. W. A. Prehm mit 200.000 M Vermögenseinlage und Hendrik Pontoppidan mit 100.000 M Vermögenseinlage. 1919 schied Prehm durch Tod aus.

11 MATHIES, Otto: Die Kontorflaggen der Hamburger Reedereien, S. 83–84.
Die Schiffe der Reederei A. H. Wappäus führten, wie es zur Jahrhundertmitte Mode wurde, ein Wahrzeichen der Schiffahrt in der Kontorflagge: Ein rotes Hanseatenkreuz in weißem Kreis vor roten Diagonalen auf gelbem Grund.

Tabelle 23
Schiffe der Reederei Adolph Heinrich Wappäus (1857–1904)

Z.*	Schiff	Baujahr	Kapitän	Anmerkungen
1857–71	Evelina	1857	C. Hooge H. P. Samuel	Verunglückt 1871 bei Kap Horn.
1859–66	Orinoco	1859	R. G. A. F. Krütli G. H. Schoof	1866 bei La Guaira gestrandet[12].
1867–88	G. H. Wappäus Georg Blohm	1866/67	F. W. C. C. Hooge A. A. Jessen J. Matfeldt P. Möller L. A. Andresen	1871 in Georg Blohm umbenannt. 1888 an Wimmer in Hamburg verkauft.
1870–88	Angostura	1869/70	C. G. A. Tiemer E. Boysen P. F. Wedermann J. P. H. Quast H. F. Ulrich	1888 an Block in Hamburg verkauft.
1871–83	G. H. Wappäus (2)	1871	F. W. C. C. Hooge V. B. Diedrichsen E. Boysen	1883 an Möller in England verkauft.
1871–85	Evelina (2)	1868/71	H. P. Samuel	1885 an Niemann in Rostock verkauft.
1874–79	Doña Zoyla	1863	J. J. Schacht	1879 bei Isle of Wight gestrandet.
1875–86	Pedraza[13]	1875	A. A. Jessen F. W. M. Sontag	1886 bei den Tonga Inseln gestrandet.
1876–87	Caura[14]	1875/76	C. G. A. Tiemer E. Boysen J. E. C. Mähl	1887 an Osterrieth in Antwerpen verkauft.
1877–78	Matterhorn	1866/67	A. A. Jessen	1878 bei Australien verloren.
1878–79	Orinoco (2)	1866	T. Belitz	1879 bei Ciudad Bolívar gestrandet und verkauft.

12   Die *Orinoco* unter Gottfried Heinrich Schoof erlitt in der Nacht vom 6. zum 7.1.1866 vor der
     venezolanischen Insel Orchila Schiffbruch, deshalb konnte sie die Fahrt nicht wie geplant nach
     Puerto Cabello fortsetzten. Orchila ist eine kleine Koralleninsel ca. 100 km vor der venezolani-
     schen Küste, östlich von La Guaira gelegen, welche im 19. Jahrhundert eine unbedeutende
     Guanoproduktion hatte. Die hamburgische *Hermann & Molly* unter Kapitän und Eigner Fried-
     rich Brandt nahm Schiffbrüchige der *Orinoco* nach Hamburg mit zurück. Ebenso die *Mathilde*
     unter Kapitän und Eigner Heinrich Christian Nicolaus Jensen, welche im Februar 1866 nach
     Hamburg zurücklief und die *Willy* unter Kapitän und Eigner Georg Hugo Schulz.
13   StAH 621–1 Firma A. H. Wappäus 17c, Kopiebücher 1877–1883, Brief an A. Brachi, Curaçao,
     27.4.1879, S. 182–185, spanisch.
     Die *Pedraza* war nach einem Ort in der Provinz Barinas / Venezuela benannt.
14   Benannt nach dem gleichnamigen venezolanischen Fluß.

1880–82	Doña Zoyla (2)	1866	J. J. Schacht H. C. C. Warmuth	1883 an Hulken in Helsingborg verkauft.
1881–85	Prudencia	1874/75	V. B. Diedrichsen	1885 an Osterrieth in Antwerpen verkauft.
1881–85	Lenita	1870	G. Doose	1881 bei Röm gestrandet.
1882–92	Doña Luisa	1869	J. J. Schacht C. Otzen B. Nommensen	1892 an Schoone in Grossefehn verkauft.
1882–83	Bolívar	1878	G. Doose C. Leuve	1883 im Orinoco gestrandet[15].
1883–96	Guillermina	1871	J. H. Lentschu	1896 an Schmidt in Hamburg verkauft.
1885–98	Doña Zoyla (3)	1878	J. J. Schacht	1898 an Lönnfors in Helsingfors verkauft.
1887–98	Doña Evelina	1877	G. Tooren	1898 im Orinoco verloren.
1887–04	G. H. Wappäus (3)	1887	P. F. Wedermann	1904 an Hansen in Lillesand / Norwegen verkauft.
1889–04	Senator Versmann[16]			
1892–98	Senator Petersen			
1894–00	Durango[17] Doña Luisa (2)			
1896–99	Doña Antonia			

Quelle: KRESSE, Walter: Seeschiffs-Verzeichnis der Hamburger Reedereien, Bd. 2, S. 267–270.
Dort siehe auch genauere technische Daten zu den Schiffen.
* Z. = Zeitraum, den die Schiffe im Besitz der Reederei A. H. Wappäus waren.

15   AMRE, Archivo Antiguo, Alemania, Exhortos 1866–1909, Vol. 54, Folio 43–71.
Im Archiv des venezolanischen Außenministeriums sind umfangreiche Unterlagen der Untersuchungen zum Schiffbruch der Bergantin *Bolívar* am 2.10.1883 im Orinoco erhalten. Nie wird der Name des Eigners genannt. Ein Zeuge aus der Besatzung wurde ausführlich zu dem Unglück befragt, bei dem das Schiff verloren ging. Seiner Meinung nach war das Schiff mit unzureichender Besatzung aus Ciudad Bolívar ausgelaufen, nämlich nur mit drei deutschen Seeleuten und drei venezolanischen Hilfskräften. Daß das Hamburger Seeamt, der kaiserliche Ministerresident Deutschlands in Venezuela und das venezolanische Außenministerium in die Korrespondenz involviert waren, zeigt, daß Schiffbrüche mit großem Aufwand untersucht wurden.
16   StAH 621–1 Firma A. H. Wappäus 17e, Kopiebücher 1890–1904, Brief an P. Battistini, Sesco, 6.12.1891, S. 212, spanisch.
In diesem Brief erwähnte A. H. Wappäus seine neuen Schiffe die *Senator Versmann* und die *Senator Petersen*, letztere ein Stahlschiff von 2.600 BRT.
17   BROEZE, Frank: Unternehmertum und Liebhaberei, S. 54.
Dort sind die Durango / Doña Luisa und Doña Antonia aufgeführt.

Mit der Gesamttonnage von 3.336 NRT lag die Reederei 1876 auf dem siebten Platz in Hamburg hinter den bekannten Großreedern Godeffroy, Sloman, Laeisz, Hertz und Amsinck[18]. Der Schiffspark setzte sich aus einer Gruppe relativ großer und, von zwei Ausnahmen abgesehen, neuer Barken und Vollschiffe für die Fahrt nach diversen Zielgebieten und einer kleineren Gruppe von kleinen, speziell für die Ciudad-Bolívar-Fahrt geeigneten Briggs und Dreimast-Schonern zusammen. Otto Mathies, in dessen Veröffentlichungen die Familie Wappäus häufiger erwähnt wird, unterliefen einige Fehler bei der Beschreibung des Schiffsbestandes der wappäusschen Reederei[19].

Es war im Ciudad Bolívar-Handel üblich, Schiffe zu chartern, die die Güter nach dem Orinocohafen expedierten. Dies wurde auch noch so praktiziert, nachdem die HAPAG Anfang der 1870er Jahre Frachtdampfer in Linienfahrt nach Venezuela laufen ließ. Mit Zunahme der Charterfahrten entschied sich jedoch A. H. Wappäus, eigene Schiffe auf der Route fahren zu lassen und baute einen dafür geeigneten Schiffsbestand auf. Jedes der Schiffe mußte er möglichst zweimal pro Jahr nach Ciudad Bolívar fahren lassen, um Gewinn zu erzielen[20]. Insgesamt erwirtschaftete die Reederei A. H. Wappäus über die Jahre ihrer Existenz keinen großen Gewinn. Investitionen von 2.461.708 Mark brachten 42.386 Mark Reingewinn. Einer der Gründe für den mangelnden Erfolg lag darin, daß A. H. Wappäus viel zu spät große Eisen- und Stahlschiffe erwarb[21]. Wenn die Reederei auch keinen großen Gewinn abwarf, so wurde durch ihre Handels- und Schiffahrtsbeziehungen die Geschäftsverbindung nach Ciudad Bolívar, die vorher stärker nach Bremen orientiert gewesen war, für Hamburg gewonnen[22].

In der Namensgebung der Schiffe der Reederei A. H. Wappäus verdeutlicht sich unter anderem auch die in der zweiten Hälfte des 19. Jahrhunderts noch existierende Vorliebe für Vornamen von Familienmitgliedern und Freunden, die die enge Bindung zwischen Reederei und Familie widerspiegelt. A. H. Wappäus gehörte noch nicht der Generation in der Großsegelschiffahrt an, die Schiffe einer Reederei nach einem einheitlichen Grundgedanken benannte. In seiner Reederei fand allerdings der in den fünfziger und sechziger Jahren des 19. Jahrhunderts aufkommende Trend Niederschlag, der Geographie Schiffsnamen zu entnehmen. A. H. Wappäus gehörte zu den wenigen ersten Reedern, die Schiffe nach bekannten Persönlichkeiten und später auch Hamburger Kaufleuten und Reedern benannten. Er und C. W. Herwig besaßen jeweils Schiffe, welche nach G. H. Wappäus benannt waren[23]. Dies demonstrierte einerseits die Verbundenheit des Sohnes mit dem Vater, andererseits die Bedeutung, die G. H. Wappäus in Hamburg gehabt hatte. In den Namen der

18 Ebd., S. 61.
19 MATHIES, Otto: Hamburgs Reederei 1814–1914, S. 70 und 162.
      Wie an Tabelle 23 ersichtlich, irrte Mathies in folgenden Punkten: Mathies glaubte, daß A. H.
      Wappäus 1870 erst zwei Segler mit 350 C. L. besessen habe; daß er 1883 mit zehn Schiffen, die
      zusammen auf 4.846 Bruttoregistertonnen kamen, ihren höchsten Stand erreicht habe und daß
      die Firma von 1900 an nur noch zwei Schiffe mit insgesamt 2.464 BRT unterhalten habe.
20 BROEZE, Frank: Unternehmertum und Liebhaberei, S. 72–74.
21 Ebd., S. 76–77.
22 Ebd., S. 79.
23 MATHIES, Otto: Die Namen der Hamburger Schiffe, S. 20–24.

Schiffe der zweiten Firma Wappäus lassen sich klar die Säulen erkennen, auf welche sich A. H. Wappäus bei der Neugründung der Kaufmannsreederei stützte: Es wurden seine Vorfahren, seine Familie, Mitglieder seines kaufmännischen Netzwerkes, Venezuela und später seine Heimatstadt Hamburg bedacht.

Aus Ciudad Bolívar zurückgekehrt, stützte sich A. H. Wappäus auf die vier erstgenannten Faktoren, um sich in Überseehandel und Reederei in der Heimatstadt Hamburg zu etablieren. In dieser war der Name Wappäus nicht vergessen. Sein Stiefbruder Johann Wilhelm Alexander Lorenzen hatte zwischen 1837 und 1850 in Hamburg als Kaufmannsreeder in der Firma Lorenzen & Dreyer gearbeitet, war allerdings vor der Rückkehr von A. H. Wappäus am 23.7.1850 verstorben. J. W. A. Lorenzen hatte 1837 einige Schiffe seines Stiefvaters übernommen, den auch er zweimal mit der Taufe eines Schiffes auf dessen Namen ehrte. Im Gegensatz zu seinem Bruder Adolph Heinrich verewigte er jedoch nicht seine vorübergehende Wahlheimat Venezuela in den Namen seiner Schiffe.

Tabelle 24
Schiffe der Reederei Lorenzen und Dreyer (1837–1851)

Schiff	Baujahr	Kapitän	Anmerkungen
Georg Heinrich	1830/31	L. A. A. Hooge E. Hinrichsen J. Lützen	Ex-Aurora, 1837 von G. H. Wappäus gekauft. 1851 auf Dreyer übertragen.
Brazil Packet	1827	E. Hinrichsen	Ex-Anna Sophia, 1837 von G. H. Wappäus gekauft.
Flora	1840	L. A. A. Hooge J. Tiedemann	1851 an Dreyer übertragen.
Jeanette & Bertha	1833/34	J. C. C. Kölling	1851 an Dreyer übertragen.
G. H. Wappäus	1835	F. M. Petersen	1851 an Dreyer übertragen.
Germania	1850	E. Hinrichsen	1851 an Dreyer übertragen.

Quelle: KRESSE, Walter: Seeschiffs-Verzeichnis der Hamburger Reedereien, Bd. 2, S. 23–24.

Lorenzen hatte sich zur geschäftlichen Ansiedelung in Hamburg noch direkt auf seinen Stiefvater stützen können. Es ist wahrscheinlich, daß er nicht nur dessen Schiffe, sondern auch dessen Geschäftsverbindungen übernahm. A. H. Wappäus dagegen hatte nicht auf solche Starthilfen rekurrieren können. Als er im November 1857 nach Hamburg zurückkehrte, lebten in der Stadt seine Schwestern Anna Wilhelmine Mummssen, verwitwete Knaak, und Emilie Maria Elisabeth Wappäus, Oberin des Diakonissenheims *Betlehem*. In Altona wohnte die Schwester seiner Frau, deren Familie im Venezuelahandel tätig war.

War A. H. Wappäus auch nicht vollkommen auf sich allein gestellt, so hatte er konkret bei der Begründung seiner Firma keine Hilfe. Allein sein Name bot ihm einen kleinen Vertrauensvorschuß. Die Familie seiner Frau war vor allem ein potentieller Geschäftspartner, auf den A. H. Wappäus in einem angelaufenen Geschäft hoffte. Grundbedingung und Basis für einen Geschäftseinstieg war das in Ciudad Bolívar erworbene Kapital von 200.000 Mark Banco, mit dessen Transfer nach Hamburg es zwar Schwierigkeiten gab, das jedoch vorhanden war. Eine Geschäftsgründung auf Kredit wäre für A. H. Wappäus undenkbar gewesen und hätte nicht den damaligen Forderungen nach Solidität und Vertrauenswürdigkeit entsprochen. Um sich im Überseehandelsgeschäft zu betätigen, gab A. H. Wappäus unverzüglich die *Evelina* in Auftrag und schrieb an ehemalige Geschäftspartner aus der Zeit in Ciudad Bolívar. Die Mitglieder des kaufmännischen Netzwerkes, dem er in Venezuela angehört hatte und zu dem auch seine Verwandten in Ciudad Bolívar gehörten, waren die Adressaten seiner Bemühungen und Hoffnungsträger für den Geschäftseinstieg. Den ersten nachweisbaren Brief, mit dem er versuchte, Geschäftsverbindungen aufzubauen, schrieb er drei Monate nach seiner Ankunft in Hamburg, am 29.1.1857[24]. Er entschuldigte sich in jenem Brief, daß er krank gewesen sei und deshalb so lange nicht geschrieben habe. Dies weist auf eine schon existierende Korrespondenz hin. Der Brief war an D. M. Battistini gerichtet, und A. H. Wappäus unterrichtete diesen darüber, daß er die *versprochenen Angelegenheiten* in New York erledigt habe. Es ist anzunehmen, daß die Familie Wappäus von Venezuela über New York nach Hamburg zurückgereist war und daß A. H. Wappäus seinem Bekannten dort einen Gefallen getan hatte. Nach dieser Einleitung, in welcher er darauf hingewiesen hatte, zu Diensten gewesen zu sein, fuhr A. H. Wappäus mit der Vorstellung seiner neuen Firma fort. Er schilderte, wie er sich sein zukünftiges Geschäft vorstellte und mit wem er in Geschäftskontakt zu treten gedachte. In späteren Briefen sollte er seine Visionen zum Geschäft und dessen Abwicklung noch konkretisieren. A. H. Wappäus schrieb, daß er in seinen Freunden und Verwandten in Ciudad Bolívar seine zukünftigen Handelspartner sähe. In seinen Briefen von 1857 warb A. H. Wappäus für sich und seine Qualifikationen und teilte seinen potentiellen Kunden dezidiert mit, wie das Geschäft abgewickelt werden sollte[25]. Generell

---

24 StAH 621–1 Firma A. H. Wappäus 2, Kopien, Diverses 1857 ff, Brief an D. M. Battistini, Soledad, 29.1.1857.
    „... . *Desde el principio de noviembre estoy aquí, observando los negocios de la plaza y formando planes para establecer una casa de comercio y entablar relaciones con Ciudad Bolívar. Como dije á Ud personalmente, es mi deseo de entrar en negocios con algunos amigos en esa, por cuyo cuento compro las mercancias en Alemania y Inglaterra, donde á ellos un credito de seis meses para hacerme las remesas para mis desembarques. Al mismo tiempo quiero poner un barco en la canera del Orinoco, con que remitir mercancias y en que mis amigos pueden hacer sus embarques de Cueros al Norte o a Europa. Entre estos amigos cuento tambien a Us y deseo conocer su idea sobre mi plan, para realizarlo en que he encontrado un suficiente numero de amigos ó relacionados para tal fin.*
    Aun no se, si tengo que regresar a Ciudad Bolívar para atender á las liquidaciones y recoger mis fondos. De cualquier modo, espero que Us me escribirá, contestando esta carta. ..... ."
25 StAH 621–1 Firma A. H. Wappäus 2, Kopien, Diverses 1857 ff, Brief an A. Calderón Söhne, Ciudad Bolívar, 27.10.1857:
    „*Estimados Señores y amigos*
    Refiriendome á mi ultima de 27 del mes pasado, y sin ninguna de Uds que contestar me permito ahora acompañarles mi Circular de 1° de Octubre y suplicarles que tomen nota de mi firma. Mis deseos son seguir mis relaciones con esta plaza de modo de Comisionista y si puedo ser util á Ud ó á otros amigos p. cond. [por consideración, Anm. d. A.] *de Uds, no tienen sino que*

hob er einleitend hervor, daß er für die angeschriebene Firma von Nutzen sein könne. Sein langer Aufenthalt in Venezuela, seine Kenntnis des Geschäftes, der Waren, der Orte und Produktionsstätten sicherten, so insinuierte er, einen Geschäftserfolg. Er sicherte zu, die Wareneinkäufe selbst in England und Deutschland zu tätigen. Zudem plante A. H. Wappäus auch, spanische Artikel in sein Angebot aufzunehmen[26]. Da der Verkauf nach Übersee Zeit erforderte, stellte A. H. Wappäus Kredite zur Verfügung. Diese hatten eine Normallaufzeit von sechs Monaten bei einem Zinssatz von 6%. Darüber hinaus berechnete er 2% Einkaufs- und 1% Retourkommission[27]. Er stellte es seinen Geschäftspartnern frei, ihm direkt in Wechseln oder auch in Produkten nach New York zu remittieren[28], deren Wert ihnen nach Verkauf kreditiert werden sollte[29]. In manchen Briefen sandte A. H. Wappäus gleich eine Liste der Waren, die er liefern konnte, mit. Dies war ein Sammelsurium aus Kurzwaren,

disponer con toda franqueza de mis servicios. Mi larga morada en Venezuela, mi conocimiento del negocio y de todas las mercancias y efectos que se exportan para aquel pais y de los lugares y las fabricas donde se consignen, me ponen en el estado de poder satisfacer á aquellos Señores que quieren confiar á mi sus intereses, sea para la compra de mercancias ó la venta de frutos.
El mejor modo para remitirme fondos con que hacer las compras, serian Letras sobre Inglaterra y Europa, ó un embarque de Cueros á los Señores Moller y Riera New York con orden de remitirme á mi el Producido. Siendo personas interamente seguras, como por ejemplo Uds, no tendria yo tampoco dificultad en adelantar el dinero, esperando por las remesas ó el reembolse 6 meses contados del dia de la Factura i ó en algun caso urgente 12 Meses, si fuese necesario. Cargaria el 2 % (pcto) de Comision de compra, 6 % anual de Reditos y 1 % de Comision sobre las remesas, consistiendo estas en Letras y 2 % siendo Tratos y si al cabo de 6 meses no hubiera recibido las remesas, cargaria p cada mes mas, el 1/2 % ademas de las 6% anuales, que de cualquier modo, las remesas deben estar en mis manos, lo mas tarde en el termino de 12 meses. Como generalmente los corresponsales de las casas de esa, al afletar buques aqui ó en Bremen, no admiten flete, seria mi cuidado de despachar un buque para esa en los meses de Mayo ó Abril, para llegar en C Bolivar en la mejor estacion de los negocios. Si estos se efectuaria, remitiera a Uds fondos con que comprar una parte de Cargamento de Cueros, con que principiar á cargar el buque pa el Norte, esperando que mis amigos y relacionados en esa se empeñarian en dar á flete al resto del cargamento. Sobre todo esto seria muy grato, saber la opinion y la vista de Uds.
Y mientras tanto quedo de Uds, como siempre muy afmo amigo
S. S.
A. H. Wappäus"

26 StAH 621–1 Firma A. H. Wappäus 2, Kopien, Diverses 1857 ff, Brief an Juan ? (Name unleserlich), Cádiz, 17.10.1858, spanisch.
   A. H. Wappäus stellte sich seinem Adressaten vor. Er habe 15 Jahre in Venezuela gewirkt, es bestünden noch Kontakte dorthin und er müsse in Zukunft wahrscheinlich spanische Artikel bestellen. Er erkundigte sich nach Preisen und Bedingungen, bot seine Dienste an und gab als Referenzadressen Sres. Lorenzen & Dreyer, Schröder Gebr. & Co. und Eduard Müller G. W. Sohn an. Wahrscheinlich hatten diese Häuser Handelskontakt mit dem Adressaten in Cádiz und A. H. Wappäus wiederum war mit diesen Hamburger Firmen in engem Kontakt.
27 Entgeld für die Lieferung nach Übersee.
28 Zahlung für empfangene Leistung einsenden.
29 BROEZE, Frank: Unternehmertum und Liebhaberei, S. 46.
   Genauer zur Abwicklung der Finanzen im Überseegeschäft des 19. Jahrhunderts siehe Kapitel V.3..

Stoffen, Teppichen, Rasierklingen und vielem mehr[30]. Antonio Real in Ciudad
Bolívar stellte er nicht nur sein Geschäft vor und schickte Listen mit jeweils englischen und deutschen Artikeln mit, er kündigte diesem auch an, daß er demnächst
nach England reisen würde, um sich nach Preisen zu erkundigen und daß er noch
eine weitere Reise für Anfang des neuen Jahres, 1858, plane, um sich persönlich um
Bestellungen zu kümmern, damit die Zufriedenheit der Kunden garantiert sei[31]. Der
Brief hatte Erfolg, denn am 13.12.1857 schrieb er an Real, daß die bestellten *Pianos
de Erard* in Paris geordert seien und bald geliefert würden[32].

Es war eine der Einstiegsstrategien, den gewünschten zukünftigen Geschäftspartnern eine Geschäftsaufnahme durch einen detailliert ausgearbeiteten Plan zu
vereinfachen und so nahezulegen. Eine weitere Strategie war das Abfassen sehr
persönlicher und auf den Adressaten abgestimmter Schreiben. A. H. Wappäus verwandte auch Mühe auf Bekannte, die wenig Aussicht auf große Geschäfte gaben.
Jede in Venezuela gemachte Bekanntschaft war potentiell für das Hamburger Geschäft wertvoll. Es wurde nicht an Freundschaftsbekundungen und Höflichkeiten
gespart[33]. Außerdem versuchte A. H. Wappäus, seine Bekannten durch Aufmerksamkeiten zum Geschäft zu animieren, eine Strategie, die er in allen kommenden
Geschäftsjahren beibehalten sollte. So hatte er Ware für ihm bekannte Damen, die
offensichtlich ein Bekleidungsgeschäft führten, gekauft, die diese nicht geordert
hatten und die ihm besonders hübsch erschienen war. Für den Fall, daß sie die Sei-
denhemden nicht abnehmen wollten, sollte der Adressat sie für A. H. Wappäus ver-

---

30 StAH 621–1 Firma A. H. Wappäus 2, Kopien, Diverses 1857 ff, Brief an J. F. Laveana, Ciudad
     Bolívar, 27.10.1857, spanisch.
31 StAH 621–1 Firma A. H. Wappäus 2, Kopien, Diverses 1857 ff, Brief an Antonio Real, Ciudad
     Bolívar, 27.10.1857, spanisch.
32 StAH 621–1 Firma A. H. Wappäus 2, Kopien, Diverses 1857 ff, Brief an Antonio Real, Ciudad
     Bolívar, 13.12.1857, spanisch.
33 StAH 621–1 Firma A. H. Wappäus 2, Kopien, Diverses 1857 ff, Brief an Juan Picornell, Puerto
     de Nutrias, 20.11.1857.
     „*Muy Señor y amigo*
     Aunque con pocas esperanza [sic] *de hacer negocios con Ud, el Puerto de Nutrias estando
     bastante distante de un Puerto de mar, le paso mi Circular, para probarle que sin embargo de
     esta distancia me acuerdo con gusto de Ud y de Merced como amigos que aprecio. Siempre
     puede suceder que pueda ser util á Ud en Hamburgo y en tal caso debe Ud con toda franqueza
     disponer de mis servicios sea para la compra de mercancias ó la venta de frutos ó para cual-
     quier otro asunto ó encargo que se le ofreciese en Europa. – Si un dia extendiese Ud su nego-
     cio, necesitando de Mercancias, estoy muy dispuesto en servirle y ofrecerle un moderado credi-
     to, pues sé que en tal caso mis fondos estarian en manos seguros y honrados.*
     *Con suma pena hemos sabido la muerte de Doña Antª., habiendo sido ella una amiga sincera y
     estimable pª Evelina y mi. – Evelina y los niñitos estan buenos, el varoncito muy gordo y sano
     tiene ahora cuatro meses. Evelina y yo hablamos muchas veces de Ud y de Merced y nos ale-
     gramos que Uds son felices.*
     *Me seria grato, saber de Uds directamente como les va en sus negocios y salud. Evelina me
     encarga muchas memorias á Uds dos, en que úno y deseandoles felicidad y – pronto un chiqui-
     to! me despido de Uds
     sincero amigo y servidor
     A. H. Wappäus*"

kaufen[34]. Auch diese Strategie scheint zum Ziel geführt zu haben, denn die Schwestern López erscheinen im Auftragbuch der Firma Wappäus als die zweite Firma, die überhaupt bei A. H. Wappäus bestellte[35]. Laut Auftragsbuch wurde Rafael y Tomás Machado & Co. in Ciudad Bolívar, denen sich A. H. Wappäus am 27.10.1857 vorgestellt und angeboten hatte, sein dritter Kunde[36]. Sein erster Kunde war das Handelshaus D. M. & F. Battistini in Soledad[37]. Die Zahl der Kunden stieg rasch an[38]. A. H. Wappäus selbst war erstaunt darüber, wie schnell er Erfolg gehabt hatte, nachdem er verschiedenen Häusern 10.000 Mark Banco Kreditlimite angeboten hatte. Während der Gründerjahre hatte er bald derartig hohe Vorschüsse geleistet, die als Forderungen ausstanden, daß er seinen größten Partner, Hahn, Schock & Co. in Ciudad Bolívar, der über 500.000 Reichsmark[39] in Anspruch genommen hatte, 1874 aufgab, weil ein so großer Betrag ihn ängstigte. Danach nahm die Zahl der Konnektionen und Vorschüsse erneut schnell zu. Dies lag unter anderem daran, daß sein Name in Kolumbien via Curaçao bekannt wurde, denn die auf Curaçao ansässigen Handelshäuser unterhielten oft Dependancen in Kolumbien[40]. Mitte der achtziger Jahre des 19. Jahrhunderts versandte A. H. Wappäus jährlich für über eine Million Mark Waren und hatte bei etwa achtzig Firmen Außenstände, die diese Summe noch überstiegen[41].

Es war das Handelsgeschäft, mit dem A. H. Wappäus lohnende Gewinne machte. Nach regelmäßig ansteigenden Gewinnen während der Gründerzeit überschritt sein Kapital 1875 die 1 Million Reichsmark-Grenze; die 1,5 Millionen wurden aber erst 1890 erreicht. Zwischen 1893 und 1898 erlitt A. H. Wappäus schwere Verluste, so daß seine Kapitalrechung am 1.1.1904 nur 1,26 Millionen Reichsmark aufwies; dazu kamen noch 119.000 Reichsmark auf einem Delkredere Konto[42], das seit dem Höchststand 1897 mit 327.000 Reichsmark ebenfalls schwer gelitten hatte. Sein hinterlassenes Erbe an Wertpapieren und Häusern betrug 627.000 Reichsmark[43].

A. H. Wappäus hatte sich schon im Gründungsjahr 1857 eine Betriebsstrategie überlegt und plante von Anfang an, sich drei Hauptaufgaben zu widmen. Diese, wie

---

34   StAH 621–1 Firma A. H. Wappäus 2, Kopien, Diverses 1857 ff, Brief an A. Calderón Söhne, Ciudad Bolívar, 13.11.1857.
„..... . En el „Johann" remiti algunas Mercancias á las Señoritas Lopez, con orden de entregar á Uds poco á poco el importe de 554.80. Entre estas mercancias fueran algunos camisones de seda, que las mencionadas amigas no han pedido pero que yo agregé por parcerme muy bonitas y casatas y por consequencia les escribi, si no quisieran estos camisones que los entregasen a Uds, en que caso suplico á Uds los reciban y los vendan por mi cuenta. ..... ."
35   StAH 621 A. H. Wappäus 16 a, Auftragsbuch 1857–1878.
36   StAH 621–1 Firma A. H. Wappäus 2, Kopien, Diverses 1857 ff, Brief an R. und T. Machado & Co., Ciudad Bolívar, 27.10.1857, spanisch.
37   StAH 621 A. H. Wappäus 16 a, Auftragsbuch 1857–1878.
38   Für detaillierte Information siehe IX. Anhang: 15. Bestelldaten der Kunden von A. H. Wappäus.
39   500.000 Reichsmark entsprachen in jener Zeit 333.000 Mark Banco.
40   Siehe IX. Anhang: 14. Kunden des A. H. Wappäus.
41   BROEZE, Frank: Unternehmertum und Liebhaberei, S. 47.
42   Delkredere: a) Haftung für den Eingang einer Forderung, b) Wertberichtigung für voraussichtliche Ausfälle von Außenständen.
43   BROEZE, Frank: Unternehmertum und Liebhaberei, S. 45.

Frank Broeze es treffend bezeichnet, *Dreispurstrategie* sollte im großen und ganzen bis zum Ende der Firma 1904 auch in der folgenden Prioritätsrangordnung wirksam bleiben: Kommissionshandel, Reederei und Unternehmungen, das heißt Exportgeschäfte für eigene Rechnung. Trotzdem diese Bereiche in Charakter, Finanzierung und Zielländern sehr verschieden waren, waren alle drei Sektoren aufs engste miteinander verknüpft. Denn bis auf bestimmte Reedereiausgaben, Ausrüstungs- und Reparaturkosten in Hamburg, liefen alle Ausgaben und Einkünfte über die allgemeine Rechnung der Firma[44].

Um die Vision dieser Betriebsstrategie Wirklichkeit werden zu lassen, griff A. H. Wappäus auf eine Reihe von Einstiegsstrategien zurück, mit denen er um Kunden und Handelspartner warb[45]. Voraussetzung dafür, daß er diese Strategien anwenden konnte, war eine Ausgangsbasis, über die er verfügte und die er sich in den Jahren in den USA und Venezuela erworben hatte. Diese Basis bestand aus den Faktoren Vorfahren, Familie, Startkapital und kaufmännisches Netzwerk. Neben dem Kapital war letzteres der zentrale Faktor, der einen erfolgreichen Einstieg in die Selbständigkeit ermöglichte. Es ist anzunehmen, daß A. H. Wappäus schon in Venezuela in Hinblick auf eine Rückkehr nach Hamburg strategisch vorgegangen war und gezielt den Kontakt mit bestimmten Kaufleuten gesucht hatte. In jedem Fall stützten sich seine Startstrategien auf das Netzwerk, in das er selbst eingebunden war[46]. Das Medium dieser Bemühungen waren Briefe. So schrieb A. H. Wappäus all seine Bekannten in Venezuela an, auch jene, die nur marginal als zukünftige Handelspartner von Bedeutung waren. Er versuchte, jede einzelne Bindung zu nutzen. Dabei achtete er darauf, daß die Briefe persönlich für jede einzelne Person verfaßt waren, so daß diese sich individuell angesprochen fühlte. Zu diesem Vorgehen gehörte es auch, die Bekanntschaft und Freundschaft zu betonen und auf gemeinsame Erlebnisse zu rekurrieren. Des weiteren trachtete A. H. Wappäus, sich selbst, seine Kenntnisse und Fähigkeiten positiv darzustellen und zu unterstreichen. Um sich von anderen Anbietern hervorzuheben, mußte er seinen Adressaten vor Augen führen, daß er besser war als andere Kaufleute. Er bemühte sich, den Kunden in Übersee qualitativ hochwertige Leistungen und Waren zuzusichern, indem er versprach, sich persönlich um alle Bestellungen, auch im Ausland, vor Ort zu kümmern. Eine weitere Strategie war es, in den Initialbriefen sehr konkret zu sein und somit eine Bestellung für den Kunden einfach und bequem zu gestalten. So senkte das Unterbreiten von Vorschlägen, wie zum Beispiel die mitgeschickten Warenlisten, die Hemmschwelle, ins Geschäft zu kommen. Der Hinweis auf tat-

---

44　Ebd., S. 46.
45　ROSE, Mary B.: Familiy Firm, Community and Business Culture: A Comparative Perspective on the British and American Cotton Industries, in: GODLEY, Andrew; WESTALL, Oliver M. (Hrsg.): Business History and Business Culture, Manchester – New York 1996, S. 162–189.
　　ROSE kommt in ihrer Studie zu dem Schluß, daß die umgebende Gesellschaft die Geschäftsstrategien der Unternehmer beeinflußte. Ein solches Phänomen wäre auch für die Hamburger Kaufmannschaft denkbar, die durch die Eigenheiten der Stadtrepublik gesellschaftlich anders geprägt war als andere deutsche Kaufleute oder auch Kaufleute in vergleichbaren Hafenstädten anderer Länder. Eine solche Studie wäre eine interessante Aufgabe für die Zukunft.
46　Vgl. Kapitel IV.1.–3..

sächlich stattfindende Tätigkeiten, wie Geschäftsreisen nach England zur persönlichen Warenerkundung, vermittelteten den Eindruck von Aktivität und Kompetenz. Die gleiche Wirkung sollte es haben, unbestellte Ware zu versenden. Dadurch
demonstrierte A. H. Wappäus außerdem Interesse an dem zu beliefernden Geschäft
und dessen Belangen, dem er durch aktives Mitdenken zu Umsatzsteigerungen ver-
helfen konnte und wollte. Des weiteren suchte A. H. Wappäus sich einen strategischen Vorteil zu verschaffen, indem er einen ausführlich erläuterten und durchdach-
ten Geschäftsablauf präsentierte, in dem klar die Konditionen des Handels dargelegt wurden. Dies ermöglichte den Kunden einen raschen Geschäftseinstieg ohne
lange Verhandlungen und sollte ihn von der Zuverlässigkeit der Firma A. H. Wappäus überzeugen.

2. Die Erhaltung und Erweiterung von Handelskontakten

Die Forschung ging bisher von der Prämisse aus, daß Geschäfts- und Sozialleben zwei getrennte Sphären gewesen seien. Daher wurden Sozial- und Privatleben oft nur unzureichend oder separat vom geschäftlichen Geschehen untersucht[1]. Die vorangegangenen Ergebnisse zu kaufmännischen Netzwerken im Ausland insinuieren jedoch, daß diese Ebenen miteinander verwoben waren und einander bedingten und beeinflußten. Diese Hypothese soll im folgenden untersucht werden[2].

Zuerst soll der soziale Kontext betrachtet werden, in welchem sich der hanseatische Kaufmann des 19. Jahrhunderts bewegte. Die Erfüllung gesellschaftlicher Verpflichtungen innerhalb der Heimatstadt war die Basis für ein erfolgreiches Wirken nach Außen. Darauf werden die Bemühungen des Kaufmanns zur Erhaltung und Stabilisierung von internationalen Kontakten beleuchtet werden. Geschenke, Einladungen an Kunden und deren Besuche sowie die Betreuung ausländischer Auszubildender waren Pfeiler dieser Bemühungen. Dies waren auch Reisen, die der Kaufmann unternahm. Diese dienten gleichzeitig der Erweiterung der Verbindungen und der Gewinnung neuer Bekanntschaften und Kunden. Um Ziele und Ergebnisse der Anstrengungen von Kaufleuten in der Netzwerkpflege zu verdeutlichen, sollen noch einige Beispiele der Nutzungsmöglichkeit desselben angeführt werden. Diese reflektieren das Idealergebnis kaufmännischer Verbindungen. In der Realität kam es jedoch auch zu Unterbrechungen der Kontakte oder ihrem vollständigen Abbruch. Dies bedeutete Verlust von Kapital, Energie und Entwicklungsmöglichkeiten und soll somit als wichtiger Faktor des kaufmännischen Lebens behandelt werden.

Die Zugehörigkeit zu einem kaufmännischen Netzwerk implizierte auch die Zugehörigkeit zu einer bestimmten gesellschaftlichen Schicht. Die horizontal verlaufenden Trennlinien zwischen Angehörigen oder auch potentiellen Angehörigen eines Netzwerkes und solchen, welche nicht an einem solchen partizipieren konnten, waren undurchlässig[3]. Netzwerksmitglieder mußten, um ihre Mitgliedschaft zu legitimieren und zu untermauern, nach einem bestimmten gesellschaftlichen und sozialen Grundmuster leben. Die Zugehörigkeit zu einem intraurbanen Netzwerk war die Voraussetzung für Etablierung und Erhaltung eines extraurbanen Netzwerkes[4]. Das setzte bestimmte finanzielle Möglichkeiten des Netzwerkangehörigen

---

1   HASSELBERG, Ylva: Den sociala ekonomin. Familjen Clason och Furudals bruk 1804–1856, Uppsala 1998 (Acta Universitatis Upsaliensis, Studia Historica Upsaliensia, 189), S. 287.

2   Zur Untersuchung dieser Frage dienen folgende Quellen als Grundlage: StAH 621–1 Firma A. H. Wappäus 15, Kassabücher Lit. B – D, a – c 1858–1903 und StAH 621–1 Firma A. H. Wappäus 17, Kopiebücher a – e 1863–1894.

3   Dies.; MÜLLER, Leos; STENLÅS, Niklas: History from a Network Perspective, S. 4.

4   MÜLLER, Leos: The Merchant Houses of Stockholm, S. 221. Vgl. dazu EVANS, Richard J.: Family and Class in the Hamburg Grand Bourgeoisie 1815–1914, in: BLACKBOURN, David; EVANS, Richard J. (Hrsg.): The German Bourgeoisie, Essays on the Social History of the German Middle Class from the Late Eighteenth to the Early Twentieth Century, London – New York 1991, S. 115–139.
    EVANS untersucht in seinem Artikel beispielhaft die Familie Amsinck und ihre familiären Verbindungen vor dem Hintergrund des hamburgischen Umfeldes.

voraus, so daß es sich hierbei um ein Selektionskriterium handelte. Am Beispiel der Familie Wappäus läßt sich gut exemplifizieren, daß der Firmengründer Georg Heinrich Wappäus, der von Haus aus nicht über die Qualifikationen zu einer Mitgliedschaft in einem kaufmännischen Netzwerk verfügte, erst die Voraussetzungen schaffen mußte, um an einem solchen partizipieren zu können. In seinem Falle eignete er sich erst die Kenntnisse an, die zur Ausübung des Kaufmannsberufes nötig waren. Gleichzeitig erwarb er einen Vermögensgrundstock. Durch Heirat vergrößerte er seine finanziellen Möglichkeiten und integrierte sich in das kaufmännische Netzwerk seiner Schwiegereltern. Erst nach Übernahme dieses Geschäftes kann von einem eigenen Netzwerk der Firma G. H. Wappäus gesprochen werden[5]. Ähnliches gilt für seinen Sohn A. H. Wappäus. Nach Verlust des Vermögens und einer eigenen Firma konnte er als Angestellter nicht Mitglied eines kaufmännischen Netzwerkes sein. Erst mit Gründung einer neuen eigenen Firma auf der Basis des inzwischen akkumulierten Kapitals konnte er als gleichwertig agierender Kaufmann ein Netzwerk etablieren. Äußere Zeichen der Zugehörigkeit waren Wohnort und -standart, standesgemäße Lebensart und Feiern, Kleidung[6], Bildung und Erziehung. All jene Charakteristika sind im Quellenbestand der Firma A. H. Wappäus gut dokumentiert. Der Wohnsitz des etablierten A. H. Wappäus an der Alster versinnbildlichte den Aufstieg in das Herz des Hamburger Kaufmannstums innerhalb von nur zwei Generationen[7]. Nur die Wohlhabendsten[8] der Stadt konnten sich einen Wohn-

---

5 Zum Werdegang des G. H. Wappäus und der Firmengründung siehe Kapitel III..

6 StAH 621–1 Firma A. H. Wappäus 15, Kassabücher Lit. B – D 1858–1903, a 1858–1884, Juni 1876.
   Zwar war A. H. Wappäus sein Leben lang gegen ostentative Lebensführung gewesen, doch dem allgemeinen Kleidungskodex entzog auch er sich nicht. Gemäß der Mode der Zeit brachte er sich aus England Keidung mit. 1876 gab er für ein Opernglas, einen Gehrock, einen Überrock, einen Portemanteau und ein Paar Stiefel 443,50 Mark aus.

7 Anhand der Adreßbücher Hamburgs läßt sich der finanzielle und gesellschaftliche Aufstieg von A. H. Wappäus gut verfolgen: StAH Adreßbücher, Mikrofilm L 16 / 031, 1864–1866, S. 355, 1866.
   Eintragung: Wappäus, A. H. Kaufm., B. Cto. Vereinsbank, gr. Reichenstr. 52. Wohn.: Hamm, Schwarzestr. 16. In der Großen Reichenstr. 52 lag das Kontor, das später in die Neueburg 10 verlegt wurde: StAH Adreßbücher, Mikrofilm L 16 / 049, 1880, Namen, S. 369, 1880. Eintragung: Wappäus, A. H. Kaufm., B. Cto. Vereinsbank, Neueburg 10, I. Wohn.: an der Alster 36. Der Wohnort an der Alster erfüllte A. H. Wappäus mit Stolz, wie aus seinen Briefen hervorgeht. Sein Kontor verlegte er noch einmal in die Alte Gröningerstr. 26. Die Adreßbucheintragung von 1904 ist Ausdruck eines erfolgreichen Kaufmannslebens und steilen Aufstiegs: StAH Adreßbücher, Mikrofilm L 16 / 085, 1904, Namen, S. 655–II, 1904. Eintragung: A. H. Wappäus, HR, Kaufmann. B. Cto.: Vereinsbank, Bst. Pf. 20b, Sitz f, Ia, 420, alte Gröningerstr. 26, * 8, Inh. A. H. Wappäus, Mitgl. e. E. K. und L. W. A. Prehm. Zu den Abkürzungen: HR bedeutete, daß die Firma ins Handelsregister eingetragen war. Das Bankkonto wurde vor allem aus Prestigegründen angegeben, in einer Zeit in der nur wenige über ein solches verfügten. „Bst. Pf." stand für Börsenstand Pfeiler und gab zusammen mit dem Sitz den Platz an, den die Firma in der Börse belegte. Mitgl. e. E. K. zeigte an, daß A. H. Wappäus Mitglied eines Ehrbaren Kaufmanns war. * war das Symbol für das zugehörige Bestellpostamt. Vgl. zur Bedeutung des Wohnortes und seiner Versinnbildlichung des Aufstiegs über mehrere Generationen: AUGUSTINE, Dolores L.: Arriving in the Upper Class: The Wealthy Business Elite of Wilhelmine Germany, in: BLACKBOURN, David; EVANS, Richard J. (Hrsg.): The German Bourgeoisie, Essays on

sitz an der Außenalster leisten. Das gleiche galt für das Landhaus in Hamm, das die Familie ab 1877 im Sommer bewohnte[9]. Drei festangestellte Dienstmädchen versahen den wappäusschen Haushalt[10]. Diesem Wohlstand entsprechend legte die Familie großen Wert auf eine hervorragende Ausbildung ihrer Kinder[11]. Neben entsprechendem Unterricht nahm A. H. Wappäus all seine Kinder immer wieder auf Reisen mit, später durften alle Kinder, auch die Töchter, nur begleitet von einer Freundin oder Verwandten, verreisen und Freundinnen und Freunde im Ausland besuchen. Diese Reisen hatten neben der Funktion der Bildung[12] auch eine Bedeutung im Rahmen der Netzwerketablierung und -reproduktion. Auch die finanzielle Unterstützung von entfernteren Familienmitgliedern zielte direkt auf die Reproduktion der Firma und eine Erweiterung des Netzwerkes ab[13].

the Social History of the German Middle Class from the Late Eighteenth to the Early Twentieth Century, London – New York 1991, S. 46–86, S. 49–51.

8   Broeze, Frank: Unternehmertum und Liebhaberei, S. 48. Ab 1873 gab die Familie Wappäus zwischen 30.000 und 40.000 Mark pro Jahr für ihren Haushalt aus.

9   StAH 621–1 Firma A. H. Wappäus 17b, Kopiebücher 1870–1877, Brief an Madame Bärmann, Upata, 27.5.1877, S. 480–485, spanisch. StAH 621–1 Firma A. H. Wappäus 17a, Kopiebücher 1863–1870, Brief an Johann Wulff, Ciudad Bolívar, 5.12.1869. Wappäus fand, daß er das erste Haus am Alsterdamm günstig für 36.000 Mark Banco erworben hatte.

10 Dazu AUGUSTINE, Dolores L.: Patricians and Parvenues – Wealth and High Society in Wilhelmine Germany, Oxford 1994, S. 180. Neben dem festangestellten Personal beschäftigte ein reicher Hamburger Haushalt meist noch periodisch Arbeit verrichtende Angestellte wie Fensterputzer, Unkrautjäterinnen und Schuhputzer.

11 StAH 621–1 Firma A. H. Wappäus 15, Kassabücher Lit. B – D 1858–1903, a 1858–1884. Verzeichnet sind Pianounterricht und Malstunden für Josefa und Privatunterricht für Georg bei verschiedenen Professoren.
    StAH 621–1 Firma A. H. Wappäus 15, Kassabücher Lit. B – D 1858–1903, b 1884–1894. Reitstunden für Evelina und eine „Montirung" fürs Pferd für Eduard. Dies ist insofern bemerkenswert, als Reiten ausgesprochen privilegiert, elitär und der obersten Gesellschaftsschicht vorbehalten war.
    StAH 621–1 Firma A. H. Wappäus 17a, Kopiebücher 1863–1870, Brief an Cristiano Vicentini, Ciudad Bolívar, 5.12.1869, S. 417, spanisch. StAH 621–1 Firma A. H. Wappäus 17b, Kopiebücher 1870–1877, Brief an Cristiano Vicentini, Verona, 26.12.1874, S. 288–289, spanisch. 1869 war Magdalena in einer Pension in Grandsen, der französischen Schweiz, um ihr Französisch und sonstige Kenntnisse zu perfektionieren. Im Jahr 1875 ging ihre Schwester Josefa ebenfalls nach Grandsen. AUGUSTINE, Dolores L.: Patricians and Parvenues, S. 118, führt aus, daß Schweizer Pensionate unter der deutschen Oberschicht als die ultimativen Ausbildungsstätten für Töchter galten, in denen diese auf ihre Rolle in Haushalt und Gesellschaft vorbereitet wurden.

12 Die Bedeutung der *Bildungsreise* für die deutsche Oberschicht wird versinnbildlicht durch die Übernahme des Begriffes als Germanismus in den internationalen Sprachgebrauch.

13 StAH 621–1 Firma A. H. Wappäus 15, Kassabücher Lit. B – D 1858–1903, c 1894–1903, August 1895, S. 2. StAH 621–1 Firma A. H. Wappäus 15, Kassabücher Lit. B – D 1858–1903, c 1894–1903, Dezember 1896, S. 40. StAH 621–1 Firma A. H. Wappäus 15, Kassabücher Lit. B – D 1858–1903, c 1894–1903, Juni 1898, S. 60. A. H. Wappäus ließ dem Sohn seines Neffen Johann Andreas Georg Heinrich II. Wappäus, Oscar Georg Heinrich, monatlich 50 Mark für das Studium zukommen. Oscar Wappäus wurde Amtsrichter in Hamburg. Sein Vater war promovierter Jurist und Notar in der Hansestadt gewesen. Es ist anzunehmen, daß dieser Familienzweig A. H. Wappäus juristisch beriet. (Zur Genealogie siehe IX. Anhang: 1. Stammtafel der

Es war ebenfalls wichtig, an kulturellen Ereignissen und Feierlichkeiten teilzunehmen[14], um mit Personen der gleichen sozialen Schicht in Kontakt zu bleiben[15]. Beiträge zu großen Ereignissen zum Wohle der Allgemeinheit stärkten das Ansehen innerhalb der kaufmännischen Gemeinde[16]. Dies galt auch für Spenden zu karitativen Zwecken. Angehörige der Oberschicht demonstrierten ihre gute Christlichkeit, die für einen Kaufmann unabdingbar und Grundvorraussetzung für die Einbindung in ein Netzwerk der Überseekaufmannschaft war, durch Zuwendungen an Wohlfahrtseinrichtungen[17]. Direkter zahlten sich Geschenke für Mitarbeiter und

Familie Wappäus). Vgl. KOCKA, Jürgen: Industrial Culture & Bourgeois Society. Business, Labor, and Burocracy in Modern Germany, New York – Oxford 1999, S. 192–193.
An der Familie Wappäus läßt sich die Entwicklung des deutschen Bürgertums im 19. Jahrhundert verfolgen. Dürfte sich G. H. Wappäus noch keiner anderen Kategorie des Bürgertums zugehörig gefühlt haben als der hanseatischen, so wird sich sein Sohn neben dieser auch mit einer übergeordneten Kategorie eines deutschen Wirtschaftsbürgertums identifiziert haben. Andere Familienmitglieder, z. B. sein Bruder Eduard, integrierten sich in das entstehende Bildungsbürgertum. Wirtschafts- und Bildungsbürgertum zusammen bildeten innerhalb der deutschen Gesellschaft der zweiten Hälfte des 19. Jahrhunderts eine Elite von nur 5 – 8% der Bevölkerung.

14 StAH 621–1 Firma A. H. Wappäus 15, Kassabücher Lit. B – D 1858–1903, b 1884–1894, 15.3.1893, S. 124.
1893 wurden in Hamburg große Feierlichkeiten zum Kolumbustag begangen (man beachte, daß 1893 und nicht 1892 gefeiert wurde.) A. H. Wappäus trug als Ausgaben im März ein: *Columbus Feier 70, Gesellschaft Wein Champagner 50* [Mark, Anm. d. A.].
StAH 621–1 Firma A. H. Wappäus 17e, Kopiebücher 1890–1904, Brief an Pedro M. Brito González, Caracas, 7.5.1893, S. 362, spanisch. Nach Caracas schrieb A. H. Wappäus, daß er Karten für die Feiern zum Kolumbustag gekauft habe und sich auf ein großes, luxuriöses Fest bei Sagebiel freue.

15 StAH 621–1 Firma A. H. Wappäus 15, Kassabücher Lit. B – D 1858–1903, a-c. Fast jeden Monat kam unter den Ausgaben des wappäusschen Haushaltes die Rubrik Theater und Konzerte vor.

16 StAH 621–1 Firma A. H. Wappäus 15, Kassabücher Lit. B – D 1858–1903, c 1894–1903, April 1895, S. 18. Folgende Eintragung: *Bismarckfeier 6 Billets Stadttheater 36 Mark, Bismarckfeier Commers Sagebiel 10, 50 Mark, Commers Stadttheater 12,60 Mark, Bismarckfeier Beitrag Fackelzug 250 Mark und Illumination 200 Mark.* Ein Beitrag von 450 Mark zu den offiziellen Feierlichkeiten war ausgesprochen großzügig. Zur Festkultur der Zeit und ihrer Bedeutung siehe ELSNER, Tobias von: Kaisertage. Die Hamburger und das wilhelminische Deutschland im Spiegel öffentlicher Festkultur, Frankfurt a. M. – Bern – New York – Paris 1991 (Europäische Hochschulschriften, Reihe III, Geschichte und ihre Hilfswissenschaften, Bd. 471). Zu den prunkvollen Festen der hanseatischen Oberschicht und ihrer gemischten Funktion von Gesellschaft und Geschäft siehe AUGUSTINE, Dolores L.: Die Wilhelminische Wirtschaftselite, Berlin 1991, S. 220–226.

17 Beispielhaft seien zwei typische Spendenmonate von A. H. Wappäus aufgeführt: StAH 621–1 Firma A. H. Wappäus 15, Kassabücher Lit. B – D 1858–1903, c 1894–1903, August 1894, S. 9. Für August 1894 waren folgende Spenden verzeichnet: *Seemanns Mission 100 Mark, Anschar Diaconissen 500 Mark, Pestalozzi Stift 200 Mark, Sievekingscher Verein 300 Mark, Bethel 100 Mark.*
Nicht immer waren die Beträge so hoch wie im August 1894, wo sie sich auf insgesamt 1.200 Mark beliefen.
StAH 621–1 Firma A. H. Wappäus 15, Kassabücher Lit. B – D 1858–1903, c 1894–1903, Februar 1895, S. 16. Für Februar 1895 waren folgende Spenden verzeichnet: *Taubstummen 10 Mark, Missions Verein 10 Mark, Weibl. Erwerbstätigkeit 12 Mark, Bethel 30 Mark, Seefahrer*

Belegschaft aus, die zwar nicht Mitglieder des Netzwerkes waren, doch wichtige Instrumente zur Ausführung des Überseehandels[18]. Seine Arbeitskraft und Erfahrung brachte A. H. Wappäus zum Wohle Hamburgs als Handelsrichter ein. Dadurch verschaffte er sich zum einen Einblick in Interna des Handelsgerichtes und aktuelle Fragen des Überseehandels, zum anderen verdiente er sich damit die Achtung und Anerkennung der Kaufmannschaft[19]. Außerdem gehörte er der Versammlung eines Ehrbaren Kaufmanns an[20]. Mit einem früh angeschafften Telefon vereinfachte A. H. Wappäus die intraurbane Kommunikation und reihte sich in die Gruppe von Kaufleuten und Unternehmern ein, die neuen Technologien gegenüber aufgeschlossen und finanziell in der Lage waren, sich solche auch zu leisten[21].

Es galt, in allen Lebensbereichen beständig die eigene soziale, gesellschaftliche und berufliche Position zu legitimieren und zu demonstrieren. Dies gerade auch im Hinblick auf die Reproduktion von Familie und Firma, durch eine Optimierung der

---

Armen 20 Mark, Speisung Commission 11 Mark, Arbeiter Verein 5 Mark, Vaterländ. Stiftung 6 Mark, div. Unterstützung 30 Mark, Seemanns Mission 100 Mark, Barmbecker Frauen Verein 10 Mark.

18   StAH 621–1 Firma A. H. Wappäus 15, Kassabücher Lit. B – D 1858–1903, b 1884–1894, November 1891, S. 105.
     Hier war A. H. Wappäus sehr großzügig. Er schenkte seinem Kapitän Schacht eine Golduhr zu 650 Mark und eine Uhrkette zu 75 Mark.
     StAH 621–1 Firma A. H. Wappäus 15, Kassabücher Lit. B – D 1858–1903, c 1894–1903, Juni 1898, S. 16.
     Die Eintragung *Circus für 6 Comptoir 13 Mark* zeigt etwas von der patriachalischen Fürsorgepflicht, der Firmenchefs nachkamen und die bei A. H. Wappäus bis zum Verteilen von Ostereiern an Schiffsmannschaften führte.

19   StAH 621–1 Firma A. H. Wappäus 17b, Kopiebücher 1870–1877, Brief an Cristiano Vicentini, Verona, 30.4.1876, S. 407–408, spanisch. StAH 621–1 Firma A. H. Wappäus 17b, Kopiebücher 1870–1877, Brief an Mr. Fry, Penarth/England, 17.9.1876, S. 426, englisch. Das Handelsgericht beschäftigte A. H. Wappäus sehr, so daß andere Dinge manchmal aufgeschoben werden mußten.
     StAH 621–1 Firma A. H. Wappäus 17e, Kopiebücher 1890–1904, Brief an Pedro M. Brito González, Isla Margarita, 10.9.1894, S. 490, spanisch. Am 17.8.1894 feierte A. H. Wappäus seinen achzigsten Geburtstag mit Gratulationen von Senat und Handelsgericht.

20   BALMORI, Diana; VOSS, Stuart F.; WORTMAN, Miles: Notable Family Networks in Latin America, Chicago – London 1984, S. 2. Mitgliedschaft in Organisationen war ein wichtiges Element von Netzwerken.

21   StAH 621–1 Firma A. H. Wappäus 15, Kassabücher Lit. B – D 1858–1903, c 1894–1903, Oktober 1899, S. 80. WESSEL, Horst A.: Die Rolle des Telefons in der Kommunikationsrevolution des 19. Jahrhunderts, in: NORTH, Michael; JENKS, Stuart; WALTER, Rolf: Kommunikationsrevolutionen. Die neuen Medien des 16. und 19. Jahrhunderts, Köln-Weimar-Wien 1995 (Wirtschafts- und Sozialhistorische Studien, Bd. 3), S. 101–127. Wahrscheinlich hat A. H. Wappäus 1876 auf der Weltausstellung in Philadelphia die erste Präsentation des Telefons miterlebt. 1881 war der öffentliche Telefonbetrieb im Deutschen Reich aufgenommen worden. Zum Vergleich seien die Zahlen der Teilnehmer des Fernsprechwesens im Deutschen Reich angeführt: 1895 waren es 131.577 und 1900 waren es 289.600 Teilnehmer. Es handelte sich 1899 also um eine ausgesprochen exklusive Einrichtung. Mehr als 90% der damaligen Anschlüsse dienten geschäftlichen Zwecken. Es kann also davon ausgegangen werden, daß auch der wappäussche Apparat im Kontor stand.

Start- und Heiratschancen für die Nachkommen und die Bindung nachkommender Generationen an die Familienfirma[22].

Zur Erhaltung von Kontakten war und ist der Austausch von Geschenken und Aufmerksamkeiten seit jeher ein probates Mittel[23]. Was heutzutage die teilweise massenhaft verteilten Werbegeschenke an den anonymen Kunden sind, waren im 19. Jahrhundert individuelle und zielgerichtete Zuwendungen. Psychologisch wirkten die Gaben von damals jedoch anders als heutzutage. Die Freude des individuell bedachten Kunden war, der größeren Mühe des Schenkenden angemessen, größer als sie es heute beim Erhalt eines Massenartikels ist. Das Geschenk im 19. Jahrhundert hatte einen hohen Grad an Verbindlichkeit, war Emotionsträger und nötigte den Beschenkten zur Reaktion. All diese Aspekte hat das moderne Werbegeschenk verloren. Nur durch den Aufdruck kann der Kunde es Tage später noch mit einem Absender verbinden. Erreicht der heutige Werbende damit zwar eine viel größere Zielgruppe, ist der Wirkungsgrad seiner Zuwendung jedoch wesentlich geringer als er es im 19. Jahrhundert war.

A. H. Wappäus war ein seinen Freunden, Kunden und Bekannten emotional sehr zugetaner Mensch, der mit Liebe zum Detail seine Kunden an sich zu binden suchte. Als Beispiele seien die Geschenke erwähnt, die er einem Kunden in Ciudad Bolívar und der Gattin eines Geschäftspartners zukommen ließ. Dem Herrn besorgte er unaufgefordert zwei Brillen[24] und der Dame sandte er durch einen Bekannten eine Schachtel mit Kuchen[25]. Eine sicher ungewöhnliche und höchst aufwendige Werbeaktion in eigener Sache war die Organisation und großzügige Bezuschussung einer Bolívar-Statue für Ciudad Bolívar, die Stadt, in der er die meisten Kunden hatte[26]. Geschickt verankerte sich der Hamburger damit auf Jahrzehnte im kollektiven Gedächtnis der Stadt.

Der hanseatische Firmenchef nutzte weiterhin eine technologische Neuerung, um sein Netzwerk zu stabilisieren. Er legte ein Fotoalbum an, in welchem er Aufnahmen all seiner Geschäftspartner zusammenstellte, wie er diese auch wissen ließ. Er selbst verschickte Bilder von sich und seiner Familie[27]. In einer Zeit, in welcher

---

22 Siehe dazu KOCKA, Jürgen; DITT, Karl; MOOSER, Josef; REIF, Heinz, SCHÜREN, Reinhard: Familie und soziale Plazierung. Studien zum Verhältnis von Familie, sozialer Mobilität und Heiratsverhalten an westfälischen Beispielen im späten 18. und 19. Jahrhundert, Opladen 1980.

23 Siehe dazu auch CHEAL, David: The Gift Economy, London – New York, 1988.

24 StAH 621–1 Firma A. H. Wappäus 17b, Kopiebücher 1870–1877, Brief an Marcos Calderón, Ciudad Bolívar, 30.10.1871, S. 82, spanisch.

25 StAH 621–1 Firma A. H. Wappäus 17b, Kopiebücher 1870–1877, Brief an Federico Vicentini, 14.2.1877, S. 462–463, spanisch.

26 StAH 621–1 Firma A. H. Wappäus 17a, Kopiebücher 1863–1870, Brief an Tomás Machado, Ciudad Bolívar, 30.12.1867, S. 322, spanisch. StAH 621–1 Firma A. H. Wappäus 17a, Kopiebücher 1863–1870, Brief an Tomás Machado, Ciudad Bolívar, 29.1.1868, S. 330, spanisch. StAH 621–1 Firma A. H. Wappäus 17a, Kopiebücher 1863–1870, Brief an Cristiano Vicentini, Ciudad Bolívar, 5.12.1869, S. 417, spanisch. Zu dem Vorgang s. Kapitel IV.2..

27 StAH 621–1 Firma A. H. Wappäus 17a, Kopiebücher 1863–1870, Brief an Tomás Machado, Ciudad Bolívar, 29.4.1868, S. 347, spanisch. In jenem Brief bat A. H. Wappäus Tomás Macha-

Photographien wertvolle Einzelexemplare waren, deren Erstellung mit großem Aufwand verbunden war und in der die Menschen noch nicht mit Bildern überflutet
waren, waren Fotoalben von weit größerer emotiver Bedeutung als heutzutage.

Im 19. Jahrhundert wurden verschiedene Möglichkeiten genutzt, um durch materielle Zuwendungen Netzwerkbindungen zu erhalten und zu stärken. Neben dem
rein quantitativen Wert war es vor allem der qualitative Aspekt der Geschenke, der
von Bedeutung war. Gezielt wurden positive Emotionen und das Gefühl der Verpflichtung aufgebaut, um Mitglieder des kaufmännischen Netzwerkes stärker zu
binden.

Daneben wurde die persönliche Bekanntschaft als stärkstes bindendes Element
beständig gesucht und zu erneuern getrachtet. Einladungen an Geschäftspartner
wurden regelmäßig, jedoch nicht floskelhaft ausgesprochen. Die Verquickung von
Familie und Geschäft, wie sie in den Familienfirmen des 19. Jahrhunderts selbst-
verständlich war, findet hier besonders deutlichen Niederschlag[28]. Besuche hatten
eine integrative Funktion. Der Gast wurde durch Kontakte mit sämtlichen Familienmitgliedern emotiv an die Familienfirma gebunden. Der Gastgeber bemühte sich
um Unterhaltung und Attraktion, um sich positiv im Gedächtnis des Geschäftspartners zu verankern[29]. Besuche wurden dazu genutzt, um später auf gemeinsame Erlebnisse rekurrieren zu können und Gemeinschaftsgefühle zu evozieren[30]. Gleich-

do um ein Foto von diesem und seinem Bruder Dr. Rafael Machado. Wappäus selbst fügte ein
Foto von sich bei. Auch von den Kunden Hahn und Schock wollte er Fotos haben.
StAH 621–1 Firma A. H. Wappäus 17a, Kopiebücher 1863–1870, Brief an Cristiano Vicentini,
Ciudad Bolívar, 5.12.1869, S. 417, spanisch. A. H. Wappäus wartete noch auf ein Foto von
Vicentini und Frau Antonia. In diesem Zusammenhang listete er auf, von wem er schon Foto-
graphien hatte: Juan Bautista Vater und Sohn, Sr. Thirion und Frau Isabel mit vier Kindern, Dr.
Siegert, Sr. Battistini, Tomás Machado, Sr. Hahn mit Frau, Sr. Schock mit Frau, Sr. Wupper-
mann mit Frau Zoylita, Adolf Wuppermann mit Frau, Sr. Groß und Marianne.
StAH 621–1 Firma A. H. Wappäus 17a, Kopiebücher 1863–1870, Brief an Mr. Turner, England, 23.3.1870, S. 428, englisch. Auch mit Turner tauschte A. H. Wappäus Fotos aus.
StAH 621–1 Firma A. H. Wappäus 17b, Kopiebücher 1870–1877, Brief an J. M. Boscán, Curaçao, 28.9.1871, S. 78–79, spanisch. Herr Boscán war auf Besuch in Hamburg, entweder kannte
Wappäus ihn nur flüchtig oder gar nicht vorher. Nachdem er Herrn Boscán kennengelernt hatte,
schrieb A. H. Wappäus diesem einen langen Brief, sich und sein Geschäft empfehlend. Gleich
legte er ein Foto bei.

28   StAH 621–1 Firma A. H. Wappäus 17a, Kopiebücher 1863–1870, Brief an Ascanio Negretti,
     Ciudad Bolívar, 14.8.1864, S. 111, spanisch. Als Beispiel sei die Einladung an Ascanio Negret-
     ti und Familie angeführt. Auf sehr ausführliche und persönliche Glückwünsche zur Geburt ei-
     nes Sohnes, die Reflexionen über das Glück des Familienlebens einschlossen, folgte eine Ein-
     ladung nach Hamburg:
     „… . *Pasenlo Uds pues bien, Ud, su buena esposa y su hijito, el pequeño principe hereditario,
     tal vez nos haga una visita aqui en Hamburgo, de la que nos alegrariamos mucho. … .*"
29   StAH 621–1 Firma A. H. Wappäus 17b, Kopiebücher 1870–1877, Brief an Mr. Rougette, Eng-
     land, 25.7.1875, S. 341–343, englisch. In jenem Brief schrieb A. H. Wappäus, daß Frau Wappäus
     alle Rougettes herzlich einlade und auch wieder einen Ball oder ein jugendliches Mittagessen
     mit Ball verspräche, auf daß Mr. Rougette sich so gut amüsiere wie das letzte Mal, als er zu
     Besuch gewesen sei.
30   StAH 621–1 Firma A. H. Wappäus 17b, Kopiebücher 1870–1877, Brief an A. Palazzi, Ciudad
     Bolívar, 30.5.1875, S. 328–329, spanisch. Auf Wunsch des Sr. Palazzi hin versprach A. H.

zeitig wurde Gästen die finanzielle Potenz des Gastgebers, dessen gefestigte gesell-schaftliche Stellung und die Vorzüge des Standortes Hamburg demonstriert. Dies sollte Vertrauen bei den Geschäftspartnern schaffen[31]. Besucher zu empfangen war wichtig und erstrebenswert[32]. Neben den genannten Funktionen ehrten Besuche von Geschäftspartnern den Gastgeber und fanden in der Korrespondenz mit Dritten Nie-derschlag. Diesen Dritten gegenüber hatte die Erwähnung von Gästen die Funktion der Untermauerung der Festigkeit der eigenen Position im kaufmännischen Netz-werk und somit der Demonstration von Vertrauenswürdigkeit und Stabilität[33].

Ein weiteres Mittel, um Netzwerkkontakte zu stabilisieren und auch zu prolon-gieren war die langfristige Aufnahme von Gästen. Es war im 19. Jahrhundert unter der Überseekaufmannschaft allgemein üblich, seine Söhne zur Ausbildung ins Aus-land zu schicken. Dort nahmen sich Geschäftspartner der jungen Männer an. Dies tat auch wiederholt A. H. Wappäus in Hamburg. In solch einem Fall kümmerte er sich um Unterkunft und Lehrstelle für den Gast. A. H. Wappäus verwaltete das Geld der Lehrlinge, das ihm die Eltern zukommen ließen. Er überwachte das Betra-gen und die Fortschritte der Schützlinge und informierte deren Eltern in allen Be-langen. Auch scheute er nicht davor zurück, den Eltern Ratschläge in Bezug auf die Erziehung ihrer Söhne zu machen[34]. Der Hamburger Mentor versuchte die Neuan-kömmlinge sozial zu integrieren und lud diese zum Beispiel zu den wappäusschen Familientreffen, welche 15täglich abwechselnd in Altona und Hamburg stattfan-

---

Wappäus, diesem einen Angestellten für die Buchführung und andere Arbeiten zu schicken. A. H. Wappäus schrieb, daß jener junge Mann drei Jahre bei ihm, Wappäus, gelernt und gearbeitet habe, ehrlich, intelligent, aus gutem Hause und fleißig sei. Er heiße Hering und fügte hinzu daß sich Palazzi vielleicht noch vom letzten Besuch an diesen erinnere.

31 PRIOR, Ann; KIRBY, Maurice: The Society of Friends and the Family Firm, 1700–1830, in: Bus Hist 35, 4 (1993), S. 66–85, S. 66. Vertrauen und Kooperation zwischen Unternehmern war ebenso wichtig wie Konkurrenz.
    StAH 621–1 Firma A. H. Wappäus 17b, Kopiebücher 1870–1877, Brief an Mr. Turner, Lon-don, 9.5.1875, S. 318, spanisch und deutsch. In jenem Brief berichtete A. H. Wappäus, daß die Familie Wappäus 14 Tage zuvor in ein Haus an der Alster umgezogen sei. Wappäus lud die Turners ein. Das Haus sei hübsch gelegen, mit Ausblick über Harvestehude, Uhlenhorst und Binnen-Alster, dazu habe es einen Garten.
    StAH 621–1 Firma A. H. Wappäus 17b, Kopiebücher 1870–1877, Brief an Foy Rivière, Cog-nac, 1877, S. 488–491, englisch. In jenem Brief bedauerte A. H. Wappäus, daß Rivière ihn immer noch nicht besucht habe. Wappäus schrieb: „... . *I believe there are few places in all Europe where you see such pretty well laid out gardens and handsome private summer resi-dences as in Hamburg. I am always quite proud to show visitors and friends of abroad, in an open carriage the suburbs and environs of Hamburg, thus giving strangers an idea of the we-alth and good taste of its citizens. ..... .*"
32 HASSELBERG, Ylva: Den sociala ekonomin, S. 289. Auch HASSELBERG stellte fest, daß das geschäftliche Netzwerk ebensosehr auf Dinnerparties basierte wie auf traditionell geschäft-lichen Aspekten.
33 StAH 621–1 Firma A. H. Wappäus 17b, Kopiebücher 1870–1877, Brief an nicht genannte Dame, 29.5.1874, S. 250, spanisch. Bericht von den Besuchen Sr. Grillets und Sr. Alcalás mit Frauen und der Sra. Schock in Hamburg.
34 StAH 621–1 Firma A. H. Wappäus 17b, Kopiebücher 1870–1877, Brief an Cristiano Vicentini, Verona, 27.1.1876, S. 3881–382, spanisch.

den[35] und die mit Essen, Tanz und Gesang einhergingen, ein[36]. Des weiteren kümmerte er sich um Ausflüge, ärztliche Versorgung und Unterrichtsstunden[37]. Federico Vicentini, Sohn des Cristiano Vicentini aus Verona, lernte 1875 im Hause Pardo[38]. Federico ging 1877 über Trinidad nach Ciudad Bolívar, um dort zu arbeiten[39]. Von 1888 bis 1890 war José Afandor jun., der Sohn José Afandors aus Ciudad Bolívar zu einem kurzen Lehraufenthalt bei der Firma A. H. Wappäus in Hamburg[40]. Im Jahre 1889 kam Miguel Quin, der Sohn von Guillermo R. Quin aus Ocaña, zur Ausbildung nach Hamburg. 1892 plante A. H. Wappäus, diesen Jungen in sein Kontor zur Lehre aufzunehmen[41]. In allen Fällen kannte der Hamburger Kaufmann die Väter persönlich. Ein schon festes Vertrauensverhältnis war Basis zur weiteren Stärkung der Netzwerkbindung. Durch den Austausch ideeller und kultureller Güter wie Sprache, Sitten und gemeinsame Erfahrung wurde zusätzlich zum kaufmännisch-edukativen Effekt die Bindung zwischen den Geschäftspartnern gestärkt.

Neben solcherlei Maßnahmen, mit dem Ziel Beziehungen zu erhalten, war nach der Rückkehr des Kaufmanns aus überseeischen Gebieten das Reisen das wichtigste Mittel, um neue Handelskontakte zu etablieren oder solche zu intensivieren. Dies läßt sich am Itinerarium des Firmenchefs A. H. Wappäus nachvollziehen. Um sein Kaufmannshaus betreiben zu können, war der Hamburger praktisch permanent auf Reisen. Die persönliche Präsenz vor Ort war die Grundlage seines Erfolges. Schwierig ist die Unterteilung der Reisen in Geschäfts- und Privatreisen. Selbst scheinbar eindeutige Geschäftsreisen, wie zum Beispiel nach London, waren mit Besuchen von Freunden verbunden. Diese Freunde waren jedoch auch wiederum gleichzeitig Geschäftspartner. Und offenbar private Reisen, wie zum Beispiel nach Marienbad, wurden entweder mit Abstechern geschäftlicher Natur in andere Orte verbunden oder ermöglichten am Badeort selbst die Pflege von Kontakten mit anderen kaufmännischen oder industriellen Badegästen. Am Beispiel der Reisen verdeutlicht sich besonders gut die Einheit von Familie, Privatem und Firma, die im 19. Jahrhundert den Hamburger Handel prägte[42].

---

35 StAH 621–1 Firma A. H. Wappäus 17b, Kopiebücher 1870–1877, Brief an Cristiano Vicentini, Verona, 8.12.1875, S. 369, spanisch.

36 StAH 621–1 Firma A. H. Wappäus 17b, Kopiebücher 1870–1877, Brief an Cristiano Vicentini, Verona, 30.4.1876, S. 398–399, spanisch.

37 StAH 621–1 Firma A. H. Wappäus 15, Kassabücher Lit. B – D 1858–1903, b 1884–1894, April 1888, S. 54.

38 StAH 621–1 Firma A. H. Wappäus 17b, Kopiebücher 1870–1877, Brief an Cristiano Vicentini, Verona, 8.12.1875, S. 369, spanisch.

39 StAH 621–1 Firma A. H. Wappäus 17b, Kopiebücher 1870–1877, Brief an Federico Vicentini, 14.2.1877, S. 462–463, spanisch.

40 StAH 621–1 Firma A. H. Wappäus 17d, Kopiebücher 1885–1890, Brief an Guillermo R. Quin, Ocaña, 10.12.1889, S. 460, englisch.

41 StAH 621–1 Firma A. H. Wappäus 17d, Kopiebücher 1885–1890, Brief an Guillermo R. Quin, Ocaña, 10.12.1889, S. 460, englisch.

42 Dazu HASSELBERG, Ylva: Den sociala ekonomin, S. 287. HASSELBERG kommt in ihrer Studie über eine schwedische Fabrikantenfamilie ebenfalls zu dem Schluß, daß Familie, Geschäft und Sozialleben nicht voneinander getrennt waren.

Zentral für das Hamburger Exportgeschäft war der Industrie- und Finanzstandort England. Deshalb waren Verbindungen nach Großbritannien von existenzieller Bedeutung für die Hamburger Überseekaufmannschaft. A. H. Wappäus fuhr regelmäßig zum Ordern von Waren nach England[43], zum Beispiel auf der Route Ostende-Cardiff-Swansea-Liverpool-London. Auf solchen Reisen etablierte der Kaufmann enge Kontakte, in die die gesamte Familie involviert war[44]. Die Wappäus hatten auch Verwandtschaft in Manchester. Die genaue Verbindung der Familien ist jedoch nicht rekonstruierbar[45]. Grundsätzlich war eine Heirat nach England von Hamburger Kaufleuten immer als vorteilhafte Netzwerkerweiterung erwünscht[46]. Unter diesem Aspekt waren Reisen der gesamten Familie auch als potentielle Reproduktionsfaktoren zu verstehen[47].

Bis ins hohe Alter absolvierte A. H. Wappäus ein erstaunliches Reisepensum[48]. Die vielen Bäderreisen entsprachen der Mode, welche im 19. Jahrhundert unter der

---

43 Leider sind diese Reisen scheinbar nicht vollständig dokumentiert, so daß über die absolute Zahl und Regel- oder Unregelmäßigkeiten keine Aussagen getroffen werden können. Für folgende Daten können Englandreisen des A. H. Wappäus sicher belegt werden: 6/1874; 7/1875; 9/1876; 6/1893 und 7/1894 . Beachtenswert ist, daß A. H. Wappäus noch mit 79 Jahren die Reise unternahm.
   StAH 621–1 Firma A. H. Wappäus 17b, Kopiebücher 1870–1877, Brief an Mr. Tarr, England, 27.4.1874, S. 244, englisch. StAH 621–1 Firma A. H. Wappäus 17b, Kopiebücher 1870–1877, Brief an Mr. Rougette, England, 25.7.1875, S. 341–343, englisch. StAH 621–1 Firma A. H. Wappäus 15, Kassabücher Lit. B – D 1858–1903, a 1858–1884, Juni 1874. StAH 621–1 Firma A. H. Wappäus 15, Kassabücher Lit. B – D 1858–1903, b 1884–1894, Juni 1893, S. 127. StAH 621–1 Firma A. H. Wappäus 15, Kassabücher Lit. B – D 1858–1903, c 1894–1903, Juli 1894, S. 8.
44 StAH 621–1 Firma A. H. Wappäus 17b, Kopiebücher 1870–1877, Brief an Mr. Tarr, England, 27.4.1874, S. 244, englisch. A. H. Wappäus kündigte in diesem Brief seinen Besuch und den seiner Tochter Magdalena an, die für drei bis vier Monate eine Freundin in Cardiff besuchen sollte.
   StAH 621–1 Firma A. H. Wappäus 17b, Kopiebücher 1870–1877, Brief an Mr. Rougette, England, 25.7.1875, S. 341–343, englisch. 1875 nahm A. H. Wappäus Magdalena erneut nach England mit. Zwischenzeitlich war diese für zwei Monate von ihrer Freundin aus Cardiff in Hamburg besucht worden. Die Mädchen kannten sich aus einem Schweizer Internat.
45 StAH 621–1 Firma A. H. Wappäus 17b, Kopiebücher 1870–1877, Brief an Mr. Rougette, London, 9.9.1876, S. 422–424, englisch.
46 Zur Anglophilie siehe PETERSEN, Anne D.: Die Engländer in Hamburg 1814–1914. Ein Beitrag zur Hamburgischen Geschichte, Hamburg 1993.
47 StAH 621–1 Firma A. H. Wappäus 17b, Kopiebücher 1870–1877, Brief an Mr. Fry, Penarth / England, 17.9.1876, S. 426, englisch. StAH 621–1 Firma A. H. Wappäus 17b, Kopiebücher 1870–1877, Brief an Mr. Fry, Penarth / England, 21.10.1876, S. 427, englisch. StAH 621–1 Firma A. H. Wappäus 17b, Kopiebücher 1870–1877, Brief an William Fry, Penarth / England, 5.11.1876, S. 435–436, englisch. StAH 621–1 Firma A. H. Wappäus 17b, Kopiebücher 1870–1877, Brief an William Fry, Penarth / England, 12.11.1876, S. 437–438, englisch. Magdalena Wappäus verlobte sich mit William Fry, löste jedoch nach einiger Überlegung das Verlöbnis. Daraufhin kam es zu einem recht emotionalen und harschen Briefwechsel zwischen den Familien. A. H. Wappäus stellte sich dabei voll und ganz hinter seine Tochter.
48 Aus den Kasssabüchern gehen folgende Reisen von A. H. Wappäus hervor. Es ist anzunehmen, daß die Liste nicht vollständig ist. Die separat behandelten Englandreisen werden nicht berücksichtigt, wie auch nicht die Reise in die USA 1876.

Oberschicht en vogue war. Dort, wie auch am Festspielort Bayreuth, den der Wagner-Verehrer regelmäßig besuchte, trafen sich die Vermögenden und Einflußreichen der Zeit, so daß derartige Reisen durchaus als relevant für Firma und Netzwerk betrachtet werden müssen. Daß das Itinerar, welches sich aus den Aufzeichnungen der Haushaltsführung des A. H. Wappäus ergibt, unvollständig ist, insinuiert die Korrespondenz desselben. Die 1876 unternommene Reise in die Schweiz und nach Italien führte das Hamburger Ehepaar an weitaus mehr Orte, als im Kassabuch angegeben: Über die Schweiz reisten die Wappäus zum Lago Maggiore, dann weiter nach Mailand, Genua, Pisa, Venedig, Florenz und Verona, darauf nach Salzburg, Innsbruck, Königssee, Regensburg, Walhalla und über Frankfurt zurück nach Hamburg[49]. Und die große USA-Reise des Kaufmanns fand in den Haushaltsbüchern gar keinen Niederschlag. Der 62jährige reiste am 3.5.1876 aus Hamburg ab und kam am 25.5.1876 nach einem Aufenthalt von zweieinhalb Tagen in New York in San Francisco an. Er sah die Rocky Mountains, Yosemite Valley, wo ihn die großen Bäume besonders beeindruckten[50], die Sierra Nevada und Salt Lake City. Weiter reiste er über Niagara und den Ontario See nach St. Lawrence und Thousand Isles[51]. Er war bei den Stromschnellen von Montreal und Quebec und kehrte von Montreal über Champlain und Georges Lakes[52], Saratoga und Albany mit dem Dampfer auf dem Hudson nach New York zurück. Insgesamt war A. H. Wappäus elf Wochen unterwegs[53]. Diese Reise des nach Maßstäben des 19. Jahrhunderts älteren Mannes zeugt von großer Unternehmenslust, Wißbegier, Kraft und auch Nostalgie und Verbundenheit mit dem Land seiner ersten kaufmännischen Erfahrungen. A. H. Wappäus bezeichnete die USA als das Land seiner Jugend, in welchem er

---

StAH 621–1 Firma A. H. Wappäus 15, Kassabücher Lit. B – D 1858–1903, a 1858–1884.
Zwischen 1858 und 1884 war A. H. Wappäus an folgenden Orten: Dreimal Berlin, Borkum, Bremen, zweimal Cuxhaven, Eutin, Frankfurt, Göttingen, zweimal Kiel, Klampenborg und Kopenhagen, dreimal Marienbad, München, Nienstädten, zweimal Pyrmont, zweimal Reinbeck, Reise Bad Elster-Marienbad-Dresden-Sächsische Schweiz, Reise Basel-Brig-Genua-Florenz-Innsbruck-Frankfurt, Schwarzwald, Thüringen, Wiesbaden und Wilhelmshöhe.
StAH 621–1 Firma A. H. Wappäus 15, Kassabücher Lit. B – D 1858–1903, b 1884–1894.
Zwischen 1884 und 1894 war A. H. Wappäus an folgenden Orten: Aachen, Bad Kissingen, Boltenhagen, dreimal Bayreuth, viermal Berlin, dreimal Bremen, Carlsbad, zweimal Cölln, Cuxhaven, Eutin, Flensburg, Göttingen, Hannover, Kenzingen, zweimal Kiel, Kopenhagen, Lauenburg, zweimal Neumünster, zweimal Pyrmont, Scharbeutz, Steben, Tour nach dem Rhein, Weimar, sechsmal Wiesbaden.
StAH 621–1 Firma A. H. Wappäus 15, Kassabücher Lit. B – D 1858–1903, c 1894–1903.
Zwischen 1894 und 1903 war A. H. Wappäus an folgenden Orten: Aachen, Bayreuth, Cuxhaven, siebenmal Duisburg, Flottbeck, sechsmal Kenzingen, Köln, Lauterberg, Lübeck, Rüdesheim, Schlangenbad/Mühlheim, sechsmal Wiesbaden.

49 StAH 621–1 Firma A. H. Wappäus 17b, Kopiebücher 1870–1877, Brief an den Neffen Adolf Luis, Ort unbekannt, 8.10.1875, S. 349–352, deutsch.
50 A. H. Wappäus meinte wohl Sequoien.
51 Thousand Islands.
52 Unklar, welcher Ort oder See gemeint ist.
53 StAH 621–1 Firma A. H. Wappäus 17b, Kopiebücher 1870–1877, Brief an Mr. Rougette, London, 9.9.1876, S. 422–424, englisch.

immer noch Freunde habe[54]. Tatsächlich knüpfte der Hamburger an die alten Bekanntschaften an und besuchte etliche Personen in New York, wodurch der Kontakt erheblich gestärkt wurde. Zudem lernte der hanseatische Kaufmann auf der Fahrt von New York nach San Francisco Foy Rivière aus Cognac in Frankreich kennen, mit dem er nach seiner Rückkehr nach Europa in Geschäftsverbindungen treten sollte[55]. Neben der Funktion der Netzwerkpflege, hatte die Fahrt auch den Charakter einer Bildungsreise, was der Firma zugute kommen sollte. A. H. Wappäus war begeistert vom industriellen Fortschritt der USA. Der Kaufmann erfuhr hier einen internationalen Vergleich, der ihm die Bestimmung des eigenen kaufmännischen Standpunktes ermöglichte. Gezielt informierte er sich über Neuerungen, indem er die Weltausstellung in Philadelphia besuchte. Was er dort sah, ließ ihn befürchten, daß Europa bald alles aus den USA würde importieren müssen[56]. Mit Reisen bemühte sich der Kaufmann um Wissensakkumulation, die ihm eine bessere Selbstpositionierung im kaufmännischen Netzwerk erlaubte[57].

Am Beispiel der Reisen des Kaufmanns A. H. Wappäus zeigte sich die vielfältige Funktion derselben für hanseatische Kaufleute. Sie dienten der Etablierung neuer Kontakte, der Stärkung und Pflege schon bestehender Verbindungen und in starkem Maße dem Ziel der Reproduktion der Firma. Neben den konkreten Geschäften wie Kauf und Verkauf von Waren wurde auf Reisen Wissen erworben, welches die Position im Konkurrenzkampf und im Netzwerk erheblich stärkte.

Es ist wahrscheinlich, daß auf Reisen viele neue Kontakte geknüpft wurden, doch die Quellen geben nur wenig Aufschluß über neue Bekanntschaften und Kunden, die A. H. Wappäus nach seiner Rückkehr aus Venezuela nach Hamburg gewann. Im Jahre 1871 lernte er J. M. Boscán aus Maracaibo bei dessen Hamburgaufenthalt kennen. Bei dieser Gelegenheit hatte jener Herr eine Bestellung beim Haus Wappäus abgegeben. Wappäus nutzte diese neue Bekanntschaft gleich, um sich in einem Brief für weitere Aufträge und größere Geschäfte zu empfehlen. Das Schreiben versah er zur Erhöhung der Verbindlichkeit gleich mit Foto und Familiennachrichten[58]. 1876 lernte A. H. Wappäus Eusebio Escalante aus Mérida / Yucatán in New York kennen, mit dem er Geschäftsverbindungen etablierte[59]. Das letzte dokumentierte Beispiel dieser Art findet sich für 1889. In jenem Jahr schloß der Hamburger die Bekanntschaft mit Carlos González Bona aus Cúcuta. An diesen schrieb

---

54 StAH 621–1 Firma A. H. Wappäus 17b, Kopiebücher 1870–1877, Brief an Mr. Rougette, England, 25.7.1875, S. 341–343, englisch.

55 StAH 621–1 Firma A. H. Wappäus 17b, Kopiebücher 1870–1877, Brief an Foy Rivière, Cognac, 21.8.1876, S. 416–419, englisch.

56 StAH 621–1 Firma A. H. Wappäus 17b, Kopiebücher 1870–1877, Brief an Foy Rivière, Cognac, 21.8.1876, S. 416–419, englisch.

57 StAH 621–1 Firma A. H. Wappäus 17c, Kopiebücher 1877–1883, Brief an Thomson Bonar, Edinburgh, 22.4.1878, S. 70–71, englisch. In diesem Brief schrieb A. H. Wappäus, daß er nicht die kommende Weltausstellung von Paris zu besuchen gedenke. Er habe schon so viele gesehen, zum Beispiel in London, Wien und Philadelphia.

58 StAH 621–1 Firma A. H. Wappäus 17b, Kopiebücher 1870–1877, Brief an Juan M. Boscán, Curaçao, 28.9.1871, S. 78–79, spanisch.

59 StAH 621–1 Firma A. H. Wappäus 17b, Kopiebücher 1870–1877, Brief an E. Theband, Paris, 4.12.1876, S. 444–445, englisch.

A. H. Wappäus, daß es auch im Hinblick auf kaufmännische Verbindungen immer eine großartige Sache sei, eine Garantie, sich gegenseitig persönlich zu kennen[60]. Damit wird deutlich, daß die persönliche Bekanntschaft im 19. Jahrhundert als zweitstärkste Sicherung einer Netzwerkbindung gesehen wurde. Die stärkste Verbindung wurde durch Verwandtschaft hergestellt. Dabei gelang es der Familie Wappäus nicht, in die großen, etablierten Hamburger Kaufmannsfamilien einzuheiraten. Im Jahr 1880 heiratete die älteste Tochter Anna Magdalena den Kaufmann Hendrik Pontoppidan. Nach Aussage des Vaters A. H. Wappäus Sohn einer der ersten Familien Hamburgs und sehr reich. Im Geschlechterbuch sind die Pontoppidans jedoch nicht verzeichnet[61]. Tochter Josefa Maria heiratete 1891 Kurt Schäfer, einen Fabrikdirektor aus Kenzingen bei Wiesbaden. Dies war eine Verbindung mit der A. H. Wappäus ebenfalls sehr zufrieden war. Er hatte schon immer Waren aus der Wiesbadener Gegend bezogen und es ist wahrscheinlich, daß jener Herr Schäfer geschäftlich mit ihm verbunden war[62]. Mit der Verbindung der jüngsten Tochter Luise Evelina war der Vater nicht sehr einverstanden. Der Grund ist aus dem Quellenmaterial jedoch nicht ersichtlich. Der Schwiegersohn war zum Zeitpunkt der Heirat Bankdirektor in Duisburg, später Kaufmann zu Bremen[63]. Der Sohn Georg Heinrich starb unverheiratet, sein Bruder Eduard Johannes blieb Junggeselle. Durch Heiratspolitik gelang es den Wappäus nicht, ihre Stellung optimal zu nutzen und den Fortbestand der Firma zu sichern.

Daß nur vier neue persönliche Bekannschaften im Rahmen des kaufmännischen Netzwerkes für die Zeit nach 1857 durch das Quellenmaterial dokumentiert sind, mag an der diesbezüglich geringen Aussagekraft des Korpus liegen, ist jedoch sicher auch Beleg für die immense Bedeutung der Auslandstätigkeit Hamburger Kaufleute. Während der Jahre im Ausland wurde das Gros der Verbindungen geknüpft, die das Kapital der Firma waren. Dies bedeutet gleichzeitig, daß die Pflege und Sorge um den Erhalt bestehender Netzwerkkontakte existenziell waren.

Neben all den erwähnten Aspekten von Aufbau und Erhalt kaufmännischer Netzwerke sollen auch einige konkrete Beispiele der Nutzungsmöglichkeiten bestehender Verbindungen vorgestellt werden. Meist ging es um geschäftliche Angelegenheiten, das Netzwerk konnte auch in persönlichen Notlagen zur Lösung von Problemen dienen. So wandte sich J. M. Sucre 1871 an A. H. Wappäus, um Hilfe bei der Suche nach Sucres Sohn in Spanien zu erbitten. Der Hamburger beauftragte einen Freund, der Beziehungen nach Madrid hatte, sich darum zu kümmern. A. H. Wappäus selbst wußte über den Agenten der Firma Isaac Leon fils aus Bayonne in

---

60 StAH 621–1 Firma A. H. Wappäus 17d, Kopiebücher 1885–1890, Brief an Carlos González Bona, San Cristóbal, 30.11.1889, S. 356, spanisch.
   „... . Tambien en quanto á relaciones mercantiles es spre una gran cosa, una garantia, conocerse personalmente ... ...“

61 StAH 621–1 Firma A. H. Wappäus 17c, Kopiebücher 1877–1883, Brief an Juan M. Boscán, Curaçao, 6.12.1879, S. 233–236, spanisch.

62 StAH 621–1 Firma A. H. Wappäus 17e, Kopiebücher 1890–1904, Brief an Pedro Prada, Trinidad, 9.9.1991, keine Paginierung, da loses Blatt zwischen S. 201 und 202, spanisch.

63 StAH 621–1 Firma A. H. Wappäus 17e, Kopiebücher 1890–1904, Brief an Pedro M. Brito González, Porlamar, 5.1.1993, S. 380, spanisch.

Hamburg, daß der Sohn dort das von seinem Vater versandte Geld empfangen hatte[64].

Daneben machte es der Informationspool Netzwerk möglich, zielgerichtet Aufmerksamkeiten zu verteilen, die dem Erhalt der Geschäftsbeziehung dienten[65]. Es war allgemein üblich, vor Aufnahme von Geschäftsbeziehungen immer erst Erkundigungen über den eventuellen Geschäftspartner einzuholen[66]. Die Beziehungen konnten aber auch dazu dienen, aus verschiedenen anderen Gründen Informationen zu erbitten[67]. Optimal war es, konnte der Kaufmann über eine Netzwerkverbindung und deren Vermittlung ein neues Handelsprojekt verwirklichen. Hilfe war zu erwarten, wenn der Hilfeleistende selbst Vorteile von dem Projekt hatte[68]. Ebenfalls auf Gegenseitigkeit beruhte die Praxis, Firmenpersonal auszutauschen oder zu empfehlen. Durch diesen Dienst verpflichtete man sich den Handelspartner und sandte diesem natürlich einen Angestellten, von dem man annahm, daß dieser für einen selbst in Übersee eintrat und warb[69]. Da das Verhalten der Angestellten nicht vorhergesehen werden konnte, konnte es auch zu Enttäuschungen kommen, die im schlimmsten Fall kontraproduktiv auf die Beziehung wirkten[70]. Der Personalaus-

---

64   StAH 621–1 Firma A. H. Wappäus 17b, Kopiebücher 1870–1877, Brief an J. M. Sucre, Ciudad Bolívar, 22.7.1871, S. 68, spanisch.

65   StAH 621–1 Firma A. H. Wappäus 17b, Kopiebücher 1870–1877, Brief an Marcos Calderón, Ciudad Bolívar, 30.10.1871, S. 82, spanisch. A. H. Wappäus hatte von Vicentini erfahren, daß Calderón eine Brille zum Nahe- und eine zum Fernsehen benötigte. A. H. Wappäus besorgte sie und schickte sie als Geschenk, im Eingedenken alter Freundschaft und um sich als Geschäftspartner zu empfehlen.

66   StAH 621–1 Firma A. H. Wappäus 17e, Kopiebücher 1890–1904, Brief an J. M. Boscán, Maracaibo, 6.11.1990, S. 72, spanisch. In diesem Fall zog A. H. Wappäus Informationen über Ball & Co. ein. Dagnino & Co. hatten ihr Handelsgeschäft an Ball & Co. verkauft, welche nun bei Wappäus angefragt hatten, ob dieser zu den alten Konditionen weiter handeln wolle. Auch Wappäus selbst gab immer wieder auf Anfrage Auskunft über ihm bekannte Firmen.

67   StAH 621–1 Firma A. H. Wappäus 17b, Kopiebücher 1870–1877, Brief an Mr. Somes, London, 9.2.1873, S. 117–118, englisch. Mr. Somes wollte diverse Auskünfte über Wuppermann den Älteren haben, der in Hamburg 1858 gestorben war. A. H. Wappäus beantwortete die Fragen nach Wuppermanns Vermögen, Testament und Erben.

68   StAH 621–1 Firma A. H. Wappäus 17b, Kopiebücher 1870–1877, Brief an Theband Bros., New York, 15.5.1874, S. 254, englisch. A. H. Wappäus hatte vor, mit Hilfe der New Yorker eine direkte Geschäftsverbindung zwischen Hamburg und Yucatán aufzubauen. In diesem Brief wollte er das Projekt verschieben, weil die Konjunktur so schlecht sei, wie auch seine Gesundheit. Er etablierte zwar Verbindungen nach Yucatán, diese blieben aber immer marginal.

69   StAH 621–1 Firma A. H. Wappäus 17b, Kopiebücher 1870–1877, Brief an A. Palazzi, Ciudad Bolívar, 14.5.1876, S. 398–399, spanisch. Auf Wunsch des Sr. Palazzi schickte A. H. Wappäus diesem einen Angestellten für die Buchführung und andere Arbeiten. Dieser Herr Hering hatte drei Jahre bei A. H. Wappäus gelernt und gearbeitet, war nach dessen Angaben ehrlich, intelligent, aus gutem Hause und fleißig. Hering und Palazzi lernten sich schon vorher bei dessen Besuch in Hamburg kennen. Hering ging für drei Jahre nach Ciudad Bolívar. Er konnte spanisch und englisch.

70   StAH 621–1 Firma A. H. Wappäus 17b, Kopiebücher 1870–1877, Brief an A. L. Palazzi, Ciudad Bolívar, 14.5.1876, S. 398–399, spanisch. Wie schon in vorigen Briefen klar wurde, war Palazzi mit Hering nicht zufrieden. Dieser trank und spielte und erfüllte die Erwartungen in keiner Weise. A. H. Wappäus war dies sehr peinlich. Er schlug vor, Hering zu entlassen und eventuell Sr. Gärdes als Partner zu nehmen (wahrscheinlich der spätere Wappäuskunde N. Gär-

tausch fand in beiden Richtungen über den Atlantik statt[71]. Auch bei der Suche
nach Agenten spielten Netzwerkbeziehungen eine große Rolle. Wiederholt baten
Netzwerkangehörige sich gegenseitig um Hilfe bei der Suche nach Handelsvertre-
tern in den Heimatstädten der Handelspartner. Dies setzte ein großes Vertrauen voraus, da von der Tüchtigkeit und Loyalität der Agenten doch der Geschäftserfolg im
fremden Hafen abhing[72]. Letzendlich lohnte sich das Engagement für andere, denn
deren Finanzkraft sicherte ihren Fortbestand als gewinnbringende Kunden[73]. Aus
der gleichen Logik von der die bisher genannten Beispiele zeugen, wurden Empfehlungsschreiben aufgesetzt. Mit diesen verpflichtete man sich den Bedachten.
Darüber hinaus gaben Empfehlungsschreiben eine gewisse Sicherheit. Empfahl ein
geschätzter Netzwerkpartner einen Dritten, so konnte man diesen besser einschät-
zen[74].

Verwandtschaftliche Beziehungen wurden oft auch für die Firma genutzt. Durch
Heirat konnte zum Beispiel ein Schwiegersohn als Teilhaber und potentieller Nachfolger in die Firma kommen. Auf diese Weise wurden familiäres und kaufmännisches Netzwerk miteinander verwoben und auf die Netzwerkfunktion der Reproduktion rekurriert[75].

Die zentrale Funktion des kaufmännischen Netzwerkes des 19. Jahrhunderts
war die des Informationspools. Es diente dazu, Informationen über zukünftige Ge-

---

des). Diesen hätte er, A. H. Wappäus, in Hamburg kennengelernt. Jener sei jetzt im Haus von
Vinnen, Winter & Co. und habe ihm sehr gefallen. Akzeptiere Palazzi diese Regelung, dann
könne er nach Europa zurückkehren und Gärdes den Geschäftsteil in Übersee überlassen.

71 StAH 621–1 Firma A. H. Wappäus 17d, Kopiebücher 1885–1890, Brief an James Miller, Trini-
    dad, 23.11.1888, S. 321, englisch. Herr Prehm wurde Angestellter bei A. H. Wappäus, nach-
    dem er etliche Jahre für Sprick, Luis & Co. in Ciudad Bolívar, Verwandten von A. H. Wappäus,
    gearbeitet hatte und dann im Hause Palazzi Hermanos gewesen war.

72 StAH 621–1 Firma A. H. Wappäus 17b, Kopiebücher 1870–1877, Brief an Mr. Fry, Penarth /
    England, 21.10.1876, S. 427, englisch. A. H. Wappäus sollte für Mr. Fry einen Agenten für
    dessen Kohlegeschäft in Hamburg suchen.

73 StAH 621–1 Firma A. H. Wappäus 17b, Kopiebücher 1870–1877, Brief an Foy Rivière, Lon-
    don, 10.7.1877, S. 495–496, englisch. A. H. Wappäus hatte einen potentiellen Agenten für Ri-
    vières Cognachandel in Hamburg gefunden und darüber hinaus Bekannten Schreiben nach Chri-
    stiania/Norwegen mitgegeben, welche Rivière an dortige Hamburger Häuser empfahlen.

74 StAH 621–1 Firma A. H. Wappäus 17c, Kopiebücher 1877–1883, Brief an Mr. Somes, Lon-
    don, 6.1.1879, S. 144, englisch. Empfehlungsschreiben für Adolph Kinch gerichtet an Mr. So-
    mes.
    StAH 621–1 Firma A. H. Wappäus 17c, Kopiebücher 1877–1883, Brief an Herrn Sahl, Sydney,
    9.1.1879, S. 145, deutsch. Empfehlungsschreiben für Adolph Kinch, der gerne nach Melbourne
    wollte.

75 StAH 621–1 Firma A. H. Wappäus 17b, Kopiebücher 1870–1877, Brief an Mr. Fry, Penarth /
    England, 21.10.1876, S. 427, englisch. Anna Magdalena, die älteste Tochter von A. H. Wap-
    päus, verlobte sich 1876 mit William Fry in England. A. H. Wappäus schlug vor, daß William
    nach Hamburg kommen solle. Er solle nach und nach zusammen mit dem Hauptangestellten
    zum Partner werden. William und dieser sollten das Kommissionsgeschäft für Südamerika und
    die Westindischen Inseln übernehmen, das ertragreich sei. A. H. Wappäus selbst wolle die Schif-
    fe übernehmen. Er werde ohnehin alt und bräuchte Entlastung. Mit diesem Vorschlag versuchte
    A. H. Wappäus, zwei Fliegen mit einer Klappe zu schlagen: Er fürchtete die Trennung von der
    geliebten Tochter und er entlastete sich bei der Arbeit. Die Verlobung wurde jedoch gelöst.

schäftspartner einzuholen, Informationen zur Stabilisierung bestehender Kontakte zu nutzen, neue kaufmännische Projekte umzusetzen, qualifiziertes Personal auszutauschen, Firmenteilhaber aufzunehmen, sich Dritte zu verpflichten und Risiken zu senken.

Es konnte allerdings geschehen, daß Netzwerkverbindungen unterbrochen wurden oder zerbrachen. Am Beispiel der Firma A. H. Wappäus lassen sich mehrere Beispiele dafür finden, die Einblick in mögliche Gründe für ein solches Scheitern der Bemühungen um Etablierung, Stärkung und Erhalt von Beziehungen geben. An verschiedenen Fallbeispielen sollen mögliche Ursachen und Aspekte des Bruches von Netzwerkbeziehungen erforscht und untersucht werden. Nach der jeweiligen Vorstellung des Falles folgt eine kurze Analyse desselben. Darauf soll eine vergleichende und zusammenfassende Bewertung von Gründen, Konstellationen und Abläufen, die zum Bruch oder einer Unterbrechung von Relationen des Hauses Wappäus führten, folgen.

Nach dem erfolgreichen Start in die Selbständigkeit mit der Firma A. H. Wappäus im Jahr 1857, begannen recht früh Streitigkeiten mit Domingo M. Battistini, jenem Kunden, dem A. H. Wappäus seinen ersten Auftrag verdankte. Ab 1863 lassen sich in der Korrespondenz Dissonanzen zwischen Battistini und A. H. Wappäus ausmachen. Über viele Jahre lang sollte sich die Auseinandersetzung hinschleppen, die mit einer Beschwerde des Kunden darüber begann, daß er keine neue Ware aus Europa erhalten habe, im Gegensatz zu anderen Kaufleuten aus Ciudad Bolívar[76]. A. H. Wappäus begründete dies damit, daß Battistini ihm eine große Summe Geldes und die darauf fälligen Zinsen schulde und er so, trotz aller Freundschaft, nicht liefern könne[77]. Auch 1864 dauerten die Differenzen an. Battistini beschwerte sich permanent. A. H. Wappäus wies die Klagen als unangebracht zurück. Trotz des angespannten Tones folgte seinen Briefen stets ein persönlicher, freundschaftlicher Teil[78]. Er hielt Battistini eine 25jährige Freundschaft zugute. 1865 wechselte der Hamburger jedoch teilweise in die Offensive, verbat sich weitere Beschwerden und bot eine Aufgabe der Geschäftsbeziehungen an, unter der jedoch nicht die Freundschaft leiden sollte. A. H. Wappäus bestand allerdings auf der Begleichung der Schulden[79]. In jenem Jahr war zu den Problemen noch ein weiteres hinzugekommen: D. M. Battistini beschuldigte A. H. Wappäus, Dritten Informationen über sein Geschäft zugetragen zu haben. Beleidigt reagierte der Beschuldigte, daß er davon

---

76 Bei diesen handelte es sich um J. F. Laveana und J. Negretti.

77 StAH 621–1 Firma A. H. Wappäus 17a, Kopiebücher 1863–1870, Brief an D. M. Battistini, Ciudad Bolívar, 26.2.1863, S. 9, spanisch.

78 StAH 621–1 Firma A. H. Wappäus 17a, Kopiebücher 1863–1870, Brief an D. M. Battistini, Ciudad Bolívar, 14.7.1864, S. 104–105, spanisch.

79 StAH 621–1 Firma A. H. Wappäus 17a, Kopiebücher 1863–1870, Brief an D. M. Battistini, Ciudad Bolívar, 10.11.1865, S. 181–182, spanisch. „... . *A todos mis demas relacionados en eso mando las mismas mercancias á los mismos precios como a Ud y todos quedan contentos y me dan las gracias menos Ud.. ... . Puede Ud ahora revolver si le conviene continuar a hacerme pedidos ó no en cuyo ultimo caso espero que lo mas pronto posible me remitirá el Saldo de su cuenta y siempre quedarémos amigos, y si puedo servirle en algo lo haré. Pero no quiero mas estas continuas Quejas en todo lo que hago p Uds pues son injustas y mi honor no permite mas, que las leo en cada de sus cartas... .*"

nichts wisse und auch nicht wissen wolle. Er sei der Meinung, daß jeder sich um sein eigenes Geschäft kümmern und aus anderer Leute Angelegenheiten fernhalten solle. Weiter gratulierte A. H. Wappäus Battistini zu großen Gewinnen, die dieser mit Baumwolle gemacht hatte. Wappäus schrieb, daß ihn dies freue, Battistini aber nur das Geschäft gemacht habe, weil er, A. H. Wappäus, ihn empfohlen habe, trotzdem Battistini Schulden gehabt habe. Battistinis vorangegangener Brief war offenbar höchst beleidigend gewesen, denn A. H. Wappäus antwortete, daß er nicht Battistinis Untergebener sei und er selbst auch nicht an einen Untergebenen in einem solchen Tone schreiben würde, schon gar nicht an einen Freund, den er seit 25 Jahren kenne. A. H. Wappäus war höchst aufgewühlt, getroffen und empört. In allen Briefen zuvor hatte er Battistini nach Hamburg eingeladen und freundliche private Zeilen hinzugefügt. Nun schloß der Brief förmlich[80]. Wie sehr A. H. Wappäus unter dem Zwist litt und sich mit der Angelegenheit beschäftigte, verdeutlicht, daß er zwei Versionen eines Antwortbriefes verfaßte[81]. Im Jahr 1866 versuchte Battistini einzulenken. Er scheint beteuert zu haben, daß er nicht hatte beleidigend sein wollen, denn in einem weiteren Brief ging A. H. Wappäus noch einmal auf die Vorwürfe ein, daß nach Meinung Battistinis A. H. Wappäus Waren zu teuer verkaufe und sich mehr um andere Kunden als um ihn kümmere. Doch A. H. Wappäus ließ nichts auf sein Haus kommen und pries es selbstbewußt. In diesem Zusammenhang rekurrierte er mit der Intention, die Verbindung wieder zu verbessern, erneut auf persönliche Bekanntschaft und Freundschaft[82]. Gleichzeitig nutzte der hanseatische Kaufmann eine andere Verbindung, um sein Geld einzutreiben. Er wandte sich an F. Battistini, den Bruder von D. M. Battistini und Teilhaber an der Firma D. M. Battistini & F., als dieser sich auf Europareise befand. A. H. Wappäus ergriff die Gelegenheit, um sich über den Bruder zu beschweren. D. M. Battistini bezahle seine Schulden nicht und vertröste nur, klagte A. H. Wappäus, er fühle sich wie ein Bettler, der seinem Geld hinterherliefe. Mai, Juni und Juli 1866 seien aufgrund des Krieges[83] Krisenmonate, und er sei auf sein Geld angewiesen[84]. Der weitere Verlauf des Disputes legt nahe, daß der Bruder nicht erfolgreich intervenierte. Bestanden auf der geschäftlichen Seite permanent Schwierigkeiten, wollte A. H. Wappäus doch auch 1868 nicht von der Freundschaft lassen[85].

---

80 StAH 621–1 Firma A. H. Wappäus 17a, Kopiebücher 1863–1870, Brief an D. M. Battistini, Ciudad Bolívar, 10.11.1865, S. 181–182, spanisch.

81 StAH 621–1 Firma A. H. Wappäus 17a, Kopiebücher 1863–1870, Brief an D. M. Battistini, Ciudad Bolívar, 14.11.1865, S. 183–184, spanisch.

82 StAH 621–1 Firma A. H. Wappäus 17a, Kopiebücher 1863–1870, Brief an D. M. Battistini, Ciudad Bolívar, 14.5.1866, S. 198–199, spanisch. „.... *Si amigo mio estoy perfectamente convencido que ninguna otra casa en Europa i el Norte hace tanto por sus relacionados como yo y no lo haria yo tanto, si no fuese que siento un agradecimiento por Cd Bolívar, donde me ha ido bien y un interes por personas que todas conozco desde 25 años personalmente y a quienes respeto por su honradez y por su perseverancia en todas las adversidades y los trastornos que han sufrido durante las revoluciones. ... .*"

83 Krieg aus Anlaß der Schleswig-Holstein-Frage zwischen Preußen und Österreich 1866.

84 StAH 621–1 Firma A. H. Wappäus 17a, Kopiebücher 1863–1870, Brief an F. Battistini, Korsika, 27.11.1866, S. 254–255, spanisch.

85 StAH 621–1 Firma A. H. Wappäus 17a, Kopiebücher 1863–1870, Brief an D. M. Battistini,

Erst 1873, nach einem Jahrzehnt quälender Auseinandersetzungen, verlor A. H. Wappäus Battistini gegenüber die Geduld. In einem Brief an einen Freund bemerkte er, daß dieser andere Kaufleute in Ciudad Bolívar nicht wissen lassen solle, daß er, A. H. Wappäus, die Battistinis in der Hand habe[86]. Er hoffte jedoch, daß die Schulden den alten Battistini nach einem arbeitsreichen Leben nicht ruinieren möchten. Nach 30 Jahren der Freundschaft fiel es A. H. Wappäus schwer, die Außenstände einzutreiben. Battistini selbst kündigte er an, daß er seine Geschäfte reduzieren wolle, da er krank sei. Damit forderte er den alten Freund zur Schuldenbegleichung auf. Erklärend schrieb A. H. Wappäus, daß er Verpflichtungen in Hamburg zu begleichen habe und daß der Handel mit Venezuela wegen der Revolutionen instabil und unzuverlässig sei[87]. Gegenüber seinem Agenten Johann Wulff äußerte A. H. Wappäus sich allerdings prägnanter in Bezug auf Battistini und seinen mangelnden Willen, die Verbindung aufrecht zu erhalten[88]. In seinem Schreiben klangen sowohl Wut als auch Enttäuschung und Erschöpfung durch. Trotz allem brach die Verbindung nicht. Das Haus Battistini orderte weiterhin bei A. H. Wappäus, der auch lieferte. 1888 kündigte Pedro Battistini von dem Handelshaus Pedro Battistini & Co. an, daß er sich einen neuen Lieferanten nehmen wolle. Bei diesem handelte es sich um E. May und E. Grundij. Ein jüdisches Haus, wie A. H. Wappäus in seiner Wut negativ bemerkte, obwohl er durch eine Spende 1877 für die Stiftung zur Gleichstellung der Israeliten eine aufgeklärte und tolerante Position manifestiert hatte[89]. A. H. Wappäus schrieb etliche Briefe, um Pedro Battistini zu halten. Er versuchte, die Gründe für den Wechsel zu erfahren. Gleichzeitig verurteilte er das Verhalten von May und Grundij auf das Schärfste als ungehörig und Kaufleuten unwürdig. Er, Wappäus, drängte sich niemals in schon bestehende Handelsbeziehungen[90]. In diesem Falle hatte er Erfolg. Battistini und auch andere Häuser, die

---

Ciudad Bolívar, 5.5.1868, S. 341–342, spanisch. A. H. Wappäus schrieb: „.... *Sirvase mandarme su fotografia, que tendria sumo placer, poner en mi album de amigos"*.

86 StAH 621–1 Firma A. H. Wappäus 17b, Kopiebücher 1870–1877, Brief an H. Gambus, Ciudad Bolívar, 4.7.1873, S. 152–153, spanisch.

87 StAH 621–1 Firma A. H. Wappäus 17b, Kopiebücher 1870–1877, Brief an D. M. Battistini Ciudad Bolívar, 5.7.1873, S. 153–154, spanisch.

88 StAH 621–1 Firma A. H. Wappäus 17b, Kopiebücher 1870–1877, Brief an J. Wulff, 5.7.1873, S. 155, deutsch. A. H. Wappäus schrieb in Bezug auf seine Verbindung mit D. M. Battistini: „.... ....ich will nicht länger.... .... ."

89 StAH 621–1 Firma A. H. Wappäus 15, Kassabücher Lit. B – D 1858–1903, a 1858–1884, August 1877.

90 StAH 621–1 Firma A. H. Wappäus 17d, Kopiebücher 1885–1890, Brief an Pedro Battistini, 16.5.1888, Ciudad Bolívar, S. 235, spanisch. „.... . *Y que seria el motivo que se retirasen Uds de mi o pasasen parte de sus pedidos á otra persona. Y que persona es esta, que se mete entre Uds y mi!*

Yo lo considero deshonroso cuando una persona ó casa por intrigas y trampas se empeña conseguir una relacion de una casa que ya tiene sus relaciones fijas desde años. Yo no seria capaz a tal indecente, impropio conducta y nunca he practicado y seria bajo mi dignidad como comerciante y hombre practicarlo. Yo tengo todas mis relaciones por haberse dirijido a mi primero, nunca he hecho ofertas a casa que ya tenian sus relaciones. Por mi buena reputacion y modo de obrar han escrito a mi primero, pidiendo y preguntando si queria entrar en relaciones con ellos y atender a sus negocios y concederles un credito. .... ."

zwischendurch bei E. May und E. Grundij bestellt hatten, kehrten zu A. H. Wappäus zurück[91].

Die Beziehung von A. H. Wappäus zu D. M. Battistini war multilateral. Sie war direkt und reziprok, basierend auf persönlicher Freundschaft, gemeinsamen ökonomischen Interessen und gleichem Beruf recht gefestigt. Streitigkeiten, die sich von 1863 an bis in die 1880er Jahre hinein gezogen hatten, hatten nicht zu einem vollständigen Bruch der Beziehungen geführt. Die Relation erlosch erst zusammen mit der Firma D. M. Battistini & F. und dem Tod des Inhabers. Der Dauerkonflikt hatte lediglich zu zwischenzeitlichen Unterbrechungen der Geschäfte geführt, trotzdem die Intensität der Beziehung durch das Nichterfüllen von Verpflichtungen seitens D. M. Battistinis erheblich geschwächt wurde. Aus Sicht des Korsen war es A. H. Wappäus, der durch vermeintliches – eine Überprüfung ist nicht möglich – Weitervermitteln interner Geschäftsinformationen an Dritte seine an eine kaufmännische Netzwerkverbindung gekoppelte Pflicht verletzt und damit die Beziehung geschwächt hatte. In diesem Falle unternahm A. H. Wappäus intensive Versuche zur Rettung der Relation. Dabei rekurrierte er vor allem auf die Verbindung durch persönliche Freundschaft. Diese versuchte er mit allen Mitteln zu erhalten. Durch das Übermitteln privater Nachrichten, Hilfestellungen im Geschäft und Hilfsangebote, sowie das Einschalten vermittelnder Dritter sollte ein Bruch verhindert werden. Dies gelang so gut, daß die Nachfolgefirma Pedro Battistini & Co. ebenfalls bei ihm orderte. Es ist keine persönliche Bekanntschaft zwischen A. H. Wappäus und Pedro Battistini nachzuweisen, ansonsten wies die Beziehung zu diesem die gleichen Charakteristika auf, wie zu D. M. Battistini. Im Falle von Pedro Battistini handelte es sich um einen angekündigten, drohenden Abbruch der Beziehungen aufgrund externer Faktoren. Die Unterbrechung in der Relation zwischen Hamburg und Ciudad Bolívar war in diesem Falle nicht in einer nachlassenden Intensität, das heißt einer Nichterfüllung von Verpflichtungen, begründet. Auch in dieser Konstellation bemühte sich A. H. Wappäus intensiv um den Erhalt der Beziehung. In seinen Briefen agierte er nicht mit rationalen Argumenten, sondern mit Appellen an Ehre, Anstand und Usus. Auch hier hatte er Erfolg.

Nicht genau rekonstruieren läßt sich der Konflikt zwischen Tomás Machado und A. H. Wappäus. Interessant ist in diesem Fall die Art, in welcher sich der Hamburger Kaufmann gegenüber einem Dritten über Machado äußerte. A. H. Wappäus schrieb an H. Gambus, welcher für ihn ein Haus in Ciudad Bolívar verkaufen sollte. In diesem Zusammenhang bemerkte A. H. Wappäus über Tomás Machado, daß er selbst, nämlich A. H. Wappäus, indirekter Grund für das „erbärmliche Betragen" Machados sei. Der Grund und das Betragen selbst blieben jedoch unbenannt. Weiter schrieb A. H. Wappäus im Zusammenhang mit Machado von schlechtem Charakter, Dummheit und Angeberei[92].

---

91 StAH 621–1 Firma A. H. Wappäus 17d, Kopiebücher 1885–1890, Brief an Enrique Vicentini, Verona, 14.12.1889, S. 331, spanisch.
92 StAH 621–1 Firma A. H. Wappäus 17b, Kopiebücher 1870–1877, Brief an H. Gambus, Ciudad Bolívar, 4.7.1873, S. 152–153, spanisch. „... ... *porque me considero indirectamente la causa de la miserable conducta de esta persona* [Tomás Machado, Anm. d. A.] *Una prueba de no solo el mal caracter de Tomás Machado sino de la estupidez de el es que no mas bien prefiere*

Die Firma Rafael und Tomás Machado & Co. in Ciudad Bolívar, war Kunde des Hauses Wappäus. Tomás Machado war A. H. Wappäus persönlich bekannt und eine multilaterale Relation verband die beiden. Daß in den Kopiebüchern keine Briefe erhalten sind, die auf Schlichtungsbemühungen von Seiten A. H. Wappäus hindeuten, indiziert, daß der Hamburger sich nicht um den Erhalt der Verbindung bemüht hat. Das Vokabular, mit welchem er den ehemaligen Bekannten belegte, verrät großen Ärger, Überzeugung von der eigenen unantastbaren Position und mangelnde Achtung. Trotzdem die Verbindung multilateral, gefestigt durch persönliche Bekanntschaft, direkten und reziproken Kontakt, gemeinsame ökonomische Interessen und die gemeinsame Profession war, zerbrach sie bei einer Belastungsprobe sofort.

Ein weiteres Beispiel für mögliches Zerbrechen von Geschäftsbeziehungen ist das Zerwürfnis zwischen A. H. Wappäus und Antonio Brachi aus Curaçao. A. H. Wappäus hatte diesem einen gewünschten Kredit nicht gewährt, da der Hamburger zu gegebenem Zeitpunkt krank war und gedachte, seine Geschäfte zu reduzieren. Ende 1879 jedoch ging es ihm wieder so gut, daß er voll alle Geschäfte tätigen wollte. Doch Antonio Brachi wollte nun nicht mehr bei ihm bestellen. In diesem Falle reagierte A. H. Wappäus anders als er es seinem persönlichen Freund D. M. Battistini gegenüber getan hatte. Er unternahm keinen Versuch, die Beziehung zu retten. Ärger und Beleidigung sprechen aus der Absage, die er dem Kunden zurückgab[93].

Unter den Faktoren, die A. H. Wappäus an alle seine Kunden band und eine multilaterale Verbindung ausmachten, fehlte hier die persönliche Bekanntschaft. In diesem Falle war A. H. Wappäus der Auslöser für den Zwist, der zum Bruch der Netzwerkbeziehung führte. Er hatte bewußt und gezielt die Geschäftsverbindungen unterbrochen. Damit hatte er erheblich die Intensität derselben geschwächt, da der Partner sich nicht mehr auf ihn verlassen konnte. Diese von Hamburg aus erzeugte Unsicherheit widersprach den Regeln des kaufmännischen Netzwerkes des 19. Jahrhunderts, das Stabilität und Vertrauen schaffen sollte. Der Kunde wandte sich einem stetigeren Anbieter zu, was A. H. Wappäus durch keinerlei Bemühungen zu verhindern suchte. So verlor er einen Abnehmer.

Es kam selbst zu Zerwürfnissen zwischen besten Freunden. Die Familien von A. H. Wappäus und Cristiano Vicentini hatten sich in Ciudad Bolívar kennengelernt und angefreundet. Auch die Vicentinis waren nach Europa, nach Verona, zurückgekehrt. Ihr Handelshaus in Ciudad Bolívar wurde jedoch von anderen Familienangehörigen weitergeführt. Im Jahre 1874 beschwor A. H. Wappäus die Freundschaft und gegenseitige Hochachtung, die, wie er hoffte, erst mit dem Tod enden sollte[94]. 1875 besuchten er und seine Frau Evelina die Vicentinis in Verona. Federi-

---

cubrir con un vaho lo ocurrido y como se ha comportado conmigo,...... ..... . A mi me ha escrito una carta llena de fanfarronadas...... ."

93 StAH 621-1 Firma A. H. Wappäus 17c, Kopiebücher 1877–1883, Brief an J. M. Boscán, Curaçao, 6.12.1879, S. 233–236, spanisch. A. H. Wappäus schrieb: „.... . Está bien, yono [sic] corro atraz de nadie y le deseo toda fortuna con su nuevo agente. ... ."

94 StAH 621-1 Firma A. H. Wappäus 17b, Kopiebücher 1870–1877, Brief an Cristiano Vicentini, Verona, 26.12.1874, S. 288–289, spanisch. „.... . ...deseando y no dudando en Ud que los

co Vicentini, der Sohn des Freundes Cristiano Vicentini, kam 1876 zur Lehre nach Hamburg, wo sich A. H. Wappäus um ihn kümmerte. Trotz dieser multilateralen Verbindung zerbrachen Freundschaft und Geschäftsverbindung schnell und irreparabel. Anlaß war die Beschwerde Cristiano Vicentintis über eine Warensendung, die ihn nicht zufriedengestellt und welche er durch Vermittlung von A. H. Wappäus erhalten hatte. Die Reaktion aus Hamburg läßt vermuten, daß die Verbindung eventuell eben an ihrer Nähe und Enge zerbrach. Denn A. H. Wappäus war durch die Beschwerde offenbar bis ins Mark getroffen, sah seine Ehre und sein Lebenswerk angegriffen[95]. In den Kopiebüchern ist nach diesem Brief keiner mehr enthalten, der an Cristiano Vicentini nach Verona ging; die Verbindung brach vollständig ab. Die Handelsbeziehungen zum Haus Vicentini in Ciudad Bolívar blieben jedoch bestehen. Doch 1888 kündigte das Handelshaus Cristiano Vicentini & Co. aus Ciudad Bolívar an, daß es die Verbindung mit A. H. Wappäus lösen wolle[96]. Ob es jedoch dazu kam, ist unklar, eventuell gingen doch noch weiter Bestellungen von diesem Kunden in Hamburg ein.

Das Beispiel dieses Bruches ist besonders interessant, da A. H. Wappäus mit keinem anderen Kunden eine derart enge Relation verband. Die Klage des Veroneser Freundes über Qualitätsmangel von Ware war die Vorhaltung der Nichterfüllung von Verpflichtungen durch A. H. Wappäus. Die Antwort des Beschuldigten insinuierte keinen Abbruch der Beziehungen, doch war sie in ihrer Irrationalität offensiv und aggressiv. Offenbar war der Busenfreund von diesem Brief genauso getroffen, wie A. H. Wappäus es von dessen Beschwerde gewesen war, denn der Kontakt brach ab. Die Freundschaft und Emotionen hatten in diesem Falle die Geschäftsinteressen übertroffen, eine sachliche Lösung zum Wohle des Handels kam nicht zustande, weil die Bindung zu eng gewesen war.

Ein anderes interessantes Beispiel für externe Einflüsse auf Netzwerkbeziehungen ist das des ehemaligen Angestellten von A. H. Wappäus, der versuchte, sich mit seinem in der Firma erworbenen Wissen in bestehende Relationen seines ehemaligen Arbeitgebers einzuklinken. Herr Marschall war elf Jahre bei der Firma A. H. Wappäus angestellt gewesen. Auf deren Kosten hatte Marschall zwei ausgedehnte Reisen in die Karibik gemacht, um Kunden, Sprache und Geschäfte kennenzulernen. Nachdem er aus der Firma ausgeschieden war, hatte er alle Kunden von A. H. Wappäus angeschrieben, während er sich, solange er noch bei A. H. Wappäus angestellt gewesen war, immer phlegmatischer, unwilliger und damit geschäftsschädigend verhalten hatte, wie A. H. Wappäus selbst klagte. Marschall hatte angegeben, in ein Geschäft in Santiago de Chile und Manila einsteigen zu wollen und nach

---

sentimientos de amistad y mutual estimacion que desde tantos años nos ha unido nunca se altere, al contrario solo cese con nuestra muerte. ... . "

95   StAH 621–1 Firma A. H. Wappäus 17c, Kopiebücher 1877–1883, Brief an Cristiano Vicentini, Verona, 25.5.1880, S. 292–294, spanisch. „*... . Yo no soy del otro dia, tengo mis 68 años y siempre ha sido mi orgullo comportarme con la mayor honradez, franqueza y sinceridad. No hay tantos que llegaron en America sin un centavo como sucedio a mi en al año 38 y estan ahora situado como yo. ... .* "

96   StAH 621–1 Firma A. H. Wappäus 17d, Kopiebücher 1885–1890, Brief an Enrique Vicentini, Verona, 28.12.1888, S. 327, spanisch.

Chile zu reisen. Statt dessen hatte er jedoch von Hamburg aus Verbindung mit allen Kunden seiner ehemaligen Firma aufgenommen und sich zu dem Zweck, deren Verbindungen zu übernehmen, mit einem A. Erasmi zusammengetan[97]. Aufgeschreckt durch die Nachfrage von Manuel Dagnino aus Curaçao, wer denn ein gewisser Herr Marschall sei, der den Importhäusern Dagnino auf Curaçao und in Maracaibo Angebote unterbreitet habe, schrieb A. H. Wappäus nun sämtliche Kunden an. Er bat sie, Marschall abzuweisen, wie dieser es verdiene, denn die Welt sei groß genug, daß sich dieser eigene Kontakte suchen könne[98]. Ein solches Verhalten eines ehemaligen Angestellten war in höchstem Maße unredlich, wenn auch nicht unüblich und konnte den Bestand einer Firma gefährden. A. H. Wappäus gelang es, sämtliche Kunden zu halten.

Die Konstellation dieses Falles ist ungewöhnlich innerhalb der Reihe der Fallbeispiele. Herr Marschall war kein Kunde von A. H. Wappäus, sondern dessen ehemaliger Angestellter. Somit gehörte er nur indirekt mit zu dem kaufmännischen Netzwerk der Firma A. H. Wappäus, nahm jedoch eine wichtige Position ein. Dementsprechend wies die Beziehung seines ehemaligen Chefs zu ihm andere Charakteristika auf, als zu dessen Kunden. Zum Zeitpunkt des Konfliktes, also nach Austritt des Angestellten aus der Firma A. H. Wappäus, verbanden diesen und den etablierten Kaufmann eine persönliche Bekanntschaft und ein gleicher Beruf. Die Beziehung war jedoch nicht reziprok und nicht direkt in dem Sinne, als daß mit Interesse am Ausbau gemeinsamer Aktivitäten in eine Richtung gearbeitet worden wäre. Vor allem aber bestanden keine gemeinsamen ökonomischen Interessen, das Gegenteil war der Fall. Damit stand die Verbindung an Festigkeit den anderen Verbindungen des Handelshauses Wappäus um vieles nach. Der endgültige Bruch kam durch den Betrug und Vertrauensbruch Marschalls zustande, der die Existenz der Firma A. H. Wappäus gefährdete, indem Marschall versuchte, deren Netzwerk zu übernehmen. Auch hier lag dem Zerwürfnis also eine Nichtbeachtung von Verpflichtung vor, denn Marschall verstieß gegen ungeschriebene Regeln des kaufmännischen Netzwerkes.

In diesem Beispiel waren für den Kaufmann Wappäus Brüche auf zwei verschiedenen Ebenen abzuwenden und zu bewältigen. Die Beziehung zu Marschall, der potentieller Geschäftspartner gewesen war, wurde von A. H. Wappäus direkt und offen in einem Brief aufgekündigt. Gleichzeitig mußte A. H. Wappäus die Beziehungen zu seinen Kunden retten und seinen Gegner ausboten. Dies gelang ihm mit Briefen, in denen er auf die bestehenden und alten Bindungen verwies und vor allem den Bruch der Regeln des kaufmännischen Netzwerkes durch Marschall anprangerte. Damit gelang es ihm, den Schaden vollständig abzuwenden.

Streitigkeiten konnten auch mit Kunden in größter Dissonanz ausgehen, wie ein weiteres Beispiel zeigt. In den Konflikt zwischen A. H. Wappäus und Meriso Palazzi war der wappäussche Angestellte Herr Prehm involviert. Prehm hatte et-

97 StAH 621–1 Firma A. H. Wappäus 17d, Kopiebücher 1885–1890, Brief an James Miller, Trinidad, 23.11.1888, S. 321–323, englisch.
98 StAH 621–1 Firma A. H. Wappäus 17d, Kopiebücher 1885–1890, Brief an M. Dagnino, Curaçao, 23.7.1888, S. 299, spanisch.

liche Jahre für Sprick, Luis & Co. in Ciudad Bolívar gearbeitet, Kunden und Verwandte von A. H. Wappäus. Darauf war Prehm im Hause Palazzi Hermanos in der gleichen Stadt angestellt gewesen. Auf diesem Wege hatte A. H. Wappäus geschäftliche Kontakte zu den Palazzis aufgenommen, von denen er durch Prehm erfahren hatte. Auch zum Haus Meriso Palazzi in Ciudad Bolívar bauten sich Geschäftsbeziehungen auf. Es ist nicht nachzuvollziehen, aus welchem Grunde es zu Differenzen kam. Interessant ist an diesem Beispiel, wie sehr sich die ehemaligen Geschäftspartner beschimpften und Geschäft und Privates miteinander verschmolz. Meriso Palazzi hatte in einem Schreiben den Angestellten Prehm als unverschämten Schuft verunglimpft, was A. H. Wappäus als infam zurückwies. Hochgradig erzürnt kündigte er die Beziehung auf[99].

Mit Meriso Palazzi hatten A. H. Wappäus die üblichen Charakteristika verbunden, eine persönliche Bekanntschaft ist jedoch nicht nachweisbar. Auslöser des Bruches war die Beschwerde Palazzis über Prehm und damit über die Firma A. H. Wappäus. Aus der Sicht Palazzis hatte diese nicht ihre Pflichten erfüllt. A. H. Wappäus solidarisierte sich mit seinem Angestellten, ob aus wirklicher Überzeugung von dessen Unschuld oder aus allgemeiner Schutzhaltung zum Wohle der Firma heraus kann nicht belegt werden. Es gab keinen Versuch, die Beziehung zu retten. Beide Seiten verhielten sich höchst unsachlich und destruktiv.

Für eine Analyse der Beispiele von Unterbrechungen und Brüchen von kaufmännischen Netzwerkbeziehungen ist es von Vorteil, die vorliegenden Beispiele in acht Fälle zu unterteilen:

Fallbeispiele:
1. D. M. Battistini
2. P. Battistini
3. Tomás Machado
4. Antonio Brachi
5. Cristiano Vicentini
6. Herr Marschall
7. Beziehung zu allen Angehörigen des Netzwerkes A. H. Wappäus im Fall Marschall
8. Meriso Palazzi

In nur drei von acht Fällen unternahm der betroffene Kaufmann, in diesem Falle A. H. Wappäus, intensive Versuche zur Rettung der Beziehung. In allen drei Fällen hatte er Erfolg. Dies waren die Konflikte mit D. M. Battistini, P. Battistini und die Verteidigung des Kundenstammes gegen Marschall. In den Fällen von Tomás Machado, Antonio Brachi, Marschall und Meriso Palazzi wurde gar nicht erst der

---

99 StAH 621–1 Firma A. H. Wappäus 17e, Kopiebücher 1890–1904, Brief an M. Palazzi, Paris, 28.11.1890, S. 85, spanisch. Meriso Palazzi hatte Prehm *un insolente bribon* tituliert. A. H. Wappäus schrieb daraufhin: „.... . *Al fin del año volveré a mandar el contracto de su Cuenta á su casa en Cd. Bolívar, dejandole a ella, pagarme lo que me debe ó no, pues como ya dije en la carta que me devolvio, la miserable suma que me debe, no me hace falta, sino se lo que es mio y es justo. Lo mas pronto que puedo borar su respectable firma en mis libros y de mi memoria, tanto mas lo celebraria. ... .*"

Versuch einer Einigung unternommen. Insgesamt überwogen in Reaktion und Argumentation Subjektivität und Emotion. Dies sowohl bei abschlägigen Bescheiden als auch bei Versuchen des Erhalts von Relationen. Appelle an Freundschaft, Ehre und Anständigkeit finden sich in den Fällen 1, 2 und 7. Ein grober Ton und Beschimpfungen kamen in 3, 5, 6 und 8 vor. Es gab nur zwei Fälle, den Pedro Battistinis und Fall 7, in welchen es keine Schuldzuweisungen von der einen oder anderen Seite gab. Solcherlei Vorwürfe bezogen sich immer in der einen oder anderen Weise auf die Nichterfüllung einer Pflicht oder die Nichteinhaltung der Regeln, die das kaufmännische Netzwerk vorgab. Unter die Fälle, in denen die Nichterfüllung von Pflicht eine Rolle spielte, fallen 1 und 5. Dabei ging es um rückständige Schulden und Mängel in Ware und Service. Verstöße gegen die Regeln spielten in 4 und 6 eine Rolle. Hier handelte es sich um Betrug und Unzuverlässigkeit. Die Fälle 3 und 7 lassen sich nicht in diese Kategorien einordnen. Die Schuldzuweisungen wurden sowohl von der untersuchten Firma als auch von deren Kunden erhoben. In Fall 1 und 3 bezichtigte A. H. Wappäus den Kunden eines Versäumnisses. Bei Fall 4 trug objektiv A. H. Wappäus Schuld am Bruch der Relation und für die Konflikte in 6 und 7 hatte sich Herr Marschall zu verantworten. In den Beispielen 5 und 8 wurde Anklage gegen den Hamburger erhoben. In dem Konflikt mit P. Battistini gab es keine Schuldzuweisung, sondern dort wie in Fall 7 waren es externe Faktoren, die die Verbindungen bedrohten. Bei der Frage danach, welche Rolle persönliche Bekanntschaft in Streitfällen spielte, muß Fall 7 unbeachtet bleiben. Unter den Beispielen findet sich nur ein Konflikt, der ohne Bruch endete und mit persönlicher Bekanntschaft und Freundschaft einherging. Dies war der Fall bei dem Streit mit D. M. Battistini, bei welchem die Freundschaft offenbar wesentlich zur Verhinderung des Bruches beitrug. In Fall 2, der ebenfalls versöhnlich endete, spielte die persönliche Bekanntschaft jedoch keine Rolle. Dafür zerbrachen drei Beziehungen, die eigentlich durch persönliche Bekanntschaft als gefestigt hätten gelten können. Im Fall von Cristiano Vicentini war die Freundschaft eventuell sogar Grund für den radikalen Bruch. In Fall 4 und 8 war keine Bekanntschaft im Spiel, die einen Bruch hätte abwenden können. Im Fall 7 ist zu bemerken, daß das Netzwerk seiner Ausschluß- und Erhaltungsfunktion gerecht wurde und den Regelbruch, der letztendlich alle Mitglieder bedrohte, abstrafte.

Es ist zu konstatieren, daß Brüchen in kaufmännischen Netzwerken meist Schuldzuweisungen vorangingen, die die Nichterfüllung von Verpflichtungen und Regelbrüche innerhalb des kaufmännischen Netzwerkes betrafen. Die Annahme, daß persönliche Bekanntschaft das stärkste Bindungselement sei, bestätigte sich nicht. Auch wurde nur um einen geringen Teil der Kunden gekämpft, in vielen Fällen wurde ein Zerwürfnis einfach hingenommen und/oder bestätigt. Insgesamt zeichnete sich die gesamte Konfliktkorrespondenz durch mangelnde Objektivität, überschäumende Emotion und Irrationalität aus[100]. Dieses Verhalten stand in krassem Gegensatz zur Mühe, die auf das Etablieren und Stabilisieren von Verbindungen verwandt wurde.

---

100 HASSELBERG, Ylva: Den sociala ekonomin, S. 289. Eine Erklärung dafür könnte sein, daß nach HASSELBERG dem Netzwerk eine „*honour culture*" zugrunde lag.

Zusammenfassend läßt sich feststellen, daß Netzwerkpflege als Basis der ständigen Legitimierung und Demonstration der sozialen, gesellschaftlichen und beruflichen Position in der Hansestadt bedurfte. Erst vor diesem Hintergrund schufen materielle Zuwendungen von hohem positivem, emotionalem Wert an Kunden und Geschäftspartner eine Verpflichtung derselben gegenüber dem Gebenden. Wissensakkumulation wurde zur Stärkung der Position im Netzwerk betrieben. Persönliche Bekanntschaft wurde von der Kaufmannschaft subjektiv als Garantie für eine stabile Relation empfunden. Darum wurden Besuche als vertrauensbildende Maßnahme begriffen. Objektiv bestätigte sich die stabilisierende Funktion von persönlicher Bekanntschaft jedoch nicht. Besondere Emphase galt der Reproduktionsfunktion von Netzwerken[101]. Dabei spielten kaufmännisch-edukative Aspekte und der damit

---

101 In ihren Bemühungen um Reproduktion scheiterte die Firma A. H. Wappäus. Mit dem Tod desselben erlosch zwar noch nicht gleich der Name der Firma, sie blieb jedoch nicht in Händen der Familie. Es kann als ein letztes Bemühen um Reproduktion verstanden werden, daß A. H. Wappäus eine Stiftung hinterließ. Diese ist bei JOACHIM, Hermann: Handbuch der Wohltätigkeit in Hamburg, Hamburg 1909, S. 298, verzeichnet. Sie war nach dem Vater der Stifters G. H. Wappäus-Stiftung benannt und begründet durch das Testament des A. H. Wappäus vom 16.1.1902. 1905 trat sie ins Leben mit einem Kapital von 62.421 M. Die Zinsen des Kapitals sollten alljährlich zur Unterstützung hilfsbedürftiger Kapitäne und Seeleute oder deren Frauen und Witwen, und zwar vorzugsweise solcher Hamburger oder Deutscher in Hamburg wohnender Persönlichkeiten, die mit Schiffen des verstorbenen A. H. Wappäus in Hamburg gefahren waren, verwandt werden. 1907 wurden 2.225 M in Beträgen von 25 M bis 500 M an 13 Personen vergeben. Die Stiftung wurde von Hendrik Pontoppidan und M. H. A. Elvers verwaltet. Genaues siehe bei StaH 611–19 Archiv der G. H. Wappäus Stiftung 1, Begründung der Stiftung, Satzung und Verleihung der Rechtsfähigkeit, 1905. StaH 611–19 Archiv der G. H. Wappäus Stiftung 2, Ernennung von Verwaltern der Stiftung, 1905–1923. StaH 611–19 Archiv der G. H. Wappäus Stiftung 3a, Unterstützungswesen, Unterstützungsgesuche und Auskünfte der Aufsichtsbehörde für die milden Stiftungen über die Gesuchsteller, 1905–1927. StaH 611–19 Archiv der G. H. Wappäus Stiftung 3b, Unterstützungswesen, Die Benefiziaten der Stiftung, 1906–1928. StaH 611–19 Archiv der G. H. Wappäus Stiftung 4, Vermögensverwaltung, 1905–1927. StaH 611–19 Archiv der G. H. Wappäus Stiftung 5a, Rechnungswesen, Rechnungsbuch und Jahresabrechnungen, 1905–1928. StaH 611–19 Archiv der G. H. Wappäus Stiftung 5b, Rechnungsbelege, 1905–1927. StaH 611–19 Archiv der G. H. Wappäus Stiftung 6, Auflösung der Stiftung, 1923–1928.
Verfügt durch die Stiftungsabteilung des Wohlfahrtsamtes in einem Schreiben vom 11.1.1823 begann ein jahrelanger Prozeß der Auflösung der Stiftung. Stiftungen, welche ein Kapital unter 500.000 Mark Kapitalvermögen hatten, mußten aufgelöst werden, da sie im Zuge der Inflation nicht mehr von Nutzen sein konnten und die Verwaltungskosten unverhältnismäßig hoch waren. Es entbrannte ein Streit um die Verwendung des verbleibenden Kapitals, denn offiziell fiel der Rest an den Fiskus, was die Stiftungsverwaltung jedoch nicht einsah und auf eine Auszahlung des Betrages an zwei verbleibende Witwen von Kapitänen, welche unter A. H. Wappäus gefahren waren, Marie Quat und Hedwig Lentschu, bestand. Die Stiftung wurde 1928 aufgelöst.
Nachdem auf der Grabstätte der Familie in Ohlsdorf T11–241/249 1946 zum letzten Mal ein Familienmitglied beigesetzt wurde, wurde das Grab 1971 aufgelöst. Damit verlor sich der Name Wappäus endgültig. Dort war A. H. Wappäus, *der Nestor der Hamburger Rheder*, wie der Hamburgische Correspondent, StAH, Mikrofilm, S. 12/8 165, Hamburgischer Correspondent 19.11.1904, Abendblatt, 2. Beilage, S. 3, berichtete, begleitet von dem Motto: *Befiel dem Herrn deine Wege und hoffe auf ihn, er wirds wohl machen*, beigesetzt worden.

verbundene Austausch von ideellen und kulturellen Gütern ebenso eine Rolle zur Vorbereitung der nachfolgenden Generation auf die Übernahme von Kontakten wie die Familienpolitik der Kaufleute. Doch den Extensionsmöglichkeiten eines Netzwerkes waren enge Grenzen gesteckt. Wesentlicher Grundstock der Verbindungen eines Überseekaufmannes waren die im Ausland geknüpften Beziehungen. Daraus resultierte, daß den Bemühungen um den Erhalt bestehender Verbindungen ein überproportionales Gewicht zukam. Dazu diente unter anderem das Netzwerk mit seiner zentralen Funktion als Informationspool selbst. Aus dem Netzwerk heraus konnte die zur Stabilisierung desselben nötige Information gezogen werden[102]. Damit war es zumindest semiautark. Funktionierende Netzwerke schützten ihren Bestand, indem sie mangelnde Intensität, Regelbrüche und Nichterfüllung von Verpflichtungen mit Ausschluß sanktionierten. Denn interne Faktoren waren den Relationen gefährlicher als externe, welche nur selten zum Bruch von Verbindungen führten. Ylva Hasselberg geht davon aus, daß sich die Netzwerkteilnehmer der Wichtigkeit des sozialen Kapitals bewußt waren und das Netzwerk strategisch nutzten[103]. Dies kann in dieser Studie und anhand der Korrespondenz des A. H. Wappäus bestätigt werden.

Bei der Firmenstudie zum Thema Netzwerk, in deren Zentrum die Familienfirma Wappäus stand, haben sich die Theorien und Parameter W. W. Powells und Leos Müllers als geeignetes Instrumentarium erwiesen[104]. Die Ergebnisse der Wappäusstudie korrelieren mit den Hypothesen der beiden. Dadurch wurden nicht nur die Theorien, Thesen und Operationalisierungsinstrumente Powells und Müllers[105] bestätigt, sondern auch die Beispielhaftigkeit der Kaufmannsreederei Wappäus für den hamburgischen Überseehandel des 19. Jahrhunderts untermauert. Darüber hinaus hat es sich als sinnvoll erwiesen, neben den Kontaktebenen Familie und Kaufmannschaft, auf die sich Powell und Müller konzentrieren, in der vorliegenden Studie auch den Bereich der Konsulate zu untersuchen, der für die Überseekaufmannschaft der Hansestädte im 19. Jahrhundert von großer Bedeutung war.

102 HASSELBERG, Ylva: Den sociala ekonomin, S. 287. HASSELBERG kommt in ihrer Studie ebenfalls zu dem Schluß, daß Freunde, Verwandte und Geschäftspartner alle als Teil eines Netzwerkes Quelle von Information und materiellem Gewinn waren.
103 Ebd., S. 289.
104 HASSELBERG, Ylva; MÜLLER, Leos; STENLÅS, Niklas: History from a Network Perspective. MÜLLER, Leos: The Merchant Houses of Stockholm. POWELL, W. W.: Neither Market nor Hierarchy. Vgl. Kapitel IV.1..
105 Einzig das von Leos Müller angeführte Charakteristikum der Häufigkeit von Kontakten unter Netzwerkmitgliedern war mit dem Wappäusbestand nicht zu untersuchen, da die Quellen derartige Aussagen nicht zuließen.

3. Eigner und Fahrtrouten im Karibikhandel des 19. Jahrhunderts

Die Archivalien erlauben es, neben den Eignern G. H. und A. H. Wappäus noch einen Großteil der im Karibikgeschäft involvierten Hamburger Eigner zu benennen, sowie die Fahrtrouten hamburgischer Schiffe zu verfolgen. In der vorliegenden Studie wurde jedem erfaßten Schiff der Eigner zugeordnet, so daß die Schiffsstatistiken eindeutig nur hamburgische Schiffe benennen und gleichzeitig einen Überblick über die Eigner bieten, die ihre Schiffe in einem der drei untersuchten Häfen Willemstad, Charlotte Amalie und La Guaira verkehren ließen. Im Vordergrund der Analyse des Quellenmaterials steht die Frage, wieviele Eigner welchen Hafen nutzten. Ferner wird untersucht, in welcher Kombination die Häfen angelaufen wurden und ob die Kontakte mit den Häfen dauerhafter oder wechselhafter Natur waren. Anhand dieser Fragen soll die Bedeutung der einzelnen Häfen für die hamburgischen Eigner ermittelt werden. Vor dem Hintergrund dieser Informationen wird am Beispiel des Schiffseigners A. H. Wappäus exemplarisch genauer die Verbindung von Reederei, Handel und Schiffscharter untersucht.

Anschließend an die Analyse des Fahrtverhaltens der Schiffe Hamburger Eigner werden an der Gesamtheit der in dieser Studie erfaßten Karibikfahrer deren Fahrtrouten ermittelt. Dies ist ein Aspekt, der bisher von der Forschung vernachlässigt wurde[1]. Als Beispielstudie werden in diesem Kontext die erfaßbaren Fahrtrouten der Schiffe der Reedereien G. H. und A. H. Wappäus analysiert.

Die Zahl der Eigner, die im 19. Jahrhundert Schiffe in die Karibik laufen ließen, war erstaunlich hoch. Insgesamt 230 konnten mit den in dieser Arbeit untersuchten Archivalien benannt werden[2]. Obwohl die Quellen nicht für absolut identische Zeiträume vorliegen, lassen sich an ihnen eindeutige Tendenzen ablesen. Auffallend ist die Diskrepanz zwischen den Angaben der Hamburger Quellen und denen der Zielhäfen. Hamburgischen Angaben zufolge verließen zwischen 1818 und 1881 Schiffe von 58 Eignern Hamburg in Richtung Karibik. Dagegen wurden als einlaufend allein auf St. Thomas zwischen 1821 und 1882 die Schiffe von 181 hamburgischen Reedern registriert[3]. Auf Curaçao[4] waren es zwischen 1848 und 1889 33 und in La Guaira[5] zwischen 1824 und 1887 54 verschiedene Hamburger Eigner,

---

1　Das Standardwerk von KRESSE, Walter: Die Fahrtgebiete der Hamburger Handelsflotte, ist im Wesentlichen lediglich eine Aufzählung bekannter Fahrten Hamburger Schiffe nach hamburgischen Quellen.

2　Quelle und detaillierte Information siehe unter IX. Anhang: 17.g) Eigner, deren Schiffe im Verlaufe des 19. Jahrhunderts in der Karibik verkehrten.
　In allen Eignerlisten wurden neue Zusammenschlüsse unter Eignern und neue Unternehmensformen als zwei unterschiedliche Eigner gewertet, auch wenn eine beteiligte Person bestehen blieb. So wurden zum Beipiel H. J. Levy & Co. und H. J. Levy & J. J. als zwei verschiedene Eigner gewertet.

3　Quelle und detaillierte Information siehe unter IX. Anhang: 17.d) Eigner, deren Schiffe zwischen 1821 und 1882 St. Thomas anliefen.

4　Quelle und detaillierte Information siehe unter IX. Anhang: 17.c) Eigner, deren Schiffe zwischen 1848 und 1889 Curaçao anliefen.

5　Quelle und detaillierte Information siehe unter IX.Anhang: 17.b) Eigner, deren Schiffe zwischen 1824 und 1887 La Guaira anliefen.

die diese Häfen anlaufen ließen. Auch an diesem Untersuchungsabschnitt zeigt sich, daß sich allein mit hamburgischen Archivalien nicht der Karibikhandel im 19. Jahrhundert darstellen läßt.

Der in dieser Arbeit ausgewertete ausländische Archivbestand macht einen Vergleich der drei untersuchten Häfen von Curaçao, St. Thomas und La Guaira zwischen 1848 und 1863 möglich. Für diesen Zeitraum liegen in allen drei Häfen Quellen vor. Untersucht man die Anzahl der Eigner, deren Schiffe in diesem Zeitraum die Häfen frequentierten, so stellt sich heraus, daß St. Thomas in jenen Jahren der bedeutendste der drei Häfen für Hamburg war.

Graphik 19   Anzahl der Hamburger Eigner, die Curaçao, La Guaira und St. Thomas anlaufen ließen (1848–1863)

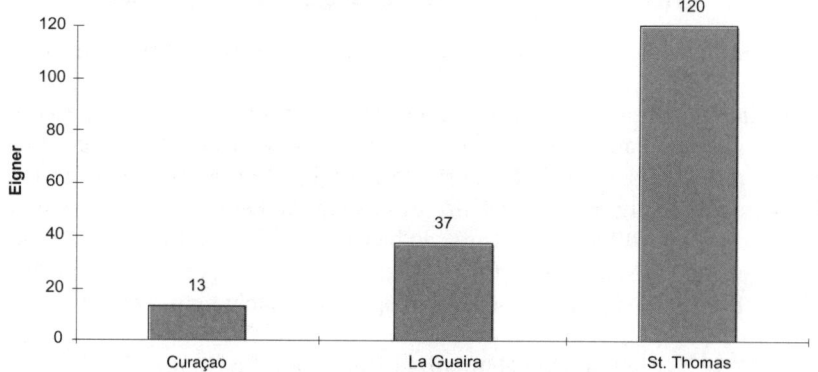

Quelle: Siehe IX. Anhang: 17.a) Eigner, deren Schiffe zwischen 1818 und 1881 Hamburg in Richtung Curaçao, St. Thomas, Venezuela oder anderen Karibikhafen verließen. 17.b) Eigner, deren Schiffe zwischen 1824 und 1887 La Guaira anliefen. 17.c) Eigner, deren Schiffe zwischen 1848 und 1889 Curaçao anliefen. 17.d) Eigner, deren Schiffe zwischen 1821 und 1882 St. Thomas anliefen.

Nur 13 Eigner ließen Curaçao anlaufen, 37 La Guaira und 120 St. Thomas. St. Thomas nahm damit eine zentrale Stellung im Karibikhandel ein. Das Ergebnis untermauert die Hypothese, daß es die Drehscheibe des Karibikhandels war, von wo aus Informationen und Waren distribuiert wurden. La Guaira war offensichtlich für Hamburger interessant, die im Venezuelahandel spezialisiert waren. Curaçao hatte dagegen eine marginale Bedeutung. Betrachtet man das Verhalten der Eigner, die Curaçao anlaufen ließen, im einzelnen, so zeigt sich, daß die größte Zahl der Eigner nur einmalig ein Geschäft oder die Gelegenheit nutzten, um die niederländische Kolonie anzulaufen.

Graphik 20   Zielkontakte Hamburger Eigner mit Curaçao (1848–1863)

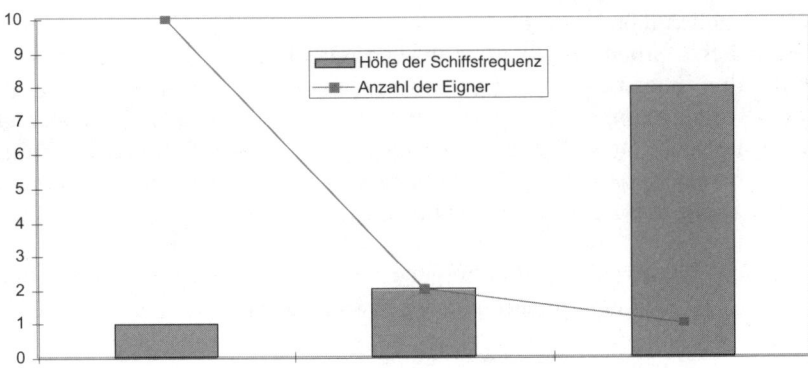

Quelle: Siehe IX. Anhang: 17.i) Wessen Schiffe wie oft zwischen 1848 und 1863 Curaçao anliefen.

Nur ein einziger Eigner hatte regelmäßigen Kontakt mit Curaçao. Er ließ die Insel acht Mal anlaufen, damit hatte er einen Anteil von 40% an der Hamburger Frequentierung von Willemstad. 50% Berührungen von hamburgischen Schiffen mit dem Hafen waren einmalig. Es bestand also offensichtlich kein Bedarf an regelmäßigen Warentransporten nach und von Curaçao bestand. Willemstad war nach diesen Daten weniger als Umschlagplatz für Waren, als für die Eigenversorgung der Insel vonnöten. Für La Guaira war eine äquivalente Untersuchung möglich:·

Graphik 21   Zielkontakte Hamburger Eigner mit La Guaira (1848–1863)

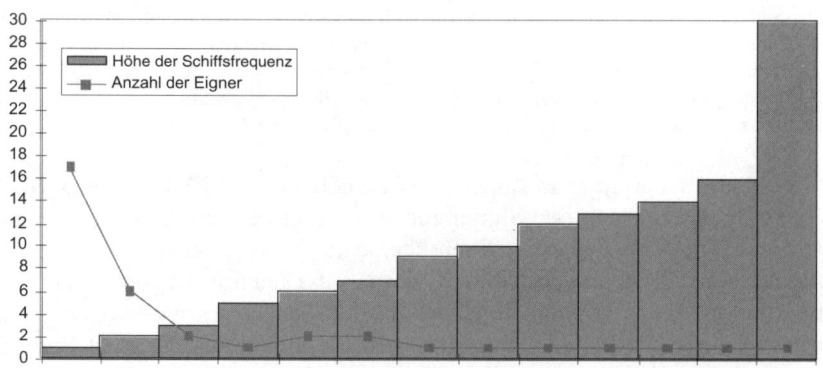

Quelle: Siehe IX. Anhang: 17.h) Wessen Schiffe wie oft zwischen 1848 und 1863 La Guaira anliefen.

Auch für den Festlandhafen fällt die vergleichsweise hohe Zahl der einmaligen Kontakte auf. 17 Eigner ließen nur ein einziges Mal ihr Schiff La Guaira anlaufen, sechs Eigner nur zweimal. Es könnte sich hier um Hamburger auf der Suche nach neuen Verbindungen und Märkten gehandelt haben. Dann erhöht sich die Anzahl der Kon-

takte pro Eigner jedoch erheblich. Sechs Eigner hatten mehr oder weniger regelmäßigen Kontakt mit dem Hafen vor Caracas. Sie ließen zwischen 1848 und 1863 je
zehn-, zwölf-, dreizehn-, vierzehn-, sechzehn- und dreißigmal La Guaira anlaufen.
Es gab also eine Gruppe von Eignern, die regelmäßig den Hafen frequentieren ließ.
Demzufolge muß es eine Gruppe von Händlern gegeben haben, die regelmäßig mit
dem venezolanischen Festland Handel trieb. Diese Gruppe mit etablierten Handelskontakten und festem Kundenstamm war jedoch klein. Das Mittelfeld von Eignern,
die einige Male wiederkehrten, zeigt, daß es auch ohne fest etablierte Verbindungen
in die Gegend hin und wieder lohnte, dort Geschäfte zu machen, anders als auf
Curaçao. Die gleiche Untersuchung ergab für St. Thomas folgendes Bild:

Graphik 22   Wie oft Hamburger Eigner St. Thomas anlaufen ließen (1848–1863)

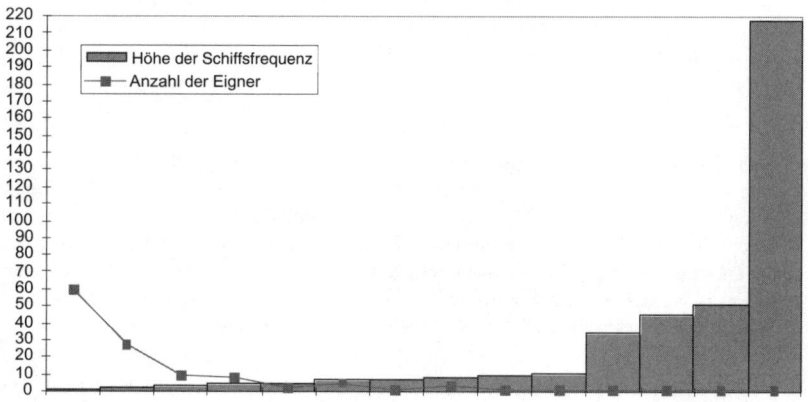

Quelle: Siehe IX. Anhang: 17.j) Wessen Schiffe wie oft zwischen 1848 und 1863 St. Thomas anlie-
        fen.

Auf St. Thomas liefen 59 Eigner Charlotte Amalie nur einmal an. 44 ließen den
Hafen zwei-, drei- oder viermal ansteuern. Und 13 Eigner taten dies fünf- bis neun-
mal. James Dingwall sandte in jenem Zeitraum zehnmal Schiffe auf die dänische
Insel, Carl Ludwig Daniel Meister 34mal, A. F. Woldsen 45mal, H. J. Levy & Co.
51mal und August Joseph Schön 217mal. Auch in diesem Falle überwiegt deutlich
die Zahl derer, die keine feste Verbindung zum Hafen hatten. Dagegen stand eine
kleine Gruppe von Eignern, die stark oder sehr stark auf St. Thomas involviert waren. August Joseph Schön hatte eine Dependence auf St. Thomas. Hier lag sein
Geschäftsschwerpunkt. An den hohen Frequenzen der Schiffe dieser Eigner ist ersichtlich, daß auf St. Thomas längerfristig lohnende Geschäfte zu machen waren.
    Natürlich frequentierten Schiffe, welche sich in der Karibik befanden, oft mehr
als einen Hafen. Die Kombination von Häfen, die angelaufen wurde, ist aufschlußreich.

Graphik 23   Anzahl der Karibikhäfen Curaçao, La Guaira und St. Thomas, die
                Hamburger Eigner anlaufen ließen (1818–1889)

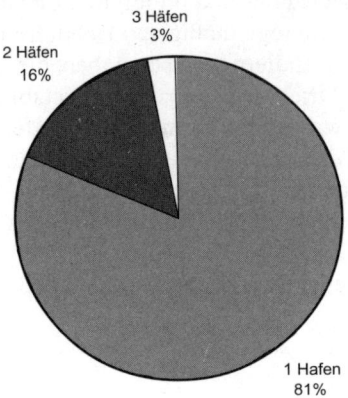

N = 219 Eigner

Quelle: Siehe IX. Anhang: 17.a) Eigner, deren Schiffe zwischen 1818 und 1881 Hamburg in Rich-
         tung Curaçao, St. Thomas, Venezuela oder anderen Karibikhafen verließen. 17.b) Eigner,
         deren Schiffe zwischen 1824 und 1887 La Guaira anliefen. 17.c) Eigner, deren Schiffe zwi-
         schen 1848 und 1889 Curaçao anliefen. d) Eigner, deren Schiffe zwischen 1821 und 1882
         St. Thomas anliefen. 17.h) Wessen Schiffe wie oft zwischen 1848 und 1863 La Guaira an-
         liefen. i) Wessen Schiffe wie oft zwischen 1848 und 1863 Curaçao anliefen. 17.j) Wessen
         Schiffe wie oft zwischen 1848 und 1863 St. Thomas anliefen.

Bei den drei untersuchten Häfen ergibt sich das überraschende Resultat, daß die
weitaus meisten Eigner, nämlich 81%, nur einen der drei untersuchten Häfen frequentieren ließen. Dabei bleibt offen, ob sie diesen Hafen mit anderen Karibik- oder
sonstigen Häfen kombinierten, und welche die bevorzugten Routen waren. Dies
wäre eine interessante weiterführende Studie, die jedoch nur mit größtem Aufwand
zu realisieren wäre und deshalb auch in dieser Arbeit unbeachtet bleiben muß. Es
zeigt sich, daß nur wirklich groß und fest im Karibikgeschäft engagierte Eigner
zwei oder gar alle drei untersuchten Häfen anlaufen ließen. Offen bleibt hierbei, ob
die Häfen auf einer Fahrt, in welcher Reihenfolge, oder gar nicht während einer
einzigen Fahrt eines Schiffes, sondern von verschiedenen Schiffen des Reeders angelaufen wurden. Abzulesen ist, in welchen Häfen grundsätzlich Schiffe des gleichen Eigners verkehrten. Kombinierten noch 16% zwei Häfen miteinander, so waren es nur 3% der Hamburger Eigner, die in allen drei Häfen Schiffe verkehren
ließen.
       Die folgende Tabelle 25 benennt die Hamburger Eigner, die ihre Schiffe im
Laufe des 19. Jahrhunderts zwei der drei untersuchten Karibikhäfen anlaufen ließen
und die Hafenkombination, die sie wählten. In Tabelle 26 sind die wenigen Eigner
aufgelistet, deren Schiffe alle drei untersuchten Häfen frequentierten.

Tabelle 25

Hamburger Eigner, die ihre Schiffe im 19. Jahrhundert zwei der drei Häfen Curaçao, La Guaira und St. Thomas anlaufen ließen

Eigner	Curaçao	La Guaira	St. Thomas
1. Amsinck, Martin Garlieb	X		X
2. Boysen, Lorenz Heinrich	X		X
3. Breckwoldt, Wilcken		X	X
4. Döhren, A. von		X	X
5. Eggers, H. H.		X	X
6. Finkler, Caspar Diederich		X	X
7. Godeffroy, Joh. Ces. & Sohn		X	X
8. Gütschow, Heinrich Adolph		X	X
9. Hartenstein & Co.			X
10. Hauer, Wolf Sander	X		X
11. Herwig, C. W.		X	X
12. Heydorn, Claus	X		X
13. Heyn, J. & Co.		X	X
14. Kinch, Carl Theodor		X	X
15. Koch, Rasmus Nielsen	X		X
16. Laeisz, F.		X	X
17. Lau, Carsten Diederich		X	X
18. Levy, H. J. & J. J.		X	X
19. Magens, Hinrich	X		X
20. Meister, Carl Ludwig Daniel		X	X
21. Merck, H. J. & Co.		X	X
22. Müller, Eduard G. W. Sohn		X	X
23. Müller, Johann Heinrich Christian	X		X
24. Ode, Johann Martin		X	X
25. Oppenheim, Adolph		X	X
26. Petersen, Erich Peter		X	X
27. Pruter, J.		X	X
28. Rendtorff, W.		X	X
29. Smidt, Carsten		X	X
30. Wappäus, A. H.		X	X
31. Wappäus, G. H.		X	X
32. Witt, Friedrich Peter	X	X	
33. Witt, Hans Hinrich		X	X
34. Wizel, Johann Paul		X	X
35. Wortmann, Andreas Ludwig Friedrich		X	X

Quelle: Siehe Graphik 23.

Tabelle 26
Hamburger Eigner, die ihre Schiffe im 19. Jahrhundert alle drei Häfen Curaçao, La
Guaira und St. Thomas anlaufen ließen

Eigner	Curaçao	La Guaira	St. Thomas
1. Becker, J.	X	X	X
2. Blass, F. & Schomburgk	X	X	X
3. Clausen, Sören Pedersen	X	X	X
4. Hauer, W. & S.	X	X	X
5. Schön, August, Joseph	X	X	X
6. Woldsen, A. F.	X	X	X

Quelle: Siehe Graphik 23.

Die Untersuchung der Gesamtheit, der in den Karibikverkehr involvierten Eigner,
ergibt folgende Verteilung der angefahrenen Hafenkombinationen:

Graphik 24   Welche Kombination von Häfen Hamburger Eigner, deren Schiffe
               zwei der drei Karibikhäfen Curaçao, La Guaira, St. Thomas frequen-
               tierten, ansteuern ließen

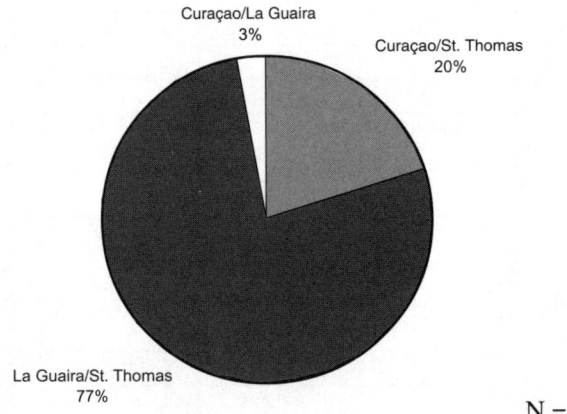

N = 35 Eigner

Quelle: Siehe Graphik 23.

Bei 77% der Eigner, die zwei der drei Häfen frequentierten, geschah dies in der
Kombination La Guaira / St. Thomas. 20% liefen Curaçao und St. Thomas an, nur
3% Curaçao und La Guaira. Daraus resultiert, daß 97% St. Thomas ansteuerte, 80%
La Guaira und nur 23% Curaçao.
     Damit war St. Thomas für die hamburgische Schiffahrt der bei weitem wichtig-
ste der drei Häfen. Im Mittelfeld plazierte sich La Guaira, während Curaçao von
geringer Bedeutung für die hanseatische Schiffahrt war. Die Gruppe derer, die ohne
fest etablierte Kontakte im karibischen Raum segelten, bildete die große Mehrheit

der Karibikschiffahrt. Nur ein kleiner Kreis von Hamburgern war langfristig und fest in einem der drei Häfen involviert.

Zu diesen Eignern und Händlern gehörte A. H. Wappäus. Aus den Gebührenlisten, die der venezolanische Konsul in Hamburg mit den Konsulatsberichten nach Caracas schickte, ergeben sich am Beispiel dieses Kaufmannreeders genauere Aussagen über die Praxis des transatlantischen Warentransportes im 19. Jahrhundert[6]. Für jede Warensendung nach Venezuela mußte dem venezolanischen Konsul in Hamburg eine Gebühr entrichtet werden. Diese wurde dem Kaufmann pro verschifftem Ladungsteil berechnet. Die Schiffsladungen setzten sich fast immer aus den Waren verschiedener Kaufleute zusammen. Die Schiffe wurden über einen längeren Zeitraum hinweg beladen. Das ist daran zu erkennen, daß die Zahlungen für eingeladene Waren über den Zeitraum mehrerer Wochen im Konsulat eingingen.

Aus dem untersuchten Bestand der Gebührenlisten gehen für die zu erfassenden Jahre die Händler hervor, die Kunden des Reeders A. H. Wappäus auf Fahrten in den karibischen Raum waren. Es fällt auf, daß zu den beständigsten Kunden die Brüder Georg Heinrich und Ludwig Friedrich Blohm gehörten. Sie ließen zehn Mal Ware von Schiffen des A. H. Wappäus transportieren. Wie im Handelsgeschäft spielten also auch in der Reederei die in Venezuela angeknüpften Verbindungen eine Rolle. Neben den Blohms ließen noch Ernst May und Riensch & Held zehn Mal Ware auf wappäusschen Schiffen transportieren. Als weitere wichtige Kunden, die Ware auf Schiffen der Reederei A. H. Wappäus exportierten, erscheinen Carl Georg Heise und Emil Grund neun Mal, Becker & Franck Nachf. acht Mal, Heinrich Köhpcke & Co. sieben Mal, A. F. Neubauer und A. Günther sechs Mal und schließlich J. Silvain vier Mal auf der Gebührenliste[7].

A. H. Wappäus, A. F. Neubauer, G. H. & L. F. Blohm, Becker & Franck Nachf. und Carl Georg Heise sind durch die Quellen als dauerhaft im Venezuelahandel etablierte Händler zu identifizieren. Alle fünf Unternehmen waren gleichzeitig in größerem Stil in der Region engagiert. Neubauer, Blohm, Becker und Heise gehörten zu größeren Kunden der Reederei A H. Wappäus. Es kann also daraus geschlossen werden, daß für diese Unternehmen Venezuela ein Schwerpunkt ihres Geschäftes war.

In der Gebührenliste des venezolanischen Konsuls zeigt sich die übergeordnete Bedeutung von Ciudad Bolívar und Maracaibo für den Kaufmann A. H. Wappäus. Letzteres wurde in den untersuchten Beispieljahren 30mal, Ciudad Bolívar 28mal mit Waren beliefert. Puerto Cabello spielte mit 11mal schon eine wesentlich gerin-

---

6   Quelle und detaillierte Information siehe unter IX. Anhang: 12. Transportmedien der Firma A. H. Wappäus.

7   Ebd..
     In Klammern ist hinter den Firmen verzeichnet, wie oft die jeweiligen Händler die Dienste der wappäusschen Reederei in Anspruch nahmen: Becker, E. N.; Becker, J.; Boggio, J. J.; Crasemann & Stavenhagen; Dynamit-Actien-Gesellschaft früher Alfred Nobel & Co.; Elkan & Co.; Funcke, Eversmann & Co.; Gruner, J. & Rieke; Jauch & Sievers; Kaltenbach & Schmitz; Reimers & Jansen; Rothe, M. W.; Simms, E.; Simms, H. B.; Wegener R. & M. (je 1); Henriquez, L. D. C. (2); Lisner, A. H. (2); Silvain, J. (4); Günther, A. (6); Neubauer, A. F. (6); Köhpcke, Heinrich & Co. (7); Becker & Franck Nachf. (8); Grund, Emilio (9); Heise, Carl Georg (9); Blohm, G. H. & L. F. (10); May, Ernesto (10); Riensch & Held (10).

gere Rolle, La Guaira und Carúpano waren weit abgeschlagen mit respektive zwei und einer Lieferung. Deutlich wird in diesem Beispiel, wie oft A. H. Wappäus Waren in den karibischen Raum schickte. Allein in dem beschränkten Zeitraum, den die Liste erfaßt, waren es 72 Warenlieferungen, die er expedierte. Liefen auch vergleichsweise wenig Hamburger Schiffe in Richtung Karibik aus, und war die Tonnage im 19. Jahrhundert gering, so bedeutete der Handel für den einzelnen Händler jedoch einen konstanten Austausch und eine kontinuierliche Beschäftigung mit den wirtschaftlichen Gegebenheiten jenseits des Atlantiks.

Ausgewogen war die Art, mittels derer A. H. Wappäus seine Waren verschickte. So ließ er seine Ware 24mal im Dampfer, 27mal mit einem gecharterten Segelschiff und 27mal in eigenen Segelschiffen über den Atlantik transportieren. Dabei wurde Maracaibo mit seinen Waren fast ausschließlich durch Dampfschiffe beliefert, weil es auf einer festen Route der HAPAG lag. Damit war A. H. Wappäus, wenn er fremde Reederdienste in Anspruch nahm, ein fester Kunde der HAPAG. Andere verifizierbare Hamburger Reeder nahm er nur selten in Anspruch. Ciudad Bolívar dagegen wurde fast nur von Seglern der Firma A. H. Wappäus angelaufen. Hier manifestiert sich ihre Monopolstellung im Handel mit dieser Stadt am Orinoco.

Die Quellen lassen darauf schließen, daß hamburgische Kaufleute ihre Waren auf die unterschiedliche Art und Weise über den Atlantik versandten. Je nach Art der Ladung, Zielhafen und Gelegenheit wählten sie ein passendes Transportmedium. Durch die HAPAG regelmäßig angelaufene Häfen, wurden bevorzugt von Dampfschiffen beliefert. Kaufmannsreedereien konnten nicht, so groß sie auch waren, alle Waren auf eigenen Schiffen transportieren lassen. Sie mußten sich in der Reederei folglich auf bestimmte Zielhäfen spezialisieren, wie die Reederei A. H. Wappäus auf die Orinocofahrt, und ihre Ware in andere Häfen auf gecharterten Schiffen expedieren.

Die Routen, die hamburgische Schiffe im westindischen Raum liefen, lassen eindeutige Tendenzen erkennen, die wiederum Rückschlüsse auf die jeweilige Funktion des angelaufenen Hafens zulassen. Die vollständigsten Daten boten die dänischen Quellen. Auch für holländisch Westindien konnten die Fahrtrouten untersucht werden, während die venezolanischen Quellen keine Rückschlüsse auf die Einbindung von La Guaira in das transatlantische Fahrtennetz zulassen. Die niederländischen Archivalien ermöglichten die Untersuchung der Frage, von welchem Erdteil Hamburger Schiffe Curaçao anliefen.

Graphik 25   Herkunftsregionen der Curaçao anlaufenden Hamburger Schiffe
              (1848–1889)

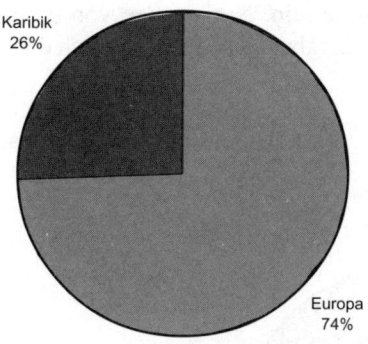

N = 47 Schiffe

Quelle: Siehe IX. Anhang: 2.b) Hamburger Schiffe, die zwischen 1848 und 1889 in Curaçao ein-
         und ausliefen.

Hamburger Schiffe nahmen also bevorzugt direkt ihren Weg in die südliche Karibik. 74% kamen unmittelbar aus Europa in niederländisch Westindien an, 26 %
hatten zuvor einen anderen karibischen Hafen besucht. Curaçao war eingebunden
in die Routen der Trampschiffahrt des karibischen Festlandsaumes. Gut drei Viertel
der Hamburger Schiffe nutzten die holländische Insel als ersten Anlaufpunkt auf
der Weiterfahrt zu Festlandhäfen. Ein genaueres Bild ergibt sich aus der Verteilung
der Ausgangshäfen, von denen aus Hamburger Schiffe Curaçao anliefen:

Graphik 26   Ausgangshäfen Hamburger Schiffe, die Curaçao anliefen (1848–1889)

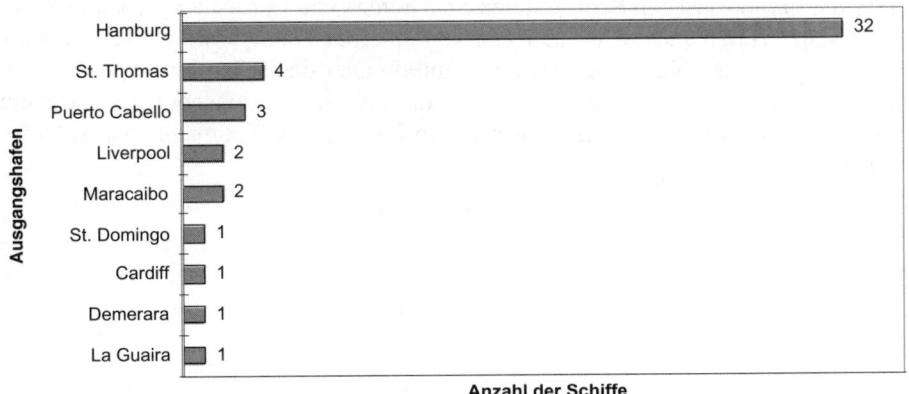

Quelle: Siehe Graphik 25.

Es war offensichtlich günstiger, zuerst Curaçao anzulaufen, als zunächst den Festlandsaum anzusteuern oder etwa das nördlichere Westindien zu befahren. Letzteres
taten nur acht Segler; vom Festlandsaum aus liefen nur sechs Willemstad an. Aus
Europa liefen dagegen 35 Hamburger ein. Nur wenige von diesen, nämlich drei,
nahmen vor der Überfahrt Ware in England auf. Im Vergleich dazu wurde St. Thomas untersucht:

Graphik 27   Herkunftsregionen der St. Thomas anlaufenden Hamburger Schiffe
               (1821–1892)

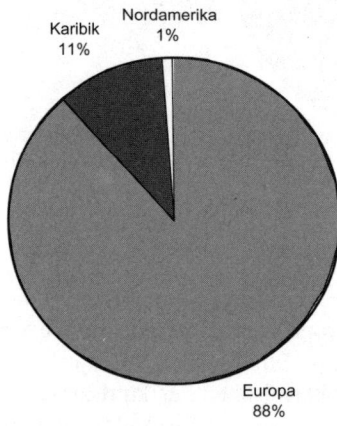

N = 995 Schiffe

Quelle: Siehe IX. Anhang: 6. Hamburger Schiffe, die zwischen 1821 und 1882 St. Thomas anliefen.
         7. Hamburger Schiffe, die zwischen 1821 und 1892 in St. Thomas ein- und ausliefen.

88% der hamburgischen Schiffe liefen St. Thomas von Europa an. 11% kamen aus
karibischen Häfen und nur 1% kam aus Nordamerika. Damit bestätigt sich die schon
im vorangehenden Kapitel konstatierte Funktion der dänischen Insel als erster Anlaufpunkt nach der Atlantiküberquerung und als Informationspool. Eine Darstellung der Ausgangshäfen hamburgischer Schiffe in der St. Thomas-Fahrt ergibt folgendes Bild:

Graphik 28   Ausgangshäfen Hamburger Schiffe, die St. Thomas anliefen (1821–1892)

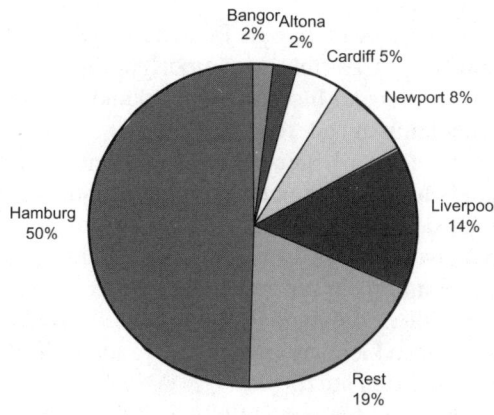

N = 1.138 Hafennennungen

Quelle: Siehe Graphik 28.

52% der Schiffe kamen direkt aus der hamburgischen Gegend. 29% nahmen zuerst noch in einem Hafen der britischen Inseln Ware auf. Die Funktion von St. Thomas als erster Anlaufpunkt in der Karibik verdeutlicht sich in der folgenden Graphik, die auch Zielhäfen der auslaufenden Schiffe berücksichtigt.

Graphik 29   Einbindung von St. Thomas in die Routen der Hamburger Karibik-schiffahrt (1821–1882)

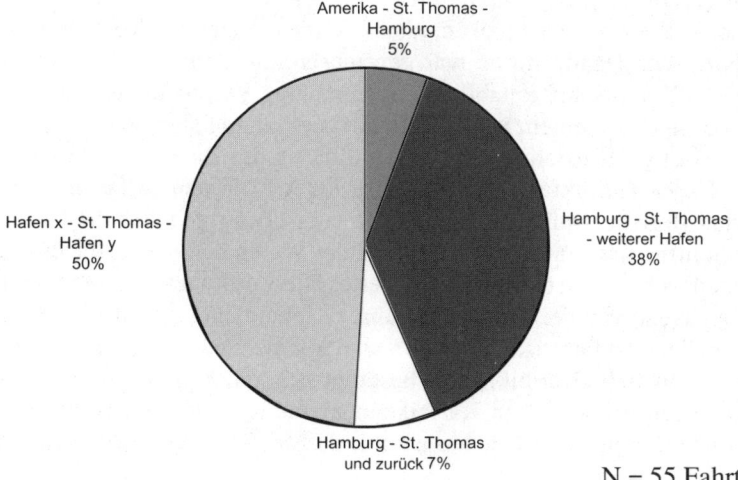

N = 55 Fahrten

Quelle: Siehe IX. Anhang: 7. Hamburger Schiffe, die zwischen 1821 und 1892 in St. Thomas ein-
und ausliefen.

Nur 7% der Hamburger fuhren ohne Zwischenstop von St. Thomas nach Hamburg und zurück. Damit bestätigt sich, daß der Handel auf der Insel selbst unwesentlich war. Auch als Zwischenstation auf der Rückfahrt aus dem westindischen Raum hatte die dänische Kolonie nur eine marginale Bedeutung. Das deute darauf hin, daß es auf der Insel selbst nur begrenzt attraktives Importgut für Europa gab. Damit manifestiert sich die Hauptfunktion der Insel als Anlaufpunkt für Schiffe aus Europa, die nach einem Zwischenaufenthalt andere Häfen anliefen.

Vor diesem Hintergrund der Untersuchungen zu den Fahrtrouten der gesamten hamburgischen Handelsflotte, sollen noch exemplarisch die Routen analysiert werden, die Schiffe der Reedereien G. H. und A. H. Wappäus im westindischen Raum befuhren[8]. Aus dem Versuch der Rekonstruktion der Fahrtrouten zweier Reedereien verdeutlichte sich einmal mehr die unzulängliche Quellenlage. Nur in den seltensten Fällen ist es möglich, die genaue Route und sämtliche Zwischenhäfen zu ermitteln. Ergebnisse können hier, wie auch in allen anderen Teilaspekten des Transatlantikhandels, nur Tendenzen aufzeigen.

Die Liste der erfaßten Fahrten verdeutlicht, daß die Schiffe je nach Konjunktur bestimmte Regionen in bestimmten Jahren verstärkt anliefen. So fuhren Schiffe des G. H. Wappäus zwischen 1823 und 1827 ausschließlich nach Havanna und zwischen 1832 und 1834 immer über die Kap Verdischen Inseln nach Brasilien. Eine genauere Analyse der Fahrtrouten der hamburgischen Handelsflotte in kleinen Zeitabschnitten, nicht nur als Übersicht über das gesamte Jahrhundert, wie es die vorliegende Studie leistet, dürfte interessante Einblicke in regionale wirtschaftliche Entwicklungen im karibischen Raum gewähren.

Es ist evident, daß die Schiffe des G. H. Wappäus eine größere Anzahl unterschiedlicher Regionen und Häfen anliefen. Darin manifestiert sich die in der ersten Hälfte des 19. Jahrhunderts noch vorrangige Trampschiffahrt. Die Firma A. H. Wappäus befuhr festere Routen und eine weniger diversifizierte Palette von Häfen. Dies weist darauf hin, daß es für den Kaufmann A. H. Wappäus mehr Möglichkeiten gab, seine Ware zu verschicken, als sie seinem Vater zur Verfügung standen. Die hamburgische Handelsflotte war gewachsen, die Zahl der Karibikfahrer war gestiegen und Dampfschiffe etablierten regelmäßige Verbindungen, so daß es günstiger wurde, sich mit seinem Schiffspark auf bestimmte Fahrtrouten zu spezialisieren. Eine derartige Spezialisierung ist deutlich an der Liste der erfaßten Fahrten abzulesen. In der Karibikfahrt liefen Schiffe des A. H. Wappäus fast ausschließlich nach Ciudad Bolívar. Dafür verfügte der Reeder über eigens für die Orinocofahrt geeignete Schiffe, mit denen er den Großteil der Waren beförderte, die die Hamburger Kaufmannschaft in jene Stadt expedierte. Diese Entwicklung deutet auf einen allgemeinen Trend von der Trampschiffahrt zu regelmäßig befahrenen Routen hin.

Abschließend ist festzustellen: Auch an der Untersuchung der Hamburger Eigner und Fahrtrouten im Karibikhandel bestätigt sich, daß hamburgische Archivalien allein nicht geeignet sind, den Karibikhandel im 19. Jahrhundert zu erforschen. Ebenso ergibt sich aus den Quellen erneut, daß St. Thomas der bedeutendste der

---

8 Quelle und detaillierte Information siehe unter IX. Anhang: 18. Fahrtrouten der Reedereien G. H. und A. H. Wappäus.

drei untersuchten Häfen für die Hamburger Schiffahrt war und eine Funktion als erster Anlaufpunkt und Informationspool innehatte. La Guaira wird in seiner Mittelposition bestätigt wie auch in seiner Bedeutung für eine Gruppe von Kaufleuten, die auf den Venezuelahandel spezialisiert war. Curaçao spielte auch bei den in diesem Kapitel untersuchten Aspekten, wie in allen vorangegangenen Untersuchungen eine marginale Rolle. In allen Häfen überwog die Anzahl unregelmäßiger und einmaliger Besuche von hamburgischen Schiffen, denen eine geringe Anzahl von Eignern gegenüberstand, die mit regelmäßigen Verbindungen fest in einem Hafen etabliert waren.

Die Verlagerung von der Trampschiffahrt zu regelmäßigen Verbindungen, wurde dargestellt am Beispiel der Firmen Wappäus. Die hier konstatierte Entwicklung führte zu einer Spezialisierung auf bestimmte Fahrtrouten, auf denen bestimmte Reedereien monopolartige Positionen einnahmen. Das Exempel der Firma A. H. Wappäus verdeutlicht, daß die Bedeutung des Karibikhandels für den individuellen Kaufmann außerordentlich bedeutsam sein konnte und ihn in kontinuierlichem Kontakt mit dem Raum hielt, wie unbedeutsam der Hamburger Karibikhandel im Kontext des hamburgischen Gesamthandels auch gewesen sein mag.

VI. Schlußbetrachtung

In einer komplexen Situation wie der im Atlantik und in der Karibik des 19. Jahrhunderts war die politische Schwäche Hamburgs gleichzeitig eine kommerzielle Stärke. Zwar waren die innereuropäischen Rahmenbedingungen für die Anfänge des direkten hamburgischen Karibikhandels in den ersten beiden Dekaden des 19. Jahrhunderts ungünstig, denn die Napoleonischen Kriege, Elbblockade, Kontinentalsperre und französische Besatzung behinderten den Hamburger Handel, doch die überseeischen Bedingungen entwickelten sich günstig für die Aufnahme von Handelskontakten. Die Kolonialpolitik der Niederlande und Dänemarks bot gute Voraussetzungen für den hanseatischen Transatlantikhandel, und das im Unabhängigkeitskrieg befindliche Venezuela war auf Importe angewiesen, so daß es sich ausländischen Kaufleuten gegenüber offen verhielt.

Für den hamburgischen Handelsverkehr in die untersuchten Karibikhäfen von Curaçao, St. Thomas und La Guaira ist im Verlauf des 19. Jahrhunderts eine Steigerung der Schiffsfrequenz nachweisbar, doch unterschiedliche Wachstumsprozesse in den drei Häfen machen deutlich, daß bei der Untersuchung des karibischen Raumes lokale Entwicklungen in einzelnen Regionen, sowie starke konjunkturelle Schwankungen, ausgelöst durch Wirtschaftskrisen und politische Ereignisse im gesamten atlantischen Raum, beachtet werden müssen.

Ein besonderes Problem stellt in diesem Zusammenhang die Entwicklung von Schiffahrt und Handel im letzten Drittel des 19. Jahrhunderts dar, weil eine eindeutige Verifizierung Hamburger Schiffe nach der Gründung des Norddeutschen Bundes im Jahre 1867 sehr schwierig ist. Für diesen Zeitraum konnten in der vorliegenden Arbeit keine eindeutigen Werte erhoben werden.

Die Zahl der Curaçao anlaufenden Hamburger Segelschiffe steigerte sich nicht, obwohl der Hafen insgesamt jedoch eine kontinuierliche Wachstumsrate verzeichnete. Nur in der Dampfschiffahrt wuchs die Frequenz der Hamburger Schiffe in Willemstad an. Dagegen spielte La Guaira für den hamburgischen Handel eine ständig wachsende Rolle, während die Frequenz Hamburger Schiffe auf St. Thomas nach 1861 abnahm, nachdem bis zu jenem Jahr ein kontinuierliches Wachstum festzustellen war.

Zudem unterschieden sich die drei Häfen auffallend in ihrer Bedeutung und Funktion für den hamburgischen Handel. Es zeigte sich, daß auch die beiden Freihäfen Curaçao und St. Thomas – trotz ihres gleichen Status – auf diesen Gebieten keine Übereinstimmung für den hanseatischen Atlantikhandel aufwiesen.

In Bezug auf die Bedeutung für die hamburgische Schiffahrt nahm La Guaira einen Mittelrang unter den untersuchten Häfen ein. Der Hafen war für eine begrenzte Gruppe von Kaufleuten, die auf den Venezuelahandel spezialisiert war und den Festlandhafen regelmäßig frequentierte, als Warenumschlagplatz bedeutsam. Die größte Bedeutung für Hamburg hatte St. Thomas. Diesen Hafen lief die größte Anzahl Hamburger Schiffe an. Dänisch-Westindien diente den Hanseaten vornehmlich als erster Anlaufpunkt nach der Atlantiküberquerung und als Informationspool für Belange der karibischen Region. Es war ein wichtiger Stützpunkt für hamburgische Handelshäuser. Mit Aufkommen der Dampfschiffahrt nahm die HAPAG eine Vorrangstellung auf der Insel ein, die ein wichtiges Dampfschiffahrtszentrum der Karibik wurde. Im Vergleich mit den beiden erstgenannten Häfen spielte Curaçao eine untergeordnete Rolle.

Damit untermauern die Ergebnisse der Untersuchung, daß der Karibikhandel aufgrund der geographischen und politischen Zersplitterung des Untersuchungsraumes ein höchst komplexes und diffiziles Forschungsfeld ist. Ergebnisse, die für eine Region erarbeitet werden konnten, erwiesen sich als nicht pauschalierbar.

Obwohl sich die Häfen in Bedeutung und Funktion für den hanseatischen Handel voneinander unterschieden, ergaben die Untersuchungen der vorliegenden Studie, daß in allen drei Häfen die Anzahl unregelmäßiger und einmaliger Besuche von hamburgischen Schiffen überwog. Ihnen stand eine geringe Anzahl von Eignern gegenüber, die mit regelmäßigen Verbindungen fest in einem Hafen etabliert waren. Weitere Studien zu anderen Karibikhäfen sind erforderlich, um dieses Ergebnis auf einer breiteren Datengrundlage zu ergänzen.

Art und Umschlag der Warenpalette geben zusätzliche Auskünfte über die Funktion der einzelnen Häfen für den hamburgischen Handel wie auch über die hanseatische Handelspraxis. Die Auswertungen der Warenpalette im Venezuelahandel des 19. Jahrhunderts ergaben, daß Hamburg im Handel mit Venezuela eine bedeutende Größe war, die mit England und den USA konkurrieren, diese teilweise sogar überrunden konnte. Die Durchschnittshöhe der Konsignationen im hanseatischen Venezuealahandel übertraf die aller anderen Nationen. Das bedeutet, daß der hamburgische Venezuelahandel eine bedeutende Größe sowohl für die Hansestadt als auch für Venezuela darstellte. Der Warenumschlag in den Häfen von Curaçao und St. Thomas war dagegen unbedeutend. Dies entsprach der marginalen Rolle, die Curaçao insgesamt für Hamburg spielte, und es bestätigte die vorrangige Funktion von St. Thomas als Informationspool, weniger dagegen als Handelsplatz.

Es erwies sich, daß sowohl für den Ersteinstieg der untersuchten Familienfirma in das Venezuelageschäft 1818, als auch für die Neugründung eines Reeder- und Handelshauses 1857, persönliche Erfahrungen und Kontakte maßgebend waren. Hamburger Kaufleute etablierten durch Familie und Erkundungen vor Ort Geschäftskontakte und fanden so den Zugang zum Venezuelahandel.

Das Beispiel der Kaufmannsreedereien G. H. und A. H. Wappäus machte dies exemplarisch deutlich. Durch Heirat gelang es dem Hannoveraner G. H. Wappäus, sich in das hamburgische intraurbane Kaufmannsnetzwerk einzugliedern und von dieser Basis aus, in Übersee gewonnene Erfahrungen und Kontakte zu nutzen. Historische Umstände und die Fahrtrouten der Schiffe der Reederei G. H. Wappäus legen die Schlußfolgerung nahe, daß der Kaufmannsreeder, nachdem er den karibischen Raum kennengelernt hatte, mit Waffenlieferungen den Venezuelahandel begann. Die 1824 folgende Etablierung eines Familienmitgliedes in Übersee war in der ersten Hälfte des 19. Jahrhunderts die übliche Methode, um die Geschäftsposition vor Ort zu erhalten, auszuweiten und über Entwicklungen auf dem Laufenden zu bleiben.

Das Beispiel der Firma G. H. Wappäus zeigte, daß eine bestimmte Anzahl von Prämissen gegeben sein mußte, um sich im Überseehandel etablieren zu können: Startkapital, Einbindung in das hamburgische Kaufmannsnetzwerk, dezidierte Kenntnisse von der Zielhandelsregion und persönliche Kontakte zu dieser waren entscheidende Voraussetzungen. So konnte der hanseatische Kaufmann, begünstigt von der Politik Hollands, Dänemarks, Venezuelas und der politisch-militärischen Bedeutungslosigkeit Hamburgs, schon während der Unabhängigkeitskämpfe in Handelskontakte mit dem karibischen Festland treten.

Die gleichen Voraussetzungen mußten erfüllt werden, um 1857 eine zweite Firma unter dem Namen Wappäus im Venezuelahandel etablieren zu können. Mitte des 19. Jahrhunderts bestand die Basis einer hanseatischen Kaufmannsreederei im Überseehandel aus den Faktoren Vorfahren, Familie, Startkapital und kaufmännisches Netzwerk. Neben dem Kapital war letzteres der zentrale Faktor, der einen erfolgreichen Einstieg in die Selbständigkeit ermöglichte.

In der Beispielstudie entwickelte der Firmengründer A. H. Wappäus eine Unternehmenspolitik von der ausgehend er eine Reihe von Strategien einsetzte, mit denen er um Kunden und Handelspartner warb. Zunächst rekurrierte er auf das Netzwerk, mit dessen Etablierung er in seinen Arbeitsjahren in Venezuela begonnen hatte. Als Medium der Gründungsstrategie erwiesen sich Briefe. Der Erfolg und die Umsetzbarkeit von Gründungsstrategien einer hanseatischen Kaufmannsreederei im Karibikhandel hing unmittelbar von der Qualität eines zuvor etablierten Netzwerks oder Beziehungsgeflechtes ab.

Zentrale Bedeutung für die Kundengewinnung hatte die Betonung der Individualität und Freundschaftlichkeit jeder einzelnen kaufmännischen Verbindung. Ein weitreichendes Serviceangebot und im voraus erbrachte Leistungen sollten die eigene Person und zukünftige Firma positiv von der Konkurrenz unterscheiden und dienten als Nachweis persönlicher Agilität und Kompetenz. Eine weitere Strategie war die Unterbreitung konkreter Angebote und fixierter Geschäftsbedingungen, die die Hemmschwelle für eine Geschäftsverbindung senkten und den Eindruck von Seriosität vermittelten. Starke Spezialisierung auf bestimmte Handelssegmente war ein weiterer Einstiegsmodus, da damit der Firmengründer mit seiner Erfahrung und seinen Kontakten in die jeweilige Region in Hamburg konkurrenzlos war.

Das kaufmännische Netzwerk war der zentrale Faktor, der eine erfolgreiche Geschäftsanbahnung und den Schritt in die Selbständigkeit ermöglichte. Dabei müssen drei verschiedene Ebenen von Netzwerken als für den Überseehandel relevant unterschieden werden: Die intraurbane, die extraurbane und internationale sowie die institutionelle Ebene. Die drei kaufmännischen Netzwerkebenen konnten sich an verschiedenen Berührungspunkten, wie auch mit dem sozialen Netzwerk der Familie, das zum großen Teil identisch mit dem kaufmännischen war, überschneiden.

Die Etablierung eines kaufmännischen Netzwerkes war die Bedingung für den Einstieg in den Überseehandel. Ansehen und Vertrauen innerhalb der eigenen kaufmännischen Gemeinde waren die Voraussetzung zur erfolgreichen Schaffung eines Netzwerkes. Darum bedurfte es als Geschäftsbasis der ständigen Legitimierung und Demonstration der sozialen, gesellschaftlichen und beruflichen Position in der Han-

sestadt selbst. Erst vor diesem Hintergrund der Einbindung in das intraurbane kaufmännische und soziale Netzwerk, konnten die externen und internationalen, wie
auch die institutionellen Beziehungen prosperieren.

Grundstock der Verbindungen eines Überseekaufmanns waren hier die während der Lehr- oder Arbeitszeit im Ausland geknüpften Beziehungen. Schon in dieser Phase wurde gezielt auf die Etablierung eines Netzwerkes hingearbeitet. Im
Ausland erleichterten die Verbindungselemente Beruf, Heirat, Nationalität und
Freundschaft die Etablierung von Kontakten. Das Konsulatswesen wurde im 19.
Jahrhundert zu einem weiteren wichtigen Instrument, der Anknüpfung von Beziehungen.

Die klassischen kaufmännischen Verbindungen, die vom gemeinsamen Beruf
und von gleichen ökonomischen Interessen bestimmt waren, und teilweise durch
Freundschaft und Verwandtschaft noch mehr Stabilität erhielten, machten den größten und für das Geschäft wichtigsten Anteil an Netzwerkverbindungen aus. In der
Beispielstudie zeichneten sich diese Verbindungen besonders durch große wechel-
seitige Erreichbarkeit aus, denn die Netzwerksmitglieder korrespondierten direkt
miteinander. Die Reichweite des Netzwerkes war maximal, da jedes Mitglied direkten Kontakt zum Zentrum, dem jeweiligen Firmenchef, hatte. Es gab neben den
kaufmännischen auch weitere Arten von Verbindungen, die in andere gesellschaftliche Bereiche reichten, und zu beiderseitigem Nutzen unterhalten wurden. Dies
konnten zum Beispiel Verbindungen zum wissenschaftlichen Betrieb sein.

Das Netzwerk der Beispielstudie breitete sich nicht linear vom Zentrum der
Firmenführung in Hamburg her aus, sondern war ein Geflecht der Netzwerkangehörigen auch untereinander, und darüber hinaus zu Dritten. Zudem schloß das kaufmännische Netzwerk Mitglieder verschiedenster Nationalitäten in sich ein. Dadurch
waren Handel und Politik gleichermaßen in das Netzwerk eingeschlossen und stellten für das Netzwerkszentrum sowohl direkten als auch indirekten Kontakt zu Persönlichkeiten aus Handel und Politik des Handelsziellandes her. Die Verflechtung
der Kaufleute reichte im Beispielnetzwerk bis an die Spitze des venezolanischen
Staates. Walther Bernecker[1] kam in seiner Studie zu Mexiko zu dem Schluß, daß
hanseatische Kaufleute mit einem weitverzweigten Netz von informellen und persönlichen Kontakten subtil Einfluß auf die Außenpolitik der Gastländer ausübten.
Dies scheint auch in Venezuela der Fall gewesen zu sein, doch bedürfte diese Hypothese noch einer eingehenderen Untersuchung.

Die Kooperation von Kaufleuten verschiedener Nationalitäten in Übersee trug
zudem wesentlich zur guten Positionierung der kaufmännischen Einwanderungseli-
te im Gastland und zum Geschäftserfolg kleiner Gruppen wie der Hamburger, bei.

Neben den vor allem ökonomisch begründeten Beziehungen gab es auch solche, die von ideellen Werten getragen wurden. Denn Geschäft, Familie, Lebenserfahrungen und Privatleben waren in einer Familienfirma des 19. Jahrhunderts nicht
voneinander zu trennen. Verbindungen wurden mit Emotionen belegt, und umgekehrt motivierten Emotionen durchaus die Etablierung von Kontakten. Verwandtschaft und Freundschaft waren die tragenden Säulen der Netzwerke von Familienfirmen im Überseehandel des 19. Jahrhunderts.

1   BERNECKER, Walther L.: Die Handelskonquistadoren.

Die Beeinflussung der Handlungsmotivation durch nicht-geschäftliche Faktoren wie Reputation der Familie, Status innerhalb der Gemeinschaft, Arbeitsbeschaffung für Familienmitglieder und Reproduktionsfragen waren Merkmal der Familienfirma des 19. Jahrhunderts, deren Geschäftsführung oft in kurzen Zeit- und Investitionszyklen agierte, was ein Wachsen der Firma zu einem Großbetrieb verhinderte. Aus diesem Grunde war es typisch, daß es einen kontinuierlichen Prozeß des Firmensterbens und -entstehens gab. Diese Merkmale treffen auch auf die Kaufmannsreedereien G. H. Wappäus und A. H. Wappäus zu, die somit als exemplarische Familienfirmen im Hamburg des 19. Jahrhunderts gelten können.

Der Netzwerkpflege kam ein überproportionales Gewicht der Bemühungen zu, da die Etablierung neuer Kontakte, gerade von Hamburg aus, außerordentlich schwierig war. Aus diesem Grunde veränderte sich die Gruppe der handelnden Personen auch über Jahrzehnte hinweg nur geringfügig. Jede Veränderung wirkte sich spürbar auf die Firma aus. Daher kam es auch nicht zu Änderungen von Firmenstrategien oder -struktur, die auf dem Firmennetzwerk basierten und dieses in reziproker Wirkung wiederum erhielten. In der Beispielstudie bedeutete das die Konzentration auf das Netzwerkszentrum, das von einer Person gebildet wurde, die das Netzwerk selbst etabliert hatte und steuerte.

Netzwerkmitglieder verpflichteten sich gegenseitig sowohl durch materielle Zuwendungen von hohem positiven emotionalen Gehalt als auch durch Hilfestellungen, Gefälligkeiten und Informationsaustausch. Die gegenseitige Unterstützung bei der Ausbildung des Nachwuchses diente gleichzeitig einem damit verbundenen Austausch ideeller und kultureller Güter. Durch Heiratspolitik sollten Verbindungen gefestigt und ausgebaut werden.

Die Informationen, die dem Erhalt von Beziehungen dienten, wurden zum großen Teil aus dem Netzwerk selbst bezogen, womit es semiautark war. Netzwerke schützten sich selbst, indem sie Regelbrüche mit Ausschluß sanktionierten. Die Studie ergab, daß entgegen der subjektiven Wahrnehmung der Kaufleute netzwerkinterne Störfaktoren eine größere Gefahr für Relationen darstellten als externe. Persönliche Bekanntschaft wurde im 19. Jahrhundert subjektiv als Garantie für eine stabile Relation empfunden, was die Studie objektiv nicht bestätigen konnte.

Mit der erfolgreichen Netzwerketablierung und -pflege stand und fiel der Erfolg im Überseehandel. Der ausländische Kundenstamm war von existenzieller Bedeutung für die Firma. Das Netzwerk war das Medium für eine zuverlässige Verbindung in die transatlantischen Gebiete. Ein funktionierendes Netzwerk schuf Reputation und Kredit. Es sorgte für Stabilität in Geschäften, Kontinuität und Risikobegrenzung. Das breit angelegte kaufmännische Netzwerk in Übersee, auf das das Firmenzentrum von Hamburg aus rekurrieren konnte, erlaubte es, die Firma zentral und uneingeschränkt von Hamburg aus zu leiten. Dies und die Sicherung der Reproduktion der Firma, waren seine zentralen Aufgaben.

Das Exempel der Familie Wappäus verdeutlicht darüber hinaus die Entwicklungen der Reederei und des Handel im hanseatischen Überseegeschäft des 19. Jahrhunderts. Die Reederei G. H. Wappäus war Vorreiter einer kontinuierlichen Entwicklung des 19. Jahrhunderts gewesen, in der die Reederei als Medium zur Beförderung eigener Ware allmählich von der Reederei als Transportunternehmen abgelöst wurde, das ausschließlich fremde Ware beförderte. Jedoch noch gegen Ende des 19. Jahrhunderts sollte die Mischform, wie sie die Reederei G. H. Wappäus zu Beginn des 19. Jahrhunderts praktizierte, also die Beförderung eigener und fremder Ware, die vorherrschende Reedereipraxis bleiben, wie das Beispiel der Nachfolgefirma A. H. Wappäus zeigte.

Auch im Kaufmannsgeschäft kam es zu Veränderungen. Zwischen 1818, dem Jahr, in dem das erste Schiff der Reederei G. H. Wappäus nach Westindien lief, und 1824/25, dem Jahr, in dem G. H. Wappäus seinen Stiefsohn in La Guaira etablierte, fand eine grundlegende Veränderung der Handelspraxis statt. Wurde in den ersten Jahren die Ware noch ohne festen Konsignatar verschifft, hatte sich schon um 1825 der Venezuelahandel derart etabliert, daß der Konsignationshandel die übliche Geschäftsform geworden war. Das bedeutet, daß um 1818 ein kaufmännisches Netzwerk inexistent gewesen war, während es sieben Jahre später schon, zumindest in kleinem Maßstab, etabliert worden war. Dies schafften die Hanseaten durch die Niederlassung von Familienmitgliedern im Zielland, wie die Familie Wappäus exemplifiziert. Eine schnell voranschreitende Vernetzung der Kaufmannschaft ist für jene Schlüsseljahre im Venezuelahandel zu konstatieren.

Die Hamburger Kaufleute etablierten in der Einstiegsphase in Venezuela vorrangig Firmen, die als Filialen von Häusern, die außerhalb Venezuelas saßen, agierten. Eine weitere Variante war verbreitet, bei der sich Familienmitglieder von hanseatischen Häusern in Venezuela niederließen, die als Agenten und Konsignatare für die Familienfirma in Europa oder den Vereinigten Staaten fungierten. Durch eine beständig fortschreitende Vernetzung und Erhöhung der Kommunikationsdichte von Kaufleuten untereinander wurde der risikoärmere und marktspezifisch orientierte Konsignationshandel praktikabel, der bis ins 20. Jahrhundert hinein Basis des Überseehandels blieb und zentral von einem Ort aus gesteuert werden konnte.

Der hamburgische Karibikhandel gewann, regionalen und konjunkturellen Schwankungen unterworfen, im 19. Jahrhundert an Bedeutung. Die schnell entstehende und fortschreitende Vernetzung der Hamburger Kaufmannschaft in und mit dem karibischen Raum im Verlauf des vorletzten Jahrhunderts war eklatant. Das Individuum, der einzelne Hamburger Kaufmann, war die treibende Kraft hinter diesen Phänomenen. Das Individuum mußte die politischen und wirtschaftlichen Rahmenbedingungen zu seinem Vorteil nutzen, um in den Venezuelahandel einsteigen zu können. Sowohl die Niederlande und Dänemark mit ihrer Kolonialpolitik als auch die junge Republik Venezuela in ihrer ökonomischen und politischen Situation machten eine Etablierung schon während der Unabhängigkeitskriege möglich, wenn auch nicht einfach. Es lag beim einzelnen Kaufmann, die Chance zu erkennen, sich mit den Möglichkeiten und Schwierigkeiten vertraut zu machen, und vor allem Kontakte zu knüpfen. Der Hamburger Kaufmann war nicht dem Primat der großen Politik und den Vorgaben der führenden europäischen Mächte unterworfen, sondern suchte sich seine individuelle Lösung. Mit seinem weitverzweigten Netz von informellen und persönlichen Kontakten fiel dem einzelnen Kaufmann und den Konsuln, die ohnehin meist in Personalunion auftraten, das größte Gewicht in der Gestaltung der Handelspolitik und vor allem des realen Handels zu.

Die Anzahl der im Venezuelahandel fest engagierten Hamburger Kaufleute war gering, auch im Vergleich mit den Kaufleuten anderer Nationen. Umso bedeutsamer ist das Ergebnis, daß jedes einzelne getätigte Geschäft von Bedeutung war, da die Durchschnittsgröße der hanseatischen Konsignationen die aller anderen Nationen übertraf.

Die Betrachtung des Individuums im hanseatischen Überseehandel ist konsequenterweise erforderlich, um Einblick in denselben zu erhalten. Zu diesem Schluß führt die Erkenntnis, daß die individuelle Betreuung von Kunden in Übersee, die übliche hanseatische Handelspraxis, nämlich der detaillierte und persönliche Einkauf jeder einzelnen Ware, wesentlich dazu beitrug, daß Hamburg eine Spitzenposition im Venezuelahandel einnahm.

Die Erkenntnis von der herausragenden Bedeutung des Individuums im hanseatischen Karibikhandel legt weiterhin die Vermutung nahe, daß bei Untersuchungen auf quantitative Aspekte abzielende Fragestellungen weniger geeignet sind als solche, die qualitative Aspekte in den Vordergrund stellen.

Zudem ergab die exemplarische Untersuchung des kaufmännischen Netzwerks der Firma A. H. Wappäus, der Fahrtrouten Hamburger Schiffe im Karibikhandel und die Ermittlung der Herkunftsorte von Import- und Exportware, daß das internationale Beziehungsgeflecht im Transatlantikhandel des 19. Jahrhunderts weitere breit angelegte Datenerhebungen und -gegenüberstellungen erfordert, um Fragen jeglicher Art zum Überseehandel des 19. Jahrhunderts beantworten zu können. Die in dieser Studie ausschnittsweise und exemplarische Erfassung von Daten verschiedener Regionen verdeutlicht, daß bisherige Arbeiten nur auf unzureichende Datenbanken zurückgreifen konnten. Das weist darauf hin, daß quantifizierende Daten im Überseehandel selbst bei breitester Quellengrundlage nur als Tendenzen verstanden werden können. Der qualitative Aspekt, wie z. B. Art der Ware, Warenherkunft, Warenbeschaffungswege und -praxis, gibt eher Einblick in das Wesen des Transatlantikhandels des 19. Jahrhunderts als die reine Erfassung von Warenwerten und -volumina einzelner Quellenbestände.

Hamburger Quellen allein sind nicht zur Erforschung des Transatlantikhandels im karibischen Raum geeignet, da sie diesen nur partiell erfassen. Die Methode der Einbeziehung internationaler Quellenbestände erwies sich daher nicht nur als sinnvoll, sondern als notwendig für einen Erkenntniszugewinn. Sämtliche Quellenbestände bestätigten die mangelhafte Zuverlässigkeit quantitativer Angaben.

Die für diese Studie zusammengestellten Daten sollen einen ersten Einblick in ausländische Quellenbestände ermöglichen, hamburgische Archivalien ergänzen und eine Grundlage für weiterführende Studien sein. Denn im Prozeß der Untersuchung ergaben sich viele offene Fragen, die zu klären eine Aufgabe für die Zukunft ist.

Das Jahrzehnt zwischen 1815 und 1825 war entscheidend für den Einstieg hamburgischer Kaufleute in den Venezuelahandel. Eine genauere Untersuchung dieses Jahrzehnts wäre wünschenswert. In diesem Zusammenhang ist die Hypothese der vorliegenden Studie zu untersuchen, die annimmt, daß Hamburger Kaufleuten die Etablierung von Handelsverbindungen mit Venezuela während des Unabhängigkeitskrieges durch Waffenlieferungen an die Unabhängigkeitsbewegung gelang. Ob dies tatsächlich der Fall war, welchen Umfang der eventuelle Waffenhandel hatte und welche Bedeutung er speziell für die hamburgische Kaufmannschaft sowie für die überseeischen Gebiete hatte, muß noch erforscht werden.

Eine weitergehende systematische Erfassung und Analyse der Fahrtrouten hamburgischer Schiffe im karibischen Raum würde weitere Erkenntnisse über Handelspraktiken, über die Verknüpfung diverser Wirtschaftsräume und kaufmännischer Gemeinden und Entwicklungen im Transatlantikhandel des 19. Jahrhunderts, ergeben.

Daran anknüpfend steht noch eine Untersuchung der Entwicklung und Bedeutung der hamburgischen Dampfschiffahrt aus, durch die sich weiterführende Fragen wie z. B. nach einer eventuellen Veränderung der europäischen Konsumgewohnheiten von Kolonialwaren infolge der Einrichtung des Linienverkehrs, stellen.

Letztlich ist eine breit angelegte Untersuchung der Spuren Hamburger Kaufleute im Ausland erforderlich. Der persönliche Auslandsaufenthalt hatte offensichtlich, wie die vorliegende Studie zeigt, in der Vita eines Überseekaufmanns eine Schlüsselfunktion. Er war damit auch von grundlegender Bedeutung für die Entwicklung des Hamburger Überseehandels. Zur Bestätigung der Ergebnisse der hier vorliegenden Untersuchung wären weitere Studien zu den sozialen, kulturellen und wirtschaftlichen Initiativen Hamburger Kaufleute im Ausland wünschenswert.

VII. Quellenverzeichnis

Verzeichnis der Archive und Bibliotheken

Deutschland:

Staatsarchiv der Freien und Hansestadt Hamburg	StAH
Staats- und Universitätsbibliothek Göttingen	SuBG

Dänemark:

Rigsarkivet København	RK

Niederlande:

Algemeen Rijksarchief Den Haag	ARA
Koninklijke Bibliotheek Den Haag	KBDH
Koninklijk Instituut voor Taal-, Land-, en Volkenkunde Leiden	KITLV
Universitätsbibliothek Leiden	UL

Venezuela:

Archivo del Ministerio de Relaciones Exteriores	AMRE
Biblioteca Nacional de Venezuela, Colección Libros Raros y Manuscritos	CLRM
Fundación John Boulton	FJB
Hemeroteca de la Biblioteca Nacional de Venezuela	HBNV
Hemeroteca-Mapoteca de la Academia Nacional de la Historia	HMANH

Gedruckte Quelle

Dupoy, Walter (Hrsg.): Sir Robert Ker Porter's Caracas Diary / 1825–1842. A British Diplomat in a Newborn Nation, Caracas 1966.

Deutsche Archive und Bibliotheken:

Staatsarchiv der Freien und Hansestadt Hamburg (StAH)

StAH 621–1 Firma G. H. Wappäus Reederei 1, Korrespondenzbuch 25. Januar 1825 bis 23. November 1827

StAH 621–1 Firma G. H. Wappäus Reederei 2, Korrespondenzbuch 17. November 1827 bis 10. Dezember 1830

StAH 621–1 Firma G. H. Wappäus Reederei 3, Segelanweisung für die Westküste von Afrika, englische Druckschrift mit handschriftlichen Ergänzungen von G. H. Wappäus und Kapitän Hinrichsen 1835

StAH 621–1 Firma G. H. Wappäus Reederei 4, Lebensbild des Georg Heinrich Wappäus

StAH 621–1 Firma G. H. Wappäus Reederei 5, Personenkundliche Unterlagen des Amtsgerichtsrats Oscar Wappäus (entnommen aus der kassierten Personalakte der Justizverwaltung)

StAH 621–1 Firma A. H. Wappäus[1] 1, Hausstandsrechnungen, Aufträge, Preisaufgaben, Verkaufsrechnungen und Fakturen 1856 ff

StAH 621–1 Firma A. H. Wappäus 2, Kopien, Diverses 1857 ff

---

1   Verzeichnis der am 18.11.1926 von Gerald Pontoppidan, bzw. am 10.7.1928 von der Firma Maak & Co. abgelieferten Geschäftspapiere und Geschäftsbücher der Firma A. H. Wappäus.

StAH 621–1 Firma A. H. Wappäus 3, Rechnungen über Bau, Ausrüstung und Reisen der Schiffe „Orinoco" und „Evelina" 1857–1859, 1861

StAH 621–1 Firma A. H. Wappäus 4, Kassabuch über den Bau und die Reisen der Bark „Orinoco" 1859

StAH 621–1 Firma A. H. Wappäus 5, Versicherungsscheine (Policen) und ähnliches 1857 ff

StAH 621–1 Firma A. H. Wappäus 6, Conossemente und Frachtbriefe 1858–1861

StAH 621–1 Firma A. H. Wappäus 7, Zollzettel, Schlußnoten, Discontnoten, Tratten 1858 ff

StAH 621–1 Firma A. H. Wappäus 9, Memorandum-Book von A. H. Wappäus in Ciudad Bolivar 1839–1857

StAH 621–1 Firma A. H. Wappäus 10, Hauptbücher Lit A und B: a) 1857–1879, b) 1880–1903

StAH 621–1 Firma A. H. Wappäus 11, Restkonto Lit. A – F: a – f) 1857–1910

StAH 621–1 Firma A. H. Wappäus 12, Journal Lit. B – M: a – l) 1864–1909

StAH 621–1 Firma A. H. Wappäus 13, Memorial Lit B – M: a – l) 1867–1917

StAH 621–1 Firma A. H. Wappäus 14, Bankbücher Lit. R. C. E – F, a – g) 1867–1912

StAH 621–1 Firma A. H. Wappäus 15, Kassabücher Lit. B – D: a – c) 1858–1903

StAH 621–1 Firma A. H. Wappäus 16, Auftragsbücher a – c) 1874–1897

StAH 621–1 Firma A. H. Wappäus 17, Kopiebücher a – e) 1863–1894

StAH 621–1 Firma A. H. Wappäus 18, Kontobuch unbezeichnet 1882–1888

StAH 621–1 Firma A. H. Wappäus 19, Testament A. H. Wappäus und Frau Evelina Prudencia, geb. del Campo, von 1904

StAH 611–19 Archiv der G. H. Wappäus Stiftung 1, Begründung der Stiftung, Satzung und Verleihung der Rechtsfähigkeit, 1905

StAH 611–19 Archiv der G. H. Wappäus Stiftung 2, Ernennung von Verwaltern der Stiftung, 1905–1923

StAH 611–19 Archiv der G. H. Wappäus Stiftung 3a, Unterstützungswesen, Unterstützungsgesuche und Auskünfte der Aufsichtsbehörde für die milden Stiftungen über die Gesuchsteller, 1905–1927

StAH 611–19 Archiv der G. H. Wappäus Stiftung 3b, Unterstützungswesen, Die Benefiziaten der Stiftung, 1906–1928

StAH 611–19 Archiv der G. H. Wappäus Stiftung 4, Vermögensverwaltung, 1905–1927

StAH 611–19 Archiv der G. H. Wappäus Stiftung 5a, Rechnungswesen, Rechnungsbuch und Jahresabrechnungen, 1905–1928

StAH 611–19 Archiv der G. H. Wappäus Stiftung 5b, Rechnungsbelege, 1905–1927

StAH 611–19 Archiv der G. H. Wappäus Stiftung 6, Auflösung der Stiftung, 1923–1928

StAH 231–3 Handelsregister F 4730 (A 6 Band 18)

StAH 231–3 Handelsregister G 31042 (A 13 Band 21)

StAH 231–7 Amtsgericht Hamburg – Handels- und Genossenschaftsregister A 1050 (Handelsregister A Band 4)

StAH, Mikrofilm, S. 12/8 165, Hamburgischer Correspondent 19.11.1904, Abendblatt, 2. Beilage

StAH Adreßbücher, Mikrofilm L 16 / 004, 1804, 1805, 1806

StAH Adreßbücher, Mikrofilm L 16 / 006, 1810, 1811, 1813

StAH Adreßbücher, Mikrofilm L 16 / 016, 1834, 1835

StAH Adreßbücher, Mikrofilm L 16 / 031, 1834, 1835

StAH Adreßbücher, Mikrofilm L 16 / 049, 1880, Namen

StAH Adreßbücher, Mikrofilm L 16 / 085, 1904, Namen

StAH 132–6 Hamburgisches Konsulat

Angostura 1 I,   Protokoll des Consulates der freien Hanse-Städte Lübeck, Bremen und Hamburg in und für Angostura 1840–1845

Angostura 1 II,   1. Protokoll der ausgehenden Schreiben und Vorgänge beim Konsulat 1845–56, 2. Tabellen über Ein- und Ausfuhr 1839–1855, nur über von und nach den Hansestädten ein- bzw. auslaufende Schiffe 1840–1855

Angostura 2,   Protokoll der Attestate 1847–1862
Angostura 3,   Allgemeine Konsulatsangelegenheiten, Bestallung und persönliche Angelegen-
                      heiten der Konsuln (1834),1838–1857
Angostura 5,   Allgemeine Instruktionen Hamburgs, allgemeine Handelsangelegenheiten
Angostura 6,   Allgemeine Instruktionen Lübecks und Bremens (1823), 1851–1864
Angostura 7,   Allgemeiner Schriftverkehr mit venezolanischen Behörden 1840–64
Angostura 8,   Sammlungen für wohltätige Zwecke (Hamburger Brand u. a.), 1842–1866
Maracaibo 1,   Allgemeine Konsulatsangelegenheiten, Personalangelegenheiten 1845–1869
Maracaibo 2,   Protokoll der Vorgänge beim Konsulat, Abschriften der ausgehenden Schrei-
                      ben und Vermerke über eingegangene Schreiben, 1845–1869
Maracaibo 3,   Schreiben des hamburgischen Syndikats (Instruktionen), 1845–1868
Maracaibo 4,   Noten und Mittheilungen venezolanischer Dienststellen 1845–1869
Maracaibo 5,   Schreiben des Generalkonsulats in Caracas, anderer hanseatischer Konsulate
                      und solcher fremder Staaten in Maracaibo, 1853–1867
Maracaibo 6,   Handels- und Schiffahrtsangelegenheiten allgemein,
                      Gesuche von Privaten, 1847–1868

StAH 132–6 Hamburgisches Konsulat (Generalkonsulat, Vizekonsulat)
La Guayra 1,   Allgemeine Konsulatsangelegenheiten, Personalangelegenheiten 1827–1868
La Guayra 2,   Bd. 1, 1827–1848, Protokoll der abgegangenen Schreiben und der Vorgänge
                      beim Konsulat sowie Übersicht der gebührenpflichtigen Anträge, 1836–1848
La Guayra 2,   Bd. 2, Protokoll der abgegangenen Schreiben und der Vorgänge beim Konsu-
                      lat sowie Übersicht der gebührenpflichtigen Anträge, 1848–1864
La Guayra 2,   Bd. 3, Protokoll der abgegangenen Schreiben und der Vorgänge beim Konsu-
                      lat, 1864–1869

Staats- und Universitätsbibliothek Göttingen (SuBG)
Abteilung Handschriften und seltene Drucke, 8° Cod. Ms. philos. 185; Briefe an J. E. Wappäus.

Dänisches Archiv:

Rigsarkivet København (RK)
Indgående skibe:
Koloniernes Centralbestyrelse, Kolonialkontoret Gruppesager til Vestindisk Journal, Rapporter St.
Thomas, St. Jan
III,   F 04–135, 657, für 1854
VII–VIII,   F 04–135 661, 662, für 1861–1862
VII–VIII,   F 04–135 661, 662, für 1861–1863
X,   F 04–135, 664, für 1865
X–XXVI,   F 04–135, 664–680, ab April 1865
X,   F 04–135, 664, für 1866
XV–XXI,   F 04–135, 669–675, für 1877–1888

Rigsarkivet og Hjælpemidlerne til dets Benyttelse I, 2. Bind, St. Thomas Havnemester 1819–1867,
Jan. 1819 – März 1854, Indgående skibe, TB / 36 TV 2, Protokoller over indkomne fartøjer 1821,
1833–1865 (m. angivelse af koller over indkomne fartøjer art og navn, fører, nationalitet, hvorfra
ankommet samt ladnings art), für 1819, 1821, 1825, 1833, 1835, 1845, 1854–1855, 1860, 1864.

Udgåede fartøjer:
Rigsarkivet og Hjælpemidlerne til dets Benyttelse I, 2. Bind, St. Thomas Havnemester 1819–1867,
Protokoller over udgåede fartøjer 1821, 1833–1865 (m. angivelse af koller over udgåede fartøjer art
og navn, fører, nationalitet, bestemmelssted samt ladnings art).

Niederländische Archive und Bibliotheken:

Algemeen Rijksarchief Den Haag (ARA)
Nummer toegang: 1.05.12.02, Archieven van Curaçao, Bonaire en Aruba na 1828, Inventarisnummer: 1271 – 1279, De Curaçaosche Courant 1818 – 1835

Koninklijke Bibliotheek Den Haag (KBDH)
De Curaçaosche Courant 1847–1900, Signatuur 1657 C1.
De Curaçaosche Courant 1871–1875, Signatuur 1657 C1.
De Curaçaosche Courant 1875–1900, Signatuur 1657 C1.

Koninklijk Instituut voor Taal-, Land-, en Volkenkunde Leiden (KITLV)
Koloniaal Verslag. Verslag van het beheer en den staat der Kolonien over 1848. Mededellungen betreffende de Kolonien (Art. 60 der Grundwet.), Zitting 1849–1850 (XXXVI), Nr. 2.

Koloniaal Verslag. Verslag van het beheer en den staat der Kolonien over 1849. Verslag wegens Curaçao en Onderhoorigheden, Nr 4.. Verslag van het beheer van Curaçao en Onderhoorigheden en van den staat waarin de Kolonie zich bevindt, over het jaar 1849, Zitting 1851–1852 (XXVIII).

Koloniaal Verslag. Verslag van het beheer en den staat der Kolonien over 1850. Verslag van het beheer van Curaçao en Onderhoorigheden en van den staat waarin de Kolonie zich bevindt, over het jaar 1850, Zitting 1852–1853 (XLIV). Verslag wegens Curaçao en Onderhoorigheden, Bijlage J, Nr. 21. Staat, aantoonende het getal Vaartuigen en derzelver Tonnemaat, welke gedurende het jaar 1850 in de haven van Curaçao zijn binnengevallen. Opgemaakt naar de Staten van In- en Doorvoer.

Koloniaal Verslag. Verslag van het beheer en den staat der Kolonien over 1851. Verslag van het beheer van Curaçao en Onderhoorigheden en van den staat waarin de Kolonie zich bevindt, over het jaar 1851, Zitting 1853–1854 (XXXVI). Verslag wegens Curaçao en Onderhoorigheden, Nr. 13, Tweede Hoofdstuk. Staat, aantoonende het getal Vaartuigen en derzelver Tonnemaat, welke gedurende het jaar 1851 in de haven van Curaçao zijn binnengevallen. Opgemaakt naar de Staten van In- en Doorvoer.

Koloniaal Verslag. Verslag van het beheer en den staat der Kolonien over 1852. Verslag van het beheer van Curaçao en Onderhoorigheden en van den staat waarin de Kolonie zich bevindt, over het jaar 1852, Zitting 1853–1854 (XCV). Verslag wegens Curaçao en Onderhoorigheden, Bijlage K, Nr. 21. Staat, aantoonende het getal Vaartuigen en derzelver Tonnemaat, welke gedurende het jaar 1852 in de haven van Curaçao zijn binnengevallen. Opgemaakt naar de Staten van In- en Doorvoer.

Koloniaal Verslag. Verslag van het beheer en den staat der Kolonien over 1853. Verslag van het beheer van Curaçao en Onderhoorigheden en van den staat waarin de Kolonie zich bevindt, over het jaar 1853, Zitting 1854–1855 (CIX). Verslag wegens Curaçao en Onderhoorigheden, Bijlage K, Nr. 17. Staat, aantoonende het getal Vaartuigen en derzelver Tonnemaat, welke gedurende het jaar 1853 in de haven van Curaçao zijn binnengevallen. Opgemaakt naar de Staten van In- en Doorvoer.

Koloniaal Verslag. Verslag van het beheer en den staat der Kolonien over 1854. Verslag van het beheer van Curaçao en Onderhoorigheden en van den staat waarin de Kolonie zich bevindt, over het jaar 1854, Zitting 1855–1856 (CV). Verslag wegens Curaçao en Onderhoorigheden, Bijlage O, Nr. 34. Staat, aantoonende het getal Vaartuigen en derzelver Tonnemaat, welke gedurende het jaar 1854 in de haven van Curaçao zijn binnengevallen. Opgemaakt naar de Staten van In- en Doorvoer.

Koloniaal Verslag. Verslag van het beheer en den staat der Kolonien over 1855. Verslag van het beheer van Curaçao en Onderhoorigheden en van den staat waarin de Kolonie zich bevindt, over het jaar 1855, Zitting 1857–1858 (LXVIII). Verslag wegens Curaçao en Onderhoorigheden, Bijlage S, Nr. 46. Staat, aantoonende het getal Vaartuigen en derzelver Tonnemaat, welke gedurende het jaar 1855 in de haven van Curaçao zijn binnengevallen. Opgemaakt naar de Staten van In- en Doorvoer.

Koloniaal Verslag. Verslag van het beheer en den staat der Kolonien over 1856. Verslag van het beheer van Curaçao en Onderhoorigheden en van den staat waarin de Kolonie zich bevindt, over het jaar 1856, Zitting 1858–1859 (LXV). Verslag wegens Curaçao en Onderhoorigheden, Bijlage P, Nr. 66. Staat, aantoonende het getal Vaartuigen en derzelver Tonnemaat, welke gedurende het jaar 1856 in de haven van Curaçao zijn binnengevallen. Opgemaakt naar de Staten van In- en Doorvoer.

Koloniaal Verslag. Verslag van het beheer en den staat der Kolonien over 1857. Verslag van het beheer van Curaçao en Onderhoorigheden en van den staat waarin de Kolonie zich bevindt, over het jaar 1857, Zitting 1859–1860 (LIII). Verslag wegens Curaçao en Onderhoorigheden, Bijlage Q, Nr. 45. Staat, aantoonende het getal Vaartuigen en derzelver Tonnemaat, welke gedurende het jaar 1857 in de haven van Curaçao zijn binnengevallen. Opgemaakt naar de Staten van In- en Doorvoer.

Koloniaal Verslag. Verslag van het beheer en den staat der Kolonien over 1858. Verslag van het beheer van Curaçao en Onderhoorigheden en van den staat waarin de Kolonie zich bevindt, over het jaar 1858, Zitting 1860–1861 (LX). Verslag wegens Curaçao en Onderhoorigheden, Bijlage O, Nr. 36. Staat, aantoonende het getal Vaartuigen en derzelver Tonnemaat, welke gedurende het jaar 1858 in de haven van Curaçao zijn binnengevallen. Opgemaakt naar de Staten van In- en Doorvoer.

Koloniaal Verslag. Verslag van het beheer en den staat der Kolonien over 1859. Verslag van het beheer van Curaçao en Onderhoorigheden en van den staat waarin de Kolonie zich bevindt, over het jaar 1859, Zitting 1861–1862 (XLVII). Verslag wegens Curaçao en Onderhoorigheden, Bijlage P, Nr. 38. Staat, aantoonende het getal Vaartuigen en derzelver Tonnemaat, welke gedurende het jaar 1859 in de haven van Curaçao zijn binnengevallen. Opgemaakt naar de Staten van In- en Doorvoer.

Koloniaal Verslag. Verslag van het beheer en den staat der Kolonien over 1860. Verslag van het beheer van Curaçao en Onderhoorigheden en van den staat waarin de Kolonie zich bevindt, over het jaar 1860, Zitting 1862–1863 (LXVII). Verslag wegens Curaçao en Onderhoorigheden, Bijlage R, Nr. 36. Staat, aantoonende het getal Vaartuigen en derzelver Tonnemaat, welke gedurende het jaar 1860 in de haven van Curaçao zijn binnengevallen. Opgemaakt naar de Staten van In- en Doorvoer.

Koloniaal Verslag. Verslag van het beheer en den staat der Kolonien over 1861. Verslag van het beheer van Curaçao en Onderhoorigheden en van den staat waarin de Kolonie zich bevindt, over het jaar 1861, Zitting 1863–1864 (CXXII). Verslag wegens Curaçao en Onderhoorigheden, Bijlage L, Nr. 31. Staat, aantoonende het getal Vaartuigen en derzelver Tonnemaat, welke gedurende het jaar 1861 in de haven van Curaçao zijn binnengevallen. Opgemaakt naar de Staten van In- en Doorvoer.

Koloniaal Verslag. Verslag van het beheer en den staat der Kolonien over 1862. Verslag van het beheer van Curaçao en Onderhoorigheden en van den staat waarin de Kolonie zich bevindt, over het jaar 1862, Zitting 1864–1865 (CXIII). Verslag wegens Curaçao en Onderhoorigheden, Bijlage V, Nr. 42. Staat, aantoonende het getal Vaartuigen en derzelver Tonnemaat, welke gedurende het jaar 1862 in de haven van Curaçao zijn binnengevallen. Opgemaakt naar de Staten van In- en Doorvoer.

Koloniaal Verslag. Verslag van het beheer en den staat der Kolonien over 1863. Verslag van het beheer van Curaçao en Onderhoorigheden en van den staat waarin de Kolonie zich bevindt, over het jaar 1863, Zitting 1865–1866, 89. Verslag wegens Curaçao en Onderhoorigheden, Bijlage D, Nr. 47. Staat, aantoonende het getal Vaartuigen en derzelver Tonnemaat, welke gedurende het jaar 1863 in de haven van Curaçao zijn binnengevallen. Opgemaakt naar de Staten van In- en Doorvoer.

Koloniaal Verslag. Verslag van het beheer en den staat der Kolonien over 1864. Verslag van het beheer van Curaçao en Onderhoorigheden en van den staat waarin de Kolonie zich bevindt, over het jaar 1864, Zitting 1866–1867, 33. Verslag wegens Curaçao en Onderhoorigheden, Bijlage D, Nr. 13. Staat, aantoonende het getal Vaartuigen en derzelver Tonnemaat, welke gedurende het jaar 1864 in de haven van Curaçao zijn binnengevallen. Opgemaakt naar de Staten van In- en Doorvoer.

Koloniaal Verslag. Verslag van het beheer en den staat der Kolonien over 1867. Verslag van het beheer van Curaçao en Onderhoorigheden en van den staat waarin de Kolonie zich bevindt, over het jaar 1867, Zitting 1869–1870, 26. Verslag wegens Curaçao en Onderhoorigheden, Bijlage B, Nr. 25.

Staat, aantoonende het getal Vaartuigen en derzelver Tonnemaat, welke gedurende het jaar 1867 in de haven van Curaçao zijn binnengevallen. Opgemaakt naar de Staten van In- en Doorvoer.

Koloniaal Verslag. Verslag van het beheer en den staat der Kolonien over 1868. Verslag van het beheer van Curaçao en Onderhoorigheden en van den staat waarin de Kolonie zich bevindt, over het jaar 1868, Zitting 1870–1871, 14. Verslag wegens Curaçao en Onderhoorigheden, Bijlage C, Nr. 72. Staat, aantoonende het getal Vaartuigen en derzelver Tonnemaat, welke gedurende het jaar 1868 in de haven van Curaçao zijn binnengevallen. Opgemaakt naar de Staten van In- en Doorvoer.

Koloniaal Verslag. Verslag van het beheer en den staat der Kolonien over 1870. Verslag van het beheer van Curaçao en Onderhoorigheden en van den staat waarin de Kolonie zich bevindt, over het jaar 1870, Zitting 1871–1872, 8. Verslag wegens Curaçao en Onderhoorigheden, Bijlage D(1), Nr. 72. Staat, aantoonende het getal Vaartuigen en derzelver Tonnemaat, welke gedurende het jaar 1870 in de haven van Curaçao zijn binnengevallen. Opgemaakt naar de Staten van In- en Doorvoer.

Koloniaal Verslag. Verslag van het beheer en den staat der Kolonien over 1871. Verslag van het beheer van Curaçao en Onderhoorigheden en van den staat waarin de Kolonie zich bevindt, over het jaar 1871, Zitting 1872–1873, 21. Verslag wegens Curaçao en Onderhoorigheden, Bijlage D, Nr. 70. Staat, aantoonende het getal Vaartuigen en derzelver Tonnemaat, welke gedurende het jaar 1871 in de haven van Curaçao zijn binnengevallen. Opgemaakt naar de Staten van In- en Doorvoer.

Koloniaal Verslag. Verslag van het beheer en den staat der Kolonien over 1872. Verslag van het beheer van Curaçao en Onderhoorigheden en van den staat waarin de Kolonie zich bevindt, over het jaar 1872, Zitting 1873–1874, 5. Verslag wegens Curaçao en Onderhoorigheden, Bijlage H, Nr. 35. Staat, aantoonende het getal Vaartuigen en derzelver Tonnemaat, welke gedurende het jaar 1872 in de haven van Curaçao zijn binnengevallen. Opgemaakt naar de Staten van In- en Doorvoer.

Koloniaal Verslag. Verslag van het beheer en den staat der Kolonien over 1873. Verslag van het beheer van Curaçao en Onderhoorigheden en van den staat waarin de Kolonie zich bevindt, over het jaar 1873, Zitting 1874–1875, 5. Verslag wegens Curaçao en Onderhoorigheden, Bijlage E, Nr. 84. Staat, aantoonende het getal Vaartuigen en derzelver Tonnemaat, welke gedurende het jaar 1873 in de haven van Curaçao zijn binnengevallen. Opgemaakt naar de Staten van In- en Doorvoer.

Koloniaal Verslag. Verslag van het beheer en den staat der Kolonien over 1874. Verslag van het beheer van Curaçao en Onderhoorigheden en van den staat waarin de Kolonie zich bevindt, over het jaar 1874, Zitting 1875–1876, 5. Verslag wegens Curaçao en Onderhoorigheden, Bijlage B, Nr. 90. Staat, aantoonende het getal Vaartuigen en derzelver Tonnemaat, welke gedurende het jaar 1874 in de haven van Curaçao zijn binnengevallen. Opgemaakt naar de Staten van In- en Doorvoer.

Koloniaal Verslag. Verslag van het beheer en den staat der Kolonien over 1875. Verslag van het beheer van Curaçao en Onderhoorigheden en van den staat waarin de Kolonie zich bevindt, over het jaar 1875, Zitting 1876–1877, 5. Verslag wegens Curaçao en Onderhoorigheden, Bijlage D, Nr. 85. Staat, aantoonende het getal Vaartuigen en derzelver Tonnemaat, welke gedurende het jaar 1875 in de haven van Curaçao zijn binnengevallen. Opgemaakt naar de Staten van In- en Doorvoer.

Koloniaal Verslag. Verslag van het beheer en den staat der Kolonien over 1876. Verslag van het beheer van Curaçao en Onderhoorigheden en van den staat waarin de Kolonie zich bevindt, over het jaar 1876, Zitting 1877–1878, 5. Verslag wegens Curaçao en Onderhoorigheden, Bijlage B, Nr. 90. Staat, aantoonende het getal Vaartuigen en derzelver Tonnemaat, welke gedurende het jaar 1876 in de haven van Curaçao zijn binnengevallen. Opgemaakt naar de Staten van In- en Doorvoer.

Bijlagen van het Verslag der Handelingen van de Tweede Kamer der Staten-Generaal 1878–79, Bijlage C, Koloniaal Verslag van 1878, 5.93., Bijlage B, Staat, aantoonende het getal Vaartuigen en derzelver Tonnemaat, welke gedurende het jaar 1877 in de haven van Curaçao zijn binnengevallen. Opgemaakt naar de Staten van In- en Doorvoer.

Bijlagen van het Verslag der Handelingen van de Tweede Kamer der Staten-Generaal 1879–80, Bijlage C, Koloniaal Verslag van 1879, 5.9., Bijlage H, Staat, aantoonende het getal Vaartuigen en derzelver Tonnemaat, welke gedurende het jaar 1878 in de haven van Curaçao zijn binnengevallen. Opgemaakt naar de Staten van In- en Doorvoer.

Bijlagen van het Verslag der Handelingen van de Tweede Kamer der Staten-Generaal 1880–81, Bijlage C, Koloniaal Verslag van 1880, 5.9., Bijlage H, Staat, aantoonende het getal Vaartuigen en derzelver Tonnemaat, welke gedurende het jaar 1879 in de haven van Curaçao zijn binnengevallen. Opgemaakt naar de Staten van In- en Doorvoer.

Bijlagen van het Verslag der Handelingen van de Tweede Kamer der Staten-Generaal 1881–82, Bijlage C, Koloniaal Verslag van 1881, 5.8., Bijlage F, Staat, aantoonende het getal Vaartuigen en derzelver Tonnemaat, welke gedurende het jaar 1880 in de haven van Curaçao zijn binnengevallen. Opgemaakt naar de Staten van In- en Doorvoer.

Bijlagen van het Verslag der Handelingen van de Tweede Kamer der Staten-Generaal 1882–83, Bijlage C, Koloniaal Verslag van 1882, 5.11., Bijlage F, Staat, aantoonende het getal Vaartuigen en derzelver Tonnemaat, welke gedurende het jaar 1881 in de haven van Curaçao zijn binnengevallen. Opgemaakt naar de Staten van In- en Doorvoer.

Bijlagen van het Verslag der Handelingen van de Tweede Kamer der Staten-Generaal 1883–84, Bijlage C, Koloniaal Verslag van 1883, 5.12., Bijlage K, Staat, aantoonende het getal Vaartuigen en derzelver Tonnemaat, welke gedurende het jaar 1882 in de haven van Curaçao zijn binnengevallen. Opgemaakt naar de Staten van In- en Doorvoer.

Bijlagen van het Verslag der Handelingen van de Tweede Kamer der Staten-Generaal 1884–85, Bijlage C, Koloniaal Verslag van 1884, 5.14., Bijlage L, Staat, aantoonende het getal Vaartuigen en derzelver Tonnemaat, welke gedurende het jaar 1883 in de haven van Curaçao zijn binnengevallen. Opgemaakt naar de Staten van In- en Doorvoer.

Bijlagen van het Verslag der Handelingen van de Tweede Kamer der Staten-Generaal 1885–86, Bijlage C, Koloniaal Verslag van 1885, 5.14., Bijlage L, Staat, aantoonende het getal Vaartuigen en derzelver Tonnemaat, welke gedurende het jaar 1885 in de haven van Curaçao zijn binnengevallen. Opgemaakt naar de Staten van In- en Doorvoer.

Bijlagen van het Verslag der Handelingen van de Tweede Kamer der Staten-Generaal 1886–87, Bijlage C, Koloniaal Verslag van 1886, 5.14., Bijlage L, Staat, aantoonende het getal Vaartuigen en derzelver Tonnemaat, welke gedurende het jaar 1886 in de haven van Curaçao zijn binnengevallen. Opgemaakt naar de Staten van In- en Doorvoer.

Bijlagen van het Verslag der Handelingen van de Tweede Kamer der Staten-Generaal 1887–88, Bijlage C, Koloniaal Verslag van 1887, 5.14., Bijlage L, Staat, aantoonende het getal Vaartuigen en derzelver Tonnemaat, welke gedurende het jaar 1887 in de haven van Curaçao zijn binnengevallen. Opgemaakt naar de Staten van In- en Doorvoer.

Bijlagen van het Verslag der Handelingen van de Tweede Kamer der Staten-Generaal 1888–89, Bijlage C, Koloniaal Verslag van 1888, 5.15., Bijlage M, Staat, aantoonende het getal Vaartuigen en derzelver Tonnemaat, welke gedurende het jaar 1887 in de haven van Curaçao zijn binnengevallen. Opgemaakt naar de Staten van In- en Doorvoer.

Bijlagen van het Verslag der Handelingen van de Tweede Kamer der Staten-Generaal 1889–90, Bijlage C, Koloniaal Verslag van 1889, 5.15., Bijlage M, Staat, aantoonende het getal Vaartuigen en derzelver Tonnemaat, welke gedurende het jaar 1888 in de haven van Curaçao zijn binnengevallen. Opgemaakt naar de Staten van In- en Doorvoer.

Bijlagen van het Verslag der Handelingen van de Tweede Kamer der Staten-Generaal 1890–91, Bijlage C, Koloniaal Verslag van 1890, 5.21., Bijlage S, Staat, aantoonende het getal Vaartuigen en derzelver Tonnemaat, welke gedurende het jaar 1889 in de haven van Curaçao zijn binnengevallen. Opgemaakt naar de Staten van In- en Doorvoer.

Bijlagen van het Verslag der Handelingen van de Tweede Kamer der Staten-Generaal 1891–92, Bijlage C, Koloniaal Verslag van 1891, 5.16., Bijlage N, Staat, aantoonende het getal Vaartuigen en derzelver Tonnemaat, welke gedurende het jaar 1891 in de haven van Curaçao zijn binnengevallen. Opgemaakt naar de Staten van In- en Doorvoer.

Bijlagen van het Verslag der Handelingen van de Tweede Kamer der Staten-Generaal 1892–93, Bijlage C, Koloniaal Verslag van 1892, 5.16., Bijlage N, Staat, aantoonende het getal Vaartuigen en derzelver Tonnemaat, welke gedurende het jaar 1891 in de haven van Curaçao zijn binnengevallen. Opgemaakt naar de Staten van In- en Doorvoer.

Koloniaal Verslag 1893–1899, Bijlage van Suriname en Curaçao. Bijlagen van het Verslag der Handelingen van de Tweede Kamer der Staten-Generaal 1893–94, Bijlage C, Koloniaal Verslag van 1893, 5., Bijlage N, Nr. 16, Staat, aantoonende het getal Vaartuigen en derzelver Tonnemaat, welke gedurende het jaar 1892 in de haven van Curaçao zijn binnengevallen. Opgemaakt naar de Staten van In- en Doorvoer.

Koloniaal Verslag 1893–1899, Bijlage van Suriname en Curaçao. Bijlagen van het Verslag der Handelingen van de Tweede Kamer der Staten-Generaal 1895–96, Bijlage C, Koloniaal Verslag van 1895, 5., Bijlage N, Nr. 16, Staat, aantoonende het getal Vaartuigen en derzelver Tonnemaat, welke gedurende het jaar 1894 in de haven van Curaçao zijn binnengevallen. Opgemaakt naar de Staten van In- en Doorvoer.

Koloniaal Verslag 1893–1899, Bijlage van Suriname en Curaçao. Bijlagen van het Verslag der Handelingen van de Tweede Kamer der Staten-Generaal 1896–97, Bijlage C, Koloniaal Verslag van 1896, 5., Bijlage M, Nr. 14, Staat, aantoonende het getal Vaartuigen en derzelver Tonnemaat, welke gedurende het jaar 1895 in de haven van Curaçao zijn binnengevallen. Opgemaakt naar de Staten van In- en Doorvoer.

Koloniaal Verslag 1893–1899, Bijlage van Suriname en Curaçao. Bijlagen van het Verslag der Handelingen van de Tweede Kamer der Staten-Generaal 1897–98, Bijlage C, Koloniaal Verslag van 1897, 5., Bijlage M, Nr. 14, Staat, aantoonende het getal Vaartuigen en derzelver Tonnemaat, welke gedurende het jaar 1896 in de haven van Curaçao zijn binnengevallen. Opgemaakt naar de Staten van In- en Doorvoer.

Koloniaal Verslag 1893–1899, Bijlage van Suriname en Curaçao. Bijlagen van het Verslag der Handelingen van de Tweede Kamer der Staten-Generaal 1898–99, Bijlage C, Koloniaal Verslag van 1898, 5., Bijlage M, Nr. 15, Staat, aantoonende het getal Vaartuigen en derzelver Tonnemaat, welke gedurende het jaar 1897 in de haven van Curaçao zijn binnengevallen. Opgemaakt naar de Staten van In- en Doorvoer.

Koloniaal Verslag 1893–1899, Bijlage van Suriname en Curaçao. Bijlagen van het Verslag der Handelingen van de Tweede Kamer der Staten-Generaal 1899–1900, Bijlage C, Koloniaal Verslag van 1899, 5., Bijlage N, Nr. 16, Staat, aantoonende het getal Vaartuigen en derzelver Tonnemaat, welke gedurende het jaar 1898 in de haven van Curaçao zijn binnengevallen. Opgemaakt naar de Staten van In- en Doorvoer.

Koloniaal Verslag van 1900, 5., Bijlage S, Nr. 20, Staat, aantoonende het getal Vaartuigen en derzelver Tonnemaat, welke gedurende het jaar 1899 in de haven van Curaçao zijn binnengevallen. Opgemaakt naar de Staten van In- en Doorvoer.

Koloniaal Verslag van 1901, 5.21., Bijlage T, Nr. 21, Staat, aantoonende het getal Vaartuigen en derzelver Tonnemaat, welke gedurende het jaar 1900 in de haven van Curaçao zijn binnengevallen. Opgemaakt naar de Staten van In- en Doorvoer.

Universitätsbibliothek Leiden (UL)

Ministerie van Waterstaat, Handel en Nijverheid (Hrsg.): Verzameling van Consulaire en andere Verslagen en Berigten over Nijverheid, Handel en Scheepvaart, Jaargang 1865–1889, 'S Gravenhage 1865–1890.

Ministerie van Buitenlandsche Zaken (Hrsg.): Consulaire Verslagen en Berichten, Amsterdam 1891–1900.

Venezolanische Archive und Bibliotheken:

Hemeroteca-Mapoteca de la Academia Nacional de la Historia (HMANH)

Diario de Avisos, Caracas:
2.2.1853, Año IV, Nr. 5; 9.2.1853, Año IV, Nr. 7; 12.2.1853, Año IV, Nr. 8; 16.1.1853, Año IV, Nr. 9; 19.2.1853, Año IV, Nr. 10; 26.2.1853, Año IV, Nr. 12; 2.3.1853, Año IV, Nr. 13; 12.3.1853, Año IV, Nr. 16; 16.3.1853, Año IV, Nr. 17;19.9.1853, Año IV, Nr. 18; 2.4.1853, Año IV, Nr. 22; 6.4.1853, Año IV, Nr. 23; 13.4.1853, Año IV, Nr. 25; 16.4.1853, Año IV, Nr. 26; 20.4.1853, Año IV, Nr. 27; 23.4.1853, Año IV, Nr. 28; 27.4.1853 Año IV, Nr. 29; 30.4.1853, Año IV, Nr. 30; 7.5.1853, Año IV, Nr. 32; 11.5.1853, Año IV, Nr. 33; 18.5.1853, Año IV, Nr. 35; 1.6.1853, Año IV, Nr. 39; 4.6.1853, Año IV, Nr. 40; 11.6.1853, Año IV, Nr. 42, 15.6.1853, Año IV, Nr. 43; 18.6.1853, Año IV, Nr. 22.6.1853, Año IV, Nr. 45; 25.6.1853, Año IV, Nr. 46; 29.6.1853, Año IV, Nr. 47; 6.7.1853, Año IV, Nr. 49; 13.7.1853, Año IV, Nr. 51; 20.7.1853, Año IV, Nr. 53; 7.9.1853, Año IV, Nr. 67; 10.9.1853, Año IV, Nr. 68; 14.9.1853, Año IV, Nr. 69; 21.9.1853, Año IV, Nr. 24 .9.1853, Año IV, Nr. 72; 5.10.1853; Año IV, Nr. 75; 15.10.1853, Año IV, Nr. 78; 2.11.1853, Año IV, Nr. 83; 30.11.1853, Año IV, Nr. 91; 3.12.1853, Año IV, Nr. 92; 10.12.1853, Año IV, Nr. 94; 21.12.1853, Año IV, Nr. 97; 11.1.1854, Año V, Nr. 103. 20.1.1855, Año VI, Nr. 8; 29.1.1855, Año VI, Nr. 10; 3.2.1855, Año VI, Nr. 14; 17.2.1855, Año VI, Nr. 26; 20.2.1855, Año VI, Nr. 28; 3.3.1855, Año VI, Nr. 38; 7.3.1855, Año VI, Nr. 41; 14.3.1855, Año VI, Nr. 47; 19.3.1855, Año VI, Nr. 51; 22.3.1855, Año VI, Nr. 54; 29.3.1855, Año VI, Nr. 55; 24.3.1855, Año VI, Nr. 56; 30.3.1855, Año VI, Nr. 61; 3.4.1855, Año VI, Nr. 64; 7.4.1855, Año VI, Nr. 66; 10.4.1855, Año VI, Nr. 68; 24.5.1855, Año VI, Nr. 104; 2.6.1855, Año VI, Nr. 112; 8.6.1855, Año VI, Nr. 116; 11.6.1855, Año VI, Nr. 118; 13.6.1855, Año VI, Nr. 120; 25.6.1855, Año VI, Nr. 130; 26.6.1855, Año VI, Nr. 131; 28.6.1855, Año VI, Nr. 133; 30.6.1855, Año VI, Nr. 134; 2.7.1855, Año VI, Nr. 135; 7.7.1855, Año VI, Nr. 139; 9.7.1855, Año VI, Nr. 140; 12.7.1855, Año VI, Nr. 143; 16.7.1855, Año VI, Nr. 146; 24.7.1855, Año VI, Nr. 153; 31.7.1855, Año VI, Nr. 159; 1.8.1855, Año VI, Nr. 160; 4.8.1855, Año VI, Nr. 162; 11.8.1855, Año VI, Nr. 169; 14.8.1855, Año VI, Nr. 171; 7.9.1855, Año VI, Nr. 191; 17.9.1855, Año VI, Nr. 199; 21.9.1855, Año VI, Nr. 203; 27.9.1855, Año VI, Nr. 208; 29.9.1855, Año VI, Nr. 210; 4.10.1855, Año VI, Nr. 214; 12.10.1855, Año VI, Nr. 219; 19.10.1855, Año VI, Nr. 227; 20.10.1855, Año VI, Nr. 228; 10.11.1855, Año VI, Nr. 245; 13.11.1855, Año VI, Nr. 247; 27.11.1855, Año VI, Nr. 259; 3.12.1855, Año VI, Nr. 264; 11.12.1855, Año VI, Nr. 271; 13.12.1855, Año VI, Nr. 273; 24.12.1855, Año VI, Nr. 282; 29.12.1855, Año VI, Nr. 286; 31.12.1855, Año VI, Nr. 287; 4.1.1856, Año VI, Nr. 290; 10.1.1856, Año VI, Nr. 295; 15.1.1856, Año VI, Nr. 299.

El Liberal, Caracas:
20.7.1841, Nr. 279.

El Orden, Caracas:
4.5.1865, Nr. 12.

El Venezolano, Caracas:
1.2.1841, Nr 28; 19.7.1841, Nr. 58; 27.9.1841, Año II, Nr. 68; 5.10.1841, Año II, Nr. 69; 18.1.1842, Nr. 90; 1.2.1842, Nr. 93; 8.2.1842, Nr. 94, 22.2.1842, Nr.96; 1.3.1842, Nr. 97; 8.3.1842, Nr. 98; 22.3.1842, Nr. 101; 29.3.1842, Nr. 102, 12.4.1842, Nr. 104; 3.5.1842, Nr. 107; 17.5.1842, Nr. 110; 12.7.1842, Nr. 119, 19.7.1842, Nr. 120; 30.8.1842, Nr. 128; 18.9.1842, Nr. 131; 20.9.1842, Nr. 133; 4.10.1842, Nr. 137; 11.10.1842, Nr. 138; 25.10.1842, Nr. 140; 15.11.1842, Nr. 143;17.1.1843, Nr. 153.

Archivo del Ministerio de Relaciones Exteriores, Caracas (AMRE)

Archivo Antiguo, Alemania, Consules y Viceconsules en Ciudad Bolívar 1839–1905, Vol. 9, Legajos 1, 13, 20.

Archivo Antiguo, Alemania, Consules y Viceconsules en Puerto Cabello 1839–1905, Vol. 9, Legajo 2.

Archivo Antiguo, Alemania, Consules de Venezuela en Hamburgo 1833–1840, Vol. 11, Folios 1–14, 194, 198.

Archivo Antiguo, Alemania, Consules de Venezuela en Hamburgo 1868–1884, Vol. 13, Folios 145, 152, 212, 315, 323, 358.

Archivo Antiguo, Estados Unidos 1845–1854, Consules y Viceconsules en Venezuela 1834–1911, Vol. 18, Legajos 19–21, 54, 60–64, 73–76.

Archivo Antiguo, Alemania, Correspondencia con el Consulado de Venezuela en Hamburgo 1847 a 1909, Vol. 29, Folios 1–21, 108–111, 146–162.

Archivo Antiguo, Alemania, Exhortos 1866–1909, Vol. 54, Folios 43–71.

Archivo Antiguo, Alemania, Emolumentos 1885–1890, Vol. 63, Folios 10–502.

Indice General de Alemania, Tomo VII, Vol. 17, Consules y Viceconsules Venezolanos en Alemania, En Berlin.

Indice General de Estados Unidos, Tomo III, Vol. 18, Consules y Viceconsules de Estados Unidos en Venezuela, En Ciudad Bolívar.

Indice General de Estados Unidos, Tomo IV, Vol. 19, Consules y Viceconsules de Estados Unidos en Venezuela, En Maracaibo.

Indice General de Estados Unidos, Tomo VI, Vol. 21, Consules y Viceconsules de Estados Unidos en Venezuela, En Barcelona.

Indice General de Estados Unidos, Tomo XI, Vol. 32, Consules y Viceconsules de Venezuela en Estados Unidos, En San Luis.

Indice General de Estados Unidos, Tomo XI, Vol. 33, Consules y Viceconsules de Venezuela en Estados Unidos, En La Habana.

Biblioteca Nacional de Venezuela, Colección Libros Raros y Manuscritos (CLRM)

Despacho de los Cónsules Americanos en Ciudad Bolívar 1850–1853, Mikrofilm USA 001, T–335, Nr. 1.

Hemeroteca de la Biblioteca Nacional de Venezuela Caracas (HBNV)

El Colombiano, Caracas:
Mikrofilm, C–44, 4.11.1823 – 29.11.1826, ppp 455–000J; 23.6.1824, Nr 60; 1.12.1824, Nr. 82; 6.4.1825, Nr. 100; 22.6.1825, Nr. 111; 30.11.1825, Nr. 133; 7.12.1825, Nr. 134; 14.12.1825, Nr. 135; 15.2.1826, Nr. 144; 6.9.1826, Nr. 172.

El Liberal, Caracas:
10.12.1839, Año IV, Nr. 189.

Fundación John Boulton (FJB)

El Boletín Comercial, Comercio, Política, Literatura, Variedades, Anuncios, Diario de la Tarde, Ciudad Bolívar:
28.1.1871, Nr. 2060, Año IX; 30.1.1871, Nr. 2061, Año IX.

El Guayanes, Diario de la Tarde, Ciudad Bolívar:
16.11.1876, Nr. 94.

El Liberal, Caracas:
1840, Año V, Nr. 238 und 1843, Año VIII, Nr. 416, 419, 422, 424, 443, 444, 450, 451, 455, 456, 458.

El Orden, Paz, Libertad, Progreso, Ciudad Bolívar:
31.1.1871, Nr. 381, Año II, Mes V; 11.2.1874, Nr. 1121, Año VI; 3.3.1874, Nr. 1138, Año VI.

Archivo Guzmán Blanco

VIII. Literaturverzeichnis

1. Zeitschriften- und Siglenverzeichnis:

1.	Anuario de Estudios Americanos	An Est Am
2.	Archiv und Wissenschaft. Meinungsblätter für das Archivwesen der Wirtschaft	Arch Wiss
3.	Archivalische Zeitschrift	Arch Z
4.	Boletín de la Asociación Cultural Humboldt	Bol ACH
5.	Business History	Bus Hist
6.	De Economist	DE
7.	Diálogo y Seguridad	DS
8.	Ergebnisse. Zeitschrift für demokratische Geschichtswissenschaft	Erg
9.	Hamburger Geschichts- und Heimatblätter	HGH
10.	Hansische Geschichtsblätter	HGbll
11.	Historische Zeitschrift	HZ
12.	Ibero-amerikanische Rundschau	Ib Rund
13.	International Journal of Maritime History	Int J MH
14.	Itinerario	Itin
15.	Jahrbuch für Geschichte von Staat, Wirtschaft und Gesellschaft Lateinamerikas	JbLA
16.	Kredit und Kapital	Kred Kap
17.	Latin American Research Review	Lat Am Res
18.	Nova Americana	NA
19.	Nueva Sociedad	NS
20.	Politischer Wandel, organisierte Gewalt	Pol W
21.	Pro Magazin	Pro
22.	Proceedings of the Huguenot Society of London	Proc Hug Soc London
23.	Scripta Mercaturae, Zeitschrift für Wirtschafts- und Sozialgeschichte	Srci Merc
24.	Studia Rosenthaliana, Tijdschrift voor joordse wetenschap en geschiedenis in Nederland	St Ros
25.	Studien	St
26.	Tierra Firme. Revista de Historia y Ciencias Sociales	TF
27.	Zeitschrift des Vereins für Hamburgische Geschichte	ZVHG
28.	Zeitschrift für Unternehmensgeschichte	ZU

2. Literatur

Achterberg, Erich: Kleine Hamburger Bankgeschichte, Hamburg 1964.

Agnew, Jean: Belfast Merchant Families in the Seventeenth Century, Dublin 1996.

Ahrens, Gerhard: Das Ringen um eine Notenbank in Hamburg um die Mitte des 19. Jahrhunderts, in: Kred Kap 7 (1974), S. 233–255.

Ders.: Krisenmanagement 1857. Staat und Kaufmannschaft in Hamburg während der ersten Weltwirtschaftskrise, Hamburg 1986 (Veröffentlichungen des Vereins für Hamburgische Geschichte, Bd. 28).

Ders.: Von der Franzosenzeit bis zur Verabschiedung der neuen Verfassung 1806–1860, in: Loose, Hans-Dieter; Jochmann, Werner (Hrsg): Hamburg, Geschichte der Stadt und ihrer Bewohner, Von den Anfängen bis zur Reichsgründung, Bd. 1, Hamburg 1982, S. 415–490.

Ders.: Vorgeschichte und Gründung der ersten Aktienbanken in Hamburg, in: Kred Kap 5 (1972), S. 316–335.

Ders.; Hauschild-Thiessen, Renate: Die Reeder Laeisz, Ballin, Hamburg 1989 (Hamburgische Lebensbilder, Bd. 2).

Ahvenainen, Jorma: Telegraphs, Trade and Policy. The Role of the International Telegraphs in the Years 1870–1914, in: Fischer, Wolfram; McInnis, R. Marvin; Schneider, Jürgen (Hrsg.): The Emergence of a World Economy 1500–1914, Papers of the IX. International Congress of Economic History, Bd. II, Wiesbaden 1986 (Beiträge zur Wirtschafts- und Sozialgeschichte, Bd. 33, II), S. 505–518.

Ders.: The Role of Telegraphs in the 19th Century Revolution of Communications, in: North, Michael; Jenks, Stuart; Walter, Rolf: Kommunikationsrevolutionen. Die neuen Medien des 16. und 19. Jahrhunderts, Köln – Weimar – Wien 1995 (Wirtschafts- und Sozialhistorische Studien, Bd. 3), S. 73–80.

Anderson, Thomas D.: Geopolitics of the Caribbean, Ministates in a Wider World, New York 1984 (Politics in Latin America).

Arfs, Jörn Helmuth: Die Beziehungen der Hansestadt Hamburg zu den La Plata-Staaten 1815–1866, Hamburg – Münster 1991 (Hamburger Beiträge zur Überseegeschichte, Bd. 1).

Arnoldi, Emil Louis Christian: Geschichte des Geschlechts Arnoldi in Altona und Hamburg, Hamburg 1939.

Augustine, Dolores L.: Arriving in the Upper Class: The Wealthy Business Elite of Wilhelmine Germany, in: Blackbourn, David; Evans, Richard J. (Hrsg.): The German Bourgeoisie, Essays on the Social History of the German Middle Class from the Late Eighteenth to the Early Twentieth Century, London – New York 1991, S. 46–86.

Dies.: Die Wilhelminische Wirtschaftselite, Berlin 1991.

Dies.: Patricians and Parvenues – Wealth and High Society in Wilhelmine Germany, Oxford 1994.

Averdieck, O.: Das Geschlecht Averdieck, Hamburg 1970.

Aytoun, Ellis: Heir of Adventure: the Story of Brown, Shipley & Co., Merchant Bankers 1810–1960, London 1960.

Baas, Ingrid: Immer mehr Gründe, Lateinamerika neu zu entdecken, Hamburger „Success story" seit 1822, in: Welt, 1994, Nr. 134 vom 11.6., S. H 4.

Baasch, Ernst: Beiträge zur Geschichte der Handelsbeziehungen zwischen Hamburg und Amerika, in: Hamburger Festschrift zur Erinnerung an die Entdeckung Amerikas, Hamburg 1892, Bd. 1, S. 139ff..

Ders.: Zur Geschichte einer hamburgischen Großtabaksfirma im 18. und 19. Jahrhundert, in: ZVHG, 29, 1928, S. 1–60.

Bailyn, Bernard: The Idea of Atlantic History, in: Itin 20/1 (1996), S. 19 ff.

Bairoch, Paul: The Main Trends in National Economic Disparities since the Industrial Revolution, in: Bairoch, Paul (Hrsg.): Disparities in Economic Development since the Industrial Revolution, London 1981, S. 3–17.

Ders.: Economics and World History, Myths and Paradoxes, Chicago 1993.

Balmori, Diana; Voss, Stuart F.; Wortman, Miles: Notable Family Networks in Latin America, Chicago – London 1984.

Banko, Catalina: El capital comercial en La Guaira y Caracas (1821–1848), Caracas 1990 (Biblioteca de la Academia Nacional de la Historia, Fuentes para la Historia Republicana de Venezuela, Nr. 47).

Dies.: El comercio en La Guaira y Caracas, 1821–1848, in: TF 30/8 Vol. VIII (4–6/1990), Memoria del VII Coloquio de Historia Regional, S. 154–168.

Dies.: Las Luchas Federalistas en Venezuela, Caracas 1996 (Estudios Serie Historia).

Dies.: Los comerciantes alemanes en La Guaira, 1821–1848, in: JbLA 25 (1988), S. 61–81.

Baumgarten, Fritz: Hamburg und die lateinamerikanische Emanzipation 1815–1830, in: Ders.; Grossmann, Rudolf; Haack, Gustav; Meier, Harri; Plätzmann, Eduard: Ibero-Amerika und die Hansestädte. Die Entwicklung ihrer wirtschaftlichen und kulturellen Beziehungen, Hamburg 1937 (Ibero-Amerikanische Studien, Bd. 5).

Beck, Wolfgang: Eines Hohen Senats Buchdrucker: eine kleine Firmengeschichte in Dokument und Kommentar nebst einer gelehrten Abhandlung über die Geschichte der Hamburger Ratsbuchdrucker 1886–1986: hrsg. anläßlich des 100jährigen Firmenjubiläums von Luetcke & Wulff, Hamburg 1986.

Becker, Felix: Die Hansestädte und Mexiko. Handelspolitik, Verträge und Handel, 1821–1867, Wiesbaden 1984.

Beneke, Otto: Zur Geschichte des hamburgischen Consulatswesens. Gedruckter Archivalbericht v. 24.11.1866 im StA Hbg.

Berg, Inge Bianka von: Die Entwicklung des Konsularwesens im Deutschen Reich von 1871–1914 unter besonderer Berücksichtigung der außenhandelsfördernden Funktionen dieses Dienstes, Köln 1995.

Berlin, Jörg: Hamburg zur Zeit der Französischen Revolution, Hamburg 1989.

Bernecker, Walther L.: Die Handelskonquistadoren. Europäische Interessen und mexikanischer Staat im 19. Jahrhundert, Wiesbaden 1988 (Beiträge zur Kolonial- und Überseegeschichte, Bd. 44).

Ders.: Liberale Wirtschaftspolitik und Integration in den Welthandel. Mexiko im 19. Jahrhundert, in: Edelmayer, Friedrich; Landsteiner, Erich; Pieper, Renate (Hrsg.): Die Geschichte des europäischen Welthandels und der wirtschaftliche Globalisierungsprozeß, München 2001 (Querschnitte, Bd. 5), S. 140–181.

Bethell, Leslie (Hrsg.): The Cambridge History of Latin America, Vol. III, From Independence to c. 1870, Cambridge 1985.

Beurze, S. J.: Winst, vermogen en familiebelang binnen de firma J. J. Krantz & Zn. 1826–1948, in: Moes, J. K. S.; Vries, B. M. A. de (Hrsg.): Stof uit het Leidse verleden, zewn eeuwen textielnijverheid, Utrecht 1991, S. 145–162.

Blouet, Brian W.; Blouet, Olwyn M.: Latin America and the Caribbean. A Systematic and Regional Survey, New York_ 1993.

Böhm, Ekkehard: Der Weg ins Deutsche Reich 1860–1888, in: Jochmann, Werner; Hans-Dieter Loose (Hrsg.): Hamburg. Geschichte einer Stadt und ihrer Bewohner, 2 Bde., Hamburg 1982/86, S. 491–540.

Ders.: Überseehandel und Flottenbau. Hanseatische Kaufmannschaft und deutsche Seerüstung 1879–1902, Düsseldorf 1972 (Studien zur modernen Geschichte, Bd.8)

Ders.: Wirtschaft und Politik in Hamburg zur Zeit der Reichsgründung, in: ZHG 64 (1978), S. 31–53.

Borowsky, Peter: Die Restauration der Verfassungen in Hamburg und in den anderen Hansestädten nach 1813, in: Herzig, Arno (Hrsg.): Das alte Hamburg (1500–1848/49). Vergleiche, Beziehungen, Berlin 1989, S. 155–175.

Bouche, Guenther: ...und beehre ich mich Ihnen anzuzeigen ... : Festschrift zum 150jährigen Bestehen des Unternehmens Westermann 1838–1988 (eine Firmengeschichte durch anderthalb Jahrhunderte, Braunschweig 1988.

Boyer, William W.: America's Virgin Islands. A History of Human Rights and Wrongs, Durham / North Carolina 1983.

Boyson, Rhodes: The Ashworth Cotton Enterprise. The Rise and Fall of a Family Firm, 1818–1880, Oxford 1970.

Bracker, Jörgen: Hamburg. Von den Anfängen bis zur Gegenwart. Wendemarken einer Stadtgeschichte, Hamburg 1987.

Braun, Erich; Kopitzsch, Franklin (Hrsg.): Zwangsläufig oder abwendbar? 200 Jahre Hamburgische Geschichte Allgemeine Armenanstalt. Symposium der Patriotischen Gesellschaft von 1765, Hamburg 1990.

Brewer, John; Porter, Roy (Hrsg.): Consumption and the World of Goods, London – New York 1993.

Briceño de Bermúdez, Tarcila: Comercio por los ríos Orinoco y Apure durante la segunda mitad del Siglo XIX, Caracas 1993.

Brockstedt, Jürgen: Die Schiffahrts- und Handelsbeziehungen Schleswig-Holsteins nach Lateinamerika 1815–1848, Köln 1975.

Broeze, Frank: Unternehmertum und Liebhaberei: Der Hamburger Reeder A. H. Wappäus (1814–
1904), in: ZVHG 76 (1990), S. 41–81.

Brulez, W.: De firma Della Faille en de internationale handel van Vlaamse firma's in de 16e eeuw,
Brüssel 1959.

Buist, M. G.: At spes non fracta, Hope & Co. 1770–1815, Den Haag 1974.

Burgers, R. A.: 100 jaar G. en H. Salomonson, kooplieden-entrepreneurs, fabrikanten en directeuren
van de Koninklijke Stoomwevereij te Nijverdal, Leiden 1954.

Burk, Kathleen: Morgan Grenfell, 1838–1988: the Biography of a Merchant Bank, Oxford 1989.

Burkhardt, Johannes (Hrsg.): Augsburger Handelshäuser im Wandel des historischen Urteils, Berlin
1996 (Institut für Europäische Kulturgeschichte der Universität Augsburg, Colloquia Augustana, Bd. 3).

Carter, A. C.: The family and business of Belesaigne, Amsterdam, 1689–1809, in: Proc Hug London
20 (1962), S. 302–323.

Cheal, David: The Gift Economy, London – New York, 1988.

Chernow, Ron: Die Warburgs, Odyssee einer Familie, Siedler 1994.

Church, Roy: The Family Firm in Industrial Capitalism: International Perspectives on Hypotheses
and History, in: Bus Hist 35/4 (1993), S. 17–43.

Coman, Edwin T.; Gibbs, Helen M.: Time, Tide and Timber, a Century of Pope & Talbot, Stanford
1949.

Coppius, Adolf: Hamburgs Bedeutung auf dem Gebiet der Kolonialgeschichte, Berlin 1905.

Dahlmann, Dittmar: „... das einzige Land in Europa, das eine große Zukunft vor sich hat": deutsche
Unternehmen und Unternehmer im Russischen Reich im 19. und frühen 20. Jahrhundert, Essen
1998.

Dane, Hendrik: Die wirtschaftlichen Beziehungen Deutschlands zu Mexiko und Mittelamerika im
19. Jahrhundert, Köln 1971 (Forschungen zur internationalen Sozial- und Wirtschaftsgeschichte, Bd. 1).

Daumann, Carl-Friedrich: 175 Jahre Henschel: der ständige Weg in die Zukunft, 1810–1985, Moers
1985.

Degn, Christian: Die Schimmelmanns im atlantischen Dreieckshandel. Gewinn und Gewissen, Neumünster 1974.

Devine, T. M.: The Tobacco Lords. A Study of the Tobacco Merchants of Glasgow and their Trading Activities c. 1740–90, Edinburgh 1975.

Diaper, Stephanie: The History of Kleinwort, Sons & Co. in Merchant Banking, 1855–1966, unpubl.
Diss. University of Nottingham 1983.

Diccionario de Historia de Venezuela, 3 Bde., Caracas 1988 (Fundación Polar).

Dookhan, Isaac: A History of the Virgin Islands of the United States, East Kilbride 1974.

Douglas, Mary; Isherwood, Baron: The World of Goods: Towards an Anthropology of Consumption, London 1996².

Dreyer, Karl-Joachim: Hamburg als Mitglied des Deutschen Bundes (1815–1848), Hamburg 1976.

Duda, Detlev: Die Hamburger Armenfürsorge im 18. und 19. Jahrhundert. Eine soziologisch-historische Untersuchung, Weinheim – Basel 1982.

Dupoy, Walter: Las Casas Blohm de Venezuela, in: Bol ACH 11/12 (1974/75), S. 113–131.

Ders.: Los Alemanes en el Diario de Sir Robert Ker Porter, in: Bol ACH 2 (1965/66), S. 35–48.

Ders.: Venezuela en la época de Anton Göring y los alemanes, in: Bol ACH 6 (1970), S. 97–108.

Earle, Rebecca A.: Spain and the Independence of Colombia, 1810–1825, Exeter 2000.

Eikenberg, Wiltrud: Das Handelshaus der Runtinger zu Regensburg. Ein Spiegel süddeutschen
Rechts-, Handels- und Wirtschaftslebens im ausgehenden 14. Jahrhundert, Göttingen 1976 (Veröffentlichungen des Max-Planck-Instituts für Geschichte, 43).

Elsner, Tobias von: Kaisertage. Die Hamburger und das wilhelminische Deutschland im Spiegel
öffentlicher Festkultur, Frankfurt a. M. – Bern – New York – Paris 1991 (Europäische Hochschulschriften, Reihe III, Geschichte und ihre Hilfswissenschaften, Bd. 471).

Emmer, Pieter C.: Europas Expansion im Atlantik. Wirtschaftliche Misse- oder Wohltat?, Bamberg 1995 (Kleine Beiträge zur europäischen Überseegeschichte, Heft 26).

Evans, Richard J.: Family and Class in the Hamburg Grand Bourgeoisie 1815–1914, in: Blackbourn, David; Evans, Richard J. (Hrsg.): The German Bourgeoisie, Essays on the Social History of the German Middle Class from the Late Eighteenth to the Early Twentieth Century, London – New York 1991, S. 115–139.

Fierz, Peter: Eine Basler Handelsfirma im ausgehenden 18. und zu Beginn des 19. Jahrhunderts: Christoph Burckhardt & Co. und verwandte Firmen, Diss. Zürich 1994.

Fischer, E. J.: Fabriqueurs en fabrikanten, de Twentse katoennijverheid en de onderneming S. J. Spanjaard te Borne tussen circa 1800 en 1930, Utrecht 1983.

Ders.; Gerwen, J. L. J. M. van; Winkelman, H. J. M.: Bestemming Semarang, geschiedenis van de textielfabrikanten Gelderman in Oldenzaal 1817–1970, Oldenzaal 1991.

Fischer, Lewis R.; Nordvik, Helge W.: Maritime Transport and the Integration of the North Atlantic Economy, 1850–1914, in: Fischer, Wolfram; McInnis, R. Marvin; Schneider, Jürgen (Hrsg.): The Emergence of a World Economy 1500–1914, Papers of the IX. International Congress of Economic History, Part II: 1850–1914 (Beiträge zur Wirtschafts- und Sozialgeschichte, Bd. 33, II), S. 361–370.

Fleischmann, Ulrich: Zum Problem der kulturgeographischen Einheit des Karibischen Raumes, in: Steger, Hanns-Albert; Schneider, Jürgen (Hrsg.): Karibik. Wirtschaft, Gesellschaft und Geschichte, München 1982 (Lateinamerikastudien, Bd. 11), S. 27–52.

Forster, Robert: Merchants, Landlords, Magistrates. The Depont Family in Eighteenth-Century France, Baltimore 1980.

Frankel, Benjamín A.: La Guerra Federal y sus Secuelas, 1859–1869, in: Ders. (Hrsg.): Política y Economía en Venezuela 1810–1991, Caracas 1992 (Fundación John Boulton), S.131–162.

Freimark, Peter; Herzig, Arno (Hrsg.): Die Hamburger Juden in der Emanzipationsphase (1780–1870), Hamburg 1989.

Fröschle, Hartmut (Hrsg.): Die Deutschen in Lateinamerika. Schicksal und Leistung. Tübingen – Basel 1979.

Gabrielsson, Peter: Das Bürgerrecht im alten Hamburg, in: Pro 7 (1977), S. 8–9 und S. 18.

García Ponce, Guillermo: Las armas en la Guerra de la Independencia, Caracas 1965.

Geldner, Carl: Anotaciones de un viaje por Venezuela = Reiseaufzeichnungen aus Venezuela, Venezuela 1865–1868, Caracas 1998.

Gille, B.: Histoire de la Maison Rothschild, Genf 1965–67.

Gøbel, Erik: Die Schiffahrt Altonas nach Westindien in der zweiten Hälfte des 18. Jahrhunderts, Hamburg 1995 (Altonaer Museum, Norddeutsches Landesmuseum 1990–1993, Jahrbuch Bd. 28–31, Sonderdruck), S. 11–24.

Ders.: Shipping through the Port of St. Thomas, Danish West Indies, 1816– 1917, in: Int J MH VI/2 (12/1994), S. 155–173.

Ders.: Volume and Structure of Danish Shipping to the Caribbean and Guinea, 1671–1838, in: Int J MH II/2 (12/1990), S. 103–131.

Goslinga, Cornelis Christiaan: A Short History of the Netherlands Antilles and Surinam, Den Haag – Boston – London 1979.

Ders.: Curaçao and Guzmán Blanco. A Case of Small Power Politics in the Caribbean, 'S-Gravenhage 1975 (Verhandelingen van het koninklijk Instituut voor Taal-, Land- en Volkenkunde, 76).

Ders.: The Dutch in the Caribbean and in Surinam 1791/5–1942, Assen – Maastricht 1990.

Ders.: The Dutch in the Caribbean and on the Wild Coast, 1580–1680, Gainesville 1971.

Goslinga, Marian: A Bibliography of the Caribbean, London 1996 (Scarecrow Area Bibliographies, No. 8).

Govers, F. G. G.: Het geslacht en de firma F. van Lanschot 1737–1901, Tilburg 1972.

Håkansson, Håkan; Snehota, Ivan (Hrsg.): Developing Relationships in Business Networks, London 1994.

Hall, Neville A. T.: The Danish West Indies: Empire Without Dominion 1671– 1848, United States Virgin Islands 1985 (Occasional Papers, Nr. 8).

Hancock, David: Citizens of the World. London Merchants and the Integration of the British Atlantic Community, 1735–1785, Cambridge 1995.

Hartog, Johannes: Curaçao van Kolonie tot Autonomie, Bd. I tot 1816 en Bd. II na 1816, Aruba 1961 (Geschiedenis van de Nederlandse Antillen, III Curaçao, 2 Bde.).

Ders.: De Geschiedenis van twee landen de Nederlandes Antillen en Aruba met een recente historische bibliografie, Zaltbomme 1993.

Ders.: Registerdeel en Historische Bibliografie bij de Geschiedenis van de Nederlandse Antillen, Aruba 1981 (Geschiedenis van de Nederlandse Antillen, IV).

Ders.; Gideon Oenes, Virginia: Curaçao: Short History, Oranjestad 1979.

Harvey, Charles: Business History. Concepts and Measurement, in: Ders. (Hrsg.): Business History. Concepts and Measurement, London 1989, S. 1–6.

Harwich Vallenilla, Nikita: El Modelo del Liberalismo Amarillo. Historia de un Fracaso, 1888–1908, in: Frankel, Benjamín A. (Hrsg.): Política y Economía en Venezuela 1810–1991, Caracas 1992 (Fundación John Boulton), S. 203– 246.

Hasselberg, Ylva: Den sociala ekonomin. Familjen Clason och Furudals bruk 1804–1856, Uppsala 1998 (Acta Universitatis Upsaliensis, Studia Historica Upsaliensia, 189).

Dies.; Müller, Leos; Stenlås, Niklas: History from a Network Perspective. Three Examples from Swedish Early Modern and Modern History c. 1700–1950, in: Centrum för Transport- och samhällsforskning, Working Paper 1997/1, 1997 Borlänge.

Hauschild-Thiessen, Renate: Bürgerstolz und Kaisertreue. Hamburg und das Deutsche Reich von 1871, Hamburg 1979.

Haussmann, Georg: Ludwig Sartorius & Comp.: 1777–1977, ein Oldenburger Handelshaus im Wandel der Zeiten, Oldenburg 1977.

Heijer, Henk van: De Geschiedenis van de WIC, Zutphen 1994.

Herweg, Holger H.: Sueños alemanes de un imperio en Venezuela, Caracas 1991.

Hidy, Ralph W.: The House of Baring in American Trade and Finance: English Merchant Bankers at Work 1763–1861, Cambridge 1949.

Hoffmann, Gabriele: Das Haus an der Elbchaussee. Die Godeffroys – Aufstieg und Niedergang einer Dynastie, Hamburg 1998.

Hoffmann, Paul Th.: Die Scholz-Forni und ihre Anverwandten. Geschichte eines deutsch-italienischen Geschlechts, Hamburg 1941.

Hücking, Renate; Launer, Ekkehard: Aus Negern Menschen machen: Wie sich das Handelshaus Woermann an Afrika entwickelt hat, Hamburg 1986.

Hughes, Carlyon W.: Rapport van de Engelse Gouverneur van Curaçao, Aruba en Bonaire, W. Carlyon Hughes, aan Lord Hobard, van het Ministerie van Oorlog in London, 18.8.1802 ediert in: Coomans-Eustatia, Maritza; Coomans, Henny E.; Lee, To van der (Hrsg.): Breekbare Banden. Feiten en visies over Aruba, Bonaire en Curaçao na de Vrede van Munster 1648– 1998, Bloemendaal 1998, S. 143–147.

Humboldt, Wilhelm von: Tagebücher, 2 Bde. (Bde.. 14 und 15 der gesammelten Schriften), hrsg. von Albert Leitzmann, Berlin 1916–18.

Ianni, Octavio: La era del globalismo, in: NS 163 (9–10/1999), S. 92–108.

Izard, Miguel: Período de la Independencia y la Gran Colombia 1810–1830, in: Frankel, Benjamín A. (Hrsg.): Política y Economía en Venezuela 1810– 1991, Caracas 1992 (Fundación John Boulton), S. 3–31.

Jeannin, Pierre (Hrsg.): Hamburg und die Französische Revolution, Hamburg 1977.

Joachim, Hermann: Handbuch der Wohltätigkeit in Hamburg, Hamburg 1909.

Jong, Theo M. P. de: De krimpende horizon van de Hollandse kooplieden. Hollands Welvaren in het Caribisch Zeegebied (1780–1830), Assen 1966.

Jonker, Joost: Merchants, Bankers, Middlemen. The Amsterdam Money Market During the First Half of the 19th Century, Amsterdam 1996 (NEHA-Series III, 24).

Kahle, Günter: Lateinamerika in der Politik der Europäischen Mächte, 1492– 1810, Köln – Weimar – Wien 1993.

Katz, Friedrich: Deutschland, Díaz und die mexikanische Revolution. Die deutsche Politik in Mexiko 1870–1920, Ost-Berlin 1964.

Kaufmann, Gerhard (Hrsg.): Louis C. Jacob: Restaurant und Hotel an der Elbchaussee. Begleitheft zur Ausstellung des Altonaer Museums im Jenisch Haus, Hamburg 1995/96.

Kellenbenz, Hermann: Die erste bewaffnete Neutralität und ihre Auswirkungen auf die hamburgische Schiffahrt, in: ZVHG 62 (1976), S. 31–48.

Ders.: Firmenarchive und ihre Bedeutung für die europäische Wirtschaftsgeschichte, in: Arch Wiss 1/3 (1967/68), S. 71–83.

Ders.: Food for the East Coast of South-America: Provisions for Pernambuco and the Role of German Merchants (until about 1850), in: Friedland, Klaus (Hrsg.): Maritime Food Transport, Köln 1994, S. 395–416.

Ders.: Les allemands sur les routes de l,Atlantique, in: An Est Am 25 (1968), S. 163–207.

Ders.: Phasen des hanseatisch-nordeuropäischen Südamerikahandels, in: HGbll 78 (1960), S. 87–120.

Ders.: Von den Karibischen Inseln. Archive und neuere Literatur, insbesondere zur Geschichte von der Mitte des 17. bis zur Mitte des 19. Jahrhunderts, in: JbLA Teil 1, 5 (1968), S. 378–404; Teil 2, 6 (1969), S. 452–469; Teil 3, 7 (1970), S. 381–409.

Kleinmann, Hans-Otto: Die deutschen Staaten und die Unabhängigkeit Lateinamerikas, in: Becker, Felix; Meding, Holger M.; Potthast-Jutkeit, Barbara; Schüller, Karin (Hrsg): Iberische Welten. Festschrift zum 65. Geburtstag von Günther Kahle, Köln – Weimar – Wien 1994 (Lateinamerikanische Forschungen, Beihefte zum JbLA, Bd. 22), S. 117–134.

Klessmann, Eckart: Geschichte der Stadt Hamburg, Hamburg 1981.

Klooster, Wim: Illicit Riches, Dutch Trade in the Caribbean, 1648–1759, Leiden 1998 (Koninklijk Instituut voor Taal-, Land- en Volkenkunde, Caribbean Series 18).

Knieriem; Michael: „Gewinn unter Gottes Segen": Ein Beitrag zu Firmengeschichte und geschäftlicher Situation von Friedrich Engels; aus dem Archiv der Firma Ermen & Engels in Engelskirchen, Wuppertal 1987.

Kocka, Jürgen: Industrial Culture & Bourgeois Society. Business, Labor, and Burocracy in Modern Germany, New York – Oxford 1999.

Ders.; Ditt, Karl; Mooser, Josef; Reif, Heinz, Schüren, Reinhard: Familie und soziale Plazierung. Studien zum Verhältnis von Familie, sozialer Mobilität und Heiratsverhalten an westfälischen Beispielen im späten 18. und 19. Jahrhundert, Opladen 1980.

Ders.; Vogelsang, Reinhard (Hrsg.): Bielefelder Unternehmer des 18. bis 20. Jahrhunderts, Münster 1991 (Rheinisch-Westfälische Wirtschaftsbiographien, Bd. 14).

Koerner, Bernhard (Hrsg.): Deutsches Geschlechterbuch, Görlitz 1911 (Genealogisches Handbuch Bürgerlicher Familien, Bd. 19, zweiter Hamburger Band).

Konsor, Dietrich: Die Hansestädte und Venezuela zwischen 1825 und 1865. Vier Jahrzehnte hanseatische Handelspolitik an der Nordküste Südamerikas unter besonderer Berücksichtigung des Hamburger Anteils, Hamburg 1955 (Phil. Diss.).

Köppen, Heinrich Ernst: Die Handelsbeziehungen Hamburgs zu den Vereinigten Staaten von Nordamerika bis zur Mitte des 19. Jahrhunderts, Köln 1973.

Körner, Karl Wilhelm: La independencia de la América española y la diplomacia alemana, Buenos Aires 1968.

Kossok, Manfred: Deutschland und die „Südamerikanische Frage" 1815–1830. Eine Studie zur Politik der deutschen Staaten gegenüber der Unabhängigkeitsbewegung Mittel- und Südamerikas, Teil 1 und 2, Leipzig 1962.

Ders.: Im Schatten der Heiligen Allianz, Deutschland und Lateinamerika 1815–1830, Zur Politik der deutschen Staaten gegenüber der Unabhängigkeitsbewegung Mittel- und Südamerikas, Ost-Berlin 1964 (Studien zur Kolonialgeschichte und Geschichte der nationalen und kolonialen Befreiungsbewegung, Bd. 4/5).

Ders.: Legitimität gegen Revolution. Die Politik der Heiligen Allianz gegenüber der Unabhängigkeitsrevolution Mittel- und Südamerikas 1810–1830, Kommentare und Quellen, Ost-Berlin 1987 (Sitzungsberichte der Akademie der Wissenschaften der DDR, Gesellschaftswissenschaften, Nr. 6/G).

Ders.: Zur Geschichte der deutsch-lateinamerikanischen Beziehungen (Forschungs- und Periodisierungsprobleme), in: HGbll 84 (1966/67), S. 49–77.

Krawehl, Otto-Ernst: Hamburgs Schiffs- und Warenverkehr mit England und den englischen Kolonien 1814–1860, Köln – Wien 1977 (Forschungen zur internationalen Sozial- und Wirtschaftsgeschichte, Bd. 11).

Kresse, Walter: Die Fahrtgebiete der Hamburger Handelsflotte 1824–1888, Hamburg 1972 (Mitteilungen aus dem Museum für Hamburgische Geschichte, Bd. VII).

Ders.: Materialien zur Entwicklungsgeschichte der Hamburger Handelsflotte 1765–1823, Hamburg 1966 (Mitteilungen aus dem Museum für Hamburgische Geschichte, Bd. III).

Ders.: Seeschiffs-Verzeichnis der Hamburger Reedereien 1824–1888, Hamburg 1969 (Mitteilungen aus dem Museum für Hamburgische Geschichte, Bd. V), Teile 1–3.

Kuhlmann, Erich: Die Post im alten Hamburg, Hamburg 1984.

Kynaston, David: Cazenove & Co.: a History, London 1991.

Landsteiner, Erich: Nichts als Karies, Lungenkrebs und Pellagra? Zu den Auswirkungen des Globalisierungsprozesses auf Europa (1500–1800), in: Edelmayer, Friedrich; Landsteiner, Erich; Pieper, Renate (Hrsg.): Die Geschichte des europäischen Welthandels und der wirtschaftliche Globalisierungsprozeß, München 2001 (Querschnitte, Bd. 5), S. 104–139.

Lechner, J.; Vogel H. Ph. (Hrsg.): De Nieuwe Wereld en de Lage Landen. Onbekende Aspecten van Vijfhonderd Jaar Ontmoetingen tussen Latijns- Amerika en Nederland, Amsterdam 1992.

Lindemann, Mary: Patriots and Paupers, Hamburg, 1712–1830, New York – Oxford 1990.

Lucena Salmoral, Manuel: Características del comercio exterior de la provincia de Caracas durante el sexenio revolucionario (1807–1812), Madrid 1990.

Lymhe, Konrad: Chronik der Firma J. & H. Gehlsen 1798–1973: vom Schiffer zum Holzkaufmann, zum Dienstleistungs- und Handelskaufhaus für die Bauwirtschaft, zum 175. Jubiläum, Heide 1974.

Lynch, John (Hrsg.): Latin American Revolutions, 1808–1826. Old and New World Origins, Oklahoma 1994.

Ders.: Simón Bolívar and the Age of Revolution, London 1983.

Marchtaler, Hildegard von: Die Slomans. Geschichte einer Hamburger Reeder- und Kaufmannsfamilie, Hamburg 1939[2].

Mathies, Otto: Die Kontorflaggen der Hamburger Reedereien, in: HGH 1 (1926), S. 81–88.

Ders.: Die Namen der Hamburger Schiffe seit dem 19. Jahrhundert, in: HGH 1 (1926), S. 20–30.

Ders.: Hamburgs Reederei 1814–1914, Hamburg 1924.

Matthews, Robert P.: La Turbulenta Década de los Monagas, 1847–1858, in: Frankel, Benjamín A. (Hrsg.): Política y Economía en Venezuela 1810– 1991, Caracas 1992 (Fundación John Boulton), S. 93–127.

Maude, W.: Antony Gibbs & Sons Limited, Merchants and Bankers 1808–1958, London 1958.

McInnis, R. Marvin: The Emergence of a World Economy in the Latter Half of the Nineteenth Century, in: Fischer, Wolfram; McInnis, R. Marvin; Schneider, Jürgen (Hrsg.): The Emergence of a World Economy 1500– 1914, Papers of the IX. International Congress of Economic History, Part II: 1850–1914 (Beiträge zur Wirtschafts- und Sozialgeschichte, Bd. 33, II), S. 361–370.

Meier, Harri: Die Hansestädte und die Unabhängigkeit Spanisch-Amerikas, 1810–1825, in: Ib Rund 2 (3/1936).

Ders.: Die hansische Spanien- und Portugalfahrt bis zu den spanischamerikanischen Unabhängigkeitskriegen, in: Baumgarten, Fritz; Grossmann, Rudolf; Haack, Gustav; Meier, Harri; Plätzmann, Eduard: Ibero-Amerika und die Hansestädte. Die Entwicklung ihrer wirtschaftlichen und kulturellen Beziehungen, Hamburg 1937 (Ibero-Amerikanische Studien, Bd. 5).

Ders.: Die napoleonische Kontinentalsperre und der hansische Handel nach Ibero-Amerika, in: Ib Rund 2 (2/1936).

Ders.: Wilhelm von Humboldt und Preußens Stellung im spanisch- amerikanischen Unabhängigkeitskrieg, in: Ib Rund 3 (12/1937/38).

Moltmann, Bodo Hans: Geschichte der deutschen Handelsschiffahrt, Hamburg 1981 (Veröffentlichungen der Wirtschaftsgeschichtlichen Forschungsstelle e. V., Bd. 43).

Moltmann, Günter: Hamburgs Öffnung nach Übersee im späten 18. und im 19. Jahrhundert, in: Herzig, Arno (Hrsg.): Das alte Hamburg (1500– 1848/49), Vergleiche, Beziehungen, Berlin – Hamburg 1989 (Hamburger Beiträge zur öffentlichen Wissenschaft, Bd. 5), S. 51–71.

Morineau, Michel: Incroyables gazettes et fabuleux métaux, les retours des trésors americains d'après les gazettes hollandaises, XVIe–XVIIIe siècles, London 1984.

Muller, H.: Een Rotterdams zeehandelaar, Hendrik Muller Szn., (1819–1898), Schiedam 1977.

Müller, Leos: The Merchant Houses of Stockholm, c. 1640–1800. A Comparative Study of Early-Modern Entrepreneurial Behaviour, Uppsala 1998 (Studia Historica Upsaliensia, 188).

Mutzenbecher, Geert-Ulrich: Die Versicherer: Geschichte einer Hamburger Kaufmannsfamilie, Hamburg 1993.

Nielsen, Per: Handelsflaget og orlogsflaget, Dansk Vestindien, Venezuela, Colombia og Panamá 1815–1830, unveröff. Magisterarbeit Københavns Universitet 1991.

Ders.: Pabellón de Guerra y Pabellón Mercante, Las Indias Occidentales de Dinamarca, Venezuela, Colombia y Panamá 1815–1830, unveröff. Aufsatz, Kopenhagen 1999.

Norrington, A. L. P.: Blackwell's 1879–1989. The History of a Family Firm, Oxford 1983.

North, D. C.: Institutions, Institutional Change and Economic Performance, Cambridge 1990.

Olbrich, Wilhelm: 100 Jahre Hiersemann, Stuttgart 1984.

Oosterwijk, A. J.: Koning van de Koopvaart, Anthony van Hoboken (1756– 1850), Rotterdam 1983.

Ders.: Reder in Rotterdam, Willem Ruys 1803–1889, Rotterdam 1990.

Oostindie, Gert J.: Die Karibik 1820–1900, in: Bernecker, Walther L.; Buve, Raymond Th.; Fisher, John R.; Pietschmann, Horst; Tobler, Hans Werner (Hrsg.): Handbuch der Geschichte Lateinamerikas, Bd. 2, Lateinamerika von 1760 bis 1900, Stuttgart 1992; S. 729–766.

Pacheco Troconis, Yolanda: Las casas comerciales extranjeras en Puerto Cabello, in: TF 30/8 Vol. VIII (4–6/1990), Memoria del VII. Coloquio de Historia Regional, S. 288–306.

Pedersen Overgaard, Erik: The Attempted Sale of the Danish West Indies to the United States of America: 1865–1870, Frankfurt a. M. 1997.

Petersen, Anne D.: Die Engländer in Hamburg 1814–1914. Ein Beitrag zur Hamburgischen Geschichte, Hamburg 1993.

Pieper, Renate: Die Anfänge der europäischen Partizipation am weltweiten Handel. Die Aktivitäten der Portugiesen und Spanier im 15. und 16. Jahrhundert, in: Edelmayer, Friedrich; Landsteiner, Erich; Pieper, Renate (Hrsg.): Die Geschichte des europäischen Welthandels und der wirtschaftliche Globalisierungsprozeß, München 2001 (Querschnitte, Bd. 5), S. 33–53.

Dies.: Die Vermittlung einer Neuen Welt. Amerika im Nachrichtennetz des Habsburgischen Imperiums 1493–1598, Mainz 2000 (Veröffentlichungen des Instituts für Europäische Geschichte Mainz, Abteilung für Universalgeschichte, Bd. 163).

Pierenkemper, Toni; Tilly, Richard: Die Geschichte der Drahtweberei. Dargestellt am Beispiel der Firma Haver & Boecker, Oelde, aus Anlaß des einhundertjährigen Bestehens 1887–1987, Stuttgart 1987 (ZU, Beiheft 51).

Pietschmann, Horst: Burocracia y corrupción en Hispanoamérica colonial, in: NA 5 (1982), S. 11–37.

Ders.: Geschichte des atlantischen Systems, 1580–1830. Ein historischer Versuch zur Erklärung der „Globalisierung" jenseits nationalgeschichtlicher Perspektiven, Hamburg 1998 (Berichte aus den Sitzungen der Joachim Jungius-Gesellschaft der Wissenschaften e. V., 16/2).

Ders.: Globalización y mercado de trabajo: la perspectiva del historiador de larga duración, in: Böttcher, Nikolaus; Hausberger, Bernd (Hrsg.): Dinero y negocios en la historia de América Latina – Geld und Geschäfte in der Geschichte Lateinamerikas, Veinte ensayos dedicados a Reinhard Lier – Zwanzig Aufsätze, gewidmet Reinhard Lier, Madrid – Frankfurt a. M. 2000 (Bibliotheca Ibero-Americana, Publicaciones del Instituto Ibero- Americano Fundación Patrimonio Cultural Prusiano, Vol. 77), S. 531–548.

Ders.: Hamburg und Lateinamerika in der ersten Hälfte des 19. Jahrhunderts, in: Becker, Felix; Meding, Holger M.; Potthast-Jutkeit, Barbara; Schüller, Karin (Hrsg): Iberische Welten. Festschrift zum 65. Geburtstag von Günther Kahle, Köln – Weimar – Wien 1994 (Lateinamerikanische Forschungen, Beihefte zum JbLA, Bd. 22), S. 381–408.

Pohl, Hans: Aufbruch der Weltwirtschaft, Geschichte der Weltwirtschaft von der Mitte des 19. Jahrhunderts bis zum Ersten Weltkrieg, Stuttgart 1989 (Wissenschaftliche Paperbacks, Bd. 24).

Ders. (Hrsg.): Competition and Cooperation of Enterprises on National and International Markets (19th–20th Century), Stuttgart 1997.

Ders. (Hrsg.): Wilhelm Treue. Unternehmens- und Unternehmergeschichte aus fünf Jahrzehnten, Stuttgart 1989 (ZU, Beiheft 50).

Ders.: Die Beziehungen Hamburgs zu Spanien und dem spanischen Amerika in der Zeit von 1740 bis 1806, Wiesbaden 1963 (Vierteljahresschrift für Sozial- und Wirtschaftsgeschichte, Beihefte, Nr. 45).

Ders.: Die Wirtschaft Hispanoamerikas in der Kolonialzeit (1500–1800), Stuttgart 1996 (Wissenschaftliche Paperbacks, 25).

Ders.: Zur Geschichte des Schmuggels im Atlantikhandel, in: Studien, S. 13–18.

Ders.; Pohl, Manfred: Deutsche Bankengeschichte, Bd. 2, Frankfurt a. M. 1982.

Pohl, Manfred: Hamburger Bankengeschichte, Mainz 1986.

Ders.: Konzentration im deutschen Bankwesen 1848–1986, Frankfurt a. M. 1982 (Schriften des Instituts für bankhistorische Forschung e. V., 4).

Postel, Rainer: „Im Allgemeinen ist der Mensch geneigt immer beym Alten zu bleiben": über die Franzosenzeit und ihre Wirkung in den Hansestädten, in: Pol W (1995), S. 11–27.

Ders.: Versammlung eines ehrbaren Kaufmanns 1517–1992. Kaufmännische Selbstverwaltung in Geschichte und Gegenwart, Hamburg 1992.

Powell, W. W.: Neither Market nor Hierarchy: Network Forms of Organisation, in: Thompson, G.; Frances, J.; Levacic, R.; Mitchell, J. (Hrsg.): Markets, Hierchies and Networks. The Organisation of Social Life, London 1991.

Price, Jacob M.: Perry of London. A Family and a Firm on the Seaborne Frontier, 1615–1753, Cambridge 1992 (Harvard Historical Studies, 111).

Prior, Ann; Kirby, Maurice: The Society of Friends and the Family Firm, 1700–1830, in: Bus Hist 35, 4 (1993), S. 66–85.

Prüser, F.: Hanseatische Akten zur deutschen Überseegeschichte, in: Arch Z 53 (1957), S. 54–84.

Reinhard, Wolfgang: Geschichte der europäischen Expansion. Die Neue Welt, Bd. 2, Stuttgart – Berlin – Köln – Mainz 1985.

Ders.: Parasit oder Partner? Europäische Wirtschaft und Neue Welt. 1500– 1800, Münster 1997 (Periplus-Texte, Bd. 3).

Ridings, Eugene: Foreign Predominance among Overseas Traders in Nineteenth-Century Latin-America, in: Lat Am Res 20/2 (1985), S. 3–27.

Ritter, Wigand: Welthandel. Geographische Strukturen und Umbrüche im internationalen Warenaustausch, Darmstadt 1994 (Erträge der Forschung, Bd. 284).

Roberts, Richard: Schroders. Merchants & Bankers, London 1992.

Rodríguez, José Angel (Hrsg.): Alemanes en las regiones equinocciales. Libro homenaje al bicentenario de la llegada de Alexander von Humboldt a Venezuela 1799–1999, Caracas 1999 (Colección Trópicos, 63).

Rodríguez O., Jaime E.: The Independence of Spanish America, Cambridge 1998 (Cambridge Latin American Studies 84).

Rogge, J.: Het Handelshuis van Eeghen. Proeve eener Geschiedenis van een Amsterdamsch Handelshuis, 1662–1811, Amsterdam 1949.

Rogosch, Detlef: Hamburg im Deutschen Bund, 1859–1866. Zur Politik eines Kleinstaats in einer mitteleuropäischen Föderativordnung, Hamburg 1990 (Beiträge zur deutschen und europäischen Geschichte, Bd. 2).

Roosen, Familie (Hrsg.): Geschichte unseres Hauses, Hamburg 1905.

Rose, Mary B.: Familiy Firm, Community and Business Culture: A Comparative Perspective on the British and American Cotton Industries, in: Godley, Andrew; Westall, Oliver M. (Hrsg.): Business History and Business Culture, Manchester – New York 1996, S. 162–189.

Dies.: The Gregs of Quarry Bank Mill. The Rise and Decline of a Familiy Firm, 1750–1914, Cambridge 1986.

Dies.; Jones, Geoffrey: Family Capitalism, in: Bus Hist 35/4 (1993), S. 1–16.

Rosenau, James N.: Las dinámicas de la globalización. Hacia una formulación operacional, in: DS 4 (11/1997), S. 9–26.

Roseveare, Henry G.: Merchant Organization and Maritime Trade in the North Atlantic, 1660–1815:

Some Reflections, in: Janzen, Olaf Uwe (Hrsg.): Merchant Organisation and Maritime Trade in the North Atlantic, 1660– 1815, St. John‚s / Neufundland 1998 (Research in Maritime History, Nr. 15), S. 259–267.

Sandner, Gerhard: Zur Problematik der Abgrenzung und der Einheit des Karibischen Raumes aus kulturgeographischer Sicht, in: Steger, Hanns-Albert; Schneider, Jürgen (Hrsg.): Karibische Wirtschaft, Gesellschaft und Geschichte, (Lateinamerikastudien, Bd. 11) München 1982, S. 13–25.

Schelven, A. A. van: Onderneming en familisme, opkomst, bloei en neergang van de onderneming Van Heek & Co. te Enschede, Leiden 1984.

Schmidt, Burghart: Hamburg im Zeitalter der Französischen Revolution und Napoleons (1789–1813), Teile 1 und 2, Darstellung und Kommentierte Übersicht über Literatur und Quellen, Hamburg 1998 (Beiträge zur Geschichte Hamburgs, Bd. 55, Teile 1 und 2, zugleich Veröffentlichungen aus dem Staatsarchiv der Freien und Hansestadt Hamburg Bd. XV, Teile 1 und 2).

Schmidt, Olaf: Bankwesen und Bankpolitik in den Freien Hansestädten um die Mitte des 19. Jahrhunderts, Frankfurt a. M. 1988 (Schriftenreihe des Instituts für bankhistorische Forschung e. V., 10).

Schmidt, Wolfgang: Die demokratische Bewegung in Hamburg in der Revolution von 1848/49, in: Erg 22 (9/1983).

Schneider, Konrad: Hamburgs Münz- und Geldgeschichte im 19. Jahrhundert bis zur Einführung der Reichswährung, Koblenz 1983.

Schnurmann, Claudia: Europa trifft Amerika. Atlantische Wirtschaft in der Frühen Neuzeit 1492– 1783, Frankfurt a. M. 1998 (Europäische Geschichte).

Schramm, Percy Ernst: Eine hamburgische Familiengeschichte. Die Jeckel- Jencquel vom Ende des 16. bis zum 19. Jahrhundert. Ein kultur- und wirtschaftsgeschichtlicher Längsschnitt, Masch.schr., Hamburg 1950.

Ders.: Gewinn und Verlust. Die Geschichte der Hamburger Senatorenfamilien Jencquel und Luis (16. bis 19. Jahrhundert). Zwei Beispiele für den wirtschaftlichen und sozialen Wandel in Norddeutschland, Hamburg 1970.

Ders.: Hamburg, Deutschland und die Welt. Leistung und Grenzen hanseatischen Bürgertums in der Zeit zwischen Napoleon I. und Bismarck. Ein Kapitel deutscher Geschichte, Hamburg 1943[2].

Ders.: Kaufleute zu Haus und Übersee, Hamburgische Zeugnisse des 17., 18. und 19. Jahrhunderts, Bd. 1, Hamburg 1949.

Ders.: Neun Generationen. Dreihundert Jahre deutscher „Kulturgeschichte" im Lichte der Schicksale einer Hamburger Bürgerfamilie (1648–1948), 2 Bde., Göttingen 1963/64.

Schüller, Karin: Die Deutsche Rezeption Haitianischer Geschichte in der ersten Hälfte des 19. Jahrhunderts. Ein Beitrag zum deutschen Bild vom Schwarzen, Köln – Weimar – Wien 1992.

Schulte, Aloys (Hrsg.): Geschichte der großen Ravensburger Handelsgesellschaft, 1386–1530, 3 Bde., Wiesbaden 1964 (Deutsche Handelsakten des Mittelalters und der Neuzeit).

Schulz, Andreas: Weltbürger und Geldaristokraten. Hanseatisches Bürgertum im 19. Jahrhundert, in: HZ 259 (1994), S. 637–670.

Schwarzer, Oskar: Der Hamburger Exporthandel mit der Karibik und Mexiko (1814–1838), in: Scri Merc 17/1 (1983), S. 45–88.

Schwebel, Karl H.: Bremer Kaufleute in den Freihäfen der Karibik. Von den Anfängen des Bremer Überseehandels bis 1815, Bremen 1995 (Veröffentlichungen aus dem Staatsarchiv der Freien Hansestadt Bremen, Bd. 59).

Shammas, Carole: The Pre-Industrial Consumer in England and America, Oxford 1990.

Siegrist, Hannes; Kaelble, Hartmut; Kocka, Jürgen (Hrsg.): Europäische Konsumgeschichte: Zur Gesellschafts- und Kulturgeschichte des Konsums (18. bis 20. Jahrhundert), Frankfurt a. M. – New York 1997.

Sieveking, Hermann: Aus der Familiengeschichte De Chapeaurouge und Sieveking 1794–1806, in: ZVHG 12 (1908), S. 208–215.

Skrubbeltrang, Fridlev: Vore gamle tropekolonier, Dansk Vestindien 1848–1880, Politiske brydninger og social uro, Bd. 3, Dänemark 1967.

Snehota, Ivan: Notes on a Theory of Business Enterprise, Uppsala 1990.

Soetbeer, Adolph: Über Hamburgs Handel, Statistik des hamburgischen Handels 1836–38, Bd. 1, Hamburg 1840.

Ders.: Über Hamburgs Handel, Statistik des hamburgischen Handels 1839–41, Bd. 2, Hamburg 1842.

Ders.: Über Hamburgs Handel, Statistik des hamburgischen Handels 1842–44, Bd. 3, Hamburg 1846.

Stephan, Inge; Winter, Hans G. (Hrsg.): Hamburg im Zeitalter der Aufklärung, Hamburg 1989.

Stevens, Th.: De familie Kann en haar financiële activiteiten gedurende vier eeuwen, in: St Ros 4 (1970), S. 43–95.

Stieve, Tilman: Der Kampf um die Reform in Hamburg 1789–1842, Hamburg 1993 (Beiträge zur Geschichte Hamburgs, Bd. 44).

Subrahmanyam, Sanjay (Hrsg.): Merchant Networks in the Early Modern World, Aldershot – Brookfield 1996.

Tansill, Charles Callan: The Purchase of the Danish West Indies, New York 1968.

Tavera-Acosta, B.: Anales de Guayana, Ciudad Bolívar 1914.

Tesdorpf, Oscar L.: Die Geschichte des Tesdorpf'schen Geschlechts bis 1920, Hamburg 1919.

The Central Management of the Colonies, Introduction to Vejledende Arkivregistratur XX Koloniernes Centralbestyrelse, Rigsarkivet 1975, Copenhagen 1979 (Vejledenede Arkivregistraturer XX).

Veluwenkamp, Jan Willem: Ondernemersgedrag op de Hollandse Stapelmarkt in de Tijd van de Republiek. De Amsterdamse Handelsfirma Jan Isaac Neufville & Comp., 1730–1764, Leiden 1981 (Diss.).

Vibæk, Jens: Vore gamle tropekolonier, Dansk Vestindien 1755–1848, Vestindiens storhedstid, Bd. 2, Dänemark 1966.

Vila Pérez, Manuel: El Gobierno Deliberativo. Hacendados, Comerciantes y Artesanos frente a la Crisis. 1830–1848, in: Frankel, Benjamín A. (Hrsg.): Política y Economía en Venezuela 1810–1991, Caracas 1992 (Fundación John Boulton), S. 35–89.

Vogel, Walther: Handelskonjunkturen und Wirtschaftskrisen in ihrer Auswirkung auf den Seehandel der Hansestädte 1560–1806, in: HGbll 74 (1956), S. 50–64.

Walter, Rolf: Europäische Unternehmen auf südamerikanischen Märkten. Das Beispiel Venezuela vor 1914, in: Pohl, Hans (Hrsg.): Competition and Cooperation of Enterprises on National and International Markets (19th – 20th Century), Stuttgart 1997 (Beihefte der Vierteljahresschrift für Sozial- und Wirtschaftsgeschichte, Nr. 136), S. 141–146.

Ders.: Los Alemanes en Puerto Cabello, Caracas 1985 (Asociación Cultural Humboldt).

Ders.: Los Alemanes en Venezuela. Desde Colón hasta Guzmán Blanco, Caracas :

Ders.: Panorámica de las investigaciones sobre Venezuela realizadas por científicos alemanes después de Alexander von Humboldt (siglo XIX), in: Becker, Felix: América Latina en las letras y ciencias sociales alemanas, Caracas 1988, S. 479–494.

Ders.: Preußen und Venezuela, Edition der preussischen Konsularberichte über Venezuela 1842–1850, Frankfurt a. M. 1991.

Ders.: Venezuela und Deutschland (1815–1870), Wiesbaden 1983 (Beiträge zur Wirtschafts- und Sozialgeschichte, Bd. 22).

Ders.: Wechsel, Pari, Kurs und ihre Bedeutung für das Überseegeschäft des 19. Jahrhunderts, in: Scri Merc 16/1 (1982), S. 55–78.

Wappäus, Johannes Eduard: Die Republiken von Südamerika geographisch – statistisch, mit besonderer Berücksichtigung ihrer Produktion und ihres Handelsverkehrs, vornehmlich nach amtlichen Quellen, Erste Abtheilung, Venezuela, Göttingen 1843.

Washausen, Helmut: Hamburg und die Kolonialpolitik des Deutschen Reiches, 1880–1890, Hamburg 1968.

Weber, Klaus: Der hamburgische Spanienhandel im 18. Jahrhundert. Mit einer kritischen Revision des Forschungsstandes, Hamburg 1998 (unveröff. M. A.-Arbeit).

Ders.: Deutsche Kaufmannsfamilien im atlantischen Manufaktur- und Kolonialwarenhandel: Netzwerke zwischen Hamburg, Cádiz und Bordeaux (1715–1830), Hamburg 2001 (unveröff. Diss.).

Weiss Thorsø, Ernst: Besejlingen af Saint Thomas havn i Dansk Vestindien ca. 1815–1865, Universitet København 1979.

Wessel, Horst A.: Die Rolle des Telefons in der Kommunikationsrevolution des 19. Jahrhunderts, in: North, Michael; Jenks, Stuart; Walter, Rolf: Kommunikationsrevolutionen. Die neuen Medien des 16. und 19. Jahrhunderts, Köln – Weimar – Wien 1995 (Wirtschafts- und Sozialhistorische Studien, Bd. 3), S. 101–127.

Wiemann, Harm (Hrsg.): Wilhelm Connemann: 200 Jahre Firmengeschichte. Ein Spiegel ostfriesischer Wirtschaftsentwicklung, Leer 1950.

Zenke, Rainer: Ultima Ratio Regum. Feuerwaffen und ihre Produktion im Kurfürstentum Hannover und im Alten Reich im 18. Jahrhundert, Osnabrück 1997 (Wehrtechnik und wissenschaftliche Waffenkunde, Bd. 11).

Zeuske, Michael: Bajo la bandera prusiana: Compañías comerciales, comerciantes y cónsules alemanes en las Antillas (1815–1860), in: Butel, Paul: Commerce et plantation dans la Caraïbe, XVIIIe et XIXe siècles, Actes du Colloque de Bordeaux, 15–16 mars 1991, Bordeaux 1992 (Collection de la maison des pays ibériques, Bd. 52), S. 233–252.

Ders.: Trasfondos del conflicto 1902: política, cónsules y comerciantes alemanes en las Venezuelas del siglo XIX, in: Böttcher, Nikolaus; Hausberger, Bernd (Hrsg.): Dinero y negocios en la historia de América Latina – Geld und Geschäfte in der Geschichte Lateinamerikas, Veinte ensayos dedicados a Reinhard Lier – Zwanzig Aufsätze, gewidmet Reinhard Lier, Madrid – Frankfurt a. M. 2000 (Bibliotheca Ibero-Americana, Publicaciones del Instituto Ibero-Americano Fundación Patrimonio Cultural Prusiano, Vol. 77), S. 413–452.

Ders.; Ludwig, Jörg: Amerikanische Kolonialwaren und Wirtschaftspolitik in Preußen und Sachsen: Prolegomena (17./18. und frühes 19. Jahrhundert), in: JbLA 32 (1995), S. 257–301.

Ziegler, Philip: The Sixth Power: Barings 1762–1929, London 1988.

Zuncker, Detlef: Die Franzosenzeit in Hamburg 1806–1814. Volkskultur und Volksprotest in einer besetzten Stadt, in: Erg 23 (12/1983), S. 15–157.

IX. Anhänge

1. Stammtafel der Familie Wappäus¹

1.a) Bild 1

Jochen Hinrich II. Wappaus *Laase bei Dannenberg 23.1.1741 - † ebd. 5.2.1812

∞ in Laase

Catharine Dorothea Rehbeck * Waitsch bei Dannenberg 11.6.1739 - † Platenlaase 4.12.1807

Kinder geboren in Platenlaase

1. Anna Catharina * 1760 - † 14.10.1831

2. Marie Dorothee

3. Joachim Hinrich III.

4. **Georg Heinrich I.** * 30.6.1776 - † Hamburg 22.7.1836 ∞ 1805 Anna Catharina Sophia Jörst, verw. Lorenzen, * Hamburg 19.4.1780 - † ebd. 19.6.1855

Kinder aus 1. Ehe: Johann Wilhelm Alexander und Caroline Margarete

5. Catharina Elisabeth

Kinder geboren in Hamburg

1. **Johann Eduard** (Bild 2) * 17.5.1812 - † Göttingen 10.12.1879

2. Anna Wilhelmine * 1813 - † 1879 ∞ a) ? Knaak, Hafenmeister in Hamburg b) am 12.7.1848 Hermann Mumssen *18.9.1804 - † 25.4.1859 Pastor zu Hamm und Horn

3. **Adolf Heinrich** * 17.8.1814 - † 16.11.1904 (Bild 3)

4. Emilie Maria Elisabeth * 14.5.1817 - † 29.8.1906 Oberin des Diakonissenheims *Bethlehem*

1 KOERNER, Bernhard (Hrsg.): Deutsches Geschlechterbuch, Görlitz 1911 (Genealogisches Handbuch Bürgerlicher Familien, Bd. 19, zweiter Hamburger Band), S. 433-441. StAH 611-19 Archiv der G. H. Wappäus Stiftung 2, Ernennung von Verwaltern der Stiftung, 1905-1923. StAH 621-1 Firma G. H. Wappäus Reederei 5, Personenkundliche Unterlagen des Amtsgerichtsrats Oscar Wappäus (entnommen aus der kassierten Personalakte der Justizverwaltung).

1.b) Bild 2

Johann Eduard Wappäus

* 17.5.1812 - † 10.12.1879

Dr. Phil., ordentlicher Professor an der der Universität Göttingen, Mitglied der Kgl. Societät der Wissenschaften Göttingen, der Société de Géographie zu Paris, der Gesellschaft für Erdkunde zu Berlin, Ritter des Kgl. Hannoverschen Ernst-August-Ordens, des K. u. K. Österr.-Ung. Ordens der Eisernen Krone, des Kais. Brasil. Rosen-Ordens, Konsul des Freistaates Chile und des Argentinischen Staatenbundes.

∞ in Göttingen

a) am 29.11.1842, Sophie Friederike Amalie Charlotte Henriette Wehner
* Hamm 5.7.1822- † Göttingen 16.2.1846

b) am 1.8.1847 Henriette Hausmann, † 1859
Tochter eines Hofrats, Professor der Gesteinskunde in Göttingen

Sohn aus 1. Ehe

Johann Andreas Georg Heinrich II. Wappäus, Dr. jur., Hamburger Notar, * Göttingen 11.5.1844 - † Hamburg 14.11.1893
∞ in Stade am 25.8.1871 mit Marie Elisabeth Neubourgh

Kinder geboren in Hamburg

1. Emma Meta Pauline
* 6.5.1872 - † 16.2.1904

2. Anna Marie Elisabeth
* 1.8.1873

3. Oscar Georg Heinrich
* 19.7.1875 - † 4.6.1945
Amtsrichter zu Hamburg

4. Alice Mathilde
* 23.7.1885

1.c) Bild 3

Adolf Heinrich Wappäus

* 17.8.1814 - † 16.11.1904

∞ in Hamburg am 1.3.1853

Evelina Prudencia del Campo

* Puerto Rico 8.3.1831 - † 14.4.1921

Kinder

1. Anna Magdalena
* Ciudad Bolívar 20.12.1853
∞ in Hamburg am 21.8.1880
Hendrik Pontoppidan,
Kaufmann, Inhaber von
"H. Pontoppidan & Co."
zu Hamburg, Ritter des Kgl.
Dän. Danebrog-Ordens

2. Georg Adolf
* Ciudad Bolívar
5.10.1855 -
† 6.8.1856

3. Georg Heinrich III.
* 28.6.1857 - † Puerto Cabello
25.12.1882 am Gelbfieber
Kaufmann

4. Josefa Maria
* 1.8.1860
∞ Kurt Schäfer,
Fabrikdirektor zu Kentzingen

5. Luise Evelina
*Hamburg 28.8.1862
† 11.9.1862

6. Eduard Johannes
* 1.1.1864

7. Luise Evelina
* Hamburg 10.6.1867
∞ Rudolf Troßtorf, Kaufmann zu Bremen

2. Hamburger Schiffe, die zwischen 1818 und 1889 Curaçao frequentierten

2.a)   Hamburger Schiffe, die zwischen 1818 und 1847 Curaçao anliefen[1]

Jahr	Anzahl
1818	6
1819	2
1820	2
1821	1
1822	1
1823	1
1824	0
1825	1
1826	1
1827	1
1828	1
1829	2
1830	2
1831	0
1832	0
1833	0
1834 - 1845	k. A.[2]
1846	0
1847	0

1   ARA, Nummer toegang: 1.05.12.02, Archieven van Curaçao, Bonaire en Aruba na 1828, Inv. Nr.: 1271-1277:
    De Curaçaosche Courant 1818-1830. Koninklijke Bibliotheek Den Haag, De Curaçaosche Courant 1847-
    1900, Signatuur 1657 C1.
    Schiffe, die während einer Fahrt auf ihrer Route zweimal Curaçao anliefen, ohne zwischendurch nach
    Hamburg zurückgekehrt zu sein, wurden nur einmal gezählt: Z. B. Hamburg-Curaçao-Puerto Cabello-
    Curaçao-Hamburg. Bis 1847 wurden die Schiffe nur nach Nation eingeordnet. Kapitän und Name des
    Schiffes, Herkunfts- oder Zielhafen wurden nicht genannt.
2   k. A. bedeutet *keine Angabe*.

2.b)   Hamburger Schiffe, die zwischen 1848 und 1889 in Curaçao ein-und ausliefen[3]

Einlauf-datum	Auslauf-datum	Eigner	Kapitän	Schiff	Herkunfts-/Zielort
5.5.1848	6.5.1848	August Joseph Schön	Charles C. S. Raupach	Emily	aus La Guaira
2.6.1848	2.6.1848	August Joseph Schön	Charles C. S. Raupach	Emily	aus Maracaibo

3 KBDH, De Curaçaosche Courant, 1847-1900, Signatuur 1657 C 1, Rubrik: Vaartuigen in en uitgeklaard zedert onze laatste:
13.5.1848, Nr. 20; 2.6.1848, Nr. 23; 12.10.1850, Nr. 41; 14.2.1852, Nr. 7; 24.1.1852, Nr. 4; 31.1.1852, Nr. 5; 21.8.1852, Nr. 34; 28.8.1852, Nr. 35; 12.3.1853, Nr. 11; 9.4.1853, Nr. 15; 13.8.1853, Nr. 33; 3.12.1853, Nr. 49; 17.12.1853, Nr. 51; 7.1.1854, Nr. 1; 28.4.1855, Nr. 17; 5.5.1855, Nr. 18; 2.6.1855, Nr. 22; 9.6.1855; Nr. 23; 17.11.1855, Nr. 46; 24.11.1855, Nr. 47; 13.9.1856, Nr. 37; 11.10.1856, Nr. 41; 4.9.1858, Nr. 35; 11.9.1858, Nr. 36; 27.8.1859, Nr. 34; 3.9.1859, Nr. 35; 15.10.1859, Nr. 41; 22.10.1859, Nr. 42; 19.10.1861, Nr. 42; 26.10.1861, Nr. 43; 8.2.1862, Nr. 6; 22.2.1862, Nr. 8; 7.6.1862, Nr. 23; 14.6.1862, Nr. 24; 10.1.1863, Nr. 2; 17.1.1863, Nr. 3; 15.8.1863, Nr. 33; 29.8.1863, Nr. 35; 16.1.1864, Nr. 3; 18.2.1864, Nr. 7; 5.3.1864, Nr. 9; 17.12.1864, Nr. 50; 31.12.1864, Nr. 52; 21.1.1865, Nr. 3; 28.1.1865, Nr. 4;18.3.1865, Nr. 11; 25.3.1865, Nr. 12; 12.8.1865, Nr. 32; 10.2.1866, Nr. 6; 19.5.1866, Nr. 20; 26.5.1866, Nr. 21.
Ab 18.7.1868 fielen Hamburger Schiffe unter die Bezeichnung *Norddeutsche Flagge*. Die folgenden Daten wurden daher mit KRESSE, Walter: Seeschiffs-Verzeichnis der Hamburger Reedereien, Bde. 1-3, verifiziert:
18.7.1868, Nr. 29; 25.7.1868, Nr. 30; 1.8.1868, Nr. 31; 22.8.1868, Nr. 34; 29.8.1868, Nr. 35; 3.10.1868, Nr. 40; 10.10.1868, Nr.41; 21.11.1868, Nr. 47; 28.11.1868, Nr. 48; 7.5.1870, Nr. 18; 28.5.1870, Nr. 21; 4.6.1870, Nr. 22; 11.6.1870, Nr. 23; 16.6.1870, Nr. 28; 20.8.1870, Nr. 33; 10.12.1870; Nr. 49, 18.3.1871, Nr. 11; 29.4.1871, Nr. 17; 13.5.1871, Nr. 19; 27.5.1871, Nr. 21; 10.6.1871, Nr. 23; 17.6.1871, Nr. 24; 24.6.1871, Nr. 25; 15.7.1871, Nr. 28; 15.7.1871, Nr. 28.
Ab 22.7.1871 fielen Hamburger Schiffe unter die Bezeichung *deutsch*:
22.7.1871, Nr. 29; 29.7.1871, Nr. 30; 5.8.1871, Nr. 31; 12.8.1871, Nr. 32; 19.8.1871, Nr. 33; 26.8.1871, Nr. 34; 16.9.1871, Nr. 37; 7.10.1871, Nr. 40; 14.10.1871, Nr. 41; 28.10.1871, Nr. 43; 4.11.1871, Nr. 44; 18.11.1871, Nr. 46; 25.11.1871, Nr. 47; 16.12.1871, Nr. 50; 23.12.87, Nr. 51; 30.12.1871, Nr. 52; 6.1.1872, Nr. 1; 13.1.1872, Nr. 2; 27.1.1872, Nr. 4; 3.2.1872, Nr. 5; 17.2.1872, Nr. 7; 2.3.1872, Nr. 9; 2.3.1872, Nr. 9; 23.3.1872, Nr. 12; 13.4.1872, Nr. 15; 20.4.1872, Nr. 16; 27.4.1872, Nr. 17; 4.5.1872, Nr. 18; 4.5.1872, Nr.18; 11.5.1872, Nr. 19; 18.5.1872, Nr. 20; 25.5.1872, Nr. 21; 1.6.1872, Nr. 22; 15.6.1872, Nr. 24; 22.6.1872, Nr. 25; 22.6.1872, Nr. 25; 29.6.1872, Nr. 26; 6.7.1872, Nr. 27; 20.7.1872, Nr. 29; 20.7.1872, Nr. 29; 27.7.1872, Nr. 30; 10.8.1872, Nr. 32; 24.8.1872, Nr. 34; 31.8.1872, Nr. 35; 7.9.1872, Nr. 36; 14.9.1872, Nr.37; 21.9.1872, Nr. 38; 28.9.1872, Nr. 39; 12.10.1872, Nr. 41; 19.10.1872, Nr. 42; 26.10.1872, Nr. 43; 9.11.1872, Nr. 45; 16.11.1872, Nr 46; 23.11.1872, Nr. 47; 30.11.1872, Nr. 48; 14.12.1872, Nr. 50; 21.12.1872, Nr. 51; 4.1.1873, Nr. 1; 11.1.1873, Nr. 2; 18.1.1873, Nr. 3; 25.1.1873, Nr. 4; 15.1.1873, Nr. 7; 22.1.1873, Nr. 8; 8.3.1873, Nr. 10; 15.3.1873, Nr. 11; 22.3.1873, Nr. 12; 5.4.1873, Nr.14; 10.4.1873, Nr. 15; 19.4.1873, Nr. 16; 26.4.1873, Nr.17; 20.4.1873, Nr. 17; 10.5.1873, Nr. 19; 17.5.1873, Nr. 20; 17.5.1873, Nr. 20; 24.5.1873, Nr. 21; 31.5.1873, Nr. 22; 7.6.1873, Nr. 23; 14.6.1873, Nr. 24; 14.6.1873, Nr. 24; 21.6.1873, Nr.25; 12.7.1873, Nr. 28; 12.7.1873, Nr. 28; 26.7.1873, Nr. 30; 16.8.1873, Nr. 33; 23.8.1873; Nr. 34; 13.9.1873, Nr. 37; 11.10.1873, Nr. 41; 18.10.1873, Nr. 42; 8.11.1873, Nr. 45; 29.11.1873, Nr. 48; 6.12.1873, Nr. 49; 13.12.1873, Nr. 50; 20.12.1873, Nr. 51; 27.12.1873, Nr. 52; 10.1.1874, Nr. 2; 10.1.1874, Nr. 2; 17.1.1874, Nr. 3; 24.1.1874. Nr. 4; 24.1.1874, Nr. 4; 31.1.1874, Nr. 5; 7.2.1874, Nr. 6; 14.2.1874, Nr. 7; 28.2.1874, Nr. 9; 7.3.1874, Nr. 10; 14.3.1874, Nr. 11; 14.3.1874, Nr.11; 28.3.1874, Nr. 13; 11.4.1874, Nr. 15; 18.4.1874, Nr. 16; 25.4.1874, Nr. 17; 2.5.1874, Nr. 18; 9.5.1874, Nr. 19; 16.5.1874, Nr. 20; 23.5.1874, Nr. 21; 30.5.1874, Nr. 22; 6.6.1874, Nr. 23; 13.6.1874, Nr. 24; 13.6.1874, Nr. 24; 20.6.1874, Nr. 25; 27.6.1874, Nr. 26; 4.7.1874, Nr. 27; 11.7.1874, Nr. 28; 18.7.1874, Nr. 29; 25.7.1874, Nr. 30; 25.7.1874, Nr. 30; 1.8.1874, Nr. 31; 8.8.1874, Nr. 32; 15.8.1874, Nr. 33; 22.8.1874, Nr. 34; 29.8.1874, Nr. 35; 5.9.1874, Nr. 36; 12.9.1874, Nr. 37; 26.9.1874, Nr. 37; 3.10.1874, Nr. 38; 10.10.1874, Nr. 41; 17.10.1874, Nr. 42; 24.10.1874, Nr. 43; 31.10.1874, Nr. 44; 7.11.1874, Nr. 45; 14.11.1874, Nr. 46; 21.11.1874, Nr. 47; 24.12.1874, Nr. 52; 31.12.1874, Nr. 53; 9.1.1875, Nr. 1; 16.1.1875, Nr. 2; 30.1.1875, Nr. 4; 6.2.1875, Nr. 5; 13.2.1875, Nr. 6; 27.2.1875, Nr. 8; 6.3.1875, Nr. 9; 13.3.1875, Nr. 10; 20.3.1875, Nr. 11; 25.3.1875, Nr. 12; 17.4.1875, Nr. 15; 24.4.1875, Nr. 16; 15.5.1875, Nr. 19; 5.6.1875, Nr. 22; 26.6.1875, Nr. 25; 3.7.1875, Nr. 26; 10.7.1875, Nr.

7.10.1850	7.10.1850	Ferdinand Georg Wendtland Erben	T. S. Groot	Ferdinand	aus Demerara
17.1.1851		W. & S. Hauer	N. F. Fick	Sophie & Fredericke	aus St. Thomas
28.7.1851		W. & S. Hauer	N. F. Fick	Sophie & Fredericke	aus Hamburg
22.1.1852	28.1.1852	A. F. Woldsen	H. Rohde	Hever	aus Hamburg
16.8.1852	20.8.1852	W. & S. Hauer	N. F. Fick	Sophie & Fredericke	aus Hamburg
5.8.1853	11.8.1853	W. & S. Hauer	H. Rohde	Hever	aus St. Thomas
28.11.1853	9.12.1853	W. & S. Hauer	N. F. Fick	Sophie & Fredericke	aus St. Thomas
	4.1.1854	F. Blass & Schomburgk	C. Lorenzen	Domingo	
21.4.1855	1.5.1855	Johann Jacob Holst	Johann Jacob Holst	Condor	aus Liverpool
29.5.1855	7.6.1855	W. & S. Hauer	N. F. Fick	Sophie & Fredericke	aus Hamburg
10.11.1855	19.11.1855	W. & S. Hauer	N. F. Fick	Sophie & Fredericke	aus Hamburg
8.9.1856	4.10.1856	Andreas Ludwig Friedrich Wortmann	H. C. Kühl	Therese	aus Hamburg
30.8.1858	6.9.1858	Wolf Sander Hauer	L. J. H. Faur	Hauer	aus Hamburg / nach Hamburg
25.8.1859	26.8.1859	Lorenz Heinrich Boysen	C. F. Decker	Mary	aus St. Thomas
10.10.1859	19.10.1859	Sören Pedersen Clausen	Sören Pedersen Clausen	Johanna	aus Puerto Cabello
14.10.1861	25.10.1861	Johann Christian Martin von Spreckelsen	E. Hauschildt	Beatus	aus Hamburg

27; 24.7.1975, Nr. 29; 31.7.1875, Nr. 30; 7.8.1875, Nr. 31; 28.8.1875, Nr. 34; 11.9.1875, Nr. 36; 2.10.1875, Nr. 39; 9.10.1875, Nr. 40; 16.10.1875, Nr. 41; 30.10.1875, Nr. 43; 13.11.1875, Nr. 45; 27.11.1875, Nr. 47; 11 12.1875, Nr. 49; 31.12.1875, Nr. 52; 9.12.1876, Nr. 49; 16.12.1876, Nr. 50; 14.4.1877, Nr. 15; 21.4.1877, Nr. 16; 23.12.1876, Nr. 51; 23.2.1878, Nr 8; 6.4.1878, Nr. 14; 29.6.1878, Nr. 26; 20.7.1878, Nr. 29; 2.11.1878, Nr. 44; 21.12.1878, Nr. 51; 4.1.1879, Nr. 1; 19.4.1879, Nr. 16; 26.4.1879, Nr. 17; 3.5.1879, Nr. 18; 24.5.1879, Nr. 21; 31.5.1879, Nr. 22; 222.11.1879, Nr. 4; 29.11.1879, Nr.48; 5.6.1880. Nr. 23; 12.6.1880, Nr. 24; 27.11.1880, Nr. 48; 4.12.1880, Nr. 49; 11.12.1880, Nr. 50; 31.12.1880, Nr. 53; 15.1.1881, Nr. 2; 12.3.1881, Nr. 10; 19.3.1881, Nr. 1; 21.1.1882, Nr. 3; 28.1.1882, Nr.4; 14.7.1882, Nr. 28; 21.7.1882, Nr. 29; 1.6.1883, Nr. 22; 15.6.1883, Nr. 24; 24.8.1883, Nr. 34; 31.8.1883, Nr. 35; 9.11.1883, Nr. 45; 16.11.1883, Nr. 46; 23.11.1883, Nr. 47; 11.1.1884, Nr. 2; 18.1.1884, Nr. 3; 7.3.1884, Nr. 10; 21.3.1884, Nr. 12; 16.5.1884, Nr. 20; 23.5.1884, Nr. 21; 18.7.1884, Nr. 29; 25.7.1884, Nr. 30; 26.9.1884, Nr. 39; 3.10.1884, Nr. 40; 17.4.1885, Nr. 15; 21.8.1885, Nr. 33; 16.10.1885, Nr. 41; 23.10.1885, Nr. 42; 27.11.1885, Nr. 47; 11.6.1886, Nr. 23; 22.10.1886, Nr. 42; 29.10.1886, Nr. 43; 10.12.1886, Nr. 49; 24.12.1886, Nr. 51; 7.1.1887, Nr. 1; 16.9.1887. Nr. 37; 13.1.1888, Nr. 2; 23.3.1888, Nr. 12; 13.7.1888, Nr. 28; 12.10.1888, Nr.41; 19.10.1888, Nr. 42; 22.2.1889, Nr. 8; 1.3.1889, Nr. 9; 7.6.1889, Nr. 23; 12.7.1889, Nr. 28; 18.10.1889, Nr. 42; 25.10.1889, Nr. 43; 27.12.1889, Nr. 52; 21.3.1890, Nr. 12; 28.3.1890, Nr. 13; 18.4.1890, Nr. 16; 2.5.1890, Nr. 18; 31.10.1890, Nr. 44; 21.10.1890, Nr. 47; 24.12.1890, Nr. 52; 26.3.1891, Nr. 12; 8.5.1891, Nr. 18; 22.5.1891, Nr. 20; 7.8.1891, Nr. 31; 18.3.1892, Nr. 11; 21.10.1892, Nr. 42.
1846/1847, 1849, 1857 keine Schiffe aus Hamburg verzeichnet. Für 1860 Zeitung nicht einsehbar. Ab 24.2.1893, Nr. 8, bis 1900 keine Schiffsbewegungstabellen mehr.

4.2.1862	17.2.1862	Johann Heinrich	L. J. H. Fauer	Amalie	aus Hamburg
6.6.1862	12.6.1862	Hinrich Ludwig Cohrs	H. Holst	Courier	aus Liverpool
7.1.1863	15.1.1863	Martin Valentin	Johann Jürgen	Wilhelmine	aus Hamburg
10.8.1863	21.8.1863	Martin Valentin	Johann Jürgen	Wilhelmine	aus Hamburg
11.1.1864	13.11.1864	J. Becker	P. J. Röhrs	Betty & Emma	aus Puerto
29.2.1864		J. Becker	J. Scheelke	Ines	aus Puerto
10.12.1864	23.12.1864	Rasmus Nielsen Koch	A. Cortsen	Gessner	aus Hamburg
19.1.1865	20.1.1865	W. & S. Hauer	H. P. W. Clausen	Mariquinha	aus Hamburg
11.3.1865	22.3.1865	E. T. Meyer & Co.	H. Hermer	Argo	aus Cardiff
4.8.1865	7.8.1865	W. & S. Hauer	H. P. W. Clausen	Mariquinha	aus Hamburg
17.5.1866	23.5.1866	Friedrich Peter Witt	Friedrich Peter	Maria	aus Hamburg
	13.10.1868	Hinrich Magens	Hinrich Magens	Hinrich	
12.6.1870	15.6.1870	Christian Johannes	G. H. M.	Marie & Sophie	aus Hamburg
29.3.1872		C. Heydorn	J. Kruse	Freia	aus Hamburg
	6.9.1872	C. Heydorn	J. Kruse	Freia	
16.9.1872	18.9.1872	Christian Johannes	G. H. M.	Marie & Sophie	aus New York
	9.10.1872	Johann August Otto	E. Becker	Republik	
25.11.1872	29.11.1872	Johann Jacob	J. A. Reinecke	Hinrich	aus Hamburg
2.1.1873	16.1.1873	Christian Johannes	G. H. M:	Marie & Sophie	aus Maracaibo
9.6.1873	13.6.1873	Johann August Otto	E. Becker	Republik	aus Hamburg
	17.4.1874	August Joseph Schön	G. M. N. Cordes	Ann & Lizzy	
13.7.1874	20.1.1874	Peter Claudius Korff	Peter Claudius	Johanna &	aus Hamburg
6.12.1876	11.12.1876	Peter Hinrich Korff	Peter Hinrich	Victoria	aus Hamburg
	21.6.1878	C. Kelting	H. Poppe	La Plata	
26.11.1878		Johann Witt	J. J. Rahmstorf	Cadet	aus Hamburg
18.12.1878	30.12.1878	Heinrich Mewes	P. Meier	Allegro	aus Hamburg
24.4.1879	1.5.1879	Paul Friedrich Hubert	Paul Friedrich	Magnet	aus Hamburg
21.5.1879	27.5.1879	F. M. A. Seele	J. N. Wilshusen	Anna & Gesine	aus Hamburg
5.3.1881	14.3.1881	Heinrich Mewes	P. Meier	Allegro	aus Hamburg
11.7.1882	17.7.1882	Carl Heinrich Wilhelm	J. Thomas	Elise	aus Hamburg
7.1.1884	12.1.1884	F. M. A. Seele	R. Boysen	Collmar	aus Hamburg
12.5.1884	16.5.1884	F. M. A. Seele	W. Finkler	Albis	aus Hamburg
10.4.1885	14.4.1885	F. M. A. Seele	J. C. T. Lafrentz	Collmar	aus Hamburg
14.8.1885		F. M. A. Seele	E. P. Bruhn	Levante	aus St. Domingo
	19.10.1885	F. M. A. Seele	E. P. Bruhn	Levante	
3.1.1887	5.1.1887	F. M. A. Seele	F. Renner	Lagos	aus Hamburg
	6.1.1888	F. M. A. Seele	T. Valentin	Levante	
16.10.1889	21.10.1889	Hermann R. Lassen	de Wall	Golconda	aus Hamburg

2.c)   Von welchen Häfen aus Hamburger Schiffe Curaçao anliefen

Ausgangshafen	Anzahl
Hamburg	32
St. Thomas	4
Puerto Cabello	3
Maracaibo	2
Liverpool	2
La Guaira	1
Demerara	1
Cardiff	1
St. Domingo	1

3. Hamburger Dampfschiffe, die zwischen 1871 und 1892 in Curaçao
ein- und ausliefen[1]

Einlauf-datum	Auslauf-datum	Eigner	Kapitän	Dampfschiff	Herkunfts-/Zielort
	15.3.1871	Christian Johannes Riedel	P. J. F. Möller	Dampf. Allemannia	
25.4.1871	25.4.1871	HAPAG	W. L. Stahl	Dampf. Bavaria	aus Hamburg via Puerto Cabello

1   1871 bis 1875 wurden als fünf Beispieljahrgänge für die hamburgische Dampfschiffahrt vollständig erfaßt. Danach ist nur noch der direkte Dampfschiffverkehr zwischen Hamburg und Curaçao aufgelistet, um nicht den Rahmen der Arbeit zu sprengen.

KBDH, De Curaçaosche Courant, 1871-1892, Signatuur 1657 C 1, Rubrik: Vaartuigen in en uitgeklaard zedert onze laatste: 22.7.1871, Nr. 29; 29.7.1871, Nr. 30; 5.8.1871, Nr. 31; 12.8.1871, Nr. 32; 19.8.1871, Nr. 33; 26.8.1871, Nr. 34; 16.9.1871, Nr. 37; 7.10.1871, Nr. 40; 14.10.1871, Nr. 41; 28.10.1871, Nr. 43; 4.11.1871, Nr. 44; 18.11.1871, Nr. 46; 25.11.1871, Nr. 47; 16.12.1871, Nr. 50; 23.12.87, Nr. 51; 30.12.1871, Nr. 52; 6.1.1872, Nr. 1; 13.1.1872, Nr. 2; 27.1.1872, Nr. 4; 3.2.1872, Nr. 5; 17.2.1872, Nr. 7; 2.3.1872, Nr. 9; 2.3.1872, Nr. 9; 23.3.1872, Nr. 12; 13.4.1872, Nr. 15; 20.4.1872, Nr. 16; 27.4.1872, Nr. 17; 4.5.1872, Nr. 18; 4.5.1872, Nr.18; 11.5.1872, Nr. 19; 18.5.1872, Nr. 20; 25.5.1872, Nr. 21; 1.6.1872, Nr. 22; 15.6.1872, Nr. 24; 22.6.1872, Nr. 25; 22.6.1872, Nr. 25; 29.6.1872, Nr. 26; 6.7.1872, Nr. 27; 20.7.1872, Nr. 29; 20.7.1872, Nr. 29; 27.7.1872, Nr. 30; 10.8.1872, Nr. 32; 24.8.1872, Nr. 34; 31.8.1872, Nr. 35; 7.9.1872, Nr. 36; 14.9.1872, Nr.37; 21.9.1872, Nr. 38; 28.9.1872, Nr. 39; 12.10.1872, Nr. 41; 19.10.1872, Nr. 42; 26.10.1872, Nr. 43; 9.11.1872, Nr. 45; 16.11.1872, Nr 46; 23.11.1872, Nr. 47; 30.11.1872, Nr. 48; 14.12.1872, Nr. 50; 21.12.1872, Nr. 51; 4.1.1873, Nr. 1; 11.1.1873, Nr. 2; 18.1.1873, Nr. 3; 25.1.1873, Nr. 4; 15.1.1873, Nr. 7; 22.1.1873, Nr. 8; 8.3.1873, Nr. 10; 15.3.1873, Nr. 11; 22.3.1873, Nr. 12; 5.4.1873, Nr.14; 10.4.1873, Nr. 15; 19.4.1873, Nr. 16; 26.4.1873, Nr.17; 20.4.1873, Nr. 17; 10.5.1873, Nr. 19; 17.5.1873, Nr. 20; 17.5.1873, Nr. 20; 24.5.1873, Nr. 21; 31.5.1873, Nr. 22; 7.6.1873, Nr. 23; 14.6.1873, Nr. 24; 14.6.1873, Nr. 24; 21.6.1873, Nr.25; 12.7.1873, Nr. 28; 12.7.1873, Nr. 28; 26.7.1873, Nr. 30; 16.8.1873, Nr. 33; 23.8.1873; Nr. 34; 13.9.1873, Nr. 37; 11.10.1873, Nr. 41; 18.10.1873, Nr. 42; 8.11.1873, Nr. 45; 29.11.1873, Nr. 48; 6.12.1873, Nr. 49; 13.12.1873, Nr. 50; 20.12.1873, Nr. 51; 27.12.1873, Nr. 52; 10.1.1874, Nr. 2; 10.1.1874, Nr. 2; 17.1.1874, Nr. 3; 24.1.1874, Nr. 4; 24.1.1874, Nr. 4; 31.1.1874, Nr. 5; 7.2.1874, Nr. 6; 14.2.1874, Nr. 7; 28.2.1874, Nr. 9; 7.3.1874, Nr. 10; 14.3.1874, Nr. 11; 14.3.1874, Nr.11; 28.3.1874, Nr. 13; 11.4.1874, Nr. 15; 18.4.1874, Nr. 16; 25.4.1874, Nr. 17; 2.5.1874, Nr. 18; 9.5.1874, Nr. 19; 16.5.1874, Nr. 20; 23.5.1874, Nr. 21; 30.5.1874, Nr. 22; 6.6.1874, Nr. 23; 13.6.1874, Nr. 24; 13.6.1874, Nr. 24; 20.6.1874, Nr. 25; 27.6.1874, Nr. 26; 4.7.1874, Nr. 27; 11.7.1874, Nr. 28; 18.7.1874, Nr. 29; 25.7.1874, Nr. 30; 25.7.1874, Nr. 30; 1.8.1874, Nr. 31; 8.8.1874, Nr. 32; 15.8.1874, Nr. 33; 22.8.1874, Nr. 34; 29.8.1874, Nr. 35; 5.9.1874, Nr. 36; 12.9.1874, Nr. 37; 26.9.1874, Nr. 37; 3.10.1874, Nr. 38; 10.10.1874, Nr. 41; 17.10.1874, Nr. 42; 24.10.1874, Nr. 43; 31.10.1874, Nr. 44; 7.11.1874, Nr. 45; 14.11.1874, Nr. 46; 21.11.1874, Nr. 47; 24.12.1874, Nr. 52; 31.12.1874, Nr. 53; 9.1.1875, Nr. 1; 16.1.1875, Nr. 2; 30.1.1875, Nr. 4; 6.2.1875, Nr. 5; 13.2.1875, Nr. 6; 27.2.1875, Nr. 8; 6.3.1875, Nr. 9; 13.3.1875, Nr. 10; 20.3.1875, Nr. 11; 25.3.1875, Nr. 12; 17.4.1875, Nr. 15; 24.4.1875, Nr. 16; 15.5.1875, Nr. 19; 5.6.1875, Nr. 22; 26.6.1875, Nr. 25; 3.7.1875, Nr. 26; 10.7.1875, Nr. 27; 24.7.1975, Nr. 29; 31.7.1875, Nr. 30; 7.8.1875, Nr. 31; 28.8.1875, Nr. 34; 11.9.1875, Nr. 36; 2.10.1875, Nr. 39; 9.10.1875, Nr. 40; 16.10.1875, Nr. 41; 30.10.1875, Nr. 43; 13.11.1875, Nr. 45; 27.11.1875, Nr. 47; 11.12.1875, Nr. 49; 31.12.1875, Nr. 52; 9.12.1876, Nr. 49; 16.12.1876, Nr. 50; 14.4.1877, Nr. 15; 21.4.1877, Nr. 16; 23.12.1876, Nr. 51; 23.2.1878, Nr 8; 6.4.1878, Nr. 14; 29.6.1878, Nr. 26; 20.7.1878, Nr. 29; 2.11.1878, Nr. 44; 21.12.1878, Nr. 51; 4.1.1879, Nr. 1; 19.4.1879, Nr. 16; 26.4.1879, Nr. 17; 3.5.1879, Nr. 18; 24.5.1879, Nr. 21; 31.5.1879, Nr. 22; 222.11.1879, Nr. 4; 29.11.1879, Nr.48; 5.6.1880. Nr. 23; 12.6.1880, Nr. 24; 27.11.1880, Nr. 48; 4.12.1880, Nr. 49; 11.12.1880, Nr. 50; 31.12.1880, Nr. 53; 15.1.1881, Nr. 2; 12.3.1881, Nr. 10; 19.3.1881, Nr. 1; 21.1.1882, Nr. 3; 28.1.1882, Nr.4; 14.7.1882, Nr. 28; 21.7.1882, Nr. 29; 1.6.1883, Nr. 22; 15.6.1883, Nr. 24; 24.8.1883, Nr. 34; 31.8.1883, Nr. 35;

11.5.1871		HAPAG	W. L. Stahl	Dampf. Bavaria	aus Colón[2]
23.5.1871	23.5.1871	HAPAG	H. C. T. W. G. F. R. L. Kühlewein	Dampf. Borussia	aus Hamburg via Puerto Cabello
10.6.1871	10.6.1871	HAPAG	H. C. T. W. G. F. R. L. Kühlewein	Dampf. Borussia	aus Colón
20.6.1871	20.6.1871	HAPAG	J. F. C. Winzen	Dampf. Saxonia	aus Hamburg via Puerto Cabello
	11.7.1871	HAPAG	J. F. C. Winzen	Dampf. Saxonia	
20.7.1871	20.7.1871	HAPAG	H. J. F.Milo	Dampf. Teutonia	aus Hamburg via Puerto Cabello
9.8.1871		HAPAG	H. J. F. Milo	Dampf. Teutonia	aus Colón
	11.8.1871	HAPAG	H. J. F. Milo	Dampf. Teutonia	
21.8.1871	21.8.1871	HAPAG	W. L. Stahl	Dampf. Bavaria	aus Hamburg via Puerto Cabello
9.9.1871	9.9.1871	HAPAG	W. L. Stahl	Dampf. Bavaria	aus Colón
30.9.1871	30.9.1871	HAPAG	H. C. T. W. G. F. R. Kühlewein	Dampf. Borussia	aus Hamburg via Puerto Cabello
24.10.1871	25.19.1871	HAPAG	H. J. F. Milo	Dampf. Teutonia	aus Hamburg via Puerto Cabello
12.11.1871	14.11.1871	HAPAG	H. J. F. Milo	Dampf. Teutonia	aus Colón
22.11.1871	22.11.1871	HAPAG	F. G. Keyn	Dampf. Bavaria	aus Hamburg via Puerto Cabello
11.12.1871		HAPAG	F. G. Keyn	Dampf. Bavaria	aus Colón
21.12.1871		HAPAG	H. C. T. W. G. F. R. C. Kühlewein	Dampf. Borussia	aus Hamburg via Puerto Cabello
10.1.1872	10.1.1872	HAPAG	H. C. T. W. G. F. R. L. Kühlewein	Dampf. Borussia	aus Colón
27.2.1872	28.2.1872	HAPAG	F. G. Keyn	Dampf. Bavaria	aus Hamburg via Puerto Cabello
21.3.1872	21.3.1872	HAPAG	H. J. F.Milo	Dampf. Teutonia	aus Hamburg via Puerto Cabello
11.4.1872	11.4.1872	HAPAG	H. J. F. Milo	Dampf. Teutonia	aus Colón
22.4.1872		HAPAG	H. C. T. W. G. F. R. C. Kühlewein	Dampf. Borussia	aus Hamburg via Puerto Cabello
10.5.1872	11.5.1872	HAPAG	H. C. T. W. G. F. R. L. Kühlewein	Dampf. Borussia	aus Colón
24.5.1872		HAPAG	F. G. Keyn	Dampf. Bavaria	aus Hamburg via Puerto Cabello
	24.5.1872	HAPAG	F. G. Keyn	Dampf. Bavaria	
17.6.1872	17.6.1872	HAPAG	F. G. Keyn	Dampf. Bavaria	aus Colón

9.11.1883, Nr. 45; 16.11.1883, Nr. 46; 23.11.1883, Nr. 47; 11.1.1884, Nr. 2; 18.1.1884, Nr. 3; 7.3.1884, Nr. 10; 21.3.1884, Nr. 12; 16.5.1884, Nr. 20; 23.5.1884, Nr. 21; 18.7.1884, Nr. 29; 25.7.1884, Nr. 30; 26.9.1884, Nr. 39; 3.10.1884, Nr. 40; 17.4.1885, Nr. 15; 21.8.1885, Nr. 33; 16.10.1885, Nr. 41; 23.10.1885, Nr. 42; 27.11.1885, Nr. 47; 11.6.1886, Nr. 23; 22.10.1886, Nr. 42; 29.10.1886, Nr. 43; 10.12.1886, Nr. 49; 24.12.1886, Nr. 51; 7.1.1887, Nr. 1; 16.9.1887, Nr. 37; 13.1.1888, Nr. 2; 23.3.1888, Nr. 12; 13.7.1888, Nr. 28; 12.10.1888, Nr.41; 19.10.1888, Nr. 42; 22.2.1889, Nr. 8; 1.3.1889, Nr. 9; 7.6.1889, Nr. 23; 12.7.1889, Nr. 23; 18.10.1889, Nr. 42; 25.10.1889, Nr. 43; 27.12.1889, Nr. 52; 21.3.1890, Nr. 12; 28.3.1890, Nr. 13; 18.4.1890, Nr. 16; 2.5.1890, Nr. 18; 31.10.1890, Nr. 44; 21.10.1890, Nr. 47; 24.12.1890, Nr. 52; 26.3.1891, Nr. 12; 8.5.1891, Nr. 18; 22.5.1891, Nr. 20; 7.8.1891, Nr. 31; 18.3.1892, Nr. 11; 21.10.1892, Nr. 42.

2 Wahrscheinlich Colón / Panamá.

21.6.1872		HAPAG	H. J. F. Milo	Dampf. Teutonia	aus Hamburg via Puerto Cabello
	21.6.1872	HAPAG	H. J. F. Milo	Dampf. Teutonia	
	12.7.1872	HAPAG	H. J. F. Milo	Dampf. Teutonia	
22.7.1872	22.7.1872	HAPAG	H. C. T. W. G. F. R. Kühlewein	Dampf. Borussia	aus Hamburg via Puerto Cabello
9.8.1872	9.8.1872	HAPAG	H. C. T. W. G. F. R. Kühlewein	Dampf. Borussia	aus Colón
21.8.1872		HAPAG	J. Winzen	Dampf. Germania	aus Hamburg via Puerto Cabello
10.9.1872	10.9.1872	HAPAG	J. Winzen	Dampf. Germania	aus Colón
24.9.1872	25.9.1872	HAPAG	F. G. Keyn	Dampf. Bavaria	aus Hamburg via Puerto Cabello
12.10.1872	12.10.1872	HAPAG	F. G. Keyn	Dampf. Bavaria	aus Colón
24.10.1872	24.10.1872	HAPAG	H. J. F. Milo	Dampf. Teutonia	aus Hamburg via Puerto Cabello
6.11.1872		Christian Johannes Riedel	P. J. F. Möller	Dampf. Allemania	aus Hamburg
13.11.1872	13.11.1872	HAPAG	H. J. F. Milo	Dampf. Teutonia	aus Savanilla[3]
	12.11.1872	Christian Johannes Riedel	P. J. F. Möller	Dampf. Allemania	
22.11.1872		HAPAG	G. H. C. Schmidt	Dampf. Borussia	aus Hamburg via Puerto Cabello
	22.11.1872	HAPAG	G. H. L. Schmidt	Dampf. Borussia	
12.12.1872	12.12.1872	HAPAG	G. H. L. Schmidt	Dampf. Borussia	aus Colón
28.12.1872	28.12.1872	HAPAG	F. G. Keyn	Dampf. Bavaria	aus Hamburg
13.1.1873	13.1.1873	HAPAG	F. G. Keyn	Dampf. Bavaria	aus Colón
22.1.1873	23.1.1873	HAPAG	J. Winzen	Dampf. Germania	aus Hamburg via Puerto Cabello
11.1.1873	11.1.1873	HAPAG	J. Winzen	Dampf. Germania	aus Colón
20.1.1873	21.1.1873	HAPAG	H. J. F. Milo	Dampf. Teutonia	aus Hamburg via St. Thomas
	14.3.1873	HAPAG	H. J. F. Milo	Dampf. Teutonia	
14.3.1873		HAPAG	H. J. F. Milo	Dampf. Teutonia	aus Colón
30.3.1873	31.3.1873	HAPAG	G. H. L. Schmidt	Dampf. Borussia	aus Hamburg via Puerto Cabello
17.4.1873		HAPAG	G. H. L. Schmidt	Dampf. Borussia	aus Savanilla
22.4.1873	22.4.1873	HAPAG	F. G. Keyn	Dampf. Bavaria	aus Hamburg via Puerto Cabello
11.5.1873	12.5.1873	HAPAG	F. G. Keyn	Dampf. Bavaria	aus Colón
30.5.1873		HAPAG	H. J. F. Milo	Dampf. Teutonia	aus Hamburg via Puerto Cabello
	30.5.1873	HAPAG	H. J. F. Milo	Dampf. Teutonia	
14.6.1873	14.6.1873	HAPAG	C. Ludwig	Dampf. Teutonia	aus Savanilla
20.6.1873	20.7.1873	HAPAG	W. Kühlewein	Dampf. Allemannia	aus Hamburg
9.7.1873	9.7.1873	HAPAG	W. Kühlewein	Dampf. Allemannia	aus Colón
21.7.1873	21.7.1873	HAPAG	G. H. L. Schmidt	Dampf. Borussia	aus Liverpool via St. Thomas

3   Es ist nicht klar, um welchen Ort es sich handelt.

11.8.1873		HAPAG	G. H. L. Schmidt	Dampf. Borussia	aus Colón
20.8.1873	20.8.1873	HAPAG	F. G. Keyn	Dampf. Bavaria	aus Puerto Cabello
8.9.1873	10.9.1873	HAPAG	F. G. Keyn	Dampf. Bavaria	aus Colón
10.10.1873		HAPAG	C. Ludwig	Dampf. Teutonia	aus Hamburg via Colón
	11.10.1873	HAPAG	C. Ludwig	Dampf. Teutonia	
7.12.1873	9.12.1873	HAPAG	W. Kühlewein	Dampf. Allemannia	aus Colón
17.12.1873	17.12.1873	HAPAG	F. G. Becker	Dampf. Lotharingia	aus Puerto Cabello
22.12.1873	22.12.1873	HAPAG	G. H. L. Schmidt	Dampf. Borussia	aus Puerto Cabello
9.1.1874	9.1.1874	HAPAG	G. H. L. Schmidt	Dampf. Borussia	aus Colón
20.1.1874	10.1.1874	HAPAG	C. Ludwig	Dampf. Teutonia	aus Puerto Cabello
11.2.1874	11.2.1874	HAPAG	C. Ludwig	Dampf. Teutonia	aus Colón
22.2.1874	22.2.1874	HAPAG	C. F. A. Frobös	Dampf. Bavaria	aus St. Thomas
6.3.1874		HAPAG	W. Kühlewein	Dampf. Allemannia	aus St. Thomas
10.3.1874	11.3.1874	HAPAG	C. F. A. Frobös	Dampf. Bavaria	aus Colón
	6.3.1874	HAPAG	W. Kühlewein	Dampf. Allemannia	
20.3.1874	20.3.1874	HAPAG	von Cochen-hausen	Dampf. Borussia	aus St. Thomas
26.3.1874	26.3.1874	HAPAG	W. Kühlewein	Dampf. Allemannia	aus Colón
4.4.1874	4.4.1874	HAPAG	F. G. F. Keyn	Dampf. Franconia	aus St. Thomas
9.4.1874	9.4.1874	HAPAG	von Cochen-hausen	Dampf. Borussia	aus Colón
25.5.1874		HAPAG	F. G. F. Keyn	Dampf. Franconia	aus Colón
5.5.1874	5.5.1874	HAPAG	E. H. Meyer	Dampf. Alsatia	aus St. Thomas
18.5.1874	19.5.1874	HAPAG	C. F. A. Frobös	Dampf. Bavaria	aus St. Thomas
25.5.1874	25.5.1874	HAPAG	E. H. Meyer	Dampf. Alsatia	aus Colón
3.5.1874	3.5.1874	HAPAG	G. H. M. Tischbein	Dampf. Maracaibo	aus St. Thomas
5.6.1874	5.6.1874	HAPAG	G. H. L. Schmidt	Dampf. Allemannia	aus St. Thomas
9.6.1874	10.6.1874	HAPAG	C. F. A. Frobös	Dampf. Bavaria	aus Colón
12.6.1874		HAPAG	G. H. M. Tischbein	Dampf. Maracaibo	aus Maracaibo
	13.6.1874	HAPAG	G. H. M. Tischbein	Dampf. Maracaibo	
20.6.1874	21.6.1874	HAPAG	W. M. F. A. von Cochen-hausen	Dampf. Vandalia	aus St. Thomas
24.6.1874		HAPAG	G. H. M. Tischbein	Dampf. Maracaibo	aus Maracaibo
25.6.1874	26.6.1874	HAPAG	G. H. L. Schmidt	Dampf. Allemannia	von Colón
	27.6.1874	HAPAG	G. H. M. Tischbein	Dampf. Maracaibo	
4.7.1874	4.7.1874	HAPAG	F. G. F. Keyn	Dampf. Franconia	aus St. Thomas
9.7.1874	9.7.1874	HAPAG	G. H. M. Tischbein	Dampf. Maracaibo	aus Maracaibo
10.7.1874	10.4.1874	HAPAG	W. M. F. A. von Cochen-hausen	Dampf. Vandalia	aus Colón
19.7.1874	20.7.1874	HAPAG	J. Winzen	Dampf. Germania	aus St. Thomas
24.7.1874		HAPAG	G. H. M. Tischbein	Dampf. Maracaibo	aus Maracaibo
26.7.1874	26.7.1874	HAPAG	F. G. F. Keyn	Dampf. Franconia	aus Colón

	28.7.1874	HAPAG	G. H. M. Tischbein	Dampf. Maracaibo	
4.8.1874	4.8.1874	HAPAG	J. J. P. Nielsen	Dampf. Saxonia	aus St. Thomas
9.8.1874	10.8.1874	HAPAG	G. H. M. Tischbein	Dampf. Maracaibo	aus Maracaibo
20.8.1874	20.8.1874	HAPAG	C. F. A. Frobös	Dampf. Bavaria	aus St. Thomas
24.8.1874	25.8.1874	HAPAG	J. J. P. Nielsen	Dampf. Saxonia	aus Colón
26.8.1874		HAPAG	G. H. M. Tischbein	Dampf. Maracaibo	aus Maracaibo
3.9.1874	4.9.1874	HAPAG	H. C. T. W. G. F. R. L. Kühlewein	Dampf. Rhenania	aus St. Thomas
9.9.1874		HAPAG	G. H. M. Tischbein	Dampf. Maracaibo	aus Maracaibo
10.9.1874	10.9.1874	HAPAG	C. F. A. Frobös	Dampf. Bavaria	aus Colón
24.9.1874	24.9.1874	HAPAG	G. H. L. Schmidt	Dampf. Allemannia	aus St. Thomas
24.9.1874	25.9.1874	HAPAG	H. C. T. W. G. F. R. L. Kühlewein	Dampf. Rhenania	aus Colón
	28.9.1874	HAPAG	G. H. M. Tischbein	Dampf. Maracaibo	
5.10.1874	5.10.1874	HAPAG	F. G. F. Keyn	Dampf. Franconia	von St. Thomas
8.10.1874		HAPAG	G. H. M. Tischbein	Dampf. Maracaibo	aus Maracaibo
9.10.1874	10.10.1874	HAPAG	G. H. L. Schmidt	Dampf. Allemannia	aus Colón
	13.10.1874	HAPAG	G. H. M. Tischbein	Dampf. Maracaibo	
19.10.1874	20.10.1874	HAPAG	W. M. F. A. von Cochen- hausen	Dampf. Vandalia	aus St. Thomas
23.10.1874		HAPAG	G. H. M. Tischbein	Dampf. Maracaibo	aus Maracaibo
26.10.1874		HAPAG	F. G. F. Keyn	Dampf. Franconia	aus Colón
4.11.1874		HAPAG	J. Winzen	Dampf. Germania	aus St. Thomas
9.11.1874	9.11.1874	HAPAG	W. M. F. A. von Cochen- hausen	Dampf. Vandalia	aus Colón
10.11.1874		HAPAG	G. H. M. Tischbein	Dampf. Maracaibo	aus Maracaibo
20.11.1874	20.11.1874	HAPAG	J. J. P. Nielsen	Dampf. Saxonia	aus St. Thomas
	13.11.1874	HAPAG	G. H. M. Tischbein	Dampf. Maracaibo	
19.12.1874	19.12.1874	HAPAG	G. H. L. Schmidt	Dampf. Allemannia	aus St. Thomas
25.12.1874	29.12.1874	HAPAG	G. H. M. Tischbein	Dampf. Maracaibo	aus Maracaibo
26.12.1874		HAPAG	H. C. T. W. G. F. R. L. Kühlewein	Dampf. Rhenania	aus Colón
4.1.1875	5.1.1875	HAPAG	F. G. F. Keyn	Dampf. Franconia	aus St. Thomas
10.1.1875	11.1.1875	HAPAG	G. H. L. Schmidt	Dampf. Allemannia	aus Colón
11.1.1875	12.1.1875	HAPAG	G. H. M. Tischbein	Dampf. Maracaibo	aus Maracaibo
23.1.1875	23.1.1875	HAPAG	G. H. M. Tischbein	Dampf. Maracaibo	aus St. Thomas
4.2.1875		HAPAG	G. H. M. Tischbein	Dampf. Maracaibo	aus Maracaibo
8.2.1875	8.2.1875	HAPAG	F. G. Becker	Dampf. Lotharingia	aus St. Thomas
	10.2.1875	HAPAG	G. H. M. Tischbein	Dampf. Maracaibo	
20.2.1875	20.2.1875	HAPAG	G. H. M. Tischbein	Dampf. Maracaibo	aus Maracaibo
22.2.1875	22.2.1875	HAPAG	F. G. Becker	Dampf. Lotharingia	aus St. Thomas
1.3.1875	5.3.1875	HAPAG	G. H. M. Tischbein	Dampf. Maracaibo	aus Puerto Cabello
7.3.1875	7.3.1875	HAPAG	F. G. Becker	Dampf. Lotharingia	aus St. Thomas

22.3.1875	23.5.1875	HAPAG	G. H. L. Schmidt	Dampf. Allemannia	aus Hamburg
22.3.1875	22.3.1875	HAPAG	G. H. M. Tischbein	Dampf. Maracaibo	aus Maracaibo
24.3.1875	24.3.1875	HAPAG	H. C. T. W. G. F. R. L. Kühlewein	Dampf. Rhenania	aus Colón
10.4.1875	10.4.1875	HAPAG	G. H. L. Schmidt	Dampf. Allemannia	aus Colón
21.4.1875	21.4.1875	HAPAG	F. G. F. Keyn	Dampf. Franconia	aus St. Thomas
29.5.1875	29.5.1875	HAPAG	F. G. Becker	Dampf. Lotharingia	aus Puerto Cabello
26.6.1875	26.6.1875	HAPAG	F. G. Becker	Dampf. Lotharingia	aus St. Thomas
5.7.1875	5.7.1875	HAPAG	G. H. L. Schmidt	Dampf. Allemannia	aus St. Thomas
27.7.1875	27.7.1875	HAPAG	F. G. Becker	Dampf. Lotharingia	aus Puerto Cabello
5.8.1875	5.8.1975	HAPAG	F. G. Becker	Dampf. Lotharingia	aus St. Thomas
25.8.1875	25.8.1875	HAPAG	F. G. Becker	Dampf. Lotharingia	aus Puerto Cabello
5.9.1875	5.9.1875	HAPAG	F. G. Becker	Dampf. Lotharingia	aus St. Thomas
26.9.1875	26.9.1875	HAPAG	F. G. Becker	Dampf. Lotharingia	aus Puerto Cabello
5.10.1875	5.10.1875	HAPAG	F. G. Becker	Dampf. Lotharingia	aus St. Thomas
25.10.1875	25.10.1875	HAPAG	F. G. Becker	Dampf. Lotharingia	aus Puerto Cabello
6.11.1875	6.11.1875	HAPAG	F. G. Becker	Dampf. Lotharingia	aus St. Thomas
26.11.1875	26.11.1875	HAPAG	F. G. Becker	Dampf. Lotharingia	aus Puerto Cabello
5.12.1875	6.12.1875	HAPAG	F. G. Becker	Dampf. Lotharingia	aus St. Thomas
25.12.1875	25.12.1875	HAPAG	F. G. Becker	Dampf. Lotharingia	aus Puerto Cabello
15.2.1889	15.2.1889	HAPAG	W. Böcke	Dampf. Colonia	aus Hamburg
23.2.1889	23.2.1889	HAPAG	V. Pietsch	Dampf. Albingia	aus Hamburg
3.6.1889	3.6.1889	HAPAG	V. Pietsch	Dampf. Albingia	aus Hamburg
14.3.1890	14.3.1890	HAPAG	V. Pietsch	Dampf. Albingia	aus Hamburg
24.3.1890	24.3.1890	HAPAG	V. Pietsch	Dampf. Albingia	aus Hamburg
11.4.1890	11.4.1890	HAPAG	Busch	Dampf. Holsatia	aus Hamburg
28.4.1890	28.4.1890	HAPAG	H. Martens	Dampf. Bavaria	aus Hamburg
30.10.1890	30.10.1890	HAPAG	Reesing	Dampf. Croatia	aus Hamburg
20.10.1890	20.10.1890	HAPAG	Tilly	Dampf. Francia	aus Hamburg
23.12.1890	23.12.1890	HAPAG	Jagemann	Dampf. Borussia	aus Hamburg
23.3.1891	23.3.1891	HAPAG	Schrötter	Dampf. Rhenania	aus Hamburg
2.5.1891	2.5.1891	HAPAG	Reesing	Dampf. Croatia	aus Hamburg
21.5.1891	21.5.1891	HAPAG	H. Martens	Dampf. Ascania	aus Hamburg
5.5.1891	5.5.1891	HAPAG	Schuck	Dampf. Valesia	aus Hamburg
14.3.1892	14.3.1892	HAPAG	Schrötter	Dampf. Ascania	aus Hamburg

4. Gesamtaufkommen der zwischen 1849 und 1900 auf Curaçao einlaufenden Schiffe[1]

Jahr	Anzahl	Jahr	Anzahl
1849	621	1876	827
1850	605	1877	832
1851	729	1878	980
1852	843	1879	1229
1853	741	1880	1152
1854	761	1881	1133
1855	746	1882	1311
1856	748	1883	1292
1857	712	1884	1285
1858	796	1885	1270
1859	876	1886	1264
1860	800	1887	1332
1861	831	1888	1263
1862	706	1889	1208
1863	958	1890	1158
1864	938	1891	1205
1867	852	1892	1202
1868	915	1893	1262
1869	1174	1894	1251
1870	1295	1895	1309
1871	1295	1896	1200
1872	1324	1897	1172
1873	1273	1898	1074
1874	1256	1899	1204
1875	1021	1900	1359

1 Diese Statistik erfaßt sowohl Segel- als auch Dampfschiffe.
KITLV: Bijlagen van het Verslag der Handelingen van de Tweede Kamer der Staten-Generaal 1880-81, Bijlage C, Koloniaal Verslag van 1880, 5.9., Bijlage H, Staat, aantoonende het getal Vaartuigen en derzelver Tonnemaat, welke gedurende het jaar 1879 in de haven van Curaçao zijn binnengevallen. Opgemaakt naar de Staten van In- en Doorvoer. Bijlagen van het Verslag der Handelingen van de Tweede Kamer der Staten-Generaal 1881-82, Bijlage C, Koloniaal Verslag van 1881, 5.8., Bijlage F, Staat, aantoonende het getal Vaartuigen en derzelver Tonnemaat, welke gedurende het jaar 1880 in de haven van Curaçao zijn binnengevallen. Opgemaakt naar de Staten van In- en Doorvoer. Bijlagen van het Verslag der Handelingen

van de Tweede Kamer der Staten-Generaal 1882-83, Bijlage C, Koloniaal Verslag van 1882, 5.11., Bijlage F, Staat, aantoonende het getal Vaartuigen en derzelver Tonnemaat, welke gedurende het jaar 1881 in de haven van Curaçao zijn binnengevallen. Opgemaakt naar de Staten van In- en Doorvoer. Bijlagen van het Verslag der Handelingen van de Tweede Kamer der Staten-Generaal 1883-84, Bijlage C, Koloniaal Verslag van 1883, 5.12., Bijlage K, Staat, aantoonende het getal Vaartuigen en derzelver Tonnemaat, welke gedurende het jaar 1882 in de haven van Curaçao zijn binnengevallen. Opgemaakt naar de Staten van In- en Doorvoer. Bijlagen van het Verslag der Handelingen van de Tweede Kamer der Staten-Generaal 1884-85, Bijlage C, Koloniaal Verslag van 1884, 5.14., Bijlage L, Staat, aantoonende het getal Vaartuigen en derzelver Tonnemaat, welke gedurende het jaar 1883 in de haven van Curaçao zijn binnengevallen. Opgemaakt naar de Staten van In- en Doorvoer. Bijlagen van het Verslag der Handelingen van de Tweede Kamer der Staten-Generaal 1885-86, Bijlage C, Koloniaal Verslag van 1885, 5.14., Bijlage L, Staat, aantoonende het getal Vaartuigen en derzelver Tonnemaat, welke gedurende het jaar 1885 in de haven van Curaçao zijn binnengevallen. Opgemaakt naar de Staten van In- en Doorvoer. Bijlagen van het Verslag der Handelingen van de Tweede Kamer der Staten-Generaal 1886-87, Bijlage C, Koloniaal Verslag van 1886, 5.14., Bijlage L, Staat, aantoonende het getal Vaartuigen en derzelver Tonnemaat, welke gedurende het jaar 1886 in de haven van Curaçao zijn binnengevallen. Opgemaakt naar de Staten van In- en Doorvoer. Bijlagen van het Verslag der Handelingen van de Tweede Kamer der Staten-Generaal 1887-88, Bijlage C, Koloniaal Verslag van 1887, 5.14., Bijlage L, Staat, aantoonende het getal Vaartuigen en derzelver Tonnemaat, welke gedurende het jaar 1887 in de haven van Curaçao zijn binnengevallen. Opgemaakt naar de Staten van In- en Doorvoer. Bijlagen van het Verslag der Handelingen van de Tweede Kamer der Staten-Generaal 1888-89, Bijlage C, Koloniaal Verslag van 1888, 5.15., Bijlage M, Staat, aantoonende het getal Vaartuigen en derzelver Tonnemaat, welke gedurende het jaar 1887 in de haven van Curaçao zijn binnengevallen. Opgemaakt naar de Staten van In- en Doorvoer. Bijlagen van het Verslag der Handelingen van de Tweede Kamer der Staten-Generaal 1889-90, Bijlage C, Koloniaal Verslag van 1889, 5.15., Bijlage M, Staat, aantoonende het getal Vaartuigen en derzelver Tonnemaat, welke gedurende het jaar 1888 in de haven van Curaçao zijn binnengevallen. Opgemaakt naar de Staten van In- en Doorvoer.
Bijlagen van het Verslag der Handelingen van de Tweede Kamer der Staten-Generaal 1890-91, Bijlage C, Koloniaal Verslag van 1890, 5.21., Bijlage S, Staat, aantoonende het getal Vaartuigen en derzelver Tonnemaat, welke gedurende het jaar 1889 in de haven van Curaçao zijn binnengevallen. Opgemaakt naar de Staten van In- en Doorvoer. Bijlagen van het Verslag der Handelingen van de Tweede Kamer der Staten-Generaal 1891-92, Bijlage C, Koloniaal Verslag van 1891, 5.16., Bijlage N, Staat, aantoonende het getal Vaartuigen en derzelver Tonnemaat, welke gedurende het jaar 1890 in de haven van Curaçao zijn binnengevallen. Opgemaakt naar de Staten van In- en Doorvoer. Bijlagen van het Verslag der Handelingen van de Tweede Kamer der Staten-Generaal 1892-93, Bijlage C, Koloniaal Verslag van 1892, 5.16., Bijlage N, Staat, aantoonende het getal Vaartuigen en derzelver Tonnemaat, welke gedurende het jaar 1891 in de haven van Curaçao zijn binnengevallen. Opgemaakt naar de Staten van In- en Doorvoer. Koloniaal Verslag 1893-1899, Bijlage van Suriname en Curaçao. Bijlagen van het Verslag der Handelingen van de Tweede Kamer der Staten-Generaal 1893-94, Bijlage C, Koloniaal Verslag van 1893, 5., Bijlage N, Nr. 16, Staat, aantoonende het getal Vaartuigen en derzelver Tonnemaat, welke gedurende het jaar 1892 in de haven van Curaçao zijn binnengevallen. Opgemaakt naar de Staten van In- en Doorvoer. Koloniaal Verslag 1893-1899, Bijlage van Suriname en Curaçao. Bijlagen van het Verslag der Handelingen van de Tweede Kamer der Staten-Generaal 1895-96, Bijlage C, Koloniaal Verslag van 1895, 5., Bijlage N, Nr. 16, Staat, aantoonende het getal Vaartuigen en derzelver Tonnemaat, welke gedurende het jaar 1894 in de haven van Curaçao zijn binnengevallen. Opgemaakt naar de Staten van In- en Doorvoer. Koloniaal Verslag 1893-1899, Bijlage van Suriname en Curaçao. Bijlagen van het Verslag der Handelingen van de Tweede Kamer der Staten-Generaal 1896-97, Bijlage C, Koloniaal Verslag van 1896, 5., Bijlage M, Nr. 14, Staat, aantoonende het getal Vaartuigen en derzelver Tonnemaat, welke gedurende het jaar 1895 in de haven van Curaçao zijn binnengevallen. Opgemaakt naar de Staten van In- en Doorvoer. Koloniaal Verslag 1893-1899, Bijlage van Suriname en Curaçao. Bijlagen van het Verslag der Handelingen van de Tweede Kamer der Staten-Generaal 1897-98, Bijlage C, Koloniaal Verslag van 1897, 5., Bijlage M, Nr. 14, Staat, aantoonende het getal Vaartuigen en derzelver Tonnemaat, welke gedurende het jaar 1896 in de haven van Curaçao zijn binnengevallen. Opgemaakt naar de Staten van In- en Doorvoer. Koloniaal Verslag. Verslag van het beheer en den staat der Kolonien over 1848-1898. Staat, aantoonende het getal Vaartuigen en derzelver Tonnemaat, welke gedurende het jaar 1849-1899 in de haven van Curaçao zijn binnengevallen. Opgemaakt naar de Staten van In- en Doorvoer.

5. Hamburger Schiffe, die zwischen 1824 und 1865 in La Guaira ein- und ausliefen[1]

Datum	Eigner	Kapitän	Schiff	Ziel / Herkunft	Ware[2]
aus 13.6.1824	G. H. Wappäus	J. D. C. Meincke	Flora	nach Hamburg	Kaffee, Häute
ein 22.11.1824	G. H. Wappäus	J. D. C. Meincke	Flora	aus Hamburg	Trockenware, Genever

1   HBNV:
El Liberal, Caracas: 10.12.1839, Año IV, Nr. 189.
El Colombiano, Caracas: 23.6.1824, Nr 60; 1.12.1824, Nr. 82; 6.4.1825, Nr. 100; 22.6.1825, Nr. 111; 14.12.1825, Nr. 135; 15.2.1826, Nr. 144; 6.9.1826, Nr. 172.
FJB:
El Liberal, Caracas: 1840, Año V, Nr. 238 und 1843, Año VIII, Nr. 416, 419, 422, 424, 443, 444, 450, 451, 455, 456, 458.
HMANH:
El Venezolano, Caracas: 27.9.1841, Año II, Nr. 68; 5.10.1841, Año II, Nr. 69; 18.1.1842, Nr. 90; 1.2.1842, Nr. 93; 8.2.1842, Nr. 94, 22.2.1842, Nr.96; 1.3.1842, Nr. 97; 8.3.1842, Nr. 98; 22.3.1842, Nr. 101; 29.3.1842, Nr. 102, 12.4.1842, Nr. 104; 3.5.1842, Nr. 107; 17.5.1842, Nr. 110; 12.7.1842, Nr. 119, 19.7.1842, Nr. 120; 30.8.1842, Nr. 128; 18.9.1842, Nr. 131; 20.9.1842, Nr. 133; 4.10.1842, Nr. 137; 11.10.1842, Nr. 138; 25.10.1842, Nr. 140; 15.11.1842, Nr. 143.
Diario de Avisos, Caracas: 2.2.1853, Año IV, Nr. 5; 9.2.1853, Año IV, Nr. 7; 12.2.1853, Año IV, Nr. 8; 16.1.1853, Año IV, Nr. 9; 19.2.1853, Año IV, Nr. 10; 26.2.1853, Año IV, Nr. 12; 2.3.1853, Año IV, Nr. 13; 12.3.1853, Año IV, Nr. 16; 16.3.1853, Año IV, Nr. 17;19.9.1853, Año IV, Nr. 18; 2.4.1853, Año IV, Nr. 22; 6.4.1853, Año IV, Nr. 23; 13.4.1853, Año IV, Nr. 25; 16.4.1853, Año IV, Nr. 26; 20.4.1853, Año IV, Nr. 27; 23.4.1853, Año IV, Nr. 28; 27.4.1853 Año IV, Nr. 29; 30.4.1853, Año IV, Nr. 30; 7.5.1853, Año IV, Nr. 32; 11.5.1853, Año IV, Nr. 33; 18.5.1853, Año IV, Nr. 35; 1.6.1853, Año IV, Nr. 39; 4.6.1853, Año IV, Nr. 40; 11.6.1853, Año IV, Nr. 42, 15.6.1853, Año IV, Nr. 43; 18.6.1853, Año IV, Nr. 22.6.1853, Año IV, Nr. 45; 25.6.1853, Año IV, Nr. 46; 29.6.1853, Año IV, Nr. 47; 6.7.1853, Año IV, Nr. 49; 13.7.1853, Año IV, Nr. 51; 20.7.1853, Año IV, Nr. 53; 7.9.1853, Año IV, Nr. 67; 10.9.1853, Año IV, Nr. 68; 14.9.1853, Año IV, Nr. 69; 21.9.1853, Año IV, Nr. 24 .9.1853, Año IV, Nr. 72; 5.10.1853; Año IV, Nr. 75; 15.10.1853, Año IV, Nr. 78; 2.11.1853, Año IV, Nr. 83; 30.11.1853, Año IV, Nr. 91; 3.12.1853, Año IV, Nr. 92; 10.12.1853, Año IV, Nr. 94; 21.12.1853, Año IV, Nr. 97; 11.1.1854, Año V, Nr. 103. 20.1.1855, Año VI, Nr. 8; 29.1.1855, Año VI, Nr. 10; 3.2.1855, Año VI, Nr. 14; 17.2.1855, Año VI, Nr. 26; 20.2.1855, Año VI, Nr. 28; 3.3.1855, Año VI, Nr. 38; 7.3.1855, Año VI, Nr. 41; 14.3.1855, Año VI, Nr. 47; 19.3.1855, Año VI, Nr. 51; 22.3.1855, Año VI, Nr. 54; 29.3.1855, Año VI, Nr. 55; 24.3.1855, Año VI, Nr. 56; 30.3.1855, Año VI, Nr. 61; 3.4.1855, Año VI, Nr. 64; 7.4.1855, Año VI, Nr. 66; 10.4.1855, Año VI, Nr. 68; 24.5.1855, Año VI, Nr. 104; 2.6.1855, Año VI, Nr. 112; 8.6.1855, Año VI, Nr. 116; 11.6.1855, Año VI, Nr. 118; 13.6.1855, Año VI, Nr. 120; 25.6.1855, Año VI, Nr. 130; 26.6.1855, Año VI, Nr. 131; 28.6.1855, Año VI, Nr. 133; 30.6.1855, Año VI, Nr. 134; 2.7.1855, Año VI, Nr. 135; 7.7.1855, Año VI, Nr. 139; 9.7.1855, Año VI, Nr. 140; 12.7.1855, Año VI, Nr. 143; 16.7.1855, Año VI, Nr. 146; 24.7.1855, Año VI, Nr. 153; 31.7.1855, Año VI, Nr. 159; 1.8.1855, Año VI, Nr. 160; 4.8.1855, Año VI, Nr. 162; 11.8.1855, Año VI, Nr. 169; 14.8.1855, Año VI, Nr. 171; 7.9.1855, Año VI, Nr. 191; 17.9.1855, Año VI, Nr. 199; 21.9.1855, Año VI, Nr. 203; 27.9.1855, Año VI, Nr. 208; 29.9.1855, Año VI, Nr. 210; 4.10.1855, Año VI, Nr. 214; 12.10.1855, Año VI, Nr. 219; 19.10.1855, Año VI, Nr. 227; 20.10.1855, Año VI, Nr. 228; 10.11.1855, Año VI, Nr. 245; 13.11.1855, Año VI, Nr. 247; 27.11.1855, Año VI, Nr. 259; 3.12.1855, Año VI, Nr. 264; 11.12.1855, Año VI, Nr. 271; 13.12.1855, Año VI, Nr. 273; 24.12.1855, Año VI, Nr. 282; 29.12.1855, Año VI, Nr. 286; 31.12.1855, Año VI, Nr. 287; 4.1.1856, Año VI, Nr. 290; 10.1.1856, Año VI, Nr. 295; 15.1.1856, Año VI, Nr. 299.
El Orden, Caracas: 4.5.1865, Nr. 12.
KRESSE, Walter: Seeschiffs-Verzeichnis der Hamburger Reedereien, Bd. 1-3.

2   Zu den Waren: *Provisiones* wurde als Lebensmittel übersetzt, *mercancías* als Güter. Rotwildleder wird im Original als *cuero de venado* geführt. Chinarinde, quina im Original, wichtige Arzneirinde zum Fiebersenken,

ein 6.3.1825	**G. H. Wappäus**	**H. Blohm**	**Alexander**	**aus Hamburg via Teneriffa**	**Trockenware, Genever**
ein 25.3.1825	Johann Hermann Lüdert	C. N. H. Regenbogen	La Guaira Packet	aus Hamburg via Plemar[3]	Trockenware, Lebensmittel, Alkoholika
aus 1.5.1825	Johann Hermann Lüdert	C. N. H. Regenbogen	La Guaira Packet	nach Hamburg	Kaffee, Häute, Palos de mora
ein 13.11.1825	**G. H. Wappäus**	**J. A. S. Herzer**	**Concordia**	**aus Hamburg**	**Mehl, Güter, Alkoholika**
ein 17.11.1825	A. von Döhren	J. D. C. Janssen	Vesta	aus Hamburg	Lebensmittel, Trockenware
ein 21.11.1825	Johann Hermann Lüdert	C. N. H. Regenbogen	La Guaira Packet	aus Hamburg	Lebensmittel, Güter, Alkoholika
aus 29.1.1826	A. von Döhren	J. D. C. Janssen	Vesta	nach Hamburg	Indigo, Kaffee, Baumwolle
ein 10.8.1826	**G. H. Wappäus**	**M. Hauschildt**	**Jungfrau Emilie**	**aus Hamburg**	**Güter, Lebensmittel, Alkoholika**
ein 7.12.1839	J. C. & F. Cordes	Lorenz Johann Felix	Johannes Christoph	aus Hamburg	
ein 3.1.1840	Joh. Ces. Godeffroy & Sohn	J. Meyer	Johan Cesar	aus Hamburg	
ein 27.1.1840	Joachim Eggers	W. Buschmann	Active	aus Hamburg	
aus 30.1.1840	Joh. Ces. Godeffroy & Sohn	J. Meyer	Johan Cesar	nach Puerto Cabello	
aus 20.2.1840	Joachim Eggers	W. Buschmann	Active	nach Altona via Puerto Cabello	
ein 1.4.1840	J. C. & F. Cordes	Lorenz Johann Felix	Johannes Christoph	aus Puerto Cabello	
aus 9.4.1840	J. C. & F. Cordes	Lorenz Johann Felix	Johannes Christoph	nach Hamburg	
ein 9.4.1840	J. Heyn & Co.	J. G. Förster	Trident	aus Hamburg via St. Thomas	
ein 6.9.1840	J. C. & F. Cordes	Lorenz Johann Felix	Johannes Christoph	aus Puerto Cabello	
aus 12.9.1840	J. C. & F. Cordes	Lorenz Johann Felix	Johannes Christoph	nach Hamburg	
ein 26.10.1840	Joh. Ces. Godeffroy & Sohn	J. Meyer	Johan Cesar	aus Hamburg	
aus 30.10.1840	Joh. Ces. Godeffroy & Sohn	J. Meyer	Johan Cesar	nach Puerto Cabello	
ein 18.12.1840	H. J. Merck & Co.	J. J. J. Wilcken	Marianne & Pauline	aus Liverpool	
ein 20.12.1840	Eduard Müller G. W. Sohn	E. C. Cornelissen	Georg	aus Hamburg via St. Thomas	
ein 17.1.1841	J. C. & F. Cordes	Lorenz Johann Felix	Johannes Christoph	aus Hamburg	Güter, Lebensmittel, Alkoholika
aus 16.1.1841	Carl Andreas Rühs	Meinert Bleick Peters	Margaret	nach Puerto Cabello	Teil mitgebrachter Ladung
aus 30.1.1841	J. C. & F. Cordes	Lorenz Johann Felix	Johannes Christoph	nach Hamburg via Puerto Cabello	Kaffee, Teil mitgebrachter Ladung, Häute
ein 7.2.1841	Eduard Müller G. W. Sohn	E. C. Cornelissen	Georg	aus Puerto Cabello	Kaffee, Palo Guayacán

aus der Chinin gewonnen wird, auch Mittel gegen Schmerzen und Magenleiden. Nicht übersetzt, aus Ermangelung deutscher Begriffe, wurde folgendes:

Cebadilla = Wilde Gerste, Nieswurz genannt. Diente als Niespulver und Insektenvernichtungsmittel.

Cochinilla = Insekt, das roten Farbstoff liefert.

Palo de mora = Rotes Farbholz.

Palo Guayacán = Auch palosanto genannt. Hartholz zum Tischlern, das aber auch medizinischen Nutzen hatte und gegen die Syphilis eingesetzt wurde.

Zarza / Zarzaparrilla = Medizinalpflanze mit den gleichen Anwendungsgebieten wie die Chinarinde.

3   Plemar, eventuell ist Porlamar / Isla Margarita (Venezuela) gemeint.

ein 14.2.1841	J. C. & F. Cordes	Lorenz Johann Felix	Johannes Christoph	aus Puerto Cabello	Häute, Kaffee
ein 19.3.1841	Carl Andreas Rühs	Meinert Bleick Peters	Margaret	aus Puerto Cabello	Indigo, Kaffee, Palo Guayacán
aus 24.3.1841	Carl Andreas Rühs	Meinert Bleick Peters	Margaret	nach Hamburg	Kaffee, Geld, Ziegenhäute
ein 20.4.1841	Eduard Müller G. W. Sohn	E. C. Cornelissen	Georg	aus New Orleans	Lebensmittel
aus 27.4.1841	Eduard Müller G. W. Sohn	E. C. Cornelissen	Georg	nach Hamburg via Puerto Cabello	Kaffee
ein 8.5.1841	Eduard Müller G. W. Sohn	E. C. Cornelissen	Georg	aus Puerto Cabello	Kaffee, Baumwolle, Palo Guayacán
aus 11.5.1841	Eduard Müller G. W. Sohn	E. C. Cornelissen	Georg	nach Hamburg	mitgebrachte Ladung, Kaffee
ein 1.7.1841	J. C. & F. Cordes	Lorenz Johann Felix	Johannes Christoph	aus Hamburg	Lebensmittel, Güter, Alkoholika
ein 5.7.1841	Carl Andreas Rühs	Meinert Bleick Peters	Margaret	aus Hamburg	Güter
aus 11.7.1841	J. C. & F. Cordes	Lorenz Johann Felix	Johannes Christoph	nach Hamburg via Puerto Cabello	Kaffee, Teil mitgebrachter Ladung, Rinderhäute
aus 14.7.1841	Carl Andreas Rühs	Meinert Bleick Peters	Margaret	Nach Hamburg via Puerto Cabello	Teil mitgebrachter Ladung, Kaffee
ein 23.7.1841	J. C. & F. Cordes	Lorenz Johann Felix	Johannes Christoph	aus Puerto Cabello	Kaffee, Häute
aus 1.8.1841	J. C. & F. Cordes	Lorenz Johann Felix	Johannes Christoph	nach Hamburg	Kaffee, Häute, Kakao, Zarza, Kurzwaren
aus 3.8.1841	J. C. & F. Cordes	Lorenz Johann Felix	Johannes Christoph	nach Hamburg	Häute, Kaffee
ein 21.9.1841	Eduard Müller G. W. Sohn	E. C. Cornelissen	Georg	aus Hamburg	Güter, Möbel, Alkoholika, Kurzwaren
aus 24.9.1841	Eduard Müller G. W. Sohn	E. C. Cornelissen	Georg	nach Hamburg via Puerto Cabello	Indigo, Teil mitgebrachter Ladung, Kaffee, Kakao, Baumwolle
ein 14.1.1842	J. C. & F. Cordes	J. B. F. Grell	Johannes Christoph	aus Hamburg	Alkoholika, Lebensmittel, elaborierter Tabak, Güter, Kurzwaren
ein 27.1.1842	Eduard Müller G. W. Sohn	E. C. Cornelissen	Georg	aus Hamburg	Lebensmittel, Güter, Alkoholika
aus 2.2.1842	Eduard Müller G. W. Sohn	E. C. Cornelissen	Georg	nach Puerto Cabello	Teil mitgebrachter Ladung
ein 5.2.1842	H. J. Merck & Co.	J. J. J. Wilcken	Marianne & Pauline	aus Hamburg	Lebensmittel, Güter, Ziegel, Alkoholika
ein 20.2.1842	Eduard Müller G. W. Sohn	E. C. Cornelissen	Georg	aus Puerto Cabello	Palo Guayacán
aus 20.2.1842	H. J. Merck & Co.	J. J. J. Wilcken	Marianne & Pauline	nach Hamburg	Kaffee, Teil mitgebrachter Ladung, Cebadilla, Süßigkeiten, Schokolade, 1 Kiste Hüte, Güter, Kakao
aus 21.2. 1842	Eduard Müller G. W. Sohn	E. C. Cornelissen	Georg	nach Puerto Cabello	mitgebrachte Ladung

ein 25.2.1842	J. C. & F. Cordes	Michael Scharlau	Telegraph	aus New York	Lebensmittel, Güter
aus 6.3.1842	J. C. & F. Cordes	Michael Scharlau	Telegraph	nach Puerto Cabello	Ballast
ein 20.3.1842	Eduard Müller G. W. Sohn	E. C. Cornelissen	Georg	aus Charoní[4]	Kaffee, Palo Guayacán
ein 23.3.1842	J. C. & F. Cordes	J. B. F: Grell	Johannes Christoph	aus Puerto Cabello	Rinderhörner, Häute, Kaffee, Indigo
aus 10.4.1842	J. C. & F. Cordes	J. B. F. Grell	Johannes Christoph	nach Hamburg	Kaffee, Indigo, Rinderhörner
ein 29.4.1842	J. C. & F. Cordes	Michael Scharlau	Telegraph	aus Puerto Cabello	Kaffee, Häute, Indigo, Baumwolle, Palo Guayacán
aus 13.5.1842	J. C. & F. Cordes	Michael Scharlau	Telegraph	nach Hamburg	Baumwolle, Indigo, Palo Guayacán, Kaffee, Häute
ein 10.7.1842	Carl Andreas Rühs	Meinert Bleick Peters	Margaret	aus Hamburg	Lebensmittel, Güter, Alkoholika, Eisenwaren
aus 14.7.1842	Carl Andreas Rühs	Meinert Bleick Peters	Margaret	nach Hamburg via Puerto Cabello	Teil mitgebrachter Ladung, Kaffee
ein 21.8.1842	Eduard Müller G. W. Sohn	E. C. Cornelissen	Georg	aus Hamburg	Lebensmittel, Güter, Alkoholika
ein 22.8.1842	J. C. & F. Cordes	J. B. F. Grell	Johannes Christoph	aus Hamburg	Lebensmittel, Güter, Alkoholika
ein 9.9.1842	J. C. & F. Cordes	J. B. F. Grell	Johannes Christoph	aus Puerto Cabello	Kaffee, Häute, Baumwolle
aus 14.9.1842	J. C. & F. Cordes	J. B. F. Grell	Johannes Christoph	nach Hamburg	Kaffee, Häute, Baumwolle, Rinderhörner, Güter
ein 29.9.1842	J. C. & F. Cordes	Michael Scharlau	Telegraph	aus Hamburg	Lebensmittel, Güter, Alkoholika
aus 6.10.1842	J. C. & F. Cordes	Michael Scharlau	Telegraph	nach Hamburg via Puerto Cabello	Kaffee, Teil mitgebrachter Ladung, Häute
aus 20.10.1842	J. C. & F. Cordes	Michael Scharlau	Telegraph	nach Hamburg	Kakao. Kaffee Baumwolle, Häute, Tabak
ein 8.11.1842	Carl Andreas Rühs	Meinert Bleick Peters	Margaret	aus Hamburg	Lebensmittel, Güter
aus 12.11.1843	Carl Andreas Rühs	Meinert Bleick Peters	Margaret	Hamburg via Puerto Cabello	Teil mitgebrachter Ladung, Kaffee
ein 14.1.1843	Eduard Müller G. W. Sohn	E. C. Cornelissen	Georg	aus Hamburg	Lebensmittel, Güter, Möbel, Ziegel, Kurzwaren
aus 30.1.1843	Eduard Müller G. W. Sohn	E. C. Cornelissen	Georg	nach Puerto Cabello	Teil mitgebrachter Ware
ein 6.2.1843	Eduard Müller G. W. Sohn	E. C. Cornelissen	Georg	aus Puerto Cabello	Kaffee, Baumwolle

4   Wahrscheinlich Caroní am Río Caroní, einem Zufluß des Orinocos / Venezuela.

aus 21.2.1843	Eduard Müller G. W. Sohn	E. C. Cornelissen	Georg	nach Hamburg	mitgebrachte Ladung, Häute, Baumwolle, Chinarinde, Schokolade
ein 12.3 1843	A. von Döhren	Charles C. S. Raupach	Laura & Louise	aus Hamburg	Güter
ein 12.3.1843	Carl Andreas Rühs	J. F. C. Behrens	Margaret	aus Hamburg	Lebensmittel, Güter Alkoholika, Kurzwaren
aus 14.3.1843	Carl Andreas Rühs	J. F. C. Behrens	Margaret	nach Puerto Cabello	Teil mitgebrachter Ladung
ein 20.3.1843	A. von Döhren	Charles. C. S. Raupach	Laura & Louise	aus Puerto Cabello	Kaffee, Häute
aus 19.3.1843	J. C. & F. Cordes	Michael Scharlau	Telegraph	nach Hamburg via Puerto Cabello	Teil mitgebrachter Ladung, Kaffee
ein 27.3.1843	J. C. & F. Cordes	J. B. F. Grell	Johannes Christoph	aus Hamburg	Lebensmittel, Güter, Möbel, Alkoholika, Eisenwaren
aus 30.3.1843	A. von Döhren	C. H. F. Marcks	Laura & Louise	nach Altona	Kaffee, Häute
ein 11.4.1843	J. C. & F. Cordes	Michael Scharlau	Telegraph	aus Puerto Cabello	Kaffee, Häute
aus 1.4.1843	J. C. & F. Cordes	J. B. F. Grell	Johannes Christoph	nach Puerto Cabello	Teil mitgebrachter Ladung
aus 12.4.1843	J. C. & F. Cordes	Michael Scharlau	Telegraph	nach Hamburg	Kaffee, Häute, Baumwolle
ein 29.4.1843	J. C. & F. Cordes	J. B. F. Grell	Johannes Christoph	aus Puerto Cabello	Kaffee, Häute
aus 4.5.1843	J. C. & F. Cordes	J. B. F. Grell	Johannes Christoph	nach Hamburg	mitgebrachte Ladung, Zederbretter
ein 14.6.1843	Adolph Oppenheim	M. J. Smith	Edmund	aus Hamburg	Güter
ein 28.6.1843	Eduard Müller G. W. Sohn	E. C. Cornelissen	Georg	aus Hamburg	Lebensmittel, Alkoholika, Kurzwaren, Güter
aus 1.7.1843	Adolph Oppenheim	M. J. Smith	Edmund	nach Hamburg	Kaffee, Häute
aus 7.7.1843	Eduard Müller G. W. Sohn	E. C. Cornelissen	Georg	nach Hamburg via Puerto Cabello	Teil mitgebrachter Ladung, Kaffee
ein 8.7.1843	Carl Andreas Rühs	J. F. C. Behrens	Margaret	aus Hamburg	Güter, Alkoholika, Lebensmittel, Eisenwaren
aus 14.7.1843	Carl Andreas Rühs	J. F. C. Behrens	Margaret	nach Puerto Cabello	Teil mitgebrachter Ladung, Kaffee
ein 28.7.1843	Eduard Müller G. W. Sohn	E. C. Cornelissen	Georg	aus Hamburg	Lebensmittel, Güter, Alkoholika, Kurzwaren
aus 1.8.1843	Adolph Oppenheim	M. J. Smith	Edmund	nach Hamburg	Kaffee, Häute
aus 7.8.1843	Eduard Müller G. W. Sohn	E. C. Cornelissen	Georg	nach Hamburg via Puerto Cabello	mitgebrachte Ladung, Kaffee
ein 19.8.1843	J. C. & F. Cordes	J. B. F. Grell	Johannes Christoph	aus Hamburg	Güter, Lebensmittel, Alkoholika, Kurzwaren
aus 25.8.1843	J. C. & F. Cordes	J. B. F. Grell	Johannes Christoph	nach Puerto Cabello	Kaffee, Teil mitgebrachter Ladung, Kakao, Häute

ein 25.9.1843	J. C. & F. Cordes	J. B. F. Grell	Johannes Christoph	aus Puerto Cabello	Kaffee, Kakao, Häute, Tabak, Baumwolle, Zarzaparrilla
aus 26.9.1843	J. C. & F. Cordes	J. B. F. Grell	Johannes Christoph	nach Hamburg	mitgebrachte Ladung, Häute, Kaffee, Baumwolle
ein 2.10.1843	J. C. & F. Cordes	Michael Scharlau	Telegraph	aus Hamburg	Lebensmittel, Güter, Tabak, Alkoholika, Kurzwaren
aus 16.10.1843	J. C. & F. Cordes	Michael Scharlau	Telegraph	nach Puerto Cabello	Kaffee, Teil mitgebrachter Ladung, Baumwolle
ein 30.11.1843	Eduard Müller G. W. Sohn	E. C. Cornelissen	Georg	aus Hamburg	Lebensmittel, Güter, Alkoholika, Kurzwaren
aus 11.12.1843	Eduard Müller G. W. Sohn	E. C. Cornelissen	Georg	nach Puerto Cabello	Teil mitgebrachter Ladung, Kaffee
aus 20.12.1843	A. F. Woldsen	P. Johannsen	Hever	nach Puerto Cabello	Teil mitgebrachter Ladung
ein 7.1.1844	Eduard Müller G. W. Sohn	E. C. Cornelissen	Georg	aus Puerto Cabello	Kaffee, Baumwolle
aus 14.1.1844	Eduard Müller G. W. Sohn	E. C. Cornelissen	Georg	nach Hamburg	mitgebrachte Ladung, Kaffee
ein 23.1.1844	A. F. Woldsen	P. Johannsen	Hever	aus Puerto Cabello	Kaffee, Baumwolle, Indigo, Häute
aus 29.1.1844	A. F. Woldsen	P. Johannsen	Hever	nach Hamburg	mitgebrachte Ladung, Zarza, Kaffee, Kakao, Baumwolle, Cebadilla
ein 14.2.1844	J. C. & F. Cordes	J. B. F. Grell	Johannes Christoph	aus Hamburg	Lebensmittel, Güter, Alkoholika, Kurzwaren
aus 20.2.1844	J. C. & F. Cordes	J. B. F. Grell	Johannes Christoph	nach Puerto Cabello	Häute, Teil mitgebrachter Ladung, Kaffee, Kakao
ein 7.3.1844	J. C. & F. Cordes	J. B. F. Grell	Johannes Christoph	aus Puerto Cabello	Kaffee, Kakao, Baumwolle, Häute (Quarantäne)
aus 21.3.1844	J. C. & F. Cordes	J. B. F. Grell	Johannes Christoph	nach Hamburg	mitgebrachte Ladung, Kaffee, Häute, Zarzaparrilla
ein 5.3.1844	Hans Hinrich Witt	H. C. Taggenbrock	Christine	aus Pará[5]	Ballast
ein 25.3.1844	J. C. & F. Cordes	Michael Scharlau	Telegraph	aus Hamburg	Lebensmittel, Güter, Alkoholika, elaborierter Tabak, Möbel
aus 24.3.1844	Hans Hinrich Witt	H. C. Taggenbrock	Christine	nach Hamburg	Kaffee

5 Pará / Brasilien.

aus 1.5.1844	J. C. & F. Cordes	Michael Scharlau	Telegraph	nach Puerto Cabello	Teil mitgebrachter Ladung, Kaffee
ein 11.5.1844	J. C. & F. Cordes	Michael Scharlau	Telegraph	aus Puerto Cabello	Kaffee (Quarantäne)
aus 25.5.1844	J. C. & F. Cordes	Michael Scharlau	Telegraph	nach Hamburg	mitgebrachte Ladung, Kaffee
ein 26.5.1844	Carl Andreas Rühs	J. F. C. Behrens	Margaret	aus Hamburg	Lebensmittel, Güter, Alkoholika
ein 5.6.1844	Eduard Müller G. W. Sohn	E. C. Cornelissen	Georg	aus Altona	Lebensmittel, Güter, Alkoholika
ein 18.6.1844	Carl Andreas Rühs	J. F. C. Behrens	Margaret	aus Puerto Cabello	Kaffee, Kakao, Häute, Geld, Mahagoni
aus 19.6.1844	Eduard Müller G. W. Sohn	E. C. Cornelissen	Georg	nach Hamburg via Puerto Cabello	Tabak, Teil mitgebrachter Ladung, Kaffee, Baumwolle, Zarzaparrilla
aus 21.6.1844	Carl Andreas Rühs	J. F. C. Behrens	Margaret	nach Hamburg	mitgebrachte Ladung
ein 21.9.1844	J. C. & F. Cordes	J. B. F. Grell	Johannes Christoph	aus Hamburg via New York	Lebensmittel, Güter, Medizin, Alkoholika
aus 24.9.1844	J. C. & F. Cordes	J. B. F. Grell	Johannes Christoph	nach Hamburg via Puerto Cabello	Kaffee, Rinderhörner
ein 29.9.1844	Jakob Diederich Cohrs	Jakob Diederich. Cohrs	Express	aus Hamburg	Lebensmittel, Alkoholika, Kurzwaren, Medizin
ein 7.10.1844	J. C. & F. Cordes	J. B. F. Grell	Johannes Christoph	aus Puerto Cabello	Baumwolle
aus 9.10.1844	J. C. & F. Cordes	J. B. F. Grell	Johannes Christoph	nach Hamburg	mitgebrachte Ladung, Kaffee, Kakao
aus 11.10.1844	Jakob Diederich Cohrs	Jakob Diederich Cohrs	Express	nach Puerto Cabello	Kakao, Teil mitgebrachter Ladung, Kaffee, Rinderhörner
ein 12.10.1844	Eduard Müller G. W. Sohn	E. C. Cornelissen	Georg	aus Hamburg	Lebensmittel, Güter, Alkoholika
aus 20.10.1844	Eduard Müller G. W. Sohn	E. C. Cornelissen	Georg	nach Puerto Cabello	Kaffee
ein 27.10.1844	Jakob Diederich Cohrs	Jakob Diederich Cohrs	Express	aus Puerto Cabello	Baumwolle, Kaffee, Indigo, Häute
ein 6.11.1844	J. C. & F. Cordes	Michael Scharlau	Telegraph	aus Hamburg via Liverpool	Lebensmittel, Güter, Alkoholika
aus 9.11.1844	Jakob Diederich Cohrs	Jakob Diederich Cohrs	Express	nach Altona	mitgebrachte Ladung, Kaffee, Rinderhörner
ein 4.12.1844	Carl Andreas Rühs	J. F. C. Behrens	Margaret	aus Hamburg via Cowes[6]	Lebensmittel, Güter, Alkoholika
aus 8.12.1844	Carl Andreas Rühs	J. F. C. Behrens	Margaret	nach Puerto Cabello	Teil mitgebrachter Ladung
ein 27.12.1844	Eduard Müller G. W. Sohn	E. C. Cornelissen	Georg	aus Angostura	Baumwolle, Kaffee, Steinkohle
aus 1.1.1845	J. C. & F. Cordes	Michael Scharlau	Telegraph	nach Puerto Cabello	Kaffee, Kakao, Rinderhörner, Tabak

6   Cowes / Isle of Wight (England).

ein 10.1.1845	F. D. Bieber & Söhne	J. L. Röbe	Triton	aus Hamburg via St. Thomas	Güter, Kurzwaren
aus 4.1.1845	Eduard Müller G. W. Sohn	E. C. Cornelissen	Georg	nach Hamburg	mitgebrachte Ladung, Kaffee, Güter
ein 19.1.1845	J. C. & F. Cordes	Michael Scharlau	Telegraph	aus Puerto Cabello	Kaffee, Häute, Tabak
aus 23.1.1845	J. C. & F. Cordes	Michael Scharlau	Telegraph	nach Hamburg	mitgebrachte Ladung, Häute Kaffee, Kakao, Rinderhörner
ein 8.2.1845	A. von Döhren	C. H. F. Marcks	Laura & Louise	aus Puerto Cabello	Kaffee, Häute
aus 8.2.1845	F. D. Bieber & Söhne	J. L. Röbe	Triton	nach Hamburg via Puerto Cabello	Kaffee, Kakao, Häute
aus 13.2.1845	A. von Döhren	C. H. F. Marcks	Laura & Luisa	nach Altona	mitgebrachte Ladung, Kaffee
aus 23.2.1845	F. D. Bieber & Söhne	J. L. Röbe	Triton	nach Hamburg	mitgebrachte Ladung, Häute, Kaffee, Kakao, Zarzaparrilla, Rinderhörner
ein 30.12.1845	J. C. & F. Cordes	Michael Scharlau	Telegraph	aus Hamburg	Güter, Lebensmittel, Alkoholika
aus 5.1.1846	J. C. & F. Cordes	Michael Scharlau	Telegraph	nach Puerto Cabello	Teil mitgebrachter Ladung
ein 18.2.1846	Eduard Müller G. W. Sohn	E. C. Cornelissen	Georg	aus Hamburg	Ziegel, Güter, Lebensmittel, Kurzwaren, Alkoholika
aus 22.2.1846	Eduard Müller G. W. Sohn	E. C. Cornelissen	Georg	nach Puerto Cabello	Teil mitgebrachter Ladung
ein 28.2.1846	J. C. & F. Cordes	Michael Scharlau	Telegraph	aus Puerto Cabello	Kaffee, Indigo
ein 10.3.1846	Eduard Müller G. W. Sohn	E. C. Cornelissen	Georg	aus Puerto Cabello	Ballast
ein 17. 3.1846	Jakob Diederich Cohrs	Jakob Diederich Cohrs	Express	aus Antwerpen	Güter, Papier
ein 21.3.1846	Carl Andreas Rühs	J. F. C. Behrens	Margaret	aus Puerto Cabello	Kaffee, Häute, Eisen
aus 21.3.1846	Jakob Diederich Cohrs	Jakob Diederich Cohrs	Express	nach Altona via Puerto Cabello	Kaffee
aus 22.3.1846	Carl Andreas Rühs	J. F. C. Behrens	Margaret	nach Hamburg via Chagres[7]	mitgebrachte Ladung
aus 23.3.1846	Eduard Müller G. W. Sohn	E. C. Cornelissen	Georg	nach Puerto Cabello	Ballast
ein 9.4.1846 (Zulassung zum Hafen 14.4.1846)	J. C. & F. Cordes	J. B. F. Grell	Johannes Christoph	aus Hamburg via Falmouth	(Quarantäne)
ein 18.4.1846	Eduard Müller G. W. Sohn	E. C. Cornelissen	Georg	aus Puerto Cabello	
ein 20. 4 1846	Johann Sievert Cohrs	Johann Sievert Cohrs	Courier	aus Hamburg	Kurzwaren, Lebensmittel, Geschirr, Güter
ein 26.4.1846	H. J. & J. J. Levy	S. N. Decker	Hanna & Fanny	aus St. Thomas	Ballast
ein 28.4.1846	J. C. & F. Cordes	J. B. F. Grell	Johannes Christoph	aus Puerto Cabello	Kaffee
aus 24.4.1846	Johann Sievert Cohrs	Johann Sievert Cohrs	Courier	nach Altona via Puerto Cabello	Kaffee, Teil mitgebrachte Ladung, Rinderhörner

7 Eventuell Chagres / Panamá.

aus 29.4.1846	H. J. & J. J. Levy	S. N. Decker	Hanna & Fanny	nach Haiti	Ballast
aus 1.5.1846	J. C. & F. Cordes	J. B. F. Grell	Johannes Christoph	nach Hamburg	mitgebrachte Ladung, Baumwolle, Kaffee, 1 Kiste Süßigkeiten
ein 12.5.1846	August Joseph Schön	P. F. C. N. Sonderburg	Esther & Sophie	aus St. Thomas	Güter, Lebensmittel, Alkoholika
aus 14.5.1846	August Joseph Schön	P. F. C. N. Sonderburg	Esther & Sophie	nach Maracaibo	Teil mitgebrachter Ladung
ein 21.5.1846	August Joseph Schön	C. T. Kinch	August	aus Hamburg	Güter, Lebensmittel, Alkoholika, Kurzwaren
aus 31.5.1846	August Joseph Schön	C. T. Kinch	August	nach St. Thomas	Ballast
ein 28.8.1846	Eduard Müller G. W. Sohn	E. C. Cornelissen	Georg	aus Hamburg	Güter, Lebensmittel[8]
ein 13.9.1846	Eduard Müller G. W. Sohn	E. C. Cornelissen	Georg	aus Puerto Cabello lief weiter nach Europa	Ließ Passagier an Land
ein 1.10.1846	J. C. & F. Cordes	Michael Scharlau	Telegraph	aus New York	Güter, Lebensmittel
aus 8.10.1846	J. C. & F. Cordes	Michael Scharlau	Telegraph	nach Puerto Cabello	Kaffee, Teil mitgebrachter Ladung, Schokolade, Baumwolle, Rinderhörner
ein 17.10.1846	F. D. Bieber & Söhne	J. L. Röbe	Triton	aus Hamburg via Liverpool	Lebensmittel, Güter
aus 23.10.1846	F. D. Bieber & Söhne	J. L. Röbe	Triton	nach Hamburg via Santiago de Cuba	Kaffee, Ziegel, Rinderhörner, Tabak, Eisen
aus 4.1.1847	Eduard Müller G. W. Sohn	E. C. Cornelissen	Georg	nach Puerto Cabello	Teil mitgebrachter Ladung
ein 20.3.1847	Eduard Müller G. W. Sohn	E. C. Cornelissen	Georg	aus Ciudad Bolívar	Tabak, Mahagoni
aus 23.3.1847	Eduard Müller G. W. Sohn	E. C. Cornelissen	Georg	nach Hamburg	mitgebrachte Ladung
ein 6.4.1847	Laué Bödecker	J. J. Sinn	Alcyon	aus Amsterdam	Lebensmittel, Güter
aus 11.4.1847	Laué Bödecker	J. J. Sinn	Alcyon	nach Hamburg via Puerto Cabello	Kaffee
ein 25.4.1847	J. C. & F. Cordes	Michael Scharlau	Telegraph	aus Hamburg	Lebensmittel, Güter, Alkoholika
ein 2.6.1847	Carl Ludwig Daniel Meister	N. Quedens	Juliane	aus St. Thomas	Kaffee, Ziegel
ein 1.6.1847	Eduard Müller G. W. Sohn	E. C. Cornelissen	Georg	aus Altona	Lebensmittel, Güter, Alkoholika, Kurzwaren
ein 16.7.1847	Eduard Müller G. W. Sohn	E. C. Cornelissen	Georg	aus Puerto Cabello	Kaffee
aus 19.7.1847	Eduard Müller G. W. Sohn	E. C. Cornelissen	Georg	nach Hamburg	mitgebrachte Ladung

8   Zur detaillierten Angabe siehe IX. Anhang: 11. Warenpalette.

ein 16.8.1847	J. C. & F. Cordes	J. B. F. Grell	Johannes Christoph	aus New York	Lebensmittel, Güter, Maschinen[9]
aus 18.8.1847	J. C. & F. Cordes	J. B. F. Grell	Johannes Christoph	nach Puerto Cabello	Kaffee, Teil mitgebrachter Ladung, Rinderhörner
aus 13.9.1847	J. C. & F. Cordes	J. B. F. Grell	Johannes Christoph	nach Hamburg	Kaffee, Teil mitgebrachter Ladung, Tabak
ein 18.9.1847	J. C. & F. Cordes	Michael Scharlau	Telegraph	aus Hamburg	Güter, Medizin, Kurzwaren, Alkoholika
aus 27.9.1847	J. C. & F. Cordes	Michael Scharlau	Telegraph	nach Hamburg via Puerto Cabello	mitgebrachte Ladung, Kaffee, Rinderhörner
ein 8.10.1847	J. C. & F. Cordes	Michael Scharlau	Telegraph	aus Puerto Cabello	Kaffee, Palo Guayacán, Rinderhörner
aus 14.10.1847	J. C. & F. Cordes	Michael Scharlau	Telegraph	nach Hamburg	mitgebrachte Ladung, Kaffee, Indigo, Tabak, Rinderhörner
aus 18.12.1847	Eduard Müller G. W. Sohn	E. C. Cornelissen	Georg	nach Puerto Cabello	Teil mitgebrachter Ladung
ein 1.2.1852	F. Blass & Schomburgk	N. D. Möller	Domingo	aus Hamburg	Güter, Alkoholika, Lebensmittel
aus 6.2.1852	F. Blass & Schomburgk	N. D. Möller	Domingo	nach Puerto Cabello	Teil mitgebrachter Ladung
aus 11.2.1852	Daniel August Köster	H. W. Köster	Germania	nach Puerto Cabello	Kaffee, Teil mitgebrachter Ladung, Palo de mora
ein 18.2.1852	J. Becker	T. J. Bleicken	Betty & Emma	aus Puerto Cabello	Häute, Wolle, Zarza, Indigo, Bananen, Kaffee, Kakao
aus 17.2.1852	H. H. Eggers	J. R. Cooper	Flying Dutchman	nach Puerto Cabello	Ballast
aus 24.2.1852	J. Becker	T. J. Bleicken	Betty & Emma	nach Hamburg	Kaffee, Häute, Baumwolle, Teil mitgebrachter Ladung
ein 28.2.1852	P. N. Hansen & Johannsen	Sören Brinck. Hansen	Carl & Johanne	aus Liverpool	Güter, Alkoholika, Lebensmittel
aus 6.3.1852	P. N. Hansen & Johannsen	Sören Brinck Hansen	Carl & Johanne	nach Puerto Cabello	Teil mitgebrachter Ladung
ein 12.3.1852	F. Blass & Schomburgk	N. D. Möller	Domingo	aus Puerto Cabello	Kaffee, Rinderhörner und -häute
ein 12.3.1852	H. H. Eggers	N. Cooper	Flying Dutchman	aus Puerto Cabello	Kaffee, Baumwolle, Rinderhörner
ein 20.3.1852	P. N. Hansen & Johannsen	Sören Brinck Hansen	Carl & Johanne	aus Puerto Cabello	Kaffee, Häute

9 Zur detaillierten Angabe siehe IX. Anhang: 11. Warenpalette.

aus 19.3.1852	F. Blass & Schomburgk	N. D. Möller	Domingo	nach Hamburg	Kaffee, Teil mitgebrachter Ladung
aus 24.3.1852	A. von Döhren	J. J. Bleicken	Georg	nach Hamburg	mitgebrachte Ladung, Kaffee
aus 24.3.1852	P. N. Hansen & Johannsen	Sören Brinck Hansen	Carl & Johanne	nach Altona	Kaffee, Rinderhörner
ein 6.4.1852	Hartenstein & Co.	D. Schacht	Wilhelmine	aus Hamburg	Güter, Alkoholika, Lebensmittel
ein 15.4.1852	J. Heyn & Co.	J. G. Förster	Trident	aus Hamburg via St. Thomas	Güter
aus 17.4.1852	Wilcken Breckwoldt	Wilcken Breckwoldt	Elisabeth	nach Puerto Cabello	Teil mitgebrachter Ladung
ein 19.4.1852	Eduard Müller G. W. Sohn	E. C. Cornelissen	Georg	aus Hamburg	Lebensmittel, Alkoholika, Güter
ein 28.4.1852	Carl Ludwig Daniel Meister	J. E. Röbe	Renner	aus St. Thomas	Ballast
aus 24.4.1852	Hartenstein & Co.	D. Schacht	Wilhelmine	nach Hamburg via Puerto Cabello	Kaffee, Rinderhörner
aus 28.4.1852	J. Heyn & Co.	J. G. Förster	Trident	nach Hamburg	Kaffee, Rinderhörner
ein 2.5.1852	Carsten Smitd	Carsten Smitd	Eduard	aus Liverpool	Güter, Alkoholika, Lebensmittel
aus 8.5.1852	Carl Ludwig Daniel Meister	J. L. Röbe	Renner	nach Puerto Cabello	Kaffee, Rinderhörner
aus 8.5.1852	Carsten Smitd	Carsten Smitd	Eduard	nach Puerto Cabello	Kaffee, Teil mitgebrachter Ladung
ein 17.5.1852	Carsten Smitd	Carsten Smitd	Eduard	aus Puerto Cabello	Rinderhörner
aus 20.5.1852	Carsten Smitd	Carsten Smitd	Eduard	nach Hamburg	Kaffee, Kakao, Tabak
aus 27.5.1852	Sören Pedersen Clausen	Sören Pedersen Clausen	Johanna	nach Hamburg via Puerto Cabello	Zarza, Teil mitgebrachter Ladung, Kaffee, Rinderhörner
ein 2.6.1852	Carl Theodor Kinch	Carl Theodor Kinch	Lind	aus St. Thomas	Güter, Alkoholika, Lebensmittel
aus 16.6.1852	Carl Theodor Kinch	Carl Theodor Kinch	Lind	nach Puerto Cabello	Häute, Tabak, Rinderhörner, Baumwolle, Indigo, Kaffee, Teil mitgebrachter Ladung
ein 19.6.1852	J. Becker	T. J. Bleicken	Betty & Emma	aus Hamburg	Güter, Alkoholika, Lebensmittel
ein 25.6.1852	H. H. Eggers	P. A. Janssen	Flying Dutchman	aus Hamburg	Güter, Tabak, Eisenwaren, 108 Immigranten
ein 29.6.1852	August Joseph Schön	J. Maas	Esther & Sophie	aus Liverpool	Güter
ein 5.7.1852	P. N. Hansen & Johannsen	Sören Brinck Hansen	Carl & Johanne	aus Hamburg	Güter
aus 7.7.1852	H. H. Eggers	P. A. Janssen	Flying Dutchman	nach Altona via Puerto Cabello	Tabak, Teil mitgebrachter Ladung, Kaffee
ein 31.7.1852	F. Blass & Schomburgk	N. D. Möller	Domingo	aus Hamburg	Güter Alkoholika, Lebensmittel

aus 5.8.1852	F. Blass & Schomburgk	N. D. Möller	Domingo	nach Hamburg via Puerto Cabello	Häute, Teil mitgebrachter Ladung, Kaffee
aus 13.9.1852	August Joseph Schön	H. J. C. Heim	Elise	nach Puerto Cabello	Ballast
ein 29.9.1852	Heinrich Adolph Gütschow	J. B. F. Grell	Adler	aus Liverpool	Güter, Alkoholika
ein 19.10.1852	Wilcken Breckwoldt	Wilcken Breckwoldt	Elisabeth	aus Hamburg	Güter, Alkoholika, Lebensmittel
ein 22.10.1852	Hartenstein & Co.	D. Schacht	Wilhelmine	aus Hamburg	Güter, Alkoholika, Lebensmittel
ein 2.11.1852	Carsten Smitd	Carsten Smitd	Eduard	aus Liverpool	Güter, Alkoholika, Lebensmittel
aus 13.11.1852	Carsten Smitd	Carsten Smitd	Eduard	nach Puerto Cabello	Teil mitgebrachter Ladung, Rinderhörner
ein 15.11.1852	Eduard Müller G. W. Sohn	E. C. Cornelissen	Georg	aus Hamburg via Liverpool	Güter
ein 16.11.1852	Sören Pedersen Clausen	Sören Pedersen Clausen	Johanna	aus Hamburg	Güter, Alkoholika, Lebensmittel
aus 23.11.1852	Wilcken Breckwoldt	Wilcken Breckwoldt	Elisabeth	nach Hamburg	mitgebrachte Ladung, Kaffee, Baumwolle
aus 25.11.1852	Eduard Müller G. W. Sohn	E. C. Cornelissen	Georg	nach Puerto Cabello	Landes- produkte, Teil mitgebrachter Ladung
ein 18.12.1852	H. H. Eggers	P. A. Janssen	Flying Dutchman	aus Altona	Güter, 111 Immigranten
aus 21.12.1852	H. H. Eggers	P. A. Janssen	Flying Dutchman	nach Puerto Cabello	Teil mitgebrachter Ladung
aus 9.1.1852	Eduard Müller G. W. Sohn	E. C. Cornelissen	Georg	nach Triest	Kaffee, Indigo, Baumwolle
ein 30.1.1853	F. Blass & Schomburgk	N. D. Möller	Domingo	aus Hamburg	Güter, Lebensmittel
ein 4.2.1853	Sören Pedersen Clausen	Sören Pedersen Clausen	Johanna	aus Puerto Cabello	Ladung zum Export
aus 10.2.1853	Sören Pedersen Clausen	Sören Pedersen Clausen	Johanna	nach Altona	Zarza, Tabak, Chinarinde, Cebadilla, Kaffee, Panamahüte, Süßigkeiten, Schokolade, Rinderhörner
aus 12.2.1853	F. Blass & Schomburgk	N. D. Möller	Domingo	nach Puerto Cabello	Kaffee, Teil mitgebrachter Ladung, Rinderhörner, Tabak
ein 25.2.1853	Carsten Smitd	Carsten Smitd	Eduard	aus Puerto Cabello	Landwirtsch. Produkte
ein 26.2.1853	August Joseph Schön	H. C. Jensen	August	aus Liverpool	Alkoholika, Lebensmittel
aus 10.3.1853	Carsten Smitd	Carsten Smitd	Eduard	nach Hamburg	Kaffee, Tabak
ein 13.3.1853	Erich Peter Petersen	Erich Peter Petersen	Betty & Johanna	aus St. Thomas	Ballast
ein 15.3.1853	Hans Friedrich Stöckmann	Heinrich Friedrich Stöckmann	Alexander	aus Hamburg	Güter, Alkoholika

aus 16.3.1853	Carsten Diederich Lau	Carsten Diederich Lau	Liberty	nach Puerto Cabello	mitgebrachte Ladung
ein 17.3.1853	Hartenstein & Co.	D. Schacht	Wilhelmine	aus Puerto Cabello	Kaffee
ein 17.3.1853	H. H. Eggers	P. A. Janssen	Flying Dutchman	aus Puerto Cabello	Kaffee, Häute
aus 29.3.1853	Hans Friedrich Stöckmann	Heinrich Friedrich Stöckmann	Alexander	nach Puerto Cabello	Teil mitgebrachter Ladung
aus 2.4.1853	Friedrich Peter Witt	Friedrich Peter Witt	Maria	nach Altona	mitgebrachte Ladung, Kaffee
aus 3.4.1853	Hartenstein & Co.	D. Schacht	Wilhelmine	nach Hamburg	mitgebrachte Ladung, Kaffee, Tabak, Kakao
aus 3.4.1853	Erich Peter Petersen	Erich Peter Petersen	Betty & Johanna	nach Altona	Kaffee, Zarza, Rinderhörner, Speiseöl, Schokolade, Süßigkeiten
ein 11.4.1853	J. Becker	J. F. C. Behrens	Johann Friedrich	aus Liverpool	Güter, Alkoholika, Lebensmittel
ein 11.4.1853	August Joseph Schön	H. C. Jensen	August	aus Puerto Cabello	Kaffee, Rinderhörner
ein 13.4.1853	Carl Theodor Kinch	E. Möller	Lind	aus Liverpool	Güter, Lebensmittel, Alkoholika
ein 17.4.1853	Hans Friedrich Stöckmann	Heinrich Friedrich Stöckmann	Alexander	aus Puerto Cabello	Kaffee, Rinderhörner, Cebadilla
aus 17.4.1853	August Joseph Schön	H. C. Jensen	August	nach Hamburg	mitgebrachte Ladung, Kaffee
aus 21.4.1853	J. Becker	J. F. C. Behrens	Johann Friedrich	nach Hamburg via Puerto Cabello	Kaffee, Teil mitgebrachter Ladung, Rinderhörner
aus 22.4.1853	Carl Theodor Kinch	E. Möller	Lind	nach Puerto Cabello	Kaffee, Teil mitgebrachter Ladung, Tabak, Rinderhörner
aus 27.4.1853	Hans Friedrich Stöckmann	Heinrich Friedrich Stöckmann	Alexander	nach Hamburg	mitgebrachte Ladung, Zarza, Kaffee, Tabak, Cebadilla, Schokolade
ein 4.5.1853	Carl Theodor Kinch	E. Möller	Lind	aus Puerto Cabello	Kaffee, Lianen, Baumwolle, Panamahüte, Tabak
ein 5.5.1853	H. J. & J. J. Levy	S. N. Decker	Hanna & Fanny	aus Liverpool	Güter, Alkoholika, Lebensmittel
aus 8.5.1853	Carl Theodor Kinch	E. Möller	Lind	nach Hamburg	mitgebrachte Ladung, Kaffee, Tabak, Häute, Kakao
aus 15.5.1853	H. J. & J. J. Levy	S. N. Decker	Hanna & Fanny	nach Puerto Cabello	Teil mitgebrachter Ladung
ein 30.5.1853	W. Rendtorff	J. B. B. Frantzen	Mathilde	aus Hamburg	Güter, Alkoholika, Lebensmittel
ein 2.6.1853	Wilcken Breckwoldt	Wilcken Breckwoldt	Elisabeth	aus Hamburg	Güter, Alkoholika, Lebensmittel

ein 2.6.1853	Sören Pedersen Clausen	Sören Pedersen Clausen	Johanna	aus Altona	Güter, Alkoholika, Lebensmittel
aus 8.6.1853	Wilcken Breckwoldt	Wilcken Breckwoldt	Elisabeth	nach Puerto Cabello	Teil mitgebrachter Ladung, Kaffee
aus 8.6.1853	Sören Pedersen Clausen	Sören Pedersen Clausen	Johanna	nach Altona via Puerto Cabello	Kaffee, Teil mitgebrachter Ladung, Panamahüte
aus 9.11.1853	W. Rendtorff	J. B. B. Frantzen	Mathilde	nach Puerto Cabello	Kakao, Teil mitgebrachter Ladung, Rinderhörner
ein 11.6.1853	H. H. Eggers	A. A. Klein	Voltigeur	aus Liverpool	Güter
ein 14.6.1853	F. Blass & Schomburgk	N. D. Möller	Domingo	aus St. Thomas	Güter
ein 20.6.1853	Sören Pedersen Clausen	Sören Pedersen Clausen	Johanna	aus Puerto Cabello	Kaffee, Häute
ein 21.6.1853	W. Rendtorff	J. B. B. Frantzen	Mathilde	aus Puerto Cabello	Baumwolle, Kaffee, Altkupfer
aus 22.6.1853	H. H. Eggers	A. A. Klein	Voltigeur	nach Altona via Puerto Cabello	Kaffee, Teil mitgebrachter Ladung, Rinderhörner
aus 23.6.1853	F. Blass & Schomburgk	N. D. Möller	Domingo	nach Puerto Cabello	Kaffee
aus 25.6.1853	Sören Pedersen Clausen	Sören Pedersen Clausen	Johanna	nach Altona	mitgebrachte Ladung, Schokolade, Zarza, Kaffee, Ziegenhäute
aus 27.6.1853	W. Rendtorff	J. B. B. Frantzen	Mathilde	nach Hamburg	mitgebrachte Ladung, Zarza, Kaffee, Rinderhörner
ein 3.7.1853	August Joseph Schön	F. R. Rörden	Thekla Schmidt	aus Hamburg	Güter, Alkoholika, Lebensmittel
aus 9.7.1853	August Joseph Schön	F. R. Rörden	Thekla Schmidt	nach Maracaibo	Teil mitgebrachter Ladung
aus 11.7.1853	Eduard Müller G. W. Sohn	E. C. Cornelissen	Georg	nach Hamburg via Puerto Cabello	Kaffee, Rinderhörner, naturkundliche Kuriositäten
aus 16.7.1853	H. H. Eggers	A. A. Klein	Voltigeur	nach Altona	mitgebrachte Ladung, Kaffee
ein 6.9.1853	J. Becker	J. F. C. Behrens	Johann Friedrich	aus Hamburg	Güter, Alkoholika, Lebensmittel
ein 8.9.1853	Carsten Smitd	Carsten Smitd	Eduard	aus Liverpool	Güter
ein 11.9.1853	H. H. Eggers	P. A. Janssen	Flying Dutchman	aus New York	Güter, Alkoholika, Lebensmittel
aus 17.9.1853	J. Becker	J. F. C. Behrens	Johann Friedrich	nach Puerto Cabello	Kaffee, Teil mitgebrachter Ladung, Rinderhörner, Rotwildleder
aus 19.9.1853	H. H. Eggers	P. A. Janssen	Flying Dutchman	nach Altona via Puerto Cabello	Kaffee, Teil mitgebrachter Ladung, Rinderhörner

aus 30.9.1853	Carsten Diederich Lau	Carsten Diederich Lau	Liberty	nach Hamburg via Puerto Cabello	Kaffee, Teil mitgebrachter Ladung, Rinderhörner, Zarzaparrilla, Rotwildleder, andere venez. Ware
ein 30.10.1853	Wilcken Breckwoldt	Wilcken Breckwoldt	Elisabeth	aus Hamburg	Alkoholika, Güter, Lebensmittel
ein 27.11.1853	Eduard Müller G. W. Sohn	E. C. Cornelissen	Georg	aus Hamburg	Güter, Alkoholika, Lebensmittel
ein 30.11.1853	H. H. Eggers	A. A. Klein	Voltigeur	aus Hamburg und Altona	Güter, Alkoholika, Lebensmittel
aus 7.12.1853	Eduard Müller G. W. Sohn	E. C. Cornelissen	Georg	nach Puerto Cabello	Teil mitgebrachter Ladung, Kaffee
aus 7.12.1853	H. H. Eggers	A. A. Klein	Voltigeur	nach Hamburg via Puerto Cabello	Teil mitgebrachter Ladung, Kaffee
ein 17.12.1853	H. H. Eggers	A. A. Klein	Voltigeur	aus Puerto Cabello	Teil mitgebrachter Ladung, landwirtschaftl. Produkte
ein 8.1.1854	H. H. Eggers	P. A. Janssen	Flying Dutchman	aus Hamburg	Güter, Alkoholika, Lebensmittel
ein 8.1.1854	J. Becker	J. F. C. Behrens	Johann Friedrich	aus Hamburg	Güter, Alkoholika, Lebensmittel
ein 24.1.1855	H. H. Eggers	P. A. Janssen	Flying Dutchman	aus Puerto Cabello	Güter, Kaffee
aus 25.1.1855	Sören Pedersen Clausen	Sören Pedersen Clausen	Johanna	nach Altona via Puerto Cabello	Kaffee, Teil mitgebrachter Ladung, Rinderhörner, Cebadilla
aus 31.1.1855	H. H. Eggers	P. A. Janssen	Flying Dutchman	nach Altona	Kaffee, Häute, Zarza, Schokolade
ein 15.2.1855	P. N. Hansen & Johannsen	Sören Brinck Hansen	Carl & Johanne	aus London	Ballast
ein 18.2.1855	Eduard Müller G. W. Sohn	E. C. Cornelissen	Georg	aus Liverpool	Güter, Alkoholika, Lebensmittel
ein 1.3.1855	Carl Theodor Kinch	E. Möller	Lind	aus Hamburg	Güter, Lebensmittel, Alkoholika
ein 5.3.1855	H. H. Eggers	A. A. Klein	Voltigeur	aus Hamburg	Lebensmittel, Güter
aus 12.3.1855	Eduard Müller G. W. Sohn	E. C. Cornelissen	Georg	nach Puerto Cabello	Teil mitgebrachter Ladung
aus 16.3.1855	P. N. Hansen & Johannsen	Sören Brinck Hansen	Carl & Johanne	nach Altona	Kaffee, Häute, Zarzaparrilla
ein 19.3.1855	Eduard Müller G. W. Sohn	E. C. Cornelissen	Georg	aus Puerto Cabello	Kaffee
aus 20.3.1855	H. H. Eggers	A. A. Klein	Voltigeur	nach Hamburg	Kaffee, Rinderhörner

aus 20.3.1855	Carl Theodor Kinch	E. Möller	Lind	nach Puerto Cabello	Kaffee, Teil mitgebrachter Ladung, Rinderhörner
ein 28.3.1855	J. Becker	P. J. Diederichsen	Betty & Emma	aus Puerto Cabello	Kaffee, Häute, Rinderhörner, Baumwolle
aus 31.3.1855	Eduard Müller G. W. Sohn	E. C. Cornelissen	Georg	nach Hamburg	Kaffee, Häute, Rinderhörner
ein 2.4.1855	Carl Theodor Kinch	E. Möller	Lind	aus Puerto Cabello	Kaffee, Hüte
aus 2.4.1855	J. Becker	J. P. Diederichsen	Betty & Emma	nach Hamburg	Kaffee, Baumwolle
aus 7.4.1855	Carl Theodor Kinch	E. Möller	Lind	nach Hamburg	Kaffee, Schokolade, Süßigkeiten
ein 23.5.1855	H. H. Eggers	P. A. Janssen	Flying Dutchman	aus Hamburg	Güter
aus 5.6.1855	Wilcken Breckwoldt	Wilcken Breckwoldt	Elisabeth	nach Puerto Cabello	Teil mitgebrachter Ladung
ein 7.6.1855	Carl Theodor Kinch	J. Petersen	Blohm	aus St. Thomas	Ballast
aus 11.6.1855	H. H. Eggers	P. A. Janssen	Flying Dutchman	nach Puerto Cabello	Teil mitgebrachter Ladung
ein 25.6.1855	H. H. Eggers	P. A. Janssen	Flying Dutchman	aus Puerto Cabello	Kaffee
aus 27.6.1855	Carl Theodor Kinch	J. Petersen	Blohm	nach Hamburg	Kaffee
ein 28.6.1855	F. Blass & Schomburgk	C. Lorenzen	Domingo	aus Hamburg	Güter, Lebensmittel
ein 6.7.1855	Hans Breckwoldt	Hans Breckwoldt	Galene	aus Hamburg	Güter
aus 10.7.1855	F. Blass & Schomburgk	C. Lorenzen	Domingo	nach Puerto Cabello	Teil mitgebrachter Ladung
aus 13.7.1855	Sören Pedersen Clausen	Sören Pedersen Clausen	Johanna	nach Altona via Puerto Cabello	Kaffee, Rinderhörner, Rotwildleder, Koschenille
aus 22.7.1855	Hans Breckwoldt	Hans Breckwoldt	Galene	nach Hamburg via Puerto Cabello	Kaffee
ein 28.7.1855	F. Blass & Schomburgk	C. Lorenzen	Domingo	aus Puerto Cabello	Landwirtsch. Produkte
aus 28.7.1855	H. H. Eggers	D. C. Diedrichsen	Voltigeur	nach Altona via Puerto Cabello	Teil mitgebrachter Ladung, Kaffee
ein 31.7.1855	Eduard Müller G. W. Sohn	E. C. Cornelissen	Georg	aus Hamburg	Güter, Lebensmittel
aus 3.8.1855	F. Blass & Schomburgk	C. Lorenzen	Domingo	nach Hamburg	Kaffee
ein 9.8.1855	Hans Breckwoldt	Hans Breckwoldt	Galene	aus Puerto Cabello	Landwirtsch. Produkte
ein 11.8.1855	J. Becker	P. J. Diederichsen	Betty & Emma	aus Hamburg	Güter
aus 12.8.1855	Eduard Müller G. W. Sohn	E. C. Cornelissen	Georg	nach Hamburg via Puerto Cabello	Teil mitgebrachter Ladung, Kaffee
aus 17.8.1855	Hans Breckwoldt	Hans Breckwoldt	Galene	nach Hamburg	Kaffee, Häute
ein 6.9.1855	Carl Theodor Kinch	E. Möller	Lind	aus Hamburg	Güter
ein 13.9.1855	A. von Döhren	T. J. Bleicken	Georg	aus Hamburg	Güter, Lebensmittel
aus 19.9.1855	J. Becker	P. J. Diederichsen	Betty & Emma	nach Hamburg	Kaffee, Kakao, Rinderhörner
ein 26.9.1855	Peter Christian Kruse	Peter Christian Kruse	Georg Andreas	aus Liverpool	Güter, Lebensmittel
aus 27.9.1855	Carl Theodor Kinch	E. Möller	Lind	nach Hamburg	Kakao, Rinderhörner
ein 2.10.1855	H. H. Eggers	P. A. Janssen	Flying Dutchman	aus Altona	Güter

aus 11.10.1855	A. von Döhren	T. J. Bleicken	Georg	nach Hamburg	Kaffee, Häute
aus 17.10.1855	H. H. Eggers	P. A. Janssen	Flying Dutchman	nach Altona via Puerto Cabello	Kaffee, Rinderhörner, Zarzaparrilla
aus 18.10.1855	Peter Christian Kruse	Peter Christian Kruse	Georg Andreas	nach Puerto Cabello	Teil mitgebrachter Ladung
ein 9.11.1855	Johann Joachim August Gast	L. Behrens	Apollo	aus Puerto Cabello	Kaffee, Baumwolle, Rinderhörner
ein.12.11.1855	Johann Paul Wizel	A. H. L. Wendt	Amazone	aus Hamburg	Güter, Alkoholika, Lebensmittel
aus 24.11.1855	Johann Paul Wizel	A. L. H. Wendt	Amazone	nach Puerto Cabello	Teil mitgebrachter Ladung
ein 30.11.1855	Sören Pedersen Clausen	Sören Pedersen Clausen	Johanna	aus Hamburg	Güter
aus 8.12.1855	Johann Joachim August Gast	L. Behrens	Apollo	nach Hamburg	Kaffee, Häute
ein 11.12.1855	F. Blass & Schomburgk	C. Lorenzen	Domingo	aus Hamburg	Güter, Lebensmittel, Alkoholika
aus 21.12.1855	F. Blass & Schomburgk	C. Lorenzen	Domingo	nach Puerto Cabello	Teil mitgebrachter Ladung
ein 26.12.1855	Johann Paul Wizel	A. L. H. Wendt	Amazone	aus Puerto Cabello	Güter
ein 28.12.1855	J. Heyn & Co.	C. I. Janssen	Trident	aus Amsterdam	Güter, Alkoholika, Lebensmittel
ein 2.1.1856	Sören Pedersen Clausen	Sören Pedersen Clausen	Johanna	aus Puerto Cabello	Landwirtsch. Produkte
aus 2.1.1856	Johann Paul Wizel	A. L. H. Wendt	Amazone	nach Hamburg	Kaffee, Häute
aus 8.1.1856	Sören Pedersen Clausen	Sören Pedersen Clausen	Johanna	nach Altona	Kaffee
aus 15.1.1856	J. Heyn & Co.	C. I. Jannsen	Trident	nach Puerto Cabello	Teil mitgebrachter Ladung
ein 19.1.1856	H. H. Eggers	A. A. Klein	Voltigeur	aus Puerto Cabello	Güter aus Europa, Landes-produkte
ein 23.1.1856	August Joseph Schön	C. R. Köhler	Marietta	aus St. Thomas	Ballast
aus 23.1.1856	H. H. Eggers	A. A. Klein	Voltigeur	nach Altona	Landes-produkte
aus 28.1.1856	Hans Friedrich Stöckmann	Heinrich Friedrich Stöckmann	Alexander	nach Hamburg via Puerto Cabello	Kaffee, Teil mitgebrachter Ladung, Rinderhörner
ein 3.2.1856	F. Blass & Schomburgk	C. Lorenzen	Domingo	aus Puerto Cabello	Landes-produkte
aus 3.2.1856	August Joseph Schön	C. R. Köhler	Marietta	nach Hamburg via Puerto Cabello	Kaffee, Rinderhörner, Rinderfelle, Schokolade, Süßigkeiten, gewebte Decke
aus 8.2.1856	F. Blass & Schomburgk	C. Lorenzen	Domingo	nach Hamburg	Kaffee, Landes-produkte
aus 29.2.1856	J. Heyn & Co.	C. I. Jannsen	Trident	Nach Hamburg	Kaffee
ein 15.3.1856	Hans Friedrich Stöckmann	Heinrich Friedrich Stöckmann	Alexander	aus Puerto Cabello	Landes-produkte

ein 27.3.1856	H. H. Eggers	P. A. Janssen	Flying Dutchman	aus Hamburg	Güter, Alkoholika, Lebensmittel
ein 27.3.1856	J. Becker	P. D. Röhrs	Betty & Emma	aus Hamburg	Güter, Alkoholika, Lebensmittel
ein 27.3.1856	August Joseph Schön	H. J. C. Heim	Hesky	aus Hamburg via St. Thomas	Ballast
aus 4.4.1856	H. H. Eggers	P. A. Janssen	Flying Dutchman	nach Altona via Puerto Cabello	Teil mitgebrachter Ladung, Kaffee
aus 5.4.1856	J. Becker	P. D. Röhrs	Betty & Emma	nach Puerto Cabello	Teil mitgebrachter Ladung
aus 9.4.1856	Eduard Müller G. W. Sohn	E. C. Cornelissen	Georg	nach Hamburg via Puerto Cabello	Kaffee, Teil mitgebrachter Ladung, Rotwildleder
aus 12.4.1856	August Joseph Schön	H. J. C. Heim	Hesky	nach Hamburg	Kaffee
aus 12.4.1856	Johann Sievert Cohrs	Johann Sievert Cohrs	Courier	nach Hamburg via Puerto Cabello	Kaffee
ein 20.4.1856	Johann Joachim August Gast	L. Behrens	Apollo	aus Hamburg	Güter, Alkoholika, Lebensmittel
ein 23.4.1856	Carsten Smitd	Carsten Smitd	Eduard	aus Hamburg	Güter, Alkoholika, Lebensmittel
aus 26.4.1856	Carl Theodor Kinch	Carl Theodor Kinch	Lind	nach Puerto Cabello	Teil mitgebrachter Ladung
aus 2.5.1856	Carsten Smitd	Carsten Smitd	Eduard	Puerto Cabello	Teil mitgebrachter Ladung
aus 4.5.1856	Johann Joachim August Gast	L. Behrens	Apollo	nach Puerto Cabello	Teil mitgebrachter Ladung, Kaffee
ein 13.5.1856	Sören Pedersen Clausen	Sören Pedersen Clausen	Johanna	aus Hamburg	Güter, Alkoholika, Lebensmittel
aus 17.5.1856	Sören Pedersen Clausen	Sören Pedersen Clausen	Johanna	nach Altona via Puerto Cabello	Kaffee, Teil mitgebrachter Ladung, Rotwildleder
ein 19.5.1856	J. Becker	P. D. Röhrs	Betty & Emma	aus Puerto Cabello	Landesprodukte
aus 21.5.1856	J. Becker	P. D. Röhrs	Betty & Emma	nach Hamburg	Kaffee, Häute
ein 5.5.1856	W. & S. Hauer	N. F. Fick	Sophie & Friedericke	aus St. Thomas	Güter
ein 6.6.1856	August Joseph Schön	C. R. Köhler	Marietta	aus Hamburg	Güter, Alkoholika, Lebensmittel
ein 8.6.1856	H. H. Eggers	A. A. Klein	Voltigeur	aus Hamburg	Güter, Alkoholika, Lebensmittel
ein 10.6.1856	W. Rendtorff	J. B. B. Frantzen	Mathilde	aus Liverpool	Güter, Alkoholika, Lebensmittel
aus 12.6.1856	August Joseph Schön	C. R. Köhler	Marietta	Hamburg via Puerto Cabello	Kaffee, Palo de mora
aus 20.6.1856	H. H. Eggers	A. A. Klein	Voltigeur	nach Altona via Puerto Cabello	Teil mitgebrachter Ladung, Kaffee

ein 26.7.1856	H. H. Eggers	P. A. Janssen	Flying Dutchman	aus Bordeaux	Lebensmittel
ein 8.8.1856	Eduard Müller G. W. Sohn	E. C. Cornelissen	Georg	aus Hamburg	Güter, Alkoholika, Lebensmittel
aus 5.8.1856	H. H. Eggers	P. A. Janssen	Flying Dutchman	nach Altona via Puerto Cabello	Landesprodukte
aus 16.8.1856	Eduard Müller G. W. Sohn	E. C. Cornelissen	Georg	nach Puerto Cabello	Teil mitgebrachter Ladung
ein 1.9.1856	Hans Friedrich Stöckmann	Heinrich Friedrich Stöckmann	Alexander	aus Hamburg	Lebensmittel, Güter, Alkoholika
ein 14.9.1856	Johann Joachim August Gast	L. Behrens	Apollo	aus Hamburg	Güter, Alkoholika, Lebensmittel
ein 18.9.1856	Sören Pedersen Clausen	Sören Pedersen Clausen	Johanna	aus Hamburg	Güter, Alkoholika, Lebensmittel
ein 13.10.1856	H. H. Eggers	A. A. Klein	Voltigeur	aus Hamburg	Güter, Alkoholika, Lebensmittel
aus 24.10.1856	H. H. Eggers	A. A. Klein	Voltigeur	nach Altona via Puerto Cabello	Teil mitgebrachter Ladung, Insekten und Kuriositäten, Indigo, Kaffee, Baumwolle
ein 4.12.1856	W. Rendtorff	J. B. B. Frantzen	Mathilde	aus Hamburg	Güter, Alkoholika, Lebensmittel
ein 4.12.1856	H. H. Eggers	P. A. Janssen	Flying Dutchman	aus Hamburg	Güter, Alkoholika, Lebensmittel
ein 5.12.1856	Georg Michael Meinzolt	Georg Michael Meinzolt	Tombola	aus London	Güter, Alkoholika, Lebensmittel
aus 19.12.1856	H. H. Eggers	P. A. Janssen	Flying Dutchman	nach Puerto Cabello	Teil mitgebrachter Ladung
aus 25.12.1856	Georg Michael Meinzolt	Georg Michael Meinzolt	Tombola	nach London via Maracaibo und Puerto Cabello	Teil mitgebrachter Ladung, Eisen, Rinderhörner
ein 4.2.1858	H. H. Eggers	H. P. Wolf	Imperieuse	aus Hamburg	Güter, Alkoholika, Lebensmittel
ein 8.2.1858	Carl Theodor Kinch	J. Petersen	Blohm	aus Hamburg	Güter, Alkoholika, Lebensmittel
ein 9.2.1858	H. H. Eggers	P. A. Janssen	Flying Dutchman	aus Amsterdam	Alkoholika, Lebensmittel
aus 9.2.1858	H. H. Eggers	A. A. Klein	Voltigeur	nach Puerto Cabello	Kaffee, Rinderhäute, Schokolade
aus 13.2.1858	H. H. Eggers	P. A. Jansen	Flying Dutchman	nach Puerto Cabello	Teil mitgebrachter Ladung
aus 13.2.1858	Carl Theodor Kinch	J. Petersen	Blohm	nach Puerto Cabello	Teil mitgebrachter Ladung
ein 20.2.1858	August Joseph Schön	M. N. von Hachten	Esther & Sophie	aus Pernambuco[10]	Ballast

10 Pernambuco / Brasilien.

ein 20.2.1858	F. Laeisz	F. Wenzel	Sophie & Friedericke	aus Puerto Cabello	Landes-produkte
ein 27.2.1858	Carsten Smitd	Carsten Smitd	Eduard	aus Puerto Cabello	Landes-produkte
aus 26.2.1858	F. Laeisz	F. Wenzel	Sophie & Friedericke	nach Hamburg	Kaffee
aus 4.3.1858	H. H. Eggers	H. P. Wolf	Imperieuse	nach Puerto Cabello	Teil mitgebrachter Ladung
aus 5.3.1858	Carsten Smitd	Carsten Smitd	Eduard	nach Hamburg	Landes-produkte
ein 17.3.1858	August Joseph Schön	H. C. Jensen	August	aus Amsterdam	Güter, Alkoholika, Lebensmittel
ein 20.3.1858	Sören Pedersen Clausen	Sören Pedersen Clausen	Johanna	aus Hamburg	Güter, Alkoholika, Lebensmittel
aus 1.4.1858	Carl Theodor Kinch	J. Petersen	Blohm	nach Hamburg	Teil mitgebrachter Ladung, Kaffee
ein 11.4.1858	August Joseph Schön	F. R. Rörden	Willink	aus Rio de Janeiro	Ballast
aus 14.4.1858	Sören Pedersen Clausen	Sören Pedersen Clausen	Johanna	nach Puerto Cabello	Teil mitgebrachter Ladung, Kaffee
aus 17.4 1858	August Joseph Schön	M. N. von Hachen	Esther & Sophie	nach Hamburg	Landes-produkte
ein 24.4.1858	H. H. Eggers	A. A. Klein	Flying Dutchman	aus Puerto Cabello	Landes-produkte
ein 1.5.1858	H. H. Eggers	H. P. Wolf	Imperieuse	aus Puerto Cabello	Ballast
ein 3.5.1858	August Joseph Schön	H. C. Jensen	August	aus St. Thomas	Ballast
aus 30.4.1858	H. H. Eggers	A. A. Klein	Flying Dutchman	nach Altona	mitgebrachte Ladung, Kaffee
ein 10.5.1858	August Joseph Schön	H. C. Jensen	August	aus Puerto Cabello	Landes-produkte
aus 13.5.1858	August Joseph Schön	H. C. Jensen	August	nach Hamburg	mitgebrachte Ladung, Kaffee, Rinderhäute
ein 17.5.1858	J. Becker	P. D. Röhrs	Betty & Emma	aus Hamburg	Lebensmittel, Güter
ein 17.5.1858	P. N. Hansen & Johannsen	Sören Brinck Hansen	Carl & Johanne	aus Hamburg	Güter, Alkoholika, Lebensmittel
ein 20.5.1858	David Mewes	David Mewes	Julius	aus Liverpool	Güter, Alkoholika, Lebensmittel
aus 25.5.1858	David Mewes	David Mewes	Julius	nach Puerto Cabello	Teil mitgebrachter Ladung
ein 28.5.1858	Eduard Müller G. W. Sohn	E. C. Cornelissen	Georg	aus Hamburg	Güter, Alkoholika, Lebensmittel
aus 30.5.1858	J. Becker	P. D. Röhrs	Betty & Emma	nach Puerto Cabello	Teil mitgebrachter Ladung
aus 30.5.1858	August Joseph Schön	F. R. Rörden	Willink	nach Hamburg	Kaffee
ein 2.6.1858	P. N. Hansen & Johannsen	Sören Brinck Hansen	Carl & Johanne	aus Puerto Cabello	Landes-produkte
ein 16.6.1858	David Mewes	David Mewes	Julius	aus Puerto Cabello	Landes-produkte

ein 16.6.1858	W. Rendtorff	J. B. B. Frantzen	Mathilde	aus Hamburg	Güter, Alkoholika, Lebensmittel
aus 20.6.1858	David Mewes	David Mewes	Julius	nach Altona	mitgebrachte Ladung, Kaffee
aus 30.6.1858	J. Becker	C. F. C. Fischer	Johann Friedrich	nach Hamburg via Puerto Cabello	Teil mitgebrachter Ladung, Kaffee
aus 4.7.1858	W. Rendtorff	J. B. B. Frantzen	Mathilde	nach Hamburg via Puerto Cabello	Kakao, Teil mitgebrachter Ladung, Indigo, Kaffee, Tabak, Cebadilla, Rotwildleder
ein 4.7.1858	J. Pruter	C. R. J. Burmeister	Gustav	aus Puerto Cabello	Landes-produkte
aus 13.7.1858	J. Pruter	C. R. J. Burmeister	Gustav	nach Altona	mitgebrachte Ladung, Kaffee
ein 16.8.1858	H. H. Eggers	H. P. Wolf	Imperieuse	aus Hamburg	Güter, Alkoholika, Lebensmittel
ein 12.9.1858	Eduard Müller G. W. Sohn	E. C. Cornelissen	Georg	aus Hamburg	Güter, Alkoholika, Lebensmittel
ein 12.9.1858	Sören Pedersen Clausen	Sören Pedersen Clausen	Johanna	aus Hamburg	Güter, Alkoholika, Lebensmittel
aus 14.9.1858	Eduard Müller G. W. Sohn	E. C. Cornelissen	Georg	nach Puerto Cabello	Teil mitgebrachter Ladung
ein 17.9.1858	J. Becker	P. D. Röhrs	Betty & Emma	aus Hamburg	Güter, Lebensmittel
aus 18.9.1858	Sören Pedersen Clausen	Sören Pedersen Clausen	Johanna	nach Puerto Cabello	Teil mitgebrachter Ladung
ein 1.11.1858	P. N. Hansen & Johannsen	Sören Brinck Hansen	Carl & Johanne	aus Hamburg	Güter, Alkoholika, Lebensmittel
aus 11.11.1858	P. N. Hansen & Johannsen	Sören Brinck Hansen	Carl & Johanne	nach Puerto Cabello	Teil mitgebrachter Ladung
ein 16.11.1858	Claus Lienau	Claus Lienau	Heinrich	aus Liverpool	Güter, Lebensmittel
aus 25.11.1858	Claus Lienau	Claus Lienau	Heinrich	nach Puerto Cabello	Teil mitgebrachter Ladung
ein 29.11.1858	Claus Pedersen Clausen	N. S. Lauridsen	Feiga	aus Hamburg	Güter, Lebensmittel
ein 12.12.1858	W. Rendtorff	J. B. B. Frantzen	Mathilde	aus Hamburg	Güter, Lebensmittel
aus 21.12.1858	Claus Pedersen Clausen	N. S. Lauridsen	Feiga	nach Altona via Puerto Cabello	Teil mitgebrachter Ladung, Kaffee, Rinderhäute
aus 1.1.1859	W. Rendtorff	J. B. B. Frantzen	Mathilde	nach Hamburg via Puerto Cabello	Teil mitgebrachter Ladung, Landes-produkte
ein 4.1.1859	August Joseph Schön	H. J. Hagendefeldt	Thekla Schmidt	aus St. Thomas	Güter
aus 5.1.1859	Sören Pedersen Clausen	Sören Pedersen Clausen	Johanna	nach Altona	mitgebrachte Ladung
ein August 1863	H. H. Eggers	D. C. Diedrichsen	Flying Dutchman		

ein August 1863	J. Becker	J. Scheelke	Ines		
ein September 1863	Wilcken Breckwoldt	Wilcken Breckwoldt	Elisabeth	aus Hamburg	
ein September 1863	Caspar Diederich Finkler	Caspar Diederich Finkler	Helene	aus Hamburg	
ein November 1863	J. Becker	J. Kölling	Gine	aus Hamburg	
ein November 1863	Johann Junge	H. Semmelhack	Columbus	aus Hamburg	
ein Dezember 1863	J. Becker	P. D. Röhrs	Betty & Emma	aus St. Thomas	
ein 3.5.1865	C. W. Herwig	P. A. M. Simons	Frisch	aus Puerto Cabello	Landwirtsch. Produkte
aus HH ab 22.9.1885	**A. H. Wappäus**	**J. H. Lentschu**	**Guillermina**	**Ciudad Bolívar**	
aus HH ab 3.11.1885	**A. H. Wappäus**	**C. Otzen**	**Doña Luisa**	**Ciudad Bolívar**	
aus HH ab 11.1.1886	**A. H. Wappäus**	**J. J. Schacht**	**Doña Zoyla**	**Ciudad Bolívar**	
aus HH ab 11.5.1886	**A. H. Wappäus**	**J. H. Lentschu**	**Guillermina**	**Ciudad Bolívar**	
aus HH ab 29.6.1886	**A. H. Wappäus**	**C. Otzen**	**Doña Luisa**	**Ciudad Bolívar**	
aus HH ab 10.1887	**A. H. Wappäus**	**J. H. Lentschu**	**Guillermina**	**Ciudad Bolívar**	

6. Hamburger Schiffe, die zwischen 1821 und 1882 St. Thomas anliefen[1]

Datum	Eigner	Kapitän	Schiff	Herkunft	Ware[2]
9.2.1821	Johann Nicolaus Christoph Kampmeyer	H. H. Harms	Die zwey Gebrüder Johann & Heinrich	Hamburg	Trockenware[3], Genever
27.5.1821	**G. H. Wappäus**	**J. J. J. Wilcken**	**Jungfrau Emilie**	**Hamburg**	
13.6.1821	Johann Philipp Friedrichs	M. Sleebohm	Maria Margaretha	Puerto Cabello	Ballast
15.7.1821	H. J. Merck & Co.	P. Wagener	Mariane	Hamburg	Trockenware, Ziegel
20.7.1821	Carl Heinrich Bremer	Carl Heinrich Bremer	Vesta	Hamburg	Trockenware, Ziegel
27.7.1821	B. & J. Roosen jres.	A. Bode	Reiherstieg	Hamburg	Trockenware
8.10.1821	A. von Döhren	M. von Pein	Vesta	Hamburg	Trockenware, Glasware, Ziegel
11.12.1821	**G. H. Wappäus**	**J. J. J. Wilcken**	**Jungfrau Emilie**	**Hamburg**	**Trockenware, Öl, Glasware, Genever**
23.5.1833	Adolf Jencquel	P. J. Ralffs	Emma Adolphine	Hamburg	Trockenware
29.7.1833	James Dingwall	J. Thomsen	Palme	Hamburg	Trockenware
6.8.1833	Ferd. Blass	H. Lafrentz	Louise	Hamburg	Trockenware
10.8.1833	Friedrich Christian Bahre	J. H. Tardel	Elisabeth Wilhelmina	Hamburg	Trockenware
1.9.1833	James Dingwall	Adam Smit	Danae	Hamburg	Trockenware
6.9.1833	Georg Wilhelm Barthold	J. A. Regenburg	Raphaele Mathilde	Hamburg	Trockenware, Butter
14.9.1833	Adolf Jencquel	P. J. Ralffs	Emma Adolphine	New York	
12.11.1833	H. J. Merck & Co.	G. N. J. Meyburg	Mariane	Hamburg	Trockenware

1 RK, für 1821, 1833-1860, 1864: Rigsarkivet og Hjælpemidlerne til dets Benyttelse I, 2. Bind, St. Thomas Havnemester 1819-1867, Protokoller over indkomne fartøjer 1821, 1833-1865 (m. angivelse af koller over indkomne fartøjer art og navn, fører, nationalitet, hvorfra ankommet samt ladnings art). RK, für 1861-1863: Koloniernes Centralbestyrelse, Kolonialkontoret Gruppesager til Vestindisk Journal, Rapporter St. Thomas, St. Jan VII-VIII, F 04-135 661, 662. RK, ab April 1865: Koloniernes Centralbestyrelse, Kolonialkontoret Gruppesager til Vestindisk Journal, Rapporter St. Thomas, St. Jan X-XXVI, F 04-135, 664-680. R, ab 1877-1888: Koloniernes Centralbestyrelse, Kolonialkontoret Gruppesager til Vestindisk Journal, Rapporter St. Thomas, St. Jan XV-XXI, F 04-135, 669-675.
KRESSE, Walter: Seeschiffs-Verzeichnis der Hamburger Reedereien, Bde 1-3.
2 Zu den Übersetzungen der dänischen Produktbezeichnungen: Fade - Fässer; Jarretree - Eisenholz (Hartholz); Farvetræ - Farbholz; Fustic - Gelbholz; Produkter - Manufakturwaren; Malas - Melasse; Törrevarer (Das "ö" wurde erst später im Zuge einer Standardisierung der dänischen Schriftsprache durch das heute übliche "ø" ersetzt.) - Trockenware (getrocknete Lebensmittel); Leertoi - Steingut; Muursteen - Ziegel; Köbmandsvarer - Kaufmannswaren; Provisioner - Lebensmittel; Dividivi - Amerikanischer Schlehdorn / Farbholz; Campecheholz - Kampescheholz / Blauholz.
3 Trockenware meint getrocknete Lebensmittel jeder Art.

28.11.1833	James Dingwall	J. Thomson	Palme	Hamburg	Trockenware
1.3.1834	Friedrich Christian Bahre	J. H. Tardel	Elisabeth Wilhelmina	Hamburg	Trockenware, Ziegel
6.3.1834	James Dingwall	Adam Smit	Danae	Hamburg	Trockenware
8.3.1834	Ferd. Blass	H. Lafrentz	Louise	Hamburg	Trockenware
8.3.1834	Henrici & Comp.	J. H. Krull	Henriette	Hamburg	Trockenware
17.3.1834	Georg Wilhelm Barthold	J. A. Regenburg	Raphaele Mathilde	Hamburg	Trockenware
1.6.1834	James Dingwall	Adam Smit	Danae	Hamburg	Trockenware
22.6.1834	H. J. Merck & Co.	J. D. Saeuberlich	Mariane	La Guaira	Kaffee
29.6.1834	Friedrich Christian Bahre	J. H. Tardel	Elisabeth Wilhelmina	Hamburg	Trockenware
12.8.1834	James Dingwall	J. Thomsen	Palme	Hamburg	Trockenware, Ziegel
22.8.1834	Henrici & Comp.	J. H. Krull	Henriette	Hamburg	Trockenware, Ziegel
14.12.1834	James Dingwall	A. Smit	Palme	Hamburg	Trockenware
24.1.1835	Friedrich Christian Bahre	J. H. Tardel	Elisabeth Wilhelmina	Hamburg	Trockenware
29.1.1835	H. J. Merck & Co.	G. N. J. Meyburg	Mariane	Hamburg	Trockenware
1.5.1835	Georg Wilhelm Barthold	J. A. Regenburg	Raphaele Mathilde	Hamburg	Trockenware
1.5.1835	James Dingwall	T. Thomsen	Trident	Hamburg	Trockenware
5.5.1835	Henrici & Comp.	J. H. Krull	Henriette	Hamburg	Trockenware
22.5.1835	James Dingwall	A. Smit	Palme	Hamburg	Trockenware
20.6.1835	Ferd. Blass	C. H. Boye	Louise	Hamburg	Trockenware, Ziegel
12.7.1835	H. J. Merck & Co.	J. J. J. Wilcken	Marianne & Pauline	Hamburg	Trockenware
26.8.1835	Hinrich Hinrichsen	Hinrich Hinrichsen	Courier	Hamburg	Trockenware
1.10.1835	Friedrich Christian Bahre	J. H. Tardel	Elisabeth Wilhelmina	Hamburg	Trockenware
19.11.1835	James Dingwall	T. Thomsen	Trident	Hamburg	Wein, Öl
8.12.1835	H. J. Merck & Co.	M. Harms	Molly	Hamburg	Trockenware, Ziegel
18.12.1835	Ferd. Blass	C. H. Boye	Louise	Hamburg	Trockenware
25.1.1836	Henrici & Comp.	J. H. Krull	Henriette	New York	Trockenware, Wein
26.1.1836	James Dingwall	A. Smit	Palme	Hamburg	Trockenware
11.2.1836	Georg Wilhelm Barthold	J. A. Regenburg	Raphaele Mathilde	Hamburg	Trockenware
8.3.1836	James Dingwall	Adam Smit	Danae	Hamburg	Trockenware
16.5.1836	James Dingwall	T. Thomsen	Trident	Hamburg	Trockenware
29.6.1836	James Dingwall	A. Smit	Palme	Hamburg	Trockenware
4.8.1836	Georg Wilhelm Barthold	J. A. Regenburg	Raphaele Mathilde	Bangor[4]	Bauholz
16.8.1836	James Dingwall	Adam Smit	Danae	Hamburg	Trockenware
17.10.1836	James Dingwall	A. Smit	Palme	Hamburg	Trockenware

4 Es ist nicht bestimmbar, ob es sich um Bangor / Irland, eine Hafenstadt bei Belfast, oder Bangor / Nordirland handelt.

17.10.1836	Joh. Ces. Godeffroy & Sohn	W. Janss	Cesar & Helene	Hamburg	Trockenware
22.10.1836	Henrici & Comp.	G. F. Grell	Henriette	New York	Tee, Trockenware
21.1.1837	James Dingwall	T. Thomsen	Trident	Liverpool	Trockenware
27.1.1837	James Dingwall	Adam Smit	Danae	Hamburg	Trockenware
31.1.1837	Johann Peter Linck	J. J. Posenauer	Wilhelmine	Lübeck	Ziegel, Steinkohle
10.2.1837	**G. H. Wappäus**	**A. N. Martensen**	**Legator**	**Martinique**	**Melasse, Fässer**
27.3.1837	H. J. Merck & Co.	J. J. J. Wilken	Marianne & Pauline	La Guaira	Kaffee
11.4.1837	James Dingwall	A. Smit	Palme	Hamburg	Trockenware
13.6.1837	James Dingwall	T. Thomsen	Trident	Hamburg	Trockenware
25.6.1837	Joh. Ces. Godeffroy & Sohn	F. C. Tiedemann	Vesta	New York	Ballast
17.7.1837	Johann Peter Linck	J. M. Mammen	Wilhelmine	Hamburg	Trockenware, Ziegel
3.8.1837	Henrici & Comp.	M. Valentin	Henriette	New York	Ballast
4.10.1837	Matthias Diederich August Segnitz	N. Quedens	Magdalene Wilhelmine	New York	Ballast
13.10.1837	Georg Wilhelm Barthold	J. A. Regenburg	Raphaele Mathilde	New York	Ballast
4.11.1837	James Dingwall	J. G. Forster	Danae	Hamburg	Trockenware
11.11.1837	Friedrich Christian Bahre	J. Bestman	Elisabeth Wilhelmine	Hamburg	Trockenware
24.12.1837	James Dingwall	Adam Smit	Trident	Hamburg	Trockenware, Ziegel
7.1.1838	Johann Marbs	M. Hauschildt	Antoinette	Hamburg	Genever, Ziegel
27.1.1838	Johann Peter Linck	J. M. Mammen	Wilhelmine	Hamburg	Trockenware, Weizenmehl, Genever
1.2.1838	H. J. Merck & Co.	M. Harms	Molly	Hamburg	Trockenware
3.2.1838	Matthias Diederich August Segnitz	N. Quedens	Magdalene Wilhelmine	Hamburg	Diverse, Ziegel
27.5.1838	James Dingwall	J. G. Forster	Danae	Hamburg	Trockenware
28.5.1838	Georg Wilhelm Barthold	M. H. Kölln	Raphaele Mathilde	Hamburg	Trockenware
31.5.1838	Johann Marbs	M. Hauschildt	Antoinette	Hamburg	Trockenware, Genever
4.6.1838	Johann Peter Linck	J. M. Mammen	Wilhelmine	Hamburg	Trockenware, Ziegel
15.7.1838	A. F. Woldsen	J. Petersen	St. Thomas Packet	Hamburg	Trockenware
16.7.1838	James Dingwall	Adam Smit	Trident	Hamburg	Genever, Trockenware, Weizenmehl
14.8.1838	H. J. Merck & Co.	M. Harms	Molly	Hamburg	Trockenware
15.8.1838	S. &. B. Roosen	H. H. Petersen	Triton	Hamburg	Trockenware
30.9.1838	James Dingwall	J. G. Forster	Danae	Hamburg	Trockenware
26.10.1838	Johann Marbs	M. Hauschildt	Antoinette	Hamburg	Trockenware, Genever, Ziegel
27.10.1838	Georg Wilhelm Barthold	M. H. Kölln	Raphaele Mathilde	Hamburg	Trockenware

28.10.1838	A. F. Woldsen	J. W. Möller	Apropos	Hamburg	Trockenware
22.12.1838	Johann Peter Linck	J. M. Mammen	Wilhelmine	Hamburg	Genever, Ziegel
30.12.1838	A. F. Woldsen	J. Petersen	St. Thomas Packet	Hamburg	Trockenware
8.1.1839	H. J. Merck & Co.	M. Harms	Molly	Hamburg	Trockenware
1.2.1839	James Dingwall	J. G. Forster	Danae	Hamburg	Trockenware
1.5.1839	Carl Ludwig Daniel Meister	N. Quedens	Juliana	Hamburg	Trockenware
4.5.1839	James Dingwall	Adam Smit	Trident	Hamburg	Trockenware
25.5.1839	A. F. Woldsen	J. Petersen	St. Thomas Packet	Hamburg	Trockenware, Ziegel
2.6.1839	Johann Peter Linck	J. M Mammen	Wilhelmine	Hamburg	Trockenware
11.6.1839	H. J. Merck & Co.	J. J. J. Wilcken	Marianne & Pauline	Barbados	Trockenware
27.7.1839	A. F. Woldsen	J. W. Möller	Apropos	Hamburg	Trockenware
28.8.1839	James Dingwall	J. G. Forster	Danae	Hamburg	Trockenware
3.9.1839	James Dingwall	Adam Smit	Trident	Hamburg	Trockenware
6.12.1839	A. F. Woldsen	J. Petersen	St. Thomas Paket	Hamburg	Trockenware
8.12.1839	Johann Peter Linck	J. M. Mammen	Wilhelmine	Hamburg	Trockenware
8.12.1839	Becker Gebr.	T. M. Decker	Victor	Altona	Trockenware
25.12.1839	Carl Ludwig Daniel Meister	N. Quedens	Juliane	Hamburg	Kaufmanns- waren
18.1.1840	James Dingwall	J. G. Forster	Danae	Hamburg	Trockenware
21.1.1840	A. F. Woldsen	J. W. Möller	Apropos	Hamburg	Trockenware
21. 3.1840	James Dingwall	Adam Smit	Trident	Hamburg	Trockenware
24.3.1840	Peter Lafrenz	Peter Lafrenz	Carl Adolph	Hamburg	Trockenware
25.5.1840	August Joseph Schön	P. Knudsen	Nicoline	Hamburg	Trockenware
13.6.1840	Carl Ludwig Daniel Meister	N. Quedens	Juliane	Hamburg	Trockenware
20.6.1840	James Dingwall	J. G. Forster	Danae	Hamburg	Trockenware, Genever
21.7.1840	A. F. Woldsen	J. Petersen	St. Thomas Packet	Hamburg	Trockenware
22.8.1840	A. F. Woldsen	A. Köhler	Apropos	Hamburg	Trockenware, Öl
24.8.1840	Johann Peter Linck	J. M. Mammen	Wilhelmine	Hamburg	Trockenware
1.10.1840	Carl Ludwig Daniel Meister	N. Quedens	Juliane	Hamburg	Trockenware
10.10.1840	August Joseph Schön	J. Johannsen	Nicoline	Hamburg	Trockenware
13.11.1840	James Dingwall	Adam Smit	Trident	Hamburg	Trockenware
19.12.1840	J. & M. Bösch	P. W. S. Jacobus	Dorothea Ernestine	Hamburg	Trockenware
15.1.1841	Carl Ludwig Daniel Meister	N. Quedens	Juliane	Hamburg	Trockenware
16.1.1841	Johann Peter Linck	J. M. Mammen	Wilhelmine	Hamburg	Trockenware
17.1.1841	H. J. Merck & Co.	H. Blohm	Heinrich Johann	Hamburg	Trockenware
21.1.1841	John Turpin	John Turpin	Therese	Hamburg	Ballast

31.5.1841	Carl Ludwig Daniel Meister	N. Quedens	Juliane	Hamburg	Trockenware
4.6.1841	H. J. Merck & Co.	J. J. J. Wilcken	Marianne & Pauline	Hamburg	Trockenware, Möbel
18.6.1841	A. F. Woldsen	A. Köhler	Apropos	Hamburg	Trockenware, Genever
4.7.1841	James Dingwall	Adam Smit	Trident	Hamburg	Trockenware, Ziegel
26.7.1841	Johann Peter Linck	J. M. Mammen	Wilhelmine	Hamburg	Trockenware, Genever, Ziegel
6.8.1841	Adolph Jacob Hertz	J. Schmitd	Picciola	Barbados	Ballast
17.9.1841	A. F. Woldsen	J. Petersen	St. Thomas Packet	Hamburg	Trockenware
22.10.1841	Franz Johann Gottlieb Visser	C. H. Fetterlein	Irene	Hamburg	Trockenware, Genever, Brandwein, Ziegel
28.11.1841	James Dingwall	Adam Smit	Trident	Hamburg	Trockenware
30.11.1841	A. F. Woldsen	A. Köhler	Apropos	Hamburg	Ziegel, Genever, Trockenware
12.1.1842	August Joseph Schön	H. M. Volkertsen	Elise	Bremen	Trockenware, Genever, Ziegel
14.1.1842	Carl Ludwig Daniel Meister	N. Quedens	Juliane	Hamburg	Trockenware, Genever, Ziegel
5.2.1842	A. F. Woldsen	J. M. Mammen	St. Thomas Packet	Hamburg	Trockenware
9.2.1842	Adolph Jacob Hertz	J. Schmidt	Piccola	Barbados	Bier, Genever
1.5.1842	James Dingwall	J. G. Forster	Danae	Hamburg	Trockenware
12.5.1842	Carl Ludwig Daniel Meister	N. Quedens	Juliane	Hamburg	Trockenware, Genever, Ziegel
15.5.1842	A. F. Woldsen	A. Köhler	Apropos	Hamburg	Trockenware, Ziegel
31.5.1842	James Dingwall	Adam Smit	Trident	Hamburg	Trockenware, Möbel
4.6.1842	August Joseph Schön	H. M. Volkertsen	Elise	Altona	Trockenware, Genever
16.7.1842	Johann Peter Linck	A. L. F. Wortmann	Wilhelmine	Altona	Trockenware
14.8.1842	A. F. Woldsen	J. Petersen	St. Thomas Packet	Hamburg	Trockenware, Eisenzeug, Genever, Butter
27.8.1842	Carl Ludwig Daniel Meister	N. Quedens	Juliane	Hamburg	Trockenware, Ziegel, Steinkohle
5.9.1842	Adolph Jacob Hertz	J. Schmidt	Picciola	Barbados	Raffinade-zucker, Hering
29.10.1842	A. F. Woldsen	A. Köhler	Apropos	Hamburg	Trockenware, Genever, Ziegel
2.11.1842	August Joseph Schön	L. H. Boysen	Emily	Liverpool	Trockenware
13.12.1842	Johann Peter Linck	A. L. F. Wortmann	Wilhelmine	Hamburg	Trockenware
20.12.1842	James Dingwall	Adam Smit	Trident	Hamburg	Trockenware, Ziegel, Genever

25.12.1842	August Joseph Schön	L. H. Boysen	Emily	Maracaibo	Gelbholz, Kaffee, Öl
5.1.1843	Carl Ludwig Daniel Meister	N. Quedens	Juliane	Hamburg	Trockenware, Genever, Ziegel
8.2.1843	Adolph Jacob Hertz	J. Schmidt	Piccola	Barbados	Ballast
12.3.1843	August Joseph Schön	H. M. Volkertsen	Elise	Altona	Trockenware, Steinkohle
15.3.1843	A. F. Woldsen	A. Köhler	Apropos	Hamburg	Trockenware
10.5.1843	Johann Marbs	H. Bähr	Antoinette	Hamburg	Trockenware, Genever
14.5.1843	Carl Ludwig Daniel Meister	N. Quedens	Juliane	Hamburg	Trockenware
12.6.1843	A. F. Woldsen	J. Petersen	St. Thomas Packet	Hamburg	Ballast
15.6.1843	Linck & Jones	H. Ehlers	Georg Nikolaus	Hamburg	Trockenware
24.6.1843	James Dingwall	Adam Smit	Trident	Hamburg	Trockenware
27.6.1843	August Joseph Schön	L. H. Boysen	Emily	Altona	Trockenware, Genever, Wein, Steinkohle
28.6.1843	Carl Ludwig Daniel Meister	H. C. W. Bock	Renner	Hamburg	Ballast
30.6.1843	Johann Peter Linck	A. L. F. Wortmann	Wilhelmine	Hamburg	Trockenware, Hüte
5.7.1843	August Joseph Schön	H. M. Volkertsen	Elise	Hamburg	Trockenware, Genever
5.9.1843	Adolph Jacob Hertz	J. Schmidt	Picciola	Trinidad	Ballast
7.9.1843	Carl Ludwig Daniel Meister	N. Quedens	Juliane	Hamburg	Trockenware, Butter
17.9.1843	A. F. Woldsen	J. Petersen	St. Thomas Packet	Hamburg	Trockenware
27.9.1843	Johann Marbs	H. Bähr	Antoinette	Hamburg	Genever, Öl, Trockenware
26.10.1843	Carl Ludwig Daniel Meister	H. C. W. Bock	Renner	Hamburg	Fabrikwaren, Öl, Genever, Zucker
9.11.1843	August Joseph Schön	L. H. Boysen	Emily	Liverpool	Trockenware
30.11.1843	Adolph Oppenheim	M. J. Smith	Edmund	Hamburg	Trockenware
11.12.1843	Johann Peter Linck	A. L. F. Wortmann	Wilhelmine	Hamburg	Trockenware
17.1.1844	James Dingwall	Adam Smit	Trident	Hamburg	Fabrikwaren, Genever, Ziegel
29.1.1844	Adolph Jacob Hertz	J. Schmitd	Picciola	Barbados	Ballast
7.2.1844	A. F. Woldsen	A. Köhler	Apropos	Liverpool	Trockenware, Bier, Butter
14.2.1844	Paul Hermann Egenhusen	J. C. Benöhr	Echo	Hamburg	Manufaktur-waren, Ziegel
15.2.1844	Carl Ludwig Daniel Meister	N. Quedens	Juliane	Hamburg	Trockenware, Genever

14.4.1844	Carl Ludwig Daniel Meister	H. C. W. Bock	Renner	Hamburg	Fabrikwaren, Bier, Genever
26.4.1844	August Joseph Schön	H. M. Volkertsen	Elise	Altona	Trockenware, Genever, Wein, Öl, Steinkohle[5]
3.5.1844	August Joseph Schön	G. C. F. Lofgrén	Esther & Sophie	Hamburg	Fabrikwaren
20.5.1844	James Dingwall	Adam Smit	Trident	Hamburg	Fabrikwaren
29.5.1844	Johann Peter Linck	A. L. F. Wortmann	Wilhelmine	Hamburg	Fabrikwaren, Ziegel
4.6.1844	A. F. Woldsen	J. Petersen	St. Thomas Packet	Hamburg	Ziegel
16.6.1844	August Joseph Schön	L. H. Boysen	Emily	Liverpool	Fabrikwaren
23.6.1844	James Dingwall	J. G. Forster	Danae	Hamburg	Ballast
31.7.1844	A. F. Woldsen	A. Köhler	Apropos	Hamburg	Fabrikware, Genever, Bier
31.8.1844	August Joseph Schön	H. M. Volkertsen	Elise	Hamburg	Fabrikwaren, Käse, Genever
27.9.1844	August Joseph Schön	G. C. F. Lofgrén	Esther & Sophie	Bremen	Ziegel, Ballast
1.10.1844	Adolph Oppenheim	M. J. Smith	Edmund	Hamburg	Fabrikwaren, Genever
7.10.1844	Carl Ludwig Daniel Meister	N. Quedens	Juliane	Hamburg	Trockenware, Öl, Ziegel, Genever
13.10.1844	James Dingwall	J. G. Forster	Danae	Hamburg	Fabrikwaren, Genever
19.10.1844	Carl Ludwig Daniel Meister	H. C. W. Bock	Renner	Liverpool	Fabrikwaren
28.10.1844	August Joseph Schön	L. H. Boysen	Emily	Liverpool	Fabrikwaren
2.11.1844	A. F. Woldsen	P. Johannsen	Hever	Hamburg via St. Barth	Fabrikwaren
9.11.1844	Johann Peter Linck	A. L. F. Wortmann	Wilhelmine	Hamburg	Fabrikwaren, Genever, Käse, Ziegel
1.12.1844	Linck & Jones	H. Ehlers	Georg Nicolaus	Hamburg	Fabrikwaren, Wein
27.12.1844	Diercks Gebrüder	G. Geelts	Louise	Hamburg	Trockenware
28.12.1844	A. F. Woldsen	A. Köhler	Apropos	Hamburg	Fabrikwaren, Ziegel
28.12.1844	A. von Döhren	C. H. F. Marcks	Laura & Louise	Newport[6]	Steinkohle
1.1.1845	Carl Ludwig Daniel Meister	J. L. Röbe	Triton	Hamburg	Fabrikwaren, Ziegel
14.1.1845	August Joseph Schön	G. C. F. Lofgrén	Esther & Sophie	Hamburg	Fabrikwaren, Käse, Kartoffeln
19.2.1845	August Joseph Schön	H. M. Volkertsen	Elise	Liverpool	Fabrikwaren

5   Kohle war meist zum Verkauf an eine Dampfschiffahrtskompagnie gedacht.
6   Newport / Wales (England).

21.5.1845	Ferd. Blass	J. M. Ode	Bertha	Hamburg	Fabrikwaren
24.5.1845	James Dingwall	J. G. Forster	Danae	Hamburg	Fabrikwaren, Genever, Bier
25.5.1845	August Joseph Schön	Charles C. Raupach	Emily	Altona	Fabrikwaren, Genever
3.6.1845	Carl Ludwig Daniel Meister	N. Quedens	Juliane	Kopenhagen	Ballast
4.6.1845	Adolph Oppenheim	M. J. Smith	Edmund	Altona	Wein, Käse, Genever, Fabrikwaren
7.6.1845	Linck & Jones	H. Ehlers	Georg Nicolaus	Hamburg	Fabrikwaren, Schinken
8.6.1845	August Joseph Schön	Carl Theodor Kinch	August	Hamburg	Fabrikwaren, Genever, Öl
9.6.1845	Johann Peter Linck	A. L. F. Wortmann	Wilhelmine	Hamburg	Fabrikwaren
18.6.1845	August Joseph Schön	L. H. Boysen	Jenny	Hamburg	Fabrikwaren, Genever
24.6.1845	Joachim David Hinsch & Co.	N. S. Ries	Marianne	Hamburg	Fabrikwaren
21.7.1845	August Joseph Schön	P. F. C. N. Sonderburg	Esther & Sophie	Altona	Trockenware
22.7.1945	A. F. Woldsen	P. Johannsen	Hever	Altona	Trockenware
16.8.1845	A. F. Woldsen	A. Köhler	Apropos	Hamburg	Fabrikwaren, Genever
17.9.1845	James Dingwall	J. G. Forster	Danae	Hamburg	Fabrikwaren
30.9.1845	Adolph Oppenheim	M. J. Smith	Edmund	Gent	Ballast
21.10.1845	Carl Ludwig Daniel Meister	H. C. W. Bock	Renner	Liverpool	Zucker
22.10.1845	August Joseph Schön	G. C. F. Löfgren	Swea	Liverpool	Trockenware
5.11.1845	H. J. & J. J. Levy	S. N. Decker	Hanna & Fanny	Hamburg	Fabrikwaren, Genever
6.11.1845	Carl Ludwig Daniel Meister	N. Quedens	Juliane	Hamburg	Fabrikwaren
10.11.1845	James Dingwall	Adam Smit	Trident	Liverpool	Fabrikwaren
13.11.1845	August Joseph Schön	Carl Theodor Kinch	August	Hamburg	Ballast
18.11.1845	Linck & Jones	H. Ehlers	Georg Nicolaus	Hamburg	Fabrikwaren
23.11.1845	Daniel Wamosy	N. D. Boysen	Josephine	Hamburg	Fabrikwaren, Genever
7.12.1845	August Joseph Schön	L. H. Boysen	Jenny	Liverpool	Fabrikwaren
7.12.1845	August Joseph Schön	Charles C. Raupach	Emily	Altona	Fabrikwaren, Käse, Genever
3.1.1846	E. Hundeiker	H. C. A. Jörgensen	Emma	Newport	Steinkohle
31.1.1846	A. F. Woldsen	P. Johannsen	Hever	Hamburg	Fabrikwaren, Ziegel
5.3.1846	James Dingwall	J. G. Forster	Danae	Hamburg	Fabrikwaren

15.3.1846	Carl Ludwig Daniel Meister	H. C. W. Bock	Renner	Hamburg	Fabrikwaren
5.4.1846	August Joseph Schön	T. Valentin	Merck	Liverpool	Ballast
7.4.1846	Carl Hermann Fetterlein	Carl Hermann Fetterlein	August & Julius	Antigua	Fabrikwaren
14.4.1846	H. J. & J. J. Levy	S. N. Decker	Hanna & Fanny	Hamburg	Fabrikwaren
9.5.1846	Adolph Oppenheim	M. J. Smith	Edmund	Hamburg	Fabrikwaren
15.5.1846	James Dingwall	Adam Smit	Trident	Hamburg	Fabrikwaren, Genever
17.5.1846	August Joseph Schön	L. H. Boysen	Jenny	Hamburg	Fabrikwaren
15.6.1846	Linck & Jones	H. Ehlers	Georg Nicolaus	Hamburg	Fabrikwaren
5.7.1846	August Joseph Schön	Charles C. Raupach	Emily	Altona	Fabrikwaren
25.7.1846	H. J. & J. J. Levy	J. H. Haysen	Adele	Newport (Wales)	Steinkohle
22.8.1846	Johann Peter Linck	A. L. F. Wortmann	Wilhelmine	Hamburg	Fabrikwaren
29.8.1846	August Joseph Schön	H. M. Volkertsen	Elise	New York	Fabrikwaren
31.8.1846	Carl Ludwig Daniel Meister	N. Quedens	Juliane	Hamburg	Fabrikwaren
4.9.1846	A. F. Woldsen	P. Johannsen	Hever	Altona	Fabrikwaren
6.9.1846	E. Hundeiker	H. C. A. Jörgensen	Emma	Newport (Wales)	Kohle
27.9.1846	H. J. & J. J. Levy	S. N. Decker	Hanna & Fanny	Hamburg	Ballast
3.10.1846	August Joseph Schön	P. F. C. N. Sonderburg	Esther & Sophie	Hamburg	Fabrikwaren
14.10.1846	August Joseph Schön	L. H. Boysen	Jenny	Liverpool	Fabrikwaren
22.10.1846	Johann Diederich Heimsoht	Johann Diederich Heimsoht	Thames	Flensburg	Fabrikwaren
17.11.1846	Friedrich Jacob Budich	C. G. A. Schütt	Carl & Therese	Hamburg	Fabrikwaren
24.12.1846	August Joseph Schön	Carl Theodor Kinch	August	Liverpool	Fabrikwaren
2.1.1847	Johann Peter Linck	A. L. F. Wortmann	Wilhelmine	Hamburg	Fabrikwaren
6.1.1847	James Dingwall	J. G. Forster	Danae	Rotterdam	Ballast
7.1.1847	James Dingwall	Adam Smit	Trident	Hamburg	Fabrikwaren
21.1.1847	Carl Ludwig Daniel Meister	H. C. W. Bock	Renner	Newport (Wales)	Kohle
30.1.1847	H. J. & J. J. Levy	S. N. Decker	Hanna & Fanny	Hamburg	Trockenware
19.2.1847	A. F. Woldsen	P. Johannsen	Hever	Liverpool	Fabrikwaren, Ziegel

20.2.1847	August Joseph Schön	G. C. F. Löfgreen	Swea	Liverpool	Fabrikwaren
10.3.1847	Johann Marbs	J. H. Harms	Conrad	Pará[7]	Ziegel
15.4.1847	Johann Marbs	Peter Lafrentz	John Hermann	Newport (Wales)	Kohle
21.4.1847	Adolph Oppenheim	M. J. Smith	Edmund	Hamburg	Fabrikwaren
21.4.1847	August Joseph Schön	L. H. Boysen	Jenny	Hamburg	Fabrikwaren
30.4.1847	H. J. & J. J. Levy	J. H. Haysen	Adele	Hamburg	Fabrikwaren
11.6.1847	Carl Ludwig Daniel Meister	H. C. W. Bock	Renner	Hamburg	Ballast
11.6.1847	August Joseph Schön	H. M. Volkertsen	Elise	Hamburg	Fabrikwaren
14.6.1847	H. J. & J. J. Levy	S. N. Decker	Hanna & Fanny	Hamburg	Fabrikwaren
27.6.1847	Carl Ludwig Daniel Meister	N. Quedens	Juliane	Hamburg	Ballast
28.6.1847	August Joseph Schön	P. F. C. N. Sonderburg	Esther & Sophie	Hamburg	Fabrikwaren
4.7.1847	Johann Peter Linck	A. L. F. Wortmann	Wilhelmine	St. Barth	Fabrikwaren
12.7.1847	E. Hundeiker	H. C. A. Jörgensen	Emma	Newport	Steinkohle
15.7.1847	Johann Marbs	H. F. Petersen	Antoinette	Liverpool	Ziegel, Genever, Fabrikwaren
26.7.1847	Carl Ludwig Daniel Meister	J. L. Röbe	Triton	Plymouth	Fabrikwaren, Ziegel
31.7.1847	James Dingwall	Adam Smit	Trident	New York	Ballast
2.8.1847	Friedrich Jacob Budich	M. P. Beck	Carl & Therese	Hamburg	Fabrikwaren
18.8.1847	Linck & Jones	H. Ehlers	Georg Nicolaus	Hamburg	Fabrikwaren
13.9.1847	Carl Ludwig Daniel Meister	H. C. W. Bock	Renner	Kopenhagen	Ballast
19.9.1847	Gorrissen & Lutze	M. H. Kölln	Julius	Guayaquil[8]	Kakao
21.10.1847	H. J. & J. J. Levy	N. E. Arens	Adele	Newport (Wales)	Kohle
22.10.1847	August Joseph Schön	Charles C. Raupach	Emily	Galveston[9]	Ballast
26.10.1847	August Joseph Schön	L. H. Boysen	Jenny	Liverpool	Fabrikwaren
9.11.1847	Carl Ludwig Daniel Meister	N. Quedens	Juliane	Hamburg	Fabrikwaren
9.11.1847	August Joseph Schön	H. M. Volkertsen	Elise	Liverpool	Ballast
10.11.1847	Johann Marbs	C. P. M. Rathje	Catharina	Hamburg	Fabrikwaren
12.11.1847	A. F. Woldsen	P. Johannsen	Hever	Liverpool	Fabrikwaren
3.12.1847	A. von Döhren	C. H. F. Marcks	Laura & Louise	Hamburg	Fabrikwaren

7   Wahrscheinlich ist der Fluß Pará in Brasilien gemeint.
8   Guayaquil / Ecuador.
9   Wahrscheinlich ist Galveston / Texas (USA) gemeint.

8.12.1847	August Joseph Schön	Carl Theodor Kinch	August	Liverpool	Fabrikwaren
13.1.1848	James Dingwall	Adam Smit	Trident	Hamburg	Fabrikwaren, Ziegel
14.1.1848	August Joseph Schön	G. C. F. Löfgren	Swea	Altona	Fabrikwaren, Genever
21.1.1848	A. F. Woldsen	J. Petersen	St. Thomas Packet	Hamburg	Fabrikwaren, Genever
22.1.1848	Johann Peter Linck	A. L. F. Wortmann	Wihelmine	Hamburg via St. Barth	Fabrikwaren, Genever
22.1.1848	Johann Franz Christopher Bergeest	C. J. L. Vogler	Bertha	Hamburg	Fabrikwaren, Genever
27.2.1848	Theodor Julius Reichert	Theodor Paulsen	Romeo	Liverpool	Genever, Ziegel
28.2.1848	H. J. & J. J. Levy	J. H. Haysen	Henriette & Rebecca	Newport	Kohle
29.2.1848	Eduard Müller G. W. Sohn	E. C. Cornelisen	Georg	La Guaira	Trockenware
2.3.1848	Carl Heinrich Peter Lehmann	J. P. G. Temme	Princess Royal	Leith[10]	Ballast
16.4.1848	August Joseph Schön	O. P. Nielsen	Jenny	Hamburg	Ballast
26.4.1848	Carl Ludwig Daniel Meister	J. L. Röbe	Triton	Hamburg	Fabrikwaren, Genever
26.4.1848	H. J. & J. J. Levy	S. N. Decker	Hanna & Fanny	Hamburg	Trockenware, Genever
28.4.1848	August Joseph Schön	H. M. Volkertsen	Elise	Hamburg	Fabrikwaren, Genever
29.4.1848	Carl Ludwig Daniel Meister	N. Quedens	Juliane	Hamburg	Fabrikwaren, Genever, Ziegel
4.6.1848	A. E. Gütschow	Friedrich Schmidt	Penelope	Triest	Ballast
5.6.1848	A. F. Woldsen	P. Johannsen	Hever	Genua	
19.9.1848	A. F. Woldsen	P. Johannsen	Hever	Baltimore	Weizenmehl, Reis
20.10.1848	August Joseph Schön	P. F. C. N. Sonderburg	Esther & Sophie	Newport	Steinkohle
24.10.1848	August Joseph Schön	G. C. F Löfgren	Swea	Hamburg	Fabrikwaren, Genever
24.10.1848	H. J. & J. J. Levy	J. H. Haysen	Henriette & Rebecca	Newport	Kohle
24.10.1848	Carl Ludwig Daniel Meister	J. C. F. von Bargen	Triton	Liverpool	Fabrikwaren
26.10.1848	Carl Ludwig Daniel Meister	J. L. Röbe	Renner	Hamburg	Fabrikwaren, Ziegel, Genever
2.11.1848	A. F. Woldsen	J. Petersen	St. Thomas Packet	Hamburg	Fabrikwaren, Genever
27.11.1848	H. J. & J. J. Levy	N. E. Arens	Adele	Hartlepool[11]	Steinkohle

10 Leith / Schottland.
11 Hartlepool / England.

27.11.1848	James Dingwall	Adam Smit	Trident	Hamburg	Fabrikwaren, Ziegel
28.12.1848	Carl Ludwig Daniel Meister	N. Quedens	Juliane	Hamburg	Fabrikwaren, Wein, Ziegel
28.1.1849	James Dingwall	J. G. Forster	Danae	Bremerhafen	Ballast
28.1.1849	Johann Marbs	L. Eckmann	Adolph	Hamburg	Fabrikwaren, Genever
29.1.1849	A. F. Woldsen	H. A. Klein	Alida	Hamburg	Fabrikwaren
29.1.1849	Adolph Oppenheim	M. J. Smith	Edmund	Hamburg	Fabrikwaren
1.2.1849	Johann Jacob Holst	Johann Jacob Holst	Condor	Newport	Kohle
16.3.1849	August Joseph Schön	O. P. Nielsen	Jenny	New Orleans	Ballast
2.4.1849	Carl Heinrich Peter Lehmann	P. J. G. Temme	Princess Royal	Newport	Steinkohle
4.4.1849	Carl Ludwig Daniel Meister	J. L. Röbe	Renner	Hamburg	Fabrikwaren, Genever, Ziegel
6.4.1849	Johann Franz Christopher Bergeest	C. J. L. Vogler	Bertha	Hamburg	Genever, Fabrikwaren
7.4.1849	A. F. Woldsen	P. Johannsen	Hever	Amsterdam	Lebensmittel
23.4.1849	Carl Ludwig Daniel Meister	J. C. F. von Bargen	Triton	Hamburg	Fabrikwaren, Ziegel
3.5.1849	H. J. Levy & Co.	S. N. Decker	Hanna & Fanny	Poole[12]	Ballast
3.5.1849	August Joseph Schön	P. F. C. N. Sonderburg	Esther & Sophie	Hamburg	Ballast
5.5.1849	H. J. Levy & Co.	N. E. Aren	Adele	Hamburg	Ballast
29.6.1849	A. F. Woldsen	J. Petersen	St. Thomas Packet	New York	Ballast
22.7.1849	Carl Ludwig Daniel Meister	J. L. Röbe	Renner	London	Ballast, Hering
15.9.1849	James Dingwall	J. G. Forster	Danae	London	Ballast
3.10.1849	August Joseph Schön	H. M. Volkertsen	Elise	Hamburg	Wein, Trockenware
10.10.1849	August Joseph Schön	G. C. F. Löfgren	Swea	Hamburg	Fabrikwaren, Genever
12.10.1849	James Dingwall	Adam Smit	Trident	Hamburg	Fabrikwaren, Genever
19.10.1849	Carl Ludwig Daniel Meister	J. C. F. von Bargen	Triton	Liverpool	Fabrikwaren
19.10.1849	August Joseph Schön	Carl Theodor Kinch	August	Liverpool	Fabrikwaren
23.10.1849	Carl Ludwig Daniel Meister	N. Quedens	Juliane	Hamburg	Fabrikwaren, Genever
9.11.1849	A. F. Woldsen	H. A. Klein	Alida	Hamburg	Wein, Fabrikwaren
11.11.1849	August Joseph Schön	P. F. C. N. Sonderburg	Jenny	Liverpool	Fabrikwaren

12 Poole / England.

13.11.1849	Johann Franz Christopher Bergeest	C. J. L. Vogler	Bertha	Liverpool	Fabrikwaren
20.11.1849	H. J. Levy & Co.	S. N. Decker	Hanna & Fanny	Hamburg	Fabrikwaren, Genever
23.11.1849	A. F. Woldsen	P. Johannsen	Hever	Hamburg	Fabrikwaren, Käse
3.12.1849	Carl Ludwig Daniel Meister	J. L. Röbe	Renner	Altona	Kartoffeln
7.12.1849	A. von Döhren	T. J. Bleicken	Georg	Altona	Fabrikwaren, Genever
28.12.1849	August Joseph Schön	O. P. Nielsen	Marietta	Liverpool	Fabrikwaren
1.1.1850	Nicolaus Plaas	Nicolaus Plaas	Amanda	Hamburg	Fabrikwaren
16.1.1850	Carl Woermann	G. G. Schröder	Eleonore	Hamburg	Fabrikwaren
21.1.1850	August Joseph Schön	J. Maas	Esther & Sophie	Hamburg	Fabrikwaren, Genever
21.1.1850	H. J. Levy & Co.	F. Schmidt	Adele	Hamburg	Fabrikwaren, Kohle, Kartoffeln
14.2.1850	A. F. Woldsen	J. Petersen	St. Thomas Packet	Hamburg	Fabrikwaren, Genever
2.4.1850	August Joseph Schön	G. C. F. Löfgren	Swea	Liverpool	Fabrikwaren
3.4.1850	August Joseph Schön	H. P. Hansen	Elise	Liverpool	Fabrikwaren
13.4.1850	W. Rendtorff	J. B. B. Frantzen	Mathilde	St. Barth	Ziegel, Fabrikwaren
17.4.1850	Carl Ludwig Daniel Meister	N. Quedens	Juliane	Stockton[13]	Fabrikwaren
23.4.1850	August Joseph Schön	Carl Theodor Kinch	August	Hamburg	Fabrikwaren
24.4.1850	August Joseph Schön	T. Valentin	Merck	Buenos Aires	Ballast, Ziegel
26.4.1850	H. J. Levy & Co.	N. E. Ahrens	Hertz Joseph	Hamburg	Fabrikwaren
7.5.1850	James Dingwall	J. G. Forster	Danae	Hamburg	Fabrikwaren, Ziegel
23.5.1850	August Joseph Schön	F. R. Rörden	Thekla Schmidt	Hamburg	Fabrikwaren, Genever
31.5.1850	Carl Ludwig Daniel Meister	J. C. F. von Bargen	Triton	Hamburg	Fabrikwaren
1.6.1850	Johann Franz Christopher Bergeest	C. J. L. Vogler	Bertha	Hamburg	Fabrikwaren
5.6.1850	H. J. Levy & Co	S. N. Decker	Hanna & Fanny	Liverpool	Fabrikwaren
5.6.1850	James Dingwall	Adam Smit	Trident	Hamburg	Fabrikwaren
19.6.1850	August Joseph Schön	J. Maas	Esther & Sophie	Liverpool	Fabrikwaren
23.6.1850	Joh. Ces. Godeffroy & Sohn	A. Metus	Vesta	Newport	Steinkohle

13 Es ist nicht klar zu bestimmen, ob Stockton in Neu-Südwales / Australien, Stockton Islands /Wisconsin (USA) oder Stockton Islands / Alaska (USA) gemeint ist.

28.6.1850	August Joseph Schön	P. F. C. N. Sonderburg	Jenny	Hamburg	Fabrikwaren, Genever
30.6.1850	A. F. Woldsen	J. Petersen	St. Thomas Packet	Guayana[14]	Rum
8.7.1850	August Joseph Schön	O. P. Nielsen	Marietta	Liverpool	Fabrikwaren
16.7.1850	A. F. Woldsen	H. A. Klein	Alida	Boston	Ballast
22.8.1850	Carl Ludwig Daniel Meister	N. Quedens	Juliane	Hamburg	Genever, Trockenware
25.8.1850	August Joseph Schön	H. P. Hansen	Elise	Hamburg	Trockenware
2.10.1850	James Dingwall	J. G. Forster	Danae	Hamburg	Fabrikwaren
9.10.1850	A. F. Woldsen	J. L. Röbe	Renner	Liverpool	Fabrikwaren
11.10.1850	A. F. Woldsen	J. Petersen	St. Thomas Packet	Glasgow	Fabrikwaren
17.10.1850	H. J. Levy & Co.	N. E. Ahrens	Hertz Joseph	Hamburg	Fabrikwaren
10.11.1850	Carl Ludwig Daniel Meister	J. C. F. von Bargen	Triton	Middles-brough[15]	Fabrikwaren
12.11.1850	James Dingwall	Adam Smit	Trident	Hamburg	Fabrikwaren
13.11.1850	August Joseph Schön	P. F. C. N. Sonderburg	Jenny	Hamburg	Fabrikwaren
13.12.1850	H. J. Levy & Co.	F. Schmidt	Zerline	Hamburg	Fabrikwaren
1.1.1851	August Joseph Schön	Carl Theodor Kinch	Ann & Lizzy	Liverpool	Fabrikwaren
5.1.1851	A. von Döhren	C. H. F. Marcks	Laura & Louise	Altona	Fabrikwaren
6.1.1851	W. & S. Hauer	N. F. Fick	Sophie & Friederike	Hamburg	Fabrikwaren
7.1.1851	Claus Linau	Claus Linau	Minna	Newport	Kohle
19.2.1851	Carl Ludwig Daniel Meister	N. Quedens	Juliane	Liverpool	Fabrikwaren
7.3.1851	August Joseph Schön	H. P. Hansen	Elise	Hamburg	Fabrikwaren
21.3.1851	H. J. Levy & Co.	J. W. Hegge	Henriette & Rebecca	Hamburg	Kaufmanns-waren
24.3.1851	August Joseph Schön	N. W. Beichmann	Carl	Amsterdam	Fabrikwaren
29.3.1851	A. F. Woldsen	J. Petersen	St. Thomas Packet	Hamburg	Ballast
23.4.1851	Peter Christian Möller	Peter Christian Möller	Active	Liverpool	
26.4.1851	Heinrich Adolph Gütschow	J. B. F. Grell	Adler	Liverpool	Fabrikwaren
31.4.1851	August Joseph Schön	C. Böge	Swea	Liverpool	
22.5.1851	August Joseph Schön	O. P. Nielsen	Marietta	Neufundland	Ballast
23.5.1851	Carl Ludwig Daniel Meister	J. L. Röbe	Renner	Stockton	

14 Wahrscheinlich Ciudad Guayana am Orinoco / Venezuela.
15 Middlesbrough / England.

11.6.1851	August Joseph Schön	H. J. C. Heim	Hesky	Hamburg	Fabrikwaren
20.6.1851	A. F. Woldsen	J. Petersen	St. Thomas Packet	Fajardo[16]	
16.7.1851	A. F. Woldsen	H. Rohde	Hever	Liverpool	Trockenware
28.7.1851	Carl Ludwig Daniel Meister	N. Quedens	Juliane	Hamburg	Trockenware
3.8.1851	Claus Breckwoldt	Claus Breckwoldt	Ora	Hamburg	Trockenware
5.8.1851	August Joseph Schön	Carl Theodor Kinch	Ann & Lizzy	New York	Ballast
8.9.1851	Jacob Jürgen Teunis	P. A. Janssen	Manon	Hamburg	Fabrikwaren
8.9.1851	Hartenstein & Co.	W. Sleebohm	Wilhelmine	Newport	Kohle
10.9.1851	J. Heyn & Co.	J. G. Förster	Trident	Newport	Kohle
10.9.1851	Jürgen Tampke	Jürgen Tampke	Maria	Hull	Trockenware
14.9.1851	J. Becker	A. Schmidt	Julius & Carl	Newport	Kohle
6.10.1851	August Joseph Schön	P. F. C. N. Sonderburg	Jenny	Hamburg	Fabrikwaren
10.10.1851	August Joseph Schön	O. P. Nielsen	Marietta	Liverpool	Fabrikwaren
13.10.1851	Heinrich Adolph Gütschow	J. B. F. Grell	Adler	Liverpool	Fabrikwaren
14.10.1851	Carl Ludwig Daniel Meister	J. L. Röbe	Renner	Liverpool	Fabrikwaren
14.10.1851	H. J. Levy & Co.	W. Dieckmann	Henriette & Rebecca	Hamburg	Fabrikwaren
24.10.1851	A. F. Woldsen	H. H. Michelsen	St. Thomas Packet	Hamburg	Fabrikwaren, Wein, Genever
30.11.1851	August Joseph Schön	H. C. Jensen	August	Liverpool	Fabrikwaren
11.12.1851	Friedrich Pieper	J. Witt	Fortuna	Hamburg	Fabrikwaren, Wein
18.1.1852	Hinrich Jensen Groot	Hinrich Jensen Groot	Georg Andreas	Altona	Fabrikwaren, Wein, Käse
18.1.1852	August Joseph Schön	F. R. Rörden	Thekla Schmidt	Liverpool	Fabrikwaren
20.1.1852	A. F. Woldsen	H. Hee	Alida	Hamburg	Ballast
20.1.1852	Hans Hinrich Witt	H. C. Taggenbrock	Christine	Hamburg	Fabrikwaren
21.1.1852	Carl Ludwig Daniel Meister	N. Quedens	Juliane	Hamburg	Fabrikwaren, Wein
9.2.1852	August Joseph Schön	J. Maas	Esther & Sophie	Liverpool	Fabrikwaren
10.3.1852	August Joseph Schön	P. F. C. N. Sonderburg	Jenny	Hamburg	Fabrikwaren
10.3.1852	James Dingwall	J. G. Forster	Trident	Hamburg	Fabrikwaren
18.3.1852	Jochen Riessen	C. W. Jacobsen	Helene	Liverpool	Fabrikwaren
25.3.1852	Heinrich Adolph Gütschow	J. B. F. Grell	Adler	Liverpool	Fabrikwaren

16 Wahrscheinlich Fajardo / Puerto Rico.

15.4.1852	August Joseph Schön	C. Böge	Swea	Hamburg	Fabrikwaren
16.4.1852	Carl Ludwig Daniel Meister	J. L. Röbe	Renner	Liverpool	Fabrikwaren
21.4.1852	H. J. Levy & Co.	F. Schmidt	Zerline	Hamburg	Fabrikwaren
14.5.1852	Carl Theodor Kinch	Carl Theodor Kinch	Lind	Altona	Fabrikwaren
18.5.1852	August Joseph Schön	O. P. Nielsen	Ann & Lizzy	Middlebrough	Zucker
24.5.1852	August Joseph Schön	P. H. Decker	Marietta	Liverpool	Fabrikwaren
26.5.1852	Eduard Müller G. W. Sohn	E. C. Cornelissen	Georg	Puerto Cabello	
18.6.1852	August Joseph Schön	H. J. C. Heim	Hesky	Hamburg	Fabrikwaren, Wein
22.6.1852	Claus Breckwoldt	Claus Breckwoldt	Ora	Hamburg	Ballast
27.6.1852	August Joseph Schön	H. C. Jensen	August	Newport	Kohle
23.7.1852	August Joseph Schön	J. Maas	Esther & Sophie	Puerto Cabello	Ballast
24.7.1852	A. F. Woldsen	H. H. Michelsen	St. Thomas Packet	Hamburg	Fabrikwaren
4.8.1852	August Joseph Schön	L. G. von Lübeck	Emily	Bahia	Ballast
11.8.1852	Carl Ludwig Daniel Meister	N. Quedens	Juliane	Newport	Kohle
13.8.1852	August Joseph Schön	P. F. C. N. Sonderburg	Jenny	Hamburg	
14.9.1852	J. Heyn & Co.	J. G. Förster	Trident	Newport	Kohle
28.9.1852	August Joseph Schön	C. Böge	Swea	Liverpool	Diverse
7.10.1852	August Joseph Schön	P. H. Decker	Marietta	Hamburg	Diverse Waren
16.10.1852	August Joseph Schön	O. P. Nielsen	Ann & Lizzy	Liverpool	Fabrikwaren
17.10.1852	Carl Theodor Kinch	Carl Theodor Kinch	Lind	Hamburg	Fabrikwaren
22.10.1852	H. J. Levy & Co.	F. Schmitd	Zerline	Liverpool	Fabrikwaren
16.11.1852	Carl Ludwig Daniel Meister	J. L. Röbe	Renner	Hamburg	Fabrikwaren
20.11.1852	Nicolaus Plaas	Nicolaus Plaas	Amanda	Philadelphia	Lebensmittel
19.12.1852	August Joseph Schön	H. J. C. Heim	Hesky	Trinidad	
23.12.1852	August Joseph Schön	J. Maas	Esther & Sophie	Hamburg	Fabrikwaren
1.2.1853	H. J. Levy & Co.	W. Dieckmann	Henriette & Rebecca	Liverpool	Fabrikwaren
17.2.1853	W. & S. Hauer	N. F. Fick	Sophie & Fredericke	Hamburg	Ziegel
18.2.1853	August Joseph Schön	F. R. Rörden	Thekla Schmidt	Liverpool	Manufaktur-waren

18.2.1853	A. F. Woldsen	H. H. Michelsen	St. Thomas Packet	Hamburg	Fabrikwaren, Genever
19.2.1853	Erich Peter Petersen	Erich Peter Petersen	Betty & Johanna	Liverpool	Manufaktur-waren
19.2.1853	August Joseph Schön	P. F. C. N. Sonderburg	Jenny	Newport	Kohle
25.2.1853	Claus Breckwoldt	Claus Breckwoldt	Ora	Hamburg	Manufaktur-waren
28.5.1853	J. Heyn & Co.	J. G. Förster	Trident	Hamburg	Diverse[17]
29.5.1853	August Joseph Schön	H. J. C. Heim	Hesky	Hamburg	Fabrikwaren
30.5.1853	F. Blass & Schomburgk	N. D. Möller	Domingo	Hamburg	Fabrikwaren
29.6.1853	Hinrich Wilhelm Köhn	W. F. Sellin	Bertha Köhn	Newport	Kohle
12.7.1853	August Joseph Schön	P. F. C. N. Sonderburg	Jenny	Hamburg	Trockenware
24.7.1853	Jacob Broder Friedrichsen	Jacob Broder Friedrichsen	Hermes	Hamburg	Ziegel
25.7.1853	A. F. Woldsen	H. Rohde	Hever	Hamburg	Trockenware
30.7.1853	A. F. Woldsen	H. H. Michelsen	St. Thomas Packet	Newport	Kohle
15.8.1853	Carl Ludwig Daniel Meister	J. L. Röbe	Renner	Hartlepool	Steinkohle
16.8.1853	A. F. Woldsen	H. Hee	Alida	Newport	Kohle
1.9.1853	H. H. Eggers	J. F. Möller	Maria	Hull	Trockenware
2.9.1853	August Joseph Schön	H. C. Jensen	August	Hamburg	Fabrikwaren
5.9.1853	H. J. Levy & Co.	R. F. C. Köncke	Hamburg	Hamburg	Trockenware, Genever
6.9.1853	August Joseph Schön	P. H. Decker	Marietta	Liverpool	Fabrikwaren
2.10.1853	H. J. Levy & Co.	F. Schmidt	Zerline	Hartlepool	Steinkohle
4.10.1853	August Joseph Schön	N. W. Beichmann	Carl	Liverpool	Fabrikwaren
19.10.1853	Sören Pedersen Clausen	Sören Pedersen Clausen	Johanna	Hamburg	Fabrikwaren
19.10.1853	W. Rendtorff	J. B. B. Frantzen	Mathilde	Hamburg	Fabrikwaren
12.11.1853	August Joseph Schön	M. N. von Hachten	Esther & Sophie	Hamburg	Fabrikwaren
14.11.1853	W. & S. Hauer	N. F. Fick	Sophie & Friedericke	Liverpool	Fabrikwaren
30.11.1853	August Joseph Schön	P. F. C. N. Sonderburg	Jenny	Hamburg	Fabrikwaren
23.12.1853	H. H. Eggers	J. F. Möller	Maria	Hartlepool	Kohle
1.1.1854	August Joseph Schön	F. R. Rörden	Thekla Schmidt	Liverpool	Fabrikwaren
2.1.1854	August Joseph Schön	H. C. Jensen	August	Hamburg	Fabrikwaren
11.1.1854	A. F. Woldsen	H. Hee	Alida	Middlebrough	Steingut, Kohle

17 Mit *Diverse* wurde Sämtliches benannt, um den Umstand der Einzelaufzählung zu sparen.

11.1.1854	Hinrich Jensen Groot	Hinrich Jensen Groot	Georg Andreas	Amsterdam	Fabrikwaren
12.1.1854	August Joseph Schön	C. Böge	Swea	Hamburg	Fabrikwaren
13.1.1854	C. Rübke & Woellmer	H. H. D. N. I. Trautmann	Johanna Elise	Newport	Kohle
13.1.1854	Claus Linau	Claus Linau	Minna	Newport	Kohle
27.1.1854	H. H. Eggers	J. F. Möller	Maria	Hamburg	Ballast
25.2.1854	Gustav Wieler	J. Witt	Margaret	Barbados	Campeche-holz
3.3.1854	Johann Marbs	L. Eckmann	St. Pauly	Newport	Kohle
6.3.1854	Tietgens & Robertson	P. F. Bannau	Wilhelm Ludewig	Newport	Kohle
17.4.1854	Carsten Smidt	Carsten Smidt	Eduard	Liverpool	Fabrikwaren
27.4.1854	August Joseph Schön	H. P. Hansen	Elise	Hamburg	Fabrikwaren
13.5.1854	August Joseph Schön	P. H. Decker	Marietta	Hamburg	Fabrikwaren
13.5.1854	Victor Firgau	N. E. Ahrens	Albis	Newport	Kohle
16.5.1854	A. F. Woldsen	H. H. Michelsen	St. Thomas Packet	Hamburg	Fabrikwaren
20.5.1854	Conrad Ehrenfried Warnecke	P. Hansen	Robert & Louise	Cardiff	Kohle
1.6.1854	Gebr. Kalkmann	Carl Koch	Mariquinha	Pará	Ballast
5.6.1854	August Joseph Schön	M. N. von Hachten	Esther & Sophie	Liverpool	Fabrikwaren
11.6.1854	J. Becker	C. A. Diederichsen	Caroline	New York	Ballast
18.6.1854	August Joseph Schön	H. C. Jensen	August	Hamburg	Fabrikwaren
28.6.1854	Heinrich Adolph Gütschow	J. B. F. Grell	Adler	Cardiff	Kohle
26.7.1854	Augusto Constantino de Freitas	J. G. A. C. Diercks	Augusto	Newport	Kohle
26.7.1854	Carl Ludwig Daniel Meister	C. F. T. Albertsen	Renner	Hamburg	Fabrikwaren
1.8.1854	August Joseph Schön	C. Böge	Swea	Barbados	Ballast
26.8.1854	H. J. Levy & Co.	L. T. Paulsen	Hamburg	Hamburg	Kaufmanns-waren
27.8.1854	W. Rendtorff	B. C. Meinerts	Mathilde	Hamburg	Fabrikwaren
3.9.1854	Jacob Friedrich Otto Schwenn	Jacob Friedrich Otto Schwenn	Carl & Heinrich	Hamburg	
10.9.1854	August Joseph Schön	N. W. Beichmann	Carl	Hamburg	Fabrikwaren
9.10.1854	August Joseph Schön	H. J. C. Heim	Hesky	Liverpool	Fabrikwaren
15.10.1854	August Joseph Schön	P. H. Decker	Marietta	Hamburg	Kaufmanns-waren
19.10.1854	A. F. Woldsen	H. H. Michelsen	St. Thomas Packet	Hamburg	Fabrikwaren

19.10.1854	August Joseph Schön	H. P. Hansen	Elise	Liverpool	Fabrikwaren
26.10.1854	Jürgen Dau	Jürgen Dau	Urania	Hull	Kaufmanns-waren
29.10.1854	Carsten Diederich Lau	Carsten Diederich Lau	Liberty	Liverpool	Fabrikwaren
2.11.1854	August Joseph Schön	P. F. C. N. Sonderborg	Jenny	Liverpool	Fabrikwaren
8.11.1854	August Joseph Schön	H. C. Jensen	August	Hamburg	Fabrikwaren
11.11.1854	August Joseph Schön	M. N. von Hachten	Esther & Sophie	Liverpool	Fabrikwaren
15.11.1854	W. Rendtorff	H. W. Petersen	Mathilde	Hamburg	Fabrikwaren
22.11.1854	Gebr. Kalkmann	Carl Koch	Mariquinha	Pará	Ballast
30.11.1854	August Joseph Schön	C. Böge	Swea	Liverpool	Fabrikwaren
9.12.1854	H. H. Eggers	P. A. Janssen	Flying Dutchman	Hamburg	Fabrikwaren
25.12.1854	August Joseph Schön	G. H. Krüger	Albertine	Newport	Kohle
13.2.1855	H. J. Levy & Co.	L. T. Paulsen	Hamburg	Hamburg	Fabrikwaren
28.2.1855	August Joseph Schön	H. J. C. Heim	Hesky	Hamburg	Fabrikwaren
2.3.1855	August Joseph Schön	H. J. Hagendefeld	Julietta	Hamburg	Fabrikwaren
6.4.1855	Hans Petersen Monberg	T. Lolling	Minerva	Marvin[18]	Zucker, Häute
25.4.1855	J. Heyn & Co.	R. G. A. F. Krütli	Danae	Newport	Kohle
28.4.1855	Conrad Ehrenfried Warnecke	P. Hansen	Robert & Louise	Cardiff	Kohle
29.4.1855	Carl Theodor Kinch	J. Petersen	Blohm	Newport	Kohle
30.4.1855	Andreas Ludwig Friedrich Wortmann	H. C. Kühl	Therese	Genua	Ballast
15.5.1855	August Joseph Schön	H. P. Hansen	Elise	Hamburg	Fabrikwaren
27.5.1855	August Joseph Schön	P. H. Decker	Marietta	Liverpool	Fabrikwaren
28.5.1855	August Joseph Schön	H. C. Jensen	August	Hamburg	Fabrikwaren
16.6.1855	August Joseph Schön	F. R. Rörden	Thekla Schmidt	Hamburg	Fabrikwaren
18.6.1855	H. J. Levy & Co.	L. T. Paulsen	Hamburg	Newport	Kohle
27.6.1855	Carl Ludwig Daniel Meister	C. F. T. Albertsen	Renner	Liverpool	Fabrikwaren
28.6.1855	J. M. Bösch	M. Frauen	Dorothea & Ernestine	Antigua	Fabrikwaren
30.6.1855	August Joseph Schön	C. Böge	Swea	St. Johns / Neufundland	Ballast

18 Es ist nicht klar, um welchen Hafen es sich handelt.

3.7.1855	August Joseph Schön	M. N. von Hachten	Esther & Sophie	St. Johns / Neufundland	Ballast
4.7.1855	August Joseph Schön	H. J. C. Heim	Hesky	Hamburg	Fabrikwaren
6.7.1855	A. F. Woldsen	H. H. Michelsen	St. Thomas Packet	Newport	Kohle
7.8.1855	A. F. Woldsen	H. Hee	Alida	Newport	Kohle
11.8.1855	Jochen Riessen	C. W. Jacobsen	Helene	Newport	Kohle
12.8.1855	Gottfried Ludwig Wilhelm Zoder	D. P. Zoder	Princess Royal	Newport	Kohle
22.8.1855	Detlev Hermann Wortmann	Detlev Hermann Wortmann	Fortuna	Hamburg	Kaufmanns- waren
3.9.1855	Carsten Smidt	Carsten Smidt	Eduard	Newport	Kohle
3.9.1855	Hinrich Wilhelm Köhn	Henning Schulz	Bertha Köhn	Newport	Kohle
5.9.1855	H. J. Levy & Co.	C. F. Riese	Henriette & Rebecca	Newport	Kohle
9.9.1855	August Joseph Schön	E. J. B. Wichmann	Florentin	Liverpool	
13.9.1855	August Joseph Schön	P. F. C. N. Sonderborg	Jenny	Hamburg	Kaufmanns- waren
28.9.1855	August Joseph Schön	H. C. Jensen	August	Hamburg	Kaufmanns- waren
4.10.1855	August Joseph Schön	H. J. Hagendefeld	Thekla Schmidt	Hamburg	Fabrikwaren
11.10.1855	Carl Theodor Kinch	J. Petersen	Blohm	Hamburg	Kaufmanns- waren
31.10.1855	August Joseph Schön	H. P. Hansen	Elise	Liverpool	Kaufmanns- waren
12.11.1855	August Joseph Schön	G. H. Krüger	Albertine	Liverpool	Kohle
28.11.1855	August Joseph Schön	M. N. von Hachten	Esther & Sophie	Hamburg	Kaufmanns- waren
1.12.1855	W. Rendtorff	J. B. B. Frantzen	Mathilde	Antwerpen	Diverse
15.12.1855	August Joseph Schön	F. R. Rörden	Julietta	Hamburg	Kaufmanns- waren
18.12.1855	Carl Ludwig Daniel Meister	C. F. T. Albertsen	Renner	Rotterdam	Ballast
25.12.1855	Detlev Hermann Wortmann	Detlev Hermann Wortmann	Fortuna	Hamburg	Fabrikwaren, Wein
27.12.1855	Andreas Ludwig Wortmann	H. C. Kühl	Therese	Hamburg	Fabrikwaren
27.12.1855	August Joseph Schön	P. H. Decker	Marietta	Liverpool	Fabrikwaren
13.2.1856	Nicolaus Wettern	Nicolaus Wettern	Nicolaus	Newport	Kohle
22.3.1856	Carl Ludwig Daniel Meister	N. Quedens	Juliane	Newport	Kohle
23.3.1856	J. Stürcken & Co.	J. P. Thode	Harriet	Newport	Kohle
24.3.1856	August Joseph Schön	P. F. C. N. Sonderborg	Jenny	Hamburg	Fabrikwaren

27.3.1856	August Joseph Schön	H. C. Jensen	August	Liverpool	Fabrikwaren
27.3.1856	August Joseph Schön	E. J. B. Wichmann	Florentin	Hamburg	Fabrikwaren
20.4.1856	A. F. Woldsen	H. Hee	Alida	Demerara[19]	Ballast
21.4.1856	A. F. Woldsen	H. H. Michelsen	St. Thomas Packet	Hamburg	Fabrikwaren
23.4.1856	H. J. Levy & Co.	C. F. Riese	Henriette & Rebecca	Liverpool	Fabrikwaren
25.4.1856	Carl Ludwig Daniel Meister	C. F. T. Albertsen	Renner	Liverpool	Ballast
11.5.1856	August Joseph Schön	W. Beichmann	Carl	Liverpool	Fabrikwaren
15.5.1856	A. F. Woldsen	H. Rohde	Hever	Antwerpen	Fabrikwaren
17.5.1856	W. & S. Hauer	N. F. Fick	Sophie & Fredericke	Newport	Kohle
20.5.1856	August Joseph Schön	F. R. Rörden	Julietta	Hamburg	Fabrikwaren
10.6.1856	Hans Ahlmann	Hans Ahlmann	Cito	Newport	Kohle
11.6.1856	August Joseph Schön	H. P. Hansen	Elise	Hamburg	Fabrikwaren
14.6.1856	Johann Marbs	J. Holm	Catherine & Jane	St. John / Neufundland	
25.6.1856	Wilcken Breckwoldt	Wilcken Breckwoldt	Elisabeth	Hamburg	Fabrikwaren
30.6.1856	August Joseph Schön	C. Böge	Swea	Liverpool	Kohle
17.7.1856	C. Stoll	A. Boysen	Anna	New York	
19.7.1856	Bischoff & Rodatz	N. J. Richelsen	Heinrich & Gustav	Puerto Cabello	Ballast
21.7.1856	Johann Mohr	A. H. Sparwel	Molly	New York	
24.7.1856	August Joseph Schön	H. J. Hagendefeld	Thekla Schmidt	Liverpool	Fabrikwaren
2.9.1856	Wolf Sander Hauer	L. J. H. Faur	Hauer	Hamburg	Fabrikwaren
10.9.1856	August Joseph Schön	P. F. C. N. Sonderburg	Jenny	Liverpool	Fabrikwaren
13.9.1856	August Joseph Schön	H. C. Jensen	August	Hamburg	Fabrikwaren
24.9.1956	Carl Pflugk	G. C. Speckhahn	18. März	Newport	Kohle
24.9.1856	H. J. Levy & Co.	O. Nagel	Caecilie	Newport	Kohle
24.9.1856	Carl Ludwig Daniel Meister	N. Quedens	Juliane	Middlesbrough	Steingut, Ziegel
24.9.1856	August Joseph Schön	E. J. B. Wichmann	Florentin	Liverpool	Fabrikwaren
6.10.1856	Carl Ludwig Daniel Meister	C. F. T. Albertson	Renner	Hamburg	Fabrikwaren
8.10.1856	August Joseph Schön	F. R. Rörden	Julietta	Liverpool	Fabrikwaren
13.10.1856	H. J. Levy & Co.	L. T. Paulsen	Hamburg	Hamburg	Fabrikwaren

19 Demerara im heutigen Guayana.

17.10.1856	August Joseph Schön	M. N. von Hachten	Esther & Sophie	Liverpool	Fabrikwaren
18.10.1856	August Joseph Schön	H. C. J. Heim	Elise	Hamburg	Fabrikwaren
27.11.1856	A. F. Woldsen	H. Rohde	Hever	Hamburg	Fabrikwaren
1.12.1856	A. F. Woldsen	H. H. Michelsen	St. Thomas Packet	Hamburg	Fabrikwaren
4.12.1856	A. von Döhren	J. J. Bleicken	Georg	Hamburg	Fabrikwaren
7.1.1857	Johann Heinrich Köster	P. Petersen	Insulana	Hamburg	Fabrikwaren
13.1.1857	August Joseph Schön	N. W. Beichmann	Carl	Hamburg	Ballast
14.1.1857	August Joseph Schön	H. C. Jensen	August	Hamburg	Fabrikwaren
7.2.1857	August Joseph Schön	P. F. C. N. Sonderborg	Jenny	Hamburg	Fabrikwaren
15.2.1857	Johann Mohr	C. Jäger	Molly	Demerara	Ballast
18.2.1857	Johann Guilliam Rudolph Hubert	C. Meyer	Tiger	Liverpool	Fabrikwaren
24.2.1857	Carl Ludwig Daniel Meister	C. F. T. Albertsen	Renner	Liverpool	Fabrikwaren
16.3.1857	C. Rübke & Woellmer	A. Nielsen	Elise	Newport	Kohle
19.3.1857	August Joseph Schön	J. Wichmann	Florentin	Liverpool	Fabrikwaren
24.3.1857	Gottfried Ludwig Wilhelm Zoder	C. W. T. Dreyer	Thames	Newport	Kohle
29.3.1857	Wolf Sander Hauer	L. J. H. Fauer	Hauer	Liverpool	Kohle
2.4.1857	H. J. Levy & Co.	C. F. Riese	Henriette & Rebecca	Hamburg	Fabrikwaren
28.4.1857	August Joseph Schön	H. C. Clausen	Julietta	Hamburg	Fabrikwaren
2.5.1857	August Joseph Schön	M. N. von Hachten	Esther & Sophie	Liverpool	Fabrikwaren
7.5.1857	H. J. Levy & Co.	O. Nagel	Caecilie	Liverpool	Fabrikwaren
8.5.1857	Hinrich Valentin	A. Marten	Sophie	Newport	Kohle
10.5.1857	Carl Theodor Kinch	R. G. A. F.Krütli	Danae	Hamburg	Fabrikwaren
17.5.1857	H. J. Levy & Co.	L. T. Paulsen	Hamburg	Hamburg	Fabrikwaren
22.5.1857	August Joseph Schön	H. J. Hagendefeldt	Thekla Schmidt	Hamburg	Fabrikwaren
25.6.1857	Carl Theodor Kinch	J. Petersen	Blohm	Middles-brough	Steingut, Ziegel
3.7.1857	August Joseph Schön	H. J. C. Heim	Schön	Hamburg	Trockenware
13.7.1857	Johann Guilliam Rudolph Hubert	G. F. Georcke	Orient	Newport	Kohle
19.7.1857	August Joseph Schön	N. W. Beichmann	Carl	Liverpool	Fabrikwaren
20.7.1857	Carsten Diederich Lau	Carsten Diederich Lau	Augusto	Newport	Kohle
25.7.1857	August Joseph Schön	G. T. Möller	Merck	Hamburg	Trockenware

28.7.1857	August Joseph Schön	H. C. Jensen	August	Bremen	Ballast
26.8.1857	August Joseph Schön	P. F. C. N. Sonderborg	Jenny	Liverpool	Fabrikwaren
8.9.1957	Carl Ludwig Daniel Meister	C. F. T. Albertsen	Renner	Liverpool	Fabrikwaren
19.9.1857	Johann Hinrich Köster	P. Petersen	Insulana	Newport	Kohle
29.9.1857	August Joseph Schön	H. J. Hagendefeldt	Thekla Schmidt	Liverpool	Fabrikwaren
8.10.1857	Hinrich Wilhelm Köhn	H. Schulz	Bertha Köhn	Hamburg	Fabrikwaren
8.10.1857	H. J. Levy & Co.	L. T. Paulsen	Hamburg	Hamburg	Fabrikwaren
18.10.1857	August Joseph Schön	H. P. Hansen	Elise	Hamburg	Fabrikwaren
19.10.1857	H. J. Levy & Co.	C. F. Riese	Henriette & Rebecca	Liverpool	Fabrikwaren
21.10.1857	August Joseph Schön	C. Böge	Swea	Hamburg	Fabrikwaren
24.10.1857	Lorenz Heinrich Boysen	Lorenz Heinrich Boysen	Mary	Middlesbrough	Steingut, Ziegel
6.11.1857	August Joseph Schön	A. Christiansen	Hesky	Hamburg	Fabrikwaren
7.11.1857	Johann Paul Wizel	C. F. H. Rosenkranz	Sophie Georgette	Hamburg	Kaufmannswaren
11.11.1857	August Joseph Schön	H. C. Clausen	Julietta	Hamburg	Fabrikwaren
20.11.1857	H. J. Levy & Co.	O. Nagel	Caecilie	Hamburg	Fabrikwaren
8.1.1858	August Joseph Schön	P. F. C. N. Sonderburg	Jenny	Hamburg	Fabrikwaren
7.2.1858	August Joseph Schön	H. J. Hagendefeld	Thekla Schmidt	Hamburg	Fabrikwaren
8.2.1858	August Joseph Schön	C. R. Köhler	Marietta	Hamburg	Ballast
16.2.1858	August Joseph Schön	J. B. A. Pfeiffer	Carl	Bahia	Ballast
13.3.1858	August Joseph Schön	C. Böge	Swea	Hamburg	Ballast
14.3.1858	August Joseph Schön	G. T. Möller	Merck	Río de Janeiro	Ballast
21.3.1858	Carl Ludwig Daniel Meister	C. F. T Albertsen	Renner	Liverpool	Fabrikwaren
12.4.1858	August Joseph Schön	H. C. Jensen	August	Río de Janeiro	Ballast
9.5.1858	August Joseph Schön	E. J. B. Wichmann	Florentin	Demerara	Ballast
30.5.1858	Johann Guilliam Rudolph Hubert	C. Meyer	Tiger	Buenos Aires	Ballast
13.6.1858	A. F. Woldsen	H. Rohde	Hever	Hamburg	Fabrikwaren
17.6.1858	H. J. Levy & Co.	L. T. Paulsen	Henriette & Rebecca	Newport	Kohle

19.6.1858	August Joseph Schön	H. C. Clausen	Julietta	Hamburg	Fabrikwaren
27.6.1858	Augusto Constantino de Freitas	F. C. Decker	Augusto	Liverpool	Kohle
11.7.1858	David Pieper	David Pieper	Amanda	Liverpool	Fabrikwaren
12.7.1858	Lorenz Heinrich Boysen	Lorenz Heinrich Boysen	Mary	Hamburg	Fabrikwaren
15.7.1858	August Joseph Schön	H. J. Hagendefeld	Thekla Schmidt	Hamburg	Fabrikwaren
19.7.1858	Adolph Christian Gieschen	Adolph Christian Gieschen	Urania	Newport	Ballast
31.7.1858	Jonas Gabriel Lund	J. H. Schultz	Wilhelmine	Cardiff	Kohle
1.8.1858	Adolph Flemming	P. Bielenberg	A. Borstig	Cardiff	Kohle
21.8.1858	August Joseph Schön	J. B. A. Pfeiffer	Carl	Hamburg	Fabrikwaren
4.9.1858	A. F. Woldsen	H. H. Michelsen	St. Thomas Packet	Río de Janeiro	Ballast
19.9.1858	Peter Ferdinand Möller	Peter Ferdinand Möller	Lucie Caroline	Newport	Kohle
21.9.1858	August Joseph Schön	C. H. Hoyer	August	Liverpool	Fabrikwaren
22.9.1858	Johann Heinrich Köster	P. Petersen	Insulana	Liverpool	Fabrikwaren
24.9.1858	Carsten Smidt	Carsten Smidt	Eduard	Hamburg	Fabrikwaren
16.10.1858	Gebr. Kalkmann	J. P. Lassen	Capibaribe	Pernambuco	Ballast
2.11.1858	A. F. Woldsen	H. Rohde	Hever	Genua	Ballast
5.11.1858	Carl Theodor Kinch	J. Petersen	Lind	Río de Janeiro	Ballast
13.11.1858	Karl Theodor Kinch	C. P. Nielsen	Stadfeldt	Hamburg	Fabrikwaren
28.11.1858	August Joseph Schön	H. P Hansen	Elise	Hamburg	Fabrikwaren
4.12.1858	August Joseph Schön	H. J. C. Heim	Schön	Hamburg	Fabrikwaren
15.12.1858	Carl Pflugk	A. L. Lundt	18. März	Hamburg	Ballast
16.12.1858	August Joseph Schön	H. J. Hagendefeldt	Thekla Schmidt	Liverpool	Fabrikwaren
17.12.1858	H. J. Levy & Co.	L. T. Paulsen	Henriette & Rebecca	Hamburg	Fabrikwaren
25.12.1858	H. J. Levy & Co.	J. F. Möller	Hamburg	Hamburg	Ballast
30.12.1858	J. Pruter	L. Lorenzen	Maria Elisabeth	Newport	Kohle
24.1.1858	F. H. Pinckernelle	C. H. Schneekloth	Emilie	Newport	Kohle
27.1.1858	August Joseph Schön	C. Böge	Swea		
6.2.1859	Lorenz Heinrich Boysen	C. F. Decker	Mary	Liverpool	Fabrikwaren

7.2.1859	H. J. Levy & Co.	O. Nagel	Caecilie	Liverpool	Kohle
11.4.1859	H. J. Levy & Co.	L. T. Paulsen	Henriette & Rebecca	Río Hacha[20]	Dividivi, Eisenholz (Hartholz) nach Liverpool
21.4.1859	August Joseph Schön	C. H. Hoyer	August	Liverpool	Fabrikwaren
21.5.1859	H. J. Levy & Co.	C. F. Kamprath	Hamburg	Hamburg	Genever
22.5.1859	August Joseph Schön	H. P. Hansen	Elise	Hamburg	Fabrikwaren
24.5.1859	H. H. Eggers	C. D. Lorenzen	Johanna Elisabeth	London	Kohle
28.5.1859	August Joseph Schön	H. C. Clausen	Julietta	Hamburg	Kaufmanns-waren
4.6.1859	August Joseph Schön	E. J. B. Wichmann	Florentin	Liverpool	Fabrikwaren
11.6.1859	August Joseph Schön	H. J. Hagendefeldt	Thekla Schmidt	Hamburg	Trockenware
27.6.1859	Gebr. Kalkmann	C. Boltzen	Otto	Pará	Ballast, Ziegel
30.6.1859	J. Heyn & Co.	W. Dieckmann	Trident	Río de Janeiro	Ballast
2.8.1859	Gebr. Kalkmann	J. P. Lassen	Capibaribe	Pernambuco	Ballast
2.8.1859	Lorenz Heinrich Boysen	C. F. Decker	Mary	Liverpool	Kohle
11.8.1859	August Joseph Schön	J. B. A. Pfeiffer	Carl	Hamburg	Fabrikwaren
15.8.1859	Andreas Ludwig Friedrich Wortmann	C. J. H. Cahnbley	Concordia	Bahia	Ballast
1.9.1859	A. F. Woldsen	H. Hee	Alida	Río de Janeiro	Ballast
8.9.1859	August Joseph Schön	C. Böge	Swea	Liverpool	Fabrikwaren
16.9.1859	Hans Block & Jacob Löwe & Consorten	G. J. Lassen	Louise Friedericke	Río de Janeiro	Ballast
16.9.1859	H. J. Levy & Co.	O. Nagel	Caecilie	Hamburg	Fabrikwaren
22.9.1859	Claus Pedersen Clausen	M. Hansen	Cathrina	Glasgow	Fabrikwaren
27.9.1859	H. J. Levy & Co.	L. T. Paulsen	Henrietta & Rebecca	Liverpool	Fabrikwaren
9.10.1859	C. Rübke & Woellmer	A. Nielsen	Elise	Hamburg	Fabrikwaren
11.10.1859	Henning Joachim Schierhorn	Henning Joachim Schierhorn	Pauline	Pernambuco	Ballast
12.10.1859	August Joseph Schön	C. H. Hoyer	August	Hamburg	Fabrikwaren
29.10.1859	Claus Pedersen Clausen	N. S. Lauridsen	Feiga	Puerto Cabello	Ballast

20 Río Hacha (auch Ríohacha) im heutigen Kolumbien.

8.11.1859	Augusto Constantino de Freitas	J. J. Andersen	Augusto	Pernambuco	Ballast
9.11.1859	A. von Döhren	Sören Brinck Hansen	Carl & Johanne	Hamburg	Fabrikwaren
12.11.1859	F. Laeisz	T. Feddersen	Adolph	Hamburg	Fabrikwaren
15.11.1859	August Joseph Schön	P. F. C. N. Sonderborg	Jenny	Hamburg	Fabrikwaren
4.12.1859	August Joseph Schön	E. J. B. Wichmann	Florentin	Middles-brough	Steingut, Ziegel
11.12.1859	August Joseph Schön	H. C. Clausen	Julietta	Hamburg	Fabrikwaren
1.1.1860	H. H. Eggers	C. D. Lorenzen	Johanna Elisabeth	London	Kohle
2.1.1860	H. H. Eggers	D. M. Ludvigsen	Peter	London	Kohle
7.1.1860	H. H. Eggers	D. C. Diedrichsen	Voltigeur	Hamburg	Trockenware, Genever
15.1.1860	Peter Ferdinand Möller	Peter Ferdinand Möller	Lucie Caroline	Maranhan	Ballast
16.1.1860	Lorenz Heinrich Boysen	C. F. Decker	Mary	Liverpool	Kohle
17.1.1860	Franz Leonhard Sibbern Sibbers	Franz Leonhard Sibbern Sibbers	Asia	Hamburg	Trockenware
5.2.1860	August Joseph Schön	M. N. von Hachten	Esther & Sophie	Hamburg	Trockenware
11.2.1860	August Joseph Schön	H. P. Hansen	Elise	Liverpool	Fabrikwaren
18.2.1860	August Joseph Schön	T. Truelsen	Hesky	Para	Ballast
28.2.1860	August Joseph Schön	C. H. Hoyer	August	Hamburg	Fabrikware
3.3.1860	August Joseph Schön	H. J. C. Heim	Schön	Liverpool	Fabrikware
7.3.1860	C. Rübke & Woellmer	C. J. S. Bruhn	Elise	Newport	Kohle
9.3.1860	August Joseph Schön	J. B. A. Pfeiffer	Carl	Hamburg	Trockenware
28.3.1860	J. Becker	C. F. C. Fischer	Ines	La Guaira	Ballast
5.4.1860	Hans Block & Jacob Löwe & Consorten	G. J. Lassen	Louise Friedericke	Newport	Kohle
13.4.1860	Hermann Christian Lassen	Hermann Christian Lassen	Arion	Newport	Kohle
13.4.1860	H. J. Levy & Co.	L. T. Paulsen	Henriette & Rebecca	Newport	Kohle
13.4.1860	Johann Guilliam Rudolph Hubert	C. M. Madsen	Leopard	Buenos Aires	Ballast
17.5.1860	E. T. Meyer & Co.	H. von Appen	Alliance	Iquique	Kupfer, Häute, Borax
20.5.1860	August Joseph Schön	G. T. Möller	Merck	Middles-brough	Steingut, Ziegel

26.5.1860	August Joseph Schön	H. C. Clausen	Julietta	Hamburg	Diverse
17.6.1860	Christian Georg Friedrich Meyer	A. Boysen	Elisabeth	Glasgow	Kohle
5.7.1860	C. Rübke & Woellmer	H. W. J. Dehn	Elise	Neufundland	Ziegel
23.7.1860	W. Rendtorff	J. B. B. Frantzen	Mathilde	Hamburg	Diverse
30.7.1860	August Joseph Schön	J. B. A. Pfeiffer	Carl	Hamburg	Trockenware
30.7.1860	Eugenius Georg August Hartung	Eugenius Georg August Hartung	Louise & Leonide	Bahia	Ballast
10.8.1860	Lorenz Heinrich Boysen	C. F. Decker	Mary	Newport	Kohle
12.8.1860	Johann Marbs	A. N. Nickelsen	Catharina	Newport	Kohle
14.8.1860	August Joseph Schön	E. J. B. Wichmann	Florentin	Río de Janeiro	Ballast
14.8.1860	August Joseph Schön	H. J. C. Heim	Schön	Hamburg	Trockenware
20.8.1860	August Joseph Schön	C. Böge	Swea	Liverpool	Fabrikwaren
2.9.1860	**A. H. Wappäus**	**R. G. A. F. Krütli**	**Orinoco**	**Liverpool**	**Fabrikwaren**
19.9.1860	Martin Valentin	Johann Jürgen Viereck	Wilhelmine	Cardiff	Kohle
5.10.1860	August Joseph Schön	H. C. Clausen	Julietta	Hamburg	Trockenware
12.10.1860	H. J. Levy & Co.	L. T. Paulsen	Henriette & Rebecca	Hamburg	Trockenware
12.10.1860	A. F. Woldsen	H. Hee	Alida	Hamburg	Trockenware
12.10.1860	August Joseph Schön	F. R. Rörden	Julie Mathilde	Liverpool	Trockenware
12.10.1860	A. F. Woldsen	H. H. Michelsen	St. Thomas Packet	Middles-brough	Steingut, Ziegel
13.10.1860	Adolph Flemming	P. Bielenberg	A. Borsig	Cardiff	Kohle
28.10.1860	August Joseph Schön	P. F. C. N. Sonderburg	Jenny	Hamburg	Fabrikwaren
4.12.1860	Franz Leonhard Sibbern Sibbers	Franz Leonhard Sibbern Sibbers	Asia	Santo Domingo	Mahagoni
8.12.1860	J. Pruter	C. S. Burmeister	Gustav	Montevideo	Ballast
8.12.1860	August Joseph Schön	C. H. Hoyer	August	Liverpool	Trockenware
9.12.1860	August Joseph Schön	H. P. Hansen	Marietta	Hamburg	Trockenware
11.12.1860	Jonas Gabriel Lund	J. H. Schultz	Wilhelmine	Cardiff	Kohle
12.12.1860	H. J. Levy & Co.	C. F. Kamprath	Hamburg	Liverpool	Fabrikwaren
1.1.1861	August Joseph Schön	A. C. F. Burmeister	Thekla Schmidt	Pernambuco	Ballast
24.1.1861	W. Rendtorff	H. W. Petersen	Mathilde	Barbados	Ballast
24.1.1861	August Joseph Schön	R. Martens	Victor	Hamburg	Trockenware
26.1.1861	August Joseph Schön	C. Böge	Swea	Hamburg	Diverse

29.1.1861	Adolph Christian Gieschen	Adolph Christian Gieschen	Urania	Barbados	Likör
19.2.1861	Hermann Christian Lassen	Hermann Christian Lassen	Arion	Barbados	Ballast
27.2.1861	Gebr. Kalkmann	C. Boltzen	Otto	Pará	Ballast
27.2.1861	August Joseph Schön	G. H. Krüger	Albertine	Cardiff	Kohle
18.3.1861	**A. H. Wappäus**	**R. G. A. F. Krütli**	**Orinoco**	**Liverpool**	**Diverse**
26.3.1861	Johann Guilliam Rudolph Hubert	C. M. Madsen	Leopard	Buenos Aires	Ballast
2.4.1861	August Joseph Schön	F. R. Rörden	Julietta	Hamburg	Diverse
18.4.1861	Zurhelle & Elster	J. H. Stern	Juliane	Queens-town[21]	Kohle
22.4.1861	Johann Heinrich Köster	H. P. Rickleffs	Insulana	Cardiff, Lissabonn	Kohle
24.4.1861	August Joseph Schön	H. C. Clausen	Julie Mathilde	Liverpool	Fabrikwaren
25.4.1861	H. J. Levy & Co.	C. F. Kamprath	Hamburg	San Juan de Nicaragua	Indigo, Farbholz
5.5.1861	Christian Ferdinand Theodor Malchin	Christian Ferdinand Theodor Malchin	Magda	Pará	Ballast
8.5.1861	August Joseph Schön	J. B. A. Pfeiffer	Carl	Hamburg	Fabrikwaren
9.5.1861	August Joseph Schön	T. C. S. Saeuberlich	Florentin	Hamburg	Trockenware
15.5.1861	H. J. Levy & Co.	J. F. Möller	Caecili	London	Ballast
23.5.1861	August Joseph Schön	H. P. Hansen	Marietta	Hamburg	Trockenware
24.5.1861	H. J. Levy & Co.	L. T. Paulsen	Henriette & Rebecca	Liverpool	Fabrikware
25.5.1861	C. Rübke & Woellmer	D. A. Hunäus	Elise	Newport	Kohle
28.5.1861	Martin Garlieb Amsinck	L. Lorenzen	Uranus	Newport	Kohle
3.6.1861	August Joseph Schön	C. H. Hoyer	August	Liverpool	Fabrikware
20.6.1861	Carl Leopold Ferdinand Rohrdorf	T. Jörgensen	Hauer	Hamburg	Trockenware
9.7.1861	August Joseph Schön	P. F. C. N. Sonderburg	Jenny	Hamburg	Trockenware
12.7.1861	Hermann Christian Lassen	Hermann Christian Lassen	Arion	Swansea	Kohle
27.7.1861	August Joseph Schön	R. Martens	Victor	Hamburg	Trockenware
17.8.1861	August Joseph Schön	F. R. Rörden	Julietta	Liverpool	Fabrikware

21 Wahrscheinlich Queenstown / Demerara im heutigen Guyana.

28.8.1861	Jürgen Caspar Schwencke	Jürgen Caspar Schwencke	Augusto	Barbados	Ballast
9.9.1861	August Joseph Schön	H. C. Clausen	Julie Mathilde	Liverpool	Fabrikwaren
19.9.1861	Johann Guilliam Rudolph Hubert	C. M. Madsen	Leopard	Liverpool	Fabrikwaren
20.9.1861	Johann Martin Ode	Johann Martin Ode	Domingo	Hamburg	Trockenware
21.9.1861	Nicolai Lassen	T. Lassen	Elisabeth	Río de Janeiro	Ballast
23.9.1861	August Joseph Schön	M. N. von Hachten	Esther & Sophia	Liverpool	Fabrikwaren
30.9.1861	August Joseph Schön	T. C. S. Saeuberlich	Florentin	Hamburg	Ballast
1.10.1861	August Joseph Schön	C. H. Hoyer	August	Hamburg	Fabrikwaren
5.10.1861	August Joseph Schön	J. B. A. Pfeiffer	Carl	Hamburg	Diverse
10.10.1861	Andreas Ludwig Friedrich Wortmann	J. P. Huckfeldt	Alphons	Hamburg	Diverse
19.10.1861	A. F. Woldsen	H. H. Michelsen	St. Thomas Packet	Newport	Kohle
26.10.1861	A. F. Woldsen	H. Hee	Alida	Newport	Kohle
10.11.1861	Georg Christian Speckhahn	Georg Christian Speckhahn	Princess Royal	Montevideo	Ballast
14.11.1861	H. J. Levy & Co.	L. T. Paulsen	Henriette & Rebecca	Hamburg	Diverse
19.11.1861	August Joseph Schön	H. P. Hansen	Marietta	Liverpool	Fabrikwaren
25.11.1861	August Joseph Schön	C. Böge	Swea	Hamburg	Diverse
26.11.1861	Adolph Nielsen	Adolph Nielsen	Hortensia	London	Ballast
27.11.1861	**A. H. Wappäus**	**R. G. A. F. Krütli**	**Orinoco**	**Liverpool**	**Diverse**
27.11.1861	Hans Christian Schmidt	C. G. Ehrlich	Johannes Christian	Hamburg	Diverse
27.11.1861	Johann Heinrich Köster	P. Petersen	Insulana	Cardiff	Kohle
27.11.1861	Paul Johann Jacob Rauert	H. H. Schwanck	A. Borsig	Hamburg	Diverse
28.11.1861	A. von Döhren	T. A. Dahl	Georg	Hamburg	Diverse
13.12.1861	Friedrich Brandt	Friedrich Brandt	Hermann & Molly	Newport	Kohle
20.12.1861	A. von Döhren	C. H. F. Marcks	Laura & Louise	Middles-brough	Steingut
13.1.1862	August Joseph Schön	R. Martens	Victor	New York	Lebensmittel
18.1.1862	August Joseph Schön	T. C. S. Saeuberlich	Florentin	Hamburg	Diverse
23.1.1862	Jonas Gabriel Lund	P. H. Berg	Amur	Swansea	Kohle
24.1.1862	H. H. Eggers	A. Kaufmann	Junior	Newcastle	Kohle
28.1.1862	W. Rendtorff	H. W. Petersen	Mathilde	Hamburg	Diverse

20.3.1862	Johann Guilliam Rudolph Hubert	C. Madsen	Leopard	Bremen	Ballast
22.3.1862	August Joseph Schön	J. B. A. Pfeiffer	Carl	Liverpool	Trockenware
24.3.1862	Johann Martin Ode	Johann Martin Ode	Domingo	Hamburg	Trockenware
24.3.1862	Georg August Ludwig Struve	Georg August Ludwig Struve	Marie Louise	Dartmouth	Ballast
30.3.1862	Eugenius Georg August Hartung	C. A. W. Uthemann	Louise & Leonide	Cardiff	Kohle
7.3.1862	August Joseph Schön	C. H. Hoyer	August	Hamburg	Diverse
13.3.1862	Augusto Constantino de Freitas & Co.	H. E. Arens	Carlos	Liverpool	Fabrikwaren
14.3.1862	August Joseph Schön	P. F. C. N. Sonderburg	Jenny	Hamburg	Diverse
20.3.1862	H. J. Levy & Co.	J. F. Möller	Caecilie	Hamburg	Trockenware
29.3.1862	C. W. Herwig	A. Nielsen	J. H. Herwig	Hamburg	Diverse
2.5.1862	Georg Christian Speckhahn	Georg Christian Speckhahn	Princess Royal	Liverpool	Diverse
6.5.1862	H. J. Levy & Co.	L. T. Paulsen	Henriette & Rebecca	Hamburg	Diverse
15.5.1862	August Joseph Schön	A. C. F. Burmeister	Thekla Schmidt	Hamburg	Diverse
2.6.1862	August Joseph Schön	A. J. Heim	Victor	Hamburg	Trockenware
9.6.1862	A. F. Woldsen	H. H. Michelsen	St. Thomas Packet	Middlesbrough	Steingut
26.6.1862	August Joseph Schön	C. R. Köhler	Elise Schmidt	Hamburg	Ballast
6.7.1862	Carl Alexanderson	Carl Alexanderson	Canoe	Hamburg	Ballast
12.7.1862	A. F. Woldsen	H. Hee	Alida	Hamburg	Diverse
13.7.1862	Adolph Sondermann	J. A. Heins	Hermann Adolph	Newport	Kohle
18.7.1862	Adolph Strantzen	A. Christiansen	Alice	Altona	Ziegel
12.8.1862	August Joseph Schön	G. T. Möller	Merck	Río de Janeiro	Diverse
15.8.1862	August Joseph Schön	J. B. A. Pfeiffer	Carl	Hamburg	Diverse
19.8.1862	Adolph Christian Gieschen	Adolph Christian Gieschen	Urania	Barbados	Ballast
20.8.1862	M. J. Mathiason	J. H. C. Mohnsen	Hermann	Hamburg	Trockenware
24.8.1862	August Joseph Schön	P. F. C. N. Sonderburg	Jenny	Liverpool	Fabrikwaren
6.9.1862	H. J. Levy & Co.	J. F. Möller	Caecilie	Hamburg	Diverse
7.9.1862	Hans Pieper	F. Pieper	Fortuna	Liverpool	Manufakturwaren
10.9.1862	Wilcken Breckwoldt	Wilcken Breckwoldt	Elisabeth	Puerto Cabello	Ballast

18.9.1862	August Joseph Schön	A. C. F. Burmeister	Thekla Schmidt	Hamburg	Diverse
20.9.1862	August Joseph Schön	A. C. E. Groth	Swea	Hamburg	Diverse
26.9.1862	Eugenius Georg August Hartung	C. A. W. Uthemann	Louise & Leonide	Hamburg	Diverse
26.10.1862	August Joseph Schön	R. Martens	Florentin	Hamburg	Diverse
27.10.1862	Paul Johann Jacob Rauert	H. H. Schwanck	A. Borsig	Cardiff	Kohle für die Königl. brit. Dampfschiff-fahrts-kompagnie
27.11.1862	H. J. Levy & Co.	L. T. Paulsen	Henriette & Rebecca	Hamburg	Diverse
29.11.1862	August Joseph Schön	A. J. Heim	Victor	Hamburg	Diverse
9.12.1862	August Joseph Schön	H. P. Hansen	Marietta	Hamburg	Diverse
9.12.1862	Johann Heinrich Köster	P. Petersen	Insulana	Cardiff	Kohle
13.12.1862	Otto Ludwig Eichmann	H. P. Thomsen	Amanda	Newport	Kohle
16.12.1862	Adolph Christian Gieschen	Adolph Christian Gieschen	Urania	New York	Diverse
20.12.1862	August Joseph Schön	P. F. C. N. Sonderburg	Jenny	Hamburg	Diverse
3.1.1863	August Joseph Schön	J. B. A. Pfeiffer	Carl	Hamburg	Diverse
5.1.1863	Adolph Strantzen	A. Christiansen	Alice	Hull	Ballast
7.1.1863	Otto Ludwig Eichmann	A. C. Simonsen	Margaretha	Newport	Kohle
9.1.1863	Christian Wilhelm Jacobsen	Christian Wilhelm Jacobsen	Louise Wilhelmine	Newport	Kohle
5.2.1863	Hans Christian Schmidt	H. J. A. Krulle	Marie Friederike	Bremen	Ballast
6.2.1863	H. J. Levy & Co.	J. F. Möller	Caecilie	Hamburg	Ballast
8.2.1863	August Joseph Schön	R. Martens	Florentin	Hamburg	Ballast
9.2.1863	J. H. Reer & Co.	A. J. M. Bobsien	Dea	Liverpool	Diverse
9.2.1863	A. F. Woldsen	H. P. W. Clausen	Mariquinha	Hamburg	Diverse
10.2.1863	Johann Guilliam Rudolph Hubert	C. M. Madsen	Leopard	Hamburg	Diverse
10.2.1863	David Schuldt	David Schuldt	Elisabeth	Cardiff	Kohle
26.2.1863	Johann Heinrich Christian Müller	J. Holm	Amalie	Martinique	Ballast
19.3.1863	Lüdde Knudt Johannsen	Lüdde Knudt Johannsen	Matador	Leith	Kohle
4.4.1863	Andreas Ludwig Friedrich Wortmann	J. P. Huckfeldt	Alphons	Cardiff	Kohle

11.4.1863	Rob. M. Sloman	J. P. Frahm	Sir Isaac Newton	Bahia	Tabak, Kaffee
12.4.1863	M. J. Mathiason	J. H. C. Mohnsen	Hermann	Hamburg	Diverse
13.4.1863	August Joseph Schön	H. P. Hansen	Marietta	Altona	Diverse
13.4.1863	Eugenius Georg August Hartung	C. A. W. Uthemann	Louise & Leonide	Rotterdam	Diverse
14.4.1863	Johann Martin Ode	Johann Martin Ode	Domingo	Hamburg	Trockenware
15.4.1863	August Joseph Schön	C. H. Vallesen	Nicoline	Cardiff	Kohle
16.4.1863	Augusto Constantino de Freitas	A. Boysen	Mathilde	Liverpool	Diverse
19.5.1863	August Joseph Schön	P. F. C. N. Sonderburg	Jenny	Hamburg	Diverse
21.5.1863	H. J. Levy & Co.	L. T. Paulsen	Henriette & Rebecca	Hamburg	Ballast
6.6.1863	August Joseph Schön	H. C. Clausen	Julie Mathilde	Cardiff	Kohle
8.6.1863	F. E. Schütt & Co.	C. A. Meier	Malvina Schütt	Cardiff	Kohle
18.6.1863	August Joseph Schön	H. F. T. Hagelstein	Florentin	Liverpool	Kohle
24.6.1863	Claus Bähr	C. Brauer	Löwe	Cardiff	Kohle
4.7.1863	Joh. Ces. Godeffroy & Sohn	P. Oesau	Cesar & Helene	Shanghai	Tee
24.7.1863	Heye Heyenga	C. J. von Hacht	Marion	Guadalup	Ballast
28.7.1863	Paul Johann Jacob Rauert	H. H. Schwanck	A. Borsig	Pará	Ballast
29.7.1863	Johann Heinrich Christian Müller	J. Holm	Amalie	Cardiff	Kohle
7.8.1863	August Joseph Schön	J. B. A. Pfeiffer	Carl	Hamburg	Diverse
10.8.1863	August Joseph Schön	A. J. Heim	Victor	Liverpool	Diverse
24.8.1863	August Joseph Schön	A. C. E. Groth	Swea	Cardiff	Kohle
30.8.1863	Johann Heinrich Köster	P. Petersen	Insulana	Cardiff	Kohle
13.9.1863	Johann Martin Ode	Johann Martin Ode	Domingo	Hamburg	Diverse
29.9.1863	Maria Josefa Rodríguez	J. Wedegrow	Schlanke Maid	Cardiff	Kohle
6.10.1863	Hinrich Pieper	Hinrich Pieper	Galene	Hamburg	Diverse
9.9.1863	Carl Woermann	J. M. Ode jr.	Eudora	Cardiff	Kohle
13.10.1863	Wilcken Breckwoldt	Wilcken Breckwoldt	Elisabeth	La Guaira	Ballast
18.10.1863	Peter Diederichsen	F. Bundesen	Guinea	New York	Diverse
4.11.1863	Augusto Constantino de Freitas & Co.	F. Hüllmann	Carlos	Pará	Ballast
20.11.1863	J. Becker	P. D. Röhrs	Betty & Emma	Hamburg	Kohle

22.11.1863	H. J. Levy & Co.	J. Kliefoht	Henriette & Rebecca	Cardiff	Kohle
18.12.1863	August Joseph Schön	H. F. T. Hagelstein	Florentin	Cardiff	Kohle
23.12.1863	August Joseph Schön	J. B. A. Pfeiffer	Carl	Hamburg	Diverse
29.12.1863	August Joseph Schön	H. C. Clausen	Julie Mathilde	Cardiff	Kohle
1.1.1864	Adolph Sondermann	J. A. Heins	Gustav	Cardiff	Kohle
11.1.1864	Dr. Conrad Gombertz	C. Bülow	Rosalia	Buenos Aires	Häute
13.1.1864	E. T. Meyer & Co.	A. Cortsen	Margaretha & Louise	Cardiff	Kohle
15.1.1864	Johann Heinrich Carl Streuvert	J. P. Huckfeld	Johannes	Cardiff	Kohle
2.2.1864	August Joseph Schön	A. J. Heim	Victor	Hamburg	Diverse
27.2.1864	August Joseph Schön	A. J. Heim	Victor	Viegues[22]	Ballast
25.6.1864	Johann Heinrich Köster	P. Petersen	Insulana	Nassau	Ballast
10.7.1864	M. J. Mathiason	R. W. H. E. Heesemann	Hermann	Hamburg	Diverse
21.7.1864	August Joseph Schön	G. T. Möller	Merck	Cardiff	Kohle
22.7.1864	August Joseph Schön	J. B. A. Pfeiffer	Carl	Hamburg	Diverse
29.7.1864	Adolph Emanuel Raben	N. J. Hemmet	Marie	Middlesbrough	Diverse
20.8.1864	Buhrow & Schmidt	V. B. Diedrichsen	Citadelle	Newport	Kohle
8.9.1864	Hein Rahmstorf	Hein Rahmstorf	Margaretha	Cardiff	Kohle
11.9.1864	August Joseph Schön	P. F. C. N. Sonderborg	Jenny	La Guaira	Ballast
11.9.1864	August Joseph Schön	A. J. Heim	Victor	La Guaira	Ballast
11.9.1864	Johann Baumgarten	Johann Baumgarten	Courier	Ciudad Bolívar	Ballast
16.9.1864	H. J. Levy & Co.	J. F. Möller	Caecilie	Hamburg	Diverse
18.9.1864	August Joseph Schön	A. J. Heim	Victor	La Guaira	Ballast
9.11.1864	Zacharias Joseph Levy	L. T. Paulsen	Fanny & Marianne	Hamburg	Diverse
9.11.1864	Hinrich Christian Piening	Hinrich Christian Piening	Gustav	Cardiff	Kohle
2.12.1864	Claus Bähr	C. Brauer	Löwe	Newport	Kohle
2.12.1864	Claus Heydorn	O. C. D. Selmer	Assecuradeur	Hamburg	Diverse
2.12.1864	Johann Heinrich Christian Müller	J. Holm	Amalie	Liverpool	Diverse

22 Viegues / Puerto Rico.

16.1.1865	August Joseph Schön	J. B. A. Pfeiffer	Carl	Hamburg	Diverse
17.1.1865	Johann Hinrich Sternberg	W. L. Jarren	John & Gustav	Pará	Ballast
21.1.1865	M. J. Mathiason	R. W. H. E. Heesemann	Hermann	Hamburg	Diverse
3.3.1865	Adolph Emanuel Raben	N. J. Hemmet	Marie	Middles-brough	Diverse
10.3.1865	C. H. Herwig	P. A. M. Simons	Frisch	Málaga	Diverse
14.3.1865	August Joseph Schön	P. F. C. N. Sonderborg	Jenny	Newport	Kohle
24.3.1865	Johann Jacob Fock	Johann Jacob Fock	Espérance	London	Diverse
6.5.1865	Wilcken Breckwoldt	J. Fenster	Elisabeth	Río de Janeiro	Kaffee
21.5.1865	Johann Baumgarten	Johann Baumgarten	Courier	Hamburg	Diverse
27.5.1865	Zacharias Joseph Levy	L. T. Paulsen	Fanny & Marianne	Cardiff	Kohle
29.5.1865	August Joseph Schön	A. C. E. Groth	Swea	Hamburg	Diverse
7.7.1865	August Joseph Schön	M. N. von Hachten	Esther & Sophie	Hamburg	Diverse
28.7.1865	August Joseph Schön	G. T. Möller	Merck	Altona	Ballast
3.8.1865	August Joseph Schön	J. B. A. Pfeiffer	Carl	Altona	Ballast
10.8.1865	August Joseph Schön	H. P. Hansen	Marietta	Hamburg	Ballast
17.8.1865	Buhrow & Schmidt	J. F. D. Jürgens	Lala & Adé	Cap Haitien	Diverse
18.9.1865	H. J. Levy & Co.	J. F. Möller	Cecilie	Cardiff	Kohle
20.9.1865	August Joseph Schön	A. F. W. Hartmann	Swea	Hamburg	Diverse
29.9.1865	August Joseph Schön	P. F. C. N. Sonderburg	Jenny	Liverpool	Diverse
22.10.1865	Emilie Nölting	J. H. H. Burow	Cap Haitien	Hamburg	Diverse
31.10.1865	Wolf Reimers	E. Kritzky	Emilie	Cardiff	Kohle
3.11.1865	August Joseph Schön	B. J. H. Boyen	Victor	Hamburg	Diverse
14.12.1865	August Joseph Schön	J. B. A. Pfeiffer	Carl	Hamburg	Diverse
8.1.1866	Zacharias Joseph Levy	L. T. Paulsen	Fanny & Marianne	Liverpool	Diverse
9.1.1866	J. Becker	P. D. Röhrs	Betty & Emma	Hamburg	Diverse
11.1.1866	August Joseph Schön	M. W. Hennig	Marietta	Hamburg	Diverse
8.2.1866	Johann Albert Siegmund Opffermann	J. J. Viereck	Elise & Johanne	Cardiff	Kohle
12.2.1866	E. T. Meyer & Co.	C. M. O. Schweikhart	Paulus	Río de Janeiro	Kaffee

19.3.1866	Wilhelm Ludwig Stahl	H. Holthusen	Old Dominion	Cardiff	Kohle
20.3.1866	Eduard Paulsen	Eduard Paulsen	Voltigeur	Hamburg	Diverse
27.3.1866	August Joseph Schön	P. F. C. N. Sonderburg	Jenny	Hamburg	Diverse
15.4.1866	Claus Heydorn	C. M. D. Jörgensen	Zanzibar	Barbados	Ballast
16.4.1866	M. J. Mathiason	R. W. H. E. Heesemann	Hermann	Gibraltar	Ballast
22.4.1866	Hinrich Wilhelm Köhn	H. J. Witt	Laertes	Cardiff	Kohle
10.5.1866	Johann Baumgarten	Johann Baumgarten	Courier	Pará	Ballast
22.5.1866	Peter Ludwig Sadewasser	P. J. Dirks	Emma	Cardiff	Kohle
21.6.1866	Wagener & Enet	J. Peters	George & Henry	Hong Kong	Kaufmannswaren
22.6.1866	August Joseph Schön	H. H. F. Brüel	Carl	Hamburg	Diverse
25.6.1866	A. F. Woldsen	Hans Christian Andersen Jörgensen	St. Thomas Packet	Swansea	Steinkohle
26.6.1866	Hinrich Magens	J. Reimers	Hinrich	Newport	Steinkohle
5.7.1866	Friedrich Brandt	Friedrich Brandt	Hermann & Molly	Cardiff	Steinkohle
12.7.1866	August Joseph Schön	A. F. W. Hartmann	Swea	Hamburg	Diverse
25.7.1866	August Joseph Schön	H. F. T. Hagelstein	Florentin	New York	Ballast
13.8.1866	August Joseph Schön	M. W. Hennig	Marietta	Hamburg	Diverse
15.8.1866	Caspar Diederich Finkler	Caspar Diederich Finkler	Helene	Swansea	Kohle
18.8.1866	E. T. Meyer & Co.	J. K. Oestmann	Margarita	Pará	Ballast
22.8.1866	M. J. Mathiason	R. W. H. W. Heesemann	Hermann	Hamburg	Diverse
22.8.1866	Zacharias Joseph Levy	L. T. Paulsen	Fanny & Marianne	Cardiff	Steinkohle
20.9.1866	Nachmann Jacob Levy	J. F. Möller	Doctor Rosenbacher	Cardiff	Kohle
21.9.1866	Johann Albert Siegmund Opfermann	D. Jacobsen	Elise & Johanne	Cardiff	Steinkohle
21.9.1866	J. Becker	J. Scheelke	Ines	Hamburg	Diverse
25.9.1866	Rasmus Nielsen Koch	A. Cortsen	Gessner	Newport	Steinkohle
23.10.1866	Bohrow & Schmidt	J. F. D. Jürgens	Lala & Adé	Cap Haitien	Farbhölzer
9.11.1866	August Joseph Schön	C. Böge	Bruno & Marie	Liverpool	Diverse
13.11.1866	Peter Gottlieb Buhrow	A. Christiansen	Picolet	Hamburg	Diverse

19.11.1866	Hans Christian Schmidt	G. A. G Burmester	Che Foo	Hamburg	Diverse
24.11.1866	August Joseph Schön	H. H. F. Brüel	Carl	Hamburg	Diverse
23.1.1867	August Joseph Schön	B. J. H. Boyen	Victor	Hamburg	Diverse
4.2.1867	August Joseph Schön	M. W. Hennig	Marietta	Hamburg	Diverse
7.3.1867	August Joseph Schön	H. H. F. Brüel	Carl	Laguna de Términos[23]	Farbholz
10.3.1867	Johann Heinrich Christian Müller	J. Holm	Amalie	Hamburg	Diverse
8.5.1867	Hermann Christian Lassen	R. Rörden	Hermann & Oscar	Montevideo	Ballast
12.5.1867	Nachmann Jacob Levy	J. F. Möller	Doctor Rosen-bacher	Hamburg	Diverse
3.5.1867	Niels From	Niels From	Ino	Maranhan	Ballast
8.5.1867	Peter Gottlieb Buhrow	A. Chistiansen	Picolet	Hamburg	Diverse
24.5.1867	Adolph Emanuel Raben	J. W. Benzin	Marie	Pernambuco	Ballast
24.6.1867	August Joseph Schön	H. H. F. Brüel	Carl	Hamburg	Diverse
9.7.1867	August Joseph Schön	E. F. J. Suin de Boutemard	St. Thomas	Cardiff	Steinkohle
12.8.1867	August Joseph Schön	M. N.von Hachten	Esther & Sophie	Liverpool	Diverse
29.8.1867	August Joseph Schön	P. F. C. N. Sonderburg	Jenny	Hamburg	Diverse
30.8.1867	Peter Ludwig Sadewasser	H. C. Martens	Emma	Newport	Steinkohle
27.9.1867	Johann Albert Siegmund Opffermann	D. Jacobsen	Elise & Johanne	Newport	Steinkohle
11.10.1867	Act.-Ges. Einigkeit	H. P. Hansen	Helene	Newport	Steinkohle
5.12.1867	Johann Marbs	Johann Hinrich Stern	Catherine & Jane	Santos[24]	Ballast
7.12.1867	Johann Heinrich Christian Müller	J. Holm	Amalie	Hamburg	Diverse
9.12.1867	August Joseph Schön	A. F. W. Hartmann	Swea	Hamburg	Diverse
24.12.1867	August Joseph Schön	H. H. F. Brüel	Carl	Hamburg	Diverse
7.1.1868	Heinrich Christian Nikolaus Jensen	Heinrich Christian Nikolaus Jensen	Mathilde	Puerto Plata[25]	Diverse
28.1.1868	G. & J. E. Pinckernelle	A. E. F. Hensel	Miranda	Newport	Steinkohle

23 Laguna de Términos / Campeche (Mexiko).
24 Wahrscheinlich Santos bei São Paulo / Brasilien.
25 Puerto Plata in der heutigen Dominikanischen Republik.

11.3.1868	Hans Christian Schmidt	G. A. G. Burmester	Che Foo	Antwerpen	Ballast
17.6.1868[26]	Eduard Paulsen	Eduard Paulsen	Voltigeur	Glasgow	Diverse
19.6.1868	Peter Gottlieb Buhrow	A. Christiansen	Picolet	Grimsby[27]	Diverse
26.6.1868	Zacharias Joseph Levy	J. F. Möller	Doctor Rosen-bacher	Liverpool	Ballast
26.6.1868	August Joseph Schön	V. O. Jensen	Ann & Lizzy	Hamburg	Diverse
1.7.1868	August Joseph Schön	F. Borchert	Elise Schmidt	Hamburg	Diverse
1.7.1868	G. & J. E. Pinckernelle	A. E. F. Hensel	Miranda	London	Ballast
15.10.1868	August Joseph Schön	H. H. F. Brüel	Carl	Hamburg	Diverse
12.11.1868	August Joseph Schön	M. N. von Hachten	Esther & Sophie	Hamburg	Diverse
24.1.1869	E. T. Meyer & Co.	J. K. Oestmann	Margarita	Hamburg	Diverse
29.5.1877	**A. H. Wappäus**	**J. J. Schacht**	**Doña Zoyla**	**Ciudad Bolívar**	**Ballast**
4.11.1878	**A. H. Wappäus**	**J. J. Schacht**	**Doña Zoyla**	**Venezuela**	**Ballast**
20.7.1882	**A. H. Wappäus**	**H. C. C. Warmuth**	**Doña Zoyla**	**Trinidad**	**Ballast**

26 Ab dem 17.6.1868 wurden Hamburger unter der Nationalität *Deutsch* oder *Norddeutsch* eingeordnet. Damit wurde eine genaue Zuordnung Hamburger Schiffe unmöglich. Daher ist die Liste nur bis 1868 vollständig geführt.
27 Es ist nicht klar, ob es sich um Grimsby / England oder Grimsby / Norwegen handelt.

7. Hamburger Schiffe, die zwischen 1821 und 1892 in St. Thomas
ein- und ausliefen[1]

Bei der folgenden Tabelle handelt es sich nicht um eine vollständige Auswertung des Quellenmaterials. Ein solches Unterfangen hätte den Rahmen der Untersuchung gesprengt. Es wurden exemplarisch den Angaben zu einlaufenden hamburgischen Schiffen auf St. Thomas die komplementären Angaben zu auslaufenden Schiffen gegenübergestellt. Aus den Daten werden die Verweildauer der Schiffe im Hafen von Charlotte Amalie, Fahrtrouten und Veränderungen bei Ladung und Kapitän ersichtlich.

Die Schiffe wurden als Beispiele nach verschiedenen Gesichtspunkten ausgewählt. Die scheinbar arbiträre Auswahl der Jahrgänge ergibt sich aus der Quellenlage. Für manche Jahre sind keine Verzeichnisse der auslaufenden Schiffe vorhanden.

Es sollten Schiffe der in dieser Studie untersuchten Beispielfirmen berücksichtigt werden. So handelt es sich bei der *Jungfrau Emilie* und der *Legator* um Schiffe des Georg Heinrich Wappäus. Die *Orinoco* und die zwei *Doña Zoylas* sind Schiffe des Adolph Heinrich Wappäus.

Darüber hinaus sollte für jede der vielen Kombinationsmöglichkeiten von Herkunfts- und Zielhafen möglichst ein Beispiel vorhanden sein. So wurden Schiffe berücksichtigt, die direkt von Hamburg aus St. Thomas anliefen, wie auch solche, die aus England kamen und jene, die aus verschiedensten amerikanischen und außer-amerikanischen Häfen einliefen. Aus diesem Beispiel werden die Routen ersichtlich, die gefahren wurden.

Bei der Fracht der einlaufenden Schiffe wurden sowohl die typischen Waren wie Kohle und Trockenware, als auch seltener vorkommende Frachten wie Zucker, Tee und Kaffee berücksichtigt. Anhand dieser Daten soll nachvollzogen werden, mit welcher Ladung die Schiffe in St. Thomas einliefen und mit mit welcher Ladung sie den Hafen wieder verließen.

---

1 RK, für eingehende Schiffe, für 1821, 1833-1860, 1864: Rigsarkivet og Hjælpemidlerne til dets Benyttelse I, 2. Bind, St. Thomas Havnemester 1819-1867, Protokoller over indkomne fartøjer 1821, 1833-1865 (m. angivelse af koller over indkomne fartøjer art og navn, fører, nationalitet, hvorfra ankommet samt ladnings art). RK, für 1854: Koloniernes Centralbestyrelse, Kolonialkontoret Gruppesager til Vestindisk Journal, Rapporter St. Thomas, St. Jan III, F 04-135, 657. Für 1861-1863: Koloniernes Centralbestyrelse, Kolonialkontoret Gruppesager til Vestindisk Journal, Rapporter St. Thomas, St. Jan VII-VIII, F 04-135 661, 662. Ab April 1865: Koloniernes Centralbestyrelse, Kolonialkonret Gruppesager til Vestindisk Journal, Rapporter St. Thomas, St. Jan X-XXVI, F 04-135, 664-680.
RK, für ausgehende Schiffe: Rigsarkivet og Hjælpemidlerne til dets Benyttelse I, 2. Bind, St. Thomas Havnemester 1819-1867, Protokoller over udgåede fartøjer 1821, 1833-1865 (m. angivelse af koller over udgåede fartøjer art og navn, fører, nationalitet, bestemmelssted samt ladnings art). RK, für 1866: Koloniernes Centralbestyrelse, Kolonialkontoret Gruppesager til Vestindisk Journal, Rapporter St. Thomas, St. Jan X, F 04-135, 664. Ab 1877-1888: Koloniernes Centralbestyrelse, Kolonialkontoret Gruppesager til Vestindisk Journal, Rapporter St. Thomas, St. Jan XV-XXI, F 04-135, 669-675.
KRESSE, Walter: Seeschiffs-Verzeichnis der Hamburger Reedereien, Bde 1-3.

Ein- und Auslaufdatum	Eigner	Kapitän	Schiff	Herkunfts- und Zielort	Ware
27.5.1821 ein	**G. H. Wappäus**	**J. J. J. Wilcken**	**Jungfrau Emilie**	**aus Hamburg**	
22.6.1821 aus	**G. H. Wappäus**	**J. J. J. Wilcken**	**Jungfrau Emilie**	**nach Hamburg**	**Tabak, Mahagoni, Gelbholz**
13.6.1821 ein	Johann Philipp Friedrichs	M. Sleebohm	Maria Margaretha	aus Puerto Cabello	Ballast
18.6.1821 aus	Johann Philipp Friedrichs	M. Sleebohm	Maria Margaretha	nach Curaçao	Ballast
6.8.1833 ein	Ferd. Blass	H. Lafrentz	Louise	aus Hamburg	Trockenware
15.8.1833 aus	Ferd. Blass	H. Lafrentz	Louise	nach Puerto Rico	Produkte[2]
22.6.1834 ein	H. J. Merck & Co.	J. D. Saeuberlich	Mariane	aus La Guaira	Kaffee
12.8.1834 aus	H. J. Merck & Co.	J. D. Saeuberlich	Mariane	nach Hamburg	Ballast
26.8.1835 ein	Hinrich Hinrichsen	Hinrich Hinrichsen	Courier	aus Hamburg	Trockenware
5.9.1835 aus	Hinrich Hinrichsen	Hinrich Hinrichsen	Courier	nach Puerto Rico	Produkte
18.12.1835 ein	Ferd. Blass	C. H. Boye	Louise	aus Hamburg	Trockenware
4.5.1836 aus	Ferd. Blass	C. H. Boye	Louise	nach Hamburg	Produkte
26.1.1836 ein	James Dingwall	A. Smit	Palme	aus Hamburg	Trockenware
8.7.1836 aus	James Dingwall	A. Smit	Palme	nach St. Eustatius[3]	Ballast
22.10.1836 ein	Henrici & Comp.	G. F. Grell	Henriette	aus New York	Tee, Trockenware
4.2.1837 aus	Henrici & Comp.	G. F. Grell	Henriette	nach Hamburg	Produkte
10.2.1837 ein	**G. H. Wappäus**	**A. N. Martensen**	**Legator**	**aus Martinique**	**Melasse, Fässer**
11.2.1837 aus	**G. H. Wappäus**	**A. N. Martensen**	**Legator**	**nach Puerto Rico**	**mitgebrachte Ladung**
27.3.1837 ein	H. J. Merck & Co.	J. J. J. Wilcken	Marianne & Pauline	aus La Guaira	Kaffee
3.4.1837 aus	H. J. Merck & Co.	J. J. J. Wilcken	Marianne & Pauline	nach Hamburg	Produkte
27.1.1838 ein	Johann Peter Linck	J. M. Mammen	Wilhelmine	aus Hamburg	Trockenware, Weizenmehl, Genever
7.2.1838 aus	Johann Peter Linck	J. M. Mammon	Wilhelmine	nach Puerto Rico	Ballast
27.10.1838 ein	Georg Wilhelm Barthold	M. H. Kölln	Raphaele Mathilde	aus Hamburg	Trockenware
19.4.1839 aus	Georg Wilhelm Barthold	M. H. Kölln	Raphaele Mathilde	nach Puerto Rico	Tabak, Gelbholz

2 Unter *Produkte* wurden meist verschiedene Manufakturwaren zusammengefaßt.
3 St. Eustatius / Niederländische Antillen.

1.5.1839 ein	Carl Ludwig Daniel Meister	N. Quedens	Juliane	aus Hamburg	Trockenware
16.5.1839 aus	Carl Ludwig Daniel Meister	N. Quedens	Juliane	nach Hamburg	Produkte
1.10.1840 ein	Carl Ludwig Daniel Meister	N. Quedens	Juliane	aus Hamburg	Trockenware
10.10.1840 aus	Carl Ludwig Daniel Meister	N. Quedens	Juliane	nach Hamburg	Produkte
16.1.1841 ein	Johann Peter Linck	J. M. Mammen	Wilhelmine	aus Hamburg	Trockenware
27.2.1841 aus	Johann Peter Linck	J. M Mammen	Wilhelmine	nach Santiago de Cuba	Ballast
5.9.1842 ein	Adolph Jacob Hertz	J. Schmidt	Picciola	aus Barbados	Raffinade-zucker, Hering
19.9.1842	Adolph Jacob Hertz	J. Schmidt	Picciola	nach Puerto Rico	mitgebrachte Ladung
29.10.1842 ein	A. F. Woldsen	A. Köhler	Apropos	aus Hamburg	Trockenware, Genever, Ziegel
5.11.1842 aus	A. F. Woldsen	A. Köhler	Apropos	nach Puerto Plata	Ballast
26.10.1843 ein	Carl Ludwig Daniel Meister	H. C. W. Bock	Renner	aus Hamburg	Fabrikwaren, Öl, Genever, Zucker
30.10.1843 aus	Carl Ludwig Daniel Meister	H. C. W. Bock	Renner	nach Gibara[4]	Tabak, Ziegel
1.10.1844 ein	Adolph Oppenheim	M. J. Smith	Edmund	aus Hamburg	Fabrikwaren, Genever
11.10.1844 aus	Adolph Oppenheim	M. J. Smith	Edmund	nach Guayanilla[5]	Produkte
25.5.1845 ein	August Joseph Schön	Charles C. S. Raupach	Emily	aus Altona	Fabrikwaren, Genever
2.6.1845	August Joseph Schön	Charles C. S. Raupach	Emily	nach Maracaibo	Trockenware
15.5.1846 ein	James Dingwall	Adam Smit	Trident	aus Hamburg	Fabrikwaren, Genever
1.6.1846 aus	James Dingwall	Adam Smit	Trident	nach Humacas[6]	Kaffee
25.7.1846 ein	H. J. & J. J. Levy	J. H. Haysen	Adele	aus Newport (Wales)	Steinkohle
13.8.1846 aus	H. J. & J. J. Levy	J. H. Haysen	Adele	nach Jeremy[7]	Ballast
19.9.1847 ein	Gorrissen & Lutze	M. H. Kölln	Julius	aus Guayaquil	Kakao
21.9.1847 aus	Gorrissen & Lutze	M. H. Kölln	Julius	nach Vera Cruz[8]	mitgebrachte Ladung

4   Gibara / Kuba.
5   Wahrscheinlich Bahia de Guayanilla / Puerto Rico.
6   Wahrscheinlich Humacao / Puerto Rico.
7   Es ist nicht klar, welcher Ort gemeint ist.
8   Wahrscheinlich Veracruz / Mexiko.

22.1.1848 ein	Johann Franz Christopher Bergeest	C. J. L. Vogler	Bertha	aus Hamburg	Fabrikwaren, Genever
17.2.1848 aus	Johann Franz Christopher Bergeest	C. J. L. Vogler	Bertha	nach Santiago de Cuba	Tabak, Mahagoni
19.9.1848 ein	A. F. Woldsen	P. Johannsen	Hever	aus Baltimore	Weizenmehl, Reis
29.9.1848 aus	A. F. Woldsen	P. Johannsen	Hever	nach Puerto Plata	Ballast
28.1.1849 ein	Johann Marbs	L. Eckmann	Adolph	aus Hamburg	Fabrikwaren, Genever
8.2.1849 aus	Johann Marbs	L. Eckmann	Adolph	nach Cap Haitien	mitgebrachte Ladung
30.6.1850 ein	A. F. Woldsen	J. Petersen	St. Thomas Packet	aus Guayana[9]	Rum
1.7.1850 aus	A. F. Woldsen	J. Petersen	St. Thomas Packet	nach Falmouth[10]	mitgebrachte Ladung
23.6.1850 ein	Joh. Cesar Godeffroy & Sohn	A. Metus	Vesta	aus Newport	Steinkohle
9.7.1850 aus	Joh. Cesar Godeffroy & Sohn	A. Metus	Vesta	nach La Guaira	Ballast
13.10.1851 ein	Heinrich Adolph Gütschow	J. B. F. Grell	Adler	aus Liverpool	Fabrikwaren
13.11.1851 aus	Heinrich Adolph Gütschow	J. B. F. Grell	Adler	nach Laguna[11]	Ballast
20.1.1852 ein	A. F. Woldsen	H. Hee	Alida	aus Hamburg	Ballast
9.2.1852 aus	A. F. Woldsen	H. Hee	Alida	nach Havanna	mitgebrachte Ladung
1.2.1853 ein	H. J. & J. J. Levy	W. Dieckmann	Henriette & Rebecca	aus Liverpool	Fabrikwaren
4.3.1853 aus	H. J. & J. J. Levy	W. Dieckmann	Henriette & Rebecca	nach Río de la Hacha[12]	Ballast
16.5.1854 ein	A. F. Woldsen	H. H. Michelsen	St. Thomas Packet	aus Hamburg	Fabrikwaren
20.8.1854 aus	A. F. Woldsen	H. H. Michelsen	St. Thomas Packet	nach Gibara	Ballast
28.4.1855 ein	Conrad Ehrenfried Warnecke	P. Hansen	Robert & Louise	aus Cardiff	Kohle
26.5.1855 aus	Conrad Ehrenfried Warnecke	P. Hansen	Robert & Louise	nach Gonaives[13]	Ballast

9 Wahrscheinlich Ciudad Guayana / Venezuela.
10 Wahrscheinlich entweder Falmouth / Jamaika oder Falmouth / Antigua, Barbuda oder Falmouth / Cornwall (England).
11 Wahrscheinlich Laguna de Términos / Mexiko.
12 Wahrscheinlich Ríohacha / Kolumbien.
13 Gonaives / Haiti.

12.11.1855 ein	August Joseph Schön	G. H. Krüger	Albertine	aus Liverpool	Kohle
1.2.1856 aus	August Joseph Schön	G. H. Krüger	Albertine	nach Cumberland Harbour / Kuba	Ballast
2.9.1856 ein	Wolf Sander Hauer	L. J. H. Faur	Hauer	aus Hamburg	Fabrikwaren
10.9.1856 aus	Wolf Sander Hauer	L. J. H. Faur	Hauer	nach St. Croix[14]	Ballast
24.3.1857 ein	Gottfried Ludwig Wilhelm Zoder	C. W. T. Dreyer	Thames	aus Newport	Kohle
16.4.1857 aus	Gottfried Ludwig Wilhelm Zoder	C. W. T. Dreyer	Thames	nach Port-au-Prince[15]	Ballast
8.1.1858 ein	August Joseph Schön	P. F. C. N. Sonderburg	Jenny	aus Hamburg	Fabrikwaren
18.2.1858 aus	August Joseph Schön	P. F. C. N. Sonderburg	Jenny	nach Naguabo[16]	Ballast
2.11.1858 ein	A. F. Woldsen	H. Rohde	Hever	aus Genua	Ballast
24.6.1859 aus	A. F. Woldsen	H. Rohde	Hever	nach Mayaguéz[17]	Kaffee, Altmetall
2.8.1859 ein	Gebr. Kalkmann	J. P. Lassen	Capibare	aus Pernambuco[18]	Ballast
20.11.1859 aus	Gebr. Kalkmann	J. P. Lassen	Capibare	nach Laguna[19]	Ballast
17.6.1860 ein	Christian Georg Friedrich Meyer	A. Boysen	Elisabeth	aus Glasgow	Kohle
4.7.1860 aus	Christian Georg Friedrich Meyer	A. Boysen	Elisabeth	nach San Juan / Puerto Rico	Ballast
2.9.1860 ein	**A. H. Wappäus**	**R. G. A. F. Krütli**	**Orinoco**	**aus Liverpool**	**Fabrikwaren**
15.9.1860 aus	**A. H. Wappäus**	**R. G. A. F. Krütli**	**Orinoco**	**nach Puerto Plata**	**Ballast**
8.5.1861 ein	August Joseph Schön	J. B. A. Pfeiffer	Carl	aus Hamburg	Fabrikwaren
16.5.1861 aus	August Joseph Schön	J. B. A. Pfeiffer	Carl	nach La Guaira	Trockenware
19.8.1862 ein	Adolph Christian Gieschen	Adolph Christian Gieschen	Urania	aus Barbados	Ballast
15.9.1862 aus	Adolph Christian Gieschen	Addolph Christian Gieschen	Urania	nach New York	Ballast
8.2.1863 ein	August Joseph Schön	R. Martens	Florentin	aus Hamburg	Ballast
21.2.1863 aus	August Joseph Schön	R. Martens	Florentin	nach Naguabo / P. R.	Ballast

14 Ehemals dänisch, heute US-Jungferninseln.
15 Port-au-Prince / Haiti.
16 Naguabo / Puerto Rico.
17 Wahrscheinlich Mayagüez / Puerto Rico.
18 Pernambuco / Brasilien.
19 S. o..

4.7.1863 ein	Joh. Cesar Godefroy & Sohn	P. Oesau	Cesar & Helene	aus Shanghai	Tee
4.7.1863 aus	Joh. Cesar Godefroy & Sohn	P. Oesau	Cesar & Helene	nach New York	mitgebrachte Ladung
11.1.1864 ein	Dr. Conrad Gombertz	C. Bülow	Rosalie	aus Buenos Aires	Häute
30.3.1864 aus	Dr. Conrad Gombertz	C. Bülow	Rosalie	nach New York	mitgebrachte Ladung
16.9.1864 ein	H. J. Levy & Co.	J. F. Möller	Caecilie	aus Hamburg	Diverse
21.3.1865 aus	H. J. Levy & Co.	J. F. Möller	Caecilie	nach Cuba	Ballast
3.3.1865 ein	Adolph Emanuel Raben	N. J. Hemmet	Marie	aus Middlesbrough	Diverse
7.3.1865 aus	Adolph Emanuel Raben	N. J. Hemmet	Marie	nach La Guaira	Steinkohle, Ziegel
19.3.1866 ein	Wilhelm Ludwig Stahl	H. Holthusen	Old Dominion	aus Cardiff	Kohle
4.4.1866 aus	Wilhelm Ludwig Stahl	H. Holthusen	Old Dominion	nach Cuba	Ballast
12.5.1867 ein	Nachmann Jacob Levy	J. F. Möller	Doctor Rosenbacher	aus Hamburg	Diverse
4.6.1867 aus	Nachmann Jacob Levy	J. F. Möller	Doctor Rosenbacher	nach Maracaibo	Ballast
24.12.1867 ein	August Joseph Schön	H. H. F. Brüel	Carl	aus Hamburg	Diverse
17.1.1868 aus	August Joseph Schön	H. H. F. Brüel	Carl	nach Jacmel[20]	Ballast
11.3.1868 ein	Hans Christian Schmidt	G. A. G. Burmester	Che Foo	aus Antwerpen	Ballast
17.3.1868 aus	Hans Christian Schmidt	G. A. G. Burmester	Che Foo	nach Frederiksted / St. Croix	Ballast
29.5.1877 ein	**A. H. Wappäus**	**J. J. Schacht**	**Doña Zoyla**	**aus Angostura**	**Ballast**
15.6.1877 aus	**A. H. Wappäus**	**J. J. Schacht**	**Doña Zoyla**	**nach Cumaná[21]**	**Ballast**
4.11.1878 ein	**A. H. Wappäus**	**J. J. Schacht**	**Doña Zoyla**	**aus Venezuela**	**Ballast**
21.12.1878 aus	**A. H. Wappäus**	**J. J. Schacht**	**Doña Zoyla**	**nach Progresso[22]**	**Ballast**
20.7.1882 ein	**A. H. Wappäus**	**H. C. C. Warmuth**	**Doña Zoyla**	**aus Trinidad**	**Ballast**
31.7.1882 aus	**A. H. Wappäus**	**H. C. C. Warmuth**	**Doña Zoyla**	**nach Söen[23]**	**Diverse**

20 Jacmel / Haiti.
21 Cumaná / Venezuela.
22 Wahrscheinlich Progreso / Yucatán (Mexiko).
23 Es ist nicht klar, um welchen Ort es sich handelt.

8. Gesamtzahlen der auf St. Thomas von Januar 1819 bis März 1854[1]
und von April 1855 bis August 1862 einlaufenden Schiffe[2]

	1819	1820	1821	1822	1823	1824	1825	1826	1827	1828
Januar	192	293	274	252	205	198	243	226	281	305
Februar	158	247	251	251	193	217	229	222	227	299
März	206	301	253	272	255	259	286	199	271	331
April	192	256	261	251	251	230	278	245	273	272
Mai	219	309	260	298	256	253	244	229	271	294
Juni	222	277	246	268	238	210	246	278	281	296
Juli	212	247	250	252	263	241	227	228	257	230
August	172	221	222	186	178	202	183	169	186	173
Sept.	137	130	139	153	132	134	143	131	187	134
Oktober	184	222	193	157	152	182	162	195	205	253
Novem.	208	233	210	230	239	202	223	237	255	267
Dezem.	256	276	257	184	223	215	209	279	327	296
Gesamt	2358	3002	2816	2724	2585	2543	2673	2638	3021	3150

	1829	1830	1831	1832	1833	1834	1835	1836	1837	1838
Januar	319	296	233	271	238	204	206	205	220	231
Februar	279	275	206	275	253	253	205	184	237	233
März	289	262	243	283	257	262	227	248	241	249
April	254	238	219	260	234	246	209	211	228	221
Mai	214	230	223	261	234	274	247	247	209	227
Juni	273	296	248	280	254	232	205	246	263	215
Juli	271	344	241	260	234	211	215	235	224	185
August	221	160	187	222	141	139	125	173	135	130
Sept.	163	145	138	197	121	127	131	133	131	106
Oktober	214	194	172	232	200	177	159	185	174	180
Novem.	272	217	211	239	209	186	235	229	215	177
Dezem.	298	222	240	251	222	220	235	216	211	229
Gesamt	3127	2782	2561	3031	2597	2531	2399	2512	2488	2383

1 RK, Jan. 1819 - März 1854, Indgående skibe, TB / 36 TV 2.
2 Für 1855-1860: RK, Rigsarkivet og Hjælpemidlerne til dets Benyttelse I, 2. Bind, St. Thomas Havnemester 1819-1867, Protokoller over indkomne fartøjer 1821, 1833-1865 (m. angivelse af koller over indkomne fartøjer art og navn, fører, nationalitet, hvorfra ankommet samt ladnings art).
Für 1861-1862: RK, Koloniernes Centralbestyrelse, Kolonialkontoret Gruppesager til Vestindisk Journal, Rapporter St. Thomas, St. Jan VII-VIII, F 04-135 661, 662.

	1839	1840	1841	1842	1843	1844	1845	1846	1847	1848
Januar	230	243	243	225	243	127	152	223	212	209
Februar	197	228	254	218	203	144	166	188	203	241
März	242	273	257	207	217	194	199	250	178	181
April	214	268	239	178	172	145	172	184	181	195
Mai	231	230	203	204	207	197	159	195	165	186
Juni	215	234	219	187	201	147	212	210	225	186
Juli	191	230	196	181	171	159	206	181	185	181
August	140	150	99	117	92	111	119	133	151	126
Sept.	125	117	98	109	92	81	111	117	118	103
Oktober	169	168	148	156	171	118	143	176	137	137
Novem.	222	246	237	209	150	166	223	215	197	182
Dezem.	249	260	222	204	124	209	190	246	162	203
Gesamt	2425	2647	2415	2195	2043	1808	2052	2328	2114	2130

	1849	1850	1851	1852	1853	1854	1855	1856	1857	1858
Jannuar	217	217	221	238	160	121	k. A.	380	409	395
Februar	213	204	191	238	191	50	k. A.	388	403	399
März	197	213	258	265	236	134	k. A.	437	463	445
April	224	193	207	228	215	305	380	408	421	413
Mai	179	178	249	253	200	k. A.[3]	396	450	415	391
Juni	193	198	237	237	164	k. A.	347	409	414	373
Juli	194	187	232	210	190	k. A.	360	373	366	401
August	109	126	128	172	116	k. A.	k. A.	197	319	343
Sept.	113	141	170	148	126	k. A.	k. A.	240	329	327
Oktober	153	159	214	155	186	k. A.	365	317	436	334
Novem.	209	190	244	236	217	k. A.	416	382	480	480
Dezem.	216	190	263	196	211	k. A.	418	439	435	447
Gesamt	2217	2196	2614	2568	2212			4420	4890	4748

	1859	1860	1861	1862
Januar	364	375	376	435
Februar	364	392	388	381
März	418	422	427	453
April	352	358	424	416
Mai	349	412	415	448
Juni	358	373	387	416
Juli	336	384	380	430
August	368	390	349	353
Sept.	336	310	388	k. A.
Oktober	380	433	444	k. A.
Novem.	403	402	493	k. A.
Dezem.	426	441	489	k. A.
Gesamt	4454	4692	4960	

3   k. A. bedeutet *keine Angabe*.

9. Beispieljahrgänge zur Verteilung der Nationalitäten der auf St. Thomas anlegenden Schiffe[1]

9.a)   1819 auf St. Thomas eingegangene Schiffe, geordnet nach Nationalitäten[2]

	Jan	Feb	Mär	Apr	Mai	Jun	Jul	Aug	Sep	Okt	Nov	Dez	Ges.
Amerikanisch	43	29	40	31	35	26	35	28	22	41	40	66	436
Bremisch						1						1	2
Dänisch	65	65	83	71	92	99	87	80	52	66	74	72	906
Englisch	37	20	37	35	33	28	36	28	42	39	41	48	424
Französisch	28	18	21	23	27	31	23	23	11	23	24	37	289
Hamburgisch	1	1			1	1							4
Holländisch	6	13	8	15	19	19	15	3	8	6	16	16	144
Österreich		1											1
Sardisch				1									1
Schwedisch	7	3	8	5	3	8	4	3		1	7	6	55
Spanisch	4	8	8	12	8	9	12	6	2	7	6	9	91

9.b)   1825 auf St. Thomas eingegangene Schiffe, geordnet nach Nationalitäten

	Jan	Feb	Mär	Apr	Mai	Jun	Jul	Aug	Sep	Okt	Nov	Dez	Ges.
Amerikanisch	48	46	59	44	24	20	39	42	33	36	35	28	454
Bremisch			1			2	1				1		5
Dänisch	75	83	94	101	102	101	80	64	49	33	73	67	922
Englisch	49	55	57	72	53	54	48	34	28	47	43	43	583
Französisch	35	19	25	17	26	18	21	17	9	16	31	36	270
Hamburgisch		1	1	2	1	1		2					8
Holländisch	10	6	17	16	16	15	19	11	9	7	16	12	154
Portugiesisch				1									1
Sardisch					1								1
Schwedisch	13	11	12	13	15	15	9	6	6	11	13	9	132
Spanisch	13	8	19	13	6	20	10	7	9	12	11	15	143

1   Für 1819, 1825, 1835, 1845: RK, Rigsarkivet og Hjælpemidlerne til dets Benyttelse I, 2. Bind, St. Thomas Havnemester 1819-1867, Protokoller over indkomne fartøjer 1821, 1833-1865 (m. angivelse af koller over indkomne fartøjer art og navn, fører, nationalitet, hvorfra ankommet samt ladnings art), TB/36 TV 2.
    Für 1854-1855: RK, Rigsarkivet og Hjælpemidlerne til dets Benyttelse I, 2. Bind, St. Thomas Havnemester 1819-1867, Protokoller over indkomne fartøjer 1821, 1833-1865 (m. angivelse af koller over indkomne fartøjer art og navn, fører, nationalitet, hvorfra ankommet samt ladnings art).
    Für 1865: RK, Koloniernes Centralbestyrelse, Kolonialkonret Gruppesager til Vestindisk Journal, Rapporter St. Thomas, St. Jan X, F 04-135, 664.
2   In den Tabellen meint *Amerikanisch* durchgehend *Nordamerikanisch*.

9.c)   1835 auf St. Thomas eingegangene Schiffe, geordnet nach Nationalitäten

	Jan	Feb	Mär	Apr	Mai	Jun	Jul	Aug	Sep	Okt	Nov	Dez	Ges.
Amerikanisch	43	44	46	39	26	26	22	12	19	15	37	26	**355**
Bremisch					2		1	1		1	1	1	**7**
Dänisch	29	31	30	29	35	24	25	12	13	21	29	38	**316**
Englisch	37	37	43	36	53	51	65	41	50	57	68	71	**609**
Französisch	18	13	11	12	19	15	17	13	8	8	26	23	**183**
Haiti	4	3	9	4	4	5	5	2	5	1	6	5	**47**
Hamburgisch	2				4	1	1	3		1	1	2	**15**
Holländisch	5	4	8	6	7	4	8	1	4	6	7	7	**67**
Kolumbian.	8	8	18	15	15	12	9	5	4	5	11	3	**113**
Portugiesisch												1	**1**
Sardisch	1		2	1	1		1	1	1		3	3	**14**
Schwedisch	13	12	14	11	11	11	7	3	4	6	7	3	**107**
Spanisch	46	53	52	56	70	56	54	31	23	38	39	47	**565**

9.d)   1845 auf St. Thomas eingegangene Schiffe, geordnet nach Nationalitäten

	Jan	Feb	Mär	Apr	Mai	Jun	Jul	Aug	Sep	Okt	Nov	Dez	Ges.
Amerikanisch	46	69	78	59	61	62	63	35	19	29	41	47	**609**
Bremisch					1	2	3	2	1		2	1	**12**
Dänisch	29	16	17	16	14	28	19	16	23	18	19	13	**222**
Englisch	27	29	49	44	29	29	48	32	34	38	51	45	**455**
Französisch	11	14	15	14	11	16	19	10	17	20	27	23	**197**
Hamburgisch	3	1	2		4	10	2	1	2	3	7	2	**37**
Hannover	1		1										**2**
Holländisch	3	6	5	4	8	8	5	2			10	6	**62**
Knipphausen						1							**1**
Mecklenburg.	1												**1**
Neu Granada	1	1			1								**3**
Oldenburg.											1		**1**
Portugiesisch								1					**1**
Preußisch					1					1	1		**3**
Russisch			1										**1**
Sardisch	1			1	1	1	2			1	2		**9**
Schwedisch	1	2	5	1	3	5	2			5	3	4	**31**
Spanisch	23	23	20	23	29	45	36	17	12	26	47	40	**343**
St. Domingo	3	2	3	4	1	2	1	2	1	1			**20**
Venezuela	3	2	3	3		2	6		1	1	13	9	**43**

9.e)   April 1854 bis März 1855 auf St. Thomas eingegangene Schiffe, geordnet nach
        Nationalitäten

	Apr	Mai	Jun	Jul	Aug	Sep	Okt	Nov	Dez	Jan	Feb	Mär	Ges.
Amerikanisch	18	31	20	19	15	24	29	45		45	32		278
Dänisch	102	94	86	64	70	72	72	70		69	78		777
Englisch	123	183	232	227	184	151	170	208	189	164	149	210	2190
Französisch	9	11	16	23	27	24	22	24		13	15		184
Hamburgisch	4	5	2	3	2	6	6	2		2	1		33
Holländisch	6	10	7	2	-	-	2	11	10	10	8	6	62

9.f)   1865 auf St. Thomas angekommene Schiffe, geordnet nach Nationalitäten

	Jan	Feb	Mär	Apr	Mai	Jun	Jul	Aug	Sep	Okt	Nov	Dez	Ges.
Amerikanisch	11	7	5	9	10	9	4	7	5	8	8	14	97
Dänisch	67	82	75	64	72	71	90	71	73	79	63	79	886
Englisch	237	242	234	219	223	205	224	233	187	238	211	217	2670
Französisch	10	14	13	14	15	12	9	25	20	14	16	19	181
Hamburgisch	-	2	-	4	1	3	2	3	5	3	1	3	27
Holländisch	12	13	13	14	11	9	6	14	6	8	11	15	132
Spanisch	27	45	35	48	36	33	30	43	33	29	37	33	429
Venezuela	-	5	-	5	5	4	4	6	-	3	-	4	31

10. Aus Hamburg zwischen 1818 und 1888 in Richtung Karibik auslaufende Hamburger Schiffe[1]

Datum[2]	Eigner	Kapitän	Schiff (Anzahl der Fahrten)	Route	Zielhafen	Ware
1818	Paul Hinrich Bremer		Vesta	St. Barth, St. Thomas, Bremen	La Guaira	
1818/19	G. H. Wappäus		Elisabeth			
1820	James Dingwall		Echo	St. Thomas	La Guaira	
1820/21	G. H. Wappäus		Elisabeth (2)		Curaçao	
1820-22	James Dingwall		Henrietta & Doris		St. Thomas	
1821/22	G. H. Wappäus	J. D. C. Meincke	Flora (2)		Curaçao	
1821-23	James Dingwall		Echo (5)		St. Thomas	
1822	G. H. Wappäus		Elisabeth		St. Thomas	
1823/24	G. H. Wappäus	J. D. C. Meincke	Flora		La Guaira	

1 BAUMGARTEN, Fritz: Hamburg und die lateinamerikanische Emanzipation. FRÖSCHLE, Hartmut (Hrsg.): Die Deutschen in Lateinamerika. HUMBOLDT, Wilhelm von: Tagebücher, 2 Bde. (Bde. 14 und 15 der gesammelten Schriften), hrsg. von Albert LEITZMANN, Berlin 1916-18. KRESSE, Walter: Seeschiffs-Verzeichnis der Hamburger Reedereien. ROLF, Walter: Venezuela und Deutschland, S. 134, 175. StAH 132-6 Hamburgisches Konsulat Angostura 1 I, Protokoll des Consulates der freien Hanse-Städte Lübeck, Bremen und Hamburg in und für Angostura 1840-45. StAH 132-6 Hamburgisches Konsulat Angostura 1 II, 1. Protokoll der ausgehenden Schreiben und Vorgänge beim Konsulat 1845-56, 2. Tabellen über Ein- und Ausfuhr 1839-55 nur über von und nach den Hansestädten ein- bzw. auslaufende Schiffe 1840-55. StAH 132-6 Hamburgisches Konsulat Maracaibo 2, Protokoll der Vorgänge beim Konsulat, Abschriften der ausgehenden Schreiben und Vermerke über eingegangene Schreiben, 1845-1869. StAH 132-6 Hamburgisches Konsulat (Generalkonsulat, Vizekonsulat) La Guayra 2, Bd. 1, 1827-1848, Protokoll der abgegangenen Schreiben und der Vorgänge beim Konsulat sowie Übersicht der gebührenpflichtigen Anträge, 1836-48. StAH 132-6 Hamburgisches Konsulat (Generalkonsulat, Vizekonsulat) La Guayra 2, Bd. 2, Protokoll der abgegangenen Schreiben und der Vorgänge beim Konsulat sowie Übersicht der gebührenpflichtigen Anträge, 1848-1864. StAH 132-6 Hamburgisches Konsulat (Generalkonsulat, Vizekonsulat) La Guayra 2, Bd. 3, Protokoll der abgegangenen Schreiben und der Vorgänge beim Konsulat, 1864-1869. StAH 621-1 Firma A. H. Wappäus 1, Hausstandsrechnungen, Aufträge, Preisaufgaben, Verkaufsrechnungen und Fakturen, 1856 ff.. StAH 621-1 Firma A. H. Wappäus 4, Kassabuch über den Bau und die Reisen der Bark Orinoco, 1859 ff.. StAH 621-1 Firma A. H. Wappäus 5, Versicherungsscheine (Policen) u. ähnl. 1857 ff.. StAH 621-1 Firma A. H. Wappäus 9, Memorandum-Book von A. H. Wappäus in Ciudad Bolivar 1839-1857.

2 Zur Kopfleiste: Das Datum bezeichnet das Jahr, in dem das jeweilige Schiff den Hamburger Hafen verließ. Es folgen Eigner, Kapitän und der Name des Schiffes. Anzahl der Fahrten (x) ist verzeichnet, wenn das Schiff die angegebene Route in jenem Jahr mehr als einmal befuhr. Unter Route und Zielhafen sind die bekannten angelaufenen Häfen verzeichnet. Soweit etwas über die mitgeführte Ware bekannt ist, ist dies in der letzten Rubrik angegeben.

1823/24	G. H. Wappäus	H. Blohm	Alexander		Havanna	
1823-27	G. H. Wappäus	C. Hansen	Germania (6)		Havanna	
1824	G. H. Wappäus	P. H. Decker	Hercules		Omoa / Honduras	
1824/25	G. H. Wappäus	H. Blohm	Alexander	Puerto Orotava[3], La Guaira, Omoa / Honduras	Campeche / Mexiko	
1824/25	G. H. Wappäus	J. D. C. Meincke	Flora		La Guaira	
1824-26	G. H. Wappäus	J. J. J. Wilcken	Wilhelmine	Cowes, Zwischen- hafen	Río de Janeiro	
1826, 8.2.	Henry de Jongh	A. P. Möller	Union		La Guaira	Trocken- ware
1826/27	G. H. Wappäus	J. N. Martens	Alexander	St. Thomas	Curaçao	
1826/27	G. H. Wappäus	J. P. Möller	Jungfrau Emilie (2)		La Guaira	
1827	G. H. Wappäus	J. N. Martens	Alexander		Curaçao	
1827-29	G. H. Wappäus	J. C. H. Scheffler	Anna Sophia (2)		Río de Janeiro	
1827-29	G. H. Wappäus	J. A. S. Hertzer	Georg Heinrich (2)		Havanna	
1827/28	G. H. Wappäus	J. P. Möller	Jungfrau Emilie	La Guaira	Puerto Cabello	
1827/28	G. H. Wappäus	L. A. A. Hooge	Bienen- stock	Bordeaux	Veracruz	
1827/29	G. H. Wappäus	P. B. Decker	Die aufgehende Sonne	Zwischen- hafen[4]	Río de Janeiro	
1827-29	G. H. Wappäus	H. D. Alwes	Heinrich Adolph	Bremen, Zwischen- hafen	Veracruz	
1828	G. H. Wappäus	L. A. A. Hooge	Bienen- stock	Port-au- Prince	Gonaives / Haiti	
1828	G. H. Wappäus	G. N. J. Meyburg	Johann Eduard		Río de Janeiro	
1828	G. H. Wappäus	J. C. Türck	Alexander	Santos	Bahia	
1828	G. H. Wappäus	C. Hansen	Germania		Río de Janeiro	
1828	G. H. Wappäus	J. N. Martens	Flora		Curaçao	

3 Puerto Orotava / Santa Cruz de Tenerife.
4 *Zwischenhafen* steht, wenn sicher ist, daß das Schiff einen anderen Hafen vor dem Zielhafen anlief, jedoch nicht bekannt ist, welcher.

1828/29	G. H. Wappäus	C. L. Holtz	Bienen-stock	London, Lissabon	Río de Janeiro	
1828/29	G. H. Wappäus	J. H. C. Köhne	Alexander	Plymouth	Pernambuco	
1829	G. H. Wappäus	G. N. J. Meyburg	Germania		St. Thomas	
1829/30	G. H. Wappäus	J. C. H. Scheffler	Anna Sophia		Curaçao	
1829/30	G. H. Wappäus	L. A. A. Hooge	Die aufgehende Sonne	Kapverdische Inseln	Río de Janeiro	
1829/30	G. H. Wappäus	F. Langreuter	Legator	Bordeaux, Porto	Bahia	
1829/30	G. H. Wappäus	J. J. Schüder	Maria Elisabeth	Baltimore	Bahia	
1829/30	G. H. Wappäus	J. N. Martens	Johann Eduard (2)		Port-au-Prince	
1829/30	G. H. Wappäus	J. A. S. Hertzer	Georg Heinrich	Hull	Havanna	
1829-31	G. H. Wappäus	N. J. Bahr	Jungfrau Emilie	Havre, Zwischen-hafen	Havanna	
1830	G. H. Wappäus	F. Langreuter	Legator	Port-au-Prince	Gonaives / Haiti	
1830	G. H. Wappäus	G. N. J. Meyburg	Germania		Cap Haitien	
1830	G. H. Wappäus	L. A. A. Hooge	Die aufgehende Sonne	Boavista[5] / Kapverdische Inseln	Río de Janeiro	
1830/31	G. H. Wappäus	M. Hauschildt	Maria Elisabeth	Kapverdische Inseln, Zwischen-hafen	Río de Janeiro	
1830/31	G. H. Wappäus	J. N. Martens	Johann Eduard	London, Port-au-Prince	Curaçao	
1830/31	G. H. Wappäus	D. B. Knaack	Alexander		Havanna	
1830/31	G. H. Wappäus	J. A. S. Hertzer	Georg Heinrich	Harwich[6]	Río de Janeiro	
1830/31	G. H. Wappäus	G. N. J. Meyburg	Germania	Amsterdam	Bahia	
1831	G. H. Wappäus	L. A. A. Hooge	Die aufgehende Sonne		Río de Janeiro	
1831/32	G. H. Wappäus	H. Bähr	Legator	Veracruz, Zwischen-hafen	Río de Janeiro	
1831/32	G. H. Wappäus	M. Hauschildt	Maria Elisabeth	Zwischen-hafen	Bahia	

5   Boavista / Azoren.
6   Harwich / England.

1831/32	G. H. Wappäus	J. A. S. Hertzer	Georg Heinrich (2)		Bahia	
1831/32	G. H. Wappäus	E. Hinrichsen	Brazil Packet	London	Río de Janeiro	
1831/32	G. H. Wappäus	H. D. Alwes	Aurora	Port-au-Prince	Santo Domingo	
1831/32	G. H. Wappäus	L. A. A. Hooge	Die aufgehende Sonne	Kapverdische Inseln	Río de Janeiro	
1831-34	G. H. Wappäus	J. N. Martens	Johann Eduard (4)		Port-au-Prince	
1832	G. H. Wappäus	E. Hinrichsen	Brazil Packet		Matanzas / Kuba	
1832/33	G. H. Wappäus	M. H. Kölln	Aurora	Port-au-Prince	Grande Saline / Haiti	
1832/33	G. H. Wappäus	M. Hauschildt	Maria Elisabeth	Kapverdische Inseln	Bahia	
1832/33	G. H. Wappäus	H. Bähr	Legator	Kapverdische Inseln, Zwischen-hafen	Río de Janeiro	
1832/33	G. H. Wappäus	L. A. A. Hooge	Die aufgehende Sonne	Kapverdische Inseln	Río de Janeiro	
1832/33	G. H. Wappäus	J. A. S. Hertzer	Georg Heinrich	Kapverdische Inseln	Bahia	
1833/34	G. H. Wappäus	M. H. Kölln	Aurora	Kapverdische Inseln	Río de Janeiro	
1833/34	G. H. Wappäus	M. Hauschildt	Maria Elisabeth	Zwischen-hafen	Bahia	
1833/34	G. H. Wappäus	H. Bähr	Legator		Port-au-Prince	
1833/34	G. H. Wappäus	W. H. D. von Justi	Die aufgehende Sonne	Boavista / Kapverdische Inseln	Río de Janeiro	
1833-35	G. H. Wappäus	J. A S. Hertzer	Georg Heinrich (2)	Zwischen-hafen	Bahia	
1834-35	G. H. Wappäus	R. Bähr	Johann Eduard	Cap Haitien, Port-au-Prince	Gonaives / Haiti	
1834/35	G. H. Wappäus	M. H. Kölln	Aurora	Kapverdische Inseln, Zwischen-hafen	Bahia	
1834/35	G. H. Wappäus	L. A. A. Hooge	Germania	Port-au-Prince	Gonaives Haiti	
1835	G. H. Wappäus	M. Hauschildt	Maria Elisabeth		Bahia	
1835	G. H. Wappäus	R. Bähr	Johann Eduard	Port-au-Prince	Aux Cayes / Haiti[7]	

7 Auch Les Cayes / Haiti.

1835/36	G. H. Wappäus	M. Hauschildt	Maria Elisabeth	Río de Janeiro	New York	
1835/36	G. H. Wappäus	M. H. Kölln	Aurora	Kapverdische Inseln	Bahia	
1835/36	G. H. Wappäus	L. A. A. Hooge	Flora		Río de Janeiro	
1835/36	G. H. Wappäus	J. A. S. Hertzer	Georg Heinrich	Lissabon	Bahia	
1835/36	G. H. Wappäus	H. Bähr	Germania	Río de Janeiro, Zwischenhafen	New York	
1836	G. H. Wappäus	J. A. S. Hertzer	Georg Heinrich		Bahia	
1836	Carl Heinrich Bremer	F. C. Tiedemann	Adolph Gustav (2)		Venezuela	Exp.: Leinen, Lebensmittel Imp.: Kaffee etc.[8]
1836	H. J. Merck & Co.	J. J. J. Wilcken	Marianne & Pauline (2)		Venezuela	Exp.: Leinen, Lebensmittel Imp.: Tabak, Kaffee etc.
1836/37	G. H. Wappäus	L. A. A. Hooge	Flora	Antwerpen	Río de Janeiro	
1836/37	G. H. Wappäus	P. H. Decker	Germania	Bahia	Trinidad	
1836/37	G. H. Wappäus	R. Bähr	Johann Eduard	New York	Puerto Cabello	
1836/37	G. H. Wappäus	A. N. Martensen	Legator	Río de Janeiro, Zwischenhafen, St. Thomas	Manati / Puerto Rico	
1837	Friedrich Christian Bahre	J. H. Tardel	Elisabeth Wilhelmina	St. Thomas, La Guaira	Puerto Cabello	
1837/38	G. H. Wappäus	P. H. Decker	Germania	Kapverdische Inseln	Río de Janeiro	
1838/39	G. H. Wappäus	P. H. Decker	Germania	Buenos Aires	Bahia	
1840, 29.11	August Joseph Schön (St. Thomas)[9]	J. Johannsen	Nicoline	St. Thomas	Angostura	Exp.: div. Waren Imp.: Tabak
1840, 28.12	Joh. Ces. Godeffroy & Sohn	J. Meyer	Johan Cesar	La Guaira, Puerto Cabello	Angostura	Exp.: Ballast; Imp.: Joncabohnen[10], Tabak
1841	J. C. & F. Cordes	J. B. F. Grell	Johannes Christoph	La Guaira	Puerto Cabello	

8 Mit *Exp.* sind die Waren gemeint, die von Hamburg nach Übersee transportiert wurden. Waren, die für den Import nach Hamburg gedacht waren, sind mit *Imp.* bezeichnet.
9 Die Firma August Joseph Schön besaß sowohl eine Dependance in Hamburg als auch auf St. Thomas.
10 Jonca- oder eventuell Toncabohnen.

1841	Carl Andreas Rühs	M. B. Peters	Margaret		La Guaira	
1841, Jan.	H. J. Merck & Co.	J. J. J. Wilcken	Marianne & Pauline	La Guaira	Angostura	Exp.: Ballast Imp.: Tabak Hörner, div. Produkte, Rinderhäute Rehfelle, Kakao, Joncabohnen
1842, 13.12	August Joseph Schön (St. Thomas)	H. M. Volkertsen	Elise	St. Thomas	Angostura	Imp.: Tabak, Rinderhäute
1842, 27.12.	Carl Pflugk	P. Lafrenz	Carl Adolph	St. Thomas	Angostura	Imp.: Tabak, Mahagoni
1843, 2.1.	Henry Dutton	P. Lafrenz	Prince Albert		Angostura	Imp: Tabak, Mahagoni, Rinderhäute H. V.: A. W.[11]
1843	Adolph Oppenheim	M. J. Smith	Edmund		La Guaira	
1843	August Joseph Schön (St. Thomas)	E. C. Cornelissen	Georg	La Guaira	Puerto Cabello	
1843	Carl Andreas Rühs	J. F. C. Behrens	Margaret	La Guaira	Puerto Cabello	
1843	J. C. & F. Cordes	J. B. F. Grell	Johannes Christoph (2)	La Guaira	Puerto Cabello	
1843	J. C. & F. Cordes	M. Scharlau	Telegraph (2)	La Guaira	Puerto Cabello	
1844	August Joseph Schön (St. Thomas)	E. C. Cornelissen	Georg (2)	La Guaira	Puerto Cabello, zweite Reise nach St. Thomas	
1844	A. F. Woldsen	P. Johannsen	Hever	La Guaira	Puerto Cabello	
1844	J. C. & F. Cordes	J. B. F. Grell	Johannes Christoph (2)	New York (nur erste Fahrt), La Guaira	Puerto Cabello	
1844	Carl Andreas Rühs	J. F. C. Behrens	Margaret	La Guaira	Puerto Cabello	
1845	J. C. & F. Cordes	M. Scharlau	Telegraph	La Guaira	Puerto Cabello	
1845	August Joseph Schön (St. Thomas	E. C. Cornelissen	Georg	La Guaira	Puerto Cabello	

11 H. V.: A. W. = Händler in Venezuela: Adolph Wappäus. Der Händler in Venezuela, für den die Ladung bestimmt war, war Adolph Heinrich Wappäus. Die nach Hamburg importierte Ware war in dem Fall, daß A. H. Wappäus die Ladung in Venezuela aufgab, zum Verkauf an Menge Steenfadt in Hamburg gedacht.

1845	Carl Ludwig Daniel Meister	J. L. Röbe	Triton	La Guaira	Puerto Cabello	
1845	J.C. & F. Cordes	J. B. F. Grell	Johannes Christoph (2)	La Guaira	Puerto Cabello	
1845	August Joseph Schön (St. Thomas)	E. C. Cornelissen	Georg		La Guaira	
1845	Becker & Lunau	J. F. C. Behrens	Margaret	La Guaira	Puerto Cabello	
1845	Carl Ludwig Daniel Meister	J. C. Röbe	Triton	La Guaira	Puerto Cabello	
1846	Jacob Diederich Cohrs	Jacob Diederich Cohrs	Expreß	Liverpool, Zwischen-hafen	La Guaira	
1846	Becker & Lunau	J. F. C. Behrens	Margaret	Trinidad	Puerto Cabello	
1846	Johann Sievert Cohrs	Johann Sievert Cohrs	Courier	La Guaira	Puerto Cabello	
1846	J. C. & F. Cordes	J. B. F. Grell	Johannes Christoph	La Guaira	Puerto Cabello	
1846	J. C. & F. Cordes	M. Scharlau	Telegraph	La Guaira	Puerto Cabello	
1846	August Joseph Schön (St. Thomas)	E. C. Cornelissen	Georg	La Guaira	Puerto Cabello	
1846	Carl Ludwig Daniel Meister	J. L. Röbe	Triton		St. Thomas	
1847	August Joseph Schön (St. Thomas)	E. C. Cornelissen	Georg (2)	La Guaira	Puerto Cabello	
1847	Lavé Bödecker	J. J. Sinn	Alcyon	Westküste Amerikas, Zwischen-hafen, La Guaira	Puerto Cabello	
1946/47	J. C. & F. Cordes	M. Scharlau	Telegraph	New York, La Guaira	Puerto Cabello	
1847	Carl Ludwig Daniel Meister	N. Quedens	Juliane	St. Thomas	La Guaira	
1847, Juli	J. C. & F. Cordes	M. Scharlau	Telegraph (2)	La Guaira	Puerto Cabello	
1847	Martin Beenk	T. J. Bleicken	Apollo		Angostura	Imp.: Orinoco-häute[12], Rehfelle H. V.: A. W.

12 Unklar, ob Rinder-, Kaiman- oder Nutriahäute gemeint waren.

1848	J. C. & F. Cordes	D. Clasen	Johannes Christoph	La Guaira	Puerto Cabello	
1848	August Joseph Schön & Co.	E. C. Cornelissen	Georg	La Guaira	Puerto Cabello	
1848	Carl Pflugk	J. Prins	Carl	Liverpool	Angostura	Imp.: Tabak H. V.: A. W.
1848	August Joseph Schön & Co.	E. C. Cornelissen	Georg		Angostura	Imp.: Tabak, H. V.: A. W.
1849	August Joseph Schön & Co.	P. F. C. N. Sonderburg	Esther & Sophie	Trinidad, Zwischen-hafen	La Guaira	
1849	J. C. & F. Cordes	J. B. F. Grell	Auguste & Bertha	Puerto Cabello	La Guaira	
1849	Adolph Oppenheim	M. J. Smith	Edmund	St. Thomas	La Guaira	
1849	A. von Döhren	C. H. F. Marcks	Laura & Louise	St. Thomas	La Guaira	
1849	August Joseph Schön & Co.	E. C. Cornelissen	Georg	St. Thomas, La Guaira	Aguadilla / Puerto Rico	
1849	Carl Ludwig Daniel Meister	J. L. Röbe	Triton		La Guaira	
1849	Johann Sievert Cohrs	Johann Sievert Cohrs	Courier		La Guaira	
1849	J. C. & F. Cordes	M. Scharlau	Telegraph	La Guaira	Puerto Cabello	
1850	W. O´Swald & Co.	G. A. H. Grote	Helena	Falmouth, St. Thomas	La Guaira	
1850	Nicolaus Plaas	Nicolaus Plaas	Amanda	Elmshorn, St. Thomas, Altona	La Guaira	
1850	August Joseph Schön & Co.	E. C. Cornelissen	Georg (2)	La Guaira	Puerto Cabello	
1850	Carsten Smidt	Carsten Smidt	Eduard		La Guaira	
1850	Claus Pedersen Clausen	Claus Pedersen Clausen	Johanna	La Guaira	Puerto Cabello	
1851	Hartenstein & Co.	W. H. Sleebohm	Wilhelmine	La Guaira, Puerto Cabello	Maranhan / Brasilien	
1851	Eduard Müller G. W. Sohn	E. C. Cornelissen	Georg	La Guaira	Puerto Cabello	
1851	Johann Franz Christopher Bergeest	J. G. Forster	Danae	St. Thomas	La Guaira	

1851	Carl Heinrich Peter Lehmann	H. Hauschild	Princess Royal	San José / Guatemala, Puerto Cabello, zurück nach Liverpool	La Guaira	
1851	Carl Ludwig Daniel Meister	N. Quedens	Juliane	St. Thomas	Gibara / Kuba	
1851	A. von Döhren Söhne	C. H. F. Marcks	Laura & Louise	Veracruz, Zwischenhafen	La Guaira	
1851	Carsten Smidt	Carsten Smidt	Eduard	Liverpool	Puerto Cabello	
1851	J. Becker	J. F. C. Behrens	Johann Friedrich	Galveston[13]	La Guaira	
1851	Claus Pedersen Clausen	Claus Pedersen Clausen	Johanna	La Guaira	Puerto Cabello	
1851	Eduard Müller G. W. Sohn	E. C. Cornelissen	Georg	Liverpool, La Guaira	Puerto Cabello	
1851	Hinrich Ludwig Cohrs	Hinrich Ludwig Cohrs	Courier	La Guaira	Puerto Cabello	
1851	Claus Linau	Claus Linau	Minna	La Guaira, Puerto Cabello	Havanna	
1851	Carsten Smidt	Carsten Smidt	Eduard	Liverpool	La Guaira	
1851	August Joseph Schön & Co.	H. J. C. Heim	Elise	St. Thomas, La Guaira	Arecibo / Puerto Rico	
1852	J. Becker	T. J. Bleicken	Betty & Emma (2)	Liverpool, La Guaira	Puerto Cabello	
1852	Ferdinand Blass & Schomburgk	N. D. Möller	Domingo (2)	La Guaira	Puerto Cabello	
1852	A. von Döhren	J. J. Bleicken	Georg	Puerto Cabello	La Guaira	
1852	Sören Brinck Hansen	Sören Brinck Hansen	Carl & Johanne	Liverpool, Puerto Cabello	La Guaira	
1852	Hinrich Ludwig Cohrs	Hinrich Ludwig Cohrs	Courier	La Guaira	Puerto Cabello	
1852	Hartenstein & Co.	D. Schacht	Wilhelmine	St. Thomas	La Guaira	
1852	Heye Heyenga	J. G. Förster	Trident	St. Thomas	La Guaira	
1852	Carl Ludwig Daniel Meister	J. L. Röbe	Renner	Liverpool	La Guaira	

13 Wahrscheinlich Galveston / Texas (USA).

1852	Wilcken Breckwoldt	Wilcken Breckwoldt	Elisabeth	La Guaira	Puerto Cabello	
1852	Claus Pedersen Clausen	Claus Pedersen Clausen	Johanna	La Guaira	Puerto Cabello	
1852	Carl Theodor Kinch	Carl Theodor Kinch	Lind	La Guaira	Puerto Cabello	
1852	H. H. Eggers	J. R. Cooper	Flying Dutchman	La Guaira	Puerto Cabello	
1852	Heinrich Adolph Gütschow	J. F. B. Grell	Adler	ab Cuxhaven, Zwischen-hafen, Rotterdam, St. Thomas, La Guaira	Ponce / Puerto Rico	
1852	Eduard Müller G. W. Sohn	E. C. Cornelissen	Georg	La Guaira	Puerto Cabello	
1853	W. Rendtorff	J. B. B. Frantzen	Mathilde (2)	La Guaira	Puerto Cabello	
1853	Carsten Diederich Lau	Carsten Diederich Lau	Liberty (2)	La Guaira	Puerto Cabello	
1853	Hans Friedrich Stöckmann	Heinrich F. Stöckmann	Alexander	La Guaira	Puerto Cabello	
1853	Friedrich Peter Witt	Friedrich Peter Witt	Maria	La Guaira	Puerto Cabello	
1853	Hartenstein & Co.	D. Schacht	Wilhelmine	La Guaira	Puerto Cabello	
1853	August Joseph Schön & Co.	H. C. Jensen	August	St. Thomas, La Guaira, Puerto Cabello	Arecibo / Puerto Rico	
1853	Carl Theodor Kinch	Carl Theodor Kinch	Lind	St. Thomas, La Guaira	Puerto Cabello	
1853	Ferdinand Blass & Schomburgk	C. Lorenzen	Domingo (2)	St. Thomas, La Guaira	Puerto Cabello	
1853	Sören Pedersen Clausen	Sören Pedersen Clausen	Johanna (2)	La Guaira	Puerto Cabello	
1853	Eduard Müller G. W. Sohn	E. C. Cornelissen	Georg	La Guaira	Puerto Cabello	
1853	H. H. Eggers	A. A. Klein	Voltigeur		La Guaira	
1853	Carsten Smidt	Carsten Smidt	Eduard	Liverpool, La Guaira	Puerto Cabello	
1853	J. Becker	J. F. C. Behrens	Johann Friedrich	La Guaira	Puerto Cabello	
1853	H. H. Eggers	P. A. Janssen	Flying Dutchman	New York, La Guaira	Puerto Cabello	
1853	Wilcken Breckwoldt	Wilcken Breckwoldt	Elisabeth (2)	La Guaira	Puerto Cabello	

1854	W. Rendtorff	J. B. B. Frantzen	Mathilde	St. Thomas, La Guaira	Puerto Cabello	
1854	H. H. Eggers	A. A. Klein	Voltigeur (2)	La Guaira	Puerto Cabello	
1854	J. Becker	J. F. C. Behrens	Johann Friedrich	La Guaira	Puerto Cabello	
1854	C. Rübke & Woellmer	J. C. F. Janssen	Johanna Elise		La Guaira	
1854	J. Becker	T. J. Bleicken	Betty & Emma	La Guaira	Puerto Cabello	
1854	August Joseph Schön & Co.	G. H. Krüger	Carl	La Guaira	Puerto Cabello	
1854	Eduard Müller G. W. Sohn	E. C. Cornelissen	Georg	La Guaira	Puerto Cabello	
1855	Ferd. Blass & Schomburgk	C. Lorenzen	Domingo	La Guaira	Puerto Cabello	
1855	Sören Pedersen Clausen	Sören Pedersen Clausen	Johanna (2)	La Guaira	Puerto Cabello	
1855	H. H. Eggers	P. A. Janssen	Flying Dutchman (2)	La Guaira	Puerto Cabello	
1855	Sören Brinck Hansen	Sören Brinck Hansen	Carl & Johanne	Puerto Arenas / Costa Rica, Zwischen- hafen	La Guaira	
1855	H. H. Eggers	A. A. Klein	Voltigeur (2)	La Guaira	Puerto Cabello	
1855	Eduard Müller G. W. Sohn	E. C. Cornelissen	Georg	La Guaira	Puerto Cabello	
1855	J. Becker	T. J. Bleicken	Betty & Emma (2)	La Guaira	Puerto Cabello	
1855	Carl Theodor Kinch	E. Möller	Lind	La Guaira	Puerto Cabello	
1856	Heyer Heyenga	C. J. Janssen	Trident	La Guaira, Puerto Cabello	Arecibo / Puerto Rico	
1856	August Joseph Schön & Co.	C. R. Köhler	Marietta	La Guaira	Puerto Cabello	
1856	Ferd. Blass & Schomburgk	C. Lorenzen	Domingo	La Guaira	Puerto Cabello	
1856	H. H. Eggers	P. A. Janssen	Flying Dutchman (2)	La Guaira		
1856	Eduard Müller G. W. Sohn	E. C. Cornelissen	Georg (2)	La Guaira	Puerto Cabello	
1856	Carl Theodor Kinch	E. Möller	Lind (2)	Schiedam, La Guaira	Puerto Cabello	
1856	Carsten Smidt	Carsten Smidt	Eduard	La Guaira, Puerto Cabello	Laguna de Términos / Mexiko	

1856	Wilcken Breckwoldt	Wilcken Breckwoldt	Elisabeth	St. Thomas, Gonaives / Haiti	La Guaira	
1856	Sören Pedersen Clausen	Sören Pedersen Clausen	Johanna (2)	La Guaira	Puerto Cabello	
1856	Johann Joachim August Gast	L. Behrens	Apollo	La Guaira	Puerto Cabello	
1856	J. Becker	P. J. Diederichsen	Betty & Emma	La Guaira	Puerto Cabello	
1856	August Joseph Schön & Co.	C. R. Köhler	Marietta	Liverpool, La Guaira	St. Thomas	
1856	H. H. Eggers	A. A. Klein	Voltigeur (2)	La Guaira	Puerto Cabello	
1856	W. Rendtorff	J. B. B. Frantzen	Mathilde	La Guaira	Puerto Cabello	
1856	Hans Friedrich Stöckmann	Heinrich F. Stöckmann	Alexander (2)	La Guaira, Puerto Cabello	Puerto Plata / Santo Domingo	
1856	Johann Joachim August Gast	L. Behrens	Apollo	La Guaira, Puerto Cabello	Maracaibo	
1857	J. Becker	P. D. Röhrs	Betty & Emma	La Guaira	Puerto Cabello	
1857/58	Carsten Smidt	Carsten Smidt	Eduard	La Guaira	Puerto Cabello	
1858	Sören Brinck Hansen	Sören Brinck Hansen	Carl & Johanne (2)	La Guaira	Puerto Cabello	
1858	W. Rendtorff	J. B. B. Frantzen	Mathilde (2)	La Guaira	Puerto Cabello	
1858	H. H. Eggers	A. A. Klein	Voltigeur (2)	La Guaira	Puerto Cabello	
1858	Wilcken Breckwoldt	Wilcken Breckwoldt	Elisabeth	Puerto Cabello	Maracaibo	
1858	Sören Pedersen Clausen	Sören Pedersen Clausen	Johanna (2)	La Guaira	Puerto Cabello	
1858	H. H. Eggers	H. P. Wolf	Imperieuse (2)	La Guaira	Puerto Cabello	
1858	Eduard Müller G. W. Sohn	E. C. Cornelissen	Georg (2)	La Guaira	Puerto Cabello	
1858	Claus Pedersen Clausen	N. S. Lauridsen	Feiga	La Guaira	Puerto Cabello	
1858	Hinrich Ludwig Cohrs	Hinrich Ludwig Cohrs	Courier	La Guaira	Puerto Cabello	
1858	Julius Friedrich Wilhelm Reimers	C. Smidt	Eduard	St. Thomas	La Guaira	
1858	August Joseph Schön & Co.	M. N. von Hachten	Esther & Sophie (2)	Pernambuco	Je einmal: La Guaira, Bahia	

1858	H. H. Eggers	H. P. Wolf	Imperieuse	La Guaira	Puerto Cabello	
1858	August Joseph Schön & Co.	H. C. Jensen	August	Liverpool, St. Thomas	Arecibo / Puerto Rico	
1859	Claus Pedersen Clausen	N. S. Lauridsen	Feiga	La Guaira	Puerto Cabello	
1859	Johann Martin Ode	Johann Martin Ode	Domingo	La Guaira	Puerto Cabello	
1859	H. H. Eggers	A. A. Klein	Flying Dutchman (2)	La Guaira	Puerto Cabello	
1859	Eduard Müller G. W. Sohn	E. C. Cornelissen	Georg (2)	La Guaira	Puerto Cabello	
1859	W. Rendtorff	J. B. B. Frantzen	Mathilde (2)	La Guaira	Puerto Cabello	
1859	A. von Döhren	J. J. Bleicken	Georg	Puerto Cabello, Puerto Plata / Santo Domingo	La Guaira	
1859	Wilcken Breckwoldt	Wilcken Breckwoldt	Elisabeth	La Guaira, Puerto Cabello	Maracaibo	
1859	J. Becker	P. D. Röhrs	Betty & Emma (2)	La Guaira	Puerto Cabello	
1859	H. H. Eggers	D. C. Diederichsen	Voltigeur		La Guaira	
1859	H. H. Eggers	H. P. Wolf	Imperieuse	La Guaira	Puerto Cabello	
1859	August Joseph Schön & Co.	H. P. Hansen	Elise	St. Thomas	La Guaira	
1859	Sören Brinck Hansen	Sören Brinck Hansen	Carl & Johanne (2)	La Guaira	Puerto Cabello	
1859	Sören Pedersen Clausen	Sören Pedersen Clausen	Johanna (2)	Bristol, La Guaira, Zwischen-hafen	Santos	
1859	Friedrich Peter Witt	J. Harms	Maria	La Guaira	Puerto Cabello	
1859/61	**A. H. Wappäus**	**R. G. A. F. Krütli**	**Orinoco**	**ab Lübeck, Zwischen-hafen, La Guaira**	**Puerto Cabello**	
1860	H. H. Eggers	F. A. Petersen	Voltigeur	La Guaira	Puerto Cabello	
1860	August Joseph Schön & Co.	C. H. Hoyer	August	St. Thomas, La Guaira	Maracaibo	
1860	Claus Pedersen Clausen	N. S. Lauridsen	Feiga (2)	La Guaira, Puerto Cabello	Je einmal: Curaçao, Puerto Plata / Santo Domingo	
1860	August Joseph Schön & Co.	C. R. Köhler	Marietta	La Guaira, Puerto Cabello	Puerto Rico	

1860	Johann Martin Ode	Johann Martin Ode	Domingo (2)	La Guaira	Puerto Cabello	
1860	J. Becker	P. D. Röhrs	Betty & Emma	La Guaira	Puerto Cabello	
1860	Sören Pedersen Clausen	Sören Pedersen Clausen	Johanna	La Guaira	Puerto Cabello	
1860	J. Becker	C. F. C. Fischer	Ines	La Guaira	Puerto Cabello	
1860/61	H. H. Eggers	F. A. Petersen	Voltigeur (2)	La Guaira	Puerto Cabello	
1861	W. Rendtorff	H. W. Petersen	Mathilde	St. Thomas, La Guaira	Puerto Cabello	
1861	Peter Ferdinand Möller	Peter Ferdinand Möller	Lucie Caroline	La Guaira	Puerto Cabello	
1861	August Joseph Schön & Co.	J. B. A. Pfeiffer	Carl	St. Thomas, La Guaira	Puerto Cabello	
1861	J. Becker	C. F. C. Fischer	Ines	La Guaira, Puerto Cabello	Puerto Plata / Santo Domingo	
1861	J. Becker	P. D. Röhrs	Betty & Emma (2)	La Guaira	Puerto Cabello	
1861	Johann Martin Ode	Johann Martin Ode	Domingo (2)	La Guaira	Puerto Cabello	
1861	Wilcken Breckwoldt	Wilcken Breckwoldt	Elisabeth (2)	La Guaira	Puerto Cabello	
1861	Jonas Gabriel Lund	J. H. Schultz	Wilhelmine	ab Liverpool, Newport, Port of Spain / Trinidad, Demerara	Ciudad Bolívar	Exp.: Baumwollwaren, Lederwaren, Steingut H. H.: A. W.[14]
1862	August Joseph Schön & Co.	R. Martens	Victor	St. Thomas, La Guaira	Puerto Cabello	
1862	Wilcken Breckwoldt	Wilcken Breckwoldt	Elisabeth	La Guaira	Cap Haitien	
1862	J. Becker	P. D. Röhrs	Betty & Emma (2)	La Guaira	Puerto Cabello	
1862	Carl Schomburgk	J. M. Ode	Domingo	St. Thomas, La Guaira	Puerto Cabello	
1863	H. H. Eggers	B. T. Eben	Voltigeur	La Guaira, Zwischenhafen	Puerto Cabello	
1863	J. Becker	P. D. Röhrs	Betty & Emma (2)	La Guaira	Puerto Cabello	
1863	H. H. Eggers	D. C. Diedrichsen	Flying Dutchman (2)	La Guaira	Puerto Cabello	

14 H. H.: A. W.: Händler in Hamburg, welcher die Ware verschickt, Adolph Heinrich Wappäus.

1863	Heinrich Adolph Gütschow	H. H. C. Heinemann	Adler	Río de Janeiro, Göteborg, Zwischen-hafen, Iquique	La Guaira	
1863	J. Becker	C. F. C. Fischer	Ines (2)	La Guaira	Puerto Cabello	
1863	Friedrich Peter Witt	H. J. Witt	Maria	La Guaira	Puerto Cabello	
1863	Caspar Diederich Finkler	Caspar Diederich Finkler	Helene	La Guaira	Puerto Cabello	
1863	Wilcken Breckwoldt	Wilcken Breckwoldt	Elisabeth		La Guaira	
1864	H. H. Eggers	D. C. Diedrichsen	Flying Dutchman (2)	La Guaira	Puerto Cabello	
1864	E. T. Meyer & Co.	J. K. Oestmann	Margarita	La Guaira	Puerto Cabello	
1864	H. H. Eggers	B. T. Eben	Voltigeur	La Guaira, Zwischen-hafen	Puerto Cabello	
1864	E. T. Meyer & Co.	F. Mahn	Paulus	La Guaira	Puerto Cabello	
1864	Peter Ferdinand Möller	Peter Ferdinand Möller	Lucie Caroline	Liverpool	La Guaira	
1864	J. Becker	J. Kölling	Gine (2)	La Guaira	Puerto Cabello	
1865	Caspar Diederich Finkler	Caspar Dieserich Finkler	Helene	La Guaira	Puerto Cabello	
1865	Heinrich Christian Nicolaus Jensen	Heinrich Christian Nicolaus Jensen	Mathilde	La Guaira	Puerto Cabello	
1865	Hans Claus Hinrich Pieper	Hans Claus Hinrich Pieper	Regina	La Guaira	Puerto Cabello	
1865	H. Pego & Co.	P. Friede	Conni	La Guaira	Puerto Cabello	
1865	J. Becker	P. D. Röhrs	Betty & Emma	La Guaira	Puerto Cabello	
1866	**A. H. Wappäus**	**Gottfried Heinrich Schoof**	**Orinoco**		**La Guaira**	
1866	Friedrich Brandt	Friedrich Brandt	Hermann & Molly	Buenos Aires, La Guaira	Puerto Cabello	
1866	Heinrich Christian Nicolaus Jensen	Heinrich Christian Nicolaus Jensen	Mathilde (2)	La Guaira	Puerto Cabello	
1866	Georg Hugo Schulz	Georg Hugo Schulz	Willy	Maranhan / Brasilien	La Guaira	
1866	J. Becker	J. Scheelke	Ines	La Guaira	Puerto Cabello	

1866	Capar Diederich Finkler	Caspar Diederich Finkler	Helene	La Guaira	Puerto Cabello	
1866	J. Becker	P. D. Röhrs	Betty & Emma (2)	La Guaira	Puerto Cabello	
1866	Carl Schomburgk	J. M. Ode	Mathilde (2)	La Guaira	Puerto Cabello	
1867	J. Becker	J. Kölling	Gine (2)	La Guaira	Puerto Cabello	
1867	A. von Döhren	G. J. Gosau	Laura & Louise (2)	La Guaira	Puerto Cabello	
1867	J. Becker	P. D. Röhrs	Betty & Emma (2)	La Guaira	Puerto Cabello	
1867	J. Becker	J. Scheelke	Ines	La Guaira	Puerto Cabello	
1867	Hans Claus Hinrich Pieper	Hans Claus Hinrich Pieper	Regina		La Guaira	
1868	A. von Döhren	G. J. Gosau	Laura & Louise (2)	La Guaira	Puerto Cabello	
1868	Carl Schomburgk	E. C. T. Ode	Mathilde (2)	La Guaira	Puerto Cabello	
1868	Johann August Gottfried Bolten	P. P. Skovmand	Seenymphe	La Guaira	Puerto Cabello	
1868	J. Becker	P. D. Röhrs	Betty & Emma		La Guaira	
1868	J. Becker	J. Kölling	Gine (2)	La Guaira	Puerto Cabello	
1868	Carl Theodor Kinch	F. C. A. Hinrichsen	Margaret Kinch	La Guaira	Puerto Cabello	
1869	J. Becker	J. Kölling	Gine (2)	La Guaira	Puerto Cabello	
1869	A. von Döhren	G. J. Gosau	Laura & Louise (2)	La Guaira	Puerto Cabello	
1875	**A. H. Wappäus**	**J. J. Schacht**	**Doña Zoyla**		**Ciudad Bolívar**	
1875/76	**A. H. Wappäus**	**J. J. Schacht**	**Doña Zoyla**	**Ciudad Bolívar**	**La Guaira**	
1876/77	**A. H. Wappäus**	**J. J. Schacht**	**Doña Zoyla**		**Ciudad Bolívar**	
1877	**A. H. Wappäus**	**J. J. Schacht**	**Doña Zoyla**	**Ciudad Bolívar**	**Cumaná**	
1877/78	**A. H. Wappäus**	**J. J. Schacht**	**Doña Zoyla**		**Ciudad Bolívar**	
1878	**A. H. Wappäus**	**T. Belitz**	**Orinoco**	**Bordeaux**	**Ciudad Bolívar**	
1878/79	**A. H. Wappäus**	**J. J. Schacht**	**Doña Zoyla**	**Rotterdam**	**Ciudad Bolívar**	
1879	**A. H. Wappäus**	**T. Belitz**	**Orinoco (2)**		**Ciudad Bolívar**	
1979	**A. H. Wappäus**	**J. J. Schacht**	**Doña Zoyla**		**Ciudad Bolívar**	
1881	**A. H. Wappäus**	**G. Doose**	**Lenita (2)**		**Ciudad Bolívar**	
1880-82	**A. H. Wappäus**	**J. J. Schacht**	**Doña Zoyla (4)**		**Ciudad Bolívar**	

1882	A. H. Wappäus	G. Doose	Bolívar		Ciudad Bolívar	
1882/83	A. H. Wappäus	C. Leuve	Bolívar	Ciudad Bolívar	Puerto Cabello	
1882-83	A. H. Wappäus	J. J. Schacht	Doña Luisa (3)		Ciudad Bolívar	
1883	A. H. Wappäus	C. Leuve	Bolívar		Ciudad Bolívar	
1883	A. H. Wappäus	J. H. Lentschu	Guillermina		Ciudad Bolívar	
1883/84	A. H: Wappäus	J. H. Lentschu	Guillermina	Ciudad Bolívar	Puerto Cabello	
1883/84	A. H. Wappäus	J. J. Schacht	Doña Luisa	Ciudad Bolívar	Puerto Cabello	
1884	A. H. Wappäus	J. H. Lentschu	Guillermina		Ciudad Bolívar	
1884	A. H. Wappäus	J. J. Schacht	Doña Luisa		Ciudad Bolívar	
1884/85	A. H. Wappäus	J. H. Lentschu	Guillermina	Ciudad Bolívar	Trinidad	
1885	A. H. Wappäus	J. J. Schacht	Doña Luisa		Ciudad Bolívar	
1885/86	A. H. Wappäus	C. Otzen	Doña Luisa	Ciudad Bolívar	Trinidad	
1885/86	A. H. Wappäus	J. H. Lentschu	Guillermina	Zwischen-hafen	Ciudad Bolívar	
1886	A. H. Wappäus	J. H. Lentschu	Guillermina		Ciudad Bolívar	
1886	A. H. Wappäus	J. J. Schacht	Doña Zoyla	Rotterdam	Ciudad Bolívar	
1886/87	A. H. Wappäus	J. J. Schacht	Doña Zoyla	Zwischen-hafen	Ciudad Bolívar	
1886/87	A. H. Wappäus	B. Nommensen	Doña Luisa	Grimsby	Venezuela	
1887	A. H. Wappäus	J. H. Lentschu	Guillermina	Zwischen-hafen	Ciudad Bolívar	
1887	A. H. Wappäus	B. Nommensen	Doña Luisa		Ciudad Bolívar	
1887	A. H. Wappäus	G. Tooren	Doña Evelina		Ciudad Bolívar	
1887/88	A. H. Wappäus	J. H. Lentschu	Guillermina	Zwischen-hafen	Ciudad Bolívar	
1887/88	A. H. Wappäus	B. Nommensen	Doña Luisa	Ciudad Bolívar	Trinidad	
1888	A. H. Wappäus	B. Nommensen	Doña Luisa		Ciudad Bolívar	
1888	A. H. Wappäus	J. J. Schacht	Doña Zoyla	Ciudad Bolívar	Haiti	

11. Warenpalette[1]

11.a) Beispiele für detaillierte Warenlisten nach venezolanischen Zeitungen

Erstes Beispiel[2]:

Auf der *Johannes Christoph* am 16.8.1847 nach Puerto Cabello transportierte Waren:
Consignado a los Sres. Meister Hermanos y Koster, con 5 cajas mercancías, a los Sres Strohm & Co. - 2 barriles espíritu alquitran a los Sres Eisenblat & Co - 1 molino de viento al Sr H. B. Tailor - 37 cuñetes, 12 cajas, 1 caja y e 1 casco, 8 barriles, 1 guacal al Sr. José Carlos Alcántara. - 4 cajas mercancías, 4 cajas rejas para ventanas, 3 cajas cerraduras llaves &a, 1 caja brochas, 1 quicio de puerta al Sr. W. Declisur. - 6 cajas mercancías a los Sres F. W. Vogelsang & Co. - 1 caja id. y 1 caja aceite a los Sres Boulton, Dallett y Co. - 8 cajas mercancias a los Sres. Neckelmann y Hagen. - 2.600 ladrillos a orden. 1 caja al Sr. Leandro Miranda. - 1 paquete a los Sres. Dubbers y Luis.

Zweites Beispiel[3]:

Auf der *Georg* am 28.8.1846 nach La Guaira importierte Waren:
Consignado a los Sres. Blohm & Co. con 2 cajas a los Sres. G. Espino & Co. - 21 cajas, 12 fardos, 50 cajas de vino, 2 cajitas, 30 barrillitos, 16 cajas vidrios y 12 barriles, a los Sres F. W. Vogelsang & Co. - 1 caja Sr. Degado Kern. - 110 cajas, 62 fardos, 78 cajas vidrios, 50 cajas queso, 100 jamones, 100 canas aceite, 300 garrafones ginebra y 10 fardos sacos vacios a los Sres. Blohm & Co..- 56 cajas a los Sres. Becker, Ruete & Co. - 24 cajas quesos y 6 cajas a los Sres. A. M. Seixas & Co., 2 barriles jamones al Sr. W. Declisur. - 1 fardo a los Sres. O´Callaghan y Schimmel. - 16 c. y 2 tinas sanguijuelas a los Sres. Meister Hermanos y Köster.- 6 cajas y 1 fardo a los Sres. Neckelmann y Hagen.- 3 cajas y 1 fardo a los Sres. A. M. Monsanto & Co. - 6 cajas al Sr. J. A. Stahl. - 5 cajas, 8 fardos, 55 barriles al Sr. G. Braun. - 14 cajas y un fardito a los Sres. Rosenberg Hermanos & Co. - 31 bultos, 3 cajas y 2 fardos al Sr. H. Cohen & Co.- 20 cajas a los Sres. Strohm & Co.. - 2 cajas al Sr. M. M. Lisboa. - 1 caja a orden.- 3. cajas y un fardo a los Sres. Eisenblat & Co. - 1 cajita la Sr. G. Moritz.
Import für Puerto Cabello:
1 caja al Sr. H. O. L. Lange. - 8 barriles, 13 cajas, 25 cajas vino, 1 barril cognac, 15 cajas vidrios, un rollo plomo y 21 varas hierro, a los Sres. Sonntag y Liborius - 8 cajas, al los Sres A. Bielenberg & Co. - 3 fardos sacos vacios, 54 cajas, a los Sres. Geller & Co. sucesores. - 2 cajas, a los Sres. C. A. Rühs & Co. - 5 bultos, al Sr. H. Lenkerstorff - 7 cajas a los Sres. Becker, Ruete & Co..

---

1 In diesem Anhang wurden die Quellen getreu dem Original transkribiert. Dementsprechend sind Interpunktion und Orthographie nicht immer korrekt und stringent.
2 Quelle siehe IX. Anhang: 5. Hamburger Schiffe, die zwischen 1824 und 1865 in La Guaira ein- und ausliefen.
  Auf der *Johannes Christoph* von J. C. & F. Cordes unter Kapitän J. B. F. Grell aus New York über La Guaira am 16.8.1847 nach Puerto Cabello gebrachte Ware.
3 Quelle siehe IX. Anhang: 5. Hamburger Schiffe, die zwischen 1824 und 1865 in La Guaira ein- und ausliefen.
  Auf der *Georg* von Eduard Müller G. W. Sohn unter Kapitän E. C. Cornelissen von Hamburg nach La Guaira am 28.8.1846 und danach nach Puerto Cabello exportierte Waren.

11.b)   Zollzettel der Firma A. H. Wappäus, 1858-1861

Zollzettel 1858[4]:

Bezugsort / Eingehend aus	Bezugsweg / mit	Ware
Hull	Dampf. Queen of Scotland / Kap. Foster	3 Ballen Leinen
Harburg	Schiffer Holtermann	1 Kiste Eisenwaren

Zollzettel 1859:

Bezugsort / Eingehend aus	Bezugsweg / mit	Ware
Harburg	Gebr. Holtermann / Transito Schein	600 kg Bänder
Wien	Preuß. Post	1 Paket Muster
Harburg	Gebr. Holtermann / Transito Schein	1 Kiste Eisenwaren
Offenbach	Preuß. Post	1 Paket mit 7 dz. ledernen Portemonnaies
Paris	Preuß. Post	1 Paket Muster
Antwerpen	Dampf. Pollux / Kap. Nemen	2 Kisten mit 48 Flinten
Antwerpen	Dampf. Pollux / Kap. Nemen	2 Kisten mit 50 kg baumw. Drelle[5]
Zittau	Preuß. Post	1 Paket in Wachstuch nach Muster
Limbach	Preuß. Post	1 Paket mit 10 kg baumw. Muster
Hull	Dampf. Zebra / Kap. Rutter	5 Ballen, 2 Kisten, 2 Kästchen Leinen,1 Paket Muster Eisenwaren
Hagen	Preuß. Post	
Lübeck	Stadt Post	Adresse 1 Rolle, ein Dokument
Hull	Dampf. Helen / Kap. Knorles	1 Ballen Leinengarn
Hull	Dampf. Britannia / Kap. Jäger	1 Ballen Leinen, 1 Paket Muster
Wien	Preuß. Post	1 Kistchen Perlmutter Knöpfe
Bremen	Hannov. Post	1 Kistchen Süßigkeiten, 1 Kiste Flaschen Bitters
Bremen	Hannov. Post	1 Paket Taback Proben
Fürth	Hbger. Eisenbahn	1 Kistchen mit 25 dz. Spiegel
Barmen	Hannov. Post	1 Paket mit 10 dz. Luntenfeuerzeuge
Harburg	Kolling	1 Kiste Tücher
Hull	Dampf. Zebra / Kap. Rutter	13 Fäßchen / 5 Kisten Schießpulver
Copenhagen	Dän. Post	2 Portraits, 1 dz. künstliche Blumen

---

4   StAH 621-1 Firma A. H. Wappäus 7, Zollzettel, Schlußnoten, Discontnoten, Tratten 1858 ff..
5   Drelle: Norddeutsch für Drillich, festes Gewebe.

Zollzettel 1860:

Bezugsort / Eingehend aus	Bezugsweg / mit:	Ware
Lichtenstein	Preuß. Post	1 Paket Muster 2,5 dz
Berlin	Post	1 Paket Muster mit 6,5 dz. Knöpfen
Lübeck	Stadt Post	1 Paket Muster mit 4 dz. Knöpfen
Hagen	Hannov. Post	1 Paket Stahlwaren, Muster
Berlin	Preuß. Post	1 Paket Muster von Knöpfen
Harburg	Hannov. Post	1 Kistchen mit 2 dz. Scheren
Bremen	Hannov. Post	1 Kiste 84 kg Taffetbänder
Hull	Dampf. Emerald Isle	Baumw. Museline, baumw. Calicos[6]
Mülhausen	Preuß. Post	1 Paket Muster von Flaggen
Berlin	Preuß. Post	1 Paket Proben von baumw. Drelle
Leipzig	Preuß. Post	1 Kistchen Muster
Berlin	Preuß. Post	1 Paket Muster von Knöpfen
Berlin	Preuß. Post	1 Paket Muster von Knöpfen
Leipzig	Preuß. Post	1 Paket 7 dz. Scheren, Muster
Iserlohn	Hannov. Post	1 Kiste 2 dz. Scheren, Muster
Leipzig	Preuß. Post	1 Paket Muster von Notiz Bücher
Limbach	Preuß. Post	1 Paket 2 dz bmwl. Strümpfe, Muster
Leipzig	Preuß. Post	1 Kiste Leipziger Lerchen
Chemnitz	Eisenbahn	1 Kiste 50 dz. bmwl. Strümpfe, 120 dz. bmwl. Halbstrümpfe, 15 dz. bmwl Hemden
Copenhagen	Post	1 Kistchen Handarbeiten
Lübeck	Stadt Post	1 Paket Proben von Mantelknöpfen
Berlin	Post	1 Paket Muster von Knöpfen
Ciudad Bolívar	Schiff Carlos Enrique / Kap. Bargen	1500 kg Ochsenhäute[7]

6 Calico: Feines, dichtes Baumwollgewebe, besonders für Bucheinbände.
7 Um den Bestand vollständig wiederzugeben, wurden die wenigen außereuropäischen Eintragungen mit aufgelistet, auch wenn sie im Zusammenhang der Auswertung keine Rolle spielen.

Zollzettel 1861:

Bezugsort / Eingehend aus	Bezugsweg / mit	Ware
Berlin	Preuß. Post	1 Paket Muster von Knöpfen
Leipzig	Preuß. Post	1 Paket Muster von Knöpfen
Leipzig	Preuß. Post	Je 1 Paket Muster von Scheren und Sterin Lichten
Antwerpen	Schiff Hammonia / Kap. Dierks	Muster von Sterin Lichten
Watwyl[8]	Preuß. Post	1 Paket Muster von Baumwolltüchern
Leipzig	Preuß. Post	30 dz. Garnituren Knöpfe
Copenhagen	Dän. Post	1 Kästchen Handarbeiten
Antwerpen	Dampf. Pollux / Kap. Nemen	1 Kiste Spielkarten, 200 Mil Zündhütchen
Celle	Hannov. Post	
Leipzig	Preuß. Post	1 dz. Muster von Scheren
Harburg	Ham. Post	1 Paket seidene Sonnenschirme
Harburg	Holtermann	2 dz. Scheren als Muster
Limbach	Post	1 Paket Muster baumwollene Strümpfe
Penzlien / Mecklenburg	Post	1 Paket Vanille
Barmen	Hannov. Post	1 Paket Leinen / Schnürriemen
Barmen	Post	1 Paket Proben von Baumwoll Zwirn
Leipzig	Post	Kistchen Leipziger Lerchen
Bremen	Post	1 Paket Goldstaub
Barmen	Post	1 Paket Muster von Kragen
Offenbach	Post	1 Paket Muster von Lederwaren
Joh. Georgenstadt[9]	Hannov. Post	1 Paket mit 432 hambg. Ellen Leinen / Bandzäckchen
Leipzig	Hannov. Post	1 Kiste mit 1 Kuchen
Leipzig	Preuß. Post	1 Paket mit Muster von Knöpfen

8 Ort konnte nicht verifiziert werden.
9 Hier wurde der Emissär anstelle des Ortes genannt.

11.c)   Frachtbriefe und Connossements[10] der Firma A. H. Wappäus

Frachtbriefe 1858[11]:

Schiff	Kapitän	Ware	Datum
Charlotte Knuth (dän.)	J. Jensen	Leinen, Kurzwaren, Fabrikwaren	6.5.1858

Eingehende Connossements 1860:

Schiff	Kapitän	Ausgangsort / Händler	Ware	Datum
Carlos Enrique	von Bargen	C. Bolívar / W. Courländer	500 Rinderfelle, Ballen Rehhäute	3.9.1860

Frachtbriefe des Vereins Deutscher Eisenbahn-Verwaltungen[12]:

Aufgabeort	Ware	Datum
Berlin	Kurzwaren	23.4.1859
Brüssel		15.3.1859
Camen	Eisenwaren	13.5.1859
Chemnitz	Baumwollwaren	1.4.1859
Chemnitz	Baumwollene mit Wolle und Leinen gemischte Waren	3.5.1859
Dresden	Eisenwaren	5.2.1859
Eisenach		4.3.1859
Fürth	Kurzwaren	18.5.1859
Fürth	Kurzwaren	2.4.1859
Lindau	Baumwollwaren	26.3.1859
Lindau	Halbseidenware	2.4.1859
Lübeck	Conserves	31.3.1859
Lübeck	Conserves	1.4.1859
Lübeck	Knöpfe	23.4.1859
Magdeburg	feine Holzwaren	4.3.1859
Paris		10.5.1859
Paris	Chapeaux	28.12.1858
Rimburg	Baumwollwaren	8.4.1859
Zittau	Leinenwaren	24.5.1859
Zittau	Baumwollwaren	26.3.1859
Zittau	Baumwollene und halbleinene Waren	21.5.1859

10 Mit Connossements bestätigten Kapitäne, daß und welche Fracht sie für einen Reeder, in diesem Falle Adolph Heinrich Wappäus, beförderten. Frachtbriefe führten auf, welche Waren für den Reeder, Adolph Heinrich Wappäus, mit welchem Schiff transportiert wurden
11 StAH 621-1 Firma A. H. Wappäus 6, Conossemente und Frachtbriefe 1858-1861.
12 Alphabetisch nach Aufgabeort geordnet.

Frachtbriefe des Vereins Deutscher Eisenbahn-Verwaltungen[13]:

Aufgabeort	Ware	Datum
Paris	Chapeaux	28.12.1858
Dresden	Eisenwaren	5.2.1859
Eisenach		4.3.1859
Magdeburg	feine Holzwaren	4.3.1859
Brüssel		15.3.1859
Lindau	Baumwollwaren	26.3.1859
Zittau	Baumwollwaren	26.3.1859
Lübeck	Conserves	31.3.1859
Chemnitz	Baumwollwaren	1.4.1859
Lübeck	Conserves	1.4.1859
Fürth	Kurzwaren	2.4.1859
Lindau	Halbseidenware	2.4.1859
Rimburg	Baumwollwaren	8.4.1859
Berlin	Kurzwaren	23.4.1859
Lübeck	Knöpfe	23.4.1859
Chemnitz	Baumwollene mit Wolle und Leinen, gemischte Waren	3.5.1859
Paris		10.5.1859
Camen	Eisenwaren	13.5.1859
Fürth	Kurzwaren	18.5.1859
Zittau	Baumwollene und halbleinene Waren	21.5.1859
Zittau	Leinenwaren	24.5.1859

13 Nach Datum geordnet.

11.d)   Exemplarische Exzerpte aus den Auftragslisten der Firma A. H. Wappäus:

Auftragsliste der Firma D. M. & F. Battistini, Soledad 1857[14]:

- 4 Barricas / Fässer	3/6 Aguardiente de Papas	Kartoffelschnaps
- 4 "	3/6 Extracto de Ginebra	Geneverextrakt
- 2 "	Extracto de Vinagre	Essigextrakt
- 50 docenas Ginebra en Canas		Genever
- 20 Barriles de á 4 dzas Cerveza en Botellas		Bier
- 10 cajas de 2/2 dzas blessy Cordial		?[15]
- 10 "	2/2 id. Champaña	Champagner
- 20 "	25 velas de composicion	Kerzen
- 2 "	10 dzas Botellas de Crystal	Kristallflaschen
- 1 "	100 Frascos de Vidrio	Glasflakons
- 1 "	Vasos surtidos	gemischte Gläser
- 5 "	Machetes	Macheten
- 1 "	50 dzas cuchillos	Messer
- 1 "	Quincalla	Kurzwaren
- 3 "	Escopetas	Flinten
- 1 "	2 dzas Trabucos	Stutzen, Donnerbüchsen
- 1 "	2 dzas espadas	Degen
- 1 "	2 dzas " cortas	kurze Degen
- 1"	Jugetes y Muñecos	Spielzeug / Puppen
- 1 "	100 dzas Cortas y Tijeras	Scheren
- 2 "	50 dzas Espejos de Carbon y Bolsa	Taschenspiegel
- 25 "	Agua Florida	?
- 1 "	1 dza Romanas Españolas	Schnell-, Laufgewichtswaage
- 1 "	6 Gr. Barajas	Spielkarten
- 1 "	100 M Aguas	?
- 1 "	50 Gr. plumas acero	Schreibfedern aus Stahl
- 1 "	2,5 Abalorios	Glasperlen
- 1 "	25 Ramas Papel	größere Einheiten Papier
- 1 "	Botones hueso	beinerne Knöpfe
- 1 "	50 dzas peines	Kämme
- 1"	10 paquetes fosforos	Steichhölzer
- Alguna pintura		Farbe
- 500 p. Cabo surtido		gemischtes Garn
- 50 p. hilo acarreto		Garnrollen
- Sal, Aceite Linaza		Salz, Leinsamöl
- 25 Damesanitas Cebada		große Korbflasche Gerste
- 10 Damesanitas Sagú		große Korbflasche Sago
- 25 kg. Jamones		Schinken

---

14 StAH 621-1 Firma A. H. Wappäus 16a, Auftragsbücher.
     Am Zeilenende Übersetzung angegeben. Soledad liegt am Orinoco.
15 ? = Ware nicht bekannt.

- 5 dzas Quesos de flandre	Flandrischer Käse
- 10 Quesos Patagras	Käse Patagras
- 50 Cestos Papas	Kartoffeln
- 4 Cajas Sardinas	Sardinen
- 10 Barr Alquitran	Teer
- 50 Pzas Cañamaza	Stickgaze, Packtuch, Sackleinen
- 24 " Bramantes	Bindfaden, dickes Segelgarn
- 50 " Dril alg y mezcl	Drillich, baumwollen und gemischt
- 10 " " hilo	Garn
- 20 " Caledonia	?
- 25 dzas Medias de Mujer	Frauenstrümpfe
- 75 " Medias	Strümpfe
- 6 " " pañuelones de color	farbige Herrentaschentücher
- 50 cortes de Muselina	Musselinbahnen
- 3 dzas Pañuelones "	Musselintücher
- 25/" pzas Listados Holanda hilo	gestreifte feine holländische Leinwand
- 50/2 " " Guingas " azul	?
- 50/2 " " " " mezcl	?
- 50/2 " " " algn. color	?
- 25/2 " creas hilo	grober Drell, Lederleinwand
- 25/2 " algn	baumwollene Lederleinwand
- 10/2 " Irlanda cruda hilo	?
- 2000 Damesanas vacias de 2 3/4 Gr.	leere Glasballons
- 1000 Damesanitas de 1 Gr. Extracto Ginebra	kleine Glasballons mit Geneverextrakt
- 20/m Ladrillos	Ziegel

Auftragsliste der Firma N. Gärdes & Co., Ciudad Bolívar 1889[16]:

- Damast, 2 Tischtücher nebst Servietten
- 100 gr. Perlmutterknöpfe á 1,90
- 50 dutz. Strümpfe á 2,60
- 10 Säcke Gewürz pimienta brava,   scharfer / milder Pfeffer,
  pimienta dulce, cominos   Kümmel
- 2 Säcke Gummi arabicum, 2 Säcke Perlgraupen
- 7 Kisten Conserven von Mulsow & Co.
- Mettwurst, 1 Kiste Trüffelleberwurst
- 100 Kisten Salvator Bier á 36/2
- 100 Kisten Culmena Bier á 36/2
- 1 Kiste mit 100 Dosen Thee 60 schwarz, 40 grün
- 1 Kiste mit 120 Dutz. Manila Oel No. 472
- 4 Kisten mit Palmero Biscuit
- 2 Kisten mit 100 Cartons Blau in Kugeln F G.

16 StAH 621-1 Firma A. H. Wappäus 16c, Auftragsbücher.

- 25 tins á 1 gall gek. Leinoel
- 1 Werkzeugkasten mit Zimmermannswerkzeug á ca. 100
- 20 Cartons á 25 Stück 12m. Spitzen
- 2 Stück Flanell á 40 m á 1,45, 10 Dutz Korkzieher etc.
- 100 Fass Cement á 180 Kg. á 6,75
- 2 Korkteppiche, 68 Dutz. Unterjacken á 17
- 6 barrels calc. Soda 85%
- 100 Holzkisten 50-33-20 cm
- 1 Sortiment Werkzeuge für Uhrmacher (Anm. der Firma Wappäus: Dem Capitän mitzugeben)
- 2 Kisten enth: 1 Grabmonument für H. Jannsen
- 50/2 Kisten Prima Norweg Bacalao
- 4 Blechdosen á 50 gr geräuch. Mettwurst / Staniol Iª Qual.
- 6 Säcke Pfeffer 2 S, Cumin 2 S, Anis 2 S
- 2 Kisten Cassia lignea
- 1 Fass 25 Stück Westfälische Schinken
- 4 Kisten á 12 Blechdosen je 4-5 Pf. Bonbons sortiert v. R. Westherspoon Co., L.
- 30 Kisten á 50 Pf. Bacalao norweg in Kisten
- Kiste 200 Tins Potted Ham, Meat, Beef, Tongue v. T. Morton
- 1 Zinnkiste / Rapper 12 Stück 10 m Wachstuch
- 1 Fass / 200 Weisse Kreide / Stücken
- 1 Kiste: 24 Petroleumöfen / Pfannen 12 Stück No. 4, 12 Stück No. 5a
- 1 Kiste: 24 Kessel, 24 Casserolen No. 4 und 5a je die Hälfte & Grosse Dochte
- 1 Ballen: 12 Cobijas de caucho, Llancas mit Stehkragen
- 18 Fässer Alquitran, 12 Fässer vegetal, 6 Fässer mineral
- 2 Kisten 100/4 Tins Mustard
- 3 Ballen á 50/2 Stück Baumwolle Pool-Listados No. 9 1 Ballen, No 13 2 Ballen
- 1 Ballen 300 meter Stramin 100m weiss, 200 meter violett
- 1Kiste: 33 dz. Rahmen 24 dz. Visites, 6 dz. Oval, 3 dz. Cabinet
- 3 Gross Häkelnadel & 3 Gross Sticknadel, dem Capitän mitzugeben
- 1 Fass Portwein (1/4 Pipe)
  15 Kisten á 12/1 Portwein-Flaschen mit Hülsen, Kapseln, Etiquetten etc.
- 2 Spieltische
- 150 Kisten Norweg Klippfisch Ia
- 100 Kisten á 36 Fl. Colmena Bier 50 rote, 50 blaue Etiquetten
- 100 Kisten á 36 Fl. Porter XXX Dos
- 25 Kisten Salz
- 200 á 12 kg Brutto Reis
- 1 Ballen Drill No 12815
- 1 Ballen Merino negra für Doña Zoyla
- 4 Kisten á 24 Fl. Worcestershire Sauce á 100 Latas Hams
- 2 Kisten á 60 kleine Töpfe Liebig Fleisch Extract, 60 Dosen Condens Milch
- 1 Kiste á 20 dz. Windsor Soap, 1 Sack kl. Muskat Nüsse

12. Transportmedien der Firma A. H. Wappäus[1]

In diesem Anhang sind die Schiffe erfaßt, die Hamburg in Richtung Venezuela verließen und auf denen das Handelshaus A. H. Wappäus Ware verschickte. Die meisten der aufgelisteten Schiffe liefen außer dem angegebenen Zielhafen noch diverse andere Häfen an. Für diese Studie wurde der Zielhafen der wappäusschen Ware notiert.

Bis Juli 1887 lassen sich in den Dokumenten des *Archivo del Ministerio de Relaciones Exteriores* nicht die auf den Tag genauen Abfahrtsdaten der Schiffe ermitteln, und es ist teilweise nicht möglich, dem warenabsendenden Kaufmann das Schiff zuzuordnen, auf dem er die Ware verschickte. Genausowenig war der Bestimmungshafen erkenntlich. In einem solchen Fall steht in der gesamten Tabellenzeile nur ein Datum, an dem ein Schiff mit Waren von u. a. A. H. Wappäus beladen aus Hamburg nach Venezuela auslief.

Zwischen Juli 1887 und Januar 1888 lassen sich teilweise mehr Informationen erkennen. Ab 1888 wurde die Eintragungsmethode in den Konsulatsdokumenten geändert und es wurden Auslaufdatum, Schiff, Zielhafen und der jeweilige beladende Kaufmann notiert.

Da es den Rahmen der Untersuchung gesprengt hätte, jedem Schiff eine vollständige Liste der beladenden Händler zuzuordnen, wurde eine Auflistung nur bei Schiffen der Reederei A. H. Wappäus vorgenommen. Aufgrund der lückenhaften Eintragungen im Quellenmaterial fehlen diese Daten jedoch häufig. Die Einbeziehung der entsprechenden Information, soweit vorhanden, erschien sinnvoll, da diese Daten Auskunft über den Kundenstamm der Reederei A. H. Wappäus geben.

Auslauf-datum	Eigner	Kapitän	Schiff	Händler, die Ware expedierten	Ziel
8 / 1871		Veen	Sikkolina	A. H. Wappäus u. a.	Maracaibo
9 / 1871	Carl Schomburgk	E. C. T. Ode	Mathilde	A. H. Wappäus u. a.	La Guaira
1879	A. H. Wappäus		Orinoco		Ciudad Bolívar
22.9.1885	A. H. Wappäus	J. H. Lentschu	Guillermina		Ciudad Bolívar
9 / 1885					
10 / 1885					
3.11.1885	A. H. Wappäus	C. Otzen	Doña Luisa		Ciudad Bolívar
2 / 1886					
3 / 1886					
4 / 1886					
5 / 1886					
11.5.1886	A. H. Wappäus	J. H. Lentschu	Guillermina		
6 / 1886					
29.6.1886	A. H. Wappäus	B. Nommensen	Doña Luisa		
8 / 1886					
9 / 1886					
17.9.1886	A. H. Wappäus	J. J. Schacht	Doña Zoyla		
10 / 1886					

1 AMRE:
   Archivo Antiguo, Alemania, Correspondencia con el Consulado de Venezuela en Hamburgo 1847 a 1909, Vol. 29, Folios 108-111, 146-162. Archivo Antiguo, Alemania, Consules de Venezuela en Hamburgo 1868-1884, Vol. 13, Folios 145, 152, 315. Archivo Antiguo, Alemania, Emolumentos 1885-1890, Vol. 63, Folios 10-502.

29.10.1886	A. H. Wappäus	J. P. H. Quast	Angostura		
11 / 1886					
1.11.1886	A. H. Wappäus	J. J. Schacht	Doña Zoyla		
11.1.1886	A. H. Wappäus	J. J. Schacht	Doña Zoyla		Ciudad Bolívar
11.5.1886	A. H. Wappäus	J. H. Lentschu	Guillermina		Ciudad Bolívar
29.6.1886	A. H. Wappäus	C. Otzen	Doña Luisa		Ciudad Bolívar
12 / 1886					
2 / 1887					
3.2.1887	A. H. Wappäus	J. H. Lentschu	Guillermina		
17.3.1887	A. H. Wappäus	B. Nommensen	Doña Luisa		
3 / 1887					
4 / 1887					
8.6.1887	A. H. Wappäus	G. Tooren	Doña Evelina	A. H. Wappäus	
7 / 1887					
20.8.1887	A. H. Wappäus	J. J. Schacht	Doña Zoyla	A. H. Wappäus	
29.9.1887	A. H. Wappäus	J. H. Lentschu	Guillermina	A. H. Wappäus	Ciudad Bolívar
10/1887	A. H. Wappäus	J. H. Lentschu	Guillermina	Elkan & Co., Becker und Franck succ., Ernst Abay, Heinr. Köpcke, Riensch & Held, G. H. & L. F. Blohm, Carl Georg Heise, A. H. Wappäus	Ciudad Bolívar
10/1887	HAPAG	G. Busch	Dampf. Teutonia	A. H. Wappäus u.a.	Maracaibo
10/1887	HAPAG	C. Droescher	Dampf. Holsatia	A. H. Wappäus u.a.	Maracaibo
11 / 1887					
13.12.1887	A. H. Wappäus	B. Nommensen	Doña Luisa	Becker & Franck Nachf., G. H.& L. F. Blohm, Emilio Grund, Riensch & Held, A. F. Neubauer, Carl Georg Heise, Ernesto May, H. Köhpcke, A. H. Wappäus	Ciudad Bolívar
13.12.1887	HAPAG	G. M. Reesing	Dampf. Bavaria	A. H. Wappäus u.a.	Maracaibo
1 / 1888	HAPAG	A. Wörpel	Dampf. Borussia	A. H. Wappäus u.a.	Maracaibo
30.1.1888	Martin Pio Alexis Meyer	M. H. J. Junge	Mary	A. H. Wappäus u. a.	Ciudad Bolívar
4 / 1888	HAPAG	H. Martens	Dampf. Francia	A. H. Wappäu u.a.	Maracaibo
7 / 1888	HAPAG	H. Leithäuser	Dampf. Hungaria	A. H. Wappäus u.a.	Maracaibo
16.6.1888	A. H. Wappäus	J. J. Schacht	Doña Zoyla	A. H. Wappäus, L. D. C. Henriquez, Dynamit-Actien-Gesellschaft früher Alfred Nobel & Co., A. F. Neubauer, E. Grund, Becker & Franck Nachf., E. May, Riensch & Held, G. H. & L. F. Blohm, A. Günther	Ciudad Bolívar
6 / 1888	HAPAG	G. J. F. J. Schmidt	Dampf. Rhenania	A. H. Wappäus u.a.	Maracaibo
6 / 1888	HAPAG	A. Wörpel	Dampf. Borussia	A. H. Wappäus u.a.	Maracaibo
18.8.1888	A. H. Wappäus	B. Nommensen	Doña Luisa	A. H. Wappäus, G. H. & L. F. Blohm, Heinr. Köhpcke & Co., Becker & Franck Nachf., C. G. Heise, Riensch & Held	Ciudad Bolívar
9 / 1888	HAPAG	G. Busch	Dampf. Teutonia	A. H. Wappäus u.a.	Maracaibo
9 / 1888	HAPAG	F. M. G. Reuter	Dampf. Saxonia	A. H. Wappäus u. a.	Maracaibo
10 / 1888			Alida	A. H. Wappäus u.a.	Ciudad Bolívar
10 / 1888	HAPAG	V. Pietsch	Dampf. Bavaria	A. H. Wappäus u.a.	Maracaibo
11 / 1888			Wega	A. H. Wappäus u.a.	Maracaibo

11 / 1888	A. H. Wappäus	L. A. Andresen	Georg Blohm	J. Becker, Reimers & Jansen, Jauch & Sievers, Crasemann & Stavenhagen, Funcke Eversmann & Co., M. W. Rothe, A. F. Neubauer, E. May	La Guaira
12 / 1888			Presto	A. H. Wappäus u.a.	Maracaibo
12 / 1888			Clara Andrea	A. H. Wappäus u.a.	Ciudad Bolívar
1 / 1889			Amanda	A. H. Wappäus u.a.	Ciudad Bolívar
8.4.1889	A. H. Wappäus	J. J. Schacht	Doña Zoyla	J. Silvain pa.[2] Jean Boggio, A. Günther pa. Emile Robert, Kaltenbach & Schmitz pa. C. Alvarado, E. May, Becker & Franck Nachf., E. Grund, H. B. Simms, C. G. Heise, Riensch & Held, G. H. & L. F. Blohm, A. H. Wappäus	Ciudad Bolívar
18.5.1889			Chondor	A. H. Wappäus u.a.	Puerto Cabello
13.5.1890			Helvetia	A. H. Wappäus u.a.	Maracaibo
17.5.1890			Familiens Haab	A. H. Wappäus u.a.	Maracaibo
18.5.1889	A. H. Wappäus	B. Nommensen	Doña Luisa	E. Grund, E. May, Becker & Franck Nachf., G. H. & L. F. Blohm, C. G. Heise, Riensch & Held, A. H. Wappäus	Ciudad Bolívar
28.5.1890	E. Carr	C. Kördell	Dampf. Polaria	A. H. Wappäus u.a.	Maracaibo
27.6.1890	HAPAG	P. Fröhlich	Dampf. Flandria	A. H. Wappäus u.a.	Maracaibo
11.7.1890			Louisa	A. H. Wappäus u.a.	Ciudad Bolívar
24.8.1890			Clara Andrea	A. H. Wappäus u. a.	Maracaibo
31.8.1890			Victoria	A. H. Wappäus u.a.	Ciudad Bolívar
13.9.1890	HAPAG	H. Bauer	Dampf. Australia	A. H. Wappäus u.a.	Maracaibo
23.10.1890			Röhl	A. H. Wappäus u. a.	Maracaibo
12.11.1889	A. H. Wappäus	J. J. Schacht	Doña Zoyla	A. H. Wappäus, S. D. C. Henriquez, J. J. Boggio, A. H. Lisner, C. G. Heise, E. N. Becker, Becker & Franck Nachf., H. Köhpcke, E. May, J. Silvain, G. H. & L. F. Blohm, E. Grund, A. Günther, Riensch & Held	Ciudad Bolívar
28.11.1890	HAPAG	A. Wörpel	Dampf. Borussia	A. H. Wappäus u.a.	Puerto Cabello
27.12.1890	HAPAG	F. M. G. Reuter	Dampf. Saxonia	A. H. Wappäus u. a.	Puerto Cabello
30.12.1889	A. H. Wappäus	J. H. Lentschu	Guillermina	H. Köhpcke, A. F. Neubauer, E. May, E. Grund, A. Günther, Becker & Franck Nachf., H. B. Simms, C. G. Heise, Riensch & Held, J. Silvain, A. F. Neubauer, G. H. & L. F. Blohm, A. H. Wappäus, R. & M. Wegener	Ciudad Bolívar
27.1.1890	HAPAG	G. Reesing	Dampf. Thuringia	A. H. Wappäus u. a.	Maracaibo
8.2.1890	A. H. Wappäus	B. Nommensen	Doña Luisa	Ernesto May, C. G. Heise, E. Grund, Riensch & Held, G. H. & L. F. Blohm, H. Köhpcke, A. Günther, A. H. Wappäus	Ciudad Bolívar
27.2.1890			Croatia	A. H. Wappäus u. a.	Puerto Cabello

2   pa. = para.

Datum	Reederei	Kapitän	Schiff	Empfänger	Ziel
28.2.1890			Stanley	A. H. Wappäus u. a.	Maracaibo
21.3.1890			Lizzi Fox	A. H. Wappäus u. a.	Ciudad Bolívar
27.3.1890	HAPAG	V. Pietsch	Dampf. Bavaria	A. H. Wappäus u. a.	Puerto Cabello
24.4.1890			Reidar	A. H. Wappäus u. a.	Maracaibo
26.4.1890	HAPAG	F. M. G. Reuter	Dampf. Saxonia	A. H. Wappäus u.a.	Maracaibo
21.5.1890			Louisa	A. H. Wappäus u.a.	Ciudad Bolivar
5 / 1890	HAPAG	G. Reesing	Dampf. Thuringia	A. H. Wappäus u.a.	Puerto Cabello
27.6.1890			Helvetia	A. H. Wappäus u.a.	Puerto Cabello
28.7.1890	HAPAG	F. Schröder	Dampf. Allemannia	A. H. Wappäus u. a.	Maracaibo / Puerto Cabello
11.8.1890	A. H. Wappäus	J. J. Schacht	Doña Zoyla	A. H. Lisner, A. Günther, Elkan & Co., Riensch & Held, J. Silvain, Gruner & Rieke, A. F. Neubauer, E. Grund, Becker & Franck Nachf., E. May, C. G. Heise, G. H. & L. F. Blohm, H. Köhpcke, A. H. Wappäus	Ciudad Bolívar
27.8.1890	HAPAG	G. Reesing	Dampf. Thuringia	A. H. Wappäus u.a.	Marcaibo
19.9.1890			Elise	A. H. Wappäus u. a.	Maracaibo
30.9.1890			Croatia	A. H. Wappäus u. a.	Maracaibo
8.10.1890	HAPAG		Dampf. Hansa	A. H. Wappäus u.a.	Ciudad Bolívar
22.10.1890			Stanley	A. H. Wappäus u. a.	Carúpano
6.11.1890			Clara Andrea	A. H. Wappäus u. a.	Maracaibo
17.11.1890	HAPAG	A. Wörpel	Dampf. Borussia	A. H. Wappäus u. a.	Puerto Cabello
27.11.1890	A. H. Wappäus	J. H. Lentschu	Guillermina	E. May, E. Grund, Riensch & Held, G. H. & L. F. Blohm, H. Köhpcke, C. G. Heise, A. H. Wappäus	Ciudad Bolívar
29.11.1890			Oakdale	A. H. Wappäus u. a.	Puerto Cabello
30.12.1890			Antilles	A. H. Wappäus u. a.	Ciudad Bolívar
31.12.1890	HAPAG		Dampf. Holsatia	A. H. Wappäus u. a.	Puerto Cabello

13. Korrespondenz in Konsulatsangelegenheiten[1]

Dokument 1[2]

-Legation United States   Caracas May 28th 1845
J. M. Manrique, Minister of Foreign Affairs
John P. Adams, United States Consul at La Guayra, who is authorized to appoint Vice Consuls, under him, has duly appointed Henry Adolphus Wappaus of Angostura as Vice Consul of U. S. for that port, and I have to request that he may be permitted to exercise the duties appertaining to that office.
I embrace this occasion to reiterate the assurances of my high regard & distinguished consideration
Vespasian Ellis

Dokument 2[3]

-Caracas Junio de 1845
R. E.
Al Sor. Vespasiano Ellis Encargado de Negocios de los Estados Unidos -
        Señor
                        Queda enterado al Gobierno por la comunicacion que con fecha de 28 del mes proximo pasado se sirvió U.S: dirigir á este Ministerio, de que estando debidamente autorizado el Sor. Juan P. Adams Esq. Consul del los Estados Unidos en La Guayra para nombrar Viceconsules bajo sus órdenes y responsabilidad en los puertos de Venezuela comprendidos en su distrito consular, há designado al Señor Henrique Adolfo Wappaus Esq. para desempeñar tal destino de vice-Consul en Angostura; y en consecuencia se darán las instrucciones necesarias sobre el particular a las autoridades competentes de aquel puerto -
Tengo la honra de devolver adjunta la comision expedida por el Sor. Adams en favor del Vice-Consul nombrado; y aprovecho esta ocasion para reiterar á U.S. las seguridades del aprecio y distinguida consiª con que me suscribo Su at. S. S[4].
J. M. M.

Dokument 3[5]

Caracas Junio 5 de 1845
R. E.[6]
Al Sor. Gobernador de Guayana -
        Señor
                        Habiendose servido aprobar S. E. el Presidente de la República el nombramiento que se há hecho en el Sor. Henrique Adolfo Wappaus de vice-Consules de los Estados Unidos en Angostura, há dispuesto al mismo tiempo que le expidan las órdenes necesarias a fin de que dicho Sor. Wappaus sea reconocido y tenido por las autoridades como potentes por tal Vice-Consul de los E. U. en Angostura.
Dígolo á V.S. para su inteligencia y fines consignes, suscrebiendome su at. SS.
J. M. M.

---

1 Aus den Dokumenten des Archivo del Ministerio de Relaciones Exteriores, Caracas, wurden diejenigen ausgesucht, die direkten Bezug zur Familie Wappäus haben. Die Dokumente sind chronologisch geordnet.
2 AMRE, Archivo Antiguo, Estados Unidos, Consules y Viceconsules en Venezuela 1834-1911, Vol. 18, Legajo 19.
   In den Transkriptionen werden Orthographie, Interpunktion und Absätze originalgetreu wiedergegeben.
3 AMRE, Archivo Antiguo, Estados Unidos, Consules y Viceconsules en Venezuela 1834-1911, Vol. 18, Legajo 20.
4 "Su at. S. S." oder "Su at. SS." steht für "Su atento Servidor".
5 AMRE, Archivo Antiguo, Estados Unidos, Consules y Viceconsules en Venezuela 1834-1911, Vol. 18, Legajo 21.
6 "R. E." steht für Relaciones Exteriores.

Dokument 4[7]
Legation of the United States
Caracas January 6th 1852
Hon: Joaquin Herrera
Minister of Foreign Affairs
The undersigned Chargé d`Affaires of the United States has the honor to transmit herewith to Mr. Herrera, Minister of Foreign Affairs of Venezuela, the Commission of Adolphus H. Wappaus Esquire, as Consul of the United States for Ciudad Bolívar; and to request that the exequatur may be issued by the Venezuelan Government, permitting him to exercise the functions of his office. the undersigned also requests that the Exequatur, as soon as it is issued, may be sent to this Legation, together with the Commission now enclosed.
The undersigned avails himself of the occasion to renew to Mr Herrera the assurances of his very distinguished consideration.
Nevett Steele

Dokument 5[8]
República de Venezuela
Despacho de Relaciones Exteriores
                                    Carácas, Enero 10 de 1853
Señor
Tengo el honor de comunicar á V.S. que con esta fecha, á solicitud del Señor Encargado de Negocios de los Estados Unidos, S. E. el Presidente de la República ha otorgado el exequatur de estilo al diploma que constituye al Señor Adolfo H. Wapaus Cónsul Americano en este puerto. U.S. por tanto se servirá reconocerle, y hacer que se le reconozca como tal, por las autoridades locales.
(Pasado), Soy T. H.
Señor Gobernador de la provincia de Guayana

Dokument 6[9]
República de Venezuela
Despacho de Relaciones Exteriores
                                    Carácas, Enero 10. d 1883
El infraescrito Secretario de Estado de Relaciones Exteriores de Venezuela, tiene el honor de contestar á la nota del Señor Encargado de Negocios de los Estados Unidos de 6 del corriente, informándole de que S. E. el Presidente de la República, por no encontrar motivo que á ello se opusiese ha admitido el nombramiento del Señor Adolfo H. Wappaus para el consulado Americano en Bolívar; y en union del diploma á que se refiere.
Aprovecha el que suscribe la ocasion de renovar al Señor Steele las protestas de su consideracion distinguida Señor J. Nevett Steele
Encargado de Negocios de los E. Unidos
(Pasado) J. H.

---

7 AMRE, Archivo Antiguo, Estados Unidos, Consules y Viceconsules en Venezuela 1834-1911, Vol. 18, Legajo 60.
8 AMRE, Archivo Antiguo, Estados Unidos, Consules y Viceconsules en Venezuela 1834-1911, Vol. 18, Legajo 61
9 AMRE, Archivo Antiguo, Estados Unidos, Consules y Viceconsules en Venezuela 1834-1911, Vol. 18, Legajo 62.

Dokument 7[10]

República de Venezuela   Ciudad Bolívar, Febrero 4 de 1853
Gobierno Superior Politico   Año 24.° de la Lei y 43.° de la Independencia.
de la Provincia de Guayana
No. 204
Resumen

Señor Secret. de G. en el Despacho de Relaciones Exteriores
Hoi mismo se han hecho las participaciones correspondientes para que sea reconocido por las
autoridades el Sr. Adolfo H. Wapäus como Cónsul americano en este pto.; y tengo el honor de decirlo
á US. en respuesta á su nota oficial fcha. 10. de enero último. -
Soy de VS. ato. Servidor
Jose M. Lagrave

Dokument 8[11]

José Gregorio Monagas
Presidente de la República de Venezuela
A todos los que las presentes viesen: Salud.

Por cuanto S E. el Presidente de los Estados Unidos de America se ha servido nombrar con fecha 12.
de Julio de 1852 al Señor Adolfo H. Wappaus Cónsul de dichos Estados en el puerto de Bolívar y para
todos los puntos mas cercanas al mencionado puerto que á la residencia de cualquier otro Cónsul de
los Estados Unidos, autorizándole para ejerzer las funciones de este empleo y gozar de los derechos,
preminecia y privilegios que le correspondan; y habiendo yo reconocido por Decreto de este dia al
referido Señor Wappaus por Cónsul de los Estados Unidos en Bolivar y el territorio ya espresado: Por
tanto ordeno y mando á las autoridades competentes de la República que le guarden y hagan guardar
los fueros y prerogativas que por derecho le correspondan como tal Cónsul de los Estados Unidos y le
presten la proteccion necesaria en el libre y pacífico ejercicio de sus funciones.
En fe de lo cual doi las presentes firmadas de mi mano, selladas en la forma acostumbrada refrendadas
por el Secretario de Estado en los Despachos de Interior, Justicia y Relaciones Esteriores en Carácas 8
de Enero de 1853, año 24.° de la Ley y 43.° de Independencia
                                             J. G. Monagas

              El Secretario de Estado en los Despachos del Interior, Justicia y
              Relaciones Esteriores
              Joaquin Herrera

(Para la Gaceta)
D. de R. E.[12]
Carácas 8 de Enero de 1853
Consulado de los Estado Unidos en Bolivar
Vacante el consulado de los Estados Unidos en Bolivar, que enunció el señor Federico A. Beelen, se
ha llenado con el señor Adolfo Wappaus á quien el exequatur espera en este dia , S. E. el Presidente ha
autorizado para ejercer sus funciones.

---

10 AMRE, Archivo Antiguo, Estados Unidos, Consules y Viceconsules en Venezuela 1834-1911, Vol. 18,
    Legajo 63.
11 AMRE, Archivo Antiguo, Estados Unidos, Consules y Viceconsules en Venezuela 1834-1911, Vol. 18,
    Legajo 64.
12 "Des R. E.", "D. R. E." oder "D. de R. E." steht für Despacho de Relaciones Exteriores.

Dokument 9[13]

Legation of the United States
Caracas Sep 25th 1854

Hon Simon Plánas
Minister of Foreign Relations

Sir,
        The undersigned Minister Resident of the United States has the honor to inform Hon Simon Planas minister of Foreign Relations that Joseph Austin Esq. United States Consul at Ciuad Bolivar, has informed the undersigned, that he has left that Consulate temporarily on a visit to the United States, and has placed the same in the charge of A. H. Wappaus Esq. as Acting Consul, during his absence. The undersigned has therefore to request that the Government of Venezuela will recognise Mr. Wappaus in the above named capacitiy and address the proper notification on the subject to the local authorities of that Consulate.
The undersigned avails himself of this opportunity to renew to Hon Simon Planas the assurances of his distinguished consideration.
Charles Eames

Dokument 10[14]
R. de V.[15]
Des. de R. E.

Carácas Septiembre 27 de 1854

El infraescrito, Secretario de Estado de Despacho de Relaciones Exteriores de Venezuela, tiene el honor de contestar al Honorable Señor Cárlos Eames la nota que le escribió con fecha de 25 del corriente, relativo á la aprobacion del nombramiento que el Cónsul en Propiedad de los Estados Unidos en Bolivar, con motivo de su ausencia temporal de la República, ha conferido interimamente al Señor A. W. Wappaus, manifestando al Señor Ministro Residente de los Estados Unidos, que habiendo admitido el Poder Ejecutivo semejante sustitucion se libran hoi las ordenes oportunas á las autoridades competentes de la provincia de Guayana para que surta aquella el debido efecto.
Reitera S. P.[16]
Pasado
Señor Ricardo Eames

---

13 AMRE, Archivo Antiguo, Estados Unidos, Consules y Viceconsules en Venezuela 1834-1911, Vol. 18, Legajo 73.
14 AMRE, Archivo Antiguo, Estados Unidos, Consules y Viceconsules en Venezuela 1834-1911, Vol. 18, Legajo 74.
15 R. de V. steht für República de Venezuela.
16 S. P. für Simón Planas, ebenso in Dokument 11.

Dokument 11[17]

        R. de Venezuela

D. de R. E.

                                             Carácas, Setiembre 27/854

Señor

      Habiendo comunicado al Gobierno el Señor Ministro Residente de los Estados Unidos de América, que el cónsul propetario de ellos en Bolívar, con motivo de ausencia temporal de la República dejó interimamente el consulado a cargo del Señor A. W. Wappaus, y pedido la aprobacion de este nombramiento; el Poder Ejecutivo se ha servido admitirlo, y ordenado en consecuencia que se libren la órdenes necesarias para el reconocimiento de ese individuo, y á fin de que se le guarden los derechos y perrogativas anexas á su carácter.

                             Lo comunico à VS con semejante objeto.

                                  Soi de VS. atento servidor

                                       S. P.

(Pasado)

Señor Gobernador de la provincia de Guayana

D. de R E[18]

          Consulado de los Estados Unidos en Bolivar

          Carácas, Setiembre 27 de 1854

Hoi ha reconocido el Poder Ejecutivo como cónsul interimo de los Estados Unidos en Bolivar al señor A. W. Wappaus, á quien el propietario señor José B. Austin, ausente de Venezuela, cometió sus funciones hasta su regreso.

Dokument 12[19]

Gobierno   Ciudad Bolivar, Octubre 13 de 1854,

Superior Politico   año 25 de la Ley 44 de la Independencia.

de le

Provincia de Guayana

Número 1866

Resúmen

             Señor Secretario de G.[20] en el Despacho Relaciones Exteriores

He espedido, en esta fecha, á las autoridades de mi dependencia las órdenes convenientes para que al Sr. A. Wappaus, se le guardan los derechos y prerogativos anexos al .... de los Estados Unidos de Am.. .... Capital, de cuyo Consula.... ... interimamente por ausencia ... ... propietario.

Tengo el honor de ....

á la nota de 27 de ....

Soy ....

17 AMRE, Archivo Antiguo, Estados Unidos, Consules y Viceconsules en Venezuela 1834-1911, Vol. 18, Legajo 75.

18 Text auf Rückseite des Dokumentes.

19 AMRE, Archivo Antiguo, Estados Unidos, Consules y Viceconsules en Venezuela 1834-1911, Vol. 18, Legajo 76.
   Dokument halb zerstört. Fehlende Passagen sind durch Punkte kenntlich gemacht.

20 Guayana.

Dokument 13[21]

Señor!

Tengo el honor de comunicar a Us. que el 19 del corriente se murió el Sr. G. B. Sprotto, Consul G. de la Republica de Venezuela en esta Ciudad y suegro mio.

Al mismo tiempo tomo la libertad de ofrecer mis servicios al Gobierno de la Republica de Venezuela, y lo estimaré si el Gobierno se digna confiarme el consulado de Venezuela en esta Ciudad libre y anseatica.

Estuvo vecino de, y negociante en La Guayra por muchos años y obtuvo Carta de naturalidad del Gobierno de Colombia!

Desde mi establecimiento en esta Ciudad, mi casa, baxo la firma de Lorenzen & Dreyer, está en relaciones mercantiles con diferentes puertos de Venezuela, y yo espero estar capaz de ser util al Gobierno de Venezuela, si el supremo Gobierno se resolviese confiarme el Consulado en esta Ciudad!

Dios guarde á Vs.

J. W. A. Lorenzen

Dokument 14[22]

Señor,

Tengo el penoso deber, comunicar a Usted que el Señor J. G. A. Lorenzen[23], Cónsul de la República de Venezuela en Hamburgo, se ha muerto aquí al 23 de este mes.-

El Señor G. W. Schiller, Vice-Cónsul de la República en esta, haciendo uso del baño en el interior de Alemania, para restablecer su salud, ha autorizado al suscrito, de firmar provisionalmente todos los pasaportes, poderes ó papeles en su nombre y de firmarlos con el sello del Consulado.-

Soy de Usted

atento servidor

q. B. S. M.[24]

J. H. Dreyer

21 AMRE, Archivo Antiguo, Alemania, Consules de Venezuela en Hamburgo 1833-1840, Vol. 11, Folio 194.
Brief vom 24.10.1840 von Johann Wilhelm Alexander Lorenzen, Stiefbruder von Adolph Heinrich Wappäus, aus Hamburg an den Staatssekretär des Außenministeriums in Caracas, Coronel Guillermo Smith.

22 AMRE, Archivo Antiguo, Alemania, Correspondencia con el Consulado de Venezuela en Hamburgo 1847 a 1909, Vol. 29, Folio 21.
J. H. Dreyer, Geschäftspartner des Konsuls für Venezuela in Hamburg, J. W. A. Lorenzen, schrieb aus Hamburg diesen Brief am 26.7.1850 an den Staatssekretär des venezolanischen Außenministeriums, M. Quintero.

23 Juan Guillermo Alejandro Lorenzen, hispanisierte Version von Johann Wilhelm Alexander Lorenzen.

24 q. B. S. M. = quien Besa Su Mano.

14. Kunden des A. H. Wappäus[1]

14.a) Kundenliste alphabetisch nach Kunden- und Firmennamen geordnet

	Kunde	Ort
1.	Afandor, R. & J.	Ciudad Bolívar
2.	Agostini, José M.	El Callao
3.	Alcazar, John	Trinidad
4.	Aldag & Co., Theo	Ciudad Bolívar
5.	Alvarez, Francisco	Mérida / Yucatán
6.	Aranja & Co.	Maracaibo
7.	Aranjo, Elias	Curaçao
8.	Argumedo, P.	Magangué
9.	Aristimuño, José María	Maturín
10.	Baromé, José D. & Hermanos	Ocaña
11.	Baena Hermanos	Barranquilla
12.	Baíz, David	Curaçao
13.	Baíz, Isaac & Co.	Unbekannt
14.	Baíz, Isaac & Hijos	Curaçao
15.	Ball & Co.	Maracaibo
16.	Battistini, Domingo M. & F.	Soledad
17.	Battistini, Pedro & Co.	Ciudad Bolívar
18.	Beauperthuy, Gustavo	Maturín
19.	Becera, Gregorio	Ocaña
20.	Becker, Heinrich	San Fernando
21.	Behrens, F. W. (Behrens & Engelhardt)	Puerto Tablas
22.	Behrens Snegart & Co.	Puerto Tablas
23.	Blanc, J. M. & Co.	Trinidad / Port of Spain
24.	Borberg, Emil	Trinidad
25.	Bra(s)chi, Antonio	Curaçao
26.	Cabráles, Enrique G. (S. Cabrales & Hijo)	Ocaña
27.	Caro, Daniel de & Co.	Barcelona
28.	Casalta, Virgilio	Ciudad Bolívar
29.	Castellano, E.	Ocaña
30.	Castellano, Victoria P. de	Ocaña
31.	Castellano, J. & Co.	Barranquilla
32.	Castellano Dávila & Martínez	Colón
33.	Castellano y Carvalafino & Co.	El Carmen de Ocaña
34.	Contasti, Calderón & Co.	Ciudad Bolívar
35.	Courländer, Hermann	Ciudad Bolívar
36.	Dagnino, Dr. Man. & Co.	Maracaibo
37.	Dalla Costa, J. B. & Hijo	Ciudad Bolívar
38.	Dalton, John & Brother	Ciudad Bolívar
39.	Davila, Demetrio	Barranquilla
40.	Dominici, S. & Hijos	Barcelona
41.	Duque, Miguel A.	Ocaña

---

1 StAH 621-1 Firma A. H. Wappäus 16a, Auftragsbücher 1857-1878. Und StAH 621-1 Firma A. H. Wappäus 16b, Auftragsbücher 1879-1897.

42.	Dys, F. E. van der	Curaçao
43.	Engelhardt, Oscar	San Félix
44.	Escalante, Eusebio & Sohn	Mérida / Yucatán
45.	Fleury, Alex & Co.	Caracas
46.	Fricke, G.	Ciudad Bolívar
47.	Frühstück, Carlos[2]	Ciudad Bolívar
48.	Frustuck, José	Ciudad Bolívar
49.	Frustuck Hermanos	Ciudad Bolívar
50.	Galein, Eduardo	Barranquilla
51.	Gallegas, Diego B.	Táriba
52.	Gallegos, Germán del	Maracaibo
53.	Gallego, Juan del & Co.	Maracaibo
54.	García Padilla, M.	Ocaña
55.	Gärdes, N. & Co.	Ciudad Bolívar
56.	Gerold & Scherer	Trinidad
57.	Giulio, Mariano di & Co.	Unbekannt
58.	González, Dr. Brito	Margarita
59.	González L., Horacu	Unbekannt
60.	Gorsira, M. B. & Co.	Curaçao
61.	Hahn, Carl	Caracas
62.	Hahn, Ernesto	Ciudad Bolívar
63.	Hahn Echenagucia, H. & Co.	Bordeaux
64.	Hahn, Schock & Co.	Ciudad Bolívar
65.	Harrimann, J. N. & Co.	Trinidad
66.	Heßmann & Co.	Ciudad Bolívar
67.	Hoz, de la Hermanos	Barranquilla
68.	Isaac senior	Barranquilla
69.	Joy, W. F.	Barranquilla
70.	Kreft, J. D.	Ciudad Bolívar
71.	Kühn, W. & Co.	Ciudad Bolívar
72.	Lampy, Jules	Trinidad
73.	Laveana, J. F.	Ciudad Bolívar
74.	Leon, Blas de	Cartagena
75.	Leon, Numa P.	Maracaibo
76.	Liccioni, Pedro	Ciudad Bolívar
77.	Liccioni Figuera & Co.	Ciudad Bolívar
78.	Liccioni Vicentini & Co.	Ciudad Bolívar
79.	Lima, D. A. de	Curaçao
80.	Longo, Francisco	Maturín
81.	López Hermanas	Ciudad Bolívar
82.	Machado, Rafael und Tomás & Co.	Ciudad Bolívar
83.	Maninal, Pedro	Valencia
84.	Martínez S., José	Barranquilla
85.	Mascano, Luis G.	Carúpano
86.	Meinhard, Theo & Co.	Upata
87.	Miller, James	Trinidad
88.	Miller Bros.	Port of Spain
89.	Mogollón, J. V. & Co.	Cartagena
90.	Montes, Andrés Jesús	Ciudad Bolívar

2 Die ursprüngliche Schreibweise "Frühstück" variierte zwischen Original, "Frühstuck" und "Fruhstuck".

91.	Montes, Miguel Rafael	Trinidad
92.	Moreno, A. & Co.	Cúcuta
93.	Morón, Isaac	Curaçao
94.	Negretti, J. & Hijo	Ciudad Bolívar
95.	Nerge, Ernst	Ciudad Bolívar
96.	Nesby	Ciudad Bolívar
97.	Núñez, Santiago	Barranquilla
98.	Nuñez, Manuel María	Maturín
99.	Nuñez Máres, Joaquín	Maturín
100.	Pacheco & Hijos	Ocaña
101.	Palazzi, Meriso	Ciudad Bolívar
102.	Palazzi Hermanos	Ciudad Bolívar
103.	Pardey & Co.	Barranquilla
104.	Pietrantoni, Andrés	Ciudad Bolívar
105.	Pietrantoni, J. B. & J.	Ciudad Bolívar
106.	Piombini & March	Maracaibo
107.	Pleßmann, Cuno	Ciudad Bolívar
108.	Posada, Abano	Magangué
109.	Prada, Pedro	Trinidad
110.	Prehm Boerner	El Callao
111.	Quin, Guillermo R.	Ocaña
112.	Rincon, Lucas E. & Co.	Maracaibo
113.	Rivas, Miguel	Puerto Cabello / Maracaibo
114.	Roca, Manuel G.	Carmen / Santander
115.	Rolando, Armando	Barcelona
116.	Rolando, Aquiles	Barcelona
117.	Rosa, José Angel de la	Barranquilla
118.	Salazar Hernandez, M.	Barcelona
119.	Sanchez, Manuel e Hijo	Barcelona
120.	Sarda, Huyke	Barranquilla
121.	Scherpeltz, Carlos & Co.	Caracas
122.	Silva, Ramón	Ocaña
123.	Sola, B. T. sen. de & Co.	Barranquilla
124.	Spannocchia, Ov. & Co.	Maracaibo
125.	Sprick, Luis & Co.	Ciudad Bolívar
126.	Struss, Henry	Ocaña
127.	Theband Brothers	New York
128.	Tomasi, B.	Ciudad Bolívar
129.	Trillos, Ricardo S.	Ocaña
130.	Troncoso, Pedro	Mérida
131.	Troncoso, Moises M.	Ocaña
132.	Urdaneta, J.	Maracaibo
133.	Urdaneta, José Vicente	Maracaibo
134.	Urich, Fritz Sohn	Trinidad
135.	Valery, Domingo	Ciudad Bolívar
136.	Vasquez, Manuel de la	Panamá
137.	Vásquez Sobrino	Fusagasuga / Antioquia / Manangué
138.	Vicentini, Cristiano	Ciudad Bolívar
139.	Villa, José del C.	Cartagena

140.	Villamil, Pedro	Mérida
141.	Villanueva, Narciso	Ciudad Bolívar
142.	Villareal Carbonell & Co.	Barranquilla / Colón
143.	Vinnen, Winter & Co.	Ciudad Bolívar
144.	Vogelius, A.	Ciudad Bolívar
145.	Winkel, S. & Hoonen	Curaçao
146.	Wulff, John	Ciudad Bolívar
147.	Zabala, Federico	Maracaibo
148.	Zürcher, Fritz & Co.	Trinidad

14.b) Kundenliste alphabetisch nach Firmensitz geordnet[3]

Antioquia

	Kunde	Ort
1.	Vásquez Sobrino	Antioquia / Fusagasuga / Magangué

Barcelona

	Kunde	Ort
1.	Caro, Daniel de & Co.	Barcelona
2.	Dominici, S. & Hijos	Barcelona
3.	Rolando, Armando	Barcelona
4.	Rolando, Aquiles	Barcelona
5.	Salazar Hernandez, M.	Barcelona
6.	Sánchez, Manuel & Hijo	Barcelona

Barranquilla

	Kunde	Ort
1.	Baena Hermanos	Barranquilla
2.	Castellano, J. & Co.	Barranquilla
3.	Davila, Demetrio	Barranquilla
4.	Galein, Eduardo	Barranquilla
5.	Hoz, de la & Hermanos	Barranquilla
6.	Isaac senior	Barranquilla
7.	Joy, W. F.	Barranquilla
8.	Martínez, José	Barranquilla
9.	Martínez S., José	Barranquilla
10.	Núñez, Santiago	Barranquilla
11.	Pardey & Co.	Barranquilla
12.	Rosa, José Angel de la	Barranquilla
13.	Sarda, Huyke	Barranquilla
14.	Sola, B. T. sen. de & Co.	Barranquilla
15.	Villareal Carbonell & Co.	Barranquilla / Colón

3   Es sind Doppelnennungen möglich, da einige Kunden Niederlassungen in mehreren Orten betrieben.

Bordeaux

	Kunde	Ort
1.	Hahn Echenagucia, H. & Co.	Bordeaux

Caracas

	Kunde	Ort
1.	Fleury, Alex & Co.	Caracas
2.	Hahn, Carl	Caracas
3.	Scherpeltz, Carlos & Co.	Caracas

Carmen

	Kunde	Ort
1.	Roca, Manuel G.	Carmen / Santander

Cartagena

	Kunde	Ort
1.	Leon, Blas de	Cartagena
2.	Mogollón, J. V. & Co.	Cartagena
3.	Villa, José del C.	Cartagena

Carúpano

	Kunde	Ort
1.	Mascano, Luis G.	Carúpano

Ciudad Bolívar (bis zum 24.6.1846 Angostura)

	Kunde	Ort
1.	Afandor, R. & J.	Ciudad Bolívar
2.	Aldag, Theo & Co.	Ciudad Bolívar
3.	Battistini, Pedro & Co.	Ciudad Bolívar
4.	Casalta, Virgilio	Ciudad Bolívar
5.	Contasti, Calderón & Co.	Ciudad Bolívar
6.	Dallacosta, J. B. & Hijo	Ciudad Bolívar
7.	Dalton, John & Brother	Ciudad Bolívar
8.	Courländer, Hermann	Ciudad Bolívar
9.	Fricke, G.	Ciudad Bolívar
10.	Frühstück, Carlos	Ciudad Bolívar
11.	Frustuck, José	Ciudad Bolívar
12.	Frustuck Hermanos	Ciudad Bolívar
13.	Gärdes, N. & Co.	Ciudad Bolívar
14.	Hahn, Ernesto	Ciudad Bolívar
15.	Hahn, Schock & Co.	Ciudad Bolívar
16.	Heßmann & Co.	Ciudad Bolívar
17.	Kreft, J. D.	Ciudad Bolívar

18.	Kühn, W. & Co.	Ciudad Bolívar
19.	Laveana, J. F.	Ciudad Bolívar
20.	Liccioni, Figuera & Co.	Ciudad Bolívar
21.	Liccioni, Pedro	Ciudad Bolívar
22.	Liccioni, Vicentini & Co.	Ciudad Bolívar
23.	López Hermanas	Ciudad Bolívar
24.	Machado, Rafael und Tomás & Co.	Ciudad Bolívar
25.	Montes, Andrés Jesús	Ciudad Bolívar
26.	Negretti, J. & Hijo	Ciudad Bolívar
27.	Nerge, Ernst	Ciudad Bolívar
28.	Nesby	Ciudad Bolívar
29.	Palazzi Hermanos	Ciudad Bolívar
30.	Palazzi, Meriso	Ciudad Bolívar
31.	Pietrantoni, J. B. & J.	Ciudad Bolívar
32.	Pietrantoni, Andrés	Ciudad Bolívar
33.	Pleßmann, Cuno	Ciudad Bolívar
34.	Sprick, Luis & Co.	Ciudad Bolívar
35.	Tomasi, B.	Ciudad Bolívar
36.	Valery, Domingo	Ciudad Bolívar
37.	Vicentini, Cristiano	Ciudad Bolívar
38.	Villanueva, Narciso	Ciudad Bolívar
39.	Vinnen, Winter & Co.	Ciudad Bolívar
40.	Vogelius, A.	Ciudad Bolívar
41.	Wulff, John	Ciudad Bolívar

Colón

	Kunde	Ort
1.	Castellano Dávila & Martínez	Colón
2.	Villareal Carbonell & Co.	Colón / Barranquilla

Cúcuta

	Kunde	Ort
1.	Moreno, A. & Co.	Cúcuta

Curaçao

	Kunde	Ort
1.	Aranjo, Elias	Curaçao
2.	Baíz, David	Curaçao
3.	Baíz, Isaac & Hijos (Isaac, Baíz & Co.)	Curaçao
4.	Bra(s)chi, Antonio	Curaçao
5.	Dys, F. E. van der	Curaçao
6.	Gorsira, M. B. & Co.	Curaçao
7.	Lima, D. A. de	Curaçao
8.	Morón, Isaac	Curaçao
9.	Winkel, S. & Hoonen	Curaçao

El Callao

	Kunde	Ort
1.	Agostini, José M.	El Callao
2.	Boerner, Prehm	El Callao

El Carmen de Ocaña

	Kunde	Ort
1.	Castellano y Carvalafino & Co.	El Carmen de Ocaña

Fusagasuga / Kolumbien

	Kunde	Ort
1.	Vásquez Sobrino	Fusagasuga / Antioquia / Magangué

Magangué

	Kunde	Ort
1.	Argumedo, P.	Magangué
2.	Posada, Abano	Magangué
3.	Vásquez Sobrino	Magangué

Maracaibo

	Kunde	Ort
1.	Aranja & Co.	Maracaibo
2.	Ball & Co.	Maracaibo
3.	Dagnino, Dr. Manuel & Co.	Maracaibo
4.	Gallegos, Germán del	Maracaibo
5.	Gallego, Juan del & Co.	Maracaibo
6.	Numa, Leon P.	Maracaibo
7.	Piombini & March	Maracaibo
8.	Rincón, Lucas E. & Co.	Maracaibo
9.	Rivas, Miguel	Maracaibo / Puerto Cabello
10.	Spannocchia, Ov. & Co.	Maracaibo
11.	Urdaneta, J.	Maracaibo
12.	Urdaneta, José Vicente	Maracaibo
13.	Zabala, Federico	Maracaibo

Margarita

	Kunde	Ort
1.	González, Dr. Brito	Margarita

Maturín

	Kunde	Ort
1.	Aristimuño, José María	Maturín
2.	Beauperthuy, Gustavo	Maturín
3.	Longo, Francisco	Maturín
4.	Núñez, Manuel María	Maturín
5.	Núñez Máres, Joaquín	Maturín

Mérida

	Kunde	Ort
1.	Troncoso, Pedro	Mérida
2.	Villamil, Pedro	Mérida

Mérida / Yucatán

	Kunde	Ort
1.	Alvarez, Francisco	Mérida / Yucatán
2.	Escalante, Eusebio & Sohn	Mérida / Yucatán

New York

	Kunde	Ort
1.	Theband Brothers	New York

Ocaña / Kolumbien

	Kunde	Ort
1.	Baromé, José D. & Söhne	Ocaña
2.	Becera, Gregorio	Ocaña
3.	Cabráles, Enrique G. (S. Cabrales & Hijo)	Ocaña
4.	Castellano, E.	Ocaña
5.	Castellano, Victoria P. de	Ocaña
6.	Duque, Miguel A.	Ocaña
7.	García Padilla, M.	Ocaña
8.	Pacheco & Söhne	Ocaña
9.	Quin, Guillermo R.	Ocaña
10.	Silva, Ramón	Ocaña
11.	Struss, Henry	Ocaña
12.	Trillos, Ricardo S.	Ocaña
13.	Troncoso, Moises M.	Ocaña

Panamá

	Kunde	Ort
1.	Vásquez, Manuel de la	Panamá

Puerto Cabello

	Kunde	Ort
1.	Rivas, Miguel	Puerto Cabello/Maracaibo

Puerto Tablas (wurde 1871 in San Félix umbenannt)

	Kunde	Ort
1.	Behrens Snegart & Co.	Puerto Tablas
2.	Behrens, F. W. (Behrens & Engelhardt)	Puerto Tablas
3.	Engelhardt, Oscar	San Félix

San Fernando

	Kunde	Ort
1.	Becker, Heinrich	San Fernando

Soledad

	Kunde	Ort
1.	Battistini, Domingo M. & F.	Soledad

Táriba

	Kunde	Ort
1.	Gallegas, Diego B.	Táriba

Trinidad

	Kunde	Ort
1.	Alcazar, John	Trinidad
2.	Blanc, J. M. & Co.	Trinidad (Port of Spain)
3.	Borberg, Emil	Trinidad
4.	Gerold & Scherer	Trinidad
5.	Harrimann, J. N. & Co.	Trinidad
6.	Lampy, Jules	Trinidad
7.	Miller Bros.	Trinidad (Port of Spain)
8.	Miller, James	Trinidad
9.	Montes, Miguel Rafael	Trinidad
10.	Prada, Pedro	Trinidad
11.	Urich, Fritz Sohn	Trinidad
12.	Zürcher, Fritz & Co.	Trinidad

Unbekannt

	Kunde	Ort
1.	Baíz, Isaac & Co.	Unbekannt
2.	Giulio, Mariano di & Co.	Unbekannt
3.	González L., Horacu	Unbekannt

Upata

	Kunde	Ort
1.	Meinhard & Co., Theo	Upata

Valencia

	Kunde	Ort
1.	Maninal, Pedro	Valencia

15. Bestelldaten der amerikanischen Kunden der Firma A. H. Wappäus[1]

Kunde	Ort	Bestelldatum
D. M. & F. Battistini	Soledad	
Schwestern López	Ciudad Bolívar	
R. & T. Machado & Co.	Ciudad Bolívar	16.12.1857
Hermann Courländer	Ciudad Bolívar	
J. F. Laveana	Ciudad Bolívar	18.8.1858
R. & T. Machado & Co.	Ciudad Bolívar	31.10.1858
D. M. & F. Battistini	Ciudad Bolívar	26.8.1858
J. Negretti & Sohn	Ciudad Bolívar	26.12.1858
Calderón Contasti & Co.	Ciudad Bolívar	27.10.1858
Calderón Contasti & Co.	Ciudad Bolívar	9.2.1859
Calderón Contasti & Co.	Ciudad Bolívar	12.5.1860
J. Negretti & Sohn	Ciudad Bolívar	15.6.1860
D. M. & F. Battistini	Ciudad Bolívar	9.5.1860
R. & T. Machado	Ciudad Bolívar	30.8.1860
Johann Wulff	Ciudad Bolívar	19.1.1861
Theo Meinhard & Co.	Upata	25.1.1861
J. Negretti & Sohn	Ciudad Bolívar	12.3.1861
Johann Wulff	Ciudad Bolívar	10.6.1861
Ernesto Hahn	Ciudad Bolívar	3.8.1861
J. Negretti & Sohn	Ciudad Bolívar	25.11.1861
Calderón, Contasti & Co.	Ciudad Bolívar	13.3.1862
Miguel Rafael Montes	Trinidad	
Ernesto Hahn	Ciudad Bolívar	28.4.1862
D. M. & F. Battistini	Ciudad Bolívar	30.4.1862
Johann Wulff	Ciudad Bolívar	14.8.1862
Cristiano Vicentini	Ciudad Bolívar	26.9.1862
R. & T. Machado	Ciudad Bolívar	3.10.1862
J. Negretti & Sohn	Ciudad Bolívar	28.2.1863
Ernesto Hahn	Ciudad Bolívar	16.2.1863
D. M. & F. Battistini	Ciudad Bolívar	30.3.1863
R. & T. Machado	Ciudad Bolívar	12.11.1863
Ernesto Hahn	Ciudad Bolívar	19.12.1863
Johann Wulff	Ciudad Bolívar	19.12.1863
Cristiano Vicentini	Ciudad Bolívar	15.1. 1864
Hahn, Schock & Co.	Ciudad Bolívar	30.8.1864
Hahn, Schock & Co.	Ciudad Bolívar	Jan. 1865
Cristiano Vicentini	Ciudad Bolívar	31.1.1865
R. & T. Machado	Ciudad Bolívar	3.1.1865
D. M. & F. Battistini	Ciudad Bolívar	31.1.1865
J. B. Dallacosta & Söhne	Ciudad Bolívar	

1 StAH 621-1 Firma A. H. Wappäus 16a, Auftragsbücher 1857-1878 und 16b,1979-1897.
In die Auftragsbücher wurden die postalisch eingegangenen Bestellisten der Kunden handschriftlich hineinkopiert. Nicht immer sind die Eintragungen mit Datum versehen. Sie wurden hier in der originalen Reihenfolge transkribiert, die mit der chronologischen Folge in den meisten Fällen identisch sein dürfte. Angesichts der noch überschaubaren Zahl an Bestellungen scheint es jedoch, daß die Auftragsbücher nicht alle Aufträge erfaßten.

Johann Wulff	Ciudad Bolívar	1.9.1865
Hahn, Schock & Co.	Ciudad Bolívar	Nov. 1865
D. M. & F. Battistini	Ciudad Bolívar	1.10.1865
J. F. Laveana	Ciudad Bolívar	31.10.1865
Hahn, Schock & Co.	Ciudad Bolívar	Jan. 1866
D. M. & F. Battistini	Ciudad Bolívar	1.12.1865
R. & T. Machado	Ciudad Bolívar	1.2.1866
Cristiano Vicentini	Ciudad Bolívar	28.2.1866
Cristiano Vicentini	Ciudad Bolívar	31.3.1866
Hahn, Schock & Co.	Ciudad Bolívar	28.12.1865
R. & T. Machado	Ciudad Bolívar	17.1.1867
A. Vogelius	Ciudad Bolívar	17.1.1867
D. M. & F. Battistini	Ciudad Bolívar	April 1867
J. F. Laveana	Ciudad Bolívar	
R. & T. Machado	Ciudad Bolívar	
J. B. Dallacosta & Söhne	Ciudad Bolívar	16.9.1867
Hahn, Schock & Co.	Ciudad Bolívar	16.6.1867
Cristiano Vicentini	Ciudad Bolívar	
J. F. Laveana	Ciudad Bolívar	2.9.1868
D. M. Battistini	Ciudad Bolívar	14.8.1868
Hahn, Schock & Co.	Ciudad Bolívar	
R. & T. Machado	Ciudad Bolívar	2.1.1869
M. Dagnino & Co.	Maracaibo	19.10.1868
Cristiano Vicentini	Ciudad Bolívar	2.1.1969
J. B. Dallacosta & Söhne	Ciudad Bolívar	10.5.1869
D. M. Battistini	Ciudad Bolívar	10.5.1869
Cristiano Vicentini	Ciudad Bolívar	1.7.1869
Hahn, Schock & Co.	Ciudad Bolívar	12.7.1869
J. F. Laveana & Co.	Ciudad Bolívar	3.8.1869
Cristiano Vicentini	Ciudad Bolívar	31.8.1869
Heinrich Becker	San Fernando	
Hahn, Schock & Co.	Ciudad Bolívar	
M. Dagnino & Co.	Maracaibo	14.1.1870
Piombini & March	Maracaibo	13.1.1870
Carlos Frühstück	Ciudad Bolívar	
J. Urdaneta	Maracaibo	
D. M. Battistini	Ciudad Bolívar	
Johann Wulff	Ciudad Bolívar	18.6.1870
Ernst Nerge	Ciudad Bolívar	
Aranja & Co.	Maracaibo	
Theo Meinhard & Co.	Upata	18.6.1870
Hahn, Schock & Co.	Ciudad Bolívar	
Heßmann & Co.	Ciudad Bolívar	
Carl Hahn	Caracas	
Andrés Jesús Montes	Ciudad Bolívar	
John Dalton Brother	Ciudad Bolívar	
Cristiano Vicentini & Co.	Ciudad Bolívar	27.7.1871
G. Fricke	Ciudad Bolívar	1.1.72
J. Castellano & Co.	Barranquilla	
Hahn, Schock & Co.	Ciudad Bolívar	
M. Dagnino & Co.	Curaçao	

Carlos Scherpeltz & Co.	Caracas	
J. N. Harrimann & Co.	Trinidad	
J. M. Blanc & Co.	Trinidad / Port of Spain	
Narciso Villanueva	Ciudad Bolívar	
Cristiano Vicentini & Co.	Ciudad Bolívar	
Fritz Urich Sohn	Trinidad	
José Vicente Urdaneta	Maracaibo	
G. Fricke	Ciudad Bolívar	
E. Borberg	Trinidad	
M. Dagnino & Co.	Maracaibo	
Fritz Zürcher & Co.	Trinidad	
Theland Brothers	New York	
Johann Wulff	Ciudad Bolívar	
Palazzi Hermanos	Ciudad Bolívar	
D. M. Battistini	Ciudad Bolívar	
Pedro Battistini	Ciudad Bolívar	
E. Borberg	Trinidad	Jan. 1878
Francisco Alvarez	Mérida / Yucatán	
Pedro Battistini & Co.	Ciudad Bolívar	
Villareal, Carbonell & Co.	Barranquilla	
Miguel Rivas	Puerto Cabello / Maracaibo	
J. V. Mogollón & Co.	Cartagena	
O. Spannocchia & Co.	Maracaibo	
M. Dagnino & Co.	Maracaibo	
Luis Sprick & Co.	Ciudad Bolívar	
Eusebio Escalante & Sohn	Mérida / Yucatán	
Behrens, Snegart & Co.	Puerto Tablas	
Villareal, Carbonell & Co.	Barranquilla	
José Martínez S.	Barranquilla	Juni 1876
José Martínez S.	Barranquilla	Juli 1877
O. Spannocchia & Co.	Maracaibo	6.3.1875
A. Braschi	Curaçao	Sept. 1877
Villareal, Carbonell & Co.	Barranquilla	Jan. 1878
Villareal, Carbonell & Co.	Barranquilla	Okt. 1878
Theo Aldag & Co.	Ciudad Bolívar	
Vinnen, Winter & Co.	Ciudad Bolívar	Feb. 1878
J. Castellano & Co.	Barranquilla	Feb. 1878
M. Dagnino & Co.	Curaçao	Juni 1879
Santiago Núñez	Barranquilla	30.3.1878
Diego B. Gallegas	Táriba	31.7.1878
José Martínez S.	Barranquilla	Sept. 1878
José Martínez S.	Barranquilla	Februar / März 1879
J. V. Mogollón	Cartagena	1.1.1879
E. Escalante & Sohn	Mérida	Jan. 1879
Theo Aldag	Ciudad Bolívar	
Cristiano Vicentini & Co.	Ciudad Bolívar	
M. Pagnino & Co.	Curaçao	
Gustavo Beauperthuy	Maturín	
Cristiano Vicentini & Co.	Ciudad Bolívar	
Palazzi Hermanos	Ciudad Bolívar	

Vinnen, Winter & Co.	Ciudad Bolívar	
N. Gärdes & Co.	Ciudad Bolívar	
P. Battistini & Co.	Ciudad Bolívar	
Theo Aldag & Co.	Ciudad Bolívar	
Ernesto Nerge	Ciudad Bolívar	
M. García Padilla	Ocaña	
W. Kühn & Co.	Ciudad Bolívar	
John Alcazar	Trinidad	1889
N. Gärdes & Co.	Ciudad Bolívar	
John Dalton & Co.	Ciudad Bolívar	
Carbonell & Co.	Barranquilla	28.7.(1889?)
José Martínez S.	Barranquilla	1.5.(1889?)
J. Castellano & Co.	Barranquilla	1891
Demetrio Davila	Barranquilla	
James Miller	Trinidad	
Jules Lampy	Trinidad	14.9.(1889 oder 1891?)
Gerold & Scherer	Trinidad	
Theo Aldag & Co.	Ciudad Bolívar	
J. M. Blanc & Co.	Trinidad	26.7.(1889 oder 1891?)
J. B. & J. Pietrantoni	Ciudad Bolívar	
Emil Borberg	Trinidad	Bestellungen der Jahre 1885-1889
Manuel de la Vasquez	Panamá	
Dr. Man. Dagnino & Co.	Maracaibo	15.6.18?
Dr. Man. Dagnino & Co.	Maracaibo	14.2.1889
Antonio Brachi	Curaçao	
F. W. Behrens (Behrens & Engelhardt)	Puerto Tablas	
Juan del Gallego & Co.	Maracaibo	
Germán del Gallego	Maracaibo	
Johann Wulff	Ciudad Bolívar	
D. A. de Lima	Curaçao	
Castellano & Carvalafino	Carmen	1889
M. Dagnino & Co.	Curaçao	
Elias Aranjo	Curaçao	29.1.1891
F. E. van der Dys	Curaçao	
Isaac Morón	Curacao	1894
Pardey & Co.	Barranquilla	
Francisco Longo	Maturín	
Eduardo Galein	Barranquilla	
Castellano, Carvajalino & Co.	Ocaña	
De la Hoz Hermanos	Barranquilla	
J. M. Agostini	El Callao	
Manuel Sánchez & Sohn	Barcelona	
John Alcazar	Trinidad	1891 und 1896
Isaac Senior	Barranquilla	
B. T. Senior de Sola & Co.	Barranquilla	
J. V. Mogollón	Cartagena	
Emil Borberg	Port of Spain	1889/90

Prehm Boerner	El Callao	
Cuno Pleßmann	Ciudad Bolívar	
José M. Agostini	El Callao	
W. F. Joy	Barranquilla	
Baena Hermanos	Barranquilla	1890 / 1892
Armando Rolando	Barcelona	
José Angel de la Rosa	Barranquilla	
Mariano di Giulio & Co.		
Castellano & Carvalafino	Carmen	
Pacheco & Söhne	Ocaña	
José Früstuck	Ciudad Bolívar	1896/97
Früstuck Hermanos	Ciudad Bolívar	1894-96
Ricardo S. Trillos	Ocaña	
Abano Posada	Magangue	1891
Ramón Silva	Ocaña	
Aquiles Rolando	Barcelona	1891
Manuel G. Roca	Carmen / Santander	
Domingo M. Battistini	Ciudad Bolívar	
Miguel A. Duque	Ocaña	
Nesby	Ciudad Bolívar	
Ball & Co.	Maracaibo	
Enrique G. Cabráles (S. Cabrales & Sohn)	Ocaña	
Alex Fleury & Co.	Caracas	
Horacu Gonzalez L.		
P. Argumedo	Magangué	
Luis G. Mascano	Carúpano	
Moises M. Troncoso	Ocaña	
M. Salazar Hernandez	Barcelona	
Gregorio Becera	Ocaña	
Pedro Troncoso	Mérida	1891
José del C. Villa	Cartagena	
Oscar Engelhardt	San Felix	
Blas de Leon	Cartagena	
Domingo Valery	Ciudad Bolívar	
José D. Baromé & Brüder	Ocaña	
Vásquez Sobrino	Faraguza / Antioquia / Manangué	
E. Escalante & Sohn	Mérida	
Carbonell & Co.	Barranquilla	
S. Dominici & Söhne	Barcelona	1894/95
José María Aristimuño	Maturín	
Huyke Sarda	Barranquilla	
Daniel de Caro & Co.	Barcelona	1892
Santiago Nuñez	Barranquilla	
J. D. Kreft	Ciudad Bolívar	
B. Tomasi	Ciudad Bolívar	
M. B. Gorsira & Co.	Curaçao	
José María Aristimuño	Maturín	
Manuel María Núñez	Maturín	1895
Pedro Liccioni	Ciudad Bolívar	1893 / 1895/ 1896

Carbonell & Co.	Colón	
Gustavo Beauperthuy	Maturín	1893
J. Castellano & Co.	Barranquilla	
James Miller	Trinidad	1889-91
Jules Lampy	Trinidad	1889-91
Isaac Baiz & Co.		
H. Hahn Echenagucia & Co.	Bordeaux	
F. Urich & Sohn	Trinidad	
Pedro Prada	Trinidad	
E. Castellano	Ocaña	
Victoria P. de Castellano	Ocaña	1892
Federico Zabala	Maracaibo	
Castellano Dávila & Martínez	Colón	
Meriso Palazzi	Ciudad Bolívar	
Isaac Morón	Curaçao	1894
Isaac Baiz & Söhne	Curaçao	1889 / 1892 / 1894 / 1895
Pedro Villamil	Mérida	1889 / 1891
C. Vicentini & Co.	Ciudad Bolívar	
Joaquín Nuñez Máres	Maturín	
N. Gärdes & Co.	Ciudad Bolívar	
Liccioni, Vicentini & Co.	Ciudad Bolívar	
José Martínez	Barranquilla	
Virgilio Casalta	Ciudad Bolívar	
John Dalton & Co.	Ciudad Bolívar	
Liccioni, Figuera & Co.	Ciudad Bolívar	
Elias Aranja	Curaçao	1895
R. & J. Afandor	Ciudad Bolívar	
Daniel de Caro & Co.	Barcelona	
Henry Struss	Ocaña	1890-94 / 1897
Guillermo R. Quin	Ocaña	1891
David Baiz	Curaçao	1891-92 / 1894
Andrés Pietrantoni	Ciudad Bolívar	1896
Lucas E. Rincon & Co.	Maracaibo	1892
Miller Bros.	Port of Spain	1893-95
J. B. Pietrantoni	Ciudad Bolívar	1895
Emil Borberg	Trinidad	1891-92
Baena Hermanos	Barranquilla	1893
Dr. Brito González	Margarita	1893
Pedro Maninal	Valencia	1898/99
Numa P. Leon	Maracaibo	1894 / 1897 / 1898 / 1899
A. Moreno & Co.	Cúcuta	1897
S. Winkel & Hoonen	Curaçao	1897-99

16. Geschäftspartner, die A. H. Wappäus persönlich bekannt waren[1]

	Name	Ort	Anmerkungen
1.	Afandor, José jun.	Ciudad Bolívar	
2.	**Afandor, José sen.**	**Ciudad Bolívar**	
3.	Alcalá, Sr.		
4.	**Alvarez, Francisco**	**Mérida/Yucatán**	
5.	Alvarez, José jun.	Mérida/Yucatán	
6.	**Battistini, Domingo M.**	**Soledad**	
7.	Blohm, Georg	Caracas	
8.	Boscán, J. M.	Maracaibo	
9.	Calderón, Marcos	Ciudad Bolívar	
10.	**Dagnino, Dr. Manuel**	**Maracaibo**	
11.	**Dalla Costa, Juan Bautista sen.**	**Ciudad Bolívar**	
12.	**Dalton, John**	**Ciudad Bolívar**	
13.	Duque, Dr.	Brasilien	
14.	**Escalante, Eusebio**	**Mérida/Yucatán**	
15.	Fry, John	Cardiff	
16.	Gambús, Hilarien	Ciudad Bolívar	
17.	**Gärdes, N.**	**Ciudad Bolívar**	
18.	Geller, Carl August	Puerto Cabello	
19.	**González, Dr. Brito**	**Porlamar/Margarita**	
20.	González Bona, Carlos	Cúcuta	
21.	González Bona, Miguel	Cúcuta	Sohn des Carlos González Bona. Ging in Coburg zur Schule.
22.	Grillet, Florentino	Ciudad Bolívar	
23.	**Ernesto Hahn mit Frau**	**Ciudad Bolívar**	
24.	Hering	Ciudad Bolívar	Hamburger Angestellter bei Meriso Palazzi vermittelt von A. H. Wappäus.
25.	**Laveana, José**	**Ciudad Bolívar**	
26.	Lezama, José	Ciudad Bolívar	
27.	Lezama, Justo	Ciudad Bolívar	
28.	Luca de, G.	Barcelona/Ven.	
29.	Luis, Adolf	Mexiko / Ciudad Bolívar	Neffe von A. H. Wappäus.
30.	Machado Pedrique, Luis	Ciudad Bolívar	Sozius von Carlos Vallés in Ciudad Bolívar.
31.	**Machado, Rafael**	**Ciudad Bolívar**	
32.	**Machado, Tomás**	**Ciudad Bolívar**	
33.	**Miller, James**	**Trinidad**	
34.	Moller, Herr und Frau	New York	
35.	Mönch	Ciudad Bolívar	

1 StAH 621-1 Firma A. H. Wappäus 17, Kopiebücher a - e) 1863-1894. Fettgedruckt werden die Personen, die A. H. Wappäus persönlich kannte und die zugleich in den Bestellbüchern mit Bestellungen erscheinen. Vgl. dazu IX. Anhang: 15. Bestelldaten der amerikanischen Kunden der Firma A. H. Wappäus.

36.	Montes (Coronel)	Ciudad Bolívar	Unklar, ob Andrés Jesús aus Ciudad Bolívar oder Miguel Rafael aus Trinidad.
37.	**Palazzi, Ángel L.**	**Ciudad Bolívar**	
38.	Palido, Pablo M.	Ciudad Bolívar	
39.	**Prada, Pedro**	**Trinidad**	
40.	Prahl, F.	New York	
41.	Prale		
42.	Prehm	Ciudad Bolívar	Hamburger Angestellter bei Meriso Palazzi vermittelt von A. H. Wappäus.
43.	**Quin, Guillermo R.**	**Ocaña**	
44.	Quin, Miguel	Ocaña	Sohn des Guillermo R. Quin, ging in Hamburg zur Schule und sollte in A. H. Wappäus' Kontor lernen.
45.	Riera	New York	
46.	Ripke, Theodor	New York / Hamburg	Ehemaliger Partner von A. H. Wappäus in New York.
47.	Rivière, Foy	Cognac	
48.	Rodil, Martin	Ciudad Bolívar	
49.	Rougette, Louis	London	
50.	Rougette, Seymour	London	
51.	**Schock, Carl und Frau**	**Ciudad Bolívar**	
52.	Siegert, Dr. J. T. B.	Ciudad Bolívar	
53.	Sprick, H.	Ciudad Bolívar	Neffe von A. H. Wappäus.
54.	Thirion und Frau Isabel mit vier Kindern		
55.	Thomsen Bonar, Mr.	Edinburgh	
56.	Urich, Fritz	Trinidad	
57.	**Vicentini, Cristiano**	**Ciudad Bolívar**	
58.	Vicentini, Cristiano jun.	Verona	
59.	Vicentini, Enrique	Verona	Sohn des Cristiano Vicentini.
60.	Vicentini, Federico	Verona	Sohn des Enrique Vicentini.
61.	**Villamil, Pedro**	**Mérida**	
62.	**Villanueva, Narciso**	**Ciudad Bolívar**	
63.	**Wulff, Johann**	**Ciudad Bolívar**	**Agent von A. H. Wappäus.**
64.	Wuppermann, Adolf	Ciudad Bolívar	Partner von A. H. Wappäus in Ciudad Bolívar.

17. Hamburger Eigner im Karibikhandel des 19. Jahrhunderts

17.a) Eigner, deren Schiffe nach Hamburger Quellen zwischen 1818 und 1881 Hamburg in Richtung Curaçao, St. Thomas, Venezuela oder anderen Karibikhafen verließen[1]

1.	Bahre, Christian Friedrich
2.	Becker & Lunau
3.	Becker, J.
4.	Beenk, Martin
5.	Bergeest, Johann Franz Christopher
6.	Blass, Ferd. & Schomburgk
7.	Bödecker, Lavé
8.	Bolten, Johann August Gottfried
9.	Brandt, Friedrich
10.	Breckwoldt, Wilcken
11.	Bremer, Carl Heinrich
12.	Bremer, Paul Hinrich
13.	Clausen, Claus Pedersen
14.	Cohrs, Jacob Diederich
15.	Cohrs, Johann Sievert
16.	Cordes, J. C. & F.
17.	Dingwall, James
18.	Döhren, A. von
19.	Dutton, Henry
20.	Eggers, H. H.
21.	Finkler, Caspar Diederich
22.	Gast, Johann Joachim August
23.	Godeffroy, Joh. Ces. & Sohn

1 BAUMGARTEN, Fritz: Hamburg und die lateinamerikanische Emanzipation). FRÖSCHLE, Hartmut (Hrsg.): Die Deutschen in Lateinamerika. HUMBOLDT, Wilhelm von: Tagebücher. KRESSE, Walter: Seeschiffs-Verzeichnis der Hamburger Reedereien. ROLF, Walter: Venezuela und Deutschland, S. 134, 175. StAH 132-6 Hamburgisches Konsulat Angostura 1 I, Protokoll des Consulates der freien Hanse-Städte Lübeck, Bremen und Hamburg in und für Angostura 1840-45. StAH 132-6 Hamburgisches Konsulat Agostura 1 II, 1. Protokoll der ausgehenden Schreiben und Vorgänge beim Konsulat 1845-56, 2. Tabellen über Ein- und Ausfuhr 1839-55 nur über von und nach den Hansestädten ein- bzw. auslaufende Schiffe 1840-55. StAH 132-6 Hamburgisches Konsulat Maracaibo 2, Protokoll der Vorgänge beim Konsulat, Abschriften der ausgehenden Schreiben und Vermerke über eingegangene Schreiben, 1845-1869. StAH 132-6 Hamburgisches Konsulat (Generalkonsulat, Vizekonsulat) La Guayra 2, Bd. 1, 1827-1848, Protokoll der abgegangenen Schreiben und der Vorgänge beim Konsulat sowie Übersicht der gebührenpflichtigen Anträge, 1836-48. StAH 132-6 Hamburgisches Konsulat (Generalkonsulat, Vizekonsulat) La Guayra 2, Bd. 2, Protokoll der abgegangenen Schreiben und der Vorgänge beim Konsulat sowie Übersicht der gebührenpflichtigen Anträge, 1848-1864. StAH 132-6 Hamburgisches Konsulat (Generalkonsulat, Vizekonsulat) La Guayra 2, Bd. 3, Protokoll der abgegangenen Schreiben und der Vorgänge beim Konsulat, 1864-1869. StAH 621-1 Firma A. H. Wappäus 1, Hausstandsrechnungen, Aufträge, Preisaufgaben, Verkaufsrechnungen und Fakturen, 1856 ff.. StAH 621-1 Firma A. H. Wappäus 4, Kassabuch über den Bau und die Reisen der Bark "Orinoco", 1859 ff.. StAH 621-1 Firma A. H. Wappäus 5, Versicherungsscheine (Policen) u. ähnl. 1857 ff.. StAH 621-1 Firma A. H. Wappäus 9, Memorandum-Book von A. H. Wappäus in Ciudad Bolivar 1839-1857.

24.	Gütschow, Heinrich Adolph
25.	Hansen, Sören Brinck
26.	Hartenstein & Co.
27.	Heyenga, Heye
28.	Jensen, Heinrich Christian Nicolaus
29.	Jongh, Henry de
30.	Kinch, Carl Theodor
31.	Lehmann, Carl Heinrich Peter
32.	Linau, Claus
33.	Lund, Jonas Gabriel
34.	Meister, Carl Ludwig Daniel
35.	Merck, H. J. & Co.
36.	Meyer, E. T. & Co.
37.	Möller, Peter Ferdinand
38.	Müller, Eduard G. W. Sohn
39.	O`swald, W. & Co.
40.	Ode, Johann Martin
41.	Oppenheim, Adolph
42.	Pego, H. & Co.
43.	Pflugk, Carl
44.	Pieper, Hans Claus Hinrich
45.	Plaas, Nicolaus
46.	Reimers, Julius Friedrich Wilhelm
47.	Rendtorff, W.
48.	Rübke, C. & Woellmer
49.	Rühs, Carl Andreas
50.	Schomburgk, Carl
51.	Schön, August Joseph
52.	Schulz, Georg Hugo
53.	Smidt, Carsten
54.	Stöckmann, Hans Friedrich
55.	Wappäus, A. H.
56.	Wappäus, G. H.
57.	Witt, Friedrich Peter
58.	Woldsen, A. F.

17.b) Eigner, deren Schiffe zwischen 1824 und 1887 La Guaira anliefen[2]

1.	Becker, J.
2.	Bieber, F. D. & Söhne
3.	Blass, F. & Schomburgk
4.	Bödecker, Lavé
5.	Breckwoldt, Hans
6.	Breckwoldt, Wilcken
7.	Clausen, Claus Pedersen
8.	Clausen, Sören Pedersen
9.	Cohrs, Jakob D.
10.	Cohrs, Johann Sievert
11.	Cordes, J. C. & F.

2 HBNV, El Liberal, Caracas: 10.12.1839, Año IV, Nr. 189. HBNV, Colombiano, Caracas: 23.6.1824, Nr 60; 1.12.1824, Nr. 82; 6.4.1825, Nr. 100; 22.6.1825, Nr. 111; 14.12.1825, Nr. 135; 15.2.1826, Nr. 144; 6.9.1826, Nr. 172. FDB, El Liberal, Caracas: 1840, Año V, Nr. 238 und 1843, Año VIII, Nr. 416, 419, 422, 424, 443, 444, 450, 451, 455, 456, 458. HMANH, El Venezolano, Caracas: 27.9.1841, Año II, Nr. 68; 5.10.1841, Año II, Nr. 69; 18.1.1842, Nr. 90; 1.2.1842, Nr. 93; 8.2.1842, Nr. 94, 22.2.1842, Nr.96; 1.3.1842, Nr. 97; 8.3.1842, Nr. 98; 22.3.1842, Nr. 101; 29.3.1842, Nr. 102, 12.4.1842, Nr. 104; 3.5.1842, Nr. 107; 17.5.1842, Nr. 110; 12.7.1842, Nr. 119, 19.7.1842, Nr. 120; 30.8.1842, Nr. 128; 18.9.1842, Nr. 131; 20.9.1842, Nr. 133; 4.10.1842, Nr. 137; 11.10.1842, Nr. 138; 25.10.1842, Nr. 140; 15.11.1842, Nr. 143.
Diario de Avisos, Caracas: 2.2.1853, Año IV, Nr. 5; 9.2.1853, Año IV, Nr. 7; 12.2.1853, Año IV, Nr. 8; 16.1.1853, Año IV, Nr. 9; 19.2.1853, Año IV, Nr. 10; 26.2.1853, Año IV, Nr. 12; 2.3.1853, Año IV, Nr. 13; 12.3.1853, Año IV, Nr. 16; 16.3.1853, Año IV, Nr. 17;19.9.1853, Año IV, Nr. 18; 2.4.1853, Año IV, Nr. 22; 6.4.1853, Año IV, Nr. 23; 13.4.1853, Año IV, Nr. 25; 16.4.1853, Año IV, Nr. 26; 20.4.1853, Año IV, Nr. 27; 23.4.1853, Año IV, Nr. 28; 27.4.1853 Año IV, Nr. 29; 30.4.1853, Año IV, Nr. 30; 7.5.1853, Año IV, Nr. 32; 11.5.1853, Año IV, Nr. 33; 18.5.1853, Año IV, Nr. 35; 1.6.1853, Año IV, Nr. 39; 4.6.1853, Año IV, Nr. 40; 11.6.1853, Año IV, Nr. 42, 15.6.1853, Año IV, Nr. 43; 18.6.1853, Año IV, Nr. 22.6.1853, Año IV, Nr. 45; 25.6.1853, Año IV, Nr. 46; 29.6.1853, Año IV, Nr. 47; 6.7.1853, Año IV, Nr. 49; 13.7.1853, Año IV, Nr. 51; 20.7.1853, Año IV, Nr. 53; 7.9.1853, Año IV, Nr. 67; 10.9.1853, Año IV, Nr. 68; 14.9.1853, Año IV, Nr. 69; 21.9.1853, Año IV, Nr. 24 .9.1853, Año IV, Nr. 72; 5.10.1853; Año IV, Nr. 75; 15.10.1853, Año IV, Nr. 78; 2.11.1853, Año IV, Nr. 83; 30.11.1853, Año IV, Nr. 91; 3.12.1853, Año IV, Nr. 92; 10.12.1853, Año IV, Nr. 94; 21.12.1853, Año IV, Nr. 97; 11.1.1854, Año V, Nr. 103. 20.1.1855, Año VI, Nr. 8; 29.1.1855, Año VI, Nr. 10; 3.2:1855, Año VI, Nr. 14; 17.2.1855, Año VI, Nr. 26; 20.2.1855, Año VI, Nr. 28; 3.3.1855, Año VI, Nr. 38; 7.3.1855, Año VI, Nr. 41; 14.3.1855, Año VI, Nr. 47; 19.3.1855, Año VI, Nr. 51; 22.3.1855, Año VI, Nr. 54; 29.3.1855, Año VI, Nr. 55; 24.3.1855, Año VI, Nr. 56; 30.3.1855, Año VI, Nr. 61; 3.4.1855, Año VI, Nr. 64; 7.4.1855, Año VI, Nr. 66; 10.4.1855, Año VI, Nr. 68; 24.5.1855, Año VI, Nr. 104; 2.6.1855, Año VI, Nr. 112; 8.6.1855, Año VI, Nr. 116; 11.6.1855, Año VI, Nr. 118; 13.6.1855, Año VI, Nr. 120; 25.6.1855, Año VI, Nr. 130; 26.6.1855, Año VI, Nr. 131; 28.6.1855, Año VI, Nr. 133; 30.6.1855, Año VI, Nr. 134; 2.7.1855, Año VI, Nr. 135; 7.7.1855, Año VI, Nr. 139; 9.7.1855, Año VI, Nr. 140; 12.7.1855, Año VI, Nr. 143; 16.7.1855, Año VI, Nr. 146; 24.7.1855, Año VI, Nr. 153; 31.7.1855, Año VI, Nr. 159; 1.8.1855, Año VI, Nr. 160; 4.8.1855, Año VI, Nr. 162; 11.8.1855, Año VI, Nr. 169; 14.8.1855, Año VI, Nr. 171; 7.9.1855, Año VI, Nr. 191; 17.9.1855, Año VI, Nr. 199; 21.9.1855, Año VI, Nr. 203; 27.9.1855, Año VI, Nr. 208; 29.9.1855, Año VI, Nr. 210; 4.10.1855, Año VI, Nr. 214; 12.10.1855, Año VI, Nr. 219; 19.10.1855, Año VI, Nr. 227; 20.10.1855, Año VI, Nr. 228; 10.11.1855, Año VI, Nr. 245; 13.11.1855, Año VI, Nr. 247; 27.11.1855, Año VI, Nr. 259; 3.12.1855, Año VI, Nr. 264; 11.12.1855, Año VI, Nr. 271; 13.12.1855, Año VI, Nr. 273; 24.12.1855, Año VI, Nr. 282; 29.12.1855, Año VI, Nr. 286; 31.12.1855, Año VI, Nr. 287; 4.1.1856, Año VI, Nr. 290; 10.1.1856, Año VI, Nr. 295; 15.1.1856, Año VI, Nr. 299.
El Orden, Caracas: 4.5.1865, Nr. 12.
KRESSE, Walter: Seeschiffs-Verzeichnis der Hamburger Reedereien.

12.	Dieckmann, W.
13.	Döhren, A. von
14.	Eggers, H. H.
15.	Eggers, Joachim
16.	Finkler, Caspar Diederich
17.	Gast, Johann Joachim August
18.	Godeffroy, Joh. Ces. & Sohn
19.	Gütschow, Heinrich Adolph
20.	Hansen, P. N. & Johannsen
21.	Hartenstein & Co.
22.	Hauer, W. & S.
23.	Herwig, C. W.
24.	Heyn, J. & Co.
25.	Junge, Johann
26.	Kinch, Carl Theodor
27.	Köster, Daniel August
28.	Kruse, Peter Christian
29.	Laeisz, F.
30.	Lau, Carsten Diederich
31.	Levy, H. J. & J. J.
32.	Lienau, Claus
33.	Lüdert, Johann Hermann
34.	Meinzolt, Georg Michael
35.	Meister, Carl Ludwig Daniel
36.	Merck, H. J. & Co.
37.	Mewes, David
38.	Müller, Eduard G. W. Sohn
39.	Ode, Johann Martin
40.	Oppenheim, Adolph
41.	Pedersen, Claus
42.	Petersen, Erich Peter
43.	Pruter, J.
44.	Rendtorff, W.
45.	Rühs, Carl Andreas
46.	Schön, August Joseph
47.	Smidt, Carsten
48.	Stöckmann, Hans Friedrich
49.	Wappäus, A. H.
50.	Wappäus, G. H.
51.	Witt, Friedrich Peter
52.	Witt, Hans Hinrich
53.	Wizel, Johann Paul
54.	Woldsen, A. F.

17.c) Eigner, deren Schiffe zwischen 1848 und 1889 Curaçao anliefen[3]

1.	Amsinck, Martin Garlieb
2.	Becker, J.
3.	Becker, Johann August Otto
4.	Blass, F. & Schomburgk
5.	Boysen, Lorenz Heinrich
6.	Clausen, Sören Pedersen
7.	Cohrs, Hinrich Ludwig
8.	Hauer, W. & S.
9.	Hauer, Wolf Sander
10.	Heydorn, Claus
11.	Holst, Johann Jakob
12.	Hubert, Paul Friedrich
13.	Kelting, C.
14.	Koch, Rasmus Nielsen
15.	Korff, Peter Claudius
16.	Korff, Peter Hinrich
17.	Lassen, Hermann R.
18.	Magens, Hinrich
19.	Mewes, Hinrich
20.	Meyer, E. T. & Co.
21.	Müller, Johann Heinrich Christian
22.	Rahmann, Johann Jacob
23.	Richers, Carl Heinrich Wilhelm
24.	Riedel, Christian Johannes
25.	Schön, August Joseph
26.	Seele, F. M. A.
27.	Spreckelsen, Johann Christian Martin von
28.	Valentin, Martin
29.	Wendtland, Ferdinand Georg Erben
30.	Witt, Friedrich Peter
31.	Witt, Johann
32.	Woldsen, A. F.
33.	Wortmann, Andreas Ludwig Friedrich

3 KBDH, De Curaçaosche Courant, 1847-1900, Signatuur 1657 C 1, Rubrik: Vaartuigen in en uitgeklaard zedert onze laatste:
13.5.1848, Nr. 20; 2.6.1848, Nr. 23; 12.10.1850, Nr. 41; 14.2.1852, Nr. 7; 24.1.1852, Nr. 4; 31.1.1852, Nr. 5; 21.8.1852, Nr. 34; 28.8.1852, Nr. 35; 12.3.1853, Nr. 11; 9.4.1853, Nr. 15; 13.8.1853, Nr. 33; 3.12.1853, Nr. 49; 17.12.1853, Nr. 51; 7.1.1854, Nr. 1; 28.4.1855, Nr. 17; 5.5.1855, Nr. 18; 2.6.1855, Nr. 22; 9.6.1855; Nr. 23; 17.11.1855, Nr. 46; 24.11.1855, Nr. 47; 13.9.1856, Nr. 37; 11.10.1856, Nr. 41; 4.9.1858, Nr. 35; 11.9.1858, Nr. 36; 27.8.1859, Nr. 34; 3.9.1859, Nr. 35; 15.10.1859, Nr. 41; 22.10.1859, Nr. 42; 19.10.1861, Nr. 42; 26.10.1861, Nr. 43; 8.2.1862, Nr. 6; 22.2.1862, Nr. 8; 7.6.1862, Nr. 23; 14.6.1862, Nr. 24; 10.1.1863, Nr. 2; 17.1.1863, Nr. 3; 15.8.1863, Nr. 33; 29.8.1863, Nr. 35; 16.1.1864, Nr. 3; 18.2.1864, Nr. 7; 5.3.1864, Nr. 9; 17.12.1864, Nr. 50; 31.12.1864, Nr. 52; 21.1.1865, Nr. 3; 28.1.1865, Nr. 4; 18.3.1865, Nr. 11; 25.3.1865, Nr. 12; 12.8.1865, Nr. 32; 10.2.1866, Nr. 6; 19.5.1866, Nr. 20; 26.5.1866, Nr. 21.

Ab 18.7.1868 fielen Hamburger Schiffe unter die Bezeichnung "Norddeutsche Flagge". Die folgenden Daten wurden daher mit KRESSE, Walter: Seeschiffs-Verzeichnis der Hamburger Reedereien, Bde. 1-3, verifiziert: 18.7.1868, Nr. 29; 25.7.1868, Nr. 30; 1.8.1868, Nr. 31; 22.8.1868, Nr. 34; 29.8.1868, Nr. 35; 3.10.1868, Nr. 40; 10.10.1868, Nr.41; 21.11.1868, Nr. 47; 28.11.1868, Nr. 48; 7.5.1870, Nr. 18; 28.5.1870, Nr. 21; 4.6.1870, Nr. 22; 11.6.1870, Nr. 23; 16.6.1870, Nr. 28; 20.8.1870, Nr. 33; 10.12.1870; Nr. 49, 18.3.1871, Nr. 11; 29.4.1871, Nr. 17; 13.5.1871, Nr. 19; 27.5.1871, Nr. 21; 10.6.1871, Nr. 23; 17.6.1871, Nr. 24; 24.6.1871, Nr. 25; 15.7.1871, Nr. 28; 15.7.1871, Nr. 28.

Ab 22.7.1871 fielen Hamburger Schiffe unter die Bezeichung "deutsch": 22.7.1871, Nr. 29; 29.7.1871, Nr. 30; 5.8.1871, Nr. 31; 12.8.1871, Nr. 32; 19.8.1871, Nr. 33; 26.8.1871, Nr. 34; 16.9.1871, Nr. 37; 7.10.1871, Nr. 40; 14.10.1871, Nr. 41; 28.10.1871, Nr. 43; 4.11.1871, Nr. 44; 18.11.1871, Nr. 46; 25.11.1871, Nr. 47; 16.12.1871, Nr. 50; 23.12.87, Nr. 51; 30.12.1871, Nr. 52; 6.1.1872, Nr. 1; 13.1.1872, Nr. 2; 27.1.1872, Nr. 4; 3.2.1872, Nr. 5; 17.2.1872, Nr. 7; 2.3.1872, Nr. 9; 2.3.1872, Nr. 9; 23.3.1872, Nr. 12; 13.4.1872, Nr. 15; 20.4.1872, Nr. 16; 27.4.1872, Nr. 17; 4.5.1872, Nr. 18; 4.5.1872, Nr.18; 11.5.1872, Nr. 19; 18.5.1872, Nr. 20; 25.5.1872, Nr. 21; 1.6.1872, Nr. 22; 15.6.1872, Nr. 24; 22.6.1872, Nr. 25; 22.6.1872, Nr. 25; 29.6.1872, Nr. 26; 6.7.1872, Nr. 27; 20.7.1872, Nr. 29; 20.7.1872, Nr. 29; 27.7.1872, Nr. 30; 10.8.1872, Nr. 32; 24.8.1872, Nr. 34; 31.8.1872, Nr. 35; 7.9.1872, Nr. 36; 14.9.1872, Nr.37; 21.9.1872, Nr. 38; 28.9.1872, Nr. 39; 12.10.1872, Nr. 41; 19.10.1872, Nr. 42; 26.10.1872, Nr. 43; 9.11.1872, Nr. 45; 16.11.1872, Nr 46; 23.11.1872, Nr. 47; 30.11.1872, Nr. 48; 14.12.1872, Nr. 50; 21.12.1872, Nr. 51; 4.1.1873, Nr. 1; 11.1.1873, Nr. 2; 18.1.1873, Nr. 3; 25.1.1873, Nr. 4; 15.1.1873, Nr. 7; 22.1.1873, Nr. 8; 8.3.1873, Nr. 10; 15.3.1873, Nr. 11; 22.3.1873, Nr. 12; 5.4.1873, Nr.14; 10.4.1873, Nr. 15; 19.4.1873, Nr. 16; 26.4.1873, Nr.17; 20.4.1873, Nr. 17; 10.5.1873, Nr. 19; 17.5.1873, Nr. 20; 17.5.1873, Nr. 20; 24.5.1873, Nr. 21; 31.5.1873, Nr. 22; 7.6.1873, Nr. 23; 14.6.1873, Nr. 24; 14.6.1873, Nr. 24; 21.6.1873, Nr.25; 12.7.1873, Nr. 28; 12.7.1873, Nr. 28; 26.7.1873, Nr. 30; 16.8.1873, Nr. 33; 23.8.1873; Nr. 34; 13.9.1873, Nr. 37; 11.10.1873, Nr. 41; 18.10.1873, Nr. 42; 8.11.1873, Nr. 45; 29.11.1873, Nr. 48; 6.12.1873, Nr. 49; 13.12.1873, Nr. 50; 20.12.1873, Nr. 51; 27.12.1873, Nr. 52; 10.1.1874, Nr. 2; 10.1.1874, Nr. 2; 17.1.1874, Nr. 3; 24.1.1874. Nr. 4; 24.1.1874, Nr. 4; 31.1.1874, Nr. 5; 7.2.1874, Nr. 6; 14.2.1874, Nr. 7; 28.2.1874, Nr. 9; 7.3.1874, Nr. 10; 14.3.1874, Nr. 11; 14.3.1874, Nr.11; 28.3.1874, Nr. 13; 11.4.1874, Nr. 15; 18.4.1874, Nr. 16; 25.4.1874, Nr. 17; 2.5.1874, Nr. 18; 9.5.1874, Nr. 19; 16.5.1874, Nr. 20; 23.5.1874, Nr. 21; 30.5.1874, Nr. 22; 6.6.1874, Nr. 23; 13.6.1874, Nr. 24; 13.6.1874, Nr. 24; 20.6.1874, Nr. 25; 27.6.1874, Nr. 26; 4.7.1874, Nr. 27; 11.7.1874, Nr. 28; 18.7.1874, Nr. 29; 25.7.1874, Nr. 30; 25.7.1874, Nr. 30; 1.8.1874, Nr. 31; 8.8.1874, Nr. 32; 15.8.1874, Nr. 33; 22.8.1874, Nr. 34; 29.8.1874, Nr. 35; 5.9.1874, Nr. 36; 12.9.1874, Nr. 37; 26.9.1874, Nr. 37; 3.10.1874, Nr. 38; 10.10.1874, Nr. 41; 17.10.1874, Nr. 42; 24.10.1874, Nr. 43; 31.10.1874, Nr. 44; 7.11.1874, Nr. 45; 14.11.1874, Nr. 46; 21.11.1874, Nr. 47; 24.12.1874, Nr. 52; 31.12.1874, Nr. 53; 9.1.1875, Nr. 1; 16.1.1875, Nr. 2; 30.1.1875, Nr. 4; 6.2.1875, Nr. 5; 13.2.1875, Nr. 6; 27.2.1875, Nr. 8; 6.3.1875, Nr. 9; 13.3.1875, Nr. 10; 20.3.1875, Nr. 11; 25.3.1875, Nr. 12; 17.4.1875, Nr. 15; 24.4.1875, Nr. 16; 15.5.1875, Nr. 19; 5.6.1875, Nr. 22; 26.6.1875, Nr. 25; 3.7.1875, Nr. 26; 10.7.1875, Nr. 27; 24.7.1975, Nr. 29; 31.7.1875, Nr. 30; 7.8.1875, Nr. 31; 28.8.1875, Nr. 34; 11.9.1875, Nr. 36; 2.10.1875, Nr. 39; 9.10.1875, Nr. 40; 16.10.1875, Nr. 41; 30.10.1875, Nr. 43; 13.11.1875, Nr. 45; 27.11.1875, Nr. 47; 11.12.1875, Nr. 49; 31.12.1875, Nr. 52; 9.12.1876, Nr. 49; 16.12.1876, Nr. 50; 14.4.1877, Nr. 15; 21.4.1877, Nr. 16; 23.12.1876, Nr. 51; 23.2.1878, Nr 8; 6.4.1878, Nr. 14; 29.6.1878, Nr. 26; 20.7.1878, Nr. 29; 2.11.1878, Nr. 44; 21.12.1878, Nr. 51; 4.1.1879, Nr. 1; 19.4.1879, Nr. 16; 26.4.1879, Nr. 17; 3.5.1879, Nr. 18; 24.5.1879, Nr. 21; 31.5.1879, Nr. 22; 222.11.1879, Nr. 4; 29.11.1879, Nr.48; 5.6.1880. Nr. 23; 12.6.1880, Nr. 24; 27.11.1880, Nr. 48; 4.12.1880, Nr. 49; 11.12.1880, Nr. 50; 31.12.1880, Nr. 53; 15.1.1881, Nr. 2; 12.3.1881, Nr. 10; 19.3.1881, Nr. 1; 21.1.1882, Nr. 3; 28.1.1882, Nr.4; 14.7.1882, Nr. 28; 21.7.1882, Nr. 29; 1.6.1883, Nr. 22; 15.6.1883, Nr. 24; 24.8.1883, Nr. 34; 31.8.1883, Nr. 35; 9.11.1883, Nr. 45; 16.11.1883, Nr. 46; 23.11.1883, Nr. 47; 11.1.1884, Nr. 2; 18.1.1884, Nr. 3; 7.3.1884, Nr. 10; 21.3.1884, Nr. 12; 16.5.1884, Nr. 20; 23.5.1884, Nr. 21; 18.7.1884, Nr. 29; 25.7.1884, Nr. 30; 26.9.1884, Nr. 39; 3.10.1884, Nr. 40; 17.4.1885, Nr. 15; 21.8.1885, Nr. 33; 16.10.1885, Nr. 41; 23.10.1885, Nr. 42; 27.11.1885, Nr. 47; 11.6.1886, Nr. 23; 22.10.1886, Nr. 42; 29.10.1886, Nr. 43; 10.12.1886, Nr. 49; 24.12.1886, Nr. 51; 7.1.1887, Nr. 1; 16.9.1887, Nr. 37; 13.1.1888, Nr. 2; 23.3.1888, Nr. 12; 13.7.1888, Nr. 28; 12.10.1888, Nr.41; 19.10.1888, Nr. 42; 22.2.1889, Nr. 8; 1.3.1889, Nr. 9; 7.6.1889, Nr. 23; 12.7.1889, Nr. 23; 18.10.1889, Nr. 42; 25.10.1889, Nr. 43; 27.12.1889, Nr. 52; 21.3.1890, Nr. 12; 28.3.1890, Nr. 13; 18.4.1890, Nr. 16; 2.5.1890, Nr. 18; 31.10.1890, Nr. 44; 21.10.1890, Nr. 47; 24.12.1890, Nr. 52; 26.3.1891, Nr. 12; 8.5.1891, Nr. 18; 22.5.1891, Nr. 20; 7.8.1891, Nr. 31; 18.3.1892, Nr. 11; 21.10.1892, Nr. 42.

17.d) Eigner, deren Schiffe zwischen 1821 und 1882 St. Thomas anliefen[4]

1.	Ahlmann, Hans
2.	Alexanderson, Carl
3.	Amsinck, Martin Garlieb
4.	Bähr, Claus
5.	Bahre, Friedrich Christian
6.	Barthold, Georg Wilhelm
7.	Baumgarten, Johann
8.	Becker Gebr.
9.	Becker, J.
10.	Bergeest, Johann Franz Christopher
11.	Bischoff & Rodatz
12.	Blass, F. & Schomburgk
13.	Blass, Ferd.
14.	Block, Hans & Löwe, Jacob & Consorten
15.	Bösch, J. & M.
16.	Boysen, Lorenz Heinrich
17.	Brandt, Friedrich
18.	Breckwoldt, Claus
19.	Breckwoldt, Wilcken
20.	Bremer, Carl Heinrich
21.	Budich, Friedrich Jacob
22.	Buhrow & Schmidt
23.	Buhrow, Peter Gottlieb
24.	Clausen, Claus Pedersen
25.	Clausen, Sören Pedersen
26.	Dau, Jürgen
27.	Diederichsen, Peter
28.	Diercks Gebrüder
29.	Dingwall, James
30.	Döhren, A. von
31.	Egenhusen, Paul Hermann
32.	Eggers, H. H.
33.	Eichmann, Otto Ludwig
34.	Einigkeit, Act.-Gesellschaft
35.	Fetterlein, Carl Hermann
36.	Finkler, Caspar Diederich
37.	Firgau, Victor

4 RK, für 1821, 1833-1860, 1864: Rigsarkivet og Hjælpemidlerne til dets Benyttelse I, 2. Bind, St. Thomas Havnemester 1819-1867, Protokoller over indkomne fartøjer 1821, 1833-1865 (m. angivelse af koller over indkomne fartøjer art og navn, fører, nationalitet, hvorfra ankommet samt ladnings art). RK, für 1861-1863: Koloniernes Centralbestyrelse, Kolonialkontoret Gruppesager til Vestindisk Journal, Rapporter St. Thomas, St. Jan VII-VIII, F 04-135 661, 662. RK, ab April 1865: Koloniernes Centralbestyrelse, Kolonialkontoret Gruppesager til Vestindisk Journal, Rapporter St. Thomas, St. Jan X-XXVI, F 04-135, 664-680. RK, ab 1877-1888: Koloniernes Centralbestyrelse, Kolonialkontoret Gruppesager til Vestindisk Journal, Rapporter St. Thomas, St. Jan XV-XXI, F 04-135, 669-675.
KRESSE, Walter: Seeschiffs-Verzeichnis der Hamburger Reedereien.

38.	Flemming, Adolph
39.	Fock, Johann Jacob
40.	Freitas, Augusto Constantino de
41.	Friedrichs, Johann Philipp
42.	Friedrichsen, Jacob Broder
43.	From, Niels
44.	Gieschen, Adolph Christian
45.	Godeffroy, Joh. Ces. & Sohn
46.	Gombertz, Conrad Dr.
47.	Gorrissen & Lutze
48.	Groot, Hinrich Jensen
49.	Gütschow, A. E.
50.	Gütschow, Heinrich Adolph
51.	J. Levy & Co.
52.	Hartenstein & Co.
53.	Hartung, Eugenius Georg August
54.	Hauer, W. & S.
55.	Hauer, Wolf Sander
56.	Heimsoht, Johann Diederich
57.	Henrici & Comp.
58.	Hertz, Adolph Jacob
59.	Herwig, C. W.
60.	Heydorn, Claus
61.	Heyenga, Heye
62.	Heyn, J. & Co.
63.	Hinrichsen, Hinrich
64.	Hinsch, Johann David & Co.
65.	Holst, Johann Jacob
66.	Hubert, Johann Guilliam Rudolph
67.	Hundeiker, E.
68.	Jacobsen, Christian Wilhelm
69.	Jencquel, Adolf
70.	Jensen, Heinrich Christian Nicolaus
71.	Johannsen, Lüdde Knut
72.	Jörgensen, Hans Christian Andersen
73.	Kalkmann, Gebr.
74.	Kampmeyer, Johann Nicolaus Christoph
75.	Kinch, Carl Theodor
76.	Koch, Rasmus Nielsen
77.	Köhn, Hinrich Wilhelm
78.	Köhncke, Johann Christian Friedrich
79.	Köster, Johann Heinrich
80.	Laeisz, F.
81.	Lafrenz, Peter
82.	Lassen, Hermann Christian
83.	Lassen, Nicolai
84.	Lau, Carsten Diederich
85.	Lehmann, Carl Heinrich Peter
86.	Levy, H. J. & Co.
87.	Levy, H. J. & J. J.
88.	Levy, Nachmann Jacob

89.	Levy, Zacharias Joseph
90.	Linau, Claus
91.	Linck & Jones
92.	Linck, Johann Peter
93.	Lund, Jonas Gabriel
94.	Magens, Hinrich
95.	Malchin, Christian Ferdinand Theodor
96.	Marbs, Johann
97.	Mathiason, M. J.
98.	Meister, Carl Ludwig Daniel
99.	Merck, H. J. & Co.
100.	Meyer, Christian Georg Friedrich
101.	Meyer, E. T. & Co.
102.	Mohr, Johann
103.	Möller, Peter Christian
104.	Möller, Peter Ferdinand
105.	Monberg, Hans Petersen
106.	Müller, Eduard G. W. Sohn
107.	Müller, Johann Heinrich Christian
108.	Nielsen, Adolph
109.	Nölting, Emilie
110.	Ode, Johann Martin
111.	Opffermann, Johann Albert Siegmund
112.	Oppenheim, Adolph
113.	Paulsen, Eduard
114.	Petersen, Erich Peter
115.	Pflugk, Carl
116.	Piening, Hinrich Christian
117.	Pieper, David
118.	Pieper, Friedrich
119.	Pieper, Hans
120.	Pieper, Hinrich
121.	Pinckernelle, F. H.
122.	Pinckernelle, G. & J. E.
123.	Plaas, Nicolaus
124.	Pruter, J.
125.	Raben, Adolph Emanuel
126.	Rahmstorf, Hein
127.	Rauert, Paul Johann Jacob
128.	Reer, J. H. & Co.
129.	Reichert, Theodor Julius
130.	Reimers, Wolf
131.	Rendtorff, W.
132.	Riessen, Jochen
133.	Rodríguez, Maria Josefa
134.	Rohrdorf, Carl Leopold Ferdinand
135.	Roosen, B. & H.
136.	Roosen, S. & B.
137.	Rübke, C. & Woellmer
138.	Sadewasser, Peter Ludwig
139.	Schierhorn, Henning Joachim

140.	Schmidt, Hans Christian
141.	Schön, August Joseph
142.	Schuldt, David
143.	Schütt, F. E. & Co.
144.	Schwencke, Jürgen Caspar
145.	Schwenn, Jacob Friedrich Otto
146.	Segnitz, Matthias Diederich August
147.	Sibbers, Franz Leonhard Sibbern
148.	Sloman, Rob. M.
149.	Smidt, Carsten
150.	Sondermann, Adolph
151.	Speckhahn, Georg Christian
152.	Stahl, Wilhelm Ludwig
153.	Stern, Johann Hinrich
154.	Sternberg, Johann Hinrich
155.	Stoll, C.
156.	Strantzen, Adolph
157.	Streuvert, Johann Heinrich Carl
158.	Struve, Georg August Ludwig
159.	Stürcken, J. & Co.
160.	Tampke, Jürgen
161.	Teunis, Jacob Jürgen
162.	Tietgens & Robertson
163.	Turpin, John
164.	Valentin, Hinrich
165.	Valentin, Martin
166.	Visser, Franz Johann Gottlieb
167.	Wagener & Enet
168.	Wamosy, Daniel
169.	Wappäus, A. H.
170.	Wappäus, G. H.
171.	Warnecke, Conrad Ehrenfried
172.	Wettern, Nicolaus
173.	Wieler, Gustav
174.	Witt, Hans Hinrich
175.	Wizel, Johann Paul
176.	Woermann, Carl
177.	Woldsen, A. F.
178.	Wortmann, Andreas Ludwig Friedrich
179.	Wortmann, Detlev Hermann
180.	Zoder, Gottfried Ludwig Wilhelm
181.	Zurhelle & Elster

17.e) Eigner, auf deren Schiffen A. H. Wappäus Ware in Richtung Venezuela verschickte[5]:

1.	HAPAG
2.	Meyer, Martin Pio Alexis
3.	Schomburgk, Carl
4.	Wappäus, A. H.

17.f)   Eigner, deren Dampfschiffe zwischen 1871 und 1892 Curaçao anliefen[6]

1.	HAPAG
2.	Riedel, Christian Johannes

17.g)   Eigner, deren Schiffe im Verlaufe des 19. Jahrhundert in der Karibik verkehrten[7]

1.	Ahlmann, Hans
2.	Alexanderson, Carl
3.	Amsinck, Martin Garlieb
4.	Bähr, Claus
5.	Bahre, Friedrich Christian
6.	Barthold, Georg Wilhelm
7.	Baumgarten, Johann
8.	Becker Gebr.
9.	Becker, J.
10.	Becker, Johann August Otto
11.	Becker & Lunau
12.	Beenk, Martin
13.	Bergeest, Johann Franz Christopher
14.	Bieber, F. D. & Söhne
15.	Bischoff & Rodatz
16.	Blass, F. & Schomburgk
17.	Blass, Ferd.
18.	Block, Hans & Löwe, Jacob & Consorten
19.	Bolten, Johann August Gottfried
20.	Bödecker, Lavé
21.	Bösch, J. & M.
22.	Boysen, Lorenz Heinrich
23.	Brandt, Friedrich
24.	Breckwoldt, Claus
25.	Breckwoldt, Hans
26.	Breckwoldt, Wilcken
27.	Bremer, Carl Heinrich

5   Quellen siehe IX. Anhang: 12. Transportmedien der Firma A. H. Wappäus.
6   Quellen siehe IX. Anhang: 3. Hamburger Dampfschiffe, die zwischen 1871 und 1892 in Curaçao ein- und
    ausliefen.
7   Aus allen in IX. Anhang 17 angegebenen Quellen zusammengestellt.

28.	Bremer, Paul Hinrich
29.	Budich, Friedrich Jacob
30.	Buhrow & Schmidt
31.	Buhrow, Peter Gottlieb
32.	Clausen, Claus Pedersen
33.	Clausen, Sören Pedersen
34.	Cohrs, Hinrich Ludwig
35.	Cohrs, Jakob D.
36.	Cohrs, Johann Sievert
37.	Cordes, J. C. & F.
38.	Dau, Jürgen
39.	Dieckmann, W.
40.	Diederichsen, Peter
41.	Diercks Gebrüder
42.	Dingwall, James
43.	Döhren, A. von
44.	Dutton, Henry
45.	Egenhusen, Paul Hermann
46.	Eggers, H. H.
47.	Eggers, Joachim
48.	Eichmann, Otto Ludwig
49.	Einigkeit, Act.-Gesellschaft
50.	Fetterlein, Carl Hermann
51.	Finkler, Caspar Diederich
52.	Firgau, Victor
53.	Flemming, Adolph
54.	Fock, Johann Jacob
55.	Freitas, Augusto Constantino de
56.	Friedrichs, Johann Philipp
57.	Friedrichsen, Jacob Broder
58.	From, Niels
59.	Gast, Johann Joachim August
60.	Gieschen, Adolph Christian
61.	Godeffroy, Joh. Ces. & Sohn
62.	Gombertz, Conrad Dr.
63.	Gorrissen & Lutze
64.	Groot, Hinrich Jensen
65.	Gütschow, A. E.
66.	Gütschow, Heinrich Adolph
67.	J. Levy & Co.
68.	Hansen, P. N. & Johannsen
69.	Hansen, Sören Brinck
70.	Hartenstein & Co.
71.	Hartung, Eug. Georg August
72.	Hauer, W. & S.
73.	Hauer, Wolf Sander
74.	Heimsoht, Johann Diederich
75.	Henrici & Comp.
76.	Hertz, Adolph Jacob
77.	Herwig, C. W.
78.	Heydorn, Claus

79.	Heyenga, Heye
80.	Heyn, J. & Co.
81.	Hinrichsen, Hinrich
82.	Hinsch, Johann David & Co.
83.	Holst, Johann Jacob
84.	Hubert, Johann Guilliam Rudolph
85.	Hubert, Paul Friedrich
86.	Hundeiker, E.
87.	Jacobsen, Christian Wilhelm
88.	Jencquel, Adolf
89.	Jensen, Heinrich Christian Nicolaus
90.	Johannsen, Lüdde Knut
91.	Jongh, Henry de
92.	Jörgensen, Hans Christian Andersen
93.	Junge, Johann
94.	Kalkmann, Gebr.
95.	Kampmeyer, Johann Nicolaus Christoph
96.	Kelting, C.
97.	Kinch, Carl Theodor
98.	Koch, Rasmus Nielsen
99.	Köhn, Hinrich Wilhelm
100.	Köhncke, Johann Christian Friedrich
101.	Korff, Peter Claudius
102.	Korff, Peter Hinrich
103.	Köster, Daniel August
104.	Köster, Johann Heinrich
105.	Kruse, Peter Christian
106.	Laeisz, F.
107.	Lafrenz, Peter
108.	Lassen, Hermann Christian
109.	Lassen, Hermann R.
110.	Lassen, Nicolai
111.	Lau, Carsten Diederich
112.	Lehmann, Carl Heinrich Peter
113.	Levy, H. J. & Co.
114.	Levy, H. J. & J. J.
115.	Levy, Nachmann Jacob
116.	Levy, Zacharias Joseph
117.	Lienau, Claus
118.	Linau, Claus
119.	Linck & Jones
120.	Linck, Johann Peter
121.	Lüdert, Johann Hermann
122.	Lund, Jonas Gabriel
123.	Magens, Hinrich
124.	Malchin, Christian Ferdinand Theodor
125.	Marbs, Johann
126.	Mathiason, M. J.
127.	Meinzolt, Georg Michael
128.	Meister, Carl Ludwig Daniel
129.	Merck, H. J. & Co.

130.	Mewes, David
131.	Mewes, Hinrich
132.	Meyer, Christian Georg Friedrich
133.	Meyer, E. T. & Co.
134.	Meyer, Martin Pio Alexis
135.	Mohr, Johann
136.	Möller, Peter Christian
137.	Möller, Peter Ferdinand
138.	Monberg, Hans Petersen
139.	Müller, Eduard G. W. Sohn
140.	Müller, Johann Heinrich Christian
141.	Nielsen, Adolph
142.	Nölting, Emilie
143.	Ode, Johann Martin
144.	Opffermann, Johann Albert Siegmund
145.	Oppenheim, Adolph
146.	O`swald, W. & Co.
147.	Paulsen, Eduard
148.	Pedersen, Claus
149.	Pego, H. & Co.
150.	Petersen, Erich Peter
151.	Pflugk, Carl
152.	Piening, Hinrich Christian
153.	Pieper, David
154.	Pieper, Friedrich
155.	Pieper, Hans
156.	Pieper, Hinrich
157.	Pinckernelle, F. H.
158.	Pinckernelle, G. & J. E.
159.	Plaas, Nicolaus
160.	Pruter, J.
161.	Raben, Adolph Emanuel
162.	Rahmann, Johann Jacob
163.	Rahmstorf, Hein
164.	Rauert, Paul Johann Jacob
165.	Reer, J. H. & Co.
166.	Reichert, Theodor Julius
167.	Reimers, Julius Friedrich Wilhelm
168.	Reimers, Wolf
169.	Rendtorff, W.
170.	Richers, Carl Heinrich Wilhelm
171.	Riedel, Christian Johannes
172.	Riessen, Jochen
173.	Rodríguez, Maria Josefa
174.	Rohrdorf, Carl Leopold Ferdinand
175.	Roosen, B. & H.
176.	Roosen, S. & B.
177.	Rübke, C. & Woellmer
178.	Rühs, Carl Andreas
179.	Sadewasser, Peter Ludwig
180.	Schierhorn, Henning Joachim

181.	Schmidt, Hans Christian
182.	Schomburgk, Carl
183.	Schön, August Joseph
184.	Schuldt, David
185.	Schulz, Georg Hugo
186.	Schütt, F. E. & Co.
187.	Schwencke, Jürgen Caspar
188.	Schwenn, Jacob Friedrich Otto
189.	Seele, F. M. A.
190.	Segnitz, Matthias Diederich August
191.	Sibbers, Franz Leonhard Sibbern
192.	Sloman, Rob. M.
193.	Smidt, Carsten
194.	Sondermann, Adolph
195.	Speckhahn, Georg Christian
196.	Spreckelsen, Johann Christian Martin von
197.	Stahl, Wilhelm Ludwig
198.	Stern, Johann Hinrich
199.	Sternberg, Johann Hinrich
200.	Stöckmann, Hans Friedrich
201.	Stoll, C.
202.	Strantzen, Adolph
203.	Streuvert, Johann Heinrich Carl
204.	Struve, Georg August Ludwig
205.	Stürcken, J. & Co.
206.	Tampke, Jürgen
207.	Teunis, Jacob Jürgen
208.	Tietgens & Robertson
209.	Turpin, John
210.	Valentin, Hinrich
211.	Valentin, Martin
212.	Visser, Franz Johann Gottlieb
213.	Wagener & Enet
214.	Wamosy, Daniel
215.	Wappäus, A. H.
216.	Wappäus, G. H.
217.	Warnecke, Conrad Ehrenfried
218.	Wendtland, Ferdinand Georg Erben
219.	Wettern, Nicolaus
220.	Wieler, Gustav
221.	Witt, Friedrich Peter
222.	Witt, Hans Hinrich
223.	Witt, Johann
224.	Wizel, Johann Paul
225.	Woermann, Carl
226.	Woldsen, A. F.
227.	Wortmann, Andreas Ludwig Friedrich
228.	Wortmann, Detlev Hermann
229.	Zoder, Gottfried Ludwig Wilhelm
230.	Zurhelle & Elster

17.h)   Wie oft Hamburger Eigner zwischen 1848 und 1863 La Guaira anlaufen ließen[8]

Eigner	Anzahl
Becker, J.	16
Blass, F. & Schomburgk	10
Breckwoldt, Hans	2
Breckwoldt, Wilcken	6
Clausen, Claus Pedersen	1
Clausen, Sören Pedersen	13
Cohrs, Johann Sievert	1
Döhren, A. von	2
Eggers, H. H.	30
Finkler, Caspar Diederich	1
Gast, Johann Joachim August	3
Gütschow, Heinrich Adolph	1
Hansen, P. N. & Johannsen	7
Hartenstein & Co.	3
Hauer, W. & S.	1
Heyn, J. & Co.	2
Junge, Johann	1
Kinch, Carl Theodor	9
Köster, Daniel August	1
Kruse, Peter Christian	1
Laeisz, F.	1
Lau, Carsten Diederich	2
Levy, H. J. & J. J.	1
Lienau, Claus	1
Meinzolt, Georg Michael	1
Meister, Carl Ludwig Daniel	1
Mewes, David	2
Müller, Eduard G. W. Sohn	12
Petersen, Erich Peter	1
Pruter, J.	1
Rendtorff, W.	6
Schön, August Joseph	14
Smidt, Carsten	7
Stöckmann, Hans Friedrich	5
Witt, Friedrich Peter	1
Wizel, Johann Paul	2

8   Quellen siehe IX. Anhang: 5. Hamburger Schiffe, die zwischen 1824 und 1865 in La Guaira ein- und aus-
    liefen.

17.i) Wie oft Hamburger Eigner zwischen 1848 und 1863 Curaçao anlaufen ließen[9]

Eigner	Anzahl
Blass, F. & Schomburgk	1
Boysen, Lorenz Heinrich	1
Clausen, Sören Pedersen	1
Cohrs, Hinrich Ludwig	1
Hauer, W. & S.	8
Hauer, Wolf Sander	1
Holst, Johann Jakob	1
Müller, Johann Heinrich Christian	1
Schön, August Joseph	2
Spreckelsen, Johann Christian Martin von	1
Valentin, Martin	2
Wendtland, Ferdinand Georg Erben	1
Wortmann, Andreas Ludwig Friedrich	1

17.j) Wie oft Hamburger Eigner zwischen 1848 und 1863 St. Thomas anlaufen ließen[10]

Eigner	Anzahl
Ahlmann, Hans	1
Alexanderson, Carl	1
Amsinck, Martin Garlieb	1
Bähr, Claus	1
Becker, J.	4
Bergeest, Johann Franz Christopher	4
Bischoff & Rodatz	1
Blass, F. & Schomburgk	1
Block, Hans & Löwe, Jacob & Consorten	2
Bösch, J. & M.	1
Boysen, Lorenz Heinrich	6
Brandt, Friedrich	1
Breckwoldt, Claus	3
Breckwoldt, Wilcken	3
Clausen, Claus Pedersen	2
Clausen, Sören Pedersen	1
Dau, Jürgen	1
Diederichsen, Peter	1
Dingwall, James	10
Döhren, A. von	6
Eggers, H. H.	9

9 Quellen siehe IX. Anhang: 2.b) Hamburger Schiffe, die zwischen 1848 und 1889 in Curaçao ein- und ausliefen.
10 Quellen siehe IX. Anhang: 6. Hamburger Schiffe, die zwischen 1821 und 1882 St. Thomas anliefen.

Eichmann, Otto Ludwig	2
Firgau, Victor	1
Flemming, Adolph	2
Freitas, Augusto Constantino de	6
Friedrichsen, Jacob Broder	1
Gieschen, Adolph Christian	4
Godeffroy, Joh. Ces. & Sohn	2
Groot, Hinrich Jensen	2
Gütschow, A. E.	1
Gütschow, Heinrich Adolph	5
Hartenstein & Co.	4
Hartung, Eugenius Georg August	4
Hauer, W. & S.	2
Hauer, Wolf Sander	2
Herwig, C. W.	1
Heyenga, Heye	1
Heyn, J. & Co.	5
Holst, Johann Jacob	1
Hubert, Johann Guilliam Rudolph	8
Jacobsen, Christian Wilhelm	1
Johannsen, Lüdde Knut	1
Kalkmann, Gebr.	6
Kinch, Carl Theodor	8
Köhn, Hinrich Wilhelm	3
Köster, Johann Heinrich	7
Laeisz, F.	1
Lassen, Hermann Christian	3
Lassen, Nicolai	1
Lau, Carsten Diederich	2
Lehmann, Carl Heinrich Peter	2
Levy, H. J. & Co.	51
Levy, H. J. & J. J.	4
Linau, Claus	2
Linck, Johann Peter	1
Lund, Jonas Gabriel	3
Malchin, Christian Ferdinand Theodor	1
Marbs, Johann	4
Mathiason, M. J.	2
Meister, Carl Ludwig Daniel	34
Meyer, Christian Georg Friedrich	1
Meyer, E. T. & Co.	1
Mohr, Johann	2
Möller, Peter Christian	1
Möller, Peter Ferdinand	2
Monberg, Hans Petersen	1
Müller, Eduard G. W. Sohn	3
Müller, Johann Heinrich Christian	2
Nielsen, Adolph	1
Ode, Johann Martin	4
Oppenheim, Adolph	1
Petersen, Erich Peter	1

Pflugk, Carl	2
Pieper, David	1
Pieper, Friedrich	1
Pieper, Hans	1
Pieper, Hinrich	1
Pinckernelle, F. H.	1
Plaas, Nicolaus	2
Pruter, J.	2
Rauert, Paul Johann Jacob	3
Reer, J. H. & Co.	1
Reichert, Theodor Julius	1
Rendtorff, W.	8
Riessen, Jochen	2
Rodríguez, Maria Josefa	1
Rohrdorf, Carl Leopold Ferdinand	1
Rübke, C. & Woellmer	6
Schierhorn, Henning Joachim	1
Schmidt, Hans Christian	2
Schön, August Joseph	217
Schuldt, David	1
Schütt, F. E. & Co.	1
Schwencke, Jürgen Caspar	1
Schwenn, Jacob Friedrich Otto	1
Sibbers, Franz Leonhard Sibbern	2
Sloman, Rob. M.	1
Smidt, Carsten	3
Sondermann, Adolph	1
Speckhahn, Georg Christian	2
Stoll, C.	1
Strantzen, Adolph	2
Struve, Georg August Ludwig	1
Stürcken, J. & Co.	1
Tampke, Jürgen	1
Teunis, Jacob Jürgen	1
Tietgens & Robertson	1
Valentin, Hinrich	1
Valentin, Martin	1
Wappäus, A. H.	3
Warnecke, Conrad Ehrenfried	2
Wettern, Nicolaus	1
Wieler, Gustav	1
Witt, Hans Hinrich	1
Wizel, Johann Paul	1
Woermann, Carl	2
Woldsen, A. F.	45
Wortmann, Andreas Ludwig Friedrich	5
Wortmann, Detlev Hermann	2
Zoder, Gottfried Ludwig Wilhelm	2
Zurhelle & Elster	1

18. Fahrtrouten der Reedereien G. H. und A. H. Wappäus[1]

Datum	Routen der Schiffe der Reedereien Wappäus
1820/21	Hamburg - Curaçao
1820/21	Hamburg - Curaçao
1821	Hamburg - St. Thomas - Hamburg
1821	Hamburg - St. Thomas
1821/22	Hamburg - Curaçao
1821/22	Hamburg - Curaçao
1822	Hamburg - St. Thomas
1823/24	Hamburg - La Guaira
1823/24	Hamburg - Havanna
1823-27	Hamburg - Havanna
1823-27	Hamburg - Havanna
1823-27	Hamburg - Havanna
1823-27	Hamburg - Havanna
1823-27	Hamburg - Havanna
1824	Hamburg - Omoa / Honduras
1824	La Guaira - Hamburg
1824	Hamburg - La Guaira
1824/25	Hamburg - Puerto Orotava[2] - La Guaira - Omoa / Honduras – Campeche / Mexiko
1824/25	Hamburg - La Guaira
1824-26	Hamburg - Cowes - Zwischenhafen - Río de Janeiro
1825	Hamburg - Teneriffa - La Guaira
1825	Hamburg - La Guaira
1826	Hamburg - La Guaira
1826/27	Hamburg - St. Thomas - Curaçao
1826/27	Hamburg - La Guaira
1826/27	Hamburg - La Guaira
1827	Hamburg - Curaçao
1827-29	Hamburg - Río de Janeiro
1827-29	Hamburg - Río de Janeiro
1827-29	Hamburg - Havanna
1827-29	Hamburg - Havanna
1827/28	Hamburg - La Guaira - Puerto Cabello
1827/28	Hamburg - Bordeaux - Veracruz
1827/29	Hamburg - Zwischenhafen - Río de Janeiro
1827-29	Hamburg - Bremen - Zwischenhafen - Veracruz
1828	Hamburg - Port-au-Prince - Gonaives / Haiti
1828	Hamburg - Río de Janeiro
1828	Hamburg - Santos - Bahia

1 Quelle siehe IX. Anhänge: 2.b) Hamburger Schiffe, die zwischen 1818 und 1889 Curaçao frequentierten. 5. Hamburger Schiffe, die zwischen 1824 und 1865 in La Guaira ein- und ausliefen. 6. Hamburger Schiffe, die zwischen 1821 und 1882 St. Thomas anliefen. 7. Hamburger Schiffe, die zwischen 1821 und 1892 in St. Thomas ein- und ausliefen. 10. Aus Hamburg zwischen 1818 und 1888 in Richtung Karibik auslaufende Hamburger Schiffe. 12. Transportmedien der Firma A. H. Wappäus.

2 Puerto Orotava / Santa Cruz de Tenerife.

1828	Hamburg - Río de Janeiro
1828	Hamburg - Curaçao
1828/29	Hamburg - London - Lissabon - Río de Janeiro
1828/29	Hamburg - Plymouth - Pernambuco
1829	Hamburg - St. Thomas
1829/30	Hamburg - Curaçao
1829/30	Hamburg - Kapverdische Inseln - Río de Janeiro
1829/30	Hamburg - Bordeaux - Porto - Bahia
1829/30	Hamburg - Baltimore - Bahia
1829/30	Hamburg - Port-au-Prince
1829/30	Hamburg - Port-au-Prince
1829/30	Hamburg - Hull - Havanna
1829-31	Hamburg - Havre - Zwischenhafen - Havanna
1830	Hamburg - Port-au-Prince - Gonaives / Haiti
1830	Hamburg - Cap Haitien
1830	Hamburg - Boavista[3] / Kapverdische Inseln - Río de Janeiro
1830/31	Hamburg - Kapverdische Inseln - Zwischenhafen - Río de Janeiro
1830/31	Hamburg - London - Port-au-Prince - Curaçao
1830/31	Hamburg - Havanna
1830/31	Hamburg - Harwich[4] - Río de Janeiro
1830/31	Hamburg - Amsterdam - Bahia
1831	Hamburg - Río de Janeiro
1831/32	Hamburg - Veracruz - Zwischenhafen - Río de Janeiro
1831/32	Hamburg - Zwischenhafen - Bahia
1831/32	Hamburg - Bahia
1831/32	Hamburg - Bahia
1831/32	Hamburg - London - Río de Janeiro
1831/32	Hamburg - Port-au-Prince - Santo Domingo
1831/32	Hamburg - Kapverdische Inseln - Río de Janeiro
1831-34	Hamburg - Port-au-Prince
1831-34	Hamburg - Port-au-Prince
1831-34	Hamburg - Port-au-Prince
1831-34	Hamburg - Port-au-Prince
1832	Hamburg - Matanzas / Kuba
1832/33	Hamburg - Port-au-Prince - Grande Saline / Haiti
1832/33	Hamburg - Kapverdische Inseln - Bahia
1832/33	Hamburg - Kapverdische Inseln - Zwischenhafen - Río de Janeiro
1832/33	Hamburg - Kapverdische Inseln - Río de Janeiro
1832/33	Hamburg - Kapverdische Inseln - Bahia
1833/34	Hamburg - Kapverdische Inseln - Río de Janeiro
1833/34	Hamburg - Zwischenhafen - Bahia
1833/34	Hamburg - Port-au-Prince
1833/34	Hamburg - Boavista / Kapverdische Inseln - Río de Janeiro
1833-35	Hamburg - Zwischenhafen - Bahia
1833-35	Hamburg - Zwischenhafen - Bahia
1834/35	Hamburg - Cap Haitien - Port-au-Prince - Gonaives / Haiti
1834/35	Hamburg - Kapverdische Inseln - Zwischenhafen - Bahia

3   Boavista / Azoren.
4   Harwich / England.

1834/35	Hamburg - Port-au-Prince - Gonaives Haiti
1835	Hamburg - Bahia
1835	Hamburg - Port-au-Prince - Aux Cayes / Haiti[5]
1835/36	Hamburg - Río de Janeiro - New York
1835/36	Hamburg - Kapverdische Inseln - Bahia
1835/36	Hamburg - Río de Janeiro
1835/36	Hamburg - Lissabon - Bahia
1835/36	Hamburg - Río de Janeiro - Zwischenhafen - New York
1836	Hamburg - Bahia
1836/37	Hamburg - Antwerpen - Río de Janeiro
1836/37	Hamburg - Bahia - Trinidad
1836/37	Hamburg - New York - Puerto Cabello
1836/37	Hamburg - Río de Janeiro - Zwischenhafen - St. Thomas - Manati / Puerto Rico
1837	Martinique - St. Thomas - Puerto Rico
1859-61	Lübeck - Zwischenhafen - La Guaira - Puerto Cabello
1860	Liverpool - St. Thomas - Puerto Plata
1861	Liverpool - St. Thomas
1875	Hamburg - Ciudad Bolívar
1875/76	Hamburg - Ciudad Bolívar - La Guaira
1876/77	Hamburg - Ciudad Bolívar
1877	Hamburg - Ciudad Bolívar - Cumaná
1877	Ciudad Bolívar - St. Thomas - Cumaná
1877/78	Hamburg - Ciudad Bolívar
1878	Hamburg - Bordeaux - Ciudad Bolívar
1878	Venezuela - St. Thomas - Progresso
1878/79	Hamburg - Rotterdam - Ciudad Bolívar
1879	Hamburg - Ciudad Bolívar
1879	Hamburg - Ciudad Bolívar
1979	Hamburg - Ciudad Bolívar
1881	Hamburg - Ciudad Bolívar
1881	Hamburg - Ciudad Bolívar
1880-82	Hamburg - Ciudad Bolívar
1880-82	Hamburg - Ciudad Bolívar
1880-82	Hamburg - Ciudad Bolívar
1880-82	Hamburg - Ciudad Bolívar
1882	Hamburg - Ciudad Bolívar
1882	Trinidad - St. Thomas - Söen
1882/83	Hamburg - Ciudad Bolívar - Puerto Cabello
1882/83	Hamburg - Ciudad Bolívar
1883	Hamburg - Ciudad Bolívar
1883	Hamburg - Ciudad Bolívar
1883/84	Hamburg - Ciudad Bolívar - Puerto Cabello
1883/84	Hamburg - Ciudad Bolívar - Puerto Cabello
1884	Hamburg - Ciudad Bolívar
1884	Hamburg - Ciudad Bolívar
1884/85	Hamburg - Ciudad Bolívar - Trinidad
1885	Hamburg - Ciudad Bolívar

5   Auch Les Cayes / Haiti.

1885	Hamburg - Ciudad Bolívar
1885	Hamburg - Ciudad Bolívar
1885/86	Hamburg - Ciudad Bolívar - Trinidad
1885/86	Hamburg - Zwischenhafen - Ciudad Bolívar
1886	Hamburg - Ciudad Bolívar
1886	Hamburg - Rotterdam - Ciudad Bolívar
1886	Hamburg - Ciudad Bolívar
1886	Hamburg - Ciudad Bolívar
1886	Hamburg - Ciudad Bolívar
1886/87	Hamburg - Zwischenhafen - Ciudad Bolívar
1886/87	Hamburg - Grimsby - Venezuela
1887	Hamburg - Zwischenhafen - Ciudad Bolívar
1887	Hamburg - Ciudad Bolívar
1887	Hamburg - Ciudad Bolívar
1887	Hamburg - Ciudad Bolívar
1887/88	Hamburg - Zwischenhafen - Ciudad Bolívar
1887/88	Hamburg - Ciudad Bolívar - Trinidad
1888	Hamburg - Ciudad Bolívar
1888	Hamburg - Ciudad Bolívar - Haiti

19. Geschäftsprinzipien des A. H. Wappäus[1]

<u>Advice to young merchants.</u> <u>Beware of overtrading.</u> If by depending upon ficticious credit, you extend your business very far beyond your real Capital, the hazard of bankruptcy and ruin will be great. In this case you risk not only your own property, but that of your creditors which is hardly reconcilable with honest principles. When the profits of trade happen to be greater than ordinary, over trading becomes general, and if any sudden change occur in the State of the Commerce or Currency of the Country, a revulsion must inevitably ensue and consign thousands to unexpected ruin.

<u>Do not make too much haste to be rich.</u> By this means nineteen twentieth of the Merchants fail. They overreach not dishonestly perhaps, but they attempt to do too much business for their experience and their means; I find, said a shrewd merchant, I make most money when I am least anxious about it. There is sound philosophy in this remark. Caution, prudence, sagacity and deliberation and time are all necessary to success. Some men it is true, get rich suddenly, but such fortunes too often vanish.

<u>Preserve.</u> This should be the motto of every individual. It should be engraven on his heart and in his mind. Without perseverance, man would be nonenty. The simplest schemes could not be executed and those mighty deeds, that have filled the world with admiration and wonder would never have been accomplished. In every transaction of life, perseverance is the magical sesame that opens the door to success. Calculate prudently and persevere in great designs.

<u>The Habits of a Man of Business.</u> A sacred regard to the principles of justice forms the basis of every transaction and regulates the conduct of the upright man of business. He is strict in keeping his engagements, does nothing carelessly or in a hurry, employs no body to do, what he can himself, keeps every thing in its proper place, leaves nothing undone which ought to be done and which circumstance and time permitted him to do; keeps his designs and business from the views of others, is prompt and decisive with his customers and does not overtrade for his capital; prefers short credit to long ones and cash to credit transactions at all time when they can be advantageously made by either in buying or selling and small profits with little risk, to the chance of better gains, with more hazard. He is clear and explicit in all his bargains, leaves nothing to the memory, which he can and ought to commit to writing - keeps copy of all important letters which he sends away, and has every letter, invoice belonging to his business, titled, claped and put away -. Never suffers his desk to be confused by many papers lying upon it, is always at the head of his business well knowing if he leaves it, it will leave him; holds it as a main that he whose credit is suspected is not safe to be trusted and is constantly examining and sees thru´ all his affairs as far as care and attention enable him, balances regularly at stated times and then makes out and transmits all his accounts current to his customers and constituents both at home abroad; avoids as much as possible all sorts of accomodations in moneymatters and lawsuits, where there is the least hazard; is economically in his expenditures, always living within his income; is cautious how he becomes security for any person and is generous only when urged by motives of humanity; is very particular relative to appointments, addresses and petty cash matters and persevering in all his design.

---

1   StAH 621-1 Archiv der Firma A. H. Wappäus 9, Memorandum-Book von A. Wappäus in Ciudad Bolivar 1839-1857, S. 2-3.

20. Beschreibung venezolanischer Orte nach J. E. Wappäus

a) Angostura[1]

Die jetzige Stadt (Angostura) liegt amphitheatralisch an dem Abhange eines Hügels von Hornblendschiefer, der von aller Vegetation entblösst ist. Ihre Strassen sind schnurgerade und laufen meist dem Strome parallel. Die Häuser, zum grossen Theile auf dem kahlen Felsengrund erbaut, sind hoch, bequem und meist aus Steinen aufgeführt, welche Bauart beweist, dass die Bewohner sich vor den Erdbeben nicht fürchten, eine Sicherheit, die jedoch nicht sehr wohl gegründet ist, denn obwohl das Küstenland von Venezuela zuweilen sehr starke Erschütterungen erlitten hat, die sich nicht durch die Llanos fortpflanzten, so ist jedoch bei dem grossen Erdbeben von 1766, welches Cumana zerstörte, der Granitboden von beiden Ufern des Orenoko [sic] bis an die Raudales von Atures und Maypures erschüttert worden. Die gegenwärtige Lage von Santo Tomas (de la Nueva Guayana = Angostura), die aus militärischen Rücksichten zur besseren Vertheidigung des Landes gegen Angriffe von Osten her gewählt worden, ist weder in dieser Hinsicht noch in Bezug auf den Handelsverkehr die vortheilhafteste. In beiden Beziehungen wäre eine der Hauptmündung des Flusses mehr genäherte Lage vorzuziehen gewesen. .... dass die gegenwärtige Lage der Hauptstadt am Orenoko dem Aufschwung des Handelsverkehrs nicht gar hinderlich ist, zeigt aufs glänzendste der ausserordentliche Zuwachs, den derselbe in den wenigen Jahren, seit welchen die Republik einige Ruhe und Ordnung im Innern geniesst, genommen hat, und der noch täglich steigt. ..... . Die weite Entfernung Angostura's von der Mündung des Hauptarms des Orenoko, welche in gerader Linie 3° 52´ und auf dem Flusse 85 Meilen (20 auf den Grad) beträgt, ist für den Handel namentlich deshalb nachtheilig, weil das Fahrwasser des Flusses bis zur Mündung keineswegs überall der Art ist, wie man es von dem unteren Laufe eines so grossen Stromes erwarten sollte, sondern zwischen Angostura und der sechs Meilen unterhalb derselben liegenden Insel Mamo ein Paar Stellen darbietet, auf welchen im Februar bei niedrigstem Wasserstande mitunter nur 8 Fuss Wasser sich befinden, und weil der Handel der unterhalb Angostura am Orenoko liegenden Landschaften dadurch, dass ihre zur Ausfuhr bestimmten Produkte und die von ihnen eingeführten Waaren durch die Duane der entfernten Hauptstadt gehen müssen, sehr gedrückt wird. Diesem letzteren Uebel hat die Regierung dadurch zwar zum Theil zu begegnen gesucht, dass sie die Schiffe, welche in Ballast in den Orinoko einlaufen, um daselbst Vieh für die Antillen einzunehmen, von der Verpflichtung nach Angostura zu segeln dispensirte und ihnen gestattete sich durch ihre Agenten daselbst ausclariren zu lassen; allein seit dieser Begünstigung hat der Schmuggelhandel vom Orenoko aus so zugenommen, dass die Regierung, wenn sie dem besagten Handel nicht wieder die alten Fesseln anlegen will, wohl gezwungen sein wird, eine neue Duane am Orenoko unterhalb Angostura, etwa bei S. Rafael de Barrancas, wo das Delta des Flusses anfängt zu eröffnen. Der zuerst angeführte Nachtheil aber kann zum grossen Theil beseitigt werden durch die Verbesserung der genannten der Schiffahrt beschwerlichen Stellen durch Sprengung und Wegschaffung einiger Felsblöcke, welches bei niedrigem Wasserstande leicht auszuführen sein soll, und durch die Einführung von Dampfschiffen zum Bugsiren der grösseren Seeschiffe, welche jetzt, bei konträren Winden oft Wochen gebrauchen, um die Fahrt von Angostura bis zur See zurückzulegen und während derselben bei plötzlich eintretenden Windstillen oft in Gefahr kommen auf Steine oder Sandbänke zu stossen. Die Fluth welche beim niedrigsten Wasser allerdings bis nach Angostura hinauf spürbar ist, trägt wenig dazu bei, die angegebenen Schwierigkeiten des Fahrwassers zu mildern, denn sie erreicht bei der grossen Mündung des Orenoko, nahe am Cap Barima nur eine Höhe von 2 bis 3 Fuss, und beim Einfluss des Caroni, welcher noch 25 Meilen unterhalb Angostura liegt, wird das Wasser durch die Flut nur noch um 1 1/4 Fuss gehoben, so dass zwischen diesem Punkte und Angostura selbst, auf der für die Schiffahrt beschwerlichsten Strecke, das durch die Flut bewirkte regelmässige Steigen des Wassers zur Erleichterung der Schiffahrt fast ganz ohne Bedeutung ist. Ich habe mir erlaubt auf diese Details hier einzugehen, weil es mir von allgemeinem Interesse zu sein

---

1 WAPPÄUS, Johannes Eduard: Die Republiken von Südamerika, S. 130-134.

scheint auf die commerciellen Verhältnisse eines Platzes aufmerksam zu machen, der als Seehafen eines unermesslichen, reichen, erst jetzt aufgeschlossenen Binnenlandes und wegen der Vortheile, welche die Lage der Mündung des Orenoko für die Communication mit Europa und den kleinen Antillen darbietet, täglich an Bedeutung zunehmen muss, und nach welchem sich seit einigen Jahren namentlich auch der deutsche Handel und die deutsche Flagge mit entschiedenem Erfolg gewendet hat. Denn über ein Viertheil sämmtlicher i. J. 1841 in Angostura importirten fremden Waren wurde von Bremen, Hamburg und Altona und meist unter deutscher Flagge eingeführt. [Die Einfuhr aus den genannten drei Häfen nach Angostura ist 1839 bis 1841 von 60.800 auf 308.100 Bcomrk., die Ausfuhr dahin vom Jahr 1840 bis 1841 von 204.700 auf 420.700 Bcomrk. gestiegen. .....] .... . Angostura hat in den Unabhängigkeitskriegen eine bedeutende Rolle gespielt und während derselben sehr gelitten. Seine Bevölkerung, welche sich in den Jahren 1768 bis 1800 von 500 auf 6.600 gehoben hatte, und i. J. 1807 auf 8.500 geschätzt wurde, war am Ende jener Kriege auf 3.000 gesunken; gegenwärtig beträgt sie 4.000 Seelen, und ohne Zweifel wird sie, wenn der Republik der Friede erhalten wird, jetzt rasch zunehmen. ... . Das Klima von Angostura ist gesund und nicht so heiss, als man nach seiner Lage an einem kahlen dunkel gefärbten Felsen erwarten sollte, da die Hitze durch den regelmässigen Passatwind, der vom Meere her weht, und durch die Nähe des Flusses etwas gemildert wird.

b) La Guaira[2]

La Guayra, der Hafen der Hauptstadt, und der erste der ganzen Republik, liegt auf einem schmalen unebenen Terrain, zwischen dem Meere und der fast unmittelbar daran als eine Felsenmauer sich erhebenden Bergkette, welche den Hafen von dem Hochthale von Caracas trennt. ... . Die Stadt, deren Häuser zum Theil steilen Felsen angelehnt sind, ist gut gebauet und besteht nur aus zwei, einander parallel liegenden von Ost nach West gerichteten Strassen. Der Hafenort, welcher auf der grossen Strasse 3 1/2 Meilen von Caracas entfernt ist, hat 6 bis 8.000 Einwohner. La Guayra ist jedoch mehr eine bloße Rhede als ein Hafen. Nur im Westen ist sie einigermaassen [sic] geschützt durch das Cap Blanco, gegen O. u. N. ist sie offen, weshalb das Meer auf den Ankerplätzen der Schiffe gewöhnlich bewegt ist. Der Ankergrund ist jedoch gut, weshalb denn auch verhältnissmässig selten die Schiffe von ihren Ankern getrieben werden. - Seit der unter dem gegenwärtigen Gouvernement vorgenommenen Verlängerung der Mole und der Ausführung anderer Hafenarbeiten geschieht das Laden und Löschen der Schiffe mit geringerer Schwierigkeit als früher wo alles durch die bis zur Mitte des Körpers ins Wasser hineingehenden Neger oder Mulatten in die Fahrzeuge getragen werden musste, so dass nur dadurch die sonst sehr einträgliche Ausfuhr von Maulthieren nach den Antillen unmöglich war. Zur ferneren Verbesserung des Hafens wird ein Teil des Eingangszolls verwendet, gegenwertig ist die Erbauung eines Leuchtthums [sic] auf dem Hafendamm beschlossen. Das Klima La Guayra`s ist durch die eigenthümliche Lage sehr heiss, jedoch nur selten wirklich ungesund.

c) Puerto Cabello[3]

... . Der Hafen [Puerto Cabello, Anm. d. A.] ist einer der prächtigsten und wundersamsten, den irgendwo die Natur gebildet hat, eine geräumige gegen alle Winde geschützte Bay, deren Einfahrt sehr leicht ist, und welche so bequemen Ankergrund hat, dass die grössten Schiffe unmittelbar an die Mole anlegen und ohne Barken laden und löschen können. (Von seiner grossen Sicherheit und Bequemlichkeit soll der Hafen auch seinen Namen haben, man sagte nämlich, die Schiffe lägen so sicher in demselben, dass sie mit einem Haare, cabello, vor Anker liegen könnten.) Puerto Cabello ist eine schöne Stadt und liegt sehr malerisch. Sie wurde ursprünglich von Contrabandisten wegen der vortheilhaften Nähe von Curazao gegründet, als das benachbarte Boburata, der Hafen der Provinz war. Erst in neuerer Zeit ist sie dem Verkehr geöffnet worden, seitdem hat sie sich sehr gehoben und noch

2 Ebd., S. 105-106.
3 Ebd., S. 108-109.

gegenwärtig nimmt sie fortwährend an Umfang und Bedeutung zu. Zur Zeit des Unabhängigkeits-krieges hat sie jedoch sehr gelitten, so dass sie gegenwärtig nur etwa 6.000 Einwohner hat, während sie i. J. 1800 deren nahe an 9.000 zählte. Das Klima ist weniger heiss, als das von La - Guayra, jedoch nicht gesünder, da die Ausdünstungen des windwärts liegenden Seegestades Miasmen erzeugen. Puerto - Cabello treibt bedeutenden Küstenhandel und Verkehr mit den antillischen Inseln; doch auch die direkten Verbindungen mit Europa nehmen jetzt zu. In neuester Zeit hat die Regierung bedeutende Mittel dafür bestimmt, den Hafen, der durch den von den Bergströmen hineingeführten Sand leicht dem Versanden ausgesetzt ist, auszutiefen.

d) Maracaibo[4]

.... . Die Stadt (Maracaybo) hat ein armseliges Ansehen, da ein grosser Teil ihrer Häuser nicht massiv gebauet und mit Schilf gedeckt ist. .... . Die Zahl der Einwohner, welche i. J. 1801 über 20.000 betrug, beläuft sich gegenwärtig auf 10.000. Sie beschäftigen sich grösstentheils mit Handel und Seefahrt, und unterhalten einen lebhaften Verkehr besonders mit den dänischen, schwedischen und holländischen Inseln Westindiens, wodurch die Stadt zum Stapelplatz für die Produkte der Provinzen Maracaybo, Merida und Truxillo wird. .... .

---

4   Ebd, S. 114-115.

ZEITSCHRIFT FÜR UNTERNEHMENSGESCHICHTE · BEIHEFTE

Begründet und bis Band 90 herausgegeben von Wilhelm Treue und Hans Pohl
Ab Band 91 herausgegeben von Peter Borscheid, Wilfried Feldenkirchen und Günther Schulz
im Auftrag der Gesellschaft für Unternehmensgeschichte e. V.

Belgiens im Ersten Weltkrieg durch die Industrie-, Boden- und Verkehrsgesellschaft 1916 m.b.H.. 1990. IX, 191 S., kt. 5176-7

57. **Reiner Flik: Die Textilindustrie in Calw und Heidenheim 1750-1870.** Eine regional vergleichende Untersuchung zur Geschichte der Frühindustrialisierung und der Industriepolitik in Württemberg. 1990. X, 393 S. m. 4 Abb., 30 Tab., 10 Schaub., kt. 5530-4

58. **Wolfgang Krumbein: Wirtschaftssteuerung in Westdeutschland 1945–1949.** Organisations-formen und Steuerungsmethoden am Beispiel der Eisen- und Stahlindustrie in der britischen /Bi-Zone. 1989. X, 302 S., 12 Schaub., 21 Tab., kt. 5435-9

59. **Eva Moser: Bayerns Arbeitgeberverbände im Wiederaufbau.** Der Verein der Bayerischen Metallindustrie 1947–1962. 1990. X, 406 S., kt. 5635-1

60. **Karl-Heinz Gorges: Der christlich geführte Industriebetrieb im 19. Jahrhundert und das Modell Villeroy & Boch.** 1989. XIII, 421 S., kt. 5332-8

61. **Marlis Prinzing: Der Streik bei Bosch im Jahre 1913.** Ein Beitrag zur Geschichte von Rationalisierung und Arbeiterbewegung. 1989. X,140 S., 19 Tab., kt. 5379-4

62. **Günter Kalbaum, Hrsg.: Die freiwilligen sozialen Leistungen des Privatversicherungsgewerbes im Jahr 1936.** Eine Dokumentation. 1990. XIV, 187 S., kt. 5596-7

63. **Hans Pohl, Hrsg.: Überlebenschancen von Unternehmensgründungen.** Referate und Diskussionsbeiträge der Wissenschaftlichen Vortragsveranstaltung der Gesellschaft für Unternehmensgeschichte e.V. und des Instituts für bankhistorische Forschung am 3. November 1989 in Frankfurt am Main. 1991. X, 112 S., kt. 5868-0

64. **Werner E. Mosse / Hans Pohl, Hrsg.: Jüdische Unternehmer in Deutschland im 19. und 20. Jahrhundert.** 1992. 375 S., kt. 5869-9

65. **Hans Pohl, Hrsg.: Der Einfluß ausländischer Unternehmen auf die deutsche Wirtschaft vom Spätmittelalter bis zur Gegenwart.** Referate und Diskussionsbeiträge des 12. Wissenschaftlichen Symposiums der Gesellschaft für Unternehmensgeschichte e.V. am 24./25. November 1988 in Berlin. 1992. VIII, 256 S., kt. 5870-2

66. **Yorck Dietrich: Die Mannesmannröhren-Werke 1888 bis 1920.** Organisation und Unternehmensführung unter der Gründerfamilie, Bankiers und Managern. 1991. IX, 203 S., kt. 5695-5

67. **Stephan H. Lindner: Das Reichskommissariat für die Behandlung feindlichen Vermögens im Zweiten Weltkrieg.** Eine Studie zur Verwaltungs-, Rechts- und Wirtschaftsge-schichte des nationalsozialistischen Deutschlands. 1991. VIII, 178 S., kt. 5971-7

68. **Reinhard Neebe: Überseemärkte und Exportstrategien in der westdeutschen Wirtschaft 1945 bis 1966.** Aus den Reiseberichten von Dietrich Wilhelm von Menges. 1991. X, 412 S. m. 17 Abb. u. 14 Tab., kt. 5797-8

69. **Hans Pohl, Hrsg.: Industrie und Umwelt.** Referate und Diskussionsbeiträge der Öffentlichen Vortragsveranstaltung der Gesellschaft für Unternehmensgeschichte am 15.5.1991 in Mannheim. 1993. 77 S. m. 13 Abb., kt. 5871-0

70. **Hans-Jürgen Teuteberg: Die Rolle des Fleischextrakts für die Ernährungswissenschaften und den Aufstieg der Suppenindustrie.** Kleine Geschichte der Fleischbrühe. 1990. VII, 130 S. m. 36 Abb., 5 Tab., kt. 5714-5

71. **Vera Stercken / Reinhard Lahr: Erfolgsbeteiligung und Vermögensbildung der Arbeitnehmer bei Krupp.** Von 1811 bis 1945. 1992. X, 206 S. m. 12 Graph., 29 Tab., kt. 5872-9

72. **Hans Pohl, Hrsg.: Die Entwicklung von Unternehmensformen und -strukturen in Westdeutschland seit dem Zweiten Weltkrieg.** Referate und Diskussionsbeiträge des Wissenschaftlichen Symposions der Gesellschaft für Unternehmensgeschichte am 13. und 14. 12. 1990 in Berlin. 1993. 151 S. m. zahlr. Tab., kt. 5531-2

73. **Hans Pohl: Vom Stadtwerk zum Elektrizitätsgroßunternehmen.** Gründung, Aufbau und Ausbau der „Rheinisch-Westfälischen Elektrizitätswerk AG" (RWE) 1898–1918. 1992. 60 S., kt. 5727-7

74. Erscheint nicht

75. **Hans Pohl, Hrsg.: Die Entwicklung der Lebensarbeitszeit.** Festschrift für Dr. Reinhart Freudenberg. 1992. 141 S. m. 17 Abb., 1 Taf., kt.6139-8

76. **Karl-Peter Ellerbrock: Geschichte der deutschen Nahrungs- und Genußmittelindustrie 1750–1914.** 1993. 477 S. m. 82 Abb., kt. 6116-9

77. **Günter Kalbaum: Erfolgsbeteiligung und Vermögensbildung der Arbeitnehmer in der privaten Versicherungswirtschaft (1820–1948).** 1993. 179 S. m. 2 Falttaf., kt. 6166-5

78. **Barbara Hopmann / Mark Spoerer / Birgit Weitz / Beate Brüninghaus: Zwangsarbeit bei Daimler Benz.** 1994. 560 S. mit 19 Tab., 56 Abb. u. 8 Taf., geb. 6440-0

79. **Dietmar Klenke: Bundesdeutsche Verkehrspolitik und Motorisierung.** Konfliktträchtige Weichenstellungen in den Jahren des Wiederaufstiegs. 1993. 363 S., 1 Abb., kt. 6254-8

80. **Helmut Hilz: Eisenbrückenbau und Unternehmertätigkeit in Süddeutschland.** Heinrich Gerber (1832–1912). 1993. VIII, 210 S. mit 53 Fotos, kt., 6286–6

81. **Hans Pohl, ed.: Transnational Investment from the 19th Century to the Present.** Referate und Diskussionsbeiträge des Wissenschaftlichen Symposiums der Gesellschaft für Unternehmensgeschichte e.V. vom 12. bis 14. August 1992 in München. 1994. 306 S., kt. 6451-6

82. **Tobias Kampmann: Vom Werkzeughandel zum Maschinenbau.** Der Aufstieg des Familienunternehmens W. Ferd. Klingelnberg Söhne 1900-1950. 1994. 293 S., kt. 6509-1

83. **Margrit Müller, ed.: Structure and Strategy of Small- and Medium-Size Enterprises since the Industrial Revolution.** Proceedings of the Tenth International Economic Congress (Session A4) Leuven/Belgien, August 1990. 1994. 225 S., kt. 6287-4

84. **Karl Erich Born: Internationale Kartellierung einer neuen Industrie: Die Aluminium-Association 1901–1915.** 1994. 111 S., kt.6456-7

85. **Ian Blanchard: International Lead Production and Trade in the "Age of the Saigerprozess" 1460-1560.** 1995. 376 S. m. 20 Fig., 12 Kt., 34 Tab., kt. 6461-3

86. **Ralf Henneking: Chemische Industrie und Umwelt.** Konflikte um Umweltbelastungen durch die chemische Industrie am Beispiel der schwer-chemischen Farben- und Düngemittelindustrie der Rheinprovinz (ca. 1800–1914). 1994. 510 S., kt. 6441-9

87. **Uwe Keßler: Zur Geschichte des Managements bei Krupp.** Von den Unternehmensanfängen bis zur Auflösung der Fried. Krupp AG (1811–1943). 1995. 384 S. m. 76 Übers., kt. 6486-9

88. **Christoph Franke: Wirtschaft und Politik als Herausforderung.** Die liberalen Unter-nehmer (von) Mallinckrodt im 19. Jahrhundert. 1995. 414 S., kt. 6658-6

89. **Gerhard Kümmel: Transnationale Wirtschaftskooperationen und der Nationalstaat.** 1995. 298 S., kt. 6808-2

90. **Arne Andersen: Historische Technikfolgenab-schätzung am Beispiel des Metallhüttenwesens und der Chemieindustrie 1850–1933.** 1996. IV, 482 S., kt. 6869-4

91. **Toru Takenaka: Siemens in Japan.** Von der Landesöffnung bis zum Ersten Weltkrieg. Aus dem Japanischen übersetzt und mit einer Einleitung von **Wieland Wagner.** 1996. 240 S., kt. 6462-1

92. **Hans Pohl, Hrsg.: Mitbestimmung und Betriebsverfassung in Deutschland, Frankreich und Großbritannien seit dem 19. Jahrhundert. 16.** Wissenschaftl. Symposium auf Schloß Quint bei Trier am 30.9./1.10.1993. 1996. 175 S., kt. 6894-5

93. **Hans Pohl, Hrsg.: Geschichte der Organisationsformen im Absatzbereich von Unternehmen in den alten und neuen Ländern. 17.** Wissenschaftl. Symposium Jena 24./25. November 1994. 1996. 124 S., kt. 6808-2

94. **Susanne Hilger: Sozialpolitik und Unternehmensorganisation (1850–1933).** Formen betrieblicher Sozialpolitik der rheinisch-westfälischn Eisen- und Stahlindustrie seit der Mitte des 19. Jahrhunderts unter besonderer Berücksichtigung der Leitungsstrukturen von Unternehmen. 1996. 415 S., kt. 6972-0

BEITRÄGE ZUR UNTERNEHMENSGESCHICHTE

Herausgegeben von **Hans Pohl**

1. **Werner Bührer, Hrsg.: Henry Axel Bueck: Mein Lebenslauf.** 1997. 177 S., 1 Abb., kt. 7161-X

2. **Alexander Michel: Von der Fabrikzeitung zum Führungsmittel.** Werkzeitschriften industrieller Großunternehmen von 1890 bis 1945. 1997. 486 S., kt. 7210-1

3. **Antje Hagen: Deutsche Direktinvestitionen in Großbritannien, 1871–1918.** 1997. 356 S., kt. 7152-0

4. **Peter Hefele: Die Verlagerung von Industrie- und Dienstleistungsunternehmen aus der SBZ/DDR nach Westdeutschland.** 1998. 245 S., kt. 7206-3

5. **Karsten Steiger: Kooperation, Konfrontation, Untergang.** Das Weimarer Tarif- und Schlichtungswesen während der Weltwirtschaftskrise und seine Vorbedingungen. 1998. 366 S., kt. 7397-3

6. **Stefanie Knetsch: Das konzerneigene Bankinstitut der Metallgesellschaft im Zeitraum von 1906 bis 1928.** Programmatischer Anspruch und Realisierung. 1998. VII, 307 S., kt. 7406-6

7. **Markus Seumer: Vom Reinigungsgewerbe zum Gebäudereiniger-Handwerk.** Die Entwicklung der gewerblichen Gebäudereinigung in Deutschland (1878 bis 1990). 1998. X, 393 S., kt. 7372-8

8. **Marcus Schüller: Wiederaufbau und Aufstieg der Kölner Messe 1946–1956.** 1999. 273 S., kt. 7402-3

9. **Ivan Jakubec: Eisenbahn und Elbeschiffahrt in Mitteleuropa 1918–1938.** Die Neuordnung der verkehrspolitischen Beziehungen zwischen der Tschechoslowakei, dem Deutschen Reich und Österreich in der Zwischenkriegszeit. 2001. 184 S. m. 24 Abb., geb. 7649-2

10. **Gerlinde Kraus: Christiane Fürstin von der Osten-Sacken.** Eine frühkapitalistische Unternehmerin und ihre Erben während der Frühindustrialisierung im 18./19. Jahrhundert. 2001. 340 S. m. 3 Ktn. und 4 Farbabb., kt. 7721-9

11. **Gerhard Adelmann: Die Baumwollgewerbe Nordwestdeutschlands und der westlichen Nachbarländer beim Übergang von der vorindustriellen zur frühindustriellen Zeit 1750–1815.** Verflechtung und regionale Differenzierung. 2001. 184 S., kt. 7832-0

12. **Ursula Becker: Kaffee-Konzentration.** Zur Entwicklung und Organisation des hanseatischen Kaffeehandels. 2002. 371 S., kt. 7402-0

13. **Javier Loscertales: Deutsche Investitionen in Spanien, 1870–1920.** 2002. 344 S., kt. 7900-0

14. **Susan Becker: ‚Multinationalität hat verschiedene Gesichter'.** Formen Internationaler Unternehmenstätigkeit der Vieille Montagne und der Metallgesellschaft vor 1914. 2002. 326 S., kt. 7685-9

15. **Martin Kukowski: Die Chemnitzer Auto Union AG und die „Demokratisierung" der Wirtschaft in der Sowjetischen Besatzungszone von 1945 bis 1948.** 2003. 221 S., kt. 8059-7

16. **Peter Kohl/Peter Bessel: Auto Union und Junkers.** Die Geschichte der Mitteldeutschen Motorenwerke GmbH Taucha 1935–1948. 2003. 325 S., kt. 8070-8

17. **Annette Christine Vogt: Ein Hamburger Beitrag zur Entwicklung des Welthandels im 19. Jahrhundert.** Die Kaufmannsreederei Wappäus im internationalen Handel Venezuelas und der dänischen sowie niederländischen Antillen. 2003. 453 S., geb. 8186-0

FRANZ STEINER VERLAG STUTTGART